U0901198

北京文化艺术年鉴

BEIJING CULTURE-ART YEARBOOK

2018

《北京文化艺术年鉴》编辑部　编

图书在版编目（CIP）数据

北京文化艺术年鉴．2018 /《北京文化艺术年鉴》编辑部编．-- 北京：方志出版社，2019.2

ISBN 978-7-5144-3970-0

Ⅰ．①北… Ⅱ．①北… Ⅲ．①文化事业—北京—2018—年鉴 Ⅳ．① G127.1-54

中国版本图书馆 CIP 数据核字（2019）第 298264 号

北京文化艺术年鉴（2018）

编　　者：《北京文化艺术年鉴》编辑部
责任编辑：陈　菁

出 版 者：方志出版社
地址　北京市朝阳区潘家园东里 9 号（国家方志馆 4 层）
邮编　100021
网址　http：//www.fzph.org
发　　行：方志出版社图书经销中心
电话　（010）67110500
经　　销：各地新华书店
排　　版：北京纺印图文设计制作有限公司
印　　刷：北京中科印刷有限公司

开　　本：787 × 1092　　1/16
印　　张：23.75
彩插印张：6
字　　数：1001 千字
版　　次：2019 年 2 月第 1 版　2019 年 2 月第 1 次印刷

ISBN　978-7-5144-3970-0　　**定价**：150.00 元

▲ 2017 · 北京文艺论坛

▲ 3 月 15 日，北京市文化局党组书记、局长陈冬（左二）到海淀区调研公共文化建设

◀10月13日，北京市文化局副局长庞薇（左二）参加首都图书馆“北京记忆”新版网站开通仪式

◀3月30日，丰台区文化委员会举办《中华人民共和国公共文化服务保障法》培训班

◀11月29日，北京演艺集团举办“新时代之歌”文艺演出

◀12月20日，北京市文化局副局长关宇（右）参加北京市文艺院团“深入生活、扎根人民”主题实践活动创作采风基地揭牌仪式

◀3月3日，北京市文化市场行政执法总队副总队长王宁之（左一）、文化局综合安全处处长羊国斌（左二）带队夜查全国“两会”驻地周边文化娱乐场所安全生产工作

▲6月30日，中国杂技团参与的“庆祝香港回归祖国二十周年文艺晚会”在香港举行

▲5 月 6 日，“2017 第二届丝绸之路国际文化经贸交流巡礼——丝路新语 · 国际书画艺术联展暨阿拉伯国家联盟文化图片展”在北京智慧长阳中国国家画院美术馆开幕

◀4 月 14 日—18 日，2017 北京市文联第十七届京味文化之旅赴台湾演出

◀5月 13 日—7 月 2 日，“2017 中国—中东欧国家文化季——立陶宛艺术展”在中国美术馆展出

▶ 5月4日，当下荧屏生态与文化想象研讨会

▶ 9月21日，北京文学月刊社与怀柔文化委推进全国文化中心建设座谈会在怀柔区文化馆召开

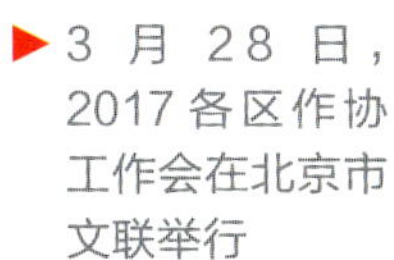

▶ 3月28日，2017各区作协工作会在北京市文联举行

▲7月27日，北京作协组织的“小说创作的实与虚”座谈会在河北省兴隆县举办

▲6月15日—16日，北京作家协会组织的“网络文学写作新状态”座谈会在河北省白洋淀举办

▲6月20日，“儿童文学创作的社会价值与文化责任”研讨会召开

▲ 12 月 8 日，“关于京津冀文化事业协同发展的实践与思考”调研课题结题验收会在北京市文联召开

▲ 北京作家协会 2016 年度新会员座谈会

▲ 7 月 23 日，北京作家协会小作家分会首届少年作家讲习班结业仪式

9 月 18 日—25 日，首都文艺理论家、评论家赴捷克、俄罗斯开展创作采风及文艺理论评论交流活动，图为交流团与俄罗斯圣彼得堡莫斯科区政府相关人员进行座谈研讨

12 月 2 日，北京作协第二次文学沙龙活动在北京文联举办

7 月 28 日，北京作家协会组织会员参观兴隆县抗日战争纪念馆

3 月 28 日，北京文联党组书记沈强在“中国戏剧家协会第五期深入学习贯彻习近平总书记文艺工作座谈会重要讲话精神专题研讨班”开班动员仪式上讲话

5 月 9 日，2017 首届老舍国际戏剧节新闻发布会合影（北演公司、天桥艺术中心主办）

7 月 1 日，CCTV《空中剧院》“璀璨梨园”大型系列戏曲演唱会——全国河北梆子名家名段专场演出在长安大戏院落幕

9 月 13 日，北京喜剧周开幕式演出话剧《情陷阿克塞》（武警文工团演出）

▲ 话剧《人民的名义》（中国国家话剧院演出）

▲ 话剧《狂飙》（中国国家话剧院演出）

▲ 话剧《谷文昌》（中国国家话剧院演出）

▶ 话剧《兰陵王》（中国国家话剧院演出）

▶ 话剧《陶里街二十三号》（中国国家话剧院演出）

▶ 话剧《青春禁忌游戏》（中国国家话剧院演出）

▶ 原创实验话剧《怀清台》（北京市曲剧团演出）

京剧《狼牙山》（北京京剧院演出）

小剧场京剧《季子挂剑》（北京京剧院演出）

“纪念谭鑫培诞辰 170 周年、谭富英诞辰 111 周年流派经典精品剧目”系列展演海报

▶ 昆曲《赵氏孤儿》（北方昆曲剧院演出）

▶ 昆曲《屠岸贾》（北方昆曲剧院演出）

◀ 昆曲《玉簪记》（北方昆曲剧院演出）

◀ 昆曲《琵琶记》（北方昆曲剧院演出）

◀ 评剧《藏地彩虹》（中国评剧院演出）

◀ 3 月 31 日，中国评剧院公众开放日活动——老艺术家李惟铨在给孩子们讲解评剧的历史

▲ 3 月 3 日，中国评剧院评剧演出的《母亲》进走丰台区卢沟桥社区

▶ 8 月 31 日，河北梆子整理改编剧目《春秋笔》在全国地方戏演出中心首演

▲7 月 26 日，国家艺术基金资助项目“经典保留项目《秦香莲》全国青年人才培训班”开班仪式合影

◀6 月 9 日，中国评剧院“民族戏曲进校园”走进房山三中

◀全国地方戏演出中心

◀4 月 7 日，北京演艺集团“梦想成真”演出季活动

北京市河北梆子剧团迎新年优秀传统剧目展演海报

6 月 16 日，北京市河北梆子剧团优秀剧目京津冀巡演（保定站）演出

3 月 30 日，北京市河北梆子剧团首次公众开放日，媒体与观众观看《穆桂英挂帅》排练

4 月 7 日，北京市河北梆子剧团王洪玲（左）、王英会（右）获第二十七届上海白玉兰戏剧表演艺术奖

▲ 12 月 18 日，北京曲剧《十不闲传奇》荣获第十五届中国人口文化奖

▲ 8 月 5 日，北京曲剧《木石奇缘》在第二届千家店山水戏剧周首演（北京市曲剧团与北京延庆区千家店镇联合打造）

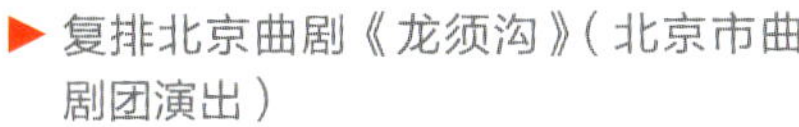

▶ 复排北京曲剧《龙须沟》（北京市曲剧团演出）

▶ 4 月 1 日，北京市曲剧团公众开放日会员活动

▶ 4 月 7 日，北京市曲剧团参加北京演艺集团第四届“梦想成真”五月演出季活动

▲ 11 月 30 日，北京市曲剧团参演的新时代之歌晚会在民族剧院演出

◀ 越剧《红楼梦》（西城区“小百花”越剧团演出）

▶ 儿童剧《妈妈咪鸭之鸭飞冲天》（北京儿童艺术剧院有限公司演出）

▶ 儿童剧《北京童谣》（北京儿童艺术剧院有限公司演出）

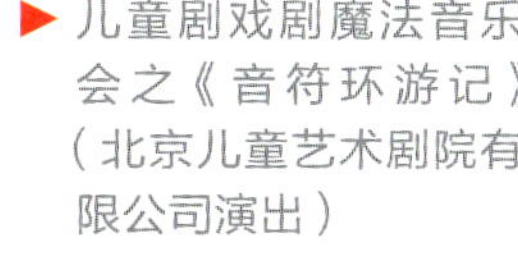

▶ 儿童剧戏剧魔法音乐会之《音符环游记》（北京儿童艺术剧院有限公司演出）

儿童剧《花神》（中国儿童艺术剧院演出）

儿童剧《山羊》（中国儿童艺术剧院演出）

儿童剧《李尔王》（中国儿童艺术剧院演出）

成语故事剧《叶公好龙》（中国儿童艺术剧院演出）

成语故事剧《自相矛盾》（中国儿童艺术剧院演出）

10 月 23 日—26 日，中国儿童艺术剧院携剧目《成语二》《小吉普》赴山西省静乐县、娄烦县演出

7 月 7 日，第七届中国儿童戏剧节开幕式

儿童剧《匹诺曹神州行》(中国木偶艺术剧院股份有限公司演出)

第六届“春苗行动”北京市优秀少儿题材舞台剧目展演入围剧目《红军的战马》(中国木偶艺术剧院股份有限公司演出)

7月8日，中国木偶剧院为第六届春苗行动举办公益木偶讲座

▶ 4 月 12 日—13 日，云南省京剧院在北京长安大戏院演出京剧《天道行》

▶ 9 月 28 日，“畅想之旅”——北京市河北梆子剧团东北三省巡演（哈尔滨站）演出

▶ 3 月 12 日，中国儿童艺术剧院“温暖童心”——优秀儿童剧走进三沙公益演出

◀ 听曲艺 · 品京味专场演出之单弦对唱《母女情》，表演：张蕴华（左）、王晶（右）

▶ 听曲艺 · 品京味专场演出之评书《烈火金刚节选——史更新刀劈二寇》，表演：李菁

◀ 听曲艺 · 品京味专场演出之快板《孟宗哭笋》，表演：张文甫

▶ 听曲艺 · 品京味专场演出之相声《我容易吗》，表演：刘捷（左）、石富宽（右）

2017 北京曲艺精品节目展演之相声《汾河湾》，表演：王文林（左）、李金斗（右）

2017 北京曲艺精品节目展演之相声《规规矩矩》，表演：付强（左）、郑健（右）

2017 北京曲艺精品节目展演之双簧《老少乐》，表演：王波（左）、王文安（右）

2017 北京曲艺精品节目展演之相声《法治进行时》，表演：陈印泉（左）、侯振鹏（右）

相声《笑口常开》，表演：赵克（左）、王文林（右）

相声《规矩》，表演：付强（左）、方清平（右）

赵连甲点评

◀ 杂技《飞叉踢毽》

◀ 乔装戏《赛活驴》

▶ 杂技《顶花坛》

▶ 杂技《彩碟纷飞》

◀9 月 22 日，2017 年世界大学生魔术交流大会开幕式在北京市昌平区举行

▶12 月 2 日—3 日，由北京杂协、高校魔术联盟主办的第九届 CMUC 新星杯魔术大赛决赛在北京市昌平区举行

▶5 月 1 日，第四届金长城杯小魔星魔术比赛暨全国擂台赛选手表演

▶1 月 19 日，首都艺术家走进大兴区表演魔术《古彩戏法》

► 11 月 14 日，“2017 北京文艺评论热点现象研究之七——北京杂技的古都风韵与时代风貌”专题研讨会

► 3 月 31 日，中国杂技团公众开放日

◄ 7 月 25 日，北京市文联志愿服务团慰问驻京部队

◄ 首都艺术家沈娟在西城表演魔术《天女散花》

◀第十届金菊奖获奖节目——杂技《九级浪——杆技》（中国杂技团演出）

◀7月，中国杂技团在香港演出杂技《绝技天工》

◀9月9日—16日，北京杂技家协会赴俄罗斯演出

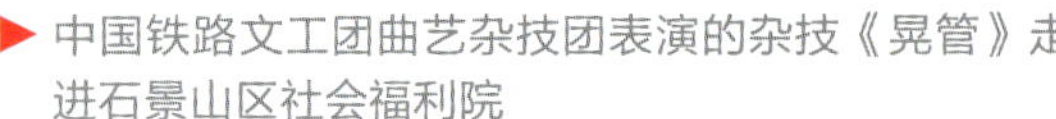

▶中国铁路文工团曲艺杂技团表演的杂技《晃管》走进石景山区社会福利院

▶ 10 月 15 日，“党啊，亲爱的妈妈”——喜迎党的十九大胜利召开音乐会（北京交响乐团演出）

▶ 9 月 29 日，国庆 68 周年音乐会（北京交响乐团演出）

▶ 6 月 29 日，原创歌剧《红军不怕远征难》在北京天桥剧场首演（中央歌剧院演出）

◀8 月 19 日，“首都市民音乐厅”2017 年系列演出季在首都图书馆启动演出

▶8 月 8 日，2017 年“文化中国·水立方杯”海外华人中文歌曲大赛颁奖晚会在国家游泳中心举行（北京市国有资产经营有限责任公司、北京市演出有限责任公司及北京国家游泳中心有限责任公司主办）

◀7 月 2 日，“八喜·打开艺术之门”2017 暑期艺术节演出

◀ 10 月 29 日，2017 年北京金秋优秀剧目展演在中山公园音乐堂举行（北京交响乐团演出）

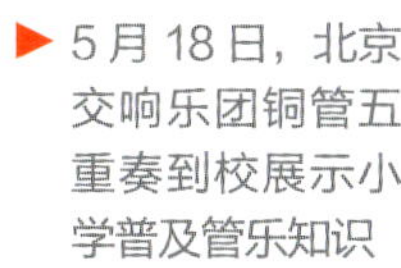

▶ 5 月 18 日，北京交响乐团铜管五重奏到校展示小学普及管乐知识

◀ 2 月 22 日，漫步经典主题音乐会在国家大剧院演出（北京交响乐团演出）

6月15日，原创歌剧《红色娘子军》在北京国家大剧院上演（中央歌剧院演出）

9月30日—10月1日，原创歌剧《玛纳斯》在北京天桥剧场上演（中央歌剧院演出）

11月3日，世界经典歌剧《艺术家生涯》在北京天桥剧场首演（中央歌剧院演出）

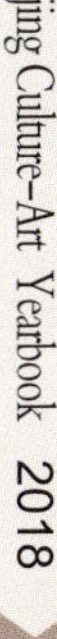

歌剧《卡门》（中央歌剧院演出）

音乐剧《你若离开，我便浪迹天涯……》（中国国家话剧院演出）

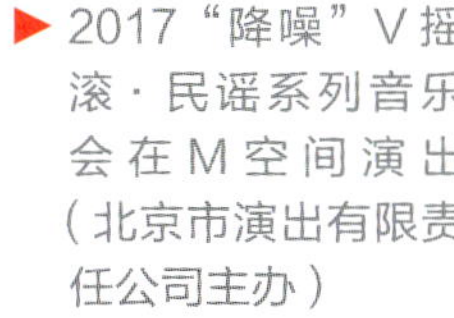

2017“降噪”V摇滚·民谣系列音乐会在M空间演出（北京市演出有限责任公司主办）

▶ 12 月 31 日，第 22 届人民大会堂·北京新年音乐会演出，音乐会由捷克布尔诺爱乐乐团演出（国资公司和中国人民对外友好协会联合主办，北演公司制作出品）

▶ 2019 年中国北京世界园艺博览会倒计时两周年计时牌揭幕暨优秀世园歌曲发布会演出

◀ 5 月 19 日，“为你歌唱”第七届北京合唱节第四届首都市民合唱周开幕式演出在海淀公园文化广场举办

4 月 28 日，庆“五一”北京交响乐团密云专场交响音乐会在密云大剧院演出

6 月 28 日，“一带一路　聆听中国”音乐会在中山公园音乐堂举办北京交响乐团演出

8 月 11 日，2017“丝绸之路”中国民谣音乐节在克罗地亚演出（北京市演出有限责任公司等共同主办）

▲ 北京舞蹈大赛 30 年拔尖人才和优秀作品展“共舞新时代”闭幕式

◀ 芭蕾舞《黄河赋》（北京舞蹈学院演出，北京舞蹈大赛 30 年拔尖人才和优秀作品展“共舞新时代”作品）

◀ 坐在轮椅上的舞蹈家刘岩

▶ 舞蹈《淮水情　兰花湾》（北京舞蹈学院中国民族民间舞系演出，北京舞蹈大赛 30 年拔尖人才和优秀作品展“共舞新时代”作品）

▶ 舞蹈《哼嗦哩》（中央民族大学舞蹈学院演出，北京舞蹈大赛 30 年拔尖人才和优秀作品展“共舞新时代”作品）

▶ 舞蹈《梦开始的地方》（北京市朝阳区劲松第四小学金帆舞蹈团演出，北京舞蹈大赛 30 年拔尖人才和优秀作品展“共舞新时代”作品）

舞蹈《桥》(北京舞蹈学院演出)，在第十五届北京舞蹈大赛中获得专业青年组创作一等奖、表演二等奖

舞蹈《心弦》(北京舞蹈学院演出)，在第十五届北京舞蹈大赛中获得专业青年组表演、创作一等奖

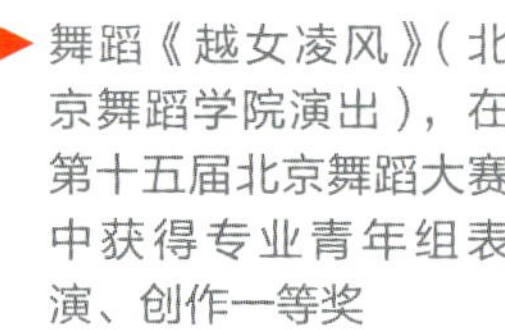

舞蹈《越女凌风》(北京舞蹈学院演出)，在第十五届北京舞蹈大赛中获得专业青年组表演、创作一等奖

舞蹈

◀ 舞蹈《纸飞机》（北京学生活动管理中心），北京市少年宫在第十五届北京舞蹈大赛中获得非专业少儿组表演、创作一等奖

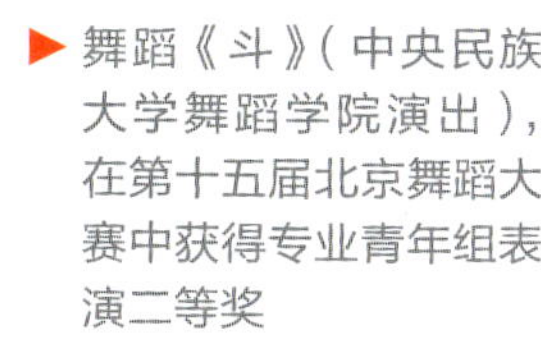

▶ 舞蹈《斗》（中央民族大学舞蹈学院演出），在第十五届北京舞蹈大赛中获得专业青年组表演二等奖

◀ 俄罗斯民间舞《胡桃夹子》（北京俄罗斯文化中心演出），在第十五届北京舞蹈大赛中获得专业青年组表演三等奖

▶ 舞蹈《勇士的歌舞》（中央民族大学舞蹈学院演出），在第十五届北京舞蹈大赛中获得专业青年组表演、创作二等奖

▶ 2017 年 12 月 30 日，2018 第 3 届人民大会堂·北京新年芭蕾《天鹅湖》在人民大会堂演出（乌克兰基辅大剧院芭蕾舞团演出，北京市演出有限责任公司主办）

▶ 北京现代舞团在二七剧场演出现代舞《水问》

2017 第七届中国北京国际美术双年展

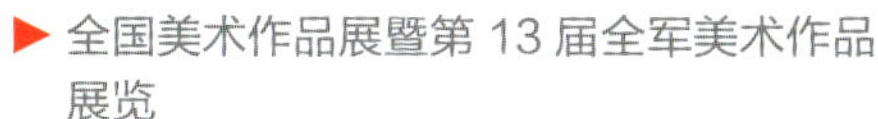

全国美术作品展暨第 13 届全军美术作品展览

2017 年 8 月 26 日，北京重大历史题材巨幅美术作品展

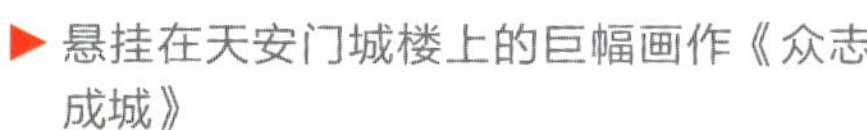

悬挂在天安门城楼上的巨幅画作《众志成城》

◀庆祝香港回归祖国 20 周年全国中国画作品展

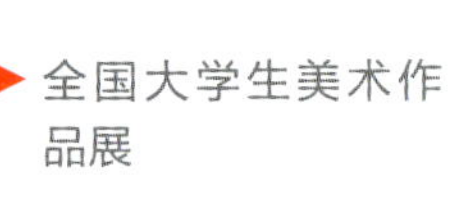

▶全国大学生美术作品展

◀“华彩丹青一甲子——北京画院六十年”展览在北京画院举办

2017 中国写意油画学派名家研究展

第三届中国风景油画邀请展

美丽延庆绘画艺术展

◀ 中国美术馆藏青年美术家作品展

◀ 常沙娜艺术研究与应用展

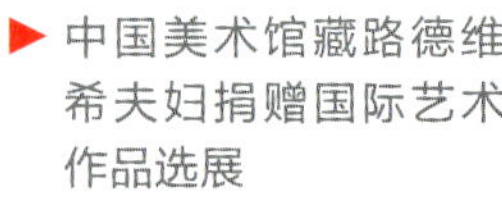

▶ 中国美术馆藏路德维希夫妇捐赠国际艺术作品选展

◀ 白俄罗斯国家美术馆典藏精品展

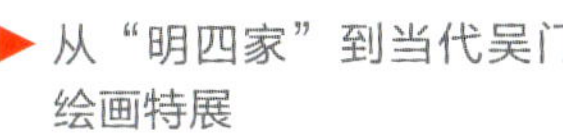

▶ 从“明四家”到当代吴门绘画特展

▶ 2 月 14 日，北京画院画家与内蒙古阿巴尔虎旗民族小学“大手拉小手”艺术助学活动交流会在北京画院召开

◀“技高一筹”——北京市中小学书法教师擂台赛

◀3 月 26 日，首都书法家在“清明怀远”2017 诗书歌咏会上挥毫，缅怀先烈

◀北京书法家协会下基层送春联、送福字

▶ 永远的丰碑 · 第九届北京电视书法大赛青少组部分选手展示作品

▶ 永远的丰碑 · 第九届北京电视书法大赛颁奖典礼，苏士澍（右一）、沈强（左二）为金奖获得者颁奖

▶ 永远的丰碑 · 第九届北京电视书法大赛评委为选手书写评语

▶ 永远的丰碑 · 第九届北京电视书法大赛成人组部分选手展示作品

◀第 26 届全国摄影艺术展览在中国摄影展览馆展出

◀第十一届中国摄影金像奖展在中国摄影展览馆展出

◀庆祝中国人民解放军建军 90 周年摄影图片展——镜头里的人民军队在中国摄影展览馆展出

◀傅文俊数绘摄影展在中国美术馆展出

全国摄影艺术展览六十年精品回顾展在中华世纪坛展出

第二届强军梦大型军事摄影展在民族文化宫展出

“大国丰碑——当代中国两弹一星事业”图片巡回展在民族文化宫展出

王新妹的“心之极：自然观”摄影展在中国美术馆展出

第七届全国农民摄影大展在中国摄影展览馆展出

2017 大学生公益摄影展在中国摄影画廊展出

2016 全国铁路摄影艺术展在中国摄影展览馆展出

3 月 21 日，由北京摄影家协会、北京市对外友好协会、斯里兰卡中国社会文化合作协会共同举办的庆祝中国与斯里兰卡建交六十周年——“多彩北京”图片展在斯里兰卡首都科伦坡展出。北京摄影家协会叶用才（左二）、北京市文联组联部主任陈卫东（左一）向斯里兰卡中国社会文化合作协会主席阿贝赛格（右一）赠送摄影画册

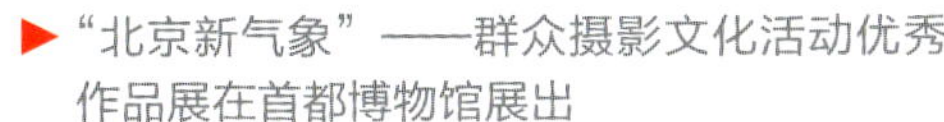

“北京新气象”——群众摄影文化活动优秀作品展在首都博物馆展出

摄影

“我看博物馆”摄影大展在首都博物馆展出

“匆匆 10 年”——邓维随行随记摄影展在中国摄影展览馆展出

◀ 大国重器摄影展在民族文化宫展出

◀ “致敬——红旗渠”摄影展在中国摄影展览馆展出

▶ 喜迎党的十九大——第十届西藏珠穆朗玛摄影展在民族文化宫展出

▶ 辽宁北镇摄影作品主题展在民族文化宫展出

▶ 10 月 13 日，图书馆地方文献工作学术交流暨《北京记忆》新版发布会举行

▶ 12 月 15 日，首都图书馆迎接文化部第六次全国公共图书馆评估组检察

▶ 4 月 22 日，2017 年第七届北京换书大集

3月2日，2017年度北京市红领巾读书活动暨青少年经典导读网络平台上线仪式在首都图书馆举行

11月8日，“心阅书香 共读共享”2017全市诵读大赛决赛现场

11月8日，“心阅书香 共读共享”2017全市通读大赛决赛，欧阳奇、高雅坤、田凯、董鑫获得集体组比赛一等奖

▶“童眼看京城”——北京市第二届电子书制作大赛获奖作品分享会召开

▶“书间精灵”——第四届北京市中小学生藏书票大赛优秀作品展览

▶“我家的家风”家庭情景剧比赛

▶ 4 月 24 日，首都图书馆与云南开放大学签署合作协议

◀ 11 月 27 日，第四届阅读之城终评会

▶ 家教创享园——悦读阅美之“爱上阅读”

◀ 北京联合大学图书馆新馆

◀ 年俗文化展

▶ 第十二届文津图书奖暨“文化行走　悦读海淀”2017年全民阅读主题系列活动

◀ “孔子·儒学·儒藏”——儒家思想与儒家经典名家系列讲座

▶ 首都医科大学图书馆工具书阅览室

▶ 4 月 1 日，北京农学院图书馆举办馆际互借活动

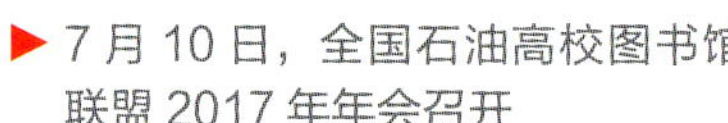

▶ 7 月 10 日，全国石油高校图书馆联盟 2017 年年会召开

◀ 12 月 1 日，北京联合大学图书馆召开立德树人服务创新研讨会

◀ “清华印记”互动体验空间

第十二届“舞动北京”群众舞蹈大赛金奖作品《快乐的节日》

“剪不断的乡愁”——中国剪纸传统与创新艺术邀请展研讨会

中国剪纸传统与创新艺术邀请展

刘晓迪老师把精致的小窗花送给小朋友

推进京津冀社区文化发展暨纪念建军 90 周年主题创作展览

金刺猬大戏节——话剧《冯从吾》（西安文理学院话剧团演出）

金刺猬大戏节——原创音乐剧《三多堂·春芽》山西农业大学信息学院艺术教育中心演出

清华附小第 42 届艺术节美术作品展在中华世纪坛展出

北京文化艺术年鉴（2018）

主　　编　陈　冬

执行主编　徐恒进

特邀编审　赵庚奇　　陈世崇

副 主 编　（按姓氏笔画为序）

王晓燕　　刘　侗　　刘启泰　　张燕鹰

陈予一　　黄珊珊　　薛晓金

图片摄影及供稿者（按姓氏笔画排序）

王　凯　王　琪　王伟明　王雨晨　王崇伟　及　强　孔伟伟
边　群　闫　珉　刘学忠　刘海栋　吴赣生　李树勇　纪　鸣
纪武军　张　帅　张　法　张　博　张　鹏　张永红　张弘宇
张小野　周晓楠　季迎春　费　斌　夏　雪　徐有成　郭宝丽
崔　岩　曹立栋　彭向阳　焦爱民　解万幸

图片提供单位

北京市文联　北京作家协会　北京戏剧家协会
北京美术家协会　北京书法家协会　北京摄影家协会
北京民间文艺家协　北京音乐家协会　北京舞蹈家协会
北京曲艺家协会　北京杂技家协会　北京文学月刊社
北京市文联研究部　北京文学月刊　东方少年杂志社
北京京剧院　北方昆曲剧院　北京交响乐团
北京市曲剧团　中国评剧院　中国杂技团有限公司
北京画院　首都图书馆　北京市河北梆子剧团
北京市艺术研究所　北京戏曲艺术职业学院
北京儿童艺术剧院股份有限公司　中国木偶艺术剧院股份有限公司
北京市演出有限责任公司　北京市对外文化交流有限责任公司
中国儿童艺术剧院　国家图书馆
北京交通大学图书馆　中国人民大学图书馆　清华大学图书馆
东城区文委　西城区文委　朝阳区文委
海淀区文委　丰台区文委　石景山区文委
通州区文委　顺义区文委　怀柔区文委
平谷区文委　昌平区文委　门头沟区文委
房山区文委　大兴区文委　密云县文委
延庆县文委　燕山文化卫生分局

前　言

这是我们编的第十四本年鉴。从 2004 年至今，十四年寒暑交替，时光老去，让我们徒生许多感慨。有时望着书架上排列的十三本年鉴，与其说是一道风景，更像一座小小的文化城堡。心情很好，窗外清风徐徐，杨柳依依。

前不久，一位资深的老专家对我说，我们的年鉴是他读过的年鉴里最好的几本之一。他说有人请他当顾问，或者向他咨询年鉴，他就把我们的年鉴推荐给他们看。他说你们的年鉴，某种意义上可以作为范本。我从其他的专业人士那里，也听到过类似的评论。但是，我心里总是没有底，总是惴惴然。我感到我们好像总是在山腰里跋涉，离顶峰还有很长很长的距离。虽然我也不知道顶峰究竟是怎样的风光。

让人庆幸的是，十四年里我们的编辑队伍很稳定，除了个别的篇章人员有变化外，基本没有变动。这些编辑都是各领域的专业人士，有很深的专业知识和丰富的学养。他们治学严谨，常常为了一条信息反复查阅很多有关资料。他们说，拿不准的东西，不敢往年鉴上写，写上去的东西要经得住推敲，经得住时间的检验。我为有这样一群伙伴而感到欣喜。

2018 年已经远去，但我们还能感受到他的热烈和温暖。这一年，在文化艺术领域给我们留下很多美好的记忆。有些闪光的东西，我们至今还在回味。但是，这一年也给我们留下一些思考。随着大众媒体的蓬勃兴起，随着人们生活节奏的加快，随着人们获取各种信息，包括文化艺术信息的渠道更多、更加便利，一些传统的艺术门类面临新的情况新的挑战新的困难，比如文学。现在，读作品的人比原来少了，人们读书更加碎片化，很少有人去读长篇巨著。所以，我们的文学作品数量比过去多了，但好的作品，振聋发聩的作品，能在形式上有所创新、在内容上有更多人文关怀的作品，非常鲜见。期刊的数量、发行量也在减少。另外，一些传统艺术门类，比如曲艺，除相声以外一些演唱的曲艺节目，大多开始凋零，人才匮乏，作品匮乏，演出场所冷冷清清。比如京剧、昆曲，虽然有国家保护遗产政策的支持，但是也面临从艺人才缺乏剧场冷清的情况。虽然有各种艺术基金的支撑，但是好的昆曲作品京剧作品仍然少见。我们认为这些情况都很正常，都是时代进步和发展带来的新的问题。所幸，党和政府部门早已出台了很多新的政策，社会各界，特别是文化艺术界的同仁们，也都对此有清醒的认识。所以我们相信，经过全社会的努力，这些面临挑战的遇到困难的文化艺术门类将在新时代获得新的发展，焕发出新的光彩。我们等待着，我们也期盼着。

我们这本年鉴出版了十四期，还得感谢我们的合作者方志出版社，他们的主编和编辑都非常专业非常敬业。我曾把他们编辑过的稿子给朋友看，朋友很惊叹，说今天这样的编辑这样的稿子可以作为编辑专业的范本和教科书。所以，每当我们看着年鉴，也充满对方志出版社的感谢和感激。

徐恒进

2018 年 12 月

编 辑 说 明

一、《北京文化艺术年鉴》是一部大型文化艺术类资料工具书和史料文献，由北京市文化和旅游局主办，北京市文学艺术界联合会支持，《北京文化艺术年鉴》编辑部组织编写。本年鉴坚持以马克思列宁主义、毛泽东思想、邓小平理论、“三个代表”重要思想、科学发展观、习近平新时代中国特色社会主义思想为指导，坚持辩证唯物主义和历史唯物主义的立场、观点、方法，存真求实，力求全面、客观、系统地反映北京地区文化艺术的发展情况。

二、本年鉴采用类目体，分类目、分目、条目三级，以条目为主，直陈其事，文字力求言简意赅。

三、本年鉴从2005年开始，为配合续修《北京志・文化艺术志》，逐年编纂。2018年卷为第14本。当年出版的年鉴，记述上一年度北京地区文化艺术（按照《北京志・文化艺术志》的编写体例，目前暂不含电影、电视、文物内容，下同）各门类的发展及变化，为国内外各界人士了解和研究北京文化艺术提供最新的翔实信息，为文化艺术发展留存宝贵资料，为领导决策提供可资参考的依据。

四、本年鉴采用“大北京”的概念，记述北京市属文化艺术企事业单位情况和中央、部队在京文化企事业单位的情况。

五、本年鉴正文内容包括：规范性文件目录、大事记、综合、文学、戏剧、曲艺、杂技、音乐、舞蹈、美术、书法篆刻、摄影、图书馆、群众文化和各区文情，共15个部类。

六、本年鉴所刊载的文章和条目内容，主要来源于各文化艺术单位提供的资料，均经该类目撰稿人及责任编辑核实。

七、本年鉴反映2017年1月1日—12月31日北京文化艺术界的情况。凡在这一时限内发生的事情，均直书月、日，不再注明年份。部分内容因跨年度前后延伸的，则写明年份。

八、本年鉴目录按上述15个部类顺序排列；索引按笔画、拼音分别排序，检索范围仅限于条目内容。

中英文对照目录
(Contents)

目　　录

文　　学

交流

纪念

研究与评论

培训

戏　　剧

活动

赛事与奖项

交流

纪念

评论与研究

教育与传承

出版与传播

曲　　艺

机构

作品

活动

会议

赛事　奖项

交流

纪念

探索与研究

杂　　技

音　　乐

活动

赛事与奖项

交流

纪念

美　　术

机构　设施

展览

活动

捐赠　收藏

交流

纪念

出版与传媒

书法　篆刻

展览

会议

研讨

活动

纪念

交流

摄　　影

机构

展览

会议

活动

交流

纪念

赛事　奖项

出版物

图书馆

机构

活动

·会议与研讨·

·考察·

·讲座与论坛·

·读者活动·

各区文情

索　引

规范性文件目录

规 范 性 文 件

名　　称	发布日期	实施日期
北京市文化局关于印发《北京市优秀群众文化项目扶持办法》的通知	2017 年 6 月 20 日	2017 年 6 月 20 日

大事记

2017年北京文化艺术大事记

2016年10月21日—2017年1月21日，“域外拾珍”——1842—2016新西兰华侨华人历史影像展在中国华侨历史博物馆展出。

2016年12月22日—2017年1月15日，第六届全国农民摄影大展在中国摄影展览馆展出。

1　月

1月3日—7日，“使命·铁肩·热土”——丝绸之路国家高校师生美术作品展在中国国家画院举办。

1月5日，首届“掌阅文学创作大赛”评选结果揭晓。

同日，中国歌剧舞剧院携舞剧《孔子》赴美国演出。

1月5日—7日，俄罗斯圣彼得堡艾夫曼芭蕾舞团在天桥剧场演出芭蕾舞剧《卡拉马佐夫兄弟》。

1月6日，北京高校图书馆2017年馆长年会暨BALIS工作总结会在北京举行。

1月6日—18日，第五届西部少数民族青年美术家创作展在中国美术馆举办。

1月7日，首届“奥秘·方向杯”全国科幻小说大赛在北京颁奖。

1月7日—8日，第十四届中国文化产业新年论坛在北京大学举办。

1月7日—17日，“寻找邻家舞王”北京社区大型舞蹈比赛在北京天桥演艺中心举办。

1月7日—18日，西藏唐卡艺术精品汇展在中国美术馆举办。

1月8日，乌克兰国家交响乐团2017北京新年音乐会在北京音乐厅演出。

1月10日—17日，“闽彩墨华”——福建省画院晋京作品展在中国国家画院美术馆举行。

1月10日—3月26日，“杨柳春风”——中国美术馆藏杨柳青古版年画精品展在中国美术馆举办。

1月11日，巴西阿默克剧团在中国人民大学如论讲堂演出话剧《萨琳娜——最后的脊梁》。

同日，北京市旅游行业协会摄影分会成立暨首届会员大会在北京国际饭店举行。

1月12日，话剧《两只蚂蚁在路上》在先锋剧场首演。

1月13日，音乐儿童剧《鱼跃龙门》在天桥艺术中心首演。

1月13日—14日，巴黎歌剧院芭蕾舞团在天桥剧场上演“足尖传奇”——法国巴黎歌剧院芭蕾舞团明星荟萃。

1月13日—3月31日，“卢浮宫的创想”——卢浮宫与馆藏珍品见证法国历史八百年展览在中国国家博物馆举办。

1月13日—5月7日，“何要浮名”——北京画院藏齐白石精品展在北京画院美术馆展出。

1月15日—3月18日，佛山木版年画展在北京正阳门城楼展出。

1月18日，轻歌剧《风流寡妇》在国家大剧院歌剧院首演。

1月19日，“2016年优秀网络文学原创作品推介活动”公布作品名单。

1月19日—2月12日，“十二个十二个月”——黄永玉生肖画展在中国国家博物馆展出。

1月20日，话剧《李尔王》在国家大剧院戏剧场首演。

1月20日—3月5日，“清寂鹜影”——林风眠艺术精品展在北京画院美术馆举办。

1月22日，“中国少年”——社会主义核心价值观少儿组歌合唱音乐会在中山公园音乐堂上演。

同日，中国美术家协会漆画艺术委员会、综合材料绘画与美术作品保存修复艺术委员会换届大会在北京召开。

1月23日,《诗刊》创刊60周年座谈会在北京举行。

1月24日—2月18日,“美在生活”——全国写生艺术展在中国美术馆举办。

1月25日—12月31日,“宝藏经典　活化精神”——中国美术馆典藏精品陈列在中国美术馆展出。

1月26日,“龙凤呈祥”——全球华人新春音乐盛典2017在国家大剧院举办。

1月30日,人偶剧《西游记》在中国儿艺假日经典小剧场首演。

1月,“悦读阅美”——2016年请读书目主题展览在首都图书馆展出。

2　月

2月6日—12日,北京交响乐团赴北美进行“欢乐春节”巡回演出活动。

2月10日—15日,2017年“北京文化庙会·台北之旅”活动在台北举办。

2月12日,韩美林将80件作品捐赠给中国国家博物馆。

2月15日—18日,中央芭蕾舞团携芭蕾舞剧《红色娘子军》赴澳大利亚演出。

2月17日,2016年度“中国作家出版集团奖”在北京颁奖。

2月17日—18日,陕西爱乐乐团演奏的交响音画《大秦岭》音乐会在国家大剧院演出。

2月18日,张伯驹潘素文化发展基金会揭牌暨“大爱传承·文化为公”公益计划启动仪式在人民大会堂举行。

2月18日—3月19日,“灵魂剧场”——罗杰·拜伦个展在亦安画廊展出。

2月19日—26日,中国曲艺家代表团赴南美巡演。

2月21日,江苏省演艺集团在国家大剧院演出京剧《青衣》。

2月22日,“2016环游日本”——中国人游日本摄影大赛颁奖典礼在人民网演播厅举行。

2月23日,北京新机场建设进程纪实图片展在北京摄影家协会网站展出。

2月23日—28日,2016全国铁路摄影艺术展在中国摄影展览馆展出。

2月23日—3月5日,张仃一百周年诞辰纪念展在中国美术馆举办。

2月24日,中国民协核雕专业委员会在北京成立。

同日,2017年央视春晚语言类节目专题研讨会在北京召开。

2月24日—3月5日,“东方物语”——亚洲青年艺术家邀请展在中国美术馆举办。

2月24日—3月10日,“游园惊梦”——杨沛戏剧油画艺术展在美门艺术馆展出。

2月24日—4月4日,“永恒的温度”——中国美术馆藏路德维希夫妇捐赠国际艺术作品选展在中国美术馆举办。

2月24日—12月6日,北京交响乐团2017音乐季在北京举行。

2月27日,中国作家协会公布第九届小说、诗歌、散文、报告文学、儿童文学、军事文学、影视文学、文学理论批评和网络文学等专门委员会组成人员。

同日,石鲁书画作品捐赠仪式在中国国家博物馆举行。

2月27日—3月9日,“迎春纳福”——传统年画精品展在恭王府展出。

2月27日—3月31日,全国舞台艺术优秀剧目展演在北京举办。

2月28日,国家图书馆四家大型图书馆联合在线发布古籍数字资源。

2月,文化部老艺术家管弦乐团在北京成立。

同月,2016年中国当代文学最新作品排行榜在北京公布。

3　月

3月1日,中国书法家协会第七届主席团第五次会议在北京召开。

3月2日,青少年经典导读志愿服务项目启动仪式在首都图书馆举行。

3月2日—6日,中国儿艺携《西游记》(第三部)赴泰国曼谷演出。

3月2日—27日,“图墙”——中央美术学院壁画系教师作品展在中央美术学院美术馆举办。

3月3日,京味儿话剧《北京邻居》在9剧场首演。

3月5日,清华大学美术学院文化传承与创新设计研究所成立。

3月6日—8日,湖南省交响乐团在北京音乐演出交响合唱《通道转兵组歌》。

3月7日—17日,江西优秀剧目北京展演周活动在北京举办。

3月8日,话剧《人民的名义》在北京保利剧院首演。

同日,北京市文化局召开2017年北京市艺术创作生产工作会议。

3 月 8 日—19 日，“花开敦煌”——常沙娜艺术研究与应用展在中国美术馆举办。

3 月 8 日—4 月 8 日，首届“枪与玫瑰”女性戏剧邀请展在至乐汇艺术中心举行。

3 月 8 日—4 月 12 日，“丝路：文明互鉴的见证·敦煌艺术文献展”在中外文化交流中心展览馆举办。

3 月 9 日—4 月 25 日，中国少数民族世界级非物质文化遗产暨文献展在民族文化宫举办。

3 月 10 日，江苏省苏州昆剧院在北京大学演出新版《白罗衫》。

3 月 10 日—11 日，河南省越调艺术保护传承中心在长安大戏院演出越调《老子》。

3 月 11 日，意大利协奏团在国家大剧院上演出歌剧《奥菲欧》。

3 月 11 日—18 日，“撸起袖子加油干”——“中国梦·劳动美”影像作品展在中国国家博物馆展出。

3 月 11 日—25 日，“字道 2017”系列巡展在中国传媒大学举办。

3 月 11 日—26 日，“致敬——红旗渠”摄影展在中国摄影展览馆展出。

3 月 12 日，山西省歌舞剧院民族乐团在国家大剧院音乐厅演出民族管弦乐组曲《山西印象》。

同日，四川人民艺术剧院在首都剧场演出话剧《赵一曼》。

3 月 13 日—14 日，廊坊市百花戏剧艺术团、大厂评剧歌舞团携在长安大戏院联袂演出京剧《脚印》。

3 月 14 日，鲁迅文学院举行“绿水青山：词语绽放的光芒——自然写作与生态伦理语境下的诗歌对话与朗诵”活动。

同日，“中国故事印度行”专题音乐会在加尔各答演出。

3 月 14 日—15 日，辽宁芭蕾舞团在天桥剧场演出芭蕾舞剧《八女投江》。

3 月 14 日—15 日，“雄壮与飞扬”中央军委政治工作部歌舞团中外名曲男声合唱交响音乐会在国家大剧院举办。

3 月 15 日，中国诗歌网朗诵艺术团授牌仪式在北京举行。

3 月 15 日—18 日，上海话剧艺术中心在国家大剧院演出话剧《商鞅》。

3 月 15 日—21 日，文化部第一期全国文艺院团长培训班在中央文化管理干部学院举办。

3 月 16 日，2016 年中国网络小说排行榜年榜在北京发布。

同日，独角戏《九又二分之一爱情》在蜂巢剧场首演。

3 月 17 日，中华绝技秀主题文化活动首场演出在朝阳剧场举行。

3 月 17 日，第九届中国作协儿童文学委员会第一次全体会议在北京举行。

3 月 17 日—18 日，上海张军昆曲艺术中心在天桥艺术中心演出昆曲《春江花月夜》。

3 月 18 日，话剧《谷文昌》在国家话剧院剧场首演。

同日，“巴黎印象”法国作品交响音乐会在国家大剧院音乐厅举行。

3 月 18 日—19 日，四川省歌舞剧院有限责任公司在天桥剧场演出舞剧《家》。

3 月 18 日—28 日，“升东吉西”——2017 中法当代艺术对话展在北京国展艺术中心举办。

3 月 18 日—29 日，新疆兵团题材美术作品展在国家博物馆展出。

3 月 19 日，视觉中国摄影师年会暨视觉中国&500px 2016 年度大赛颁奖盛典在北京民航国际会议中心举办。

3 月 19 日—5 月 22 日，“我看博物馆”——镜头中的文物与科技摄影大展在首都博物馆展出。

3 月 20 日，由中国美术馆与德国驻华大使馆共同主办的“中国美术馆之夜”活动在中国美术馆举行。

3 月 21 日，“多彩北京”图片展在斯里兰卡首都科伦坡展出。

3 月 22 日，“像音像”工程与中华优秀传统文化传承发展座谈会在北京举行。

同日，“阅读北京　品味书香”——2017 年度首都市民阅读系列文化活动在首都图书馆启动。

3 月 23 日，“名家艺术讲坛”第一期在北京戏曲艺术职业学院开讲。

同日，北京市成人教育学会摄影教育工作委员会在劲松职高常营校区成立。

3 月 23 日—28 日，巴基斯坦艺术、文化与遗产展于在北京正阳门博物馆展出。

3 月 24 日，音乐剧《焦裕禄》在天桥艺术中心首演。

同日，“21 世纪年度最佳外国小说·2016 暨邹韬奋年度外国小说奖”在北京颁奖。

3 月 24 日—4 月 2 日，儿童互动体验剧《稚子行·熊猫的家》在中华世纪坛演出。

3 月 25 日，跨界融合戏剧《杜丽娘与朱丽叶》在北京外国语大学首演。

同日，法国雪达克剧团在东方梅地亚中心 M 剧场演出儿童剧《夜色之声》。

3 月 25 日—5 月 6 日，“从匠人到艺术家”——摄影史的最初 100 年原作展在泰吉轩画廊展出。

3月27日，《不忘初心　孝行天下》韩磊专辑发布会在北京新闻出版大厦举行。

3月27日—6月8日，杂技表演专业带头人培训班在北京市杂技学校举办。

3月28日，中国美术报网上线仪式在中国国家画院美术馆举行，APP客户端同步上线。

3月28日—4月2日，“北京遇见·神秘北镇”——辽宁北镇摄影作品主题展在民族文化宫展出。

3月29日，陕西人民艺术剧院在北京保利剧院演出话剧《白鹿原》。

同日，北京市公共图书馆馆长工作会在首都图书馆召开。

同日，舞剧《国风》在北京舞蹈学院舞蹈剧场首演。

3月30日，“北京市曲艺家协会青年创作实践交流活动——首站四川”座谈交流会在四川省艺术院举行。

同日，管弦乐新作品音乐会在北京音乐厅演出。

3月31日，动漫舞台剧《绝对小孩》在民族文化宫大剧院首演。

同日，“CALIS助力北京地区高校学科服务研讨会”在中国人民大学召开。

3月31日—4月12日，“影像丝绸之路”——天水摄影双年展(主题展)北京巡回展在中国摄影展览馆展出。

3月31日—12月8日，北京音乐厅2017国际古典乐系列演出季在北京音乐厅举办。

4　月

4月1日，“求索之路永无止歇——韩少功创作40年研讨会”在北京师范大学举行。

4月1日—24日。“乡愁·中国”——主题摄影展在首都博物馆展出。

4月2日—5月7日，“伏尔加河之声”——中国美术馆藏俄罗斯油画精品展在中国美术馆举办。

4月3日—28日，“海上丝路”艺术嘉年华活动在毛里求斯共和国举办。

4月5日，音乐剧《你若离开，我便浪迹天涯……》在国家话剧院首演。

同日，音乐剧《阿尔兹记忆的爱情》在北京保利剧院首演。

4月6日，紫苑书院在北京成立。

同日，中国书法家协会2017年工作会议在北京召开。

4月7日，中国网音乐中国频道运营启动仪式在北京举办。

4月7日—9日，香港话剧团在天桥演艺中心中剧场演出音乐剧《顶头锤》。

4月8日，马来西亚歌手梁静茹在首都体育馆举办“你的名字是爱情”北京演唱会。

同日，“华语音乐剧未来发展”论坛在北京举办。

4月9日—7月9日，国家大剧院歌剧节·2017在北京举办。

4月10日—22日，首届青少年戏剧教育成果展在中国儿童艺术剧院举办。

4月11日，首都文学界弘扬中华优秀传统文化研讨会在北京召开。

同日，2017中国大学生音乐节暨中国中东欧国家文化季高校行项目在北京启动。

4月12日—19日，“京华流彩海峡传情”——第十七届京味文化之旅在中国台湾举办。

4月13日，北京市东城区崇外非遗博物馆正式对外开放。

4月13日—7月13日，“北京文投会杯”第二届北京市文化创意创新创业大赛在北京举办。

4月14日，“罗工柳作品捐赠仪式暨‘罗工柳青年创作奖’签约仪式”在中央美院举行。

4月14日—15日，澳门青年艺术发展协会在北京演出话剧《庄周蝴蝶梦》。

4月14日—16日，云南文山州民族文化工作团在民族剧院演出民族舞剧《铜鼓姑娘》。

4月15日，映画廊十周年庆典暨首届映·纪实影像奖颁奖典礼在映画廊举行。

同日，汉画舞蹈实验演出在北京舞蹈学院黑匣子剧场首演。

4月15日—21日，油画家游画新疆暨中国油画院名家走进新疆北京巡展在北京美门艺术馆举办。

4月15日—5月13日，映画廊十周年庆典暨首届映·纪实影像奖颁奖典礼在北京798艺术区映画廊举行。

4月17日，“光明丝绸之路上的相遇”——中哈联合音乐会在北京音乐厅举行。

4月17日—5月2日，北京9当代舞团携现代舞作品《梦境之窥》赴欧洲演出。

4月18日—5月3日，“为中国画”——全国高等艺术院校人物画教学研讨会暨教师、学生写生作品展在中央美术学院美术馆举办。

4月18日—28日，浙江大学双甲子书画展在中国美术馆举办。

4月19日，北京舞蹈学院与斯洛文尼亚“艾科索德斯”现代艺术节制作人娜塔莎女士合作创演的剧目《摇篮》在斯洛文尼亚艺术节上首演。

同日，京味话剧《年复一年》在隆福剧场首演。

同日，舞美艺术的时代要求专家研讨会在中国国家话剧院举办。

4月19日—5月12日，大韩民国艺术院美术展（中国特别展）在北京驻华韩国文化院美术馆展出。

4月21日，小娟 & 山谷里的居民音乐会在北展剧场上演。

同日，青少年戏剧教育研讨会在北京灯市口小学举行。

4月21日—22日，群星奖获奖作品全国巡演北京行在北京天桥艺术中心举行。

4月21日—26日，“新中国美术家系列”——重庆市国画作品展在中国国家画院美术馆举办。

4月21日—5月1日，上海丽安文化发展有限公司在北京天桥艺术中心演出舞台剧《爸爸的时光机》。

4月21日—5月7日，以众筹形式推出的话剧《烟草花》在鼓楼西剧场上演。

4月21日—6月21日，“从莎士比亚到福尔摩斯：大英图书馆的珍宝”展览在国家典籍博物馆展出。

4月22日—9月9日，路万江古董相机收藏展在中国摄影展览馆展出。

4月23日，残疾人美术馆开馆仪式在北京举行。

同日，第十二届文津图书奖在国家图书馆揭晓。

4月23日—28日，中央民族歌舞团2017年“春暖花开”春季演出季在民族剧院举办。

4月23日—10月31日，2017年“少儿报刊阅读季”活动在全国范围内举办。

4月24日—5月10日，清华大学图书馆民国时期馆史文献展在清华图书馆北馆展出。

4月26日，“清华印记”互动体验空间在清华图书馆北馆举行启动仪式。

同日，“文脉书香”——书法文化主题作品展暨书法教育研讨会在首都师范大学举办。

4月26日—5月2日，云南杨丽萍文化传播股份有限公司在北京保利剧院演出舞剧《孔雀之冬》。

4月26日—5月15日，书法文化主题作品展在首都师范大学举办。

4月27日，白俄罗斯国家美术馆馆长佛拉基米尔·普罗科普佐夫油画作品捐赠仪式在中国美术馆举行。

同日，“对话巴洛克”室内乐音乐会在北京音乐厅演出。

同日，国家大剧院五月音乐节“走出去”公益演出的首场演出在通州区台湖镇北京新城职业学校礼堂举行。

4月27日—28日，广东省木偶艺术剧院携在国家大剧院演出神话木偶剧《哪吒》。

4月27日—29日，匈牙利实验舞蹈团在天桥艺术中心演出舞剧《茜茜公主》。

4月27日—5月27日，国家大剧院五月音乐节在北京举办。

4月27日—5月31日，第十七届“相约北京”艺术节在北京举办。

4月28日，中共中央宣传部、文化部、财政部联合印发并实行《关于戏曲进乡村的实施方案》。

4月29日，中国儿艺版话剧《李尔王》在假日经典小剧场首演。

4月30日—5月1日，杂技舞台作品《奔向第61块金牌》在民族文化宫大剧院演出。

5　月

5月1日，由文化部主编的《中华人民共和国文化部2016年文化发展统计公报》由中国统计出版社出版。

5月1日—15日，“多彩华章”——中华民族大团结作品展在炎黄艺术馆举办。

5月2日，纪念潘天寿诞辰120周年座谈会在人民大会堂举办。

同日，“用音乐理解中国——‘新丝路探索者’乐队中美文化分享之旅”首场演出在中央音乐学院举办。

同日，实验话剧《怀清台》在重庆市彭水县民族会场首演。

5月2日—14日，潘天寿120周年诞辰纪念大展在中国美术馆举办。

5月4日，“春天的歌声”——中外歌曲珍品音乐会在北京音乐厅举行。

同日，文化部办公厅公布2017年度国家美术作品收藏和捐赠奖励项目名单。

5月4日—9日，中国美术馆青年艺术家提名展（2017）在中国美术馆举办。

5月4日—10日，拉美当代艺术展在中华世纪坛举办。

5月5日，“@所有人　看路，看世界”2017“丝绸之路”主题影像展在地铁4号线宣武门站展出。

同日，“一带一路”音乐教育联盟成立大会在中央音乐学院召开。

5月5日—7日，2017北京音乐生活展在北京展览馆举行。

5月5日—20日，“国际野生生物摄影年赛”——2016年度摄影获奖作品巡展（中国站）在北京动物园科普馆展厅展出。

5月5日—6月28日，故宫博物院藏“四僧”书画展在故宫武英殿举办。

5月6日—6月30日，“一带一路”历史建筑摄影·手绘艺术展在中国建筑大学大兴校区图书馆展出。

5月6日—8月31日，“从莫奈到苏拉热：西方现代绘画之路(1800—1980)”在清华大学艺术博物馆举办。

5月6日—21日，李默然戏剧生涯展全国巡回展在国家话剧院展出。

5月7日，中国新闻摄影学会在北京宣布成立无人机摄影专业委员会。

5月8日—6月4日，2017首届大麦戏剧节全国范围内举办。

5月9日，北京书法家协会五届十三次理事会在北京市文联召开。

同日，北京市红领巾读书活动之“我家的家风”家庭情景剧比赛在首都图书馆举行。

同日，中国民族歌剧创作座谈会暨“中国民族歌剧传承发展工程”指导委员会成立会议在京召开。

5月9日—16日，“当好东道主　文明北京人——美丽北京　文明有我”摄影征集作品展在玉渊潭公园百米公益影廊展出。

5月10日，校园古典诗词吟唱剧《思美人》在北京师范大学首演。

同日，北京地区高校图书馆馆长论坛研讨会在北京师范大学图书馆举行。

5月10日—28日，2017年中央美术学院2017研究生毕业展在中央美术学院美术馆举办。

5月10日—7月18日，“丝路星空”——“一带一路”国际星空摄影展在北京天文馆展出。

5月10日—10月31日，国际艺术与创意活动策划高级人才培训在北京举办。

5月11日—19日，“美丽的越南”——中国摄影家眼中的越南摄影展在人民大会堂澳门四季厅、中华世纪坛展出。

5月12日，“浪漫法兰西”——女高音歌唱家张立萍·法语声乐作品独唱音乐会在中山公园音乐堂举行。

同日，现代芭蕾《大地的咏叹与起舞》在天桥剧场首演。

5月12日—13日，广西柳州市艺术剧院在天桥艺术中心演出舞蹈诗《侗》。

5月12日—13日，“丝路回响”民族音乐会在民族文化宫大剧院举办。

5月13日—18日，“春风润”——2017学院青年中国画家学术展在中国画美术馆举办。

5月13日—21日，“新粉本”——学院新方阵十年展工笔画学术单元在今日美术馆举办。

5月13日—7月2日，“立陶宛艺术：透过风景的思考”展览在中国美术馆举办。

5月14日，习近平在国家大剧院观看主题为《千年之约》的文艺演出。

5月14日—8月20日，“华彩丹青一甲子”——北京画院六十年综合艺术展在北京画院美术馆举办。

5月15日，中国美术家协会版画、平面设计、服装设计、实验艺术委员会换届大会在北京召开。

5月15日—19日，2017儿童戏剧教育教师培训班在菊隐剧场举行。

5月15日—21日，“回顾与发现”“一带一路”摄影展在西城区第一文化馆展出。

5月16日—17日，麦戏聚·2017戏剧高峰论坛在大麦超剧场举办。

5月16日—30日，“入古出新”——当代著名篆刻家印章临创展在国家图书馆举办。

5月17日，首届中华诗词大奖赛在北京颁奖。

同日，舞剧《花木兰》在国家大剧院首演。

5月17日—18日，第25届亚洲及大洋洲地区国家图书馆馆长会议在中国国家图书馆举行。

5月17日—6月3日，2017年北京大学生舞蹈节在北京举办。

5月18日—19日，歌剧《星星之火》专家研讨会在北京举行。

5月18日—21日，第十届亚洲戏剧教育研究国际论坛在中央戏剧学院昌平校区举办。

5月18日—24日，“中国精神·中国梦”——全国农民画创作展在中国美术馆举办。

5月19日，挪威特隆赫姆独奏家乐团“古典也简约”音乐会在国家大剧院举办。

5月19日—20日，北京市红领巾读书活动“说说我的阅读故事”红领巾讲故事比赛决赛在首都图书馆举办。

5月20日，百老汇音乐剧《魔法坏女巫》在天桥艺术中心上演。

5月20日—27日，“我眼中的北京科技周”摄影大赛在北京举办。

5月21日，杂技节目《做杂技我们是认真的》在北京中杂剧场进行首演。

同日，中国社会科学院中国文学批评研究会等在北京联合召开“学习习总书记讲话　重温延安文艺传统”——纪念毛泽东《在延安文艺座谈会上的讲话》发表75周年座谈会。

同日，中国作协在北京召开“纪念毛泽东同志《在延安文艺座谈会上的讲话》发表75周年”座谈会。

同日，“首届麦戏聚·中国高校及青年编剧剧本大赛暨青年人才孵化大赛决赛”在大麦·超剧场举行。

5月21日—27日，北方昆曲剧院建院60周年系列活动在北京举办。

5月21日—27日，第十五届北京现代音乐节在北京举办。

5月21日—27日，“书法的物质性与历史研究”工作坊在北京、安徽举办。

5月22日，中国社会科学院中国文学批评研究会、中国当代文学研究会、中国中外文艺理论学会在北京联合召开了“学习习总书记讲话　重温延安文艺传统”——纪念毛泽东《在延安文艺座谈会上的讲话》发表75周年座谈会。

同日，网络文艺智库专家委员会成立在北京成立。

同日，全国政协在北京召开“坚定文化自信，讲好中国故事”专题协商会。

同日，“新全球化语境下艺术理论与批评格局的重构”——第一届全国艺术类学术期刊主编高峰论坛在北京举办。

同日，网络文艺发展与新型智库建设研讨会在北京召开。

同日，第十一届AAC艺术中国年度影响力评选·博洛尼巅峰之夜颁奖典礼在故宫博物院举办。

同日，《文学蓝皮书：中国文情报告（2016—2017）》发布会在北京举行。

同日，美国蒙大拿大学话剧团在北京四中上演《杀死一只知更鸟》。

5月23日—24日，上海滑稽剧团在民族文化宫大剧院演出滑稽戏《皇帝勿急急太监》。

5月24日，“与梦飞翔”少儿歌曲创作大赛颁奖音乐会在首都师范大学举行。

同日，波兰钢琴家亚当·科斯米埃加在中央音乐学院音乐厅举办钢琴独奏音乐会。

同日，首届“美焕文心”艺术季系列活动——音乐学院“与梦飞翔”少儿歌曲创作大赛颁奖音乐会在北京举办，

5月25日，话剧《大讼师》在首都剧场首演。

同日，由中国文联组织编写的《中国艺术发展报告（2016）》在北京举办出版发布座谈会。

5月26日，中国国家画院“国家当代艺术档案库”北京总部正式揭牌成立。

同日，俄罗斯莫斯科当代乐团在中央音乐学院举办“皮埃罗之梦”音乐会。

5月26日—28日，江西省话剧团在国家话剧院上演话剧《遥远的乡土》。

5月26日—7月2日，“立陶宛艺术：透过风景的思考”展览在中国美术馆举办。

5月26日—12月5日，“为你歌唱”第七届北京合唱节暨第四届“北京之声”首都市民合唱周在京举行。

5月27日，美国亚裔文学研究高端论坛在北京举行。

同日，中共中央宣传部、文化部、教育部、财政部联合下发《关于新形势下加强戏曲教育工作的意见》。

同日，《图腾》——琥珀四重奏专场音乐会在中央音乐学院演奏厅上演。

同日，舞剧《十二·生肖》在民族剧院首演。

5月27日—31日，“筑梦鸟巢　留住传世技艺”2017鸟巢非物质文化遗产邀请展在国家体育场鸟巢文化中心举办。

5月27日—6月2日，“相约北京、‘一带一路’——中国、俄罗斯、希腊美术名家作品联展”在中国国家画院（国展）美术中心举办。

5月27日—6月17日，首届中国城市公共艺术展在今日美术馆举办。

5月28日—6月2日，第二届中央音乐学院钢琴音乐节在中央音乐学院举办。

5月30日，第二届“中国—中东欧国家文化创意产业论坛”在北京举办。

同日，“白俄罗斯文化日”活动开幕式在国家大剧院举行。

5月31日，庆祝中华诗词学会成立三十周年暨促进诗词文化繁荣发展座谈会在北京举行。

5月，《北京文学》2015—2016年重点优秀作品评选结果在北京揭晓。

6　月

6月1日—9月9日，2017第三届国家大剧院国际戏剧季在北京举办。

6月2日—4日，辽宁人民艺术剧院在国家话剧院剧场演出话剧《开炉》。

6月3日，ART POWER 100中国艺术权力榜十周年暨2016年度颁奖典礼在民生现代美术馆举办。

同日，首届“中经论坛·文化金融融合发展之路暨中国非遗文化金融50人论坛”在钓鱼台国宾馆举行。

同日，中国硬笔书法协会第六次全国会员代表大会在北京召开。

6月3日—4日，北京曲艺团在民族文化宫大剧院举行原创曲艺相声小品专场演出《快乐北京人》。

6月3日—18日，2017“多元与共生：天工开悟当代公共艺术主题展”在中华世纪坛举办。

6月3日—28日，清华大学美术学院2017届本科生毕业作品展在清华大学艺术博物馆举办。

6月4日，胡杨艺术研究院在北京揭牌。

6月5日，中国作家代表团参加第三届中西文学论坛。

6月6日，纪念指挥家李德伦100周年诞辰音乐会在国家大剧院音乐厅举办。

6月6日—10日，2017对外文化贸易骨干人才培训班在北京举办。

6月6日—12日，国家级海洋保护区摄影展在王府井商业步行街展出。

同日，音乐剧(剧场版)《冰季·风季·木季》在剧空间剧场首演。

同日，中国作家代表团出席首届中葡文学论坛。

同日，中国戏曲传统化妆、服装技术培训班结业展示在北京戏曲艺术职业学院举行。

6月7日—18日，“金砖国家媒体联合摄影展”在中国国家博物馆展出。

6月7日—7月30日，2017首届老舍国际戏剧节在北京举办。

6月8日，江苏省海门山歌剧团在长安大戏院演出山歌剧《亲人》。

6月8日—9日，首届“数据分析与知识发现”学术研讨会在北京召开。

6月8日—18日，四川美术学院作品展在中国美术馆举办。

6月9日，中国舞蹈家协会昆舞专家委员会在中国文联举行成立大会。

同日，国家图书馆入藏杨献珍手稿。

6月9日—10日，原创音乐剧《凤凰浴火》在中国剧院上演。

6月10日，“2017首届‘一带一路’国际文化产业高峰论坛暨中国首个‘文化和自然遗产日’专家对话”在人民大会堂举行。

6月12日，小剧场话剧《结婚进行曲》在北京人艺实验剧场首演。

6月12日—14日，首期“当代书法创作与评审工作专题研讨班”在北京外国专家大厦举办。

6月12日—26日，西宁美术作品展在北京恭王府博物馆举办。

6月13日，中国作家协会第九届主席团第二次会议在北京召开。

6月13日—18日，“新中国美术家系列”——云南省国画作品展在中国国家画院美术馆举办。

6月13日—19日，纳西族史诗《黑白战争》连环画展在国家典籍博物馆举办。

6月13日—22日，“2016‘走进湘桂黔边·关注老少山穷’全国摄影大展”获奖作品展在北京开明美术馆展出。

6月14日，民族歌剧《红色娘子军》在国家大剧院首演。

6月14日—15日，纪念中国话剧诞生110周年主题论坛在中国国家话剧院举办。

6月15日，新加坡国家青年华乐团在中国音乐学院附中举办“我们飞”专场音乐会。

6月16日—18日，“行走的画笔”——中国画家非洲采风作品展在北京中外文化交流中心展览馆举办。

6月17日，京剧《大宅门》在北京天桥艺术中心首演。

同日，河北省话剧院在北京大学百周年纪念讲堂上演话剧《詹天佑》。

6月17日—18日，2017北京第十一届“舞燃情”国际标准舞、交谊舞国际邀请赛在首都体育学院大学生体育馆举行。

6月17日—30日，“和而不同”——惠尔再旦画院美术名家邀请展在北京惠尔再旦美术馆举办。

6月17日—9月3日，“伦勃朗和他的时代：美国莱顿收藏馆藏品展”在中国国家博物馆举办。

6月18日，郭淑珍从艺从教70周年纪念音乐会在中央音乐学院举办。

6月18日—25日，全国正书六家展第三回巡回展在三品美术馆展出。

6月18日—27日，首届京津冀花鸟画名家邀请展在石家庄世纪高尔夫球场艺术馆展出。

6月19日，骆宾基百年诞辰纪念座谈会在北京举行。

6月19日—9月19日，儿童剧编导人才培养培训班在北京国际艺术学校举办。

6月20日，清华大学文学创作与研究中心在北京成立。

同日，由北京市社科院及社会科学文献出版社共同主办的《北京蓝皮书·北京文化发展报告(2016—2017)》发布会在北京举行。

6月21日，安徽省蚌埠市花鼓灯歌舞剧院在国家大剧院演出民族舞剧《大禹》。

6月21日—22日。青岛市京剧院在中国评剧大剧院演出京剧《清贫之方志敏》。

6月21日—24日，上海越剧第十代传人暨上戏首届越剧本科班毕业公演(北京站)在长安大戏院举行。

6月21日—7月4日，“文脉传薪”——2017中国写意油画学派名家研究展在中国美术馆举办。

6月22日，第一届“新产经”杯摄影大展颁奖典礼在北京举行。

6月22日—7月9日，中国美术学院东方版画工作展在北京画院美术馆举办。

6月23日，“文学与生活”主题论坛在北京举行。

同日，中文版家庭音乐剧《想变成人的猫》在北京保利剧院首演。

6月23日—7月4日，“庆祝香港回归祖国20周年——全国中国画作品展”在中国美术馆举办。

6月23日—7月6日，“深入生活　扎根人民”——大学生公益摄影作品展在中国摄影展览馆展出。

6月24日，“时代渐强音：2017王式廓奖暨今日中国当代艺术家提名展”颁奖典礼在今日美术馆举行。

同日，北京书法家协会举办的北京书法大讲堂首讲在北京市文联小剧场启动。

6月24日—7月2日，“借壁2017”——北京胡同影像联展在北京展出。

6月24日—8月19日，丑小鸭家庭戏剧艺术节在中国、英国、日本3个国家的47个城市举办。

6月25日—8月3日，“中国当代艺术年鉴展2016”在北京举行。

6月26日—30日，“密云聚焦·影像家乡”庆祝香港回归20周年密云区第一届摄影展在密云区青少年宫展出。

6月26日—30日，北大书法作品赴西班牙巡展。

6月28日，国家京剧院新编历史京剧《徐母传》在河北霸州李少春大剧院首演。

同日，“一带一路　聆听中国”原创交响音乐会在中山音乐堂演出。

同日，交响诗《草原之歌》在国家大剧院音乐厅首演。

6月28日—29日，陕西神木县晋剧团在北京大学百周年纪念讲堂演出晋剧《母殇》。

6月28日—9月下旬，“弘扬生态文明建设美丽中国”书法作品展在北京百望山森林公园艺园举行。

6月29日，“小剧场话剧：中国原创与实验探索论坛”在北京举办。

同日，第二届“故乡的路”中国少数民族摄影师大奖颁奖典礼在映画廊举行。

6月29日—8月28日，“天将金石付斯人——清代金石学家陈介祺特展”在国家典籍博物馆举办。

6月30日，“当代文艺批评：理论与实践”学术研讨会在北京举行。

6月30日—7月17日，AVERY画廊肖像油画展在北京环球金融中心举办。

6月30日—7月30日，“共饮一江水”——东江水供港影像展在中华世纪坛展出。

6月—12月，纪念中国话剧110周年演出季在北京举办。

7　月

7月1日—8日，第六届北京舞蹈学院舞蹈艺术“学院奖”大赛系列在北京舞蹈学院举办。

7月2日，新加坡平社捐赠京剧名家书画作品展暨墨宝捐赠仪式在梅兰芳大剧院举行。

7月2日—29日，2017年全国基层院团戏曲会演在北京举办。

7月2日—8月31日，“八喜·打开艺术之门——2017暑期艺术节”在中山公园音乐堂举办。

7月3日，《白雪石全集》首发暨捐赠仪式在清华美院举行。

7月3日—6日，“向人民汇报”——摄影家“深入生活、扎根人民”作品展在中国文艺家之家展览馆展出。

7月4日，中国非物质文化遗产保护人才培养学术研讨会在北京举行。

7月5日—12日，中国儿童艺术剧院赴新加坡参加第二届“中新儿童艺术节”开幕式及演出交流活动。

7月7日，全国师范院校图书馆联盟古籍工作会议在北京师范大学图书馆召开。

同日，儿童剧《山羊不吃天堂草》在中国儿童剧场首演。

7月7日—8日，南充民中川剧团在梅兰芳大剧院演出川剧《布衣张澜》。

7月7日—12日，民族器乐剧《玄奘西行》在天桥艺术中心首演。

7月7日—8月20日，第七届中国儿童戏剧节在北京、济南、成都等地举办。

7月7日—8月27日，2017年“打开音乐之门”暑期系列活动在北京音乐厅举办。

7月8日—21日，首届高校摄影季“天文”——图片漂流首展在清华大学图书馆展出。

7月8日—24日，“棒棒人生”——摄影作品展在中国摄影展览馆展出。

7月8日—9月7日，“斑斓大自然、神奇小精灵”昆虫摄影展在国家动物博物馆展出。

7月8日—11月15日，2017年全国广场舞大赛北京站决赛在北京举办。

7月11日，话剧《兰陵王》在国家话剧院剧场首演。

7月12日—25日，“新思路·心纽带——‘一带一路’主题展”在首都图书馆举办。

7月13日，“文学与中国”主题论坛在北京举行。

同日，中"音乐中的童话世界"音乐会在北京音乐厅上演。

7月13日—16日，台湾"古舞团"在77剧场演出即兴舞蹈《这一天，那些事》。

7月14日—15日，吉林省农安县黄龙戏传承保护中心在中国评剧大剧院演出吉剧《粘豆包》。

7月14日—23日，广东美术百年大展在中国美术馆举办。

7月15日—16日，台北如果儿童剧团在中国儿童剧场演出即兴喜剧《谎言！卡布奇诺》。

7月15日—10月10日，北京米开朗基罗国际艺术展在鸟巢文化中心举办。

7月16日，墨笔文化综合商务平台上线。

7月16日—17日，江苏省木偶剧团在国家大剧院演出木偶剧《嫦娥奔月》。

7月18日，侯马市蒲剧团在中国评剧大剧院演出蒲剧《樱桃花开》。

同日，中国演出行业协会动漫演艺专业委员会在北京成立。

同日，"牡丹绽放"——曲艺英才培育行动成果汇报演出在中央电视台星光剧场举行。

7月19日—21日，中国曲艺家协会第八次全国代表大会在北京召开。

7月20日—21日，黑龙江省龙江剧院林甸分院在中国评剧大剧院演出龙江剧《百米河边》。

7月21日，曲艺界行风建设工作推进会在北京会议中心召开。

7月21日—23日，广西壮族自治区德保县马骨胡艺术中心在梅兰芳大剧院演出壮剧《第一书记》。

7月21日—25日，"新中国美术家系列"——青海省国画作品展在中国国家画院美术馆举办。

7月22日，庆祝中国人民解放军建军90周年精品曲艺专场演出在武警北京市总队举行。

7月22日—23日，广东省廉江市剑清粤剧团在梅兰芳大剧院演出粤剧《户部黎公》。

7月23日—28日，第30届国际拉班舞谱双年会在北京师范大学举行。

7月24日，北京京剧院在张家口市会展中心演出京剧《狼牙山》。

同日，第十届全国优秀儿童文学奖评奖委员会第一次全体会议在北京举行。

7月25日，舞蹈作品《圆2：源流》在天桥艺术中心中剧场首演。

7月25日—26日，福建省长乐大众闽剧团在梅兰芳大剧院演出闽剧《苏秦还乡》。

7月26日，香港城市当代舞蹈团在天桥艺术中心剧场演出舞蹈作品《风中二十》。

7月26日—9月3日，"中国梦·航天梦"——首届中国航天员飞天摄影作品展在北京天文馆展出。

7月27日，挪威茵格莉菲斯达舞团在天桥艺术中心中剧场演出舞蹈作品《天体》。

同日，全国葫芦丝巴乌展演交流音乐会在房山区体育中心举行。

同日，"传承与创新——中国非遗文化周"系列活动之"甲骨文记忆展"，在悉尼中国文化中心开幕。

7月27日—8月2日，"推动京津冀社区文化建设协同发展暨纪念建军90周年主题创作展览"在民族文化宫展出。

7月27日—8月9日，"庆祝中国人民解放军建军90周年全国美术作品展览暨第13届全军美术作品展览"在北京举办。

7月28日，"互联网+图片版权保护与产业发展"研讨会在北京举行。

同日，庆祝中国人民解放军建军90周年文艺晚会《在党的旗帜下》在人民大会堂举行。

同日，民族歌剧《金沙江畔》在国家大剧院首演。

同日，广东现代舞团在天桥艺术中心大剧场演出舞蹈作品《小羽的气球》。

同日，"武警部队数字图书馆"正式上线。

7月28日—8月16日，"历史回放　舞台辉煌——纪念中国话剧诞生110周年纪念展"在国家大剧院东展览厅举办。

7月29日，以色列嗖舞团在天桥艺术中心剧场演出舞蹈作品《大甩卖》。

同日，中国交响乐团2016—2017音乐季闭幕音乐会在国家大剧院上演。

7月29日—8月10日，第四届中国油画展(写实展)在中国艺术研究院举办。

7月30日，"不忘初心　砥砺前行"——人民美术出版社纪念建军90周年文献展暨"军魂颂"言恭达大草书法长卷展在北京举行。

7月30日，德国开姆尼茨剧院舞团在天桥艺术中心剧场演出舞蹈作品《孤独/莫扎特安魂曲》。

7月30日—8月21日，"镜头里的人民军队"——庆祝中国人民解放军建军90周年摄影展在中华世纪坛中国摄影展览馆展出。

7月31日，京剧现代戏《狼牙山》在长安大戏院正式公演。

同日，儿童剧《金小蛇奇遇记》在国家大剧院小剧场上演。

7月31日—8月4日，"艺术专业与管理人才国际交流项目"——2017手工艺设计国际高级研修班在首都博物馆举办。

7月—11月，2017首都市民系列文化活动“歌唱北京”活动在北京举办。

8 月

8月1日，“胜利之光——庆祝中国人民解放军建军90周年音乐会”在中国人民抗日战争纪念馆演出。

8月1日—8月7日，“大国丰碑”——当代中国两弹一星事业专题图片巡回展北京首展在民族文化宫展出。

8月1日—15日，“破折号”——2017年度“青年艺术100”北京启动展在今日美术馆举办。

8月2日，新编历史京剧《董仲舒》在梅兰芳大剧院首演。

8月2日—10月29日，2017上海话剧艺术中心“玉兰绽香”演出季在北京举办。

8月3日，安徽省话剧院在中国儿童艺术剧院演出儿童戏剧《天堂里的老师》。

8月4日—20日，北京朝阳森林演出季在朝阳公园举办。

8月4日—9月11日，第四届中国豫剧节在北京和郑州两地举办。

8月5日，“康熙的声色世界·室内演奏会”在清秘阁举行。

8月5日—10日，第四届北京国际芭蕾舞暨编舞比赛在国家大剧院举行。

8月7日，国际文化贸易(动漫游戏海外专题)研讨会在北京举行。

8月8日—10日，“2017年全市文化志愿者管理人员培训班”，全市22个分中心举办。

8月9日，“聆听时代强音，创作文学精品”主题论坛在北京举行。

8月9日—10日，山东省济南市儿童艺术剧院在中国儿童艺术剧院演出儿童剧《戴“星星”的孩子》。

8月10日，北京文化艺术基金2017年度资助项目新古风原创舞台剧《夔龙玉》在上海东方艺术中心首演。

同日，话剧《前任不敲门》在鼓楼西剧场首演。

同日，河南豫剧院三团在长安大戏院演出豫剧《焦裕禄》。

同日，丹麦国家合唱团“童话醇音”音乐会在国家大剧院演出。

同日，内蒙古自治区鄂尔多斯民族歌舞剧院在北京天桥艺术中心演出民族寓言舞剧《库布其》。

8月11日，上海惠迪吉公益人心理关爱中心携其原创互动体验心理剧《小艺的故事》在梅兰芳大剧院演出。

8月11日—13日，第一届中国“网络文学+”大会在北京举办。

8月11日—17日，2017戏剧教育大师班在中央文化管理干部学院举办。

8月11日—9月2日，台湾青年艺术人才驻地实习计划在北京举办。

8月11日—16日，“呼伦贝尔·万岁”专题影像展在北京时代美术馆展出。

8月11日—10月29日，世界插画大展——国际安徒生奖(终身成就)50周年展北京站在国家典籍博物馆举办。

8月12日—13日。影偶剧《水漫金山》在国家话剧院小剧场上演。

8月12日—13日，“中·西艺术交流”——西班牙瓦伦西亚室内乐团平谷之行音乐会在平谷区华东音乐厅举办。

8月14日，“砥砺五年”——小说创作研讨会在北京举行。

8月15日—24日，中央歌剧院赴欧洲演出。

8月15日—10月29日，“钢铁长城”——纪念中国人民解放军建军九十周年馆藏文献展在国家典籍博物馆举办。

8月16日—18日，2017北京少儿曲艺比赛在北京举行。

8月17日—18日，“哥俩乐翻天”——全和全利滑稽专场演出在民族文化宫大剧院举办。

8月18日，“砥砺五年”——诗歌创作研讨会在北京举行。

同日，北京艺枫澜舞蹈剧场出品的舞剧《北京人》在北京保利剧院首演。

8月18日—22日，抱云堂书院首期书法访学班在北京举办。

8月18日—23日，“丝路明珠·魅力嘉峪关”摄影展在民族文化宫展出。

8月19日—27日，黑龙江省美术书法作品晋京展在炎黄艺术馆举办。

8月19日—30日，“大国重器”——迎接党的十九大胜利召开摄影展在民族文化宫展出。

8月19日—12月23日，公共文化惠民活动“首都市民音乐厅”在北京举办。

8月21日—27日，“北京西城老字号谱系丛书”及篆刻艺术展在深圳市举办。

8月22日—30日，中国国家画院杨晓阳工作室作品展在中国政协文史馆举办。

8月23日，歌剧《特里斯坦与伊索尔德》在国家大剧院歌剧院首演。

8月23日—24日，斯洛文尼亚卢布尔雅纳舞蹈剧院在北京9剧场演出舞蹈作品《16》。

8月24日，“文学中的英雄”主题论坛在北京举行。

同日，曲艺媒体联盟成立会议在胜利饭店召开。

8月24日—9月1日，北京重大历史题材美术作品展在中国美术馆举办。

8月25日，民族歌剧《林徽因》在天桥艺术中心正式公演。

8月25日—27日，加拿大达妮埃尔·德努瓦耶携腰方肌舞蹈团在北京9剧场演出舞蹈作品《身体与器乐二重奏》。

8月25日—9月7日，第七届全国农民摄影大展在中国摄影展览馆展出。

8月25日—11月19日，“笔砚写成七尺躯”——明清人物画的情与境展览在北京画院美术馆举办。

8月26日，中国交响乐团赴韩国举办中韩建交二十五周年专场音乐会。

同日，法国钢琴家米哈伊·鲁迪在北京音乐厅举办“音乐的色彩”的音乐会。

同日，2017罗兰少儿音乐嘉年华在蟹岛度假村举办。

8月26日—27日，西班牙莎伦·弗里曼舞蹈团在北京9剧场演出舞蹈作品《自由落体》。

8月28日，京津冀文化产业协同发展中心在北京成立。

8月30日，互联网时代的戏剧推广专家研讨会在中国国家话剧院召开。

同日，“中国大运河”——主题摄影作品在线展览。

8月30日—9月14日，“固本流远”——人物画传承学术邀请展举办。

9 月

9月1日，话剧《面人儿》在国家话剧院小剧场首演。

同日，民族管弦乐音乐会“山水重庆”在国家大剧院上演。

同日，新华社《国家相册》系列微纪录片及出版物捐赠仪式在国家图书馆举行。

同日，中国矿业大学(北京)图书馆智慧学习空间建成并正式启用。

9月1日—3日，中国摄影家协会第九次全国代表大在北京举行。

9月1日—6日，“六零六零”——当代中国画“60后”艺术家提名展在中国政协文史馆举办。

9月1日—30日，2017年全国小剧场戏剧优秀剧目展演在北京举办。

9月2日，黑豹乐队三十周年“本色”演唱会在工人体育场举行。

9月2日—3日，海南省歌舞团黎族在民族剧院演出舞剧《黄道婆》。

9月3日，“中国—阿拉伯国家剧院高层论坛·北京站”活动在北京天桥艺术中心举办。

9月4日，中华文化促进会篆刻艺术委员会在北京成立。

9月5日，中国青年戏剧联盟正式成立。

9月5日—28日，第十届北京青年戏剧节在北京举办。

9月6日，舞·乐《中国故事　十二生肖》在天桥剧场首演。

9月6日—10日，2017首届布拉格中欧国际艺术双年展在布拉格国际展览中心举办。

9月6日—17日，首届全国雕塑艺术大展在中国美术馆举办。

9月6日—27日，“鉴古开今”——军之魂主题书法作品展览在北京81美术馆举办。

9月7日，“丝路交响”音乐会在国家大剧院上演。

9月8日，话剧《模范监狱》在海淀剧院首演。

同日，“喜迎十九大唱响幸福歌”文艺扶贫歌曲创作汇报音乐会在民族文化宫大剧场演出。

同日，美国旧金山歌剧院在北京保利剧院演出英文原版歌剧《红楼梦》。

同日，“首都图书馆监狱数字分馆”正式启动。

9月8日—10月8日，“中国梦”影像公益广告主题展览在玉渊潭公园展出。

9月9日，大型歌舞《般若号角》北京站演出在五棵松体育馆举行。

同日，国家图书馆视听服务中心正式开放。

9月9日—10日，“弦歌逐梦”——西部丝路之旅音乐会在民族剧院上演。

9月9日—16日，北京杂技家协会一行16人赴俄国进行了访演交流。

9月11日，首届“紫禁城”杯中华老字号文化创意大赛在故宫博物院颁奖。

9月11日—13日，第十二届中国北京国际文化创意产业博览会在中国国际展览中心举办。

9月12日，小剧场话剧《家丑外扬》在北京人艺实验剧场首演。

同日，中国歌剧学研究中心在北京成立。

同日，全国图书馆文化创意产品开发联盟在北京成立。

9月12日—10月7日，“从东北到华北”一个中国军人的历史抉择主题展在中国摄影展览馆展出。

9月13日—16日，俄罗斯艾夫曼芭蕾舞团在国家大剧院演出舞蹈作品《安娜·卡列尼娜》《罗丹》。

9月13日—24日，2017北京喜剧周在北京举办。

9月14日，“亚美尼亚文化日”活动在北京举办。

9月14日—15日，“当代北京文艺的‘变’与‘不变’：2017·北京文艺论坛暨北京文艺评论2017年度推优活动成果发布会”在北京召开。

9月14日—16日，首届“2017年全国曲艺相声新作展演”活动在东城区第一图书馆会议中心剧场举行。

9月14日—17日，2017北京(国际)文创产品交易会在全国农业展览馆举办。

9月15日，音乐剧《隐婚男女》在天桥艺术中心首演。

同日，乌日娜独唱音乐会《苍茫谣》在中国音乐学院国音堂大音乐厅举行。

同日，“打击·乐——‘中外打击乐组合与乐队’实验音乐会”在国图艺术中心上演。

9月15日—11月12日，“德国8：德国艺术在中国”展览在北京举办。

9月15日—25日，“党在我心中”——全国各民族人民的幸福生活摄影展在民族文化宫展出。

9月16日，“商业还是艺术”私人美术馆及画廊生态研讨会在798白盒子艺术馆举行。

9月16日—26日，“百年巨匠”——四十三位文学艺术大师作品展在中国国家博物馆举办。

9月18日—24日，2017“国际创意舞蹈学术研讨暨高校展演”活动在北京师范大学举办。

9月18日—24日，北京濒危手工艺传承人才培养结业成果展在方圆美术馆举办。

9月19日，话剧《海棠依旧》在北京保利剧院公益上演。

同日，首都图书馆部分黑胶唱片数字资源向读者开放。

同日，芭蕾舞剧《敦煌》在天桥剧场首演。

9月20日，“音乐的色彩”室内乐音乐会在北京音乐厅演出。

9月20日—26日，首届百位影视名人书画展在民族文化宫展出。

9月20日—26日，北京美协第十六届新人新作展在国艺美术馆举办。

9月21日，中国作协文学工作者职业道德委员会在北京成立。

同日，2017年全市文化馆业务工作建设交流会在北京召开。

9月22日，话剧《实现·突围》在民族剧院首演。

同日，话剧《新原野》在北京保利剧院首演。

同日，第十届全国优秀儿童文学奖在北京颁奖。

同日，中央歌剧院贝多芬专场音乐会在国家大剧院音乐厅上演。

9月22日—24日，2017年世界大学生魔术交流大会在北京市昌平区举办。

9月22日—11月27日，第十二届“舞动北京”群众舞蹈大赛在北京举办。

9月23日，山西省运城市蒲剧青年实验演出团在中国评剧大剧院演出蒲剧《西厢记》。

同日，第四届“我爱唱歌”——京津冀百姓歌手大赛在密云大剧院举行。

9月23日—11月26日，“世纪英杰写豪情”——李苦禅绘画艺术展在中国园林博物馆举行。

9月24日—27日，“说唱中国梦　喜迎十九大”全国优秀曲艺节目展演在民族文化宫大剧院举办。

9月24日—10月15日，“2017·第七届中国北京国际美术双年展：丝路与世界文明”在中国美术馆举办。

9月25日，交响诗《鲁迅》在国家大剧院演出。

9月26日，中日青年作家交流会在北京举行。

同日，中国文艺评论传播联盟在北京成立。

9月27日，2017年“文化中国·全球华人音乐会”在国家大剧院举办。

9月28日—11月30日，“享，往远方”——摄影主题展在前门大街标致大道展出。

9月29日，现代京剧《横空出世》在梅兰芳大剧院首演。

同日，话剧《陶里街二十三号》在国话先锋剧场首演。

同日，话剧《如果没有明天之我是余欢水》在繁星戏剧村首演。

9月29日—10月6日，2017中国戏曲文化周在北京园博园举行。

9月30日，北戏曲艺教学研讨会在北京戏曲艺术职业学院召开。

10　月

10月1日，中共北京市委书记蔡奇，市委副书记、代市长陈吉宁等到首都图书馆调研节日期间市民文化生活。

同日，儿童剧《冲啊！去大森林!》在9剧场首演。

同日，儿童剧《花神》在中国儿童剧场首演。

同日，民族歌剧《玛纳斯》在天桥剧场首演。

同日，歌剧《兰花花》在国家大剧院首演。

10月1日—10月8日，北京欢乐谷第十一届国际魔术节在北京举办。

10月6日，民族舞剧《李白》在天桥艺术中心首演。

10月8日，东北师范大学在国家大剧院演出舞蹈晚会“从心而来”——多题材原创舞蹈作品专场。

10月9日—14日，中国杂技家协会“到人民中去——精品杂技下基层慰问演出”团队赴山东省潍坊市临朐县进行慰问演出。

10月10日，舞剧《井冈·井冈》在国家大剧院首演。

同日，“交响中国风”2017国家大剧院新作品音乐会在国家大剧院音乐厅上演。

同日，《文学评论》创刊60周年纪念大会在北京举行。

同日，中华儿童文化艺术促进会戏剧教育专业委员会在北京成立。

10月10日—15日，“美丽的高岭——塞罕坝”中国文联知名美术摄影艺术家赴塞罕坝机械林场采风创作作品展在中国文艺家之家展览馆展出。

10月10日—29日，“最美中国人”——庆祝中国共产党第十九次全国代表大会胜利召开大型美术作品展在中国国家博物馆举办。

10月11日，话剧《西洋钟》在鼓楼西剧场首演。

同日，音乐剧场《我们的爱情故事》在天桥艺术中心首演。

10月11日—12日，吉林省歌舞团有限责任公司在北京保利剧院演出民族舞剧《人·参》。

10月11日—12日，“喜迎十九大　美在玉渊潭”——北京国际摄影周2017特别展区系列活动摄影展在玉渊潭公园展出。

10月12日，“喜迎十九大，创造新辉煌”公园之友文艺会演在景山公园绮望楼前举行。

同日，杨留义城市山水画艺术馆在北京揭牌。

同日，《中国图书馆史》发布座谈会在国家图书馆召开。

10月12日—15日，“我们的时代”——首届北京青年摄影大展在首都图书馆B座一层展厅第二展馆展出。

10月12日—17日，“喜迎十九大”——北京人纪实摄影展在首都图书馆展出。

10月12日—22日，北京国际摄影周2017在北京举办。

10月12日—24日，“绣像儒风”——孔子及弟子画像石拓片展在北京国子监展出。

10月13日，中东欧国家作曲家新作品音乐会在北京音乐厅举办。

同日，“北京记忆”新版发布会在首都图书馆举行。

10月13日—14日，中国少儿戏曲小梅花20年汇报演出在梅兰芳大剧院举办。

10月13日—22日，“新时代　新女性”——摄影作品展在中华世纪坛展出。

10月13日—22日，“辉煌的五年”——‘喜迎党的十九大·航拍中国’摄影展在中华世纪坛展出。

10月15日，“名无虚”《五行》民乐即兴音乐会在天桥文化艺术中心上演。

同日，“心儿在歌唱——李双江师生十九男高音”音乐会在北京音乐厅举行。

同日，“党啊，亲爱的妈妈”——喜迎党的十九大胜利召开音乐会在中山公园音乐堂举办。

10月15日—28日，“学院本色2017”——美术学院学生作品展在清华大学美术学院美术馆举办。

10月15日—11月10日，张仃百年诞辰纪念展在清华大学艺术博物馆举办。

10月15日—11月11日，“安静的光”——约翰·塞克斯顿　安妮·拉森伉俪摄影展在泰吉轩画廊展出。

10月16日，“京华风韵”——中国作品专场音乐会在中山公园音乐堂举办。

同日，首都图书馆和田分馆揭牌仪式在新疆维吾尔自治区和田地区图书馆举行。

10月16日—30日，“民族脊梁”——迎庆党的十九大胜利召开全国书法大展在国家博物馆举办。

10月17日，喜迎十九大曲艺专场演出在北展剧场举办。

同日，“梦回长白”摄影展(北京站)在财富金融中心展出。

10月17日—21日，“寻访·铭记·传承”——纪念刘邓大军千里跃进大别山70周年摄影展在中国文艺家之家展览馆展出。

10月19日，音乐剧《秋裤和擀面杖》在天桥剧场首演。

10月19日—21日，比利时透明歌剧院在红馆演出歌剧《人声》。

10月20日—25日，世界戏剧教育联盟2017国际大学生戏剧节在中央戏剧学院昌平校区举办。

10月20日—12月20日，梅兰芳纪念馆藏戏曲文献脸谱展在梅兰芳纪念馆展出。

10月21日，儿童剧《成语魔方(四)》在北京假日经典小剧场首演。

同日，音乐剧《雪孩子》在北京剧院首演。

同日，原创民族管弦乐“我的祖国”音乐会在国家大剧院上演。

10 月 22 日，上海淮剧团在长安大戏院演出淮剧《半纸春光》。

10 月 22 日—26 日，首期全国曲艺自由职业者优秀人才培训班在北京举办。

10 月 22 日—26 日，德意志不来梅室内爱乐乐团在中山公园音乐堂演奏全套贝多芬交响曲。

10 月 23 日，北京城市学院杂技艺术学院揭牌仪式在北京城市学院顺义校区举行。

同日，中国科学院大学经济与管理学院图书情报与档案管理系成立。

10 月 23 日—26 日，“2017 中东欧国家舞蹈大师工作坊”在北京舞蹈学院举办。

10 月 24 日，中国当代经典交响作品音乐会在海淀北部文化中心举办。

10 月 24 日—25 日，合肥演艺股份公司在天桥艺术中心演出民族舞剧《立夏》。

10 月 24 日—26 日，香港管弦乐团在北京保利剧院演出歌剧《女武神》。

10 月 24 日—27 日，“2017 年一带一路民族传统舞蹈展演与学术交流”系列活动在北京舞蹈学院举办。

10 月 24 日—29 日，第十届巴黎中国曲艺节在法国巴黎举行。

10 月 24 日—12 月 17 日，白俄罗斯国家美术馆典藏精品展在中国美术馆举办。

10 月 25 日—31 日，“剪不断的乡愁”——中国剪纸传统与创新艺术邀请展在北京举办。

10 月 25 日—11 月 7 日，中国文联首届新文艺群体拔尖人才高研班学员在北京举办。

10 月 27 日，家风故事音乐会在国家大剧院小剧场举行。

10 月 27 日—29 日，荷兰舞蹈剧场在国家大剧院演出芭蕾作品《藏身之处》和《心之所往》。

10 月 28 日，中国校园文学馆在北京通州潞河中学挂牌。

同日，北京文艺网诗人奖在北京颁奖。

同日，原创绘本《麻雀》亲子音乐会在北京剧院上演。

同日，国乐剧《春江花月夜》在民族文化宫大剧院首演。

同日，东城区第二图书馆分馆——角楼图书馆对市民免费开放。

同日，“一道”北京画馆开馆在北京成立。

10 月 28 日—11 月 7 日，国家大剧院管弦乐团赴美国巡演。

10 月 28 日—11 月 8 日，“倘然意象”——千年古宣央美优秀青年画家联展在北京千年古宣艺术中心举办。

10 月 29 日，首届燧石文学奖在北京颁奖。

10 月 30 日，北京市中小学舞蹈教研组在北京成立。

10 月 30 日—31 日，江苏省盐城市淮剧团在中国评剧大剧院演出淮剧《送你过江》。

10 月 31 日，舞蹈剧《一刻》在北京保利剧院首演。

10 月 31 日—11 月 23 日，纪念关山月 105 周年诞辰作品展在国家博物馆举办。

10 月，《中国图书馆史》出版。

11　月

11 月 1 日，北京曲剧《B 超神探》在民族文化宫大剧院首演。

同日，张仃百年诞辰纪念学术报告会在清华大学举行。

11 月 1 日—15 日，葡萄牙当代艺术展在北京民生现代美术馆举办。

11 月 1 日—12 月 31 日，2017 北京新文艺团体优秀戏剧作品展演在北京举办。

11 月 2 日，中国作协主办的首都文学界学习贯彻中共十九大精神座谈会在北京举行。

同日，民族管弦乐音乐会“我的祖国”首演专家研讨会在北京举办。

11 月 2 日—4 日，第五届德国中国曲艺周在德国举办。

11 月 2 日—5 日，台湾云门舞集在国家大剧院演出舞蹈作品《稻禾》。

11 月 2 日—6 日，“庆祝党的十九大·同心共筑中国梦”——国家民委系统书画摄影展在民族文化宫展出。

11 月 2 日—13 日，2017 年度“北京高级演艺运营人才培养”项目班在北京举办。

11 月 3 日，中国文联主席团学习贯彻中共十九大精神座谈会在北京召开。

11 月 3 日—4 日，“面向新时代，书写新华章：全国当代文学研究首届青年论坛”在北京举行。

11 月 3 日—26 日，“沧海一粟”——刘海粟艺术展在中国美术馆举办。

11 月 4 日，（全国）教育书画协会高等美术教育学会在北京成立。

11 月 5 日—24 日，2017 中国写实画派十三周年展在北京嘉德艺术中心举办。

11 月 7 日，北京低碳雕塑园在昌平区开园。

同日，中国作协主办的首都少数民族文学界学习贯彻中共十九大精神座谈会在北京举行。

同日，“涅瓦河畔的冬日”音乐会在北京保利剧院上演。

11月7日—11日，北京市曲剧团赴湖南巡演北京曲剧《徐悲鸿与廖静文》。

2017年11月7日—2018年2月25日，“丹·格雷厄姆——精选辑”在红砖美术馆举办。

11月8日—12月3日，国际木口木刻版画作品及文献展在中央美院美术馆举办。

11月9日，文字学与当代高等书法教育学术研讨会在北京举行。

同日，文化部在北京召开艺术家学习贯彻中共十九大精神座谈会。

同日，北京市文联组织召开首都文艺界学习贯彻中共十九大精神座谈会。

同日，“长相知”——方琼古诗词音乐会在北京音乐厅举办。

11月10日—15日，山东青年美术作品晋京展在民族文化宫举办。

11月10日—30日，“第聂伯之会”——中乌当代美术展在太庙艺术馆展出。

11月11日，拒马河文艺联盟在北京成立。

同日，网络文学界学习贯彻中共十九大精神座谈会在北京召开。

11月11日—12月7日，2017首届国际写作计划在北京实施。

11月12日，“中国新诗百年”全球华语诗人诗作评选活动在北京颁奖。

11月14日，北京杂技的古都风韵与时代风貌研讨会在北京市文联召开。

11月14日—15日，内蒙古艺术学院在国家大剧院演出民族舞剧《草原英雄小姐妹》。

11月14日—19日，上海市民营院团展演在北京举行。

11月14日—19日，“时代楷模　国家脊梁：青年画家杨华‘两弹一星’功勋人物肖像画展”在北京展出。

11月15日，“‘一带一路’沿线省份‘北京—四川’曲艺家交流演出活动”在北京民族宫大剧院举办。

同日，北京市文联系统北京民歌创作研讨会在北京市文联召开。

11月15日—17日，“传承坚守　创新逐梦”——北京杂技团庆祝六十华诞系列活动北京举办。

11月16日，上海安可艺术团在北京警察学院上演音乐剧《致命咖啡》。

11月16日—18日，全国高等音乐艺术院校基本乐科课程建设学术研讨会在北京西藏大厦召开。

11月16日—12月3日，全国高等院校书法专业教师作品展在中央美院美术馆举办。

11月17日，“高参小”教育教学交流会在北京舞蹈学院举行。

11月17日—23日，“唱响新时代”——河南稀有剧种北京公益展演周在梅兰芳大剧院举办。

11月17日—23日，“中国名片”——纪念武汉长江大桥通车60周年暨新中国建桥成就摄影展在中央党校展出。

11月17日—26日，“美在新时代——庆祝‘十九大’胜利召开中国美术馆典藏精品特展”在中国美术馆举办。

11月17日—29日，“再忆北平”——辟谷列维奇油画作品展在北京鲁迅博物馆展出。

11月18日—19日，中国戏曲在亚洲的传播学术研讨会在北京外国语大学举办。

11月18日—24日，南京市越剧团在北京演出越剧《织造府·又见青溪》《僧繇》。

11月18日—25日，首期青年创意设计人才培训班在中央文化管理干部学院举办。

11月19日—12月1日，2017两岸青年戏剧人才培训扶持计划在北京举行。

11月20日，天桥西河鼓书传人三弦家马小祥曲艺专场演出在老舍茶馆举办。

11月21日—23日，俄罗斯芭马林斯基剧院芭蕾舞团在国家大剧院演出芭蕾舞剧《睡美人》。

11月21日—12月24日，“文白之变：中国新文学诞生百年纪念展”在北大红楼新文化运动纪念馆展出。

11月22日—12月2日，“强军路上新风采”——全军摄影展在中国人民革命军事博物馆展出。

11月22日—12月7日，“女性与时代·百年中国女性艺术大展——迈向新时代”在中国妇女儿童博物馆举办。

2017年11月22日—2018年3月28日，世界舞美大师古尼拉作品展在中央戏剧学院举办。

11月24日—29日，深圳·宝安书法晋京展在北京杏坛美术馆举办。

11月25日，《民艺》杂志创刊座谈会在北京举行。

同日，“京藏人民一家亲”民族歌舞器乐集锦《西山晴雪》在北京保利剧院上演。

11月25日—26日，意大利阿岱舞蹈团在国家大剧院演出现代舞作品《对立》《水的回声》《雨中的狗》。

11月25日—26日，“美术史在中国”——中央美术学院美术史学科创立60周年国际学术研讨会暨第11届中国高等院校美术史学年会在中央美术学院举办。

11月25日—12月15日，“时代劳动者”美术作品展在太庙举办。

11月27日，安娜·高美雕塑《心灵的外衣》捐赠收藏仪式在中国国家博物馆举行，

11月27日—12月2日，齐鲁画风·山东中国画大展（1949—2017）在国家画院美术馆举办。

11月28日，全国文联“互联网＋文艺”工作会议在北京召开。

同日，中国歌剧舞剧院赴墨西哥演出舞剧《昭君出塞》。

11月28日—30日，“新时代之歌”主题演出在民族文化宫大剧场上演。

11月28日—12月3日，“深入生活　扎根人民·当代书坛基层采风主题实践”活动成果展在中国文艺家之家展览馆举办。

11月29日，当代舞剧《贝玛·莲》北京未来剧院首演。

同日，“孔子·儒学·儒藏”——儒家思想与儒家经典名家系列讲座在国家图书馆开讲。

11月29日—12月2日，“跨文化音乐教学方法与策略国际论坛”系列音乐艺术交流活动在北京举行。

11月29日—12月10日，四川美术学院漆艺术展在中国美术馆举办。

11月29日—12月10日，“行进之力”——广州美术学院水彩画传承谱系展览在中国美术馆举办。

11月30日—12月3日，四川人民艺术剧院在北京天桥艺术中心演出四川话版《茶馆》。

11月30日—12月10日，“回眸600年——从明四家到当代吴门”绘画特展在中国美术馆举办。

2017年11月30日—2018年1月3日，“纪念李可染诞辰110周年——墨天神境·李可染最后十年作品展”在国家博物馆举办。

12　月

同日，俄罗斯明星芭蕾团在天桥剧场演出舞蹈节目《来自俄罗斯的爱》。

12月1日—10日，2017年“戏聚北京”北京市群众戏剧短剧原创作品大赛在北京举办。

12月1日—10日，“北京意象·美丽延庆”绘画作品展在中国美术馆举办。

12月2日，舞蹈剧场《两地书》在国家大剧院首演。

同日，北京市区（局）、产（行）业文联原创优秀文艺节目展演在民族文化宫大剧院举办。

12月2日—3日，西班牙马德里弗拉门戈舞剧团在北京展览馆剧场演出舞剧《卡门》。

12月2日—3日，山西太原舞蹈团在国家大剧院演出舞剧《雁丘词》。

12月2日—29日，第四届中国油画展（抽象展）在今日美术馆举办。

12月3日，歌剧《法斯塔夫》在国家大剧院首演。

同日，评剧《藏地彩虹》在全国地方戏演出中心首演。

12月4日，“南北魔术之道——魔术的传承与时代”研讨会在北京举行。

12月5日—18日，“奋进新时代”——航拍中国摄影展在北京航空航天大学展出。

12月5日—22日，“你好！墨西哥”摄影展在墨西哥大使馆展出。

12月5日—29日，纪念中国话剧诞生110周年·戏剧东城10周年——全国话剧优秀新剧目展演季在北京举办。

12月6日，“阅读V时代·V影响力峰会读书年度盛典”在北京举行。

12月8日，2017鲁迅文化论坛在全国政协礼堂举办。

同日，“格桑花开新时代”——美丽西藏采风原创歌曲演唱会在中国剧院举办。

12月8日—9日，浙江话剧团、贵州省话剧团在首都剧场演出话剧《此心光明》。

12月9日，第三届“诗词中国”挑战吉尼斯世界纪录“最大规模的诗词竞赛”称号成功。

12月9日—20日，沈门七子书法展在中国国家博物馆举办。

12月11日，中国话剧诞生110周年纪念座谈会在文化部举行。

同日，湖南省昆剧团在北京梅兰芳大剧院演出昆剧《湘妃梦》。

12月11日—15日，首届中国舞蹈影像展在中国文艺家之家展览馆举办。

12月12日，“天域舞风”——原创西藏题材舞蹈作品展演在国家大剧院举办。

同日，“Share the Music Time 共享音乐时光”特别音乐会在国家大剧院音乐厅演出。

12月12日—26日，百老汇经典音乐剧《金牌制作人》在天桥艺术中心演出。

12月13日，纪念相声大师侯宝林100周年诞辰系列活动在北京举行。

12月13日—22日，“写意中国”——2017中国国家画院年展（国画·书法篆刻）在中国国家画院国展美术中心举办。

12月14日—15日，2017北京文创产业投融资年会暨文化金融合作峰会在北京召开。

12月14日—24日，首届全国大学生美术作品展在中国美术馆举办。

12月15日，2017年京津冀快板邀请赛暨第九届北京快板邀请赛决赛在北京刘老根大舞台举办。

同日，“一带一路”民族音乐巡礼“丝绸之路”音乐会在国家大剧院上演。

12月16日，中国演出行业协会戏曲演艺委员会在北京成立。

同日，中国艺术研究院艺术与人文高等研究院在北京成立。

12月16日—22日，山东抗日根据地历史图片展在民族文化宫展出。

12月16日—23日，“古典遗珍”——西方经典艺术作品展在北京奥加美术馆举办。

12月16日—24日，西安美术学院作品展在中国美术馆举办。

12月16日—31日，“至人之心，如珠在渊”篆刻艺术展在白塔寺胡同美术馆举办。

12月17日，良音妙曲绕小楼专场演出在民族文化宫举行。

12月18日—19日，广东省话剧院有限公司在国家话剧院剧场演出话剧《韩文公》。

12月18日—24日，“诗书画印影　五艺颂长城”艺术作品展在北京市文联展厅举办。

12月18日—29日，“影像北京”2017年北京市美术书法摄影比赛优秀作品展在首都图书馆展出。

12月19日，进一步加强京津冀文艺事业协同发展研讨会暨合作签约仪式在北京举行。

12月19日—25日，首届“美在京津冀”——北京、天津、河北美术作品展在炎黄艺术馆举办。

12月20日，中国大众文化学会“深入学习贯彻党的十九大精神暨中国大众文化学会成立三十周年纪念座谈会”在北京举行。

12月20日—23日，“向人民汇报”——“深入生活　扎根人民”当代10位摄影家纪实摄影展在中国文艺家之家展览馆展出。

12月20日—25日，庆祝中国工笔画学会成立三十周年名家学术邀请展在81美术馆举办。

同日，话剧《广陵散》在首都剧场首演。

12月21日—24日，德国弗洛兹默剧剧团在北京天桥艺术中心演出默剧《梦幻剧团》。

12月22日—31日，纪念北京大学书法研究社成立100周年作品邀请展在北京大学全举办。

2017年12月22日—2018年1月2日，“与时代同行”——全国摄影艺术展览60年精品回顾展暨第26届全国摄影艺术展览北京巡展在中华世纪坛举办。

2017年12月22日—2018年2月23日，纪念刘炳森诞辰八十周年作品暨文献展在故宫博物院武英殿举办。

2017年12月22日—2018年2月28日，“我生无田食破砚——齐白石笔下的书法意蕴之二”专题展在北京画院美术馆举办。

12月23日，2017年首届文化科技学术会议在北京召开。

12月23日—24日，河南豫剧院青年团在中国评剧大剧院演出豫剧《梵王宫》。

12月24日，“共舞新时代”——北京舞蹈大赛30年拔尖人才和优秀成果展在北京舞蹈学院举办。

同日，中央歌剧院2017年“歌剧GALA”音乐会(上)在国家大剧院上演。

同日，国家大剧院中外音乐家雕塑廊特别音乐会在国家大剧院举行。

12月25日，中国纪实文学研究会成立30周年暨革命老人韩启元创作研讨会在北京举行。

12月25日，中央歌剧院2017年“歌剧GALA”音乐会(下)在国家大剧院上演。

2017年12月25日—2018年1月14日，“新中国美术家系列——中国国家画院国画作品展”在时代美术馆举办。

12月26日，文化部正式公布全国地方戏曲剧种普查情况。

12月27日，“舞典华章”——2017中国舞蹈年度巡礼在国家大剧院演出。

12月28日，2017汪曾祺华语小说奖在北京揭晓。

同日，首届“吴承恩长篇小说奖”在北京颁奖。

同日，2017首都市民系列文化活动群众精品节目展演在首都图书馆举行。

同日，2017首都市民系列文化活动“走进新时代　踏上新征程”群众精品节目展演在首都图书馆演出。

2017年12月28日—2018年1月8日，多彩贵州大型书画作品展在中国美术馆举办。

2017年12月28日—2018年1月28日，“绎新籀古　光气垂虹”——严复书法特展在故宫博物院延禧宫举办。

12月29日，2018年新年戏曲晚会在国家大剧院举行。

12月，中国作家协会网络文学中心在北京成立。

同月，北京文化志愿者2017年国际志愿者日主题活动在北京举办。

综　　合

【概　况】 2017年，北京文化艺术界深入学习贯彻习近平总书记系列重要讲话精神和治国理政新理念新思想新战略，推动了首都文化艺术的进一步发展；围绕《国家"十三五"时期文化发展改革规划纲要》、中共十九大"一带一路"文化发展和中华优秀传统文化传承等主题，全市开展了一系列座谈、研讨、文艺演出和展览活动；为推进京津冀文化协同发展，北京文化系统联合天津、河北两地文化系统展开一系列的文化合作；北京文化艺术界组织首都艺术家奔赴西藏自治区、内蒙古自治区、新疆维吾尔自治区、台湾地区进行慰问和文化交流活动，并深入基层送文化。2017年，北京出台了一些新的文化艺术政策，成立了一批新的文化艺术机构，文化艺术市场活跃，文化创意产业有了新进展，出现了一些有影响的新剧目，各种艺术活动和展览频繁举办，国内外各种与文化艺术相关的会议相继召开，非物质文化遗产的保护工作取得了新进展，各种文艺比赛花样繁多，文博会、艺博会、"相约北京"文化活动、文化惠民消费季、"动漫北京"等大型文化活动相继展开，国内外的文化交流活跃，还举办了高层次的文化艺术培训，对文化艺术理论的研究和探讨更为深入。

6月23日，刘奇葆在中华文化走出去工作会议上，强调要深入学习贯彻习近平总书记系列重要讲话精神和治国理政新理念、新思想、新战略，进一步坚定文化自信，更好地展示中华文化的独特魅力。9月29日—10月6日，2017中国戏曲文化周在园博园举办。12月，文化部发布全国地方戏曲普查成果。

2017年京津冀文化产业协同发展中心、京冀拒马河文艺联盟相继成立，促进了三地在文化产业和文化交流领域的协同发展；中国文艺评论传播联盟、中演协会动漫演艺专委会的成立，增强了首都文艺、演艺领域的专业研究能力；清华大学美术学院成立文化传承与创新设计研究所，中国艺术研究院成立艺术与人文高等研究院，这些研究机构的成立对于打造传统文化产业的新形象，推进对艺术与人文领域的精深研究而言是有益的探索；中国民协核雕专委会的成立有效增强了首都对于手工艺的传承保护力度。

2017年，京津冀三地文联签订了《京津冀文艺事业协同发展合作协议》《京津冀文联建立采风创展基地的合作意向书》，三地文艺交流与合作向纵深发展：第六届"动漫北京"展会、"非遗"展览以及文化产业方面的竞赛活动等均将天津和河北纳入活动范围。

在政府的积极引导下，2017年，第十二届中国北京国际文化创意产业博览会、第四届北京市文化融合发展项目合作推介会、首届"一带一路"国际文化产业高峰论坛等一系文化产业的高端活动在北京举办，首都的文化创意产业也日益繁荣。

2017年，第十七届"相约北京"艺术节、第二届华人春天艺术节、第十届中国国际青年艺术周等艺术演出活动在丰富首都舞台的同时，也推动了首都舞台演出整体水平的提高。同时，围绕着"一带一路"国际合作高峰论坛和北京2022年冬奥会，北京分别在国家大剧院和劳动人民文化宫举办了文艺演出。2017年，由北京市文联举办的北京市区(局)、产(行)业文联原创优秀文艺节目展演在民族文化宫大剧院上演；由市文化局组织的北京市属文艺院团创作采风基地在通州挂牌。这些都是市文联、市文化局深入贯彻落实中共十九大精神，响应习近平总书记讲话号召，积极组织开展"深入生活　扎根人民"主题实践活动取得的成果。

第五届北京文学艺术品展示会、第二十届北京艺术博览会、"百年巨匠"作品展、第三届学院实验艺术文献展、"天工开悟·当代公共艺术主题展"等展览活动在北京举办，为国内外艺术精品提供了交流、展示的平台；同时，首都艺术家"牢记使命、繁荣文艺"创作作品展、"砥砺奋进的五年"大型成就展、"凝聚新力量　喜迎十九大"等一系列相关主题艺术展相继在北京举办，突出了年度主题。

2017年，北京地区举办的与非物质文化遗产相关的活动有：少数民族非遗文献展、鸟巢非物质文化遗产邀请展、良辰美景·恭王府2017非遗演出季、中国剪纸传统与创新艺术邀请展等；在研究领域，文化部主办的非物质文化遗产公约和法律研修班、中国艺术研究院主办的“中国非物质文化遗产保护人才培养学术研讨会”以及由中国非物质文化遗产保护协会主办的“非物质文化遗产代表性传承人（专家）资助项目”，为北京乃至全国的“非遗”保护工作提供了助力。

2017年，首都文艺舞台评比不断、获奖频仍。首届寻找“当代艺匠”公益评选活动中，10人获“当代艺匠”荣誉称号。第三届“会林文化奖”、第二届北京市文化创意创新创业大赛、第十一届AAC艺术中国大奖均重要奖项均在北京颁奖。

2017年，北京多次组织艺术家、民间艺术家到国内外进行交流、考察，增进了与国内外同行的沟通，比如京味儿文化之旅赴台活动、渥太华“北京周”活动、北京青年艺术家“海上丝路”艺术嘉年华；同时，在北京展出的法国、德国、韩国、立陶宛、亚美尼亚等国外的当代艺术展览，扩大了国人的艺术视野；再有，“白俄罗斯文化日”、首届布拉格中欧国际艺术双年展等一系列国际交流项目在北京举办，为国外文化提供了在北京展示的平台；2017年，首都文艺家在北京市文联的组织下，奔赴西藏自治区、新疆维吾尔自治区、内蒙古自治区等地进行文化交流慰问活动，有力地推动了当地文化的发展。

2017年，全国文化市场管理工作会议、中华优秀传统文化传承发展工作座谈会、中华文化“走出去”工作会议、加强文化自信与文化管理创新研讨班座谈会、北京文艺论坛以及文化部、首都文艺界学习贯彻中共十九大精神座谈会、全国非物质文化遗产保护工作会议、全国艺术类学术期刊主编高峰论坛、“网络文艺发展与新型智库建设”研讨会等活动在北京举办，把相关领域的理论探讨逐步引向深入。

2017年，《中国艺术发展报告（2016）》《北京蓝皮书·北京文化发展报告（2016—2017）》《中华人民共和国文化部2016年文化发展统计公报》在北京发布，分别对北京和全国文化发展的总体情况，进行了分析，指出了存在的问题，提出了相应的建议。北京第五批“非物质文化遗产丛书”、《中国传统工艺全集》等书籍的出版，介绍了北京地区的7项非物质文化遗产和中国的近600种传统工艺。

（白　莲）

机　　构

【张伯驹潘素文化发展基金会】 2月18日，张伯驹潘素文化发展基金会揭牌暨“大爱传承·文化为公”公益计划启动仪式在人民大会堂举行。该基金会是经国务院批准，隶属于中华人民共和国文化部业务主管，在民政部设立注册的非公募基金会。其宗旨是筹措文化基金，反哺文化公益；扶持文化人才，推动文化创新；整合文化资源，促进文化交流；推进文化事业，致力文化繁荣。张伯驹、潘素的家人，全国人大、民政部等相关部门领导，文化与教育机构负责人，社会名人与媒体记者等200人参与了该基金会的揭牌仪式。该基金会内设顾问委员会、专家委员会、学术研究委员会。基金会理事长为楼开肇。

（白　莲）

【中国民协核雕专业委员会】 2月24日，中国民协核雕专业委员会成立暨揭牌仪式在北京举行。首批核雕专业委员会成员共计50余人，首任主任为国家级“非遗”项目核雕（光福核雕）代表性传承人宋水官。成立仪式上，中国民协核雕专业委员会与江苏省吴中中等专业学校签署了“核雕传承班”项目。与会专家还参加了“手艺太湖、匠心吴中”文化传承座谈会，围绕吴中民间工艺、文化与金融、艺术创新、人才培育等内容进行了交流。

（白　莲）

【清华大学美术学院文化传承与创新设计研究所】 3月5日，由清华大学美术学院与一得阁有限公司等中华老字号共同建设的清华大学美术学院文化传承与创新设计研究所成立。该研究所旨在开展中华传统文化传承与设计创新相结合的针对性研究，打造传统文化产业的新形象，培养传统文化设计创新人才，构建中华传统文化的传承体系。

（白　莲）

【动漫演艺专业委员会】 7月19日，中国演出行业协会动漫演艺专业委员会成立大会在北京召开。会上，与会代表讨论通过《中国演出行业协会动漫演艺专业委员会章程》，选举产生委员会主任和副主任。该专业委员会隶属于中国演出行业协会，其工作范围包括牵头组织和制定动漫演艺团体标准，开展动漫演艺领域的行业调查与统计，动漫演艺企业、机构及个人资质认证服务，推荐表彰在动漫演艺行业中表现突出的企业、机构、个人，组织动漫演艺企业、机构、人员进行业务交流，提供专业培训，举办动漫演艺相关活动，为会员企业、机构以及个人提供知识产权保护，促进行业市场化、品牌化发展，参与国际动漫演艺文化交流、合作等。

（白　莲）

【京津冀文化产业协同发展中心】8月28日，由中国文化产业协会、国家文化产业创新实验区共同建设的京津冀文化产业协同发展中心在北京成立。该中心采取“政府支持、协会主导、市场运作”的运营模式，是推动京津冀文化产业协同发展的公共服务平台。该中心依托政府政策资源和市场资源优势，秉承面向政府机构、社会组织、企业、园区服务为宗旨，搭建线上与线下平台，业务范围包括展览展示、智库服务、项目对接、媒体服务、人才服务、投融资、政策指导、知识产权服务、文化服务等业务，为企业、园区、社会组织、政府提供服务。

（白　莲）

【中国文艺评论传播联盟】　9月26日，由《中国文艺评论》、中国文艺评论网、《光明日报》文艺部、光明网、《中国艺术报》、《文艺报》、中国文联出版社、生活·读书·新知三联书店、中国文艺网、中国作家网等众多单位共同发起的中国文艺评论传播联盟成立仪式在北京举行。该联盟的宗旨是促进文学专业、艺术领域更有效地引导创作、推出精品、提高审美、引领风尚，加强、改进文艺评论工作和阵地建设，整合文艺传播力量，推进中国文艺评论家协会在行业建设中发挥更大作用。

（白　莲）

【京冀拒马河文艺联盟】　11月11日，北京、保定、石家庄地区的首家文艺联盟——拒马河文艺联盟成立大会在北京市房山区举办。该联盟由北京的房山和河北的保定、涿州、涞源、涞水、易县、阜平、正定的8家文联组成，成立大会上公布了拒马河文艺联盟的组织机构设置及主席团成员名单。房山区文联主席史长义、保定市文联党组书记王淑彦担任联盟执行主席。该联盟旨在通过开展文化领域的合作交流活动，共享文化资源，推进京保石地区文化融合发展。

（白　莲）

【中国艺术研究院艺术与人文高等研究院】　12月16日，中国艺术研究院艺术与人文高等研究院在北京成立，刘梦溪出任院长。该研究院是在中国艺术研究院中国文化研究所的基础上创设成立的，以艺术与人文为主要研究对象；其研究范围包括艺术史、艺术理论、当代艺术以及历史、哲学、文学、伦理学、宗教学、文化学等；研究重点为艺术与人文领域较具普遍性的基本问题和重大问题。陈方正、林祥雄、李零、章新胜、王石，陈越光、陈嘉映、陈平原、白谦慎、王学典、黄一农、梁治平、赵汀阳、郑永年、任剑涛、余世存16位学者、专家、艺术家受聘为该院的高级研究员。

（白　莲）

【北京市文艺院团创作采风基地】12月20日，作为北京市文艺院团“深入生活　扎根人民”主题实践活动，由北京市文化局组织的创作采风基地挂牌仪式在通州区西集镇举行。北京市文化局副局长关宇，通州区文化委党委书记、主任王立生及各院团负责人与创作人员近200人参与了该次活动。挂牌仪式上，中国评剧院与通州区西集镇签订了文化共建协议，中国评剧院的演员与通州西集镇群众文化团队的演员还进行了演出。

（白　莲）

文化建设

【“12318健康文化你我他”法治宣传日】　3月17日，北京市16个区同步开展主题为“12318健康文化你我他”的法治宣传日活动。活动现场设立展板及展台，展板重点宣传新法规《中华人民共和国电影产业促进法》，展台则展出了北京市文化执法总队收缴的非法文化产品，包括非法电台、盗版光盘和图书以及与淫秽视频一起贩卖的VR眼镜。该项活动中，北京市共设立文化法规宣传展板132块，张贴宣传海报2500多张，发放新修订法规宣传材料1.1万余份、宣传品1.2万件。

（白　莲）

【刘奇葆到北京人民剧场调研】9月22日，中共中央政治局委员、中央书记处书记、中共中央宣传部部长刘奇葆到北京人民剧场实地考察音像工程拍摄录制固定场地，并与有关人员座谈交流。刘奇葆强调要深入学习贯彻习近平总书记系列重要讲话精神和治国理政新理念、新思想、新战略，认真落实支持戏曲传统发展的有关政策，更好地传承中华戏曲精华、弘扬中华优秀传统文化。

（白　莲）

【第五届北京惠民文化消费季】7月—11月，由北京市文资办、北京市文化局、北京市新闻出版广电局、北京市文物局主办，北京市发展改革委等21个委办局和16个区政府联合主办的以“文荟北京　质惠生活”为主题的第五届北京惠民文化消费季在北京举办。该活动围绕“文化惠民”核心主旨，推出商场、社区、文创园区、文化小镇4

类特色文化空间，举办匠心筑梦、智启未来、视听飨宴、书香艺韵、时尚品位和共享互融6个板块、近200项文化活动。该文化消费季期间，共计开展万余场次文化活动，实现直接消费金额162.1亿元，惠民金额10.3亿元，共实现线上文化消费93.04亿元，占比57%。

（白　莲）

【印发《推进文化馆图书馆总分馆制实施方案》】 2016年12月29日，文化部、新闻出版广电总局、体育总局、发展改革委、财政部印发了《关于推进县级文化馆图书馆总分馆制建设的指导意见》(以下简称《意见》)。该《意见》分指导思想、基本原则、工作目标、主要措施、组织保障5个部分。主要措施是：把总分馆制建设纳入现代公共文化服务体系；明确功能与运行机制；因地制宜推进总分馆制建设；创新服务方式和手段；引导社会力量参与总分馆制建设；进一步健全城乡基层公共文化设施网络，解决县级馆服务能力不强、县域内公共文化资源缺乏整合、城乡公共文化服务发展不均衡等突出问题。要求到2020年，全国具备条件的地区因地制宜建立起上下联通、服务优质、有效覆盖的县级文化馆、图书馆总分馆制，使广大基层群众享受的基本公共文化服务内容更加丰富，途径更加便捷，质量显著提升，均等化水平稳步提高。北京市文化局认真贯彻落实该文件，结合北京的实际，于9月27日印发了《推进文化馆图书馆总分馆制实施方案》。

（刘启泰）

【中国艺术节基金会古代艺术品专项基金】 11月18日，中国艺术节基金会古代艺术品专项基金在北京启动。该专项基金以传承中华优秀传统文化为宗旨，以古代艺术品、文化遗产为载体，打造集古代艺术品数据库、古代艺术品排行榜、古代艺术品鉴定于一体的公益文化产业链。

（白　莲）

【蔡奇到国家大剧院调研】 12月28日，北京市委书记蔡奇到建院十周年的国家大剧院调研。他强调，国家大剧院作为展示大国首都形象和中华文化魅力的重要窗口，要持续发挥在全国文化中心建设中的引领示范作用，打造国际一流的百年艺术殿堂。蔡奇参观了正在展出的“回眸经典”——国家大剧院原创与制作剧目展和“华章”——国家大剧院院藏品展，还观看了大剧院合唱团、管弦乐团排练，并向艺术家们表示慰问。市领导杜飞进、崔述强、王宁一同调研。

（白　莲）

文化(创意)产业

【第十四届中国文化产业新年论坛】 1月7日—8日，以“文创+时代：审美驱动与产业创新”为主题的第十四届中国文化产业新年论坛在北京大学举办。论坛由北京大学文化产业研究院、国家文化产业创新与发展研究基地、北京市海淀区宣传部等承办。主论坛聚焦于在文化与各产业高度融合的今天，如何通过文化资源的全域开发，转变发展方式、实现产业升级，并探索产业全球化的新趋势、新机遇与新挑战。除主论坛以外，还开设了“文化传承与文化创新”“中国智造与创新设计”“两岸文创项目创新与交流合作”“智库对话2017”4场主题对话会以及专题发表会。

（白　莲）

【第二届中国—中东欧国家文化创意产业论坛】 5月30日，第二届中国—中东欧国家文化创意产业论坛在北京举办。论坛以“行动起来：‘16+1’文化产业合作新起点”为主题，邀请了来自阿尔巴尼亚、保加利亚、克罗地亚等16个中东欧国家与中国的政企代表，共商各方之间的文化产业创新合作前景。与会各国政企代表围绕“创意产业让文化遗址活起来”“京津冀与中东欧国家文化贸易创新合作”等话题进行了交流。

（白　莲）

【2017首届“一带一路”国际文化产业高峰论坛】 6月10日，由《民生周刊》、中国文化信息协会、天意盛世联合主办的“2017首届‘一带一路’国际文化产业高峰论坛暨中国首个‘文化和自然遗产日’专家对话”在人民大会堂举行。该论坛以丝路文化发展为主题，相关政商企、专家、学者以及“丝绸之路”沿线10个国家的代表与驻华大使等百余人出席了该活动。

（白　莲）

【第六届“动漫北京”】 7月20日—23日，由北京市文化局主办的2017第六届“动漫北京”在全国农业展览馆举办。第六届“动漫北京”活动紧扣“一带一路”建设、京津冀协同发展、数字创意产业提升、娱乐产业转型升级等主题，分为产业峰会、展览交流、交易推介、动漫嘉年华、电竞赛事、“金翼奖”颁奖6个板块，开展了近百个分项活动。其中，主题活动“‘一带一路’数字创意发展论坛”邀请国内外行业专家进行了主题演讲，并发起筹备“一带一路”数字创意年度指数报告；主题活动

"动漫游戏产业政策峰会"则邀请相关部门人士就文化、科技、进出口、人才等政策进行宣讲、解读及答疑，为企业提供"一站式"政策服务。

（白　莲）

【国际文化贸易(动漫游戏海外专题)研讨会】 8月7日，由北京外国语大学文化产业研究中心主办的国际文化贸易(动漫游戏海外专题)研讨会在北京举行。来自中国传媒大学、北京工业大学、北京外国语大学等高校的专家、学者和12家动漫、游戏企业的代表参加了会议。与会专家、学者认为，应加强对文化产业"走出去"有关数据的统计与分析；建设国家级平台，发布相关信息；中国动漫游戏"走出去"应注重融入世界文化圈，进行平等交流，同时运用市场经济的理念、规则与方式在世界文化市场展示中国文化产品。参会的企业代表总结了各自企业在海外发展的问题与经验。

（白　莲）

【第十二届中国北京国际文化创意产业博览会】 9月11日—13日，以"文化科技融合　传承创新发展"为主题的第十二届中国北京国际文化创意产业博览会(以下简称文博会)在中国国际展览中心举办。1800多家国内外文化创意企业参与主展场展示活动。中国23个省、区、市，4个国际组织，63个国家和地区的86个境外代表团组参与文博会。文博会期间举办了综合活动、展览展示、推介交易、论坛会议、创意活动和分会场6个系列百余场活动，并搭建了官方互联网展示平台。该届文博会有海内外文化创意产业界及相关业界的近200万人次参与，共签署文化创意产业的产品交易、艺术品交易、银企合作等协议总金额977.28亿元。

（白　莲）

【第四届北京市文化融合发展项目合作推介会】 9月12日，由北京市国有文化资产监督管理办公室、工业和信息化部工业文化发展中心、中国动漫集团有限公司联合主办的第四届北京市文化融合发展项目合作推介会在北京举办。作为文博会的重要板块，推介会以"文化科技融合　创新推动发展"为主题，以项目推介为手段，展示首都优秀文化融合产业项目，为项目落地提供交流平台。推介会邀请了来自北京市文化投资发展集团有限责任公司等众多北京市文化创意企业、投融资机构、科研院所、社团组织及新闻媒体等单位的300多位代表参会。推介会上，北京市文化科技融合发展研究中心揭牌成立，企业签约踊跃，18个文化融合发展项目签约额逾65亿元。

（白　莲）

【2017北京(国际)文创产品交易会】 9月14日—17日，作为第五届北京惠民文化消费季的重要板块，2017北京(国际)文创产品交易会(以下简称文交会)在全国农业展览馆举办。来自全国各地的300余个参展商携数万件文创产品参与文交会，超过500万人在线观看展会直播。该次文交会共有传统文化与设计创新、生活美学与时尚消费、匠心智造与共享未来、丝路文化与创意风情4个主展区。文交会除线下展览外，还与各类网络平台合作搭建了京东文交会创意生活馆等网络展示、交易平台，延展文交会的服务效应。

（白　莲）

【2017北京文创产业投融资年会暨文化金融合作峰会】 12月14日—15日，由北京市文资办、东城区人民政府、清华大学主办的2017北京文创产业投融资年会暨文化金融合作峰会在北京召开。该峰会以"新时代文化中心的金融担当"为主题，来自全国20个城市的文创企业、投资机构、银行、券商机构、媒体等各方代表近千人与会，共同探讨文化金融融合及文创产业发展趋势，为促进文化金融业态快速发展打造合作交流平台。该峰会还设立了文化产业项目路演和产品发布推介会，通过20余个优秀文创项目展示首都文化企业的创意、创新能力。

（白　莲）

活　动

·综合性文化艺术活动·

【"百花迎春"——中国文学艺术界2017春节大联欢】 1月7日，"百花迎春"——中国文学艺术界春节大联欢在北京人民大会堂举办。该活动旨在集中展现近年来文艺界深入学习贯彻习近平总书记在文艺工作座谈会和第十次文代会、第九次作代会上的重要讲话精神，坚持以人民为中心的创作导向，深入生活、扎根人民，创作优秀作品，服务基层群众，繁荣发展社会主义文艺的重要成果和昂扬向上的精神风貌。全国政协、中国文联、文化部、中国文学艺术基金会相关领导，中国文联主席团委员及所有荣誉委员，中央有关部委负责人，文化部、中国文联老领导，各文艺家协会知名文艺家等共2000余人出席活动，260多名艺术家和8个艺术团队登台献艺。

（白　莲）

【第二届华人春天艺术节】 3月11日—5月14日，天桥艺术中心第二届华人春天艺术节在北京举办。该届艺术节以“温情记忆，新派传承”为主题，着重关注海外华人艺术家对传统文化的传承和探索。艺术节涵盖了戏曲、音乐剧、现代舞、装置舞台剧、论坛和“周末聚艺”公益活动7个板块，当代昆曲《春江花月夜》，京昆演音会“乱弹三月”，现代戏剧《欲望城国》，音乐剧《顶头锤》《唯一》，“边疆：吴蛮与丝路音乐大师”音乐会，互动打击乐专场音乐会“给我一小时”，现代舞作品《白莲·黑土》《缝隙》，奇幻装置舞台剧《爸爸的时光机》10部华人艺术家作品，共举办了29场演出、10场艺术活动和2场论坛。

（白　莲）

【第十七届“相约北京”艺术节】 4月27日—5月31日，第十七届“相约北京”艺术节在北京举办。来自21个国家和地区的400余位艺术家与中国艺术家一起向观众展示了音乐、舞蹈、戏剧等节目，艺术节期间还举办了展览、研讨会等活动。第十二届潮流音乐节、第四届加勒比音乐节、超级大提琴2017音乐节，以及拉美艺术季特别策划的“海难幸存者的十天与百年孤独五十年”都以“节中节”的形式融入该艺术节之中。该届艺术节以推动“一带一路”沿线及相关国家之间的文化交流为主题，并在潮流音乐节、青年艺术教育板块专门设立了以“一带一路”为主题的展览活动。

（白　莲）

【习近平观看“千年之约”文艺演出】 5月14日，国家主席习近平在人民大会堂举行宴请出席“一带一路”国际合作高峰论坛的外方代表团团长及嘉宾。宴会后，习近平和彭丽媛同贵宾们一同前往国家大剧院观看主题为“千年之约”的文艺演出。马凯、王沪宁、刘延东、刘奇葆、汪洋、孟建柱、栗战书、郭金龙、杨晶、王晨、杨洁篪、郭声琨、王勇、万钢、周小川、梁振英等出席活动。

（白　莲）

【《中华美德故事汇(第三辑)》】 6月9日，《中华美德故事汇(第三辑)》在北京戏曲艺术职业学院(以下简称北戏)少儿戏剧场首演成功。《中华美德故事汇》是由首都文明办与北京市文化局联合策划，首都文明办出品，由北戏创作演出的系列舞台短剧，它集戏曲、话剧、音乐剧、舞剧、曲艺等多种艺术形式于一体，运用舞台艺术形式弘扬传统美德和传承传统艺术，以文化人、以文育人，为首都思想道德建设贡献力量。第三辑剧目是2016—2017年北戏创排演出的原创剧目，以“爱国”题材为主，包括话剧《守护》、联珠快书《托兆碰碑》、评剧《与妻书》和音乐剧《国之歌》。

（白　莲）

【“打开艺术之门”——2017暑期艺术节】 7月2日—8月31日，北京公益青少年艺术节“打开艺术之门”——2017暑期艺术节在中山公园音乐堂举办。该活动与以往不同的是，除了音乐演出之外，还演出了少量戏剧类节目。该项活动共进行了70场演出，举办了10个特色夏令营和10场艺术讲座。

（白　莲）

【庆祝中国人民解放军建军90周年文艺晚会】 7月28日，庆祝中国人民解放军建军90周年文艺晚会“在党的旗帜下”在人民大会堂举行。晚会通过“立魂·红色军队奠基”“浴血·背负民族希望”“奉献·筑就钢铁长城”“强军·迈向伟大复兴”4个篇章讲述了人民军队在党的旗帜指引下，从小到大、从弱到强，不断从胜利走向胜利的历程。中共中央总书记、国家主席、中央军委主席习近平和李克强、张德江、俞正声、刘云山、王岐山、张高丽等党和国家领导人，与首都3000多名各界群众一起观看演出。在京中共中央政治局委员、中央书记处书记、全国人大常委会副委员长、国务委员、最高人民法院院长、最高人民检察院检察长、全国政协副主席，以及中央军委委员观看晚会。出席观看晚会的还有老战士、烈士家属、老同志、移交政府安置军队离退休干部、老民兵和军队英雄模范、全国双拥模范、全国模范军队转业干部代表，中央党政军群各部门和北京市主要负责人，各民主党派中央、全国工商联负责人及无党派人士代表，首都各界群众代表，解放军、武警部队官兵代表。

（白　莲）

【第十届中国国际青年艺术周】 8月12日—29日，由中国对外文化交流协会、中国对外文化集团公司主办的第十届中国国际青年艺术周举办。该艺术周以北京为主会场，分会场遍及上海、广州、济南等全国12个城市，来自中国、美国、俄罗斯等36个国家和地区的115台、244场节目与观众见面，演出内容涵盖音乐会、舞蹈、室内乐、戏曲、音乐剧等艺术门类。艺术周期间还推出“虚拟车间”——互动媒体艺术展、国际青年艺术交流展等展览以及论坛、艺术教育与培养等多种形式的艺术活动。

（白　莲）

【第二届炎黄文化艺术节】 9月7日—11月15日，由北京文化艺术基金资助、炎黄艺术馆主办的第二届炎黄文化艺术节在北京举办。该艺术节走进了北京市8所小学和1个社区，开展了8场小型民间美术展览、12场民族民间文艺表演、24次青年艺术家进校园活动。同时，在炎黄艺术馆举办了“馆藏明清扇面展”及4场艺术类普及讲座。

（白　莲）

【第六届北京孔庙国子监国学文化节】 9月8日—28日，第六届北京孔庙国子监国学文化节在北京举办。该文化节共举行了“展示”“交流”“体验”“传播”4个板块的22场活动。在进行国学交流的同时，还进行了多种传统艺术及传统文化的展示。如开幕式上呈现的古筝、洞箫、戏曲、歌舞、吟诵、书画、沙画等多种形式的表演，中国传统戏曲展演、诗会、书画展览和“京津冀非遗大展”等。

（白　莲）

【第五届北京剧本推介会】 9月27日—29日，由中共北京市委宣传部、北京市文联、北京市新闻出版广电局共同主办的第五届北京剧本推介会在北京会议中心举办。该推介会集中推介的剧本共1817部，作品类型涉及文学、电影、电视、戏剧、曲艺、舞蹈、杂技等。在剧本成果转化签约仪式上，影视剧本《风雨中关村》《铺天盖地》《郁金香——老年人的娱乐之家》，相声《一路畅通》《魔术旅程》，小剧场京剧《季子挂剑》，舞剧《悟空》7个项目签约。推介会设置了剧本展示区、“互联网+”剧本超市体验区，文联协会、文化院团和影视文化公司展示区，五年优秀成果回顾区，法律维权区，未来精品创作引领区，编剧小屋等展区，总面积2900平方米。推介会期间还举办了“中华优秀传统文化如何融入影视剧创作”等4场论坛。

（白　莲）

【第十届“春华秋实”——艺术院校舞台艺术精品展演周】 10月8日—11月7日，第十届“春华秋实”——艺术院校舞台艺术精品展演周在国家大剧院举办。来自东北师范大学等8所院校的师生为观众带来9台、11场演出，涵盖音乐、舞蹈、戏剧、戏曲等多种艺术门类。舞蹈方面有东北师范大学的“从心而来”——多题材原创舞蹈作品专场演出、北京舞蹈学院的舞剧《井岗·井岗》；3场音乐会有星海音乐学院的“绚丽的和声”——岭南女声合唱音乐会、沈阳音乐学院的“东北风”——女子民歌合唱专场音乐会、天津音乐学院的“华韵凡音”——民族室内乐专场音乐会；戏曲方面有北京戏曲艺术职业学院的原创京剧《少年马连良》和中国戏曲学院的两场五出京昆剧目《朝金顶》《珠帘寨》《访鼠测字》《荒山泪》《断桥》；戏剧方面有北京电影学院的《伊菲革涅亚在陶洛人里》。

（白　莲）

【天桥艺术中心第二届国际新经典艺术节】 10月20日—12月26日，2017年天桥艺术中心第二届“国际新经典艺术节”在北京举办。艺术节期间来自中国、俄罗斯、美国、法国、德国等11个国家和中国香港等地区的近百场演出先后在天桥艺术中心上演。艺术节涵盖音乐剧、舞蹈、音乐会、话剧、儿童剧等多元演出形式，其中包括百老汇的原版音乐剧《金牌制作人》和《泽西男孩》。在展示国际前沿的同时，艺术节还聚焦如俄罗斯大型民族舞蹈秀《科斯特洛玛》、立陶宛国家歌剧芭蕾舞剧院《天鹅湖》等“一带一路”沿线国家的精彩剧目。

（白　莲）

【首都职工文化艺术节闭幕演出】 11月29日，由北京市总工会联合市委宣传部、首都精神文明办、市文化局、市文联等单位，共同举办的以“唱响新时代·讴歌劳动美”为主题的第十一届首都职工文化艺术节闭幕式文艺演出在世纪剧院举行。演出由“美好新时代”“放歌新时代”“逐梦新时代”3个华美篇章组成，表演者均为该届首都职工文化艺术节的获奖选手。他们呈现了包括演唱、舞蹈、小品等多种艺术形式的职工自导自演的15个节目。近1500名首都各行业职工和劳模代表观看演出。

（白　莲）

【第九届全国残疾人艺术会演汇报演出】 12月1日，由中国残联与教育部、民政部、文化部、国家新闻出版广电总局共同主办的第九届全国残疾人艺术会演汇报演出在中国剧院举行。首都各界人士和残疾人代表1000多人观看演出。该演出以“共享芬芳”为主题，分“回响”“共筑梦想”“共沐阳光”“共圆精彩”“共享芬芳”5个部分，精选了第九届全国残疾人艺术会演的30个节目，展示了残疾人文艺、康复、教育、权益保障等各项事业的发展。

（白　莲）

·展　览·

【敦煌艺术文献展】 3月8日—4月12日，由文化部中外文化交流中心主办的“丝路：文明互鉴的见证·敦煌艺术文献展”在中外文化交流中心展览馆举办。此次展览为“一带一路”NICE展系列，分“美丽的敦煌粉本”“莫高窟旧影”“敦煌拓片”“朝圣敦煌”“影像展示”5个单元。其中，“美丽的敦煌粉本”单元展示了20世纪40年代“张大千敦煌时期”敦煌莫高窟壁画画稿；“敦煌拓片”单元展示了20世纪40年代从敦煌莫高窟壁画和敦煌用砖上拓下来的拓片，砖拓包括有五代时期龙纹砖、五代时期凤纹砖、唐代天马砖等。展览通过艺术文献图像、影像史料、4D情境全景互动等方式，全方位展示敦煌艺术文献成果。

(白　莲)

【“例外状态：中国境况与艺术考察2017”】 3月19日—7月9日，群展“例外状态：中国境况与艺术考察2017”在尤伦斯当代艺术中心(UCCA)举办。该展收录了23位(组)国内外艺术家的作品，探讨“艺术”作为一种表达与行动的媒介，如何应对某种脆弱、动荡且变化莫测的世界局势，即持续酝酿、演变的“例外状态”。

(白　莲)

【“美美与共”——拉美当代艺术展】 5月4日—10日，由文化部与多个拉丁美洲驻华大使馆联合举办，中国对外文化集团公司承办的“美美与共”——拉美当代艺术展在中华世纪坛举办。展览采用联展的方式，集中展示拉美多个国家的绘画、影像、装置作品74件，全方位展现了拉丁美洲不同国家的当代艺术和风土人情。

(白　莲)

【2017首届中国城市公共艺术展】 5月27日—6月17日，首届中国城市公共艺术展在今日美术馆举办。该展展出了40余个个人和机构的60余件(组)公共雕塑、当代装置、新媒体艺术、建筑艺术与景观艺术等公共艺术作品，梳理了中国城市公共艺术建设的发展脉络，对公共艺术作品进行了全方位的展示，对公共艺术在城市转型发展中所扮演的角色进行了深入探讨。

(白　莲)

【天工开悟——当代公共艺术主题展】 6月3日—18日，由北京文化艺术基金支持的2017“多元与共生：天工开悟——当代公共艺术主题展”在中华世纪坛举办。展览展出了林乐成、袁加、赵江凌、主玛于江等几十位艺术家的作品，形式包括绘画、雕塑、装置、新媒体交互、VR虚拟技术、混凝土、景观规划、创意设计等，集中展示了国内公共艺术领域的相关研究机构、工作室、代表人物、典型项目、案例文献和实施方案，探讨了公共艺术与艺术城市、特色小镇、美丽乡村、文化社区、科技发展等因素的密切关系。

(白　莲)

【中国当代艺术年鉴展2016】 6月25日—8月3日，由中国民生银行、北京民生现代美术馆、北京大学视觉与图像研究中心、吴作人国际美术基金会共同主办的“中国当代艺术年鉴展2016”在北京举行。展览通过“一年之鉴”这一时段性学术方法，系统地呈现中国当代艺术在2016年的整体状况。“中国当代艺术年鉴展2016”现场展出了122位年度入选《中国当代艺术年鉴》著录的艺术家在2016年度最具代表性的作品，其中包括36位艺术家的原作。展览现场同时公布各种记录和调查数据，为研究、收藏、创作和观看提供参照。

(白　莲)

【纪念建军90周年主题创作展览】 7月27日—8月2日，由北京市文联、天津市文联、河北省文联主办，北京社区文化促进会承办的“推动京津冀社区文化建设协同发展暨纪念建军90周年主题创作展览”在民族文化宫举办。该展览展出的书画和摄影艺术家的140余幅作品，由京津冀三地文联共同征集推荐，抒发了艺术家对革命先烈的敬仰之情。

(白　莲)

【第五届北京文学艺术品展示会】 8月10日—14日，由北京市文联主办的2017第五届北京文学艺术品展示会在全国农业展览馆举办。

2017第五届北京文学艺术品展示会文艺展演

该展示会涵盖戏剧、美术、书法、摄影、民间艺术、曲艺和杂技等艺术门类的3500余件展品，包括展览展示、现场创作互动、展演体验、文艺讲坛、法律维权服务、对接洽谈等活动。展会的主题为“艺术北京　成就梦想”。主会场5000平方米的展厅内设精品展区、文创展区和活动区三大区域。分会场包括通州区宋庄镇先众艺术馆集中展示会场；55个民间艺术工作室作为分会场组成部分，其中包括19个民间文艺家协会会员“非遗”项目工作室、16个新文艺组织工作室和20个宋庄书画工作室；设立剧场分会场，举办了包括在国家话剧院小剧场、老舍茶馆、中国儿童中心剧场等11个展演场所的艺术表演活动。艺展会主会场的展出至8月，分会场的展演时间至9月底。

（白　莲）

【第二十届北京艺术博览会】 8月31日—9月3日，由北京国际艺术博览会基金会、北京文创画院主办的第二十届北京艺术博览会在中国国际展览中心举办。该次艺博会展览面积1万多平方米，为参展机构、艺术家、藏家提供实体交易平台。该次艺博会以展示现当代国画、油画、装置、影像、家居设计为主，特设当代名家展区、国际画廊展区、名家推荐展区、经典艺术展区、当代艺术设计展区等主题展区，有来自15个国家和地区的100多个画廊、艺术机构参展。

（白　莲）

【“百年巨匠”作品展】 9月16日—26日，由中国文联、国家新闻出版广电总局、中国艺术研究院、中央电视台、中国国家博物馆、北京市委宣传部共同主办的“百年巨匠”——四十三位文学艺术大师作品展在中国国家博物馆举办。该展旨在通过美术篇、书法篇、京剧篇、话剧篇、音乐篇、文学篇6个篇章，全面展示、介绍43位巨匠的艺术成就和人生历程。该展览的90余件展品有书画作品、出版物、手稿、照片、道具等实物，以及《百年巨匠》纪录片、宣传片及巨匠生前影像资料等。其中包括鲁迅的《自题小像》，齐白石的《松鹤旭日图》《花草工虫册》，徐悲鸿与齐白石合作的《芋叶双鸡图》，蒋兆和的《杜甫》《鸭绿江边》，张大千的《华山云海图》，吴冠中的《长江万里图》，石鲁的《春满秦岭》《收高粱》，黄胄的《草原逐戏图》，梅兰芳与程砚秋合作的书画册页，以及刘天华使用的二胡、琵琶指甲等。

（白　莲）

【首都艺术家“牢记使命、繁荣文艺”创作作品展】 9月25日至10月底，首都艺术家“牢记使命、繁荣文艺”创作作品展在北京市文联精品展厅开展。该展共展出近200幅作品，涵盖美术、书法、摄影、音乐、民间文艺等领域。该作品展回顾了中国共产党、中国人民解放军的历史，展示了改革开放特别是中共十八大以来少数民族地区的发展成就。

（白　莲）

【丹·格雷厄姆精选辑展】 2017年11月7日—2018年2月25日，美国艺术家丹·格雷厄姆（Dan Graham）在中国的首次大型回顾个展——“丹·格雷厄姆精选辑”在红砖美术馆举办。展览以20余件作品完整呈现了格雷厄姆50多年艺术创作的历程。艺术家深度参与了美国战后当代艺术的历程，他的革新与创造力使他对当代艺术，包括在观念艺术、影像和电影装置艺术、行为艺术与情境化雕塑等领域都有着深远的影响力。

（白　莲）

【世界舞美大师古尼拉作品展】 2017年11月22日—2018年3月28日，由国际舞台美术联盟主办，瑞典驻华大使馆、瑞典戏剧博物馆协办的iSTAN世界舞美大师——古尼拉作品展在中央戏剧学院举办。展览展示了20世纪下半叶欧洲最负盛名的舞台美术家古尼拉·帕姆斯蒂纳·魏斯100多件重要作品，包括戏剧表演中所用到的模型、服饰及一些创作手稿，呈现了古尼拉的创作历程与艺术理念。

（白　莲）

【“诗书画印影　五艺颂长城”艺术作品展】 12月18日—24日，由北京市文联主办、北京国际广告传媒集团承办的“诗书画印影　五艺颂长城”艺术作品展在北京市文联展厅举办。该次展览以北京长城文化带为主题，展品包括遴选整理出历代诗人及今人创作的诗词歌赋60首，邀请书法家及篆刻家将诗词歌赋书写、刻印于纸上，邀请美术家创作60幅画作以及摄影艺术家拍摄60幅摄影作品。

（白　莲）

·非物质文化遗产·

【中国少数民族世界级非物质文化遗产暨文献展】 3月9日—4月25日，由全国少数民族古籍整理研究室、民族文化宫、中共北京市西城区委宣传部主办，中国民族图书馆、民族文化宫展览馆承办的“中国少数民族世界级非物质文化遗产暨文献展”在民族文化宫举办。截至2016年年底，中国共有39个项目入选联合国教科文组织非物质文化遗产名录，其中以少数民族为主体的项目14个，包括新疆维吾尔木卡姆艺术、蒙古族长调民歌、黎族传统纺染织绣技艺、羌年、中国朝鲜族农乐舞等。此次展出以这

14个项目为主题，展出相关文献300余种，并配有相关展板和音像资料。

(白　莲)

【《中国传统工艺振兴计划》发布】 3月12日，国务院办公厅发布了关于转发文化部、工业和信息化部、财政部《中国传统工艺振兴计划》的通知。该计划明确了10项主要任务：建立国家传统工艺振兴目录，扩大非物质文化遗产传承人队伍，将传统工艺作为中国非物质文化遗产传承人群研修研习培训计划实施重点，加强传统工艺相关学科专业建设和理论、技术研究，提高传统工艺产品的设计、制作水平与整体品质，拓宽传统工艺产品的推介、展示、销售渠道，加强行业组织建设，加强文化生态环境的整体保护，促进社会普及教育，开展国际交流与合作。计划还制定了相关保障措施。

(白　莲)

【崇外非遗博物馆正式对外开放】 4月13日，北京市东城区都市馨园社区内的崇外非遗博物馆正式对外开放。该馆由崇文门外街道办事处主办，在东城区文委、区非遗中心指导下建成，面积200平方米，免费向公众开放。该馆由历史文化展区、风筝抖空竹展区、厨子舍展区、京绣展区、天字号首饰展区等9个展区与1个“非遗”教育体验区组成，主要展示推介该辖区内14个“非遗”项目传承人及“非遗”展品，是集展示、收藏、研究、传承、教育等功能于一体的综合性博物馆。

(白　莲)

【非物质文化遗产公约和法律研修班】 5月2日—11日，由文化部非物质文化遗产司、对外文化联络局主办的非物质文化遗产公约和法律研修班在中央文化管理干部学院举办。该研修班旨在加强相关从业人员对《中华人民共和国非物质文化遗产法》(以下简称《非遗法》)和联合国教科文组织《保护非物质文化遗产公约》(以下简称《公约》)精神的准确把握，交流实践经验，提高中国“非遗”保护水平。研修班的主要学习内容包括：《非遗法》的主要内容和精神，《公约》的基本概念与精神内涵，《公约》操作指南内容及更新，保护非物质文化遗产的伦理原则，《非遗法》和《公约》指导下的保护实践等。研修班主要采取专家集中授课和学员交流讨论的方式开展学习活动。来自全国各地“非遗”领域的专家、学者、“非遗”保护工作者和新闻媒体工作者等近150名学员分2期参加了培训。

(白　莲)

【2017鸟巢非物质文化遗产邀请展】 5月27日—31日，由国家体育场鸟巢文化中心、北京文化产权交易中心联合主办的“筑梦鸟巢　留住传世技艺”2017鸟巢非物质文化遗产邀请展在北京国家体育场鸟巢文化中心举办。展览以宫廷御用、文人生活、民艺家居、禅茶一味4个主单元贯通全场，以明式、清式红木家具构建出御书房、藏宝阁、茶室、书房、客厅等多种生活实景空间，来自40多个“非遗”项目的50多位传承人、近200件展品展示其中。

(白　莲)

【首届中国非遗文化金融论坛】 6月3日，由经济日报报业集团《经济》杂志社、经济·中国文化金融研究院共同发起的首届“中经论坛·文化金融融合发展之路暨中国非遗文化金融50人论坛”在钓鱼台国宾馆举行。与会专家表示，保护我国的非物质文化遗产刻不容缓。保护“非遗”也需要通过创新性地运用金融工具，助力“非遗”产业发展，提升“非遗”文化价值，引导文化要素有序流动、“非遗”文化核心资源有效配置。中国文物保护基金会非物质文化遗产保护专项基金“非遗”企业孵化项目同期成立。

(白　莲)

【良辰美景·恭王府2017非遗演出季】 6月9日—12日，由文化部恭王府管理中心和中国昆剧古琴研究会共同推出的经典系列“良辰美景·恭王府2017非遗演出季”分别在恭王府和国图艺术中心举办。该演出季演出了《忆故人》《渔樵问答》《楚歌》《鸥鹭忘机》《胡笳十八拍》《颐真》《鹤鸣九皋》《潇湘水云》《神人畅》《醉渔唱晚》《平沙落雁》《良宵引》《阳春》《杏花天》《庡廖歌》《梅梢月》《暗香》《流水》《离骚》《潇湘水云》等古琴曲。

(白　莲)

【中国非物质文化遗产保护人才培养学术研讨会】 7月4日，由中国艺术研究院·中国非物质文化遗产保护中心主办的“中国非物质文化遗产保护人才培养学术研讨会”在北京举行。研讨会上，中国艺术研究院常务副院长兼研究生院院长吕品田对中国艺术研究院“非遗”人才培养情况作了介绍。与会者高度评价了中国艺术研究院所开展的非物质文化遗产保护人才培养的教育理念和教学实践。文化部、教育部、中国艺术研究院、中国非物质文化遗产保护中心等相关领导，国家级非物质文化遗产项目代表性传承人和工艺美术大师，以及相关专业的师生代表参加了研讨会。

(白　莲)

【非物质文化遗产代表性传承人(专家)资助项目启动】 8月4日，

由中国非物质文化遗产保护协会主办、永新华韵文化产业投资集团承办的“非物质文化遗产代表性传承人(专家)资助项目”在北京启动。该项目突出公益性，重点资助中国西部，尤其是少数民族地区在“非遗”保护、传承过程中面临实际困难的优秀传承人(专家)20位，每位传承人(专家)获定向资助20万元，以专题展览为主要形式进行项目社会推介。主办方无偿提供相关服务，承办方对活动场地、布展运营等费用进行补贴。

（白　莲）

【漆韵京华·第三届中华屏风文化展】 8月18日—10月18日，北京金漆镶嵌有限责任公司推出“漆韵京华·第三届中华屏风文化展”。该展览展出各类屏风近千件，包括挂屏、桌屏、台屏等。在工艺方面，除镶嵌、彩绘、雕填等传统工艺的作品外，还有少量的漆画屏风、嵌瓷片屏风、高档木雕屏风等。展览期间还开设了中华屏风文化大讲堂。

（白　莲）

【“北京濒危手工艺传承人才培养”结业成果展】 9月18日—24日，北京文化艺术基金2016年度资助项目“北京濒危手工艺传承人才培养”结业成果展在方圆美术馆举办。“北京濒危手工艺传承人才培养”项目由北京联合大学艺术学院、北京市西城区非物质文化遗产保护中心共同主办。此次展览集中展示了学习京派内画鼻烟壶、北京刻瓷、彩绘京剧脸谱、北京砖雕、传统灯彩制作、戏曲盔头制作6项“非遗”技艺的47名培训学员的学习成果。展览以“传·承”为主题，除了展示学员们制作的“非遗”作品，现场还设有培训期间的纪实图片。

（白　莲）

【中国剪纸传统与创新艺术邀请展】 10月25日—31日，由中国民协、中国文联民间文艺艺术中心、北京市文联主办，北京民协、中国剪纸研究中心承办的“剪不断的乡愁”——中国剪纸传统与创新艺术邀请展在北京举办。此次展览以“剪不断的乡愁”为主题，共展出24个省区市的涉及多个民族、170余位艺术家的360余幅作品。展览还展出了部分清代、民国时期的剪纸文物与剪纸艺术文创产品，展示了近年来民间美术学者的研究成果。

（白　莲）

【“牙雕”技艺展】 11月16日—26日，由北京工艺美术行业协会、北京工艺美术学会、中国收藏家协会主办的“永恒的技艺·最后的合唱”——国家非物质文化遗产之“牙雕”技艺展在北京工艺美术博物馆举办，共展出300余件作品。该次参展作品由北京象牙雕刻厂、中国工艺美术(集团)公司象牙雕刻厂等提供，包括北京牙雕和南派牙雕。展览所展出的作品包括明清的文物级孤品、新中国成立之初大师的绝品和现代工艺美术师创作的获奖新品。除了主展场外，还同步在王府井工美大厦、白孔雀艺术世界、北京象牙雕刻厂等地设立分展场。

（白　莲）

·评奖比赛·

【第三届“会林文化奖”颁奖】 1月20日，第三届“会林文化奖”颁奖典礼在北京师范大学举行。法国教育部汉语总督学、巴黎东方语言文化学院教授白乐桑，中国古文字学家、清华大学历史系教授李学勤获得该奖项。“会林文化奖”以北京师范大学教授黄会林的名字命名，旨在表彰为中国文化国际传播做出突出贡献的中外人士。

（白　莲）

【第二届北京市文化创意创新创业大赛】 4月13日—7月13日，以“创赢未来　新无止境”为主题的“北京文投会杯”第二届北京市文化创意创新创业大赛在北京举办。大赛由北京市文化创意产业促进中心主办，除在北京设主赛区外，首次设立天津、河北分赛区。大赛共征集1295家参赛企业(项目)，其中，北京赛区925家，天津赛区202家，河北赛区168家。通过初赛、复赛、决赛、总决赛，最终评选出16个获奖项目。“车萝卜”“医视频”“Instreet时尚内容播放平台”3个项目获得一等奖。大赛组委会特别设立4个单项奖，“票房快结宝”“世界多美丽”“时尚京剧”以及“麻糖小课”分别获得“年度投资价值奖”“年度创业人气奖”“年度媒体关注奖”和“年度创意潜力奖”。

（白　莲）

【第十一届AAC艺术中国年度影响力评选】 5月23日，第十一届AAC艺术中国年度影响力评选·博洛尼巅峰之夜颁奖典礼在故宫博物院举办。“关于展览的展览：90年代的实验艺术展示”获得“年度出版物”大奖，郝敬班获得“年度青年艺术家”奖项，耿建翌获得“年度艺术家”奖项。

（白　莲）

【中国艺术权力榜十周年颁奖】 6月3日，ART POWER 100中国艺术权力榜十周年暨2016年度颁奖典礼在北京民生现代美术馆举办。该活动由活动组委会和故宫紫禁书院、参考消息报社、文化中国联合主办，共颁出年度美术馆(龙美术馆、北京画院美术馆)、年度收藏家(余德耀)、年度策展人(冯博一)、年度艺术成长(艺术活动ART021、艺术家秦艾、策展人朱小钧)、年度公众影响力(北京民生现代美术馆）、年度拍卖行（保利拍卖、北京匡时拍卖）、年度经纪人（王新友）、年度艺术推手（谭平）、年度艺术创意（南京艺术学院艺术市场实验中心、铸山微信公众平台）、年度艺术公益（北京阳光未来艺术教育基金会）、年度特别贡献（尚扬）、艺术与设计推荐奖［平仄（傅军民）、石大宇、蒋华、王旭、吴桐、张雷］、年度艺术发现（涂曦、冯一尘、谢天卓）、年度艺术家（王音）、十周年画廊特别奖（香格纳画廊、红门画廊、空白空间、站台中国、长征空间、北京公社、玉兰堂、程昕东国际当代艺术中心、亚洲艺术中心、星空间）共计15个奖项。

（白　莲）

【2017王式廓奖】　6月24日，由王式廓基金会、北京今日美术馆主办的“时代渐强音：2017王式廓奖暨今日中国当代艺术家提名展”颁奖典礼在北京今日美术馆举行。颁奖典礼现场，入围艺术家分别上台陈述自己近十年的艺术历程、艺术理念、创作灵感与体会。孟柏伸获得2017年王式廓奖艺术奖，任远获人气奖，任瀚获磐石奖，从鸣获艺术故事奖。

（白　莲）

【首届“紫禁城杯”老字号文化创意大赛颁奖】　9月11日，首届“紫禁城杯”中华老字号文化创意大赛在故宫博物院举办颁奖典礼。“紫禁城杯”中华老字号文化创意大赛是故宫博物院与中华老字号企业携手的文创产业合作平台。大赛通过对中华老字号围绕文化、创意、故宫等元素设计的文化创新产品进行征集、评奖，促进老字号产品的研发和创新。大赛共征集到全国19个省区市、272家老字号的近700件作品，最终评选出特别金奖2名、金奖10名、银奖20名、铜奖30名以及优秀奖147名、最佳组织奖2名。

（白　莲）

【第七届“昌新艺术奖学金”揭晓】　11月23日，第七届“昌新艺术奖学金”揭晓。由中华文化促进会与周昌新艺术基金联合实施“优秀艺术类研究生扶持计划”，依年度评颁“昌新艺术奖学金”，旨在通过评选活动寻找、发现、培养更多有代表性的优秀艺术创新人才。“周昌新艺术基金”是北京文化发展基金会所属第一个以个人名字命名的公益性公募基金。2017年，该奖从18所艺术高校的申请者中评选出20名获奖者。其中最重要的2017年“最具潜力艺术家”分别由中国艺术研究院李琳、中央美术学院李卓、清华大学美术学院于婉莹获得。

（白　莲）

·交　流·

【“卢浮宫的创想——卢浮宫与馆藏珍品见证法国历史八百年”展览】　1月12日—3月31日，由中国国家博物馆和法国卢浮宫博物馆共同举办的“卢浮宫的创想——卢浮宫与馆藏珍品见证法国历史八百年”展览在国家博物馆举办。展览分为“序幕——重修卢浮宫”“宫殿与王室收藏”“卢浮宫与启蒙运动”“拿破仑博物馆”“从权力王宫到万国博物馆”“今日卢浮宫”6个部分，展出了来自法国卢浮宫博物馆的126件套珍贵藏品，呈现了卢浮宫从始建之初，历经弗朗索瓦一世、路易十四、拿破仑一世各历史王朝不断丰富的王室收藏。

（白　莲）

【2017北京东盟文化之旅】　2月10日—15日，由北京市人民对外友好交流协会、中国—东盟中心、北京市西城区人民政府和缅甸中国友好协会共同主办的2017北京东盟文化之旅在缅甸和越南举办。此次“北京东盟文化之旅”作为中国文化部“欢乐春节”的系列活动之一，由“非遗”节目展演、“非遗”手工艺制作与展示和北京图片展三项内容

2月10日，2017北京东盟文化之旅在缅甸外国语大学举行开幕式

组成。其中，“非遗”节目展演包括中国国家级“非遗”项目中的口技、古彩戏法、古琴和变脸等内容；“非遗”手工艺制作与展示包含内画鼻烟壶、传拓技艺、传统药香制作技艺、泥塑彩绘脸谱、北京彩塑、京派剪纸、裕氏草编和葫芦烙画等项目；“魅力北京缤纷西城”图片展展出了北京城市建设成果和市民生活。

（张燕鹰）

【“大都集结令——走近忽必烈”系列活动】 3月11日，由内蒙古草原文化保护发展基金会主办的“大都集结令——走近忽必烈”系列活动在北京市通州区宋庄镇疃里“北京乾元驿”拉开帷幕。该活动包括音乐剧《梦之都》面世首演，大型电视历史剧《忽必烈》、电影《察必皇后》、电影《闪电烈马》北京站媒体见面会，第十九届中国草原文化百家论坛，纪录片《元上都在行动》征求意见会等。

（白　莲）

【2017中法当代艺术对话展】 3月18日—28日，由北京国展艺术品投资有限公司主办的“升东吉西”——2017中法当代艺术对话展在北京国展艺术中心举办。此次展览展出了苏菲、让·图可、伯努瓦、张新建、关玉良等7位来自中法两国艺术家的数百件作品，囊括了架上绘画、当代陶瓷雕塑、艺术影像作品、观念视觉艺术短片等多种艺术表达形式。该活动由作品展示、学术论坛、小型拍卖会3个部分组成。

（白　莲）

【“海上丝路”艺术嘉年华活动赴毛里求斯举办】 当地时间4月3日—28日，“海上丝路”艺术嘉年华活动在毛里求斯共和国举办。此次交流活动由共青团北京市委组织，选取了23位北京优秀青年艺术家的56件艺术作品，反映了中国当代青年艺术家的水平。

（白　莲）

【第十七届京味文化之旅】 4月12日—19日，由北京市台办、北京市文联、北京市政府新闻办联合主办，台北曲艺团承办的“京华流彩　海峡传情”——第十七届京味文化之旅在中国台湾举办。首都艺术家们在台湾苗栗、屏东、高雄、南投、新北举办了5场演出、4场书画笔会、4场“魅力北京”图片展、4次拜访活动，覆盖万余名观众，创作400余幅书画作品。

（白　莲）

【立陶宛艺术展】 5月26日—7月2日，由中国美术馆、立陶宛国家美术馆、立陶宛国家画廊、立陶宛驻华大使馆联合主办的“立陶宛艺术：透过风景的思考”展览在中国美术馆举办。展览分为“画家的视角”“开放的结构”“去浪漫主义色彩”“绘制风景”4个部分，展示了立陶宛国家美术馆的珍贵藏品以及部分私人收藏的艺术品共69件，涵盖绘画、雕塑、摄影、装置和影像艺术等。这些作品集中展示了20世纪以来立陶宛的艺术风貌。

（白　莲）

【“白俄罗斯文化日”活动】 5月30日，“白俄罗斯文化日”活动开幕式在国家大剧院举行。中国文化部部长雒树刚和白俄罗斯文化部部长鲍里斯·斯维特洛夫在开幕式上分别致辞。各国驻华使节及中外嘉宾共同观看了由白俄罗斯国家模范歌剧和芭蕾舞大剧院表演的《天鹅湖》。该文化日活动除《天鹅湖》演出外，还在清华大学艺术博物馆举办了“非线性现实”——白俄罗斯版画、水彩和素描作品展。

（白　莲）

【2017首都艺术家赴藏文化交流活动】 6月4日—9日，由北京市文联，北京援藏指挥部，西藏自治区拉萨市委、市政府共同主办，拉萨市委宣传部、拉萨市文联承办的“共话京藏情·同筑中国梦”首都艺术家代表团赴藏文化交流活动在西藏多地进行。近50位首都艺术家深入北京援藏重点项目京藏交流中心施工现场、拉萨市城关区政府礼堂、拉萨北京实验中学和西藏牦牛博物馆，举办了3场文艺演出、3场书画笔会、1场书画捐赠活动。

（白　莲）

【首都艺术家第五次赴内蒙古自治区文化交流慰问活动】 7月15日—21日，北京市文联组织60余位艺术家，第五次赴内蒙古自治区进行文化交流与慰问。艺术家们深入到内蒙古自治区赤峰市和乌兰察布市的基层旗、社区、文化广场，进行了4场文艺演出、4场书画笔会，近万名群众欣赏到了演员们带来的精彩演出。

（白　莲）

【“共话京疆情　同筑中国梦”文化交流活动】 8月13日—19日，由北京市文联主办的“共话京疆情　同筑中国梦”文化交流活动在新疆举办。由50余位首都艺术家组成的艺术团，深入新疆阿克苏地区、和田县、洛浦县、伊犁哈萨克自治州等地的社区、农村、学校及边防哨所，奉献6场文艺演出、7场书画笔会。慰问活动期间，艺术家们还实地走访当地群众，向他们赠送书画作品和民间手工艺品，送去了首都人民的问候。

（白　莲）

【首届布拉格中欧国际艺术双年展在捷克举办】 9月6日—10日，由中欧文化艺术交流联合会、中欧文化艺术交流联合会北京分会主办的“2017 首届布拉格中欧国际艺术双年展”在布拉格国际展览中心举办。作为“‘一带一路’捷克年”的活动板块，双年展以“地缘 · 日常”为标题，将中国和欧洲不同地缘文明的艺术存在与发展作为主题，重点关注地缘与文化记忆、日常艺术与村庄艺术史。涉及油画、现代水墨、版画、雕塑、装置、影像、非物质文化遗产等 9 个艺术门类，共有 120 名来自欧洲各地与中国的艺术家展出超过 400 件艺术品。

（白　莲）

【“亚美尼亚文化日”在京举行】 9 月 14 日，为纪念中国和亚美尼亚建交 25 周年，中国文化部、亚美尼亚文化部、亚美尼亚驻华使馆在北京共同举办“亚美尼亚文化日”活动。在此期间，来自亚美尼亚的艺术家在北京音乐厅为中国观众表演了充满外高加索风情的文艺节目，并举办了“亚美尼亚人眼中的阿勒山”风光摄影作品展和品酒会。

（白　莲）

【“德国 8：德国艺术在中国”在京举办】 9 月 15 日—11 月 12 日，为庆祝中德建交 45 周年，“德国 8：德国艺术在中国”大型展览在北京举办。“德国 8”是德国当代艺术在中国最大规模的一次展示，涵盖了油画、水彩、素描、雕塑、装置、摄影和新媒体等多种形式，囊括了德国 20 世纪 50 年代至今最具影响力的 55 位艺术家的近 320 组作品。项目包括 7 个既彼此独立又相互关联的学术主题展和 1 场学术论坛，活动分别在中央美术学院美术馆、太庙艺术馆、北京民生现代美术馆、红砖美术馆、今日美术馆、元典美术馆和白盒子艺术馆举办。

（白　莲）

【“2017 全球外交官中国文化之夜”在京启幕】 12 月 2 日，由国际经济与文化交流平台 LOOKWE 发起并联合 156 个国家驻华大使馆、国际外交官组织（DNB）、英联邦北京协会（CSB）、北京武官组织（BMAC）等多方共同主办的以“民间外交，文化先行，助力‘一带一路’”为主题的第三届“2017 全球外交官中国文化之夜”在北京中国大饭店举办。该活动吸引了 400 多位外交官、中国优秀企业代表及知名学者等共近千人参加。该活动既有呈现了太月香道、美集国服展示、黄梅戏、美猴王、儿童弟子规、木兰双剑等中国文化的内容，又有古巴 salsa、赤道几内亚舞蹈、巴布亚新几内亚演出以及牙买加、特立尼达、多巴哥等各国风情展示。

（白　莲）

【“今日香港”系列演出】 4 月 7 日—7 月 27 日，北京天桥艺术中心推出“今日香港”系列演出活动。该系列演出邀请了香港话剧团、香港舞蹈团、香港芭蕾舞团和香港城市当代舞蹈团 4 个艺术团体，演出了粤语音乐剧《顶头锤》，芭蕾舞剧《天鹅湖》，舞剧《倩女幽魂》和现代舞《不是双人房》《游园惊梦》《男生》《回声折叠》《遍地谎蜚》等节目。

（白　莲）

会议 · 研讨 · 论坛

【2017 北京市艺术创作生产工作会议】 3 月 8 日，北京市文化局召开 2017 年北京市艺术创作生产工作会议。会议分析总结了 2016 年北京市艺术创作的整体情况，部署了 2017 年艺术创作的重点工作。2016 年，北京市各文艺表演团体推出了一批弘扬社会主义核心价值观、艺术水准高、社会反响好的优秀文艺作品。其中，中国评剧院创排的评剧《母亲》在第十一届中国艺术节上摘得文华大奖；评剧《母亲》和话剧《北京法源寺》入选 2016 年度国家舞台艺术精品创作工程重点扶持剧目；歌剧《冰山上的来客》荣获全国第五届少数民族文艺会演剧目金奖。2016 年，北京演出市场保持良好发展势头，全市 139 个演出场所共举办营业性演出 24440 场，实现票房收入 17.13 亿元，票房收入比 2015 年增长 10.7%。

（白　莲）

【刘奇葆在中华优秀传统文化传承发展工作座谈会上讲话】 3 月 17 日，中共中央政治局委员、中央书记处书记、中共中央宣传部部长刘奇葆出席中华优秀传统文化传承发展工作座谈会，强调要深入学习贯彻习近平总书记关于传承发展优秀传统文化的重要论述精神，贯彻落实《关于实施中华优秀传统文化传承发展工程的意见》，进一步坚定文化自信，坚持创造性转化、创新性发展，在扬弃继承、转化创新中传承发展优秀传统文化，不断推动中华文化现代化。

（白　莲）

【纪念毛泽东《在延安文艺座谈会上的讲话》发表 75 周年座谈会】 5 月 22 日，中国社会科学院中国文学批评研究会、中国当代文学研究会、中国中外文艺理论学会在北京联合召开了“学习习总书记讲话　重温延安文艺传统”——纪念毛泽东《在延安文艺座谈会上的讲话》发表 75 周年座谈会。来自中国社会科学院、中国作家协会、中国人民大学、延安大学、陕西师范大学、西北大学等单位的 20 余位专家、学者参加了会议。

（白　莲）

【“坚定文化自信　讲好中国故事”专题协商会】 5 月 23 日，全国政协在北京召开“坚定文化自信，讲好中国故事”专题协商会。中共中央政治局常委、全国政协主席俞正声主持会议并讲话。中共中央政治局委员、中央书记处书记、中共中央宣传部部长刘奇葆出席会议并讲话。30位委员和地方代表、专家、学者在会上发言，对坚定文化自信、讲好中国故事提出意见建议。中共中央宣传部常务副部长黄坤明介绍有关情况。中央网信办、教育部、文化部、国家新闻出版广电总局等部门负责人与委员互动交流。中共中央、国务院有关部门和单位的负责人到会听取意见建议。

（白　莲）

【第一届全国艺术类学术期刊主编高峰论坛】 5月23日，由北京师范大学与中国文艺评论家协会联合主办，北京师范大学艺术与传媒学院等承办的“新全球化语境下艺术理论与批评格局的重构”——第一届全国艺术类学术期刊主编高峰论坛在北京举办。论坛邀请的专家来自全国50余家主要艺术类学术期刊和评论大报，涵盖了艺术理论、影视、戏剧、传媒、美术、设计、书法、音乐、舞蹈等艺术门类。主论坛上，中国艺术报社社长、《中央音乐学院学报》主编、《当代电影》主编和《美术》主编分别作主题发言。在不同学科的3个分论坛上，与会专家围绕艺术理论与批评在新全球化语境下的格局重构，学术期刊如何促进艺术学学科发展和艺术理论建设，学术期刊与新媒介条件下的艺术批评，学术期刊的生存、发展与提升等诸多议题展开了讨论。

（白　莲）

【“网络文艺发展与新型智库建设”研讨会】 5月23日，由光明网、中国文联文艺评论中心主办的“网络文艺发展与新型智库建设”研讨会在北京召开。会上举行了网络文艺智库专家委员会成立仪式，公布了智库委员会首批委员名单，并为委员代表颁发了证书。与会专家委员代表围绕“习近平总书记系列重要讲话与新型文化智库建设”“网络文艺智库建设的思路、方向与路径”“媒体如何发力网络文艺智库建设”3个议题进行了深入研讨。北京大学艺术学院院长王一川、光明日报社副总编辑李春林、财政部中央文资办专家委员会主任张晓明、清华大学国家文化产业研究中心主任熊澄宇、中国文联理论研究室主任庞井君、《光明日报》文艺部主任彭程、清华大学新闻与传播学院影视传播研究中心主任尹鸿、中国城市文化产业发展联盟副主席兼秘书长陈喆、中国数字文化集团有限公司总经理陈建祖、中国社会科学院外国文学研究所党委书记党圣元、北京大学中文系党委书记金永兵、中国传媒大学艺术学部党委书记彭文祥、中央财经大学文化与传媒学院院长魏鹏举、中南大学文学院教授欧阳友权、晋江文学城副总裁刘旭东等专家参加了研讨。

（白　莲）

【刘奇葆在中华文化“走出去”工作会议上讲话】 6月23日，中共中央政治局委员、中央书记处书记、中共中央宣传部部长刘奇葆出席中华文化“走出去”工作会议，强调要深入学习贯彻习近平总书记系列重要讲话精神和治国理政新理念新思想新战略，进一步坚定文化自信，统筹文化交流、文化传播、文化贸易，着力弘扬中华优秀传统文化、传播当代中国价值观念、展现当代中国发展成就、体现人类共同价值追求，更好展示中华文化的独特魅力。

（白　莲）

【“当代文艺批评：理论与实践”学术研讨会】 6月30日，由中共中央党校文史部和文艺报社共同主办的“当代文艺批评：理论与实践”学术研讨会在北京举行。来自科研院所、高等院校和中央党校的30余位专家、学者参加研讨。与会专家、学者认为，当代文艺批评必须坚持马克思主义历史观、文艺观，贯彻落实习近平总书记文艺思想，运用历史的、人民的、艺术的、美学的观点评判和鉴赏作品，紧密结合生动的文艺现实，发挥好引导创作、提高审美、引领风尚的作用。

（白　莲）

【中国文学艺术基金会第五届理事会换届工作会议】 7月5日，中国文学艺术基金会在北京召开第五届理事会换届工作会议。中国文联党组书记、副主席李屹出席会议并讲话。中国文联副主席左中一主持会议。中国舞蹈家协会主席冯双白代表第四届理事会作工作报告。五年来，中国文学艺术基金会累计收入总额达7.66亿元，扶持资助公益支出6.02亿元，共计资助600多个公益项目。社会募集资金累计达2.99亿元，先后与知名艺术家、社会公益人士合作设立了28个社会专项基金，扶持培育了160个有影响力的文化公益项目。会议审议通过了新修订的《中国文学艺术基金会章程》，选举产生了中国文学艺术基金会第五届理事会、监事会。

（白　莲）

【刘延东在加强文化自信和文化管理创新研讨班座谈会上讲话】 7月13日，中共中央政治局委员、国务院副总理刘延东出席由中央组织部、文化部、国家行政学院联合举办的加强文化自信和文化管理创新研讨班座谈会并讲话，强调要深入学习贯彻习近平总书记系列重要讲话精神，落实党中央、国务院决策部署，以文化自信支撑道路自信、理论自信、制度自信，开创文化繁荣发展新局面，为建设社会主义文化强国做出新贡献。

(白　莲)

【2017·北京文艺论坛】 9月14日—15日，由北京市文联主办、北京市文联研究部和北京文艺评论家协会承办的“当代北京文艺的‘变’与‘不变’：2017·北京文艺论坛暨北京文艺评论2017年度推优活动成果发布会”在北京召开。2017·北京文艺论坛以“当代北京文艺的‘变’与‘不变’”为主题设置了4场讨论，谢冕、陈履生、傅谨、黄会林、孟繁华、索谦、谢嘉幸等专家分别从“时代变迁与文艺价值”“美学演进与艺术实践”“荧屏生态与文化传播”“传统资源与现代性转化”4个角度，深入研讨了北京文艺变革与坚守方面的新问题。会上还对北京文艺评论2017年度推优活动获奖作者进行了表彰。

(白　莲)

【首都文艺界学习贯彻中共十九大精神】 11月9日，北京市文联组织召开首都文艺界学习贯彻中共十九大精神座谈会，来自美术、书法、摄影、音乐、曲艺、杂技、电影、民间文艺、舞蹈、文艺评论、作家、戏剧、电视等文艺家协会以及区(局)、产(行业)文联、新文艺组织的40余位文艺工作者代表畅谈学习中共十九大精神的心得体会，为首都文艺事业发展建言献策。

(白　莲)

【文化部召开艺术家学习贯彻中共十九大精神座谈会】 11月9日，文化部在北京召开艺术家学习贯彻中共十九大精神座谈会，深入学习贯彻中共十九大精神，畅谈学习习近平总书记所作的中共十九大报告的体会，就如何进一步坚定文化自信、推动社会主义文化繁荣兴盛进行座谈。

(白　莲)

【全国文联“互联网+文艺”工作会议】 11月28日，由中国文联主办的全国文联“互联网+文艺”工作会议在北京召开，中国文联、中宣部、中央网信办相关领导，各全国文艺家协会，各省(区、市)文联、产行业文联，中国文联机关各部室，各直属单位的负责人和信息化建设工作者共140余人参加会议。会议就如何借助互联网优势助力文联深化改革、推动新时代文艺工作繁荣发展做了全面动员部署。中国文联网络文艺传播中心主任谢力主持会议。与会领导在会上为中国文联网络文艺传播中心正式揭牌。

(白　莲)

【2017鲁迅文化论坛】 12月8日，由中国文联指导，鲁迅文化基金会和公益时报社联合主办，主题为“以公益力量，助文化发展”的2017鲁迅文化论坛在全国政协礼堂举办。来自文化公益领域的200多位嘉宾出席了论坛，励小捷、王翔、六小龄童、华庆进行了主题发言。论坛上颁发了鲁迅文化公益贡献奖(推动)奖。钱理群、华庆、柯良、刘国胜、王翔等个人和北京银行、绍兴市委宣传部、中国文物保护基金会等单位获奖。论坛上还启动了大型文化公益项目“灯火计划”。该项目由鲁迅文化基金会联合中国华侨公益基金会共同发起，通过向社会募资，招募文艺志愿者，到偏远乡村、文化洼地、工矿军营，开展短期文化培训。论坛上，鲁迅文化基金会还对为基金会各项工作做出贡献志愿者进行了表彰。

(白　莲)

【京津冀文艺事业协同发展研讨会】 12月19日，由北京市文联、天津市文联、河北省文联共同主办的进一步加强京津冀文艺事业协同发展研讨会暨合作签约仪式在北京举行。京津冀三地文联签订了《京津冀文艺事业协同发展合作协议》《京津冀文联建立采风创展基地的合作意向书》，公布了《京津冀文艺事业协同发展三年规划(2018—2020年)》。规划写明，三地文联将完善京津冀文艺事业协同发展议事机制，共同打造京津冀文艺品牌活动，共建文艺采风创作实践基地，共同加强文艺人才培养，在推动三地文联在行业建设和职称评定等方面发挥积极作用，构建文艺志愿服务体系，共同做好国内外文化交流工作等。

(白　莲)

【2017年首届文化科技学术会议(CCST2017)】 12月23日，由中国传媒大学主办的“2017年首届文化科技学术会议(CCST2017)”在北京召开。会议期间，来自文化部、科技部、中国传媒大学的有关领导，文化部、北京市各重点实验室及国内知名院校、文化创新科研机构的专家、教授和与会嘉宾分别结合不同专业领域作了学术发表及分享。

(白　莲)

纪念·慰问

【市文联“两节”期间“送欢乐下基层”】 2017年元旦、春节期间，北京市文联先后组织美术、书法、摄影、民间文艺、曲艺、杂技等艺术门类的艺术家1400余人次，深入农村、社区、企业、工地、部队、学校等开展了70多场文艺活动，让市民度过了幸福愉快的“两节”。

(白　莲)

【北京大学艺术学院庆祝成立20周年】 1月8日，北京大学艺术学院庆祝成立20周年。1997年，北大成立艺术学系。2002年，扩展成为艺术学院。截至2017年，该院设有艺术学理论系、影视学系、美术学系和音乐学系4个教学机构。北京大学党委书记郝平、北京大学艺术学院名誉院长叶朗、教育部体育卫生与艺术教育司副巡视员万丽君、中国文联副主席郭运德、北京大学艺术学院院长王一川致辞。当晚还在北京大学百周年纪念讲堂举行了“百年游艺，廿载臻美”北京大学艺术学院20周年院庆展演活动。

（白　莲）

【慰问驻京部队老干部迎新春文艺演出】 1月13日，中央军委慰问驻京部队老干部迎新春文艺演出在中国剧院举行。中共中央总书记、国家主席、中央军委主席习近平向在场的军队老同志与全军离退休老干部致以新春的祝福。文艺演出由“序曲”和“红色基因”“激情岁月”“强军路上”3个乐章、22首音乐作品组成，以光荣和梦想辉映、经典和时代交响的艺术构思营造出欢乐祥和的节日氛围。

（白　莲）

【中国舞台美术学会成立35周年庆典活动】 2月14日，中国舞台美术学会成立35周年庆典暨2017年新春年会在北京新世纪日航酒店举办。中国舞美学会和全国各省、区、市舞美学会，各院校代表以及演艺行业相关人士400余人，共同回顾了中国舞美学会35年走过的历程和在国际交流方面取得的成果。活动中，与会者回顾了2016年中国舞美届的大事，为2016十大年度人物颁奖，向首届中国（隆里）国际新媒体艺术节做出突出贡献者和参展院校、参展机构颁奖，还向音响专业委员会的专业委员颁发专家委员证书。

（白　莲）

【中国大众文化学会成立三十周年座谈会】 12月20日，中国大众文化学会“深入学习贯彻党的十九大精神暨中国大众文化学会成立三十周年纪念座谈会”在北京举行。国务院、文化部、中国文联、《人民日报》相关领导及在北京的文艺界代表120余人出席座谈会。会长赵铁信作了题为《大众文化常青树，砥砺奋进三十年》的讲话，总结了学会30年来的成绩和对未来的期望。中国大众文化学会的前身是1987年于北京成立的中国大众文学学会，2012年经民政部批准，学会正式更名为中国大众文化学会，业务主管单位由中国作家协会改为文化部。

（白　莲）

培训·研修班·讲座

【2017年全国文化厅局长培训班】 2月26日—3月4日，第二期全国文化厅局长培训班、第四期全国地市文化局长培训班、第六期全国县市文化局长培训班在中央文化管理干部学院举办。来自全国各省、区、市和新疆生产建设兵团的26名省、区、市文化厅局长，56名地市文化局局长和105名县市文化局局长参加了培训。文化部党组书记、部长雒树刚就“关于做好文化工作”作了主题报告。党组成员项兆伦、丁伟、单霁翔、刘玉珠、于群分别以“文化市场管理与非遗保护工作”“讲好中国故事——推动中华文化‘走出去’”“公共文化设施的表情”“文化遗产保护”“我国文化产业发展的现状、趋势和下一步工作考虑”为主题进行了授课。在“文化厅局长谈文化建设”访谈活动中，北京市、上海市、广东省、浙江省、江苏省、安徽省、四川省、重庆市、贵州省、新疆维吾尔自治区、青海省的11位文化厅局长，围绕授课内容，结合本地文化建设发展实际，畅谈工作思路，交流经验做法，展望“十三五”规划目标任务，并对文化发展改革中的热点、焦点和难点问题表达了看法。

（张燕鹰）

【文化部第一期全国文艺院团长培训班】 3月15日—21日，文化部第一期全国文艺院团长培训班在中央文化管理干部学院举办，来自中央与全国各省、市、县文艺院团的主要负责人190余人参加培训。该次培训设有专题讲座、座谈研讨、“工作坊”教学新模式，并组织学员到北京地区多家优秀文艺院团现场教学，推动工作交流与经验分享。

（白　莲）

【“名家艺术讲坛”首期开讲】 3月23日，由北京市剧院运营服务平台推出的“名家艺术讲坛”第一期在北京戏曲艺术职业学院开讲。首期嘉宾是曾多次获得中宣部“五个一工程”奖、文化部文华大奖、文华导演奖的导演张曼君，她以“寻找现实的回声——我的现代追求与美学理想”为主题，与众多业内专家和戏曲戏剧爱好者分享了自己的艺术创作经验及舞台感悟。

（白　莲）

【中国文联第十一期、十二期全国中青年文艺人才高级研修班】 3月22日—4月12日，由中国文联主办、中国文联文艺研修院承办、各全国文艺家协会协办的中国文联第十一、十二期全国中青年文艺人才高级研修班在北京举办。中国文联党组副书记、副主席、中国文联文艺研修院院长李屹出席开班式并作主题报告。中国文联第十一期全国中青年文艺人才（编导）高级研修班学员共38人，来自全国26个省、区、市，涵盖5个艺术门类。中国文联第十二期全国中青年文艺人才高级研修班学员共36人，来自全国28个省、区、市，涵盖12个艺术门类。两期研修班综合采用专题讲座、座谈研讨、现场观摩、案例教学、学员论坛、学员艺术沙龙、创作工作坊等多样化的研修方式，将知识讲授与创作实践结合，开展不同艺术领域学员间的深度交流。

（白　莲）

【国际艺术与创意活动策划高级人才培训班】 5月10日—10月31日，由中国对外艺术展览有限公司主办的国家艺术基金国际艺术与创意活动策划高级人才培训班在北京举办。30名来自全国各地的学员和多家媒体记者参加了培训。该次培训通过专题授课、交流参访、项目实训、讲座交流等形式，从理论到实践层面为学员提供学习历练的高端平台和国际合作机遇。

（白　莲）

【对外文化贸易骨干人才培训班】 6月6日—10日，由北京市文资办和北京市政府外办联合举办的2017对外文化贸易骨干人才培训班在北京举办。培训邀请了商务部、北京市政府相关部门负责人，业内知名专家、学者就国家和北京市文化贸易相关政策、对外文化贸易发展态势、文化企业国际业务税务处理、国际知识产权纠纷解决、APEC商务旅行卡申领等内容进行主题授课，并通过现场教学、学员讲堂、分组讨论交流等方式就文创企业“走出去”的方法与路径等问题进行互动。中国国际图书贸易集团有限公司、中国文化传媒集团、北京出版集团等近100家驻京中央文化企业、市属及民营文化企业的高层管理人员参加培训。

（白　莲）

【2017手工艺设计国际高级研修班】 7月31日—8月4日，由中国对外文化交流协会、中国文化传媒集团、首都博物馆主办的艺术专业与管理人才国际交流项目——2017手工艺设计国际高级研修班在北京首都博物馆举办。研修班围绕手工艺设计与旅游，邀请了美国库珀休伊特博物馆策展人兼纺织品部副主任玛蒂尔达·麦奎德、法国国立手工艺行业学院原副院长玛丽·阿斯琪耶·梅萨日、日本IDK设计研究所株式会社社长喜多俊之、中国香港知专设计学院顾问张西美、清华大学美术学院副教授原博等国内外专家，以及文化部非遗司、文化产业司等部门相关人士开展深度交流，举办专家演讲、学术研讨、案例分析、特色手工艺交流活动。研修班招收的68名交流人员为手工艺设计、艺术创作、艺术品经营及相关管理人员。

（白　莲）

【台湾青年艺术人才驻地实习计划】 8月11日—9月2日，由中华文化联谊会、中国国家话剧院、北京市海外文化交流中心联合主办，哲腾(北京)文化传播有限公司承办的台湾青年艺术人才驻地实习计划在北京举办。来自台湾中山大学、玄奘大学、台湾艺术大学等8所高校的22名台湾实习生在北京开启实习之旅。参与计划的实习生在北京多家文化演艺机构的不同岗位协助工作。实习之余，实习生还观摩舞台剧《战马》，深入《战马》团队，了解戏剧制作，走访北京人民艺术剧院。

（白　莲）

【中国文联首届新文艺群体拔尖人才高研班】 10月25日—11月7日，中国文联首届新文艺群体拔尖人才高研班开班。高研班由中国文联主办、中国文联文艺研修院承办、全国各文艺家协会协办。高研班以“中华文化的创造性转化和创新性发展”为主题，学员包括45名来自全国23个省、区、市，11个艺术领域的自由编剧导演、独立制片人、独立演员歌手、自由美术工作者、网络艺人等新文艺群体优秀人才。

（白　莲）

【北京高级演艺运营人才培养班】 11月2日—13日，由北京演出行业协会主办、北京文化艺术基金扶持的2017年度北京高级演艺运营人才培养班在北京举办。开班仪式和结业仪式都在北京天桥艺术大厦举办。参加此次培训的百余名学员主要是来自北京地区的演出公司、演出场馆、演出团体、舞美公司、票务公司等中层以上业务骨干。北京高级演艺运营人才培养项目包括集中培训、实地考察、结业仪式，涵盖品牌推广、投融资实务、文化生态、人力资源开发、策划营销、案例分析、新媒体传播、产业融合、票务市场、剧院运营、保险研究11个大师课程和2场剧院座谈、2场剧目观摩、2次艺术参观。

（白　莲）

【首期青年创意设计人才培训班】 11月18日—25日，由文化部文化艺术人才中心主办的首期青年创意设计人才培训班在中央文化管理干部学院举办，来自全国27个省、区、市的37名学员参训。培训班是文化部文化艺术人才中心首次面向非公领域文化人才开设的社会服务项目。培训方式包括讲座、研讨、调研，聘请了汪建松、章怀冰等专家、学者授课，内容涵盖中共十九大政策解读、艺术设计理论及实践、艺术品收藏与营销等。

（白　莲）

出版物

【《中国艺术发展报告(2016)》发布】 5月25日，由中国文学艺术界联合会组织编写的《中国艺术发展报告(2016)》(以下简称《报告》)在北京举办出版发布座谈会。《报告》认为，2016年我国文艺事业呈现七个方面的特点：文化自信吹响筑就伟大复兴时代文艺高峰的号角，视听艺术深情讲述中国故事，造型艺术鲜明呈现当代精神气质，舞台艺术形象展现中华审美风范，民间文艺多管齐下共同寻根探源，文艺评论乘东风强筋健骨，艺术市场在震荡中日趋理性。《报告》同时对2017年艺术发展情况进行了展望。

(白　莲)

【《中华人民共和国文化部2016年文化发展统计公报》发布】 5月，文化部主编的《中华人民共和国文化部2016年文化发展统计公报》(以下简称《公报》)由中国统计出版社出版。《公报》分为机构和人员、艺术创作演出、公共文化服务体系、文化市场、文化产业与文化科技、文化遗产保护、对外和对港澳台文化交流、文化资金投入8个章节，基本涵盖文化系统职能范围内所有领域，全方位展现了2016年我国文化发展改革的全貌。

(白　莲)

【《北京蓝皮书：北京文化发展报告(2016—2017)》发布】 6月20日，由北京市社科院及社会科学文献出版社共同主办的《北京蓝皮书：北京文化发展报告(2016—2017)》发布会在北京举行。该报告以“在世界文化名城目标中加强全国文化中心建设”为主题，对2016年度北京文化建设与文化发展战略、城市文化与公共文化服务、文化创意产业与文化经济、历史文化名城保护与文化交流传播等内容展开研究，分析了2016年北京文化发展新进展、新成就和新动态，并结合当前存在的问题提出了对策与建议。

(白　莲)

【北京第五批“非物质文化遗产丛书”发布】 8月23日，由北京市文学艺术界联合会、北京出版集团共同主办的“非物质文化遗产丛书(第五批)”新书发布会在北京国际图书博览会举办。该批丛书由北京市文联、北京民协组织编纂，包括2017年度出版的第五批“非遗”丛书共7本，即《永字鸽哨》《卢沟桥的传说》《柏峪秧歌戏》《潭柘紫石砚》《太子务武吵子》《白庙村音乐会》《延庆竹马》。

(白　莲)

文　　学

【概　况】 2017 年，中国共产党第十九次全国代表大会在北京召开。报告指出："社会主义文艺是人民的文艺，必须坚持以人民为中心的创作导向，在深入生活、扎根人民中进行无愧于时代的文艺创造。"习近平代表第十八届中央委员会向大会作了题为《决胜全国建成小康社会　夺取新时代中国特色社会主义伟大胜利》的报告。首都文学界在中共十九大精神的引领下展现了新的风貌和气象。

2017 年，首都文学界在小说创作方面成果喜人。习近平总书记在中共十九大报告中谈到文化建设与文艺工作时特别强调："加强现实题材创作，不断推出讴歌党、讴歌祖国、讴歌人民、讴歌英雄的精品力作"。长篇小说聚焦现实，具有深厚的现实力度，同时也具有历史的厚度以及丰沛的情感热度和深刻的文化探索。刘庆的《唇典》讲述了一个发生在中国东北大地上时间跨度近一个世纪的关于萨满的故事，文化力度深厚。鲁敏的《奔月》通过对现实生活中普通人故事的描写，探索了逃离、寻找等人类的精神世界。张翎的《劳燕》塑造了阿燕这个人物形象，展现了在苦难深重的命运波诡中，中华民族女性强韧的生命力。朱秀海的《乔家大院》（第二部）以晋商祁县乔家为原型，叙述了辛亥革命的历史风云中，中国企业家以诚信为本、心怀天下等特有的商业传统和精神气质。石一枫的《心灵外史》通过"大姨妈"这一独特女性形象，对人们的心灵层面和一系列社会怪象做了深层透视。梁鸿的《梁光正的光》展现了作者对近四十年中国社会发展现实的深切关怀与介入。关仁山的《金谷银山》以京津冀协同发展为大背景，展现中共十八大之后中国北方农村一幅波澜壮阔的生活画卷，是一部当代中国农民新的创业史。任晓雯《好人宋没用》讲述的是一位苏北女人在上海艰辛打拼、立足生根的故事，折射了一座城市的历史。

与厚重的长篇小说相比，2017 年中短篇小说灵动多样，摇曳多姿，涌现出一批质量与品位俱佳的作品。刘建东的中篇小说《丹麦奶糖》描写了 3 个中年知识分子 20 年来的人生经历与感悟，以及彼此各异的价值观的碰撞、融合，折射出"60 后"一代人的心灵图景。徐贵祥的中篇小说《鲜花岭上鲜花开》围绕毕加索"为父正名"的故事展开叙事，表达了对英雄迟到的礼赞。东紫的中篇小说《芝麻花开》细密地描写了一对老夫妻从年少夫妻到晚年共同面对死亡的人生经历。张学东的中篇小说《蛇吻》别具匠心地描写了一个情杀故事，展现了人性的悖论与困境。短篇小说方面，莫言通过《故乡人事》的 3 组故事，塑造了一组新的民族雕像，展现了丰富多元的历史文化空间与现实生活图景。莫言另一个短篇新作《天下太平》，以少年视角切入，展现了现代社会中传统乡村生活的种种问题以及隐忧，及其期望天下太平的深切情感。迟子建的《最短的白日》通过往返于哈尔滨与大连的高速列车上的人物故事，浓缩一个时代的镜像与百态人生。苏童的《玛多娜生意》描写了广告人庞德荒诞而真实的人生。南飞雁的《皮婚》描写的是官场生态与世俗生活，表现了形形色色小人物的内心世界。毕飞宇《两瓶酒》描写了社会转型期"我"与父亲、母亲以及巫叔、巫婶的生活故事。这些佳作共同构成了 2017 年中短篇小说的丰富图景。

2017 年，报告文学直面当下的社会现实、把握时代脉搏，取得了丰硕成果。李春雷的《中国塞罕坝》以生动的笔触讲述了塞罕坝林场建设者的事迹，展现了牢记使命、艰苦创业、绿色发展的塞罕坝精神。陈芳、余晓洁的《中国创新之问》描写了当下中国，高精尖科技创新成果不断出现，一轮新的科技创新热潮如何如火如荼席卷神州大地。王宏甲的《塘约道路》叙述了贵州安顺平坝区塘约村如何脱贫以及农村基层党支部该发挥怎样的带头作用的故事，是一篇揭示"三农"发展前景的具有现实性和思想力度作品。长江的《直面北京大城市病》以"我"、城市专家等多角度，展示了空气、住房、交通、看病难等大城市病，力图寻找治疗大城市病的良策。纪红建的《乡村国是——中国农村脱贫攻坚纪实》在202个村庄实地采访了脱贫的老乡和当地扶贫工作者，全景式、纪实性呈现了中国脱贫攻坚的进程与成效，是用报告文学形式记载脱贫攻坚这一历史性事件的有益尝试及探索。

2017年散文随笔真挚动人、隽永纯净，佳作颇多。周晓枫《离歌》描写了人性的复杂与深邃，冯骥才的散文《意大利读画记》，重读文艺复兴名作，显示了东方学者在全球化时代的独特眼光。陆春祥《关于天地，关于生死》是关于人与自然的独特体悟，直抵人心，深沉幽远。特别值得一提的是雷达的《韩金菊》，这篇散文描写了沉淀在作者生命中的一段刻骨铭心的记忆与怀念，散文平实，描写细密，情感的温度和力度极强，读来催人泪下，十分感人。

2017年，首都文学界深入学习中共十九大精神与习近平文艺思想。中共十九大报告正式提出习近平新时代中国特色社会主义思想。10月26日，中国作协党组书记处召开扩大会议，传达学习中共十九大精神，研究部署中国作协和文学界学习宣传贯彻中共十九大精神工作。10月31日，中国作家协会召开第九届主席团第三次会议，传达学习了中共十九大精神，做出关于学习贯彻中共十九大精神的决议。之后，中国作协相继召开机关全体人员大会，文学专门委员会分别召开学习贯彻中共十九大精神座谈会，畅谈习近平新时代中国特色社会主义思想的伟大意义。

2017年3月，中办印发《中国文联深化改革方案》，从3个方面部署40多项具体改革措施，优化文联组织的基本职能，改革调整文联及所属文艺家协会机构设置和人员配备，改革文联及所属文艺家协会运行机制。随后，中国作协改革方案等相继印发。5月，中办印发《关于加强文化领域行业组织建设的指导意见》，进一步推动文化领域行业组织健康有序发展。6月，中国文联召开文艺工作者职业道德建设委员会第二次全体会议，强调围绕深化改革，加强行业行风建设。8月，习近平总书记再次对群团改革工作做出重要指示，群团改革工作座谈会在北京召开。11月，中国文联先后举办首届全国新文艺群体拔尖人才高级研修班、新文艺组织新文艺群体权益保护研讨会和全国文联“互联网+文艺”工作会议，聚焦服务新文艺群体和网络文艺领域。通过深化改革，文联组织的联系范围和服务管理能力显著提升，对网络文艺与新文艺群体的影响力显著扩大，行业建设主导作用显著增强，政治性、先进性、群众性更加突出，吸引力、引导力、公信力不断提高。

2017年度首都文学界对外文学交流活动继续展开，鲁迅文学院举行“绿水青山：词语绽放的光芒——自然写作与生态伦理语境下的诗歌对话与朗诵”中美诗歌界交流活动，铁凝率团出席第三届中西文学论坛和首届中葡文学论坛，由中国作协外联部和北京大学中文系联合主办的中日青年作家交流会在北京举行。由中国作家协会主办、鲁迅文学院承办的2017国际写作计划在北京启动。年度文学对话与交流频繁，为活跃和繁荣首都文学发展做出了贡献。

2017年，首都文学界紧密结合文艺工作的实际，学习宣传贯彻中共十九大精神，坚持正确文艺方向，指导文艺创作，努力推出精品力作；坚持正确创作道路，深入生活、扎根人民，满足人民对美好生活的需要，使之成为繁荣发展文艺事业的精神指引和前进动力。首都文学界坚持中国特色社会主义文化发展道路，取得了丰硕成果，彰显了中华民族的文化自觉与文化自信。

（王凌雨）

创　作

·长篇小说·

【《迷城》】 1月，北京十月文艺出版社出版，作者马笑泉。作品以21世纪第1个10年为时间背景，从政治、经济、地理、历史、风俗、物产等多个角度书写一个南方古城，呈现和探讨了传统文化在中国现代化进程中的积极作用与局限。作品刻画了鲁乐山和杜华章当代之“士”的形象，描绘他们不同的文化基因、性格作风及命运走向，彰显出深沉、阔大的家国情怀与道义力量。小说采用双线平行叙述法。一条线叙述迷城常务副县长鲁乐山突然坠楼死亡引发的种种情形；一条线叙述市委政策研究室副主任杜华章空降迷城，出任宣传部部长后的种种反响。

（王凌雨）

【《心灵外史》】 发表于《收获》第3期，作者石一枫。作品讲述了杨麦与“大姨妈”之间的故事。杨麦自幼因父母离异而由“大姨妈”照看。“大姨妈”对杨麦在生活上的照顾无微不至，她自身却在精神上深陷于渴望相信什么但却无可相信的困境之中。杨麦在长大成人之后感念着“大姨妈”留给自己童年时代的温暖记忆，决定将“大姨妈”从盲信状态拉回到现实生活中来。然而事与愿违，等待她的不仅是一段荒唐的冒险经历、一系列社会怪象，更是一个悲剧性的结局。

（王凌雨）

【《太阳深处的火焰》】 发表于《十月·长篇小说》第4期，作者红柯。小说由两条线展开，一条线集中书写当代知识分子“坐困书城”的精神困境，以冷峻之笔写当代学林，语带诙谐嘲弄。另一条线讲述渭北大学徐济云教授和新疆姑娘吴丽梅年轻时的浪漫爱情故事，描绘了陕西关中民间皮影艺人的日常生活、工作状态及内心世界，观照基层知识分子、民间艺人的处境，体现了陕西关中文化和边疆少数民族文化的差异，展现了两种文化的相互借鉴与补充、交融与发展。

（王凌雨）

【《国王与抒情诗》】 5月，中信出版社出版，作者李宏伟。该作品是一部关于2050年人类未来的寓言式小说。作者通过一个诺贝尔文学奖得主的突然辞世，描述了人工智能对文学创作的影响，对国王和抒情诗进行了另类解读。同时，作者把整部作品分为本事、材料和附件，别具一格。

（王凌雨）

【《唇典》】 7月，作家出版社出版，作者刘庆。作品讲述了一个发生在中国东北大地上，时间跨度近一个世纪的故事。主人公满斗是一个命定的萨满，但他却要用一生来拒绝成为一个萨满的命运。所谓“唇典”的意思是指字典、词典之外口口相传的无物质载体的经典。

（王凌雨）

【《劳燕》】 7月，人民文学出版社出版，作者张翎。作品讲述了一个名叫阿燕的女人在抗日战争中的一段经历。阿燕的母亲在一次日军空袭中丧生，恋人刘兆虎也离她而去。在中美合作训练营，阿燕结识了两个美国人，一个是行医的牧师，一个是训练营的教官。后来，刘兆虎也来到了训练营。阿燕与这三个男人的关系微妙而复杂。当危急降临的时候，阿燕，为刘兆虎撑起了一个遮蔽风雨的港湾。

（王凌雨）

【《藏珠记》】 8月，作家出版社出版，作者乔叶。作品讲述了一个传奇的爱情故事。大唐天宝年间，长安城的一个女孩在自家的客栈里收留了一位生命垂危的波斯人，波斯人感其善好，临终时赠其一灵异之珠。此珠能葆她青春且长寿，前提是不能与男人情爱交合。1000多年来，她始终恪守着这条与自己性命攸关的戒律，一直生活到当代。而后她爱上了一名帅气的烹饪世家之子，她挣扎在是爱还是死的矛盾纠结中，演绎了一出爱恨情仇的人生戏剧。

（王凌雨）

【《好人宋没用》】 8月，十月文艺出版社出版，作者任晓雯。故事讲述的是一位苏北女人宋没用在上海艰辛打拼、忍辱负重、立足生根的故事。因为她是幺女，所以被母亲嫌弃，起名“没用”。可就是这样一个“没用”的女子，熬过了战乱、饥饿和种种社会动荡，为父母养老送终，接济游手好闲的哥哥，拉扯大了五个儿女。作品通过宋没用的经历，塑造了勤劳善良，在怯懦之中却不乏精明，兼有悲欢与坚忍的中国劳动妇女形象。

（王凌雨）

【《金谷银山》】 10月，作家出版社出版，作者关仁山。小说以京津冀协同发展为大背景，展现中共十八大之后中国北方农村一幅波澜壮阔的生活画卷。作品讲述的是卖菜致富的青年农民范少山，重新回乡生产，带领乡亲们种植绿色食品，进行生态环境保护，不仅妥善安置了村里的空巢老人、残疾人和儿童，还使一个因贫困绝望即将消失的小山村，最终脱贫致富的故事。

（王凌雨）

【《奔月》】 10月，人民文学出版社出版，作者鲁敏。作品表达了逃离与寻找的主题。故事从一辆旅游大巴意外坠崖展开。小六在这场事故中消失了，生死不明。丈夫贺西南不愿相信她已经死亡，开始四处寻找她的下落，由此渐渐揭开了小六隐藏在温顺外表下乖张不羁的多重面目。与此同时，小六以无名之躯来到了完全陌生的小城乌鹊，开始了异境里的新生活，她遭遇各种沉沦起伏，预期中的自由却并未出现，多重身份再次叠加，荒诞中显露出人性的诡谲。一个小六不在场，一个小六在场；一个小六是旧我，一个小六是新我，故事就在这两个时空中交替上演。

（王凌雨）

【《吃瓜时代的儿女们》】 11月，长江文艺出版社出版，作者刘震云。四个素不相识的人，农村姑娘牛小丽，省长李安邦，县公路局局长杨开拓，市环保局副局长马忠诚，四个人不在一个县，不在一个市，也不在一个省，更不是一个阶层，但他们之间，却发生了极为可笑和生死攸关的联系。八竿子打不着的事，穿越大半个中国打着了。于是，眼看他起高楼，眼看他宴宾客，眼看他楼塌了。深陷其中的人痛不欲生，看热闹的群众却乐不可支。

（王凌雨）

【《梁光正的光》】 11月，人民文学出版社出版，作者梁鸿。故事以梁光正晚年寻亲为起点，其子女也被迫随之回溯父亲如西西弗般屡战屡败却向光而行的一生。他是梁庄的堂吉诃德。四村八乡闻名的“事烦儿”。却笃信世间一切必遵循“道理”发生。如同一团孤独的乱麻，热情地席卷所有人，给子女空留下一地烦恼。在他棺材落地的一瞬间，人们才突然觉得，这世界过于空旷。

（王凌雨）

·中篇小说·

【《丹麦奶糖》】 发表于《人民文学》第1期，作者刘建东。小说描写了3个中年知识分子20年来的人生经历和生存感悟，各不相同的价值观念在这个封闭的时空结构中彼此碰撞又相互融合，由此折射出“60后”一代人的心灵图景。作者在创作中有意识地将现实主义叙事风格和西方现代派表现技法融于一体，使读者既能从现实中感受到一种神秘与荒诞，又能从荒诞中体会出一种真实与残酷。

（王凌雨）

【《芝麻花开》】 发表于《人民文学》第5期，作者东紫。小说描写了一对老夫妻，从年少夫妻到共同面对晚年死亡的人生旅程。其中有生活的倾轧，有彼此的伤害，也有彼此的疼惜和对子女的忧虑。原本害怕死亡而拒绝砌坟的病重父亲，因为得知坟地风水有利于子孙后代，甘愿用死换取家人生活像芝麻开花——节节高。

（王凌雨）

【《蛇吻》】 发表于《十月》第6期，作者张学东。作品讲述了几个曾经的大学同窗在度假时，听曾经的爱情专家老谭讲的一个“蛇吻”的故事。老谭在河湾水库无意中发现两条小孩的手臂那么粗细的蛇，“尾部在地上盘成一圈一圈的草绳状，颈部则高高抬起，在半空中彼此交替缠绕着，两只蛇头在最高处唇齿相交，活像一对热恋中的情人正在忘情地狂吻……”谁也没有注意到这个故事背后所隐藏的秘密。而在一个秋天的大学同学二十年聚会上，在一段土长城之下的葫芦形洞坑内，同学们无意中发现了被老谭谋杀的前妻的尸首。

（王凌雨）

【《鲜花岭上鲜花开》】 发表于《人民文学》第8期，作者徐贵祥。小说通过对一位新四军老战士战斗经历的追寻，突出了一个核心主题——“为英雄正名”。在历史与现实的时空交错中，在金钱与尊严、义与利、崇高与卑微的交织中，作品向人们传递出鲜明的价值取向，那就是我们这个民族是一个有着深厚英雄情结的民族，这一点无论过去还是现在，从未改变过。与此同时，我们的民族也是一个具有深刻历史理性的民族，历史可以有迷雾，但是历史不容亵渎，特别是英雄的历史。

（王凌雨）

·短篇小说·

【《玛多娜生意》】 发表于《作家》第1期，作者苏童。小说描写了广告人庞德荒诞而真实的人生。庞德身上带有20世纪80年代文艺青年的很多特征，尤其是对美国生活的向往和憧憬，都集中到玛多娜这样一个国际明星身上。小说是苏童过去小说中“不靠谱年轻人”的一次“史诗性”书写。作品中的人物不只是现实的定位，而且是历史中变化的曲线。展现了男主人公步入中年以后，看似美妙光环下隐藏的感伤。

（王凌雨）

【《匠人》】 发表于《当代》第2期，作者李延青。小说中的周向文是有悟性的，和木匠聊聊天便能偷到木匠的技术，成为一名技艺精湛的匠人。但他真正的“匠人”身份是背诵语录。虽然远离了那个时代，个人生活有了很大变化，但时代的枷锁套得更牢了，所以才有了后来的遭遇。同样爱好背语录的田桂生，与周向文形成合奏关系，展示出经历那个时代后人特有的精神状态。

（王凌雨）

【《最短的白日》】 发表于《十月》第3期，作者迟子建。最短的白日，漫长的人生。时间的“短”，丈量着人生的“长”。往返于哈尔滨与大连的高速列车浓缩着市井百态、世俗人生。作品讲述了一个为偿还儿子的欠债而在这趟列车上来回奔波的肛肠科医生，与一个为生计所迫而从事列车维修工作的小伙子的故事，高速现代的列车拖着身累心亦累的他们，被生活所累的他们又反转身自我拖累，二者构成的巨大的时代反差，体现出“活着”的沉重、孤独、无奈。这种现状既是生存层面的，更是精神层面的。于是，“我”在抵达故乡与小伙子告别之际，生出“我们奔向的都是异乡”之叹。

（王凌雨）

【《兄弟我》】 发表于《十月》第4期，作者叶舟。小说叙述了在即将对一家搬迁至新区的石化企业所遗留的大烟囱进行爆破之际，王麻、冯彬文、陈劳辛、马四十三等几位当年大烟囱的建造者铤而走险，“对抗”爆破的故事。

（王凌雨）

【《万用表》】 短篇小说集，4月，江苏文艺出版社出版，作者苏童。本书选取了苏童多年颇具代表性的小说作品，包含《万用表》《红粉》《妻妾成群》《天赐的亲人》等小说。

（王凌雨）

【《皮婚》】 发表于《人民文学》第4期，作者南飞雁。小说讲述了一个中年男人与两个女人之间的日常生活故事。普通职员穆成泽、机关中层领导付晓冉、家庭主妇王雅琳的生活、理想以及遭遇分别代表了三种不同的样态。他们都曾有过(或正经历)委屈、苟且、无奈，也都渴望安稳、欢乐、真爱。在生活面前，谁是强者，谁是弱者，似乎都不是一直延续着的，作为生活之一种，又焉知谁对谁错呢？作品侧重从平凡的生活以及男女关系中揭示出其中的深层意蕴。

(王凌雨)

【《故乡人事》】 发表于《收获》第5期，作者莫言。作品由《地主的眼神》《斗士》《左镰》三个短篇组成，统名为《故乡人事》。《地主的眼神》里，老地主孙敬贤深爱着土地，却又被土地坑害，劳动技术一流却始终备受欺压，遭受了许多值得同情的苦难但确实不是什么好人。他纠结、压抑的一生最后落脚于一场“戏说历史”式的豪华葬礼。《斗士》里的主人公武功也是一个复杂的形象：一方面，他像个英雄，敢跟不可一世的村支书缠斗一生；另一方面，他也会将仇恨的毒液进行无差别喷洒，“你对着他打个喷嚏，很可能就把他得罪了”。武功家庭出身不好、“知道自己命贱”，索性“不把自己当人”，始终怀抱着同归于尽的无畏，终于成了“村子里一个谁也惹不起的人物”、一个“睚眦必报的凶残的弱者”、一个生活挤压下精神癌变版的当代阿Q。《左镰》里的田奎，因为一场超出控制的集体恶作剧，被父亲砍去了右手。在失去右手的田奎身上，读者看到了一种有违常理，看似安于命运却莫名令人惊悚的平静。

(王凌雨)

【《天下太平》】 发表于《人民文学》第11期，作者莫言。故事发生在太平村的村西大湾，里面有各式各样的动物，还有形形色色的人物。所有的生灵都在这里找到了栖身之所。大湾里的老鳖咬住了小奥的手指，让一个最弱小的孩子受难。在作品中，人类并不是一直居于食物链上游的“高级动物”，而鳖也不仅仅只是“低级动物”，它有自己的传说和性格，因此，老鳖咬住幼孩的“事件”就让人类犯了难。通过这个事件，其他各色人物一一亮相，小奥想放生老鳖，在爷爷、星云姑姑、侯科长、二昆、110警员、袁武、晓杰等人想方设法献计下终于获救，老鳖也被放生。

(王凌雨)

【《两瓶酒》】 发表于《人民文学》第11期，作者毕飞宇。小说描写了社会转型期“我”与父亲、母亲以及巫叔、巫婶的生活故事。“我”是一个从出生就被父亲希望是男孩的女孩，巫叔为了迎合父亲这个“酒肉朋友”的心意，管“我”叫“大侄子”，把自己同年出生的儿子叫作“二妮”。父亲在最鼎盛的年纪下岗了，当他在电视机前听着刘欢的《从头再来》时，感到了一种莫名的委屈，竟然砸坏了电视机。从此，父亲成了一个名副其实的酒徒，并在某一天突然离世。巫叔是个重情重义的人，他用两瓶酒为父亲举行了一场特别的追悼会，却在喝完两瓶酒后瘫痪。“我”虽然考上了北京的大学，但情场失意让“我”无可适从，唯有巫叔的微信点赞才有“存在感”，也唯有顶替父亲酒徒的位置与巫叔喝酒时才能敞开心扉。倒是巫婶和“二妮”，一个怕我嫁给“二妮”黏上她家门，一个干脆离家跑到深圳几乎就再也没回来过。

(王凌雨)

·报告文学·

【《塘约道路》】 发表于《人民文学》第1期，作者王宏甲。作品叙述了贵州安顺平坝区塘约村的发展历程。在一场大洪水洗劫后，大家投票选择了土地确权入股的股份制合作社的模式，在村党支部的领导下，组织规模化的运输、装修、种菜，还用“全村酒席统一办理”的方式来正村风。党支部管全村，村民管党员，人均收入从2014年不到4000元，提升到2016年的10030元，村集体经济从不足4万元增加到170万元。外出打工的人们纷纷返回家乡，塘约不再是“空壳村”，人们充满希望地劳动着，实现了从省级二级贫困村向小康示范村的华丽转身。

(王凌雨)

【《中国塞罕坝》】 发表于《长城》第5期，作者李春雷。作品讲述了塞罕坝林场建设者牢记使命、艰苦创业、绿色发展的塞罕坝精神，呼唤民众持之以恒推进生态文明建设，坚持绿色发展理念，建设美丽中国。

(王凌雨)

【《直面北京大城市病》】 发表于《北京文学》第7期，作者长江。作品从“我”的空气、住房、交通、看病中的“痛”入手，写出了普通市民的痛点，再以央视记者的身份写出线性的病痛的典型症候。最后以城市专家的角度，宏观地记述真实的病情、病因和药方。提出问题的同时也提出了“我”的应对心得。

(王凌雨)

【《乡村国是——中国农村脱贫攻坚纪实》】 发表于《中国作家·纪实》第9期，作者纪红建。作者耗时两年多，深入六盘山区、滇桂黔石漠化片区、武陵山区、秦巴山区、乌蒙山区、罗霄山区、闽东山区，西藏山南、新疆喀什等脱贫攻坚主战场，走过湖南、云南、甘肃、宁夏、新疆、贵州、广西、福建、重庆、四川、湖北、江西、安徽、西藏14个省(自治区、直辖市)、39个县(区、县级市)的202个村庄，实地采访了脱贫的老乡和当地扶贫工作者，从200多个小时的采访录音中，整理出100多万字的采访素材。历时8个月整理、思考和创作，全景式呈现了中国脱贫攻坚的进程与成效。

（王凌雨）

【《中国创新之问》】 发表于《北京文学》第11期，作者陈芳、余晓洁。作者以开阔的视野、生动的文笔，大容量、长篇幅描写了中国科技创新的成就，回答了新的科技创新热潮为何能如火如荼席卷神州大地的问题。作者列举了今日中国的神舟飞天创造了“中国高度”，蛟龙潜海成就了“中国深度”，高铁奔腾刷新了“中国速度”，“中国天眼”拓宽了“中国维度”。而高铁、支付宝、共享单车和网购更被称作中国“新四大发明”，还有已经领先全球的超级计算机、量子卫星等。

（王凌雨）

·散文随笔·

【《离歌》】 发表于《十月》第3期，作者周晓枫。《离歌》把散文写出了小说气质，挖掘出了人性的曲折深邃。

（王凌雨）

【《意大利读画记》】 发表于《北京文学》第4期至第7期，作者冯骥。作者认为，画家看画，看画上边的东西。作家看画，看画后边的东西。画后边的东西不是看出来的，是读出来的。作者想知道画后边的画家和艺术史，雕塑里边藏着的思想，古城中依然活着的生命与灵魂，更想知道“复兴”真正的目的是什么。它史无前例地到达怎样的高度，它给后世留下什么，它靠哪些非凡的大师实现这个复兴，复兴仅仅是重现昔日的辉煌吗？作品显示了东方学者在全球化时代的独特眼光。

（王凌雨）

【《韩金菊》】 发表于《作家》第7期，作者雷达。雷达青少年时代在兰州生活、上学时，曾与一位名叫韩金菊的姑娘热烈而纯真地相爱，但受当年客观条件的限制，未能结合。金菊在困顿中去世，成为雷达终生之痛。在清明节之际，雷达完成了“几次伤心地写不下去”、铭刻在生命里的记忆与怀念——《韩金菊》。

（王凌雨）

【《疼痛，是中国军人留给对手的永久记忆》】 发表于《解放军文艺》第10期，作者乔良。作品通过对抗美援朝战争的回忆与反思，展现了作者认为中国军人留给了对手永久疼痛这一观点。当朝鲜半岛正在重新成为地缘政治搏杀的热点时，总有人想像60多年前那样，让中国人民被迫又一次做出自己的抉择。有史以来最强的军改，则使从井冈山走来，爬雪山、过草地的人民军队，重新迸发出威武之师、胜利之师的血性和胆气。

（王凌雨）

·诗 歌·

【《北漂诗篇》】 4月，中国言实出版社出版。这是一部通过网络公开征集而诞生的诗集。全书共收入100多位北漂作者的诗作。他们中有诗人、作家、出版人、电影人、艺术家、企业家和普通打工者。全书按照诗人到北京的时间顺序编排，搭建了北漂人诗的历史链条，一首首诗作用诗化的语言记录了北京几十年的变化，被媒体称为诗歌版的“北京志”。这部诗集通过北漂人对“北京”的想象，呈现出他们的北漂生活及其精神地图。

（王凌雨）

【《战士的心在燃烧》】 7月，线装书局出版，作者王发宾。诗集主要记述了工程兵某部修建独库公路、星哈公路、巴里坤公路、和布公路的历程，歌颂了修路战士高尚的情操和勇于牺牲的精神。

（王凌雨）

【《七星曜我》】 发表于《人民文学》第9期，作者莫言。作品为组诗，由7部作品组成，以诗歌形式描述了莫言与7位世界文坛大家的交往过程。7首诗分别是《格拉斯大叔的瓷盘——怀念君特·格拉斯先生》《一生恋爱——献给马丁·瓦尔泽先生》《从森林里走出的孩子——献给大江健三郎先生》《帕慕克的书房——遥寄奥尔罕·帕慕克》《写诗是酒后爬树——献给特朗斯特罗姆》《奈保尔的腰——回忆V.S.奈保尔先生》《最是那一低头的温柔——想念勒·克莱齐奥先生》。

（王凌雨）

机 构

【中国诗歌网朗诵艺术团】 3月15日，中国诗歌网朗诵艺术团授牌仪式在北京举行。中国作协副主席何建明向中国诗歌网朗诵艺术团授牌。中国诗歌网是诗歌互联网出版平台，2015年正式上线，累计注册约7万名会员，拥有数十万个微信公众号关注。中国诗歌网朗诵艺术团的成员都是来自播音主持界、演艺界、影视戏剧界的艺术家。中国诗歌网已开通了32

个省、区、市及诗歌、诗人、诗讯、诗学等专栏类的地方频道。

(王凌雨)

【网络文艺智库专家委员会】 5月23日，由光明网、中国文联文艺评论中心主办的“网络文艺发展与新型智库建设”研讨会在北京召开。会上举行了网络文艺智库专家委员会成立仪式，公布了智库委员会首批委员名单，并为委员代表颁发了证书。

(王凌雨)

【清华大学文学创作与研究中心】 6月20日，清华大学文学创作与研究中心成立仪式在北京举行。中国文联主席、中国作协主席铁凝，清华大学校长邱勇，中国作协副主席莫言，以及韩少功、刘慈欣等作家和学者出席仪式。茅盾文学奖得主、清华大学中文系教授格非担任该中心主任，莫言担任荣誉主任。该中心设置有“国际文学工作坊”，并拟开展学术研讨会、“朱自清文学奖”评选、在校学生作品指导等工作，其宗旨是致力于建设成为具有国际影响力的文学创作与研究机构，促进文学研究创作的互动和繁荣，发掘并培养文学新锐，助力清华人文影响力的提升。

(王凌雨)

【中国作协文学工作者职业道德委员会】 9月21日，中国作协文学工作者职业道德委员会成立大会在北京举行。中国作协主席铁凝出席会议并讲话，中共中央宣传部副部长庹震，中国作协党组成员、书记处书记吉狄马加、阎晶明、吴义勤出席。中国作协文学工作者职业道德委员会是中国文学界加强职业道德建设的自律机构。该委员会由28名来自各文学门类的作家代表和相关社会人士组成，由中国作协副主席刘恒任主任，阿来、范小青、周大新、赵丽宏任副主任。该委员会将依据国家有关法律法规和《中国作家协会章程》《中国作家协会文学工作者职业道德委员会章程》《中国作家协会文学工作者职业道德公约》，建立起内部管理与外部监督相结合、自律与他律相结合的工作机制，积极倡导德艺双馨，督促文学工作者弘扬、践行社会主义核心价值观，遵纪守法、服务社会、乐于奉献，树立良好社会形象，积极营造繁荣发展社会主义文学事业的良好生态。

(王凌雨)

【中国校园文学馆】 10月28日，中国校园文学馆在北京通州潞河中学挂牌。中国校园文学馆由中国当代文学研究会校园文学委员会与北京通州潞河中学共同建设，面向全国收集整理校园文学的历史资料。校园文学馆主要功能包括资料收藏、展览发布和研究推广等方面，所收藏的资料主要包括全国各地大、中学校的校园文学资料。

(王凌雨)

【中国作家协会网络文学中心】 12月，中国作家协会网络文学中心在北京成立。该中心为中国作协所属事业单位，其主要职能是在中国作协党组书记处领导下，负责网络作家联络服务、网络文学研究评论和管理引导、有关文学网站与团组织及各级作协网络文学工作的沟通联络等工作。

(王凌雨)

活　　动

【中国作家协会公布多个专门委员会组成人员】 2月27日，中国作家协会公报(2017年第1号)发布，公布了第九届小说、诗歌、散文、报告文学、儿童文学、军事文学、影视文学、文学理论批评和网络文学等专门委员会组成人员。中国作家协会小说委员会主任王安忆，副主任刘醒龙、迟子建、胡平、格非(委员从略，下同)；中国作家协会诗歌委员会主任叶延滨，副主任李文朝、杨克、张清华、阿尔泰、梁平；中国作家协会散文委员会主任贾平凹，副主任刘亮程、孙郁、张锐锋；中国作家协会报告文学委员会主任张胜友，副主任王宏甲、王树增、白描、李炳银、杨黎光；中国作家协会儿童文学委员会主任高洪波，副主任王泉根、方卫平、曹文轩；中国作家协会军事文学委员会主任徐贵祥，副主任朱向前、周大新、姜秀生；中国作家协会影视文学委员会主任陈建功，副主任艾克拜尔·米吉提、叶辛、张宏森、范咏戈、欧阳黔森、高峰、黄亚洲；中国作家协会文学理论批评委员会主任南帆，副主任丁帆、白烨、吴秉杰、陈思和、陈晓明；中国作家协会网络文学委员会主任陈崎嵘，副主任吴文辉、陈村、欧阳友权、胡殷红、唐家三少、戴和忠。

(王凌雨)

【2017年“少儿报刊阅读季”】 4月23日—10月31日，2017年“少儿报刊阅读季”活动在全国范围内举办。4月23日，北京举办了启动仪式。这是一项由全国少儿报刊单位、报刊管理部门、中小学校、少年儿童等共同参与的精品少儿报刊阅读推广活动。阅读季期间的活动主要有捐赠优秀少儿报刊，组织报刊单位开展“中国梦·少年说”主题征文、征画、演讲，“我的悦读童年”阅读推广活动、“我与报刊的童年故事”、“少年传承中华传统文化”、2017年度

全国少年儿童喜爱的百种优秀报刊推荐活动等。

（王凌雨）

【《新诗百年诗抄》首发式暨朗诵会】 7月1日，由谭五昌主编，浙江人民出版社出版的《新诗百年诗抄》首发式暨朗诵会在北京举行。该书收入100年来100位诗人的100首经典诗歌作品，每首诗均配有二维码朗诵版；该书还收入了68位现当代诗人的诗歌手稿。屠岸、谭五昌、曾凡华、黄亚洲、陆健等四十多位在北京的诗人、评论家参加了该活动。

（王凌雨）

【第一届中国“网络文学+”大会】 8月11日—13日，由国家新闻出版广电总局、北京市人民政府指导，中共北京市委宣传部、北京市互联网信息办公室、北京市新闻出版广电局（北京市版权局）等单位主办的第一届中国“网络文学+”大会在北京举办。国家新闻出版广电总局副局长张宏森，中共北京市委常委、宣传部部长杜飞进，中国作协副主席吉狄马加出席开幕式。大会围绕“网络正能量、文学新高峰”主题，采取政府指导、市场化运作的模式，以网络文学为核心，打造中国网络文学行业交流合作平台、网络文学及相关行业优秀项目孵化推介平台、泛娱乐行业新产品展示平台、网络文化新技术发布平台和网络文化优秀人才交流平台。

（王凌雨）

【第24届北京国际图书博览会“中国作家馆”开馆】 8月23日—27日，第24届北京国际图书博览会“中国作家馆”开馆。中国作家协会为该图博会八个主办方之一。该届中国作家馆活动由中国作家出版集团承办。集中展示了中共十八大以来中国文学砥砺前行的坚实足迹和由作家出版社出版的各种畅销书、长销书、新版书与弘扬中华传统文化的文艺作品以及由中国作协主管、中国作家出版集团主办的《人民文学》《诗刊》《民族文学》《中国作家》《小说选刊》等10种优质文学读物，首次全面展出《人民文学》英、法、德、俄、日、意、西、韩、阿拉伯9种外文版刊物与《民族文学》蒙古文、藏文、维吾尔文、朝鲜文、哈萨克文5种少数民族文字版刊物。图书博览会期间，还举办了《精典名家小说文库》发布会、任林举《此心此念：太行之子吴金印》新书发布会、乔叶《藏珠记》新书发布会、“长篇小说与我们的时代生活主题论坛”等多项活动。

（王凌雨）

【第二届“北京十月文学月”】 10月12日—29日，由中共北京市委宣传部、市新闻出版广电局、市互联网信息办公室、市文学艺术界联合会主办，北京出版集团、北京发行集团、北京作家协会、千龙网承办的第二届“北京十月文学月”活动在北京举办。活动期间，开展了“名家荟萃”“国际交流”“大众文学”“青少文学”“网络文学”5个板块共计百余场主题活动，其中包括“第二届北京文学高峰论坛：全国文化中心建设中的北京文学力量”“第二届中俄《十月》文学论坛：北京故事与莫斯科故事”等17项重点活动。该文学月活动启动了“十月签约作家”计划，阿来、刘庆邦、叶广芩、宁肯、关仁山、红柯、李洱、邱华栋、徐则臣9位作家与北京十月文艺出版社正式签约，成为首批“十月签约作家”。该文学月活动直接参与人数超过50万人，网络活动覆盖人数近1.9亿人次，网络总点击量8100万次，话题阅读679万次，互动量68万次。该活动还颁发了第二届“北京十月文学月”优秀组织奖、最受欢迎活动奖、特别支持单位奖等奖项，十月文学院、北京十月文艺出版社、十月杂志社、十月少年文学杂志社、北京作家协会、千龙网·中国首都网等10个单位获“优秀组织奖”。“第二届北京文学高峰论坛：全国文化中心建设中的北京文学力量”等10场活动被评为“最受欢迎活动”。

（王凌雨）

【2017首届国际写作计划】 11月11日—12月7日，由中国作协主办、鲁迅文学院承办的2017首届国际写作计划在北京实施。2017国际写作计划是中国作协2017年启动实施的一项重要国际交流计划，共有来自俄罗斯、英国、匈牙利、西班牙、波兰、土耳其、墨西哥、克罗地亚、埃及9个国家的10位作家参与其中，举办了“世界——由文学重绘的疆域”“文学的力量：历史、现实、语言与虚构”“文学的旅行：跨越边界与再创可能性”等多场主题文学活动。

（王凌雨）

【第七届“书香中国·北京阅读季”】 12月5日—8日，由国家新闻出版广电总局和北京市人民政府主办的第七届“书香中国·北京阅读季”在北京举行。该活动以“联结阅读力量　创变阅读价值”为主线，开展全民阅读活动。该次活动由第七届书香中国·北京阅读季颁奖典礼、书香中国·北京阅读季成就展、“阅读+”主题系列对话、“最北京”实体书店展示平台、“聚焦阅读”摄影展览、“就爱你阅读”主题讲座、“书香长廊”主题活动7个部分构成。共推出各类阅读活动3万余场，覆盖和影响人群超过1000万人，参与活动的居民年人均纸书阅读量达10.97本。

（王凌雨）

北京市教师作家协会第一次会员代表大会代表合影

会　议

【北京市教师作家协会第一次会员代表大会】 2月16日，北京市教师作家协会在市文联二层报告厅举行了第一次会员大会。会议通过了《北京市教师作家协会成立工作情况报告》，通过了《北京市教师作家协会章程(草案)》，选举产生了北京市教师作家协会第一届理事会和主席团，著名儿童文学作家曹文轩当选主席。

【第九届中国作协儿童文学委员会第一次全体会议】 3月17日，第九届中国作协儿童文学委员会第一次全体会议在北京举行，李敬泽、高洪波、曹文轩、王泉根与委员们共同围绕中国儿童文学如何坚定和提升文化自信等问题展开了深入讨论。会议由方卫平主持。新一届儿童文学委员会由高洪波担任主任，王泉根、方卫平、曹文轩为副主任。会上，高洪波就中国儿童文学近年来的发展做了回顾，并对下一阶段的工作以及中国儿童文学的发展提出了希望。新一届儿委会委员梅子涵、白冰、刘海栖、秦文君、黄蓓佳、汤锐、汤素兰、沈石溪、张晓楠、陈诗哥、徐鲁、徐德霞、韩进、薛涛、薛卫民、纳杨等围绕相关问题各抒己见。此外，大家还就扶持年轻一代儿童文学作家、儿童文学获奖作品如何走向读者、儿童文学理论话语的更新等问题展开了讨论。

（王凌雨）

【中国作协第九届主席团第二次会议】 6月13日，中国作家协会第九届主席团第二次会议在北京召开。会议深入学习贯彻习近平总书记在中国文联十大、中国作协九大开幕式上的讲话精神，审议了钱小芊《在中国作协九届二次全委会上的工作报告》，同意提交中国作家协会第九届全国委员会第二次全体会议审议。提名阎晶明为中国作家协会第九届全国委员会副主席候选人，提交中国作家协会第九届全国委员会第二次全体会议选举。何建明和白庚胜由于超过任职年龄界限，不再担任书记处书记职务。会议根据《中国作家协会章程》第30条规定，审议通过了部分团体委员变更事项。同意侯志明、白希分别接替张颖、杨文志为中国作家协会第九届全国委员会委员。

（王凌雨）

【中国作协作家权益保障委员会全体会议】 7月17日，中国作协作家权益保障委员会举行换届后的第一次全体会议。中国作协副主席阎晶明出席会议并讲话。中国作协作家权益保障委员会主任张健，副主任张抗抗、吕洁，委员武和平、张雪松、王晓渭、王忠琪、邓江华、侯庆辰、妖夜、盛敏及中国作协创联部权保办相关人员参加会议。会议由吕洁主持。会议回顾了上一届委员会的工作，讨论了本届委员会的工作计划，委员们对即将开展的普法巡讲、编纂作家权益手册、网络文学版权研讨会等工作提出了实质性建议。会议还就网络维权的热点问题进行讨论。

（王凌雨）

【第十届全国优秀儿童文学奖评奖委员会第一次全体会议】 7月24日，第十届全国优秀儿童文学奖评奖委员会第一次全体会议在北京举行。中国作协主席、第十届全国优秀儿童文学奖评奖委员会名誉主任铁凝出席会议。中国作协党组书记、副主席钱小芊出席会议并讲话。中国作协副主席、第十届全国优秀儿童文学奖评奖委员会主任李敬泽就《全国优秀儿童文学奖评奖条例》和《评奖细则》作讲解说明。

（王凌雨）

【网络文学重点园地工作联席会议】 10月27日，中国作协在北京召开第82次全国网络文学重点园地工作联席会议，专题学习中共十九大精神，部署各文学网站深入学习宣传贯彻中共十九大精神工作。中国作协创研部主任、全国网络文学重点园地工作联席会议办公室主任何向阳，全国网络文学重点园地工作联席会议办公室副主任安亚斌、肖惊鸿出席会议。30余名文学网站代表参加会议，分别介绍本单位组织集体收看中共十九大开幕式、传达学习中共十九大精神的相关情况，交流学习心得和下一步学习计划。

（王凌雨）

【首都文学界学习贯彻中共十九大精神座谈会】 11月2日，由中国作协主办的首都文学界学习贯彻中共十九大精神座谈会在北京举行。中国作协主席铁凝出席座谈会并讲话。中国作协党组书记、副主席钱小芊主持会议。中国作协副主席吉狄马加、阎晶明，中国作协书记处书记吴义勤出席座谈会。在北京的部分作家、评论家代表，中国作协部分团体会员单位负责人，中国作协机关及直属单位有关人员，鲁迅文学院中青年作家高研班学员等百余人参加座谈会。八一电影制片厂副厂长柳建伟、北京大学中文系主任陈晓明、中国作协小说委员会副主任胡平、报告文学作家王宏甲、自由撰稿人崔曼莉、网络作家唐家三少、青年作家苏笑嫣、青年作家吕铮等在座谈会上发言。

（王凌雨）

【中国文联主席团深入学习贯彻中共十九大精神座谈会】 11月3日，中国文学艺术界联合会在北京召开中国文联主席团深入学习贯彻中共十九大精神座谈会，中国文联主席、中国作协主席铁凝，中国文联党组书记、副主席李屹，中国文联党组成员、副主席赵实等文联领导，和包括濮存昕、李雪健、冯巩、潘鲁生、刘大为、李舸等在内的主席团成员出席座谈会，并就学习贯彻中共十九大精神发表了各自的体会。

（王凌雨）

【首都少数民族文学界学习贯彻中共十九大精神座谈会】 11月7日，由中国作协主办的首都少数民族文学界学习贯彻中共十九大精神座谈会在北京举行。中国作协副主席吉狄马加出席座谈会并讲话。中国作协副主席白庚胜主持会议。中国少数民族作家学会名誉会长、中国作协少数民族文学委员会名誉主任玛拉沁夫，以及来自首都少数民族文学界的20多位作家、评论家、翻译家参加座谈。彭学明、冯秋子、吕洁、陈亚军、杨盛龙、尹汉胤、赵晏彪、陈岗龙、冯良、艾克拜尔·卡德尔、高小立、哈森、普驰达岭、金子等也参与座谈。

（王凌雨）

【网络文学界学习贯彻中共十九大精神座谈会】 11月11日，由国家新闻出版广电总局数字出版司和中国作协创作研究部共同举办的"网络文学界学习贯彻中共十九大精神座谈会"在北京召开。中国作协党组成员、副主席李敬泽出席并对网络文学界学习、贯彻落实好中共十九大精神提出了要求和期望。各网络文学平台负责人表示，将进一步发挥好平台的引导功能，服务好读者和社会的阅读需求，严把质量关；同时服务好创作者，提供良好的创作氛围，鼓励他们提升格调，创作响应新时代号召的作品。

（王凌雨）

评奖比赛

【首届掌阅文学创作大赛】 1月5日，首届"掌阅文学创作大赛"在北京闭幕，大赛共颁发长篇、中篇、短篇、最佳社团和最佳团队五项大奖，总奖金超过100万元。该赛事力图通过开展全国范围内的文学创作大赛，活跃文学市场，孕育新的创作力量。首届掌阅文学创作大赛于2016年7月启动，由掌阅科技、完美时空、蜻蜓FM联合主办，同时联合中信出版社、作家出版社等22个出版社，以及全国高校文学社团联合会等单位协办，大赛共收到25700名作者提供的37000篇稿件。其中，鹿拾尔的悬疑作品《鱼在水里唱着歌》已经正式签约出版实体书；朱毓旭瑶的《岁岁志》，影视改编权被新锐导演出资购得；获得长篇大奖的作品《尘风志》，版权也已经被影视公司预购。

（王凌雨）

【全国科幻小说大赛在京颁奖】 1月7日，由《奥秘》画报和云南科技出版社联合举办，北京世纪方向传媒、云南水边文化联合承办的首届"奥秘·方向杯"全国科幻小说大赛颁奖仪式暨新闻发布会在北京举行。该赛事不分组别、不限年龄，面向全国征集优秀科幻小说作品，累计收到参赛作品83部，其中，长篇20部，中篇21部，短篇42部，作者年龄涵盖了老中青少多个年龄段，年龄最大的74岁，最小的12岁。最终，张俊的短篇《浅红阳光照耀下》、李春意的长篇《重启计划》获得一等奖。

（王凌雨）

【2016年度“中国作家出版集团奖”颁奖】 2月17日，2016年度“中国作家出版集团奖”颁奖会在北京举行。中国作协副主席、中国作家出版集团管委会主任何建明，中国作协书记处书记吴义勤等出席颁奖会并为获奖者颁奖。贾平凹、阿云嘎、田本相、王刚、张新泉、杨黎光、陈仓获得优秀作家贡献奖；史佳丽、曹全弘、李晓晨、郭雪艳、聂权、米娜尔古丽·努尔拉扎提、李杨、高增龙、娜拉、路斐斐获得优秀编辑(记者)奖；杨海涓、康有胜、李忆南、戎瑞获得优秀组织管理奖；文艺报社、民族文学杂志社少数民族文字版获得特别贡献奖。

（王凌雨）

【2016年中国当代文学最新作品排行榜】 2月，由北京文学月刊社主办的“2016年中国当代文学最新作品排行榜”公布，共有中篇小说、短篇小说、报告文学、散文随笔4类体裁的20篇作品入选，每类体裁各有5篇作品上榜。中篇小说上榜作品为迟子建的《空色林澡屋》、孙频的《万兽之夜》、张抗抗的《把灯光调亮》、陶丽群的《寻暖》、钟晶晶的《流水落花》；短篇小说上榜作品为蔡东的《朋霍费尔纵身一跃》、苏童的《万用表》、储福金的《棋语·搏杀》、陈世旭的《欢笑夏侯》、弋舟的《出警》；报告文学上榜作品为陈廷一的《中国之蒿——屠呦呦获诺贝尔奖之谜》、许晨的《第四极——中国“蛟龙”号挑战深海》、艾平的《一个记者的九年长征》、丁一鹤的《东方白帽子军团》、冯骥才的《地狱一步到天堂》；散文随笔上榜作品为阿来的《士与绅的最后遭逢》、吴亿伟的《软砖头》、李敬泽的《精致的肺》、鲍鹏山的《儒、道、法——成败之间》、王安忆的《中国文化与中国出版》。

（王凌雨）

【第六届唐弢青年文学研究奖】 3月4日，第六届唐弢青年文学研究奖颁奖仪式在中国现代文学馆举行。中国作协副主席李敬泽出席颁奖仪式并讲话。中国作协书记处书记阎晶明宣读获奖名单。《中国现代文学研究丛刊》2016年度优秀论文奖同时颁奖。4篇论文获奖，分别是丛治辰的《上海作为一种方法——论〈繁花〉》、李遇春的《“传奇”与中国当代小说文体演变趋势》、郭冰茹的《赵树理的话本实践与“民族形式”探索》、邱焕星的《鲁迅“骂之为战”的发生》。该届《唐弢青年文学研究奖论文集》已由长江文艺出版社出版。

（王凌雨）

【2016年中国网络小说排行榜年榜发布会】 3月16日，由中国作协网络文学委员会主办、中国作家网承办的2016年中国网络小说排行榜年榜发布会在北京举行。《男儿行》《云胡不喜》《雪中悍刀行》等10部作品入选已完结作品榜，《乱世宏图》《血歌行》《一寸山河》等10部作品入选未完结作品榜。中国作协网络文学委员会主任陈崎嵘、《文艺报》副总编辑徐可、国家新闻出版广电总局数字出版司网络出版监管处副处长程晓龙出席发布会。叶梅、胡殷红、张柠、陈定家、何平、刘琼、刘颋、王祥、庄庸、夏烈、桫椤、邵燕君、周志雄、马季等近百位评论家、网络作家和文学网站负责人出席了发布会。

（王凌雨）

【“21世纪年度最佳外国小说·2016暨邹韬奋年度外国小说奖”颁奖】 3月24日，由人民文学出版社、中国外国文学学会及韬奋基金会联合主办的“21世纪年度最佳外国小说·2016暨邹韬奋年度外国小说奖”颁奖典礼在北京举行。德国作家海因茨·海勒的《本来我们应该跳舞》、西班牙作家费尔南多·马里亚斯的《父亲岛》、尼日利亚作家A·伊各尼·巴雷特的《黑腚》、冰岛作家埃纳尔·茂尔·古德蒙德松的《酷暑天》、俄罗斯作家古泽尔·雅辛娜的《祖列伊哈睁开了眼睛》荣获该届“21世纪年度最佳外国小说”奖。其中，冰岛作家埃纳尔·茂尔·古德蒙德松的《酷暑天》获第三届“邹韬奋年度外国小说奖”。

（王凌雨）

【北京出版集团成立儿童文学出版基金】 3月30日，北京出版集团在十月文学院设立儿童文学出版基金。该基金旨在培养儿童文学原创新势力，为未来的儿童文学的创作和出版提供平台，为培育当代中国儿童文学的后备军做出努力。该基金特别邀请了儿童文学作家曹文轩、金波、张之路、李东华，中国作协主席团委员、中国少数民族作家学会常务副会长叶梅，北京作协驻会副主席、秘书长王升山，中国儿童文学研究会副会长徐德霞等作为儿童文学顾问。

（王凌雨）

【第二届海峡两岸网络原创文学大赛颁奖】 4月20日，由中国出版集团公司主办，中版集团数字传媒有限公司(大佳网)、台湾图书出版事业协会等承办的第二届海峡两岸网络原创文学大赛颁奖典礼在北京举行。大赛共收到来自中国大陆地区，中国港澳台地区以及外籍华人的作品2446部，其中有效参赛作品2135部。征集的稿件有小说、纪实文学、剧本、散文等体裁。由潘小平、夏烈、肖惊鸿等10位网络文学界专家组成的评委团，进行了两轮评审，最终确定获奖名单。奖项设置以小说和散文两大类构成，最终《邓家铺子》等35部作品获奖。

（王凌雨）

【第三届路遥文学奖揭晓】 4月23日，第三届路遥文学奖在北京揭晓。长篇小说《软埋》获得大奖。该届路遥文学奖入围作品还有《出家》《喀什噶尔》《百年密意》《圣人开花》。

（王凌雨）

【首届中华诗词大奖赛颁奖】 5月17日，首届“中华诗词大奖赛”在北京举行颁奖晚会，大赛一、二、三等奖获得者及优秀奖、入围奖代表与会。参赛作品包括五绝、五律、七绝、七律、古风、歌行体等各类体裁的古体诗约4万首；词1万多首，涉及词牌100多个。参赛作者最小的10岁，最大的96岁；有小学到大学各阶段的学生和教师，有干部、工人、农民、公司员工、退休人员，有海外华侨、出国留学生、出国务工人员等。获得大赛一等奖的是代雨东词作《沁园春·伟业颂》。

（王凌雨）

【《北京文学》2015—2016年重点优秀作品揭晓】 5月，《北京文学》2015—2016年重点优秀作品评选结果揭晓，来自《北京文学精彩阅读》的33篇原创中篇小说、短篇小说、报告文学、散文、诗歌、评论等作品入选。入选的中篇小说为叶广芩的《扶桑馆》、迟子建的《空色林澡屋》、尤凤伟的《命悬一丝》、张欣的《狐步杀》、田耳的《附体》；入选的短篇小说为陈世旭的《欢笑夏侯》、黄咏梅的《献给克里斯蒂的一支歌》、黄蓓佳的《万家亲友团》、范小青的《我们聚会吧》、吴君的《蔡屋围》；入选的报告文学为朱晓军、杨丽萍的《快递中国》，陈廷一的《中国之蒿——屠呦呦获诺贝尔奖之谜》，李青松的《薇甘菊——外来物种入侵中国》，周芳的《重症监护室——ICU手记》，林遥的《世界屋脊上的北京门巴》；入选的散文为梁晓声的《梁晓声散文两篇》、杜卫东的《目光》、葛水平的《葛水平散文三篇》、陈启文的《时空中的一个坐标》、王俊义的《伯在黄土里等我》、杨文丰的《不可医治的乡愁》、艾平的《守候黑嘴松鸡的爱情》、张金凤的《一字藏天机》；入选的诗歌为杨康的《我的故乡还剩下什么》、周瑟瑟的《睡在父亲离世的床上》、荣荣的《时间之伤》、潇潇的《西藏，唵嘛呢叭咪吽》、安琪《春天笔记》；入选新人新作的为张奇的《扶正》、单丹丹的《伙伴》、张岩的《幸福村8号》3部小说。该次评选首次将评论纳入评选范围，梁衡的《我的阅读经历》和鱼多多的《当我们谈论科幻时我们谈论什么》2篇评论入选。

（王凌雨）

【第十届全国优秀儿童文学奖颁奖】 9月22日，第十届全国优秀儿童文学奖颁奖典礼在中国现代文学馆举行。该届评选的作品是2013—2016年在国内首次出版的儿童文学作品。经过5轮投票，从464部参评作品中评选产生了18部获奖作品。其中，董宏猷的《一百个孩子的中国梦》、麦子的《大熊的女儿》、张炜的《寻找鱼王》、萧萍的《沐阳上学记·我就是喜欢唱反调》、张之路的《吉祥时光》、彭学军的《浮桥边的汤木》、史雷的《将军胡同》等作品获小说奖，王立春的《梦的门》获诗歌奖，郭姜燕的《布罗镇的邮递员》、吕丽娜的《小女孩的名字》、汤汤的《水妖喀喀莎》、周静的《一千朵跳跃的花蕾》获童话奖，殷健灵的《爱——外婆和我》获散文奖，舒辉波的《梦想是生命里的光》获报告文学奖，王林柏的《拯救天才》、赵华的《大漠寻星人》获科幻文学奖，孙玉虎的《其实我是一条鱼》、李少白的《蒲公英嫁女儿》获幼儿文学奖。

（王凌雨）

【北京文艺网诗人奖颁奖】 10月28日，北京文艺网诗人奖在北京颁奖。该届诗人奖颁发给97岁的世纪老人、“九叶派”诗歌的成员郑敏。上届诗人奖获奖诗人食指为郑敏颁奖。郑敏自20世纪40年代起以现代主义诗歌著称诗坛，且不断探索。在东西方文化熏染下，将目光始终关注人类生存的困境和美学，试图找出存在的意义。

（王凌雨）

【首届燧石文学奖在京颁奖】 10月29日，由天津市作家协会主办，天津中作华文文化传播有限公司、炎炎如戏文化传媒、阅文集团承办的首届燧石文学奖颁奖仪式在北京举行，共产生了7个奖项，10位作家获奖。其中，王苏辛的《白夜照相馆》、北邙的《碧血丹心》、朱炫的《如果我是个能打的唐僧》获燧石·最佳短篇小说奖；双雪涛的《平原上的摩西》、那多的《告别》获燧石·最佳中篇小说奖；的灰的《雪拥蓝关》获燧石·最佳长篇小说奖；蚕茧里的牛的《武极天下》获燧石·最佳超长篇小说奖；汤介生获燧石·最佳“90后”女作家奖，温酒获燧石·最佳90后男作家奖，秦简的《锦绣未央》获燧石·白莲花奖。

(王凌雨)

【“中国新诗百年”全球华语诗人诗作评选活动在北京颁奖】 11月12日，由西南大学中国新诗研究所等单位主办的“中国新诗百年”全球华语诗人诗作评选活动在北京颁奖。此次评选分为两个部分，一是由评委会直接评出“终身成就奖”和“杰出贡献奖”，以肯定这些诗人为百年新诗发展做出的重要贡献；二是由诗人提交参评诗作，采取网络公众投票及评委评审相结合的方式，评选出“百位最具影响力诗人”“百位最具实力诗人”“百位最具活力诗人”“百位最具潜力诗人”“百位网络最给力诗人”等奖项。由中国大地出版社推出的“中国诗文金点”丛书和《中国百年新诗经》在会上首发，丛书包含了数十位入选该次评选活动的诗人的诗集。

(王凌雨)

【第九届《中国作家》鄂尔多斯文学奖颁奖】 11月20日，第九届“《中国作家》鄂尔多斯文学奖”颁奖典礼在北京举行。获得大奖的有刘庆邦的长篇小说《黑白男女》、杨黎光的报告文学《横琴——对一个新30年改革样本的5年观察与分析》。获得优秀奖的有陶纯的长篇小说《一座营盘》、徐风的报告文学《一代壶圣——顾景舟传》、丁燕的散文《东天山手记》、成默的电视文学剧本《白龙马》、谢络绎的中篇小说《旧新堤》、张雅文的报告文学《与魔鬼博弈——为了生命的权利》。获得新人奖的有李燕蓉的长篇小说《出口》、王威廉的短篇小说《绊脚石》、孙未的中篇小说《夜行人》和赵允芳的散文《权力与善意的结合——“铁面御史”赵抃为政宽简之于今天的意义》。

(王凌雨)

【第二届中国长篇小说年度金榜(2017)揭晓】 11月26日，由长篇小说选刊杂志社举办的第二届中国长篇小说年度金榜(2017)在北京揭晓。15部初评阶段入围的年度优秀长篇小说，在读者网络投票之后，由专家评委团现场进行终评投票。最终，孙惠芬的《寻找张展》、张翎的《劳燕》、李佩甫的《平原客》、关仁山的《金谷银山》、红柯的《太阳深处的火焰》5部作品名列金榜。其中，《太阳深处的火焰》为金榜领衔作品。

(王凌雨)

【“阅读V时代”年度盛典举行】 12月6日，由微博、微博读书联合主办的“阅读V时代·V影响力峰会读书年度盛典”在北京举行。活动旨在发布年度微博影响力图书榜单，对图书行业在微博产品中的衍生孵化制定清晰的规划，引导读书领域用户发掘更丰富的内容生产方式。活动现场揭晓了十余个年度奖项。在该届亚洲好书榜的榜单中，刘同的《我在未来等你》位居年度总榜榜首。马伯庸、匪我思存、张皓宸、安东尼、郭斯特分别当选“微博影响力作者”“微博年度话题作者”“粉丝影响力作者”“年度人气作者”“最受欢迎漫画家”，郑爽、张召忠当选“年度跨界作者”，周梅森《人民的名义》当选“微博影响力作品”。

(王凌雨)

【挑战吉尼斯世界纪录“最大规模的诗词竞赛”称号成功】 12月9日，第三届“诗词中国”传统诗词创作大赛颁奖典礼在人民日报社举行。大赛在166天的征稿期内，收到来自全国31个省、市、区和10个海外国家及地区的原创诗词投稿22.33万首。吉尼斯世界纪录认证官现场宣布第三届“诗词中国”挑战吉尼斯世界纪录“最大规模的诗词竞赛”称号成功，并颁发了挑战证书。

(王凌雨)

【第四届老舍青年戏剧文学奖励扶持计划】 12月21日，由北京戏剧家协会、《新剧本》杂志、北京老舍文艺基金会联合主办的第四届老舍青年戏剧文学奖励扶持计划在北京完成。优秀剧本为戴昱的《岗厦罗生门》、俞思含的《台城柳》，提名剧本为熊海龙的《边界》、高明的《虎门长歌》、尚垒的《钟点丈夫》、梁晓艳的《星星闪呀闪》。北京市河北梆子剧团、声希(北京)文化传媒、北京剧空间剧场分别与《台城柳》《岗厦罗生门》《星星闪呀闪》创作者签订了合作意向书，其他获奖剧作亦获得创作资助，由北京演艺集团优先选用。

(王凌雨)

【2017汪曾祺华语小说奖颁奖】 12月28日，由中国作家协会《小说选刊》杂志社、辽宁省作家协会等单位主办的2017汪曾祺华语小说奖在北京揭晓。该奖评选作品为评奖周期内全球范围写作的华语小说作品。赵本夫的《天漏邑》获长篇小说奖，王安忆的《向西，向西，向南》、张悦然的《大乔小乔》获中篇小说奖，莫言的《天下太平》、樊健军的《穿白衬衫的抹香鲸》、双雪涛的《北方化为乌有》获短篇小说奖。该届评奖将原微小说奖改为微小说年度作家奖，获奖者为蔡中锋。

(王凌雨)

【首届吴承恩长篇小说奖在京颁奖】 12月28日，由江苏省淮安区委、区政府设立，人民文学杂志社、江苏省作协提供学术支持的首届“吴承恩长篇小说奖”颁奖典礼在北京举行。刘庆邦的《黑白男女》、吕新的《下弦月》、陈彦的《装台》获常规长篇小说奖，陶珊的《诗歌岁月》、祁宏的《大师吴承恩》，余泽民翻译的《烛烬》获翻译长篇小说奖，曹文轩的《蜻蜓眼》获特殊文体长篇小说奖。

（王凌雨）

【鲁迅文学院举行中美诗歌界交流活动】 3月14日，鲁迅文学院举行“绿水青山：词语绽放的光芒——自然写作与生态伦理语境下的诗歌对话与朗诵”活动。来自中美两国的诗人、评论家及鲁迅文学院的师生参与了活动。学术讨论之后，参加活动的诗人、评论家们朗诵了各自的诗歌作品，表达了对于海洋、大地、田园，对于人类、自然、生命的敬重和思考。

（王凌雨）

【中国作家代表团出席第三届中西文学论坛】 6月5日，中国作协主席铁凝率中国作家代表团出访西班牙，参加第三届中西文学论坛。张炜、迟子建、苏童等作家参加了该次访问活动。第三届中西文学论坛在马德里塞万提斯学院举行。该届论坛由中国作家协会、塞万提斯学院等单位主办。在论坛上，中国作家与安德雷斯·伊瓦涅斯、拉斐尔·格雷、索莱达·普埃尔托拉斯、达西安娜·菲萨克、诺尼·贝内加斯、赫苏斯·费雷罗等西班牙作家就文学翻译、文学想象力、中西文学的交流等话题展开对话。

（王凌雨）

【中国作家代表团出席首届中葡文学论坛】 6月7日，中国作协主席铁凝率中国作家代表团到葡萄牙首都里斯本，出席在澳门科学文化中心举行的首届中葡文学论坛。该论坛由葡萄牙文化部、中国作家协会联合主办。葡萄牙文化部部长卡斯特罗·门德斯，中国驻葡萄牙大使蔡润，以及冈萨罗·塔瓦雷斯、若泽·佩肖托、杜尔瑟·卡多佐等葡萄牙作家参加论坛。中葡两国作家围绕“文学、社会和包容”的论坛主题展开对话。

（王凌雨）

【中日青年作家交流会】 9月26日，由中国作协外联部和北京大学中文系联合主办的中日青年作家交流会在北京举行。中国作协副主席李敬泽，中国社会科学院外文所研究员许金龙，日本青年作家中村文则、柴崎友香、中上纪，日本评论家伊藤式贵，中国青年作家、评论家次仁罗布、付秀莹、崔曼莉、丛治辰以及中国作协外联部副主任李锦琦和日中文化交流协会理事仓本理查子等参加交流会。交流会以“同时代的中日文学”为主题。与会者认为，中日两国之间固然有差异，但在全球化背景下，不同国家的作家能分享同样的经验，无论中国作家还是日本作家，都既能立足于本民族写作，也能面向全世界写作。

（王凌雨）

【周有光逝世】 1月14日，语言学家周有光在北京逝世。周有光（1906—2019），生于江苏常州，原名周耀平。1918年，入常州高级中学学习。1923年，考入上海圣约翰大学，主修经济、语言学，积极参加了拉丁化新文字运动。1933年，赴日本留学，就读于东京大学、京都大学。1935年返回上海，任教于光华大学，并在上海银行兼职。1945年，被派驻纽约、伦敦工作。1949年回国，任复旦大学经济研究所教授和上海财经学院教授，并在上海新华银行、中国人民银行华东区行兼职。1955年，在北京参加全国文字改革会议，被留在中国文字改革委员会工作，任中国文字改革委员会和国家语言文字改革委员会研究员、第一研究室主任，兼任中国社会科学院研究生院教授，参加制定汉语拼音法案，提出拉丁化、音素化、口语化的汉语拼音方案原则。1958年起，在北京大学、中国人民大学讲授汉字改革课程。此后专门从事语言文字研究，主持制定了《汉语拼音正词法基本规则》，被誉为“汉语拼音之父”。其汉语拼音方面的主要著作有《中国拼音文字研究》《汉字改革概论》《中国语文的现代化》等。2007年，获吴玉章人文社会科学奖的特等奖。

（王凌雨）

【冯其庸逝世】 1月22日，红学家冯其庸在北京逝世。冯其庸（1924—2017），生于江苏无锡，名迟，字其庸，号宽堂。1943年，毕业于私立无锡前洲青城中学。1948年，毕业于无锡国专。1949年，在苏南行署工作。1950年，任教于无锡市第一女中。1954年，调中国人民大学，历任讲师、副教授、教授等职。1975年，国务院文化组成立红楼梦校订组，任副组长。1986年，调任中国艺术研究院副院长。曾任中国红学会会长、中国戏曲学会副会长、中国作家协会会员、北京市文联理事、《红楼梦学刊》主编、中国人民大学国学院院长等职。与《红楼梦》有关的主要著述有《曹雪芹家世新考》《论庚辰本》《梦边集》等20余种专著，并主编《红楼梦》新校注本、《红楼梦大词典》等。此外，在中国文学史、戏曲史、艺术史、历史考古等方面，也多有研究。2011年，荣获文化部颁发的“中华艺文奖”终身成就奖。2012年，获中国人民大学首届吴玉章终身成就奖。

（王凌雨）

【《诗刊》创刊60周年纪念活动】 1月23日，《诗刊》创刊60周年座谈会在中国现代文学馆举行。来自全国各地的诗人、评论家代表以及中国作协有关部门负责人、《诗刊》部分老同志参加活动。《诗刊》常务副主编商震介绍了《诗刊》近年来的发展情况，《诗刊》原主编叶延滨，评论家骆寒超，诗人李松涛、晓雪、刘立云、玉珍等先后发言，分别从各自的角度，深情回望自己与《诗刊》一同走过的难忘岁月，探讨诗歌创作艺术和诗歌理论评论，对这份重要而特殊的诗歌刊物寄予新的期待。为迎接60岁生日，2017年第1期《诗刊》推出了“经典重读”“我与诗刊”“青春诗会回顾展”等栏目，并由作家出版社出版了《〈诗刊〉创刊60周年大事记》。

（王凌雨）

【骆宾基百年诞辰纪念座谈会】 6月19日，由中国作协主办的骆宾基百年诞辰纪念座谈会在中国现代文学馆举行。全国人大常委会原副委员长何鲁丽出席座谈会。来自全国各地的专家、学者、骆宾基亲属及故交好友等参加了座谈会。中国作协主席铁凝出席座谈会并致辞。中国作协名誉副主席张炯、中国作协副主席陈建功、山西人民出版社总编辑姚军、《十月》原副主编张守仁、中共吉林省珲春市委宣传部部长兼统战部部长刘林波、北京市作协驻会副主席王升山、评论家韩文敏、作家李海文、骆宾基之子张书泰在座谈会上先后发言。与会者回顾了骆宾基的生活和创作历程。

（王凌雨）

【高莽逝世】 10月6日，翻译家高莽在北京逝世。高莽（1926—2017），生于哈尔滨，笔名乌兰汗。1943年，毕业于哈尔滨市基督教青年会。1945年，任哈尔滨市中苏友好协会翻译、编辑。1947年，翻译苏联作家班达连柯根据奥斯特洛夫斯基的名作《钢铁是怎样炼成的》改编的剧本《保尔·柯察金》，该剧曾在全国各大城市上演，为高莽翻译作品中的代表作。1949年，调沈阳东北中苏友好协会，任翻译科长、编辑。1954年，调北京中苏友好协会总会，任联络部干事。1962年，调中国作家协会《世界文学》杂志编辑部工作。1964年，转入中国社会科学院外国文学研究所。著有《久违了，莫斯科!》《枯立木》《圣山行》《俄罗斯美术随笔》等随笔集等。曾翻译过诺贝尔文学奖获得者阿列克谢耶维奇的《锌皮娃娃兵》。此外，高莽还翻译过苏联作家冈察尔短篇小说集，以及普希金、莱蒙托夫、舍甫琴科、布宁、叶赛宁等诸多俄国诗人的诗作。曾任中国社会科学院荣誉学部委员，中俄友好协会理事，中国翻译工作者协会理事，中俄友好协会顾问，中国作家协会会员，中国美术家协会会员，中国翻译工作者协会会员，俄罗斯作家协会名誉会员，俄罗斯美术研究院荣誉院士，《世界文学》杂志主编、编审。1999年，获中俄友协颁发的“中俄友好纪念奖章”和俄中友协颁发的“俄中友谊纪念章”。同年，俄罗斯科学院远东研究所授予他名誉博士称号。2004年，被中国译协表彰为资深翻译家。2013年，凭借译作阿赫玛托娃的叙事诗《安魂曲》，获得“俄罗斯—新世纪”俄罗斯当代文学作品最佳中文翻译奖。

（王凌雨）

【《文学评论》创刊60周年纪念大会】 10月10日，由中国社会科学院文学研究所主办，《文学评论》编辑部承办的《文学评论》创刊60周年纪念大会在北京举行。中国社会科学院副院长张江出席活动并致辞。来自中国社会科学院、北京大学、清华大学、吉林大学等科研机构的专家、学者与会，共同庆祝《文学评论》创刊60周年，并为刊物的未来发展建言献策。

（王凌雨）

【文白之变：中国新文学诞生百年纪念展】 11月21日—12月24日，由北京鲁迅博物馆（北京新文化运动纪念馆）策划推出的“文白之变：中国新文学诞生百年纪念展”在北大红楼新文化运动纪念馆展出。该展览展出了北京鲁迅博物馆馆藏特色文物160余件套，从语言、文学、教育等方面多角度展现了文学革命的发生与发展，尤其是白话新文学构建的历史，揭示了新文化运动对后世的影响。遴选展品突出展览主题，包括有陈独秀、胡适、钱玄同、刘半农、鲁迅、周作人等文学革命先锋人物往来信件、白话手稿，新文学作家们的作品手稿、初期版本、文学刊物等，以及一系列有关新式标点符号、注音字母、简化汉字、标准国语和国音等与书写语言革命相关的文物。其中，不少文物与历史图片是首次与观众见面，对于研究这段历史具有价值。

（王凌雨）

【屠岸逝世】 12月16日，诗人、翻译家屠岸在北京逝世。屠岸（1923—2017），生于江苏省常州市，原名蒋壁厚，笔名叔牟。1946年，肄业于上海交通大学。同年，加入中国共产党，开始写作并翻译外国诗歌。1949 年，在上海市文艺处从事戏曲改革工作，后任华东《戏曲报》编辑。1956 年在《戏剧报》工作，任常务编委兼编辑部主任。1973 年以后，在人民文学出版社现代文学编辑室工作，任副主任、主任、总编辑、编审。著有诗集《萱阴阁诗抄》《屠岸十四行诗》《哑歌人的自白》《深秋有如初春》《夜灯红处课儿诗》，散文诗集《诗爱者的自白》，文化随笔《倾听人类灵魂的声音》，文学评论集《诗论・文论・剧论》，散文集《霜降文存》，口述自传《生正逢时》等。译著有惠特曼诗集《鼓声》、《莎士比亚十四行诗集》、莎士比亚历史剧《约翰王》、《英美著名儿童诗一百首》等。曾任中国作家协会第四届理事，第五、六、七届名誉委员，中国诗歌学会副会长。2001 年，《济慈诗选》译本获第二届鲁迅文学奖翻译奖。2004 年，被中国译协列入文学艺术资深翻译家名单。2011 年，获“2011 年中国版权产业风云人物”奖。

（王凌雨）

【中国纪实文学研究会成立 30 周年纪念活动】 12 月 25 日，中国纪实文学研究会成立 30 周年暨革命老人韩启元创作研讨会在北京举行。中宣部、中国作协领导以及来自全国各地的研究会会员、著名纪实文学作家、评论家，来自高校的专家、学者以及人民网、中国网、中国经贸文化网、凤凰网、搜狐网等媒体界人士 150 余人出席了会议。中国纪实文学研究会会长刘守家在会上作了题为《认真学习贯彻习近平新时代中国特色社会主义思想和党的十九大精神，为伟大的新时代奉献精彩的纪实文学作品》的报告。与会者回顾了中国纪实文学研究会 30 年的历程和取得的成绩，并对韩启元的纪实文学作品进行了研讨。

（王凌雨）

研究与评论

【中国民间文学大系出版工程座谈会】 2 月 23 日，中国文联在北京召开学习《关于实施中华优秀传统文化传承发展工程的意见》，实施中国民间文学大系出版工程座谈会，就实施“中国民间文学大系出版工程”、做大做强“我们的节日”等工作征求意见建议。中国文联党组书记赵实、书记处书记陈建文，中国民协名誉主席冯骥才、主席潘鲁生出席会议，中国民协主席团成员以及来自全国各地的专家、学者 30 余人与会。与会者认为，中华优秀传统文化源远流长、博大精深，积淀了中华民族最深层的精神追求，承载着中华民族独特的价值观念，为中华民族生生不息、发展壮大提供了丰厚的滋养，是维系国家统一、民族团结和社会和谐的重要精神纽带，是中国特色社会主义植根的文化沃土，蕴藏着丰富而宝贵的核心价值理念。通过实施“中国民间文学大系出版工程”，可以进一步完善中国口头文学遗产数字化工作，为中华民族文化保留珍贵、鲜活的记忆。

（王凌雨）

【报告文学《国之盾——鲜为人知的中国警察故事》作品研讨会】 3 月 7 日，作家蒋巍创作的反映近年来公安英烈事迹的长篇报告文学《国之盾——鲜为人知的中国警察故事》作品研讨会在北京举行。该作品由公安部宣传局和全国公安文联共同组织策划，是一部全景式反映和表现公安战线英雄烈士感人事迹的报告文学作品。中国作协副主席李敬泽、全国公安文联主席祝春林出席研讨会并讲话。中国人民公安大学党委书记樊京玉、公安部宣传局副局长孙洁以及仲呈祥等专家、学者与会研讨。

（王凌雨）

【韩少功创作 40 年研讨会】 4 月 1 日，“求索之路永无止歇”——韩少功创作 40 年研讨会在北京师范大学举行。丁帆、陈晓明、陈众议、贺绍俊、格非、张燕玲、李国平、欧阳江河、西川、吴俊、张志忠等就韩少功的创作特点进行了讨论。同日，作家韩少功正式签约北京师范大学国际写作中心，成为第十位驻校作家。

（王凌雨）

【首都文学界弘扬中华优秀传统文化研讨会】 4 月 11 日，由中国作家协会有关单位联合主办的首都文学界弘扬中华优秀传统文化研讨会在北京召开。中国作家协会副主席何建明，熊光楷、郑欣淼、倪健民、闵凡路、梁东、郭启宏、张陵、启骧等专家、学者就全面落实中央《关于实施中华优秀传统文化传承发展工程的意见》进行了研讨，并提出了建议和意见。

（王凌雨）

【长篇小说《重庆之眼》研讨会】 5 月 13 日，由中国作协重点作品扶持办公室、人民文学杂志社、重庆出版集团联合主办的范稳长篇小说《重庆之眼》研讨会在北京举行。该作品全景式再现了“重庆大轰炸”这段悲壮历史和英雄之城的气概，彰显了重庆民众不屈不挠抵御外辱的民族精神。中国作协副主席李敬泽、国家新闻出版广电总局出版管理司副司长许正明、重庆出版集团总编辑陈兴芜及聂震宁、高明光、施战军、吴秉杰、胡平、白烨、邱华栋、贺绍俊等 20 余位专家、学者与会研讨。与会者认为，《重庆之眼》是抗战题材长篇小说创作领域具有创新意义的力作，是向一座勇敢倔强的城市致敬、向一段不屈的光辉历史致敬的小说，也是向不凡岁月中弥久愈坚的爱情致敬的颂歌。

（王凌雨）

【长篇小说《陌上》研讨会】 5月19日，由中国作协小说委员会、北京作协、北京十月文艺出版社联合主办的付秀莹长篇小说《陌上》研讨会在北京举行。中国作协书记处书记阎晶明、北京市作协驻会副主席王升山及雷达、刘庆邦、白烨等专家、学者参加了研讨会，就《陌上》的文学特质与艺术探索展开深入评析。

（王凌雨）

【《在延安文艺座谈会上的讲话》发表75周年座谈会】 5月22日，在毛泽东《在延安文艺座谈会上的讲话》发表75周年之际，中国社会科学院中国文学批评研究会、中国当代文学研究会、中国中外文艺理论学会在北京联合召开了“学习习总书记讲话 重温延安文艺传统”——纪念毛泽东《在延安文艺座谈会上的讲话》发表75周年座谈会。来自中国社会科学院、中国作家协会、中国人民大学、延安大学、陕西师范大学、西北大学等单位的20余位专家、学者参加了会议。

（王凌雨）

【中国作协召开讲话发表75周年座谈会】 5月23日，中国作协在北京召开“纪念毛泽东同志《在延安文艺座谈会上的讲话》发表75周年”座谈会。中国作协党组成员、副主席李敬泽出席座谈会并讲话。中国作协少数民族文学委员会副主任叶梅、八一电影制片厂副厂长柳建伟、中国作协影视文学委员会副主任范咏戈、中国作协创联部主任彭学明、鲁迅文学院常务副院长邱华栋、鲁院学员喻之之、中国作协报告文学委员会委员黄传会、中国作协少数民族文学委员会副主任朝戈金、中国作协儿童文学委员会副主任王泉根、中国作协影视文学委员会副主任艾克拜尔·米吉提围绕讲话和习近平总书记关于文艺的系列重要讲话进行了发言。

（王凌雨）

【美国亚裔文学研究高端论坛】 5月27日，美国亚裔文学研究高端论坛在中国人民大学举行。美国加州大学洛杉矶分校教授King-Kok Cheung，南京大学教授程爱民、赵文书，北京语言大学教授陆薇，北京外国语大学教授潘志明，解放军外国语学院教授石平萍等出席了论坛。与会专家针对“美国亚裔文学、亚裔美国文学抑或亚美文学”“美国亚裔文学是否仅只是美国文学在少数族裔方面的一个亚流派”“美国亚裔文学怎样寻求国度、文化与语言的跨越，才能抵达一种全球身份”“从亚裔美国文学到跨太平洋亚裔美国文学如何可能”“美国亚裔文学研究的过去、现在与未来”5个议题进行了交流。

（王凌雨）

【庆祝中华诗词学会成立三十周年座谈会】 5月31日，庆祝中华诗词学会成立三十周年暨促进诗词文化繁荣发展座谈会在北京举行。中国作协党组书记、副主席钱小芊，全国人大华侨委员会副主任委员、中华诗词学会顾问令狐安，中华诗词学会会长郑欣淼等出席会议。郑欣淼代表中华诗词学会作了题为《把握历史机遇，加快发展步伐，开创中华诗词事业新局面》的主题报告，总结了学会30年来的实践经验以及今后工作的基本设想。梁东、周迈、颜芳、赵庆荣、王文钊等诗词界代表先后发言，畅谈当下涌现传统诗词热潮的积极意义，并就如何促进传统诗词的进一步发展提出了建议。

（王凌雨）

【长篇小说《寻找张展》研讨会】 6月1日，由中国作协小说委员会、人民文学杂志社、当代作家评论杂志社、春风文艺出版社共同主办的孙惠芬长篇小说《寻找张展》研讨会在北京举行。中国作协副主席李敬泽、辽宁省作协党组书记滕贞甫、辽宁出版集团有限公司副总编辑杨永富，评论家雷达、白烨、贺绍俊、程光炜、李朝全、刘琼、周景雷、韩春燕、李美皆、张莉、舒晋瑜、付秀莹、聂梦、周荣等数十位专家、学者参加了研讨会。《寻找张展》讲述了一个青年寻找遭遇空难的父亲的人生经历。孙惠芬就《寻找张展》的创作情况进行了介绍。与会者认为，该作品为当代文学提供了一个面目与众不同的青年形象，对作者是一次题材和写法上的突破。

（王凌雨）

【《中关村笔记》研讨会】 6月7日，由中共北京市委宣传部、中关村科技园区管理委员会、北京市新闻出版广电局、北京市作协、北京出版集团联合主办的宁肯《中关村笔记》研讨会在北京中关村国家自主创新示范区展示中心举行。该书以人为经、以事为纬，选取中关村不同时期成就卓著的代表性人物，展现了他们怀抱理想、搏击奋斗的艰辛历程。中共北京市委宣传部、中关村管委会、北京市新闻出版广电局、北京作协、北京十月文艺出版社有关领导，文学评论家贺绍俊、胡平、白描、白烨、刘琼、李林荣、刘大先、丛治辰、岳雯、李琭璐等参加了研讨会。与会者认为，该书记录了时代的真实、改革的真实，为先进人物群体立言，为历史存证。全书在巨大而丰厚的社会容量、生活容量、知识容量、精神容量和审美容量之下，用深度采访带来的活力与温度，使每个故事都洋溢着浓厚的现实主义情怀，是近年来纪实文学创作的重要收获之一。

（王凌雨）

【“文学与生活”主题论坛】 6月23日，由中国作协创研部、中国现代文学馆、鲁迅文学院、文艺报社共同主办的“文学与生活”主题论坛在北京举行。中国作协党组成员、副主席李敬泽出席论坛并讲话。邱华栋、徐可、李朝全、李洱、张慧瑜、李松睿、李云雷、霍俊明、刘大先、张定浩、丛治辰、马兵、金赫楠、李蔚超等专家、学者参加论坛。与会专家围绕习近平总书记关于深入生活、扎根人民的重要论述，从不同角度进行发言。

（王凌雨）

【“两岸四地”第九届当代诗学论坛学术研讨会】 6月30日，由北京师范大学国际写作中心、北京师范大学文学院、中国当代文学研究会和《文艺争鸣》杂志共同举办，以“百年新诗：历史变迁与空间共生”为题的“两岸四地”第九届当代诗学论坛学术研讨会在北京举行。谢冕、吴思敬、王双龙、西川、欧阳江河、王家新等中国大陆诗人、批评家，与来自中国台湾、香港地区的孟樊、郑慧如、郑政恒、杨宗翰、路羽等专家参加了研讨会。与会者讨论了诗歌写作与中华文化认同、新诗的现代性与地方性或文化地理问题、海峡两岸及港澳百年新诗的诗歌影响互动研究及海峡两岸及港澳中生代诗人研究等问题。

（王凌雨）

【长篇小说《乔家大院》（第二部）首发暨座谈会】 7月5日，由中国青年出版社、中共晋中市委宣传部、中共祁县县委联合主办的作家朱秀海的长篇小说《乔家大院》（第二部）新书发布暨座谈会在北京举行。中国作协副主席何建明，胡平、汪守德、韩亚君、张志忠、孟凡耀、吴文胜、杨秀龙、郝汝椿等专家、学者参加了座谈会。与会者认为，该作品以晋商祁县乔家为原型，描写了辛亥革命前后一段慷慨激昂、风云际会的历史，颂扬了中国企业家——“以诚信为本”著名的晋商祁县乔家，书写乔家心怀天下、利归黎民等特有的商业传统和精神气质。

（王凌雨）

【《昆仑作证》《北京大夫》创作出版研讨会】 6月22日，由北京市文联、北京援疆和田指挥部、北京市作协联合主办的《昆仑作证》《北京大夫》创作出版研讨会在北京举行。《昆仑作证》《北京大夫》是由北京市作协组织创作的、全景式反映北京市第八批援疆干部精神风貌的报告文学集，由北京日报出版社正式出版发行。北京市文联党组书记、常务副主席沈强，北京援疆和田指挥部党委委员、副指挥、和田地区行署副专员汪兆龙，北京市作协驻会副主席、秘书长王升山，北京市支援合作办公室支援合作一处处长王志伟，北京市新闻出版广电局出版处处长冯献省，北京日报出版社总编辑王宏英出席会议。评论家白烨、李林荣，作家马淑琴、郭宗忠、仇秀莉、黄开建、周小英、周敏、霍艳，以及第八批援疆干部代表等参加会议。与会者对两部作品的内容进行了研讨。

【“文学与中国”主题论坛】 7月13日，由文艺报社、中国作协创研部、鲁迅文学院、中国现代文学馆共同主办的“文学与中国”主题论坛在北京举行。中国作协副主席李敬泽出席论坛并讲话。梁鸿鹰、邱华栋、李朝全、李洱、陈福民、贺绍俊、王冰、李遇春、刘大先、张屏瑾、周展安、李振、陈培浩、方岩、李广益、徐艺嘉等参加论坛研讨。与会者认为，百年以来，文学与时代同行，与人民同行，为中国留下了生动的注脚和深刻的诠释。新时期以来，当代文学以其独特的审美方式展现了中华民族伟大复兴的历史进程，记录着普通中国人的情感历程。在新的历史条件下，广大作家和文学工作者要以习近平总书记文艺思想为指引，站在时代的高度，塑

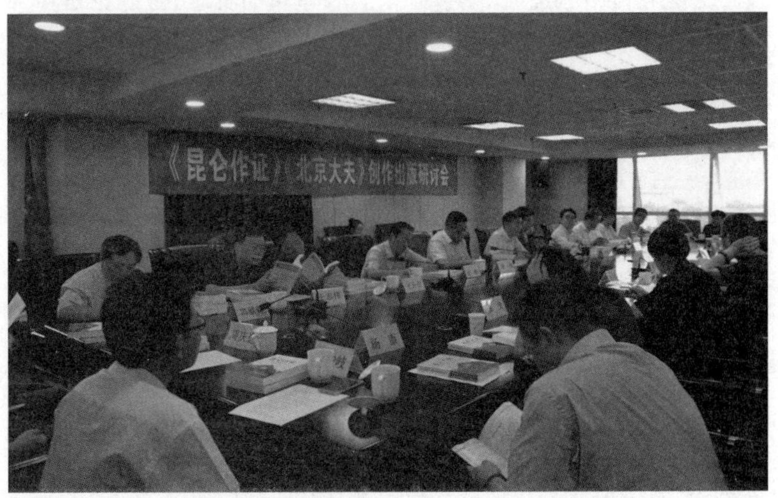

《昆仑作证》《北京大夫》创作出版研讨会

造国家和民族崭新而美好的形象，创作出更多关于“可爱的中国”的动人篇章。

(王凌雨)

【“聆听时代强音，创作文学精品”主题论坛】 8月9日，由中国作协机关党委和浙江省作协主办，中国作协机关团委与浙江文学院承办的“聆听时代强音，创作文学精品”主题论坛在北京举行。中国作协副主席吉狄马加、中国作协机关党委常务副书记李霄明、浙江省作协党组书记臧军等出席论坛。30余位中国作协所属各部门、各单位的青年干部职工、作家、编辑和10余位来自浙江的青年作家，结合各自文学创作实际，围绕论坛主题进行了交流。

(王凌雨)

【砥砺五年——小说创作研讨会】 8月14日，由文艺报社主办的“砥砺五年——小说创作研讨会”在北京举行。中国作协党组成员、书记处书记吴义勤出席会议。雷达、胡平、白烨、孟繁华、梁鸿鹰、徐可、胡军、王干、刘琼、陈东捷、韩敬群、孔令燕、付秀莹、郭宝亮、刘艳、刘芳坤、岳雯等专家、学者与会，总结、梳理了中共十八大以来小说创作的成果。

(王凌雨)

【砥砺五年——诗歌创作研讨会】 8月18日，由文艺报社主办的“砥砺五年——诗歌创作研讨会”在北京举行。中国作协副主席吉狄马加出席并讲话。近20位诗人、评论家与会，围绕五年来的诗歌生态、诗歌创作成绩以及诗歌批评、翻译出版等方面的情况进行了探讨。

(王凌雨)

【故事沟通世界：莫言对话30国汉学家】 8月23日，在北京国际图书博览会上，中国图书进出口(集团)总公司举办了一场“莫言对话世界”的作家讲坛——“故事沟通世界：莫言对话30国汉学家”。活动中，莫言与来自30个国家的汉学家进行对话，探讨了有关文学创作和翻译传播的很多话题。莫言首先介绍了自己的新作。莫言称过去作品中的人物形象已经退出了历史舞台，很多更新、更年轻的人物即将登场。有国外翻译家提问“作品中的人物多大程度上代表作家自己”时，莫言表示，在早期写作中，确实往往以个人经历为素材，但个人经验会很快耗尽，这就需要作家开阔自己的生活面，从他人经历中寻找写作素材。当有翻译家问到“写作时是否会想如何向外国读者介绍中国”时，莫言说：“在写作的时候，最好忘记读者，当然这并不是说我对读者是轻视或者是瞧不起。读者成千上万……如果在写作的过程中，过多地考虑到去适应读者的口味，那么他就不会写作了，无所适从了。我在写作的时候更不会去考虑外国读者。”谈到为什么还要继续写作，莫言表示，这源于他对小说艺术的热爱，自我满足是任何荣誉都无法比的。

(王凌雨)

【“文学中的英雄”主题论坛】 8月24日，由文艺报社、中国作协创研部、鲁迅文学院、中国现代文学馆共同主办的“文学中的英雄”主题论坛在北京举行。中国作协副主席李敬泽出席论坛并讲话。柳建伟、汪守德、李朝全、郭艳、王敏、杨利景、张丽军、李松睿、丛治辰、张晓琴、房伟、傅逸尘、徐刚、张倩等参加研讨。该论坛以习近平总书记系列重要讲话精神为指导和根本遵循，联系文学创作与理论评论实践，对英雄话题展开了探讨。与会者认为，现在需要重建英雄叙事，这是中国文学在饱经沧桑之后的理性认知，也是在面向未来征途之时的文化自信。

(王凌雨)

【“长篇小说与我们的时代生活”主题论坛】 8月25日，“长篇小说与我们的时代生活”主题论坛在北京国际图书博览会中国作家馆举行。文学评论家孟繁华、青年评论家李云雷与《长篇小说选刊》主编付秀莹就“长篇小说与时代需求”“乡土写作和城市写作”“个人与时代的关系”等问题进行了深入的交流。

(王凌雨)

【砥砺五年——报告文学创作研讨会】 8月28日，由文艺报社主办的“砥砺五年——报告文学创作研讨会”在北京举行。中国作协副主席、中国报告文学学会会长何建明出席并讲话。报告文学学会常务副会长李炳银、《中国作家》主编王山、中国林业文联专职副主席李青松、评论家张志强、青年作家丁晓平等十余位作家、评论家围绕五年来我国报告文学创作的主要成就、题材类型、艺术特色、理论问题及其发挥的作用等议题展开研讨交流。

(王凌雨)

【砥砺五年——文学理论批评研讨会】 9月2日，由文艺报社主办的“砥砺五年——文学理论批评研讨会”在北京举行。中国作协副主席李敬泽出席会议并讲话。来自全国各地的十余位批评家围绕习近平总书记系列重要讲话精神，就中共十八大以来文学理论批评领域的新成就、新气象、新问题展开深入讨论。会议由《文艺报》总编辑梁鸿鹰主持，《文艺报》副总编辑徐可与会。

(王凌雨)

【砥砺五年——少数民族文学创作研讨会】 9月4日，由文艺报社主办的“砥砺五年——少数民族文学创作研讨会”在北京举行。中国作协副主席白庚胜出席并讲话。中国少数民族作家学会常务副会长叶梅，中国少数民族作家学会副会长尹汉胤、包明德，《民族文学》主编石一宁，中国社会科学院《民族文学研究》副主编刘大先，中央民族大学教授敬文东，北京大学教授陈岗龙等十余位作家、评论家与会，围绕五年来中国少数民族文学总体创作成绩、题材的开掘与创新、民族文化传承以及少数民族文学理论批评、翻译出版等方面的情况展开研讨。

（王凌雨）

【砥砺五年——散文创作研讨会】 9月4日，由文艺报社主办的“砥砺五年——散文创作研讨会”在北京举行。中国作协副主席阎晶明出席并讲话。《文艺报》总编辑梁鸿鹰、中国作协创联部主任彭学明、《光明日报》文艺部主任彭程、《中国社会科学》杂志编审王兆胜、中国作协散文委员会委员古耜等十余位散文家、评论家与会，围绕五年来我国散文创作在题材开掘、深入生活、表现时代精神、队伍建设、艺术形式探索等方面取得的成绩和突破展开深入交流研讨。

（王凌雨）

【砥砺五年——儿童文学创作座谈会】 9月11日，由文艺报社主办的“砥砺五年——儿童文学创作座谈会”在北京举行。中国作协副主席、儿童文学委员会主任高洪波出席座谈会并讲话。《人民文学》副主编李东华、人民教育出版社报刊社副社长王林、青年评论家李蔚超、北京师范大学中国儿童文学研究中心教授陈晖、《儿童文学》主编冯臻、中国少年儿童新闻出版总社社长李学谦、天天出版社总编辑张昀韬、中国儿童文学研究会副秘书长陈香、作家金波等十余位儿童文学作家、学者和出版人系统梳理了五年来儿童文学的总体创作、中国儿童文学走向世界所取得的成就、各门类艺术形式的探索以及原创儿童文学出版概况。

（王凌雨）

【“史诗般的时代与创造时代新史诗”主题论坛】 9月23日，由鲁迅文学院、中国作协创研部、文艺报社、中国现代文学馆共同主办的“史诗般的时代与创造时代新史诗”主题论坛在北京举行。中国作协副主席李敬泽出席论坛并讲话。程光炜、徐剑、李洱、李云雷、何平、周志强、张莉、赵雁、项静、黄德海、金浪等作家、评论家，以及来自主办单位的有关人员参加活动。与会者认为，要立足大历史，建立起关于人类和世界的总体性视野，史诗是一个时代的文学“重器”，面对巨变，作家评论家应具有史诗意识。

（王凌雨）

【第十届全国优秀儿童文学奖论坛】 9月23日，第十届全国优秀儿童文学奖论坛在中国现代文学馆举行。中国作协副主席李敬泽，中国作协副主席、儿童文学委员会主任高洪波出席论坛并讲话。儿童文学作家金波、樊发稼，以及第十届全国优秀儿童文学奖部分获奖作家、评委参加论坛。该论坛梳理了我国当代儿童文学，特别是中共十八大以来我国儿童文学取得的成就，总结该奖项的评奖经验及其对儿童文学发展所起到的作用，为更好地开展评奖工作、推动儿童文学的繁荣发展提出建议。

（王凌雨）

【十月文学月举办网络文学论坛】 10月16日，“网络文学论坛：聚焦精品，聚力提升——全国文化中心建设中网络文学的使命与担当”在北京出版集团举行。论坛由北京作家协会、北京十月文艺出版社、掌阅科技联合主办。截至2016年，中国网络文学用户达到3.33亿人，市场规模达到90亿元。有六成网络文学网站聚集于北京。作为该届十月文学月的核心活动之一。论坛旨在关注当下网络文学发展潮流趋势，推动网络文学创作生产健康发展，为共筑网络文学开发、展示、交流、合作、转化的良好大环境建言献策、辨明方向。《十月》常务副主编、作家宁肯，晋江文学副总裁刘旭东，中国作协创研部副主任李朝全等参加了活动。与会嘉宾就传统文学和网络文学的互动、网络文学的“精品化”与“走出去”、在当前的情况下网络文学如何推优、网络文学未来发展趋势等重要议题与热点现象展开了对话。

（王凌雨）

【第二届中国网络文学南北对话论坛】 10月28日，由北京市文联、北京作协与江苏作协联合主办的第二届中国网络文学南北对话论坛在北京举行。沈强、王朔、程惠民、王升山以及40余位专家、网络作家参加。论坛上，主办方宣读了《第二届中国网络文学南北对话大会倡议书》。与会作家一致表示，网络文学的发展为中国特色社会主义文化增添了活力。网络文学应当结合自身的特性，创作更多贴近现实、展现时代与民族特色的佳作。要加强行业自律和队伍建设，自觉抵制低俗、庸俗、拜金主义、无底线的娱乐，坚决遏制盗版与剽窃，踏实创作，推出更多优秀网络文学作品，为中国文学从“高原”走向“高峰”奉献力量。

（王凌雨）

【第三届城市文学论坛】 10月28日，由北京联合大学师范学院主办的第三届城市文学论坛在北京举办。该论坛共有来自中国社会科学院、北京大学、北京师范大学、中国人民大学、北京外国语大学、北京社会科学院、首都师范大学、沈阳师范大学、北京联合大学、南京师范大学、山西大学、石河子大学等高校和科研机构的70余位专家、学者参加。该论坛旨在以城市文学为主题，突破地域的局限，为从事该领域研究的学者提供一个学术思想交流平台，共同探讨城市文学的样态和发展，城市文学与乡土文学的相互关系，中国当代城市文学发展的趋势、存在的问题。

（王凌雨）

【全国当代文学研究首届青年论坛】 11月3日—4日，由中国文联文艺评论中心指导，北京第二外国语学院和中国当代文学研究会联合主办，北京第二外国语学院中国文艺评论基地承办的“面向新时代，书写新华章：全国当代文学研究首届青年论坛”在北京举行。活跃在学界、文坛的40余位文艺评论家、作家、编辑、学者和高校教师，文艺专业媒体记者以及二外多语种文学专业师生代表参加了活动。论坛围绕“当代文学研究新思维”“百年新文学再发现”“新十七年的中国文学”“何谓中国文学‘当代性’”等主题展开了研讨。

（王凌雨）

【《民艺》杂志创刊座谈会】 11月25日，由中国民间文艺家协会主办的会刊，面向民间文艺和民间工艺的专业学术刊物——《民艺》杂志创刊座谈会在北京举行。中国文联副主席、中国民协主席潘鲁生，中国民协分党组书记、驻会副主席邱运华以及来自全国各地的民间手工艺专家、学者，省、市、自治区民协代表，媒体界代表，共40多人参加了座谈会。

（王凌雨）

【长篇小说《北鸢》研讨会】 12月17日，由中国作协重点作品扶持办公室、人民文学出版社共同主办的葛亮长篇小说《北鸢》研讨会在北京召开。中国作协副主席李敬泽，中国出版集团副总裁潘凯雄，中国作协创研部主任何向阳，人民文学出版社副总编辑应红出席会议并讲话。胡平、梁鸿鹰、施战军、陈福民、张颐武、刘琼、梁鸿、张莉、岳雯、霍艳等评论家参加了研讨会。与会者对于《北鸢》中的人物形象、叙事艺术、伦理道德、美学风格、语言的抒情性进行了细致地梳理与探讨。

（王凌雨）

【全国诗歌刊物主编恳谈会】 12月24日，由中国诗歌网主办的全国诗歌刊物主编恳谈会在北京举行。中国作协副主席吉狄马加出席并讲话。20多位诗歌刊物主编和综合性文学刊物的诗歌编辑与会，共同探讨诗歌刊物与网络诗歌平台的融合问题，以推动新时代诗歌的繁荣发展。

（王凌雨）

培训

【鲁迅文学院第三十一届中青年作家高级研讨班（诗歌班）】 2016年11月17日—2017年1月17日，鲁迅文学院第三十一届中青年作家高级研讨班（诗歌班）在北京举办。该届高研班的52名学员由诗刊社“青春诗会”活动和11个行业作协推荐选送，学员平均年龄41岁，半数以上为中国作协会员。高研班邀请不同学科、领域的专家、学者授课，组织各类学术研讨、文学论坛以及文学沙龙和文娱体育活动，使学员能拥有可进行思想交流、经验分享、视野扩展、个性成长的平台。除此之外，还安排了丰富社会实践活动。

（王凌雨）

【鲁院第十届网络文学作家高级研修班】 3月1日—28日，鲁迅文学院第十届网络文学作家高级研修班在北京举办。该期研修班共有全国34个文学网站和单位推荐的57名学员参加。根据网络文学、网络作家的特点，结合研修班学员的具体情况，鲁迅文学院力求通过学者授课、文学交流对话、教学观摩等多种形式，使研修班达到最佳学习效果。

（王凌雨）

【鲁迅文学院第三十二届中青年作家高级研讨班】 3月10日，鲁迅文学院第三十二届中青年作家高级研讨班在北京举行开学典礼。该届高研班为期4个月，51名学员是从全国31个省、区、市和13个行业中选拔出来的。高研班邀请专家、学者进行授课，组织各类研讨会及文学沙龙，既提供各类有分量的精彩课程，也为学员们搭建思想上相互交流、经验上彼此分享提供了平台。高研班还安排深入生活基层考察和传统文化及文学地理考察，以使学员们视野得到扩展，思想认识得到提升，创作积淀得以丰厚，各方面都获得新的提高。

（王凌雨）

【鲁迅文学院第二十八期少数民族文学创作培训班】 4月12日，鲁迅文学院第二十八期少数民族文学创作培训班开学典礼在北京举行。该期培训班为期1个月，共有来自全国22个省、区、市，14个少数民族的43名学员参加。鲁迅文学院邀请作家、学者、文学评论家、少数民族研究专家进行授课，组织文学研讨会，安排艺术观摩等活动，旨在提高学员们的思想理论修养、科学文化素养和文学艺术学养，促进交流合作，增进友谊，获得全方位的提高与深化。

（王凌雨）

【鲁迅文学院第二十九期少数民族文学创作培训班】 6月13日，鲁迅文学院第二十九期少数民族文学创作培训班开学典礼在北京举行。中国作协副主席、鲁迅文学院院长吉狄马加出席开学典礼并讲话。该期培训班为期近1个月，共有来自全国19个省、区、市，13个少数民族的41名学员参加。鲁迅文学院邀请作家、评论家、学者、少数民族研究专家授课，组织高水准的文学对话，安排艺术观摩等活动，力求使学员们获得全方位的提高。

（王凌雨）

【民族文学杂志社举办翻译培训班】 6月19日—22日，由民族文学杂志社、中国文化译研网、中译出版社、中国少数民族作家学会联合主办的“一带一路”《民族文学》翻译培训班暨“文学翻译双语读本丛书”研讨会在北京举行。来自汉族、蒙古族、藏族、维吾尔族、哈萨克族、朝鲜族等多个民族的50多位作家、翻译家、评论家代表参加活动。活动参与者表示，“一带一路”的构想蕴含着中国的文化自觉和文化自信，在这一倡议的推进过程中如何以文学的方式讲述自己的故事，以及如何凭借优秀的文学翻译使文化的传播与交流“落地”是摆在当今众多民族作家翻译家面前的时代课题。同时，要加强翻译工作在国内外传播中的作用，更有必要提高翻译的地位，让翻译家成为这个时代的“明星”。

（王凌雨）

【深入学习贯彻习近平总书记在文艺工作座谈会上的重要讲话培训班】 8月8日—10日，中国作协在北京举办“深入学习贯彻习近平总书记在文艺工作座谈会上的重要讲话培训班”，来自国直、中直、中国作协、北京作协、解放军作协及煤矿、国土、电力等行业作协的170多位中国作协会员参加培训。该培训班以集中授课与分组讨论相结合的方式进行。中国作协副主席李敬泽出席并讲话。中国作协全委会委员胡平、中国作协办公厅主任李一鸣为培训班授课。在分组讨论中，学员们从不同的角度谈到对讲话的学习体会。

（王凌雨）

【2017年中外文学出版翻译研修班】 8月21日—28日，由文化部、国家新闻出版广电总局、中国作家协会联合主办，中国图书进出口（集团）总公司、中国文化译研网承办的“2017年中外文学出版翻译研修班”在北京举办。来自30多个国家的近50名外国作家、翻译家、出版人、评论人参加研修活动。与中国文学、出版、翻译界人员和机构进行交流，选译作品、切磋技艺、分享经验、对话未来。

（王凌雨）

【鲁院第三十三届中青年作家高研班】 2017年9月8日—2018年1月7日，鲁迅文学院第三十三届中青年作家高级研讨班在北京举办。鲁迅文学院第三十三届中青年作家高级研讨班是涵盖散文、报告文学、非虚构和纪实文学的专题性培训班，共有52名学员，累计开设精品课程37次，组织文学研讨、对话、沙龙、论坛15次。

（王凌雨）

【鲁迅文学院第十一届网络文学作家高级研修班】 9月17日，鲁迅文学院第十一届网络文学作家高级研修班开学典礼在北京举行。中国作协副主席、鲁迅文学院院长吉狄马加出席开学典礼。该期研修班为期1个多月，共有全国各文学网站和单位选拔推荐的40名学员参加。该届研修班共安排了39个课时的课程，邀请国内学者授课，内容涵盖习近平总书记文艺思想、国情时政、文化艺术、创作技巧等方面课程，邀请文学网站负责人、网络文学知名作者与学员们进行文学交流对话。

（王凌雨）

【鲁迅文学院第十二届网络文学作家高级研修班】 11月9日，鲁迅文学院第十二届网络文学作家高级研修班开学典礼在北京举行。该届研修班为期1个月，共有全国23个文学网站和单位选拔推荐的38名学员参加。该届研修班邀请国内知名学者讲授国情时政、文化艺术、创作技巧等方面课程，邀请文学网站负责人、网络文学知名作者与学员们进行面对面的文学交流对话，力求通过多种教学形式，使研修班达到最佳学习效果。

（王凌雨）

出版物

【2016年优秀网络文学原创作品推介活动】 1月19日，由国家新闻出版广电总局组织开展的“2016年优秀网络文学原创作品推介活动”公布了作品名单。在12个省、区、市41家网站选送的285部作品中，经专家严格评审，最终遴选出《南方有乔木》《大荒洼》等18部原创作品向社会推介。《2016年优秀网络文学原创作品选读本（数字版）》也于同日在咪咕阅读上线。这些

作品在艺术上具有较强的创新性，在描绘现实生活或虚幻世界形象时，突破了网络文学创作模式，在人物典型化、形象真实感、情节独创性、语言精准度方面，达到了新的高度。

（王凌雨）

【《新世纪军旅文学概观》出版】 1月，《新世纪军旅文学概观》由解放军文艺出版社出版，朱向前主编。该书是全军军事科研“十二五”计划课题研究成果，对21世纪第一个十年军旅文学的发展状况做了梳理与研究，对重要的思潮现象和作家作品进行了全面细致的概括及评价。全书43万字，由导论、短篇小说、中篇小说、长篇小说、诗歌、散文、报告文学、理论批评、话剧、电视剧、电影等章节及附录部分组成，对21世纪十年来军旅文学的文学经验进行了理论上的梳理与总结。

（王凌雨）

【中国民间文学大系出版工程座谈会】 2月23日，中国文联在北京召开学习《关于实施中华优秀传统文化传承发展工程的意见》、实施中国民间文学大系出版工程座谈会。中国文联党组书记、副主席赵实出席座谈会并讲话。万建中、叶舒宪、刘华、吴元新、邱运华、苑利、程建军等中国民协主席团成员以及刘锡诚、朝戈金、萧放等来自全国各地的专家、学者出席座谈会。由中国民协实施的中国口头文学遗产数字化工程，对60年来采集的民间文学资料进行了数字化处理，一期工程和二期工程已形成了11000余册、约18亿字资料，包含神话、传说、民间故事等内容，其中50%经过了数字化转化，为中国民间文学大系出版工程积累雄厚的资料。与会者围绕中国民间文学大系出版工程的实施方式、编纂体例等进行了交流。

（王凌雨）

【《文学蓝皮书：中国文情报告(2016—2017)》发布】 5月23日，由中国社会科学院文学研究所、社会科学文献出版社共同主办的《文学蓝皮书：中国文情报告(2016—2017)》发布会在北京举行。该报告设长篇小说、中篇小说、短篇小说、纪实文学、散文、诗歌、戏剧、网络文学、文学理论批评9个专题，分门别类地对年度的文学创作、文学现象、文学论争与文学事件等，进行了全面梳理与概要描述。对文学焦点性现象与倾向性问题的捕捉和评说，突显年度文学的客观走向、基本风貌，及其发展演进中的主要特点、存在问题。报告认为2016年的长篇小说，直面当下社会现实的倾向更为突出，各显其长的写法中，切近日常生活的叙事更为彰显；纪实与报告文学朝着贴近国计民生、向时代深处深入掘进；网络文学经由IP的开发，正在整合为网络文艺和网络文娱，网络文学市场快速发展，正加速与影视、动漫、游戏等领域深度融合，以网络文学为核心IP来源的产业生态逐渐形成。

（白　莲）

【“中国当代少数民族儿童文学原创书系”推介会】 8月23日，由辽宁少年儿童出版社主办的“中国当代少数民族儿童文学原创书系”推介会在北京举行。该书系主编张锦贻与海飞、王泉根等儿童文学专家围绕丛书进行了对话。“中国当代少数民族儿童文学原创书系”是一套反映当代少数民族儿童真实情感和生活的原创长篇文学作品集，由《数星星的孩子》《淘气的小别克》《蒲河小镇》《牧云记》《黑眼睛·蓝眼睛》《江水静静流》《白鹤少年》《背孩子的女孩》《阳光无界》《绿叶》10部作品组成，分别以藏族、维吾尔族、回族、蒙古族、哈萨克族、景颇族、壮族、拉祜族、土家族和满族的儿童生活为创作背景，描写了不同民族的儿童成长中平凡而富有趣味的生活故事。

（王凌雨）

【《王蒙谈文化自信》出版】 10月11日，由中央文史研究馆、人民出版社联合主办的《王蒙谈文化自信》出版座谈会在北京召开。《王蒙谈文化自信》作者系文化部原部长、著名作家王蒙。该书是近十年来，尤其是中共十八大以来，王蒙有关文化自信的主题著文、演讲、接受媒体采访的集结。全书共收录了精选出的二十篇文稿，共分“综论”“历史的经验与责任”“对传统文化的自信”“面向世界的文化自信”四个部分，对“文化自信”进行了深入浅出的论述。全书思想犀利、内涵深刻，论说独特、语言生动，是一部不可多得的论著。在书中，王蒙围绕“文化自信”的主题，探讨了文化自信的时代意义与实践启示，探讨了中华文化的历史命运；琢磨传统文化的取其精华、去其糟粕以及文化自信与道路自信、理论自信、制度自信的关系；领会继承弘扬与转化发展的关系；研习孔孟文化与老庄文化，“五四”新文化运动与中华传统文化，传统文化与革命文化、社会主义先进文化，文化的恒久性与时代性，精英性与大众性，以及中国文化本位与“一带一路”建设和人类命运共同体的关系等。

（王凌雨）

戏　　　　　剧

【概　况】 2017年，北京地区无论在戏剧建设方面，戏剧的创作、演出领域方面，戏剧的国内外交流方面，还是在戏剧的理论研究和戏剧的教育传承层面，与2016年相比，都出现有了一些新的变化。

2017年，北京地区的戏剧建设有了新的进展。5月27日，中宣部、文化部、教育部、财政部联合下发了《关于新形势下加强戏曲教育工作的意见》。该意见对北京地区的戏曲教育具有指导意义。新成立的中国演出行业协会戏曲演艺委员会、中华儿童文化艺术促进会戏剧教育专业委员会、中国青年戏剧联盟等从不同角度助推了北京地区的戏剧发展。中国儿童艺术剧院与故宫博物院签署的战略合作协议，为儿童剧的创作、演出开辟了新的途径。

2017年，北京的戏剧创作不仅题材广泛、内容丰富，而且形式多样。古代题材的作品有京剧《董仲舒》《徐母传》，话剧《广陵散》《兰陵王》《大讼师》等；现代题材的创作有京剧《狼牙山》《横空出世》，评剧《藏地彩虹》，北京曲剧《北京人家之B超神探》，话剧《谷文昌》《人民的名义》《实现·突围》《海棠依旧》《模范监狱》《九又二分之一爱情》《两只蚂蚁在路上》《我是余欢水》等；京味儿作品有京剧《大宅门》，话剧《年复一年》《北京邻居》《面人儿》《西洋钟》等；吸收借鉴外国题材的有话剧《烟草花》《家丑外扬》《李尔王》《结婚进行曲》《前任不敲门》等；依托神话题材创作的有儿童剧《鱼跃龙门》《花神》等。实验影偶剧《水漫金山》、人偶剧《西游记》、跨界融合戏剧《杜丽娘与朱丽叶》、新古风原创舞台剧《夔龙玉》、实验话剧《怀清台》、动漫舞台剧《绝对小孩》等作品在不同程度上进行了表演形式的探索。

2017年，北京的戏剧活动除了各类日常演出、展演、戏剧节、演出季及各种应时演出等常规演出外，还出现了一些新的形式。全国舞台艺术优秀剧目展演除了话剧、戏曲、儿童剧等戏剧演出，还有歌剧、音乐剧、舞剧和芭蕾舞剧等演出形式。首届“枪与玫瑰”女性戏剧邀请展演出的5部风格各异、题材不同的戏剧作品，折射出古今中外女性的社会地位以及生存境遇。北京和南京的5所学校参加了首届青少年戏剧教育成果展，彰显了戏剧教育的成果。首届大麦戏剧节以“线上优惠+线下狂欢”的形式，凸显了网络时代的戏剧活动求新、求变的新趋势。首届老舍国际戏剧节在展示老舍作品的同时，还有国外经典戏剧作品和现当代中国剧作家的作品，展示了它的“国际性”。2017年全国基层院团戏曲会演覆盖了全国29个省、自治区、直辖市和新疆生产建设兵团，涉及剧种33个，很多表演团体都是县级或更基层的专业表演团体，体现了戏曲在中国广大地区的活力。其他较有特色的活动还有展示小剧场创作最新成果的2017年全国小剧场戏剧优秀剧目展演，集中展示喜剧创作成果的2017北京喜剧周，反映话剧创作新成果的全国话剧优秀新剧目展演季和展示新锐导演作品的2017北京新文艺团体优秀戏剧作品展演等。

2017年，国内各省、自治区、直辖市(包括中国的香港、澳门和台湾地区)戏剧表演团体进京演出和国外戏剧表演团体到北京的演出非常频繁，北京的戏剧表演团体也不断到外埠与中国港澳台地区以及国外进行交流演出。各省、区、市的一批基层院团在2017年全国基层院团戏曲会演期间集中进京演出，很多院团是第一次到北京演出。上海是2017年进京演出戏剧团体和戏剧种类最多的地区。上海进京演出团体和剧目有上海话剧艺术中心的话剧《商鞅》、上海张军昆曲艺术中心的昆曲《春江花月夜》、上海丽安文化发展有限公司的舞台剧《爸爸的时光机》、上海滑稽剧团的滑稽戏《皇帝勿急急太监》、上海惠迪吉公益人心理关爱中心的互动体验心理剧《小艺的故事》、上海淮剧团的人文新淮剧《半纸春光》、上海现代人剧社的海派话剧《汇贤坊》、上海文慧沪剧团的大型沪剧《绿岛情歌》、上海恒源祥戏剧发展公司的话剧《永远的尹雪艳》、上海锦辉传播的儿童剧《新葫芦兄弟》、上海安可艺术团的音乐剧《致命咖啡》。上海话剧艺术中心还在北京举办了“玉兰绽香”演出季，演出了《大清相国》《卡布奇诺的咸味》《鲁镇往事》《糊涂戏班》《怀疑》《万尼亚舅舅》《仲夏》《12 个人》《无人生还》9 部风格迥异的中外话剧作品。首届 10 年制越剧本科班还进京举办了毕业公演，演出了女子越剧剧目《红楼梦》《梁山伯与祝英台》和男女合演的剧目《家》《花中君子》。中国澳门青年艺术发展协会的实验话剧《庄周蝴蝶梦》和中国台北如果儿童剧团的即兴喜剧《谎言！卡布奇诺》也先后在北京演出。国外到京演出的有巴西阿默克剧团的话剧《萨琳娜——最后的脊梁》，法国雪达克剧团的儿童剧《夜色之声》，美国蒙大拿大学话剧团的话剧《杀死一只知更鸟》和德国弗洛兹默剧剧团的幻想面具默剧《梦幻剧团》等。北京地区戏剧表演团体到外埠、外国的演出主要有中国儿童艺术剧院携《西游记》(第三部)赴泰国曼谷演出，以及赴新加坡展开的文化交流活动；北京京剧院携新编京剧现代戏《狼牙山》在张家口市为驻张家口部队官兵进行演出；北京市曲剧团携其创编的北京曲剧《徐悲鸿与廖静文》赴廖静文故乡演出等。

2017 年，为纪念中国话剧诞生 110 周年，北京地区举办了一系列活动，包括中国话剧诞生 110 周年纪念座谈会、“纪念中国话剧诞生 110 周年主题论坛”、纪念中国话剧 110 周年演出季、“历史回放　舞台辉煌——纪念中国话剧诞生 110 周年纪念展”和“李默然戏剧生涯展”全国巡回展等。其他重要的纪念活动还有北方昆曲剧院建院 60 周年系列活动，“历史辉煌 · 今日精彩”纪念谭鑫培诞辰 170 周年、谭富英诞辰 111 周年流派经典精品剧目系列展演等。

2017 年，北京的戏剧理论研究活动触及多个方面。围绕话剧艺术面临新形势与新挑战的有纪念中国话剧诞生 110 周年主题论坛、麦戏聚 · 2017 戏剧高峰论坛、互联网时代的戏剧推广专家研讨会、中国戏曲在亚洲的传播学术研讨会和专门研究小剧场话剧的“小剧场话剧：中国原创与实验探索论坛”等活动；以戏剧教育为主题进行探讨的活动有第十届亚洲戏剧教育研究国际论坛、青少年戏剧教育研讨会、北京电影学院戏剧戏曲学学科建设学术座谈会等；有进行京剧理论研究的第七届京剧学国际学术研讨会，以舞台美术为探索对象的“舞美艺术的时代要求”专家研讨会和专门研究戏曲“像音像”工程的戏曲“像音像”工程与中华优秀传统文化传承发展座谈会。在北京开展的针对外地戏曲的研讨活动有山西戏曲“新流派”创造经验研讨及“梨园戏现象”研讨会。以戏剧管理为讨论内容的则有“第六届国际剧院团管理大师班——中英高峰对话”和“中国—阿拉伯国家剧院高层论坛 · 北京站”活动等。还有一些针对戏剧家、剧目的开展的研讨活动，如多媒体话剧《爱情公寓》暨杨扬导演作品研讨会、青年导演李伯男研讨会、中国国家话剧院新创话剧《兰陵王》专家研讨会等。

2017 年，在戏剧的教育和传承方面，北京地区也颇为活跃。教育、培训方面，在注重对戏剧从业人员培训的同时，更加突出了对从事戏剧教育的师资培训。对戏剧从业人员的培训有第六届中国京剧优秀青年演员研究生班，第二期铃木方法演员训练营，中国戏曲传统化妆、服装技术培训班，儿童剧编导人才培养培训班，2017 两岸青年戏剧人才培训扶持计划等，对戏剧师资的培训有 2017 儿童戏剧教育教师培训班、2017 戏剧教育大师班、2017 第二期儿童戏剧教育教师(学龄前)工作坊等。京剧赵派艺术创始人赵燕侠和京剧叶派小生传承人叶少兰都在北京举办了收徒仪式，使得这两个京剧艺术流派有了更好地传承基础。

2017 年，北京地区还有一批戏剧出版物问世，较有特色的包括戏剧史研究专著《20 世纪中国戏剧史》，戏曲脸谱研究专著《中国戏曲画脸全谱》，京剧资料性图书“满目繁华——京师梨园百年”系列图书，评剧唱腔选集《“邢韵流芳”邢韶瑛评剧精选专辑》CD，京剧行当资料《京剧大家绝艺录 · 老生篇》和京剧演员传记《大武生张宝华》等。

(张燕鹰)

机　　构

【世济京剧社揭牌】　4 月 27 日，由昌平区委宣传部、昌平区文联、南邵镇政府共同主办的昌平区迎“五一”京剧演唱会暨世济京剧社落户长滩庭苑社区揭牌仪式在南邵镇文化中心礼堂举办。“世济京剧社”由京剧表演艺术家李世济亲笔题写。揭牌仪式上，昌平区文联主席周振华、南邵文化中心主任刘宝良，分别向李鸣岩、蔡英莲、朱宝光、刘金泉等 7 位京剧表演艺术家颁发世济京剧社艺术顾问聘书，向李世济的弟子李海燕、李佩泓颁发世济京剧社名誉社长聘书。揭牌仪式后，世济京剧社的票友们与到场的名家联袂演唱了《打龙袍》《锁麟囊》《红灯记》《荒山泪》《野猪林》等京剧剧目中的精彩唱段。

(张燕鹰)

【中国青年戏剧联盟】　9 月 5 日，在第 10 届北京青年戏剧节开幕式上，“中国青年戏剧联盟”正式成立。该联盟的成员包括北京青年戏剧节、杭州青年戏剧节、合肥青年戏剧节、济南青年戏剧节、宁夏青年戏剧节、天津北方青年演艺展演、大连北方青年戏剧节、苏州青年戏剧节、三星堆戏剧节、上海有种戏剧节以及深圳南山戏剧节。该联盟为各地本土剧目提供了更多展现的机会及平台，上述联盟的成员既可以带着他们的本土戏剧作品和创作经验到该联盟所属其他成员的地区演出，也可以在北京青年戏剧节上展演。

（张燕鹰）

【中华儿童文化艺术促进会戏剧教育专业委员会】 10月10日，中华儿童文化艺术促进会戏剧教育专业委员会成立大会在北京人民艺术剧院菊隐剧场举行。该委员会的主要任务是推广儿童戏剧教育、组织儿童戏剧活动、培养儿童戏剧教育师资、组织行业研究、制定行业标准并组织评定、搭建儿童戏剧交流平台。

（翟 璐）

【中国演出行业协会戏曲演艺委员会】 12月16日，中国演出行业协会戏曲演艺委员会成立大会在中华世纪坛举办。该委员会由国家京剧院、中国评剧院、北方昆曲剧院、中国戏曲学院、北京戏曲艺术职业学院、深圳市世纪戏曲艺术研究院、成都市川剧研究院、中央电视台戏曲频道、山西卫视、歌华文化中心等共30个戏曲演出团体、戏曲教育机构和科研机构以及传播媒体发起。该委员会主任由发起单位之一的北京新国戏文化创意投资管理有限公司董事长吕固亮担任。该委员会旨在建立推动戏曲产业化发展的平台，打通戏曲表演团体、演出经营团体、推广传播机构、衍生服务机构之间的沟通、合作渠道，盘活戏曲演艺优质资源、挖掘存量资源，有效提升戏曲演艺的影响力、品牌力，推动戏曲市场化、产业化发展，优化各级政府对戏曲行业投入资金、资源的使用效率。通过平台化的梳理和推动，打造一个健康、平等、有效发展的生态系统。

（张燕鹰）

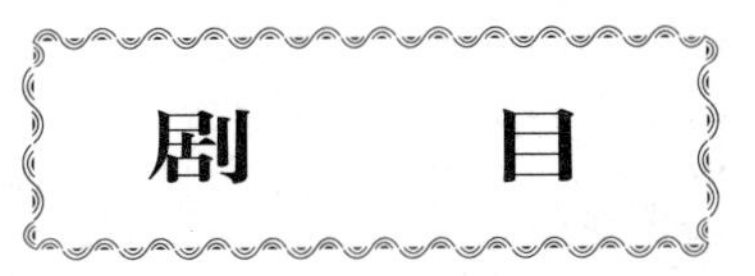

剧 目

·戏 曲·

【跨界融合戏剧《杜丽娘与朱丽叶》】 3月25日，由北京外国语大学艺术研究院承办，中国戏曲学院表演系协办的跨界融合戏剧《杜丽娘与朱丽叶》在北京外国语大学首演。该剧采用昆曲、现代舞和话剧等形式，讲述了一个关于爱情与命运的故事，并以书法和国画作品为舞台背景，再加上变幻的灯光，营造出紧贴剧情又唯美绚丽的舞台效果。编剧刘慧芬，作曲杨艺，导演孙萍，主演王晓燕等，中国戏曲学院表演系伴舞。

（张燕鹰）

【京剧《大宅门》】 6月17日，由北京京剧院、北京大宅门影业有限公司、北京厚阳文化传播有限公司共同出品的京剧《大宅门》在北京天桥艺术中心首演。该剧截取了电视剧《大宅门》中1906年前后所发生的故事进行演绎。编剧李卓群，导演郭宝昌、李卓群，唱腔设计、作曲、配器朱绍玉，主演杜喆、窦晓璇、翟墨、郑潇、梅庆羊、黄柏雪、卢杨等。

（张燕鹰）

【京剧《徐母传》】 6月28日，国家京剧院新编历史京剧《徐母传》在河北霸州李少春大剧院首演。该剧取材于小说《三国演义》，并根据传统京剧《徐母骂曹》《程昱赚书》《曹营见母》《徐母训子》等多个与徐母和徐庶人物相关的老戏剧本提炼、改编、加工、整理而成。剧本改编池浚，导演王威良、吕昆山，唱腔设计邱小波，主演张兰、王净戎。

（张燕鹰）

【京剧《狼牙山》】 7月31日，北京京剧院的新编京剧现代戏《狼牙山》在长安大戏院正式公演。该剧以中国抗日战争时期八路军“狼牙山五壮士”的事迹为蓝本。编剧杨舒棠、杨斌，导演王青，作曲朱绍玉，主演张建峰、王雪清、孟宪腾、詹磊等。

（张燕鹰）

【京剧《董仲舒》】 8月2日，由河北省衡水市人民政府、国家京剧院、河北省景县人民政府联合出品的新编历史京剧《董仲舒》在北京梅兰芳大剧院首演。该剧以历史名人董仲舒为原型，讲述了董仲舒在面对为君王唱赞歌还是为苍生说真话的选择过程中，成长为一代大儒的故事。编剧颜全毅，导演周龙，音乐总监李祖铭，主演张建国、邓沐玮、韩巨明、吕昆山、张兵、郭凡嘉等。

（张燕鹰）

【京剧《横空出世》】 9月29日，由国家京剧院新创排的现代京剧《横空出世》在梅兰芳大剧院首演。该剧描绘了在艰苦环境下，广大科技工作者和人民解放军扎根戈壁，隐姓埋名、献身国防的故事。编剧王伯男、李美妮、兰宁远，导演吴晓江、张小清，唱腔设计陈建忠，作曲王备，领衔主演杜喆、魏积军、刘魁魁。

（张燕鹰）

【北京曲剧《北京人家之B超神探》】 11月1日，北京曲剧《北京人家之B超神探》在民族文化宫大剧院首演。该剧讲述了北京儿童医院超声科主任贾立群的真实故事。他从医近40年，接诊数十万例，确诊7万多例疑难病例，挽救了2000多名危重病儿的生命，被人称为“B超神探”。编剧张永和，作曲戴颐生，导演顾威，主演李相岿、程虹菁等。

(张燕鹰)

【评剧《藏地彩虹》】 12月3日，中国评剧院原创评剧《藏地彩虹》在全国地方戏演出中心(中国评剧大剧院)首演。作品讴歌了以顾虹医生为代表的援藏干部的感人事迹。编剧张明媛，导演熊源伟、方彤彤，唱腔设计刘文田、戴锡英、林媛，作曲王亚勋、赵石军，主演王平、王丽京、刘慧欣、孙继光郑兰、于海泉、王婧、田雄飞等。

(张燕鹰)

·话　剧·

【话剧《两只蚂蚁在路上》】 1月12日，由国家艺术基金资助项目、哲腾文化(北京)出品的话剧《两只蚂蚁在路上》在北京先锋剧场首演。该剧描写了一对出租车司机夫妇的情感生活，以及各种小人物在生活中所遇到的种种酸甜苦辣。编剧李宝群，导演王根，主演李铎、王璇、闻诗佳、杨映宇等。

(翟　璐)

【话剧《李尔王》】 1月20日，英国皇家莎士比亚剧团“莎剧舞台本翻译计划”剧本、国家大剧院与北京李六乙戏剧工作室联合制作的莎士比亚经典作品话剧《李尔王》，在国家大剧院戏剧场首演。原著莎士比亚，翻译杨世彭，演出本翻译、修订、导演李六乙，国家大剧院戏剧演员队、北京李六乙戏剧工作室演出，主演濮存昕、魏晓平、卢芳、荆浩、赵岭、赵倩、万千惠、强巴才丹、罗巍。

(翟　璐)

【京味儿话剧《北京邻居》】 3月3日，京味儿话剧《北京邻居》在北京朝阳9剧场首演。话剧改编自荆永鸣的小说《北京时间》，讲述了20世纪90年代末外埠来京的打工的“候鸟”与北京胡同里的“留鸟”同住一个大杂院所发生的悲喜故事，以一个四合院的小生态展现了北京的城市变迁和一个“梦想之都”的包容与接纳。原作荆永鸣，编剧傅玲，导演唐烨，主演闫巍、松天硕、吴娱、朱少鹏、马小骥等。

(翟　璐)

【话剧《人民的名义》】 3月8日，由中国国家话剧院、最高人民检察院影视中心、北京嘉会本末文化艺术创作有限公司联合出品的话剧《人民的名义》在北京保利剧院首演。该剧讲述了检察官侯亮平临危受命，赴汉东省调查一个重大贪腐案件，历经诸多磨难挫折和情感斗争，终将昔日恩师、学长等一批腐败官员送上人民审判台的故事。编剧周梅森、阿笨，导演王晓鹰，主演张志坚、王新、宗平、杨青等。

(翟　璐)

【独角戏《九又二分之一爱情》】 3月16日，独角戏《九又二分之一爱情》在北京蜂巢剧场首演。该剧取材于南方一个城市所发生的真实的复仇故事，讲述的是女主人公“小美”的爱人“面条”因移情市长女儿“公主”而和“小美”离婚，“小美”伤心欲绝，以特殊的方式向“面条”展开了一系列的报复行动。主演黄湘丽在该剧中1人分饰10角，还在剧中演唱了《蝴蝶的翅膀》《乌鸦的故事》和《自杀之歌》3首原创歌曲。导演孟京辉。

(翟　璐)

【话剧《谷文昌》】 3月18日，由中国国家话剧院制作、演出的话剧《谷文昌》在国家话剧院剧场首演。该剧讲述了福建省东山县原县委书记谷文昌带领群众植树筑堤战胜风沙、将“敌伪家属”改为“兵灾家属”、面对浮夸敢于实事求是等故事。编剧冯静，导演白皓天，主演辛柏青、李任、刘晶晶、王晓梅、郭江喜、韩莺、杨静、李建鹏等。

(翟　璐)

【京味儿话剧《年复一年》】 4月19日，京味儿话剧《年复一年》在隆福剧场首演。该剧围绕一群生活在北京大杂院里的小人物展开，主人公是3个一起在大杂院里长大的“发小”。京腔京韵的对白，熟悉的北京地名、吆喝声、嘈杂声，传递出二十世纪八九十年代北京的市井味儿与人情味儿。编剧李宝群，导演顾威、王翼。主演夏立言、尹伟、闫巍、郭奕君等。

(翟　璐)

【话剧《烟花草》】 4月21日—5月7日，以众筹形式推出的话剧《烟草花》在鼓楼西剧场上演。该剧又名《安娜在热带》，2003年首演于美国百老汇。作品讲述了1929年在经济大萧条时，美国一家由古巴移民组建的手工卷烟厂的工人与雇佣的朗读人之间发生的故事。编剧克鲁斯[美国]，导演陈洁，主演杨青、刘丹、王丁一等。

(翟　璐)

【中国儿艺版话剧《李尔王》】 4月29日，中国儿艺版话剧《李尔王》在假日经典小剧场首演。该剧原著作者莎士比亚[英国]，演出按照朱生豪的译本，主要讲述了一位父亲与三个女儿的故事。编剧、导演张颜。主演刘奇、马寅、徐元博、宋建霖、沈明举、张扬、段孝耕。

(张燕鹰)

【实验话剧《怀清台》】　5月2日，由中共重庆彭水县委宣传部和北京市曲剧团联合出品的原创实验话剧《怀清台》在重庆市彭水县民族会场首演。该剧取材于司马迁《史记·货殖列传》中关于古代涪陵(今重庆彭水)巴寡妇清的记载，讲述了巴寡妇清冒死求谏“重农抑商”的故事。编剧李德胜，导演梧桐，主演卢雪文、宋洁、秋瞑、姬久晨等。

（翟　璐）

【话剧《大讼师》】　5月25日，北京人艺原创话剧《大讼师》在首都剧场首演。该剧取材于传统戏曲《四进士》，故事围绕着明嘉靖年间(1522—1566)一桩官官相护的冤假错案展开，讲述宋士杰仗义执言，为民请命的故事。编剧郭启宏，导演蓝天野、韩清，主演刘辉、张福元。

（翟　璐）

【小剧场话剧《结婚进行曲》】　6月12日，小剧场话剧《结婚进行曲》在北京人艺实验剧场首演。该剧围绕一对坚信“婚姻从门口进来，自由打窗户飞走”的男女展开。话剧讲述他们在追求自由、放弃婚姻的过程中被现实无情否定，最终决定放弃所谓的自由选择结婚，但结婚后又陷入了新的循环。编剧劳伦斯·兰纳[美国]，导演任鸣，主演宋铁、张瀚生、张典典、冷纪元、刘佳兰等。

（翟　璐）

【话剧《兰陵王》】　7月11日，国家话剧院新创话剧《兰陵王》在国家话剧院剧场首演。该剧中的兰陵王最初是一个因目睹父王被害而用女儿的姿态掩藏真性情的柔弱王子，齐国王后为唤回兰陵王的男儿血性，给了他神兽大面。戴上大面的兰陵王气概雄伟，在战场上所向无敌，同时也暴露出其冷酷无情、暴虐可怖的人性另一个极端。最终，齐后用母性的牺牲帮助兰陵王告别迷途，回归本我。编剧罗怀臻，导演王晓鹰，主演张皓越、夏力薪、李任、王楠、邹一正、陈诚、张津赫、余凤霞等。

（翟　璐）

【新古风舞台剧《夔龙玉》】　8月10日，北京文化艺术基金2017年度资助项目古风原创舞台剧《夔龙玉》在上海东方艺术中心首演。该剧由爱奇艺影业、华朋文化(原世纪华鹏)、鑫悦传媒、时尚新势力联合出品。该剧通过一件夔龙玉的沉浮，展示了明代皇帝朱祁镇自“土木堡之变”之后，直到其重新登上皇帝宝座的心态变化。编剧武亚军，导演武雨泽，领衔主演金钟、孙骁骁。

（张燕鹰）

【话剧《前任不敲门》】　8月10日，由不一样工作室出品的话剧《前任不敲门》在鼓楼西剧场首演。该剧原名《*Blithe Spirit*》(《逍遥的精灵》)。故事讲述的是流行小说家康查尔和妻子露丝在家里举办小型家宴，其间灵媒大师进行了一场招魂会，不料却召来了康查尔早逝的前妻艾薇拉的灵魂。状况百出之后，这位“二把刀”大师告诉康查尔自己无法送回艾薇拉的灵魂，一场闹剧就此开始。原作诺埃尔·考沃德[英国]，导演邹爽，主演冯宪珍、杨森、江佳奇、陈海华、关皓天、伍珍、李源冰等。

（翟　璐）

【话剧《面人儿》】　9月1日，原创话剧《面人儿》作为西城文化惠民活动“百姓戏剧展演”推出的重点剧目在国家话剧院小剧场首演。该剧讲述了二十世纪三四十年代，北平面塑艺人章连山携妻带女从北平到上海，再从上海回到北平的颠沛流离的生活经历。编剧宗春启，导演黄盈、松天硕，主演宋博、袁悦、李哲、陈育新、赵小羽、哈晓晴等。

（翟　璐）

【话剧《模范监狱》】　9月8日，由北京保丰艺创文化发展公司和北京荣族盛世文化艺术有限公司联合制作的话剧《模范监狱》在海淀剧院首演。该剧讲述了国民党政府评选模范监狱时发生的一系列故事。为了评选模范监狱，监狱负责人紧急组织犯人强化训练，不堪教化的犯人洋相百出，监狱里贪赃枉法的腐败现象反倒逐渐暴露出来。持有不同立场的人为了不同的利益各显神通，深陷其中的犯人、看守长、典狱长都面对人性的拷问做出自己的选择。编剧易中天，导演韩清、杨佳音，主演张瀚生、何靖、罗熙等。

（翟　璐）

【小剧场话剧《家丑外扬》】　9月12日，小剧场话剧《家丑外扬》在北京人艺实验剧场首演。该剧讲述了一对夫妻由于儿子受伤导致残疾而发生抱怨、争执乃至互相揭短，将全部家丑外扬于公众的故事。编剧A·盖利曼[苏联]，导演顾威，主演张万昆、吴珊珊。

（翟　璐）

【话剧《海棠依旧》】　9月19日，由故宫博物院出品并打造的原创院史话剧《海棠依旧》在北京保利剧院公益上演。该剧民国22年—37年(1933年—1948年)故宫博物院文物的南迁、西迁、迁台历程为主线，选择一个家庭视角作为切入点，讲述了故宫南迁时普通职员顾紫宸为保护故宫国宝而离开北平以及正怀孕的妻子，踏上漂泊旅途的故事。编剧王戈，导演毛尔南，主演由17位来自故宫不同部门的年轻人担任。

（翟　璐）

【话剧《实现·突围》】 9月22日，由首钢集团承办，首钢文化公司出品，联合北京市曲剧团制作的大型产业工人题材原创话剧《实现·突围》在北京民族剧院首演。全剧以王家四代人的经历为主线，展现了不同时代产业工人的工作、爱情和生活，并融入了现代音乐剧、戏剧、舞蹈、说唱等多元艺术表现形式。编剧、导演梧桐，北京市曲剧团演出。

（翟　璐）

【话剧《新原野》】 9月22日，由北京央华时代文化发展有限公司出品的话剧《新原野》在北京保利剧院首演。该剧改编自万方的小说《杀人》。作品通过婆媳两个女人之间的纠葛和整个乡村的纠葛，展现了中国几千年历史长河中的一种女性的生存状态。原著、编剧万方，导演拉姆尼·库兹马奈特[立陶宛]，主演王姬、冯宪珍。

（翟　璐）

【话剧《陶里街二十三号》】 9月29日，由中国国家话剧院出品的原创话剧《陶里街二十三号》在国话先锋剧场首演。该剧讲述了居住在陶里街二十三号阁楼上的身为作家的母亲和追逐音乐梦想的女儿之间一次次地在梦幻与现实的选择过程中达成退让及妥协的故事。编剧厉程，导演王婷婷，领衔主演刘丹、金戈、苏豪。

（张燕鹰）

【话剧《我是余欢水》】 9月29日，由繁星戏剧村和百花文艺出版社共同出品的话剧《如果没有明天之我是余欢水》在北京繁星戏剧村首演。该剧改编自发表于百花文艺出版社旗下《小说月报》的小说《如果没有明天》，讲述了一个生活在社会底层的小人物，在一次体检中发现自己得了绝症，从此生活发生了翻天覆地变化的故事。编剧王甦，导演颜永琪，主演张维伊、李雪、张曦、肖洋、康桐歌、石梁一骁等。

（翟　璐）

【话剧《西洋钟》】 10月11日，话剧《西洋钟》在北京鼓楼西剧场首演。该剧以清末民国初期历史背景下发生在北京大宅院的“废物一家人”的生活境遇对应当今社会的老中青三代，在辛辣的揶揄讽刺中透出不灭的理想主义光芒。全剧将魔幻色彩与现实主义相结合，以荒诞、幽默元素为黏合剂，穿插戏曲元素，演绎真实中的幻灭与现实世界里的荒诞。编剧刘天骄，'导演李学熹，主演李松楠、栾小宇、阴珉、李松柏、张志豪、李学熹等。

（翟　璐）

【话剧《广陵散》】 12月21日，由北京市演出有限责任公司创排的国家艺术基金2017年度舞台艺术创作资助项目话剧《广陵散》在首都剧场首演。该剧讲述了魏晋时期“竹林七贤”中的嵇康为救好友吕安，不惜以卵击石，最终把自己送上了一条“不归路”的故事。编剧唐凌，导演周龙，主演李剑、刘子蔚、姜亦珊、刘大可等。

（翟　璐）

·儿童剧　傀儡戏·

【儿童剧《鱼跃龙门》】 1月13日，国家艺术基金资助项目原创音乐儿童剧《鱼跃龙门》，在北京天桥艺术中心首演。该剧以陕西省非物质文化遗产项目“鲤鱼跃龙门”传说作为创作基础，讲述了小黑鱼“石头”在妈妈的引导下，改变恶习、珍视友情、勇于担当、励志蜕变的故事。编剧王鹏博。导演史帆、刁成禹，作曲孟可，主演余又熙。

（翟　璐）

【人偶剧《西游记》】 1月30日，由中国儿艺和罗马尼亚艺术家联手打造的人偶剧《西游记》在中国儿艺假日经典小剧场首演。该剧通过悟空出世、大闹天宫、被压五指山、唐僧收徒、三打白骨精、大战黄袍怪、智斗红孩儿、巧借芭蕉扇等经典情节，展现了唐僧师徒四人西天取经的艰难历程。该剧根据吴承恩的小说《西游记》改编。编剧陈传敏，中方导演毛尔南，罗方导演卡林·屋大维·摩卡奴。主演刘奇、徐元博、宋建霖、郭斌、张扬、李佳、闫潇月、王雪璐、宋祖全等。

（张燕鹰）

【儿童互动体验剧《稚子行·熊猫的家》】 3月24日—4月2日，由北京立里空间和意大利TPO剧团联合创作的为4岁~9岁儿童专门打造的儿童互动体验剧《稚子行·熊猫的家》在北京中华世纪坛演出。该剧演出由两位舞者完成，讲述了一对旅行者在意大利偶遇一只大熊猫，于是跟随着它的足迹，一路由意大利沿着“丝绸之路”追随到熊猫的老家——中国的故事。

（翟　璐）

【动漫舞台剧《绝对小孩》】 3月31日，由朱德庸授权北京丑小鸭剧团打造的动漫舞台剧《绝对小孩》在民族文化宫大剧院首演。该剧讲述了六个古灵精怪、各具特性、出人意表的“绝对小孩”在他们奇幻的“绝对世界”里，每天上演着他们自己的“绝对生活”，绝对的喜怒哀乐和绝对的小小梦想。该剧采用音乐剧的形式，将戏剧、音乐、歌舞融于一体。导演邱云娟。

（翟　璐）

【儿童剧《山羊不吃天堂草》】 7月7日，中国儿艺首部“成长戏剧”《山羊不吃天堂草》在北京首演。该剧改编自曹文轩的同名长篇小说。作品通过展现乡村少年明子被生活所迫，进城务工的经历，反映了大时代背景下，少年儿童逐步进入成人世界时价值观的建立与心灵成长的过程。编剧冯俐，导演查明哲，中国儿童艺术剧院演出，主演毛尔南。

（翟　璐）

【儿童剧《金小蛇奇遇记》】 7月31日，儿童剧《金小蛇奇遇记》在国家大剧院小剧场上演。该剧通过讲述在乐器魔法森林乐器精灵的帮助下，故事主角金小蛇完成家族之歌《金蛇狂舞》演奏的故事。

（翟　璐）

【实验影偶剧《水漫金山》】 8月12日—13日。由韩非子剧社打造的当代实验影偶剧《水漫金山》在中国国家话剧院小剧场上演。该剧取材于中国民间传统爱情故事《白蛇传》，艺术表现手法上则在传统艺术皮影戏的基础上，进行了跨界实验，探索了融入传统影偶工艺、现代动画和当代装置等多种艺术形式后当代影偶剧表演形式的多元可能。

（张燕鹰）

【儿童剧《冲啊！去大森林!》】 10月1日，儿童剧《冲啊！去大森林!》在朝阳9剧场·行动剧场首演。该剧是导演黄盈的首部学前教育主题儿童剧作品，讲述的是一只有一身蓝色羽毛的小麻雀到大森林找树仙子姐姐弄清楚自己是麻雀还是凤凰的历险记。途中它与遇到的小马虎和小懒龙两个小伙伴，在大森林中，齐心协力战胜了各种困难。

（翟　璐）

【儿童剧《花神》】 10月1日，中国儿童艺术剧院原创传统文化题材儿童剧《花神》在中国儿童剧场首演。该剧以“梅花香自苦寒来”这句诗词作为构思点，把中国传统文化中梅的品格和精神进行诗意、唯美且时尚的呈现。作品讲述了梅花在百花仙子的挑选下承担了装扮寒冬的使命，从最初的拒绝到最终接受这一使命，以及克服困难，最终在寒冷的冬天里绽放的成长过程。编剧郭馨阳，导演马彦伟，主演陈蕾、鲍钢、蒋婧、宋建霖、栾晰等。

（翟　璐）

【儿童剧《成语魔方（四）》】 10月21日，中国儿童艺术剧院最新创排的“中国故事”之《成语魔方（四）》在北京假日经典小剧场首演。该剧包含“叶公好龙”“东施效颦”“自相矛盾”3个成语故事。“叶公好龙”编剧孙梦竹、导演杨成；“东施效颦”编剧傅玲，导演何吉光；“自相矛盾”编剧杨雯默，导演刘奇。主演李博、李园园、周佳云子、翁杨、沈明举、宋祖全、马寅、吴子竞、肖宇等。

（翟　璐）

活　动

【国家大剧院青年导演作品邀请展】 1月4日—10月15日，国家大剧院青年导演作品邀请展在国家大剧院举办。该邀请展先后展示了8名中国青年话剧导演的8部作品，分别是赵淼的《吾爱至斯》、黄盈的《语文课》、沈亮的《榆树下的欲望》、张慧的《学一学鸽子》、邵泽辉的《在变老之前远去》、谢霜南的《公司感谢你》、杨扬的《爱情公寓》和刘丹的《搁浅》。

（张燕鹰）

【国家大剧院中国当代著名导演作品邀请展】 1月5日—10月29日，国家大剧院中国当代著名导演作品邀请展在国家大剧院举办。该邀请展先后展示了6位中国当代著名戏剧导演的9部作品，分别是陈薪伊的《邓世昌》《徽州女人》《商鞅》，孟京辉的《琥珀》，李六乙的《小城之春》《万尼亚舅舅》，查明哲的《青春禁忌游戏》，田沁鑫的《聆听弘一》和王晓鹰的《深度灼伤》。

（张燕鹰）

【第二届国家大剧院黄梅戏艺术周】 2月23日—3月11日，第二届国家大剧院黄梅戏艺术周在国家大剧院举办。该艺术周期间，安徽省黄梅戏剧院《不越雷池》，“高贵的家园”“唐诗宋词”黄梅音乐演唱会，马鞍山四季戏曲剧院《太白醉》，马鞍山市艺术剧院《凤鸣宏村》和再芬黄梅艺术剧院《徽州女人》《女驸马》6台节目进行了12场演出。

（张燕鹰）

【全国舞台艺术优秀剧目展演】 2月27日—3月31日，由文化部主办，文化部艺术司与北京市文化局承办，北京市演出有限责任公司协办的全国舞台艺术优秀剧目展演在北京举办。参加展演的演出团体有10个省市院团、3个中央直属院团和1个军队院团，演出了第十五届文华大奖获奖剧目和2016年度国家舞台艺术精品创作扶持工程重点扶持剧目共18台，总计演出37场。该展演的演出剧目为京剧《西安事变》《康熙大帝》，评剧《母亲》《红高粱》，豫剧《焦裕禄》，淮剧《小镇》，晋剧《于成龙》，湘剧《月亮粑粑》，话剧《兵者·国之大事》《麻醉师》《从湘江到遵义》《北京法源寺》，儿童剧《红缨》，歌剧《大汉苏武》，音乐剧《烽火·洗星海》和芭蕾舞剧《八女投江》，舞剧《沙湾往事》《家》。

（张燕鹰）

【首届女性戏剧邀请展】 3月8日—4月8日，首届“枪与玫瑰”女性戏剧邀请展在至乐汇艺术中心举行。该活动展出了《玩命爱一个姑娘》《海的女儿——黎明钟声》《公司感谢你》《爱囧》《破阵子》5部风格各异、题材不同的戏剧作品，从这5部作品中可以清晰看出古今中外女性的社会地位以及生存境遇。该活动旨在通过戏剧展演和一系列的主题活动，建立有利于女性发展的观念，最终实现女性真正的自尊、自爱、自立、自强。

（翟　璐）

【第四届北京曲剧艺术节】 3月—10月，由昌平区文委和北京市曲剧团联合举办的第四届北京曲剧艺术节在北京市昌平区举办。该艺术节期间，由北京市曲剧团表演的《龙须沟》《正红旗下》《箭杆河边的新故事——十不闲传奇》3个北京曲剧剧目，在昌平区的镇街、农村、学校、工地、军营上演了10余场演出。

（张燕鹰）

【第三届中国原创话剧邀请展】 3月—6月，由中国国家话剧院与北京市西城区人民政府联合主办的第三届中国原创话剧邀请展在北京举办。该邀请展以“重视原创、紧跟时代、艺术精湛、服务人民”为宗旨，汇聚了全国各大国有话剧院团、民营剧团和社区基层院团的31台优秀剧目，包括20台大剧场剧目和11台小剧场剧目。参加展演的剧目有入选文化部全国舞台艺术精品创作扶持工程的《北京法源寺》《从湘江到遵义》，有获文华大奖的《兵者，国之大事》《麻醉师》，有表现抗战民族气节的《开炉》《大江东去》《宛平人家》，有歌颂英雄形象的《谷文昌》《赵一曼》，有反应反腐斗争的《人民的名义》，有描写文化名人的《李白》《狂飙》《成兆才》《启功》以及反映当代百姓生活的《长夜》《淮河新娘》《两只蚂蚁在路上》《将军里》和进行艺术探索的《罗刹国》《家·书》《网子》《非常悬疑》，还有《茶馆》《语文课》《天下粮田》《遥远的乡土》《寻找春柳社》《一些契诃夫的小戏》等。

（翟　璐）

【第七届林兆华国际戏剧邀请展】 3月—12月，第七届林兆华国际戏剧邀请展在北京、天津、哈尔滨举办。该活动包括5个单元、16部作品，分别是马拉松盛宴单元的《兄弟姐妹》《2666》，原创单元的《酗酒者A》《铸剑》，契诃夫经典单元的《樱桃园》《万尼亚舅舅》《三姐妹》，法国单元的《吝啬鬼》《美杜莎之筏》，解构当代单元的《4.48精神崩溃》《白痴》《戈多医生或者六个人寻找第十八只骆驼》《斯大林·夜》，桂冠剧场单元的《俄狄浦斯》《麦克白》《玛利亚的婚后生活》。其中，马拉松盛宴单元的《兄弟姐妹》演出连同休息时长为8个小时，《2666》的演出连同休息时长为12个小时。

（翟　璐）

【青少年戏剧教育成果展】 4月10日—22日，由中国儿童艺术剧院、中国儿童戏剧研究会、北京市东城区文化委员会、东城区教育委员会主办的首届青少年戏剧教育成果展在中国儿童艺术剧院举办。该活动分为戏剧教育成果展演和青少年戏剧教育研讨会2个板块。参与剧目展演的学校均是中国儿童艺术剧院“深入生活　扎根人民”主题活动中帮扶、美育教育的合作小学，包括北京市东城区分司厅小学、东城区革新里小学、东城区灯市口小学、北京市实验学校（海淀）小学和南京市琅琊路小学5所学校，演出了《我想对你说》《成语魔方》《十二个月》《彼得与中山狼》《马兰花》5台剧目，展演期间还举办了戏剧教育研讨会。

（翟　璐）

【中宣部等印发《关于戏曲进乡村的实施方案》】 4月28日，中共中央宣传部、文化部、财政部联合印发并实行《关于戏曲进乡村的实施方案》（以下简称《方案》）。《方案》提出，戏曲进乡村要坚持社会主义先进文化前进方向，把导向意识贯穿到工作的全过程，将服务群众与教育引导群众结合起来，充分发挥戏曲在传承中华优秀传统文化、丰富群众精神文化生活、提升基层公共文化服务水平中的积极作用，用先进文化占领农村文化阵地，培育文明乡风，建设美丽农村，促进社会主义新农村建设。《方案》明确了戏曲进乡村的参与对象和主要形式，规定了戏曲进乡村的主要工作流程，增强了可操作性。

（白　莲）

【2017首届大麦戏剧节】 5月8日—6月4日，2017首届大麦戏剧节全国范围内举办，这是中国最大演出票务平台大麦网2017年3月21日被阿里巴巴集团全资收购后举办的第一个戏剧节。该戏剧节以“线上优惠+线下狂欢”的形式，提出“整月狂欢，周周有戏”的概念。该戏剧节期间，注册用户可以在大麦网、大麦App、大麦网天猫旗舰店等平台，享受票价优惠与让利活动，还可在全国近20座城市现场观看戏剧演出。戏剧节覆盖麦小鹿剧团招新、麦戏聚高校有戏、戏剧高峰论坛、麦视线艺术放映4个主题。具体活动包括麦小鹿剧团邀请专业的儿童教育工作者为小朋友们

进行音乐、舞蹈、戏剧、艺术审美等多个方面的专业培训，在北京、上海演出儿童互动英语舞台剧《来来与麦小鹿——宝石星球历险记》，在北京举办麦戏聚·2017戏剧高峰论坛、首届麦戏聚·中国高校及青年编剧剧本大赛暨青年人才孵化大赛，以及麦视线艺术放映活动等活动。

（张燕鹰）

【迎“六一”打工子弟公益专场演出】 5月22日，由中国儿艺和阳光未来艺术教育基金会联合主办的“迎‘六一’打工子弟公益专场演出”活动在中国儿艺小剧场举行。中国儿艺的演员们演出了2017年该院新创排的莎士比亚经典作品《李尔王》。来自北京市大兴区西红门镇寿宝庄蒲公英中学的百余名打工子弟观看了演出。

（翟　璐）

【四部委下发《关于新形势下加强戏曲教育工作的意见》】 5月27日，中共中央宣传部、文化部、教育部、财政部联合下发《关于新形势下加强戏曲教育工作的意见》。该意见分为总体要求、主要任务和保障措施3个部分。旨在形成适应新时代的戏曲人才培养体系，并在优化戏曲专业结构布局、完善戏曲人才培养体系、创新戏曲人才培养模式、鼓励院团深度参与实践教学、积极推进招生与用人一体化、建立健全戏曲教育质量评价机制和搭建平台展示教育教学成果7个方面提出了任务，规定了加强组织协调、加大支持力度、健全师资队伍的保障性措施。

【中国儿艺与故宫签署战略合作协议】 6月1日，中国儿童艺术剧院与故宫博物院在故宫敬胜斋签署了战略合作协议。该协议主要内容是通过艺术教育，弘扬优秀传统文化；整合文化资源，发挥各自优势，数字化发展传统文化；共同研发文创产品，让传统文化“活起来”；借助中国文化“走出去”的机会，充分展示以故宫为重点的中华传统文化。

（翟　璐）

6月1日，故宫博物院与中国儿童艺术剧院签署战略合作协议

【第七届“圆梦中国·春苗行动”北京市优秀少儿题材剧目展演】 6月1日—8月31日，由北京市文化局主办的第七届“圆梦中国·春苗行动”北京市优秀少儿题材剧目展演在北京举行。全国25个儿童剧团和演出机构在北京的16个剧场进行了50场演出。展演剧目有《舒克和贝塔之克里斯王国》《北京童谣》《锛儿头小辫儿之疯狂的唐诗》《妈妈的衣柜》《科学怪龙进化论》《我们的童话之幸福镇》《市场街最后一站》《孔门弟子》《月亮草》《雪孩子》《狐狸与枪》《魔法师的白手套》《渔夫与金鱼》《故宫里的大怪兽之吻兽使命》《海》《七彩宝贝》《哪吒》《小铃铛与匹诺曹之让心飞翔》《布莱梅的音乐家》《疯狂动物城》《神奇校车》《画皮》《十万个为什么》《渔童》《石中剑传说》。

（翟　璐）

【第三届国家大剧院国际戏剧季】 6月1日—9月9日，2017第三届国家大剧院国际戏剧季在北京举办。该戏剧季共有中国、日本、德国、英国、俄罗斯、西班牙、瑞典7个国家的10个剧院团体进行展演，12部戏剧作品共计进行了58场演出。12部作品分别是吴祖光的《风雪夜归人》、查明哲的《青春禁忌游戏》和李六乙的《万尼亚舅舅》3部中国剧作，日本铃木志忠的《特洛伊女人》《酒神俄狄浦斯》，德国纽伦堡国家剧院的《恐怖袭击》《39级台阶》和柏林德意志剧院的《贵妇还乡》，俄罗斯契诃夫国际戏剧节与英国的“与你同行”剧团共同制作的全男班莎士比亚名剧《第十二夜》，瑞典皇家戏剧院的《命运之影》，西班牙幽默肢体剧《神奇的纸莎草》以及英国儿童剧《老虎来喝下午茶》。

（翟　璐）

【2017首届老舍国际戏剧节】 6月7日—7月30日，由北京市演出有限责任公司、天桥艺术中心共同主办，中国老舍研究会、北京戏剧家协会、北京人民艺术剧院、首都剧场协办的2017首届老舍国际戏剧节在北京举办。该戏剧节的主旨是呼唤戏剧文学精神，举办了剧目展演、国内外戏剧经典赏析、剧本朗读会、老

舍国际戏剧节高峰论坛、戏剧工作坊等活动。展演的剧目包括老舍的剧作《茶馆》和《二马》，小仲马的《茶花女》，莫里哀的《吝啬鬼》，塞万提斯的《我是堂吉诃德》，歌德的《浮士德》，果戈理的《婚事》等中外经典作品。当代作家的剧作包括根据张爱玲同名小说改编，由王安忆编剧，许鞍华执导，焦媛主演的香港版话剧《金锁记》；吕丽萍、孙海英联袂出演的原创话剧《独自温暖》；以林徽因的爱情生活、人生故事为视角的《再见徽因》；根据郭宝昌原著改编的同名京剧《大宅门》。还有德国的《他她它》和《国家剧院的绊脚石》，共13个剧目。

（翟　璐）

【丑小鸭家庭戏剧艺术节】　6月24日—8月19日，由中国演出行业协会儿童艺术演出委员会及北京丑小鸭剧团股份有限公司联合主办的丑小鸭家庭戏剧艺术节在中国、英国、日本3个国家的47个城市举办。演出了来自中国、日本、韩国、匈牙利、爱沙尼亚5个国家的40部作品，共计演出223场。该艺术节以家庭为主题，旨在亲近家庭，拥抱家庭，让父母“与孩子一同亲近戏剧艺术”。艺术节期间，举办了“拿手好戏”戏剧工作坊、“非同儿戏”戏剧零距离、“我是演员”戏剧表演营、“行走的世界”戏剧游学营、“天鹅杯”才艺大赛、“造梦计划”展览体验等一系列以家庭为单位参加的超过200场戏剧艺术活动。

（翟　璐）

【2017年全国基层院团戏曲会演】　7月2日—29日，2017年全国基层院团戏曲会演在北京举办。演出剧种有京剧、评剧、豫剧、黄梅戏、川剧、秦腔、沪剧、粤剧、淮剧、辽剧、蒙古剧、眉户剧、新疆曲子戏、茂腔、襄阳花鼓戏、锡剧、淮海戏、吉剧、婺剧、柳琴戏、四平调、渔鼓戏、两夹弦、蒲剧、长沙花鼓戏、贵州花灯戏、龙江剧、赣剧、壮剧、闽剧、彝剧、云南花灯戏、琼剧33个，以及山东省小戏组台、贵州省小戏组台、云南省小戏组台等形式。会演剧节目共计32台，覆盖全国29个省、自治区、直辖市和新疆生产建设兵团。会演期间，还邀请戏剧专家召开评议会，组织各地创作人员进京观摩交流，召开了基层戏曲院团艺术创作专题研讨会等活动。

（张燕鹰）

【第七届中国儿童戏剧节】　7月7日—8月20日，第七届中国儿童戏剧节举办。除了在北京展演外，戏剧节还在济南、成都设立了分会场。该戏剧节包括优秀剧目展演、国际儿童戏剧交流以及戏剧嘉年华等活动，其中较有特色的活动有“打开戏剧之门”主题活动、“国际儿童戏剧发展论坛”以及与故宫博物院联手推出的“逛故宫看儿童剧”文化艺术主题夏令营。来自中国大陆和台湾地区、罗马尼亚、以色列、黎巴嫩、捷克、俄罗斯、荷兰、西班牙的27个儿童戏剧团体参加了活动，展演了48部优秀剧目，共计演出206场。

（翟　璐）

【第三届山水戏剧周】　8月3日—11日，第三届山水戏剧周在延庆区千家店镇百里山水画廊景区举办。该戏剧周期间分设1个主会场和8个分会场，共计演出17场，演出剧目既有河北梆子《王宝钏》、北京曲剧《四世同堂》等多部经典剧目，还有反映了延庆世界地质公园的建设过程的原创剧目《木石奇缘》。活动期间还举办了由北京郭沫若纪念馆、梅兰芳纪念馆等8家名人纪念馆在千家店镇文化广场举办的名人展览。

（翟　璐）

【第四届中国豫剧节】　8月4日—9月11日，第四届中国豫剧节在北京和郑州两地展演，其中，北京演出25场，郑州演出5场。其间，8月7日—9月7日，包括《朝阳沟》《香魂女》《焦裕禄》《常香玉》《玄奘》《无事生非》等在内的24个剧目在北京演出；9月8日—11日，《铁塔缘》《梵王宫》《三娘》《对花枪》4个剧目在河南艺术中心上演。

（张燕鹰）

【第四届北京国际女性戏剧节】　8月11日—13日，由北京市文联与北京市妇联指导，北京戏剧家协会主办，北京晴禾景田文化传媒有限公司承办，爱慕股份有限公司冠名的第四届(2017)“爱慕·北京国际女性戏剧节”在北京举办。该戏剧节以“成为幸福的创造者”为主题，汇聚了来自中国香港、北京以及克罗地亚萨格勒布的3个演出团体、5部戏剧作品，分别是香港Drama Gallery剧场工作室的《期限》、进剧团的《萨拉凯恩在4：48上书写》和浪漫歌舞剧《舞至爱之终结》，萨格勒布Mala Scena剧团的《带针女孩》，北京环保娃娃儿童剧团的《灰姑娘之水晶鞋奇缘》。

（翟　璐）

【2017年全国小剧场戏剧优秀剧目展演】　9月1日—30日，由文化部艺术司、北京市文化局共同主办，宽友(北京)文化交流有限公司承办的2017年全国小剧场戏剧优秀剧目展演在北京举办。该活动参加展演的剧目包括《幸福年》《秘而不宣的日常生活》《两只蚂蚁在路上》《收信快乐》《罗刹国》《网子》《你是我的孤独》《安提戈涅》《丁西林民国喜剧三则》《南门客栈》《老张的哲学》《子曰》12部小

剧场话剧，以及京剧《惜姣》《谁共白头吟》《浮士德》，昆曲《望乡》《椅子》，河北梆子《牺牲》，越剧《心比天高》，章回鼓书《古城暗战》，实验戏曲《三生》9部小剧场戏曲。展演期间，还召开了小剧场戏剧创作发展研讨会以及多种形式的公益活动。

（翟　璐）

【第十届北京青年戏剧节】 9月5日—28日，由北京市文学艺术界联合会、中国国家话剧院、团市委、北京剧协、东城区文化委、北京青年戏剧工作者协会联合举办的第十届北京青年戏剧节在北京举办。戏剧节推出了“青年戏剧领军单元”“行动、开始新作首演单元”和“国际戏剧展演单元”3个演出单元。“青年戏剧领军单元”演出了李建军、李凝、邵泽辉、王翀、杨婷、陈明昊、裴魁山、何雨繁、姬沛、孙晓星10位中国青年戏剧导演的10部代表作品；“行动、开始新作首演单元”集中展示了10部优秀青年艺术家的新创首演剧目；“国际戏剧展演单元”演出了荷兰的《零零零》、西班牙的《走钢丝的人》、丹麦的《空舞优伶》、英国的《我们住在海边》和挪威导演与中国演员合作的《随你去》5个剧目。

（张燕鹰）

【梅兰芳大剧院小剧场重装开业】 9月9日，梅兰芳大剧院小剧场重装开业。该小剧场位于梅兰芳大剧院四层，原为该剧院的多功能厅，2015年3月正式对外开放运营。因隔声较差，舞台形式也无法满足演出需求，因此对该小剧场进行了改造设计。该小剧场改造后的建筑面积达270余平方米，可容纳观众160余人，其硬件设备设施齐全，适合举办演出、展览、会议、影像录制、培训、讲座、发布会等多种形式的活动。首场演出的剧目是由国家京剧院演员肖田领衔的《廉锦枫》，曲径达、吴桐演绎的《武松打店》和李博、郭霄主演的《游龙戏凤》。

（张燕鹰）

【2017北京喜剧周】 9月13日—24日，由北京市文联主办，北京剧协承办的2017北京喜剧周在北京举办。该喜剧周以“致敬经典·喜迎新声”为主题，包含新闻发布会、开幕式演出、喜剧佳作展演、喜剧新秀竞演、喜剧高端论坛、闭幕式演出6个版块。参加展演的《情陷阿克塞》《糊涂戏班》《燃烧的疯人院》《那次奋不顾身的爱情》《乌龙山伯爵》《魔法师的白手套》《破阵子》《魔法城堡探险之旅》《我是谁》《三只小猪·变变变》《爷们儿》《都市生存手册》《家丑外扬》《高手》《命中注定》《三岔口2017》《宇宙大爆炸》17个剧目共进行了60多场演出。

（翟　璐）

【刘奇葆在北京调研京剧像音像工程】 9月22日，中共中央政治局委员、中央书记处书记、中共中央宣传部部长刘奇葆在北京调研京剧像音像工程情况时强调，要深入学习贯彻习近平总书记系列重要讲话精神和治国理政新理念新思想新战略，认真落实支持戏曲传承发展的有关政策，以北京、天津、上海基地为依托，精心组织实施像音像工程，把当代戏曲名家的最完美表演呈现出来，更好地传承中华戏曲精华，弘扬中华优秀传统文化。刘奇葆到北京人民剧场实地考察像音像工程拍摄录制固定场地，听取像音像工程总体情况和北京、天津、上海基地建设情况报告，并与有关方面负责人座谈交流。京剧像音像工程由中共中央宣传部、文化部2016年组织实施。

（白　莲）

【2017中国戏曲文化周】 9月29日—10月6日，由文化部、北京市政府主办，文化部艺术司、中共北京市委宣传部、市文化局、市教委、丰台区委、丰台区政府承办的2017中国戏曲文化周在北京园博园举行。该文化周以“中国梦·中华魂·戏曲情”为主题，分为开幕式中国戏曲主题花车巡游、全球京剧票友大赛、重点演出、“非遗”互动展示、戏曲大会、中东欧国家艺术嘉年华6个重点板块。在园博园内10个地方园进行了“乡音、乡情、乡韵、乡味”地方戏演出，有京剧、北京曲剧、昆曲、评剧、豫剧、黄梅戏等近20个剧种进行了150余场演出。在北京园、江苏园、福建园还依托园林进行了实景夜场演出。

（张燕鹰）

【中国园林博物馆第四届中秋传统戏曲文化活动】 10月3日，中国园林博物馆举办第四届中秋传统戏曲文化活动。参加该活动演出的剧种、剧（节）目有京剧《红娘》《钓金龟》《二进宫》，昆曲《牡丹亭》，评剧《金沙江畔》《花为媒》，越剧《红楼梦》，豫剧《朝阳沟》，黄梅戏《爱歌》《十五的月亮为谁圆》《树上的鸟儿成双对》，河北梆子《大登殿》《村官李天成》和秦腔《花亭相会》等。

（张燕鹰）

【第二届全国少儿皮影传习成果展演活动】 10月5日—7日，由中国民间文艺家协会指导，中国民协皮影艺术委员会主办，北京龙在天皮影艺术中心承办的“2017第二届全国少儿皮影传习成果展演活动”在北京举办。武汉市光谷十五小、浙江省海宁市斜桥镇中心小学等全国9所中小学校的优秀少儿皮影剧社、100多名师生和皮影界老中青艺人应邀参加了展演。展演剧目既有传统皮影经典剧目

《红孩儿》，又有旧剧新编的《狐狸和乌鸦》，新编剧目中有传统题材的《龙宫借宝》和现实题材的《最美女司机》等。展演期间，还举办了“全国少儿皮影传习交流会”。

（张燕鹰）

【中国少儿戏曲小梅花 20 年汇报演出】 10 月 13 日—14 日，由中国文联、中国文学艺术基金会、中国剧协共同主办的中国少儿戏曲小梅花 20 年汇报演出在梅兰芳大剧院举办。演出分“蓓蕾初放”“薪火相传”“新星冉冉”3 个部分，汇聚了京剧、昆曲、豫剧、评剧、越剧、黄梅戏、沪剧、晋剧、蒲剧、锡剧、粤剧 11 个剧种的 23 个节目。节目既有个人才艺展示，也有集体节目；既有《空城计》《林冲夜奔》《小辞店》《对花枪》《断桥》《游园》《挂画》等经典传统唱段，也有《红灯记》《朝阳沟》《瑞珏》《红军不怕远征难》等现代戏片段，还有《越韵古诗：梅兰竹菊》等新创节目形式。

【2017 北京喜剧艺术节】 10 月 13 日—12 月 17 日，由北京喜剧院、北京大道文化节目制作有限公司主办，国家大剧院、北京天街集团有限公司名誉主办的第七届北京喜剧艺术节在北京喜剧院举办，策划了“喜剧有经典”“逗你没商量”“京味很地道”三大演出板块，集中展演来自中国、美国、俄罗斯、英国、丹麦五国喜剧表演艺术家的《意乱情迷》《戏台》《北京邻居》《3 站台》《福尔摩斯之死》《威尼斯商人》《瞧这一家子》《高兴起来》《杰克的花式冰淇淋》9 台、37 场喜剧作品。

（翟　璐）

【梅兰芳纪念馆藏戏曲文献脸谱展】 10 月 20 日—12 月 20 日，由梅兰芳纪念馆主办的梅兰芳纪念馆藏戏曲文献脸谱展在梅兰芳纪念馆展出。该展览展出了梅兰芳缀玉轩藏的清抄本 30 余种，展出的脸谱除了梅氏缀玉轩藏的明代脸谱，还有韩乐卿、钱金福、福小田等人绘制的脸谱，另外还有“国剧学会”时期齐如山委托各剧种演员绘制的弋腔上丝调脸谱、陕西秦腔脸谱、甘肃秦腔脸谱、山西梆子腔脸谱、山东梆子腔脸谱、绍兴滴笃腔脸谱、滇腔脸谱等。展览期间，还举办了梅兰芳与传统文化学术研讨会。

（张燕鹰）

【2017 国际大学生戏剧节】 10 月 20 日—25 日，世界戏剧教育联盟 2017 国际大学生戏剧节在中央戏剧学院昌平校区举办。该戏剧节通过演绎莎士比亚经典剧目，展示并分析教学成果。该戏剧节共上演了 9 台一小时左右的莎士比亚悲剧《李尔王》片段和 9 场戏剧工作室的演出。该届戏剧节的演出单元设置优秀表演奖、最佳表演奖和最佳剧目奖。中国中央戏剧学院的柯宇、德国恩斯特布施戏剧学院的亨宁·夫鲁斯鲁赫、日本桐朋学园艺术短期大学的石川湖太朗、韩国中央大学戏剧系的全哉炯、波兰国立戏剧学院的阿伽塔·罗兹卡、俄罗斯国立戏剧学院的克里斯蒂娜·巴拉诺夫斯科、乌克兰基辅国立卡尔潘科卡利戏剧影视大学的尹霍·卡丘、英国盖德霍尔音乐戏剧学院的乔纳森·拉威尔、俄罗斯戏剧艺术学院的铁木尔·加列耶夫获优秀表演奖；中国中央戏剧学院的依克桑·塔依尔、德国恩斯特布施戏剧学院的拉娜·费思、日本桐朋学园艺术短期大学的遠藤広太、韩国中央大学戏剧系的权三重、波兰国立戏剧学院的玛缇娜·彼科兹科芙丝卡、俄罗斯国立戏剧学院的伊利亚·索科洛夫、乌克兰基辅国立卡尔潘科卡利戏剧影视大学的佛罗迪米尔·扎克哈辰戈、英国盖德霍尔音乐戏剧学院的乔·保伦德、俄罗斯戏剧艺术学院的罗迪昂·巴尔舍夫获最佳表演奖；日本桐朋学园艺术短期大学的《李尔王：当代社会中的相似者》和中国中央戏剧学院的《李尔王》获最佳剧目奖。

（翟　璐）

【2017 第四届当代小剧场戏曲艺术节】 2017 年 10 月 25 日—2018 年 1 月 7 日，2017 第四届当代小剧场戏曲艺术节在繁星戏剧村举办。该戏曲艺术节演出了中国大陆、中国香港、中国台湾的表演团体的多个剧种的小剧场戏曲剧目 18 个，分别为京剧《聂隐娘》《马前泼水》《季子挂剑》《惜姣》，昆曲《琵琶记》《玉簪记》《屠岸贾》，越剧《织造府·又见青溪》《洞君娶妻》，粤剧《霸王别姬》，河北梆子《喜荣归》，淮剧《孔乙己》，湘剧《武松之踵》，滇剧《粉待》，实验戏曲《蝴蝶效应》，跨界融合剧《不负如来不负卿》，戏曲轻喜剧《三岔口 2017》和戏曲元素舞台剧《一夜一生》。该戏曲艺术节期间，还举办了对戏国际当代艺术展，展示了 17 位艺术家利用动画、音乐、视频影像、舞台装置、纸本、油画、丝网版画等多种媒介的戏曲呈现。

（张燕鹰）

【第六届北京大学生戏剧节】 10 月 27 日—11 月 6 日，由北京市委教育工作委员会、北京市教委联合主办的第六届北京大学生戏剧节在北京举行。该届戏剧节期间，从 43 所高校的 94 台剧目中选出的 8 台多幕及独幕剧展演剧目和 4 台邀请剧目在中央戏剧学院东城校区实验剧场上演。俄罗斯、乌克兰、英国、日本的大学生也带来了他们的作品。该届戏剧节评选出优秀剧目奖、优秀编剧奖、优秀导演奖、优秀男演员、优秀女演员、优秀舞台设计奖、优秀人物造型奖、最佳剧目奖、最佳编剧奖、最佳导演奖、最佳女演员、最佳男演员、最佳舞台设计奖、最佳人物造型奖、短剧类(普通甲组)金奖、短剧类(普通乙组)金奖、戏曲类(普通甲组)金奖、朗诵类(普通甲组)金奖、朗诵类(普通乙组)金奖、朗诵类(专业组)金奖、独幕剧(普通乙组)金奖、多幕剧(普通甲组)金奖、多幕剧(普通乙组)金奖、多幕剧(专业组)金奖等20余个奖项。中国戏曲学院《朱莉小姐》编剧孙惠柱、导演王绍军获得评委会特别奖。

(翟　璐)

【2017新文艺团体优秀戏剧展演】 11月1日—12月31日，由北京市文学艺术界联合会、北京戏剧家协会主办的2017北京新文艺团体优秀戏剧作品展演在北京举办。该活动推出了"天桥·新锐导演戏剧邀请展""年度特别关注作品邀请展"和"当代小剧场戏曲节"3个单元，共有30多部作品在北京的8个剧场上演了100多场演出。"天桥·新锐导演戏剧邀请展"是中国大陆和台湾地区新锐导演风格迥异的作品展演，"年度特别关注作品邀请展"邀请了中国大陆和台湾地区近年比较成熟的作品参加展演，参加"当代小剧场戏曲节"演出的则是中国大陆、香港和台湾地区多个戏曲剧种的小剧场戏曲剧目。

(翟　璐)

【全国话剧优秀新剧目展演季】 12月5日—29日，由中国话剧协会、北京市文化局等单位主办的纪念中国话剧诞生110周年·戏剧东城10周年——全国话剧优秀新剧目展演季在北京举办。该展演季演出了《千字碑》，《此心光明》《〈富春山居图〉传奇》《十八洞》《韩文公》等11部大剧场话剧，《蚁族》《小丑》等7部小剧场话剧。参加展演的剧目是从全国话剧院团选出的优秀新剧目中遴选的。东城区推出的话剧作品《炒肝》《皇城根下》《留取丹心》《十年》等也参加了展演。展演季期间，还举办了戏剧讲堂、戏剧体验等活动。

(翟　璐)

【文化部发布全国地方戏曲剧种普查情况】 12月26日，文化部举行新闻发布会，正式公布全国地方戏曲剧种普查情况。在该项普查中，按照《中国戏曲剧种认定标准》，截至2015年8月31日，北京地区被认定为存活的戏曲剧种有昆曲、河北梆子、京剧、评剧、北京曲剧、诗赋弦、豫剧、黄梅戏8个戏曲剧种。

(张燕鹰)

【2018年新年戏曲晚会】 12月29日，2018年新年戏曲晚会在国家大剧院举行。演出的节目有戏曲联唱《一个都不能少》、新编节目《古戏迎新春》、赣南采茶戏《永远的歌谣》(片段)、上党梆子《太行娘亲》(片段)、京剧《在路上》(片段)、《勠力同心为人民》、昆曲《昭君出塞》(片段)、少儿戏曲表演《盛世新蕾》、锡剧《珍珠塔》(片段)、梨园戏《董生与李氏》(片段)、京剧《徐策跑城》(片段)、《武戏绝活荟萃》、原创戏歌《领航新征程》等。党和国家领导人习近平、李克强、张德江、俞正声、张高丽、栗战书、汪洋、王沪宁、赵乐际、韩正等，与首都近千名群众一起观看了演出。

(张燕鹰)

赛事与奖项

【首届麦戏聚·中国高校及青年编剧剧本大赛】 5月21日，由大麦演出·麦戏聚主办，《新剧本》杂志、"未读"协办的"首届麦戏聚·中国高校及青年编剧剧本大赛暨青年人才孵化大赛决赛"在大麦·超剧场举行。北京大学郭书仪的剧本《书说》获一等奖；清华大学吕默的剧本《溯洄》获二等奖；中央戏剧学院左煜的剧本《多巴胺狂想曲》，香港浸会大学唐雅薇、肖娴婧的剧本《无性之人》，获三等奖；李双的《废土》、米峰的《三个失落的房间》、王静怡的《家在动物园》、王纳博的《在中国，一出梦的戏剧》、曾伟力的《伊二三事》、周末的《零号法案》6部作品获得优秀奖。

(翟　璐)

【第九届中国京剧艺术基金会奖学金颁奖】 10月27日，第九届中国京剧艺术基金会奖学金颁奖典礼在梅兰芳大剧院举办。王玉珍、王蓉蓉、张建国、洪业、张宇等中国京剧艺术基金会理事和京剧名家为中国戏曲学院、中国戏曲学院附中、北京戏曲艺术职业学院、上海戏剧学院戏曲学院、上海戏剧学院附属戏曲学校、天津艺术职业学院、沈阳师范大学附属艺术学校7所院校京剧专业的70名优秀学生颁发了第九届中国京剧艺术基金会奖学金。颁奖典礼上，付佳、宋亚龙、解天一、李佳、许周熠、孙亚军等往届奖学金获得者进行了汇报演出。

(张燕鹰)

【第七届国际戏剧"学院奖"】 11月26日，第七届国际戏剧"学院奖"(表演奖)颁奖典礼在中央戏剧学院举行。《北京邻居》《大漠胡杨》《大清相国》《都市生存手册》《老舍五则》《二马》《牌坊》《五脊六兽》《酗酒者莫非》《银锭桥》10台国内剧目和《爱情与金钱》《理查三世》《胎》《詹姆士帝国》4台国外剧目获优秀剧目奖。史蒂文·米勒、波格丹·本尼克、苏小玎、孔令美、王学兵、史可、田蕤7人获最佳主角奖；郑智英、李俊苇、安德鲁·罗思尼、李梅、贺坪、仁龙、周帅7人获最佳配角奖；杰西卡·哈德威克、徐德亮获最佳新人奖；郑榕获终身成就奖。

(翟　璐)

【第四届老舍青年戏剧文学奖励扶持计划】 12月21日，由北京戏剧家协会、《新剧本》杂志、北京老舍文艺基金会联合主办的第四届老舍青年戏剧文学奖励扶持计划在北京结束。该届老舍青年戏剧文学奖励扶持计划共收到来自21个省、市、自治区的142部剧本，其中话剧剧本74部、儿童剧剧本9部、音乐剧剧本12部、歌剧剧本3部、戏曲剧本44部；参评者128位。最终评审出《岗厦罗生门》(作者戴昱)、《台城柳》(作者俞思含)2部优秀剧本，《边界》(作者熊海龙)、《虎门长歌》(作者高明)、《钟点丈夫》(作者尚垒)、《星星闪呀闪》(作者梁晓艳)4部优秀剧本提名，《大圣归来》(作者丁嘉鹏)、《西洋钟》(作者刘天骄)、《韩信在此》(作者周广伟)、《对手戏》(作者赵寻)、《花间醉》(作者张凤娟)、《奔》(作者修新羽)6部入围作品。北京市河北梆子剧团、声希(北京)文化传媒有限责任公司、北京剧空间剧场分别与获得扶持的剧本《台城柳》《岗厦罗生门》《星星闪呀闪》签订合作意向书。

(翟　璐)

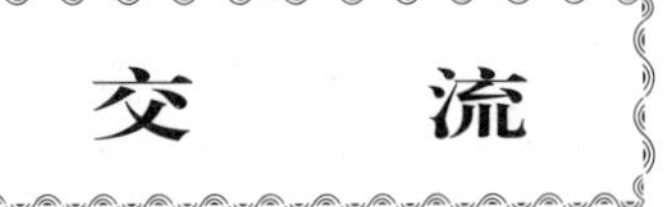

交　流

【巴西阿默克剧团到京演出】 1月11日，巴西阿默克剧团携《萨琳娜——最后的脊梁》在中国人民大学如论讲堂演出。该剧讲述了一个在非洲大地发生的故事。原剧作者是法国作家洛朗·高岱，2015年在巴西里约热内卢首演。

(张燕鹰)

【江苏省演艺集团进京演出】 2月21日，由江苏省文化投资管理集团组织策划，江苏大剧院出品，并与江苏省演艺集团联合制作的京剧《青衣》在国家大剧院演出。该剧根据毕飞宇的同名小说改编而成，塑造了"戏痴"筱燕秋的艺术形象。

(张燕鹰)

【中国儿艺赴泰国演出】 3月2日—6日，应泰国曼谷中国文化中心邀请，受中国文化部委派，中国儿艺携《西游记》(第三部)赴泰国曼谷演出。演出受到当地观众的欢迎，泰国原副总理、泰中友好协会会长功·塔帕朗西，中国驻泰国大使馆文化参赞陈疆等观看演出。

(张燕鹰)

【江西优秀剧目进京展演】 3月7日—17日，由江西省委宣传部、省文化厅共同举办的江西优秀剧目北京展演周活动在北京举办。该活动展演了江西省话剧团有限责任公司的话剧《遥远的乡土》，赣南采茶歌舞剧院的赣南采茶戏《永远的歌谣》和上饶县信河赣剧演艺有限公司的赣剧《斧头将军》。

(翟　璐)

【江苏省苏州昆剧院进京演出】 3月10日，江苏省苏州昆剧院携新版《白罗衫》在北京大学演出。该剧由白先勇策划，对原著主题进行了较大修改。该场演出是新版《白罗衫》全国名校行活动的启动演出，北京大学演出结束后，该剧院赴南开大学、同济大学和上海戏剧学院等多所著名高校开展演出。

(张燕鹰)

【河南省越调艺术保护传承中心进京演出】 3月10日—11日，国家艺术基金2016年度交流推广资助项目，由河南省越调艺术保护传承中心创作演出的越调《老子》在北京长安大戏院演出。全剧以老子撰写《道德经》为主线，撷取了老子一生中的多个片段。

(张燕鹰)

【四川人民艺术剧院进京演出】 3月13日，由宜宾市委宣传部、宜宾县委宣传部联合四川人民艺术剧院创作的大型话剧《赵一曼》，在首都剧场演出。该剧讲述了赵一曼成长求学和从事革命工作的主要经历。

(张燕鹰)

【河北两剧团携手进京演出】 3月13日—14日，廊坊市百花戏剧艺术团、大厂评剧歌舞团携其联合演出的新编反腐题材大型现代京剧《脚印》在长安大戏院举办晋京汇报演出。该剧讲述的是"新中国反贪第一大案"的故事。

(张燕鹰)

【上海话剧艺术中心进京演出】 3月15日—18日，上海话剧艺术中心携大型历史话剧《商鞅》在国家大剧院上演。该剧描写了战国时期政治改革家商鞅的生平故事。

(翟　璐)

【上海张军昆曲艺术中心进京演出】 3月17日—18日，上海张军昆曲艺术中心携其出品的昆曲《春江花月夜》在北京天桥艺术中心演出。该剧演绎了唐代诗人张若虚与少女辛夷3次相逢的故事。

(张燕鹰)

【法国雪达克剧团到京演出】 3月25日，由法国雪达克剧团表演的音乐智能启发儿童剧《夜色之声》在北京东方梅地亚中心M剧场上演。故事讲述了一位终日与萨克斯风、单簧管、小号、圆号等乐器为伴的作曲家不平静的一夜。

（翟　璐）

【陕西人民艺术剧院进京演出】 3月29日，陕西人民艺术剧院携该院版话剧《白鹿原》在北京保利剧院上演，拉开该剧全国巡演系列活动的序幕。陕西人艺版话剧《白鹿原》保留了巧取风水地、恶施美人计、孝子为匪、亲翁杀媳等情节，剧中的群众演员化用古希腊戏剧“歌队”形式，呈现出千姿百态的陕西关中村民形象。

（翟　璐）

【澳门青年艺术发展协会进京演出】 4月14日—15日，由澳门青年艺术发展协会携中国文学艺术基金会、澳门基金会支持，中国文联港澳台办公室、中国人民大学港澳台办公室、澳门青年艺术发展协会主办的实验话剧《庄周蝴蝶梦》在北京青蓝剧场和中国人民大学学生活动中心剧场演出。该剧以现代人的视角和情怀，重新诠释、探讨了女性在社会中的角色与地位。

（翟　璐）

【上海丽安文化发展有限公司进京演出】 4月21日—5月1日，上海丽安文化发展有限公司携其出品的舞台剧《爸爸的时光机》在北京天桥艺术中心演出。该剧结合了独创的演员和木偶平行表演的舞台表现，讲述了一对父子之间的故事

（翟　璐）

【广东省木偶艺术剧院进京演出】 4月27日—28日，广东省木偶艺术剧院携其创作并演出的神话木偶剧《哪吒》在国家大剧院演出。该剧讲述小男孩天宇走进了哪吒的神话世界，并随着哪吒命运的起伏，得到了成长和做人的启示。该剧以广东杖头木偶为主，还融入了大提线木偶、布袋木偶、连体铁枝木偶、巨型偶、人偶、皮影、真人演员等多种艺术表演方式。

（张燕鹰）

【美国蒙大拿大学话剧团到京演出】 5月23日，受第十七届“相约北京”艺术节之邀，由美国蒙大拿大学话剧团创排的《杀死一只知更鸟》在北京四中上演。该剧以3个孩子的故事为主线，对经济大萧条时期美国南部的种族歧视、社会偏见进行了展现。

（翟　璐）

【上海滑稽剧团进京演出】 5月23日—24日，上海滑稽剧团携大型滑稽戏《皇帝勿急急太监》在民族文化宫大剧院演出。该剧关注的社会现象是当下父母在面对子女婚恋问题上所表现出的集体焦虑感。

（张燕鹰）

【江西省话剧团进京演出】 5月26日—28日，江西省话剧团携其创排演出的大型话剧《遥远的乡土》在国家话剧院上演。该剧讲述了清代咸丰年间翰林院侍读余墨林被贬回乡后，接管义仓，开创书坊，慷慨赈灾，造福一方百姓的故事。

（翟　璐）

【辽宁人民艺术剧院进京演出】 6月2日—4日，辽宁人民艺术剧院携其创作的话剧《开炉》在国家话剧院剧场演出。该剧讲述了东北人民以破坏军工生产和军需仓库等形式抵抗日本侵略者的故事。

（翟　璐）

【江苏省海门山歌剧团进京演出】 6月8日，江苏省海门山歌剧团携原创海门山歌剧《亲人》在长安大戏院演出。该剧讲述了女市长田然帮助陆秀兰一家脱贫致富的感人故事。

（张燕鹰）

【新加坡“中国儿艺马兰花艺校”学员到京交流】 6月10日，由中国儿童艺术剧院与新加坡中国文化中心联合主办的新加坡“中国儿艺马兰花艺校”探寻艺术之旅活动在北京启动。活动旨在增进中新两国文化交流，让新加坡学员亲身感受中华传统文化。活动期间，新加坡学员参访了北京及周边地区的文化艺术机构和文化遗产地。这是中国儿童艺术剧院首次邀请新加坡“中国儿艺马兰花艺校”学员到访中国。之后，中国儿童艺术剧院还将于7月赴新加坡展开文化交流活动，为中新青少年搭建文化交流的桥梁。

（翟　璐）

【河北省话剧院进京演出】 6月17日，河北省话剧院携其创排的话剧《詹天佑》在北京大学百周年纪念讲堂上演。该剧讲述了詹天佑为了中国铁路事业隐忍、牺牲、奉献，最终完成京张铁路修建的故事。

（翟　璐）

【青岛市京剧院进京演出】 6月21日—22日。青岛演艺集团所属青岛市京剧院携其创排的京剧《清贫之方志敏》在中国评剧大剧院演出。该剧以革命烈士方志敏为主线，主要展示了方志敏被捕之后在狱中的生活。

（张燕鹰）

【首届十年制越剧本科班毕业生进京演出】 6月21日—24日，由上海戏剧学院、上海戏曲艺术中心、上海越剧院共同策划推出的“梨园新韵”系列演出之“蓓蕾初绽·越苑新声”——上海越剧第十代传人暨

上戏首届十年制越剧本科班毕业公演(北京站)在长安大戏院举行。此次演出共分宁波、温州、余姚、南通、常州江浙五地以及上海、北京的公演,巡演剧目既有经典女子越剧剧目《红楼梦》《梁山伯与祝英台》,也有展示男女合演的剧目《家》《花中君子》。

(张燕鹰)

【陕西神木县晋剧团进京演出】 6月28日—29日,陕西神木县晋剧团携现代晋剧《母殇》在北京大学百周年纪念讲堂观众厅演出。该剧讲述了一位在抗日战争时期被迫成为慰安妇的母亲的不幸的一生。

(张燕鹰)

【中国儿艺赴新加坡进行交流】 7月5日—12日,受中国文化部委派、新加坡中国文化中心邀请,中国儿童艺术剧院人偶剧《西游记》《三只小猪·变变变》剧组一行22人,赴新加坡参加第二届“中新儿童艺术节”开幕式及演出交流活动。

(张燕鹰)

【南充民中川剧团进京演出】 7月7日—8日,南充民中川剧团携其创编、演出的大型川剧《布衣张澜》在梅兰芳大剧院演出。该剧简述了张澜从清末到中华人民共和国成立的数十年的经历。

(张燕鹰)

【吉林省农安县黄龙戏传承保护中心进京演出】 7月14日—15日,吉林省农安县黄龙戏传承保护中心携其创作的现代吉剧《粘豆包》在中国评剧大剧院演出。该剧讲述了东北粘豆包小贩丁大宝哺育了养子多年,却遇上北京的赵红梅前来寻亲认子的故事。

(张燕鹰)

【台北如果儿童剧团进京演出】 7月15日—16日,台北如果儿童剧团携即兴喜剧《谎言!卡布奇诺》在中国儿童剧场演出。该剧讲述了一个叫作卡布奇诺的仆人,为了同时赚两个主人的钱,不惜说谎,进而发生的搞笑故事。

(翟　璐)

【江苏省木偶剧团进京演出】 7月16日—17日,受国家大剧院邀请,江苏省木偶剧团(扬州市木偶研究所)携新编大型木偶剧《嫦娥奔月》在国家大剧院演出。该剧以中国传统神话故事为蓝本,并采用全息投影技术,打破传统舞台上多采用的挡片在前、木偶表演在后的形式,改由纱幕、投影与演员形成“纱幕(前)—表演区(中)—纱幕(后)”的多层次视觉效果。

(张燕鹰)

【侯马市蒲剧团进京演出】 7月18日,侯马市蒲剧团携其创作排练的现代戏《樱桃花开》在全国地方戏演出中心——中国评剧大剧院演出。该剧取材于侯马市首届十大道德模范的事迹。

(张燕鹰)

【黑龙江省龙江剧院林甸分院进京演出】 7月20日—21日,黑龙江省龙江剧院林甸分院携大型原创龙江剧《百米河边》在中国评剧大剧院演出。该剧根据林甸县东兴乡福兴村原党支部书记王树春的事迹创作而成。

(张燕鹰)

【德保县马骨胡艺术中心进京演出】 7月21日—23日,广西壮族自治区德保县马骨胡艺术中心携现代壮剧《第一书记》在梅兰芳大剧院演出。该剧主要讲述了女博士刘萤到偏僻贫穷的南天村担任村党总支第一书记的故事。

(张燕鹰)

【广东省廉江市剑清粤剧团进京演出】 7月22日—23日,广东省廉江市剑清粤剧团携古装粤剧《户部黎公》在梅兰芳大剧院演出。该剧讲述了广东清朝进士黎正反腐倡廉的故事。

(张燕鹰)

【北京京剧院赴张家口演出】 7月24日,为庆祝中国人民解放军建军90周年,北京京剧院携新编京剧现代戏《狼牙山》在张家口市会展中心为驻张家口部队官兵进行了演出。驻张家口部队领导、张家口市人大常委会副主任武凤英,张家口市人民政府副市长李宏、陈冲等市委、市政府领导,北京京剧院院长李恩杰、副院长秦艳等与部队官兵共同观看演出。

(张燕鹰)

【福建省长乐大众闽剧团进京演出】 7月25日—26日,福建省长乐大众闽剧团携闽剧《苏秦还乡》在梅兰芳大剧院演出。该剧根据闽剧传统剧目《苏秦假不第》改编,讲述了苏秦六国封相后微服还乡的故事。

(张燕鹰)

【2017上海话剧艺术中心“玉兰绽香”演出季】 8月2日—10月29日,2017上海话剧艺术中心“玉兰绽香”演出季在北京举办。活动期间,演出了《大清相国》《卡布奇诺的咸味》《鲁镇往事》《糊涂戏班》《怀疑》《万尼亚舅舅》《仲夏》《12个人》《无人生还》9部风格迥异中外话剧作品。

(翟　璐)

【安徽省话剧院进京演出】 8月3日,安徽省话剧院携其儿童戏剧作品《天堂里的老师》在中国儿童艺术剧院演出。该剧讲述了在皖西大别山区,老师王元在自然灾难来临时舍己救人、保护学生的故事。

(翟　璐)

【山东省济南市儿童艺术剧院进京演出】 8月9日—10日，山东省济南市儿童艺术剧院携其创作的儿童剧《戴“星星”的孩子》在中国儿童艺术剧院演出。该剧讲述了从小对星空充满向往的星豆在天文梦想破灭后，在“孩子剧团”的帮助下利用戏剧与日本侵略者进行斗争的故事。

（翟　璐）

【河南豫剧院三团进京演出】 8月10日，河南豫剧院三团携豫剧现代戏《焦裕禄》在长安大戏院上演。作品追述了兰考县委书记焦裕禄在任期间的事迹。

（张燕鹰）

【上海惠迪吉公益人心理关爱中心进京演出】 8月11日，上海惠迪吉公益人心理关爱中心携其原创互动体验心理剧《小艺的故事》在梅兰芳大剧院演出。该剧讲述了贵州留守儿童小艺和她的家人在关爱过程中的改变。

（翟　璐）

【英国导演迪肯·唐纳伦携其作品到京演出】 8月11日—12日，2017年国家大剧院国际戏剧季“西方精粹”邀请俄罗斯契诃夫国际戏剧节制作的俄语莎士比亚戏剧《第十二夜》在大剧院戏剧场演出。该剧由英国导演迪肯·唐纳伦执导。

（翟　璐）

【山西省运城市蒲剧青年实验演出团进京演出】 9月23日，山西省运城市蒲剧青年实验演出团携其出品的蒲剧青春版《西厢记》在全国地方戏演出中心演出。该剧主演由运城学院音乐系表演专业学生担当。

（张燕鹰）

【上海淮剧团进京演出】 10月22日，上海淮剧团携人文新淮剧《半纸春光》在长安大戏院演出。该剧取材于郁达夫的两则短篇小说，描述了20世纪20年代上海弄堂底层人民窘困的生存状态。

（张燕鹰）

【江苏省盐城市淮剧团进京演出】 10月30日—31日，江苏省盐城市淮剧团携其创作的现代淮剧《送你过江》在中国评剧大剧院演出。该剧讲述了一个长江边上的女人与解放战争时期渡江战役的故事。

（张燕鹰）

【北京市曲剧团赴湖南演出】 11月7日—11日，北京市曲剧团携其创编的北京曲剧《徐悲鸿与廖静文》参加第四届“欧阳予倩艺术节”，并在廖静文的故乡浏阳，还有长沙和岳阳进行了3场巡演。

（张燕鹰）

【上海民营院团优秀剧目进京展演】 11月14日—19日，上海民营院团携5部优秀剧目进京展演。演出团体和剧目分别是上海现代人剧社原创演出的海派话剧《汇贤坊》，上海文慧沪剧团创作演出的大型沪剧《绿岛情歌》，上海恒源祥戏剧发展公司根据白先勇名著改编的话剧《永远的尹雪艳》，上海锦辉传播演出的儿童剧《新葫芦兄弟》和上海安可艺术团的音乐剧《致命咖啡》。

（张燕鹰）

【河南稀有剧种北京公益展演周】 11月17日—23日，由河南省文化厅、中国艺术报社主办，河南李树建戏曲艺术中心、梅兰芳大剧院承办的“唱响新时代——河南稀有剧种北京公益展演周”在梅兰芳大剧院举办。参加此次展演周的剧种、剧目有怀梆《大破天门》，蒲剧《孙安东本》，柳琴戏《王三善与苏三》，柳子戏《孝子张清丰》，四平调《小包公》《石磨的婚事》，丝弦道《德孝情》，宛梆《铜台关》，淮调《西门豹治邺》和太康道情戏《张廷秀私访》，共9个剧种、10家院团、10个剧目。

（张燕鹰）

【南京市越剧团进京演出】 11月18日—24日，南京市越剧团携其创排的两部小剧场实验越剧剧目《织造府·又见青溪》和《僧繇》在北京繁星剧场、北京人艺菊隐剧场及中央戏剧学院小剧场演出。《织造府·又见青溪》描述了清代云锦匠人的工作状态；《僧繇》讲述了南北朝时期梁朝画家张僧繇在“画龙点睛”后遭遇创作瓶颈的故事。

（张燕鹰）

北京市曲剧团携其创编的北京曲剧《徐悲鸿与廖静文》在岳阳文化艺术会展中心演出

【四川话版《茶馆》进京演出】 11月30日—12月3日，四川人民艺术剧院携李六乙执导的四川话版《茶馆》在北京天桥艺术中心演出。该剧为适应西南地区观众的欣赏口味，将老舍的京味儿话剧作品《茶馆》改为了四川话，是用四川话排演话剧经典作品的一种探索。

(张燕鹰)

【广西群众艺术馆进京演出】 12月1日—2日，由广西群众艺术馆、广西中华文化促进会联合出品的话剧《花桥荣记》在北京天桥艺术中心大剧场演出。该剧通过台北桂林米粉老字号“荣记”的沉浮和人物坎坷的命运，呈现了桂林米粉的制作传统工艺。

(翟　璐)

【浙江话剧团与贵州省话剧团携手进京演出】 12月8日—9日，由浙江话剧团与贵州省话剧团共同创排的大型历史话剧《此心光明》在首都剧场演出。该剧集中展现了王阳明创立心学的过程。

(翟　璐)

【湖南省昆剧团进京演出】 12月11日，湖南省昆剧团新编历史昆剧《湘妃梦》在北京梅兰芳大剧院上演。故事讲述了中国上古时期传说中关于尧舜禹的故事，并以虞舜与娥皇、女英二妃的感情故事贯穿其中。

(张燕鹰)

【广东省话剧院进京演出】 12月18日—19日，广东省话剧院有限公司携原创话剧《韩文公》国家话剧院剧场上演。该剧取材于唐代文学家韩愈担任潮州刺史期间的经历，展现韩愈的为官之道。

(翟　璐)

【德国弗洛兹默剧剧团到京演出】 12月21日—24日，德国弗洛兹默剧剧团携幻想面具默剧《梦幻剧团》在北京天桥艺术中心演出。该剧通过3名幕后舞台工作人员与各类演出表演者的互动关系点出虚幻舞台与真实的一线之隔。

(翟　璐)

【河南豫剧院青年团进京演出】 12月23日—24日，由陈派再传弟子吴素真主演、河南豫剧院青年团演出的豫剧陈派代表剧目《梵王宫》在全国地方戏演出中心连演。该剧讲述了元代洛阳万户侯耶律寿之妹耶律含嫣与民间英雄花云之间的爱情故事。

(张燕鹰)

纪　念

【马增寿逝世】 1月31日，京剧表演艺术家马增寿在北京逝世。马增寿(1940—2017)，京剧丑行演员，北京戏曲学校第一届京剧科学生。师承叶盛章、慈少泉、李四广、张春华等，后拜郭元祥为师。1960年毕业。先后在荀慧生京剧团、实验京剧团、北京京剧院工作，长期与李崇善合作。擅演《打城隍》《乌盆记》《法门寺》《四进士》《请医》《荡湖船》等丑行戏。曾有“京城第一丑”之称。代表剧目有《杜鹃山》(饰毒蛇胆)、《法门寺》(前饰刘媒婆，后饰贾桂)等。

(张燕鹰)

【李默然戏剧生涯展】 5月6日—21日，为纪念中国话剧110周年，由中国戏剧家协会、中国话剧协会联合主办的“李默然戏剧生涯展”全国巡回展在国家话剧院展出。该展览展出了李默然生前大量照片和剧照以及他从1950年开始记的戏剧笔记，展示了他自1948年从艺以来走过的艺术路程。展览还展示了他与欧阳山尊、于是之、徐晓钟等戏剧家的通信等研究新中国戏剧的宝贵资料。北京展出之后，还在天津、沈阳、哈尔滨等城市进行了巡展。

(翟　璐)

【北方昆曲剧院建院60周年系列活动】 5月31日—27日，北方昆曲剧院建院60周年系列活动在北京举办。该系列活动包括北方昆曲剧院建院60周年新闻发布会、全国昆曲经典传统剧目展演、北昆书法名家笔会、专家论坛等。其中，全国昆曲经典传统剧目展演包括北方昆曲剧院学员班演出、北方昆曲剧院折子戏专场和《牡丹亭》演出、浙江永嘉昆剧团折子戏专场、上海昆剧团的《湖楼》、江苏省苏州昆剧院折子戏专场、“昆曲荣耀”——北方昆曲剧院建院60周年庆典晚会、江苏昆山当代昆剧院折子戏专场、江苏省演艺集团昆剧院折子戏专场、湖南省昆剧团折子戏专场、浙江京昆艺术中心(浙江昆剧团)折子戏专场以及北昆文华大奖获奖剧目《红楼梦》百场纪念演出。

(张燕鹰)

【纪念中国话剧110周年演出季】 6月—12月，北京市剧院运营服务平台推出纪念中国话剧110周年演出季。演出季期间，《老舍五则》《金锁记》《三体》《万尼亚舅舅》《糊涂戏班》《贵妇还乡》《月亮与六便士》《夏洛特烦恼》《红星照耀中国》《天下第一楼》《大讼师》《秋水山庄》《大清相国》《甲午祭》《年复一年》《独自温暖》《网子》《他她它》《玛利亚的婚后生活》《吝啬鬼》20台中外话剧在北京各大剧场演出。演出季期间，还举办了名家艺术讲坛、“与艺术面对面”、剧本朗读会等多场活动。

（张燕鹰）

【纪念中国话剧诞生110周年纪念展】 7月28日—8月16日，由中国艺术研究院、中国国家话剧院、北京人民艺术剧院联合主办的“历史回放　舞台辉煌”——纪念中国话剧诞生110周年纪念展在国家大剧院东展览厅举办。该展览展出了与话剧演出、舞台美术布景等元素相关的照片近700幅，同时展出了一些文稿和实物。展览期间还举办了纪念中国话剧诞生110周年学术研讨会。

（翟　璐）

【纪念谭鑫培170周年诞辰、谭富英111周年诞辰流派经典精品剧目系列展演】 9月8日—18日，由北京京剧院主办的“历史辉煌·今日精彩”纪念谭鑫培170周年诞辰、谭富英111周年诞辰流派经典精品剧目系列展演在北京长安大戏院举行。该活动包括大型京剧演唱会、老中青老生流派专场、再传弟子专场和《清河桥》《摘缨会》《定军山》《阳平关》《桑园会》《翠屏山》等京剧传统剧目的演出等。

（张燕鹰）

【张宝华逝世】 10月4日，京剧表演艺术家张宝华在北京逝世。张宝华(1930—2017)，著名的京剧武生演员。1930年出生于出身于梨园世家，7岁起随父亲张起来到北京，8岁起登台演出。1952年与梁益鸣共同组建“鸣华京剧团”(北京风雷京剧团的前身)。张宝华能演长靠、短打各类武生，如《挑滑车》中的高宠、《酒丐》中的范大杯、《武文华》中的万君兆、《大名府》中的卢俊义、《剑锋山》中的邱成、《金沙滩》中的杨七郎，还演出过现代戏《红灯记》中的李玉和等。

（张燕鹰）

评论与研究

【戏剧“像音像”工程】 3月22日，由中国文艺评论家协会、中国文联文艺评论中心主办的戏曲“像音像”工程与中华优秀传统文化传承发展座谈会在北京举行。戏曲“像音像”是京剧“音配像”工程之后的又一重要工程，它选取当代戏曲名家及其代表剧目，采取先在舞台取像，后在录音室录音，再由演员本人为自己的录音配像的方式，运用现代科技手段，反复加工提高，留下最完善的艺术记录。中国文艺评论家协会主席、中央文史馆馆员仲呈祥，“像音像”工程专家指导委员会副主任、京剧表演艺术家叶少兰作了讲话；吕育忠、曹毅、张仁刚、李少波分别介绍了“像音像”工程进程、央视《像音像》栏目播出情况、天津基地建设情况和工作推进情况；部分参与录制的艺术家畅谈了工作感受和录制体会。

（张燕鹰）

【“舞美艺术的时代要求”专家研讨会】 4月19日，中国国家话剧院举办“舞美艺术的时代要求”专家研讨会。中国舞台美术学会原会长蔡体良，中国戏曲学院教授、中国舞台美术学会会长曹林，中国舞美学会副秘书长郑庆华，中央戏剧学院舞台美术系教授胡耀辉以及国家话剧院的领导及专家景小勇、周涛、霍文发、罗兰、陈斯等参加会议。与会者针对如何加强舞美设计的艺术构思、如何规范舞台美术的大制作、舞美美术如何为表演而设计、舞美美术如何彰显传统文化以及如何运用高科技为话剧艺术服务等主题进行了探讨。

（翟　璐）

【青少年戏剧教育研讨会】 4月21日，由中国儿童艺术剧院、中国儿童戏剧研究会与北京市东城区文化委员会、东城区教育委员会共同主办的青少年戏剧教育研讨会在北京灯市口小学举行。会议总结了2017年青少年戏剧教育成果展演所取得的成果。北京市东城区灯市口小学优质教育资源带、北京实验学校(海淀)小学以及南京市琅琊路小学等介绍了学校进行戏剧教育的心得和特色理念。中国儿艺院长尹晓东介绍了中国儿艺的戏剧教育成果与实践经验，以及“北京高等学校、社会力量支持中小学体育、美育特色发展工作”项目服务北京市中小学的推广经验。

（翟　璐）

【山西戏曲“新流派”创造经验研讨会】 4月27日—28日，由中国艺术研究院戏曲研究所和山西省戏剧研究所联合主办的山西戏曲“新流派”创造经验研讨会在中国艺术研究院举行。中国艺术研究院戏曲研究所和山西省戏剧研究所的专家20余人与多家媒体记者参加了研讨会。与会专家围绕“爱爱腔专题”“转转腔专题”“俊英腔专题”“爱珍腔专题”，对王爱爱、宋转转、武俊英、张爱珍4位表演艺术家的唱腔创造经验作了介绍和交流。

（张燕鹰）

【麦戏聚·2017戏剧高峰论坛】 5月16日—17日，麦戏聚·2017戏剧高峰论坛在大麦超剧场举办。剧作家、国内剧院、出品方、版权方等26位各方戏剧从业人士对高校戏剧现状、舞台剧的电影改编、戏剧放映新体验、如何打造超级IP的剧影之路、剧场现状与未来发展、IP泛青春化、IP系列舞台剧的构建与延展、传统文化和戏剧创作等行业热点进行了探讨。

（翟　璐）

【第十届亚洲戏剧教育研究国际论坛】 5月18日—21日，由中国教育部艺术教育委员会与亚洲戏剧教育研究中心(ATEC)联合主办，中央戏剧学院承办的第十届亚洲戏剧教育研究国际论坛在中央戏剧学院昌平校区举办。参加论坛的有来自中国的中央戏剧学院、中国戏曲学院、中国上海戏剧学院、中国香港演艺学院、中国山东与艺术学院、中国四川文理学院，以及韩国艺术综合大学、韩国中央大学、韩国青云大学、日本大学艺术学部、日本桐朋学园艺术短期大学、马来西亚新纪元大学学院、马来西亚心向太阳剧坊、马来西亚国家艺术文化遗产大学、印度国立戏剧学院、越南河内戏剧电影大学、哥伦比亚瓦耶大学、蒙古国立艺术文化大学、美国新墨西哥大学、新加坡拉萨尔艺术学院、格鲁吉亚绍塔·鲁斯塔维利国立戏剧电影大学、英国萨里大学吉尔福德演艺学院等高校。该论坛以“文本与舞台”为主题，围绕新媒体冲击下的戏剧创作方式、传统文化对现代戏剧作品呈现的影响等主题进行了研讨。

(翟　璐)

【第七届京剧学国际学术研讨会】 5月19日—21日，由中国戏曲学院举办的“京剧流派的传承与创新——第七届京剧学国际学术研讨会”在北京陶然花园酒店召开。来自中国大陆和港澳台地区，以及美国、德国、日本、丹麦、加拿大等海内外的戏曲专家、学者、表演艺术家、院团管理者及社会各界京剧爱好者100余人参加了会议。与会专家、学者就“20世纪50年代之后的京剧新流派”“京剧流派与音乐”“京剧旦行各流派的形成与特色”“从谭鑫培到京剧生行各流派”“京剧净行、老旦、丑行的流派形成与发展”等议题展开了研讨。

(张燕鹰)

【北京电影学院戏剧戏曲学学科建设学术座谈会】 6月4日，由北京电影学院和北京戏剧家协会主办、《新剧本》杂志协办的“北京电影学院戏剧戏曲学学科建设学术座谈会”在北京电影学院举行。参加座谈会的有北京戏剧家协会驻会副主席、秘书长杨乾武，中国艺术研究院话剧研究所所长宋宝珍，北京京剧院青年团团长迟小秋，中国青年艺术剧院原院长林克欢，中国国家话剧院导演林荫宇，空政电视艺术中心编剧王俭，国家话剧院剧场运营中心原主任傅维伯，中国社会科学院文学所副研究员陶庆梅，《新剧本》杂志执行主编林蔚然和北京电影学院的侯光明、孙立军、黄英侠、刘军、张辉、陈浥、姜丽芬、许晓丹、赵宁宇以及部分专业课教师。与会人员针对“如何加强学校戏剧戏曲学学科的建设与发展”“如何更好地推进学校与北京戏剧家协会的专业合作”“在巩固学校戏剧戏曲学科的建设同时有效提升北京戏剧建设文化软实力”等议题进行了探讨和交流。

(翟　璐)

【纪念中国话剧诞生110周年主题论坛】 6月14日—15日，由中国国家话剧院主办、中国话剧协会和中国艺术研究院话剧研究所协办的“纪念中国话剧诞生110周年主题论坛”在中国国家话剧院举办。参加该论坛的有林兆华、王晓鹰、查明哲、何冀平、宋宝珍、李宝群、黄昌勇、崔伟、郝戎、孙德民、李利宏、赵淼、刘深、杨绍林、钟海、王文龙、王筱頔、佟春光、孙恒海、刘洪涛等中国戏剧界专家。与会者围绕当代新形势与新挑战下的话剧艺术各抒己见，并探讨了文艺批评对话剧创作的促进作用。

(翟　璐)

【小剧场话剧：中国原创与实验探索论坛】 6月29日，由中国国家话剧院和《新剧本》杂志主办的“小剧场话剧：中国原创与实验探索论坛”在北京举办。参加论坛的有北京人民艺术剧院原副院长崔宁，北京戏剧家协会驻会副主席、秘书长杨乾武，中国社会科学院文学所副研究员陶庆梅，中央戏剧学院教授胡薇，北京社会科学院文化所副所长高音，《北京晚报》记者王润，解放军艺术学院原编导程辉，北京理工大学艺术教育中心导演邵泽辉，《文艺报》副编审徐建，北京电影学院导演黄盈，三拓旗剧团导演赵淼，中间剧场总经理杨赟，哲腾(北京)文化传播有限公司总监傅若岩，北京人艺导演班赞，深圳市荔枝青年剧团制作人刘子源等。与会者针对小剧场话剧应如何把握时代精神，继续发扬对于戏剧本体的实验、探索和创新，如何在小剧场话剧的创作、制作、经营、组织环节中继续发挥人才培养的作用以及如何做好对外交流等内容进行了探讨与分析。

(翟　璐)

【话剧《兰陵王》专家研讨会】 7月25日，中国国家话剧院新创话剧《兰陵王》专家研讨会在北京举行。中国作协名誉副主席廖奔，该剧导演王晓鹰、编剧罗怀臻，中国国家话剧院副院长景小勇，及戏剧专家徐晓钟、谭霈生、罗锦鳞、童道明、马也、宋宝珍等参加了研讨会。与会者认为该剧在戏剧叙事和结构方面多处借鉴了世界著名作家的经典作品，颇具抓牢人心的张力；表现形式上借鉴了中国戏曲的古典的方式，有着极具现代意义的表达。

(翟　璐)

【互联网时代的戏剧推广专家研讨会】 8月30日，互联网时代的戏剧推广专家研讨会在中国国家话剧院召开，研讨会主题为“互联网技术条件下如何更好地推广戏剧作品”。宽友(北京)文化交流有限公司总经理、宽度网创始人CEO高建城，北京青年戏剧工作者协会秘书长、华艺互联(北京)网络文化科技发展有限公司CEO邵泽辉，北京人艺宣传策划处主任孙丹，大麦网运营江鸥，公众号“混在剧场的日子”主理人穆佳，台湾盗火剧团戏剧垂直媒体“安妮看戏 wowtheatre”主编安妮，戏剧评论人、“观剧评审团”栏目创始人奚牧凉，北京吉丰国际文化传媒有限公司创始人兼CEO、“听艺术之美”首席运营官刘婷婷等专家和国家话剧院相关领导及剧院相关部门负责人出席了研讨会。与会者结合自身经验，从创作、制作、票务、新媒体、评论、跨界等戏剧产业链中不同环节、不同视角提出了各自的见解。

（翟　璐）

【中国—阿拉伯国家剧院高层论坛·北京站】 9月3日，“中国—阿拉伯国家剧院高层论坛·北京站”活动在北京天桥艺术中心举办。中国国家话剧院、北京天桥艺术中心、广州大剧院、山东省会大剧院、青海大剧院和德州大剧院的管理负责人与13位来自阿尔及利亚、埃及、黎巴嫩、摩洛哥、苏丹、突尼斯、约旦等阿拉伯国家的剧院高层管理人员参加了论坛。在分享各自剧院的管理、发展经验的同时，还探讨了中国与阿拉伯国家剧院在“一带一路”倡议框架下如何互办艺术节、演出季等活动，增进青少年相互了解和交流等议题。

（翟　璐）

【多媒体话剧《爱情公寓》暨杨扬导演作品研讨会】 9月5日，由北京戏剧家协会、《新剧本》杂志联合主办的“多媒体话剧《爱情公寓》暨杨扬导演作品研讨会”在北京市文联第二会议室成功举办。至此，国家大剧院在开幕运营10周年、中国话剧诞生110周年之际推出的“青年导演作品邀请展”展演剧目之多媒体戏剧《爱情公寓》的3场演出正式落下帷幕。国家话剧院一级导演、戏剧教育家林荫宇，中国戏剧文学学会副会长梧桐，北京电影学院表演学院教授刘诗兵，中国戏剧戏曲学院导演系戏曲导演教研室主任、副教授于凡林，中国艺术研究院话剧研究所所长宋宝珍，《新剧本》杂志执行总编林蔚然，北京市社科院文学所副研究员陶庆梅，北京舞蹈学院副教授陈曦，国家话剧院导演靳大忠，中国传媒大学戏剧影视学院副院长关玲，总政歌剧团女高音歌唱家王静，中国传媒大学戏剧影视学院表演系副教授杨扬，上团电影工作室刘剑锋和赵陆等人出席研讨会。与会者围绕“经典戏剧的继承与创新”“多艺术门类与新技术交互应用”等话题进行了研讨。

（翟　璐）

【“梨园戏现象”研讨会】 9月20日，由深圳市聚橙网络技术有限公司、深圳市嬉习喜戏文化传播有限公司主办，福建省梨园戏实验剧团团长曾静萍、中国文艺评论家协会副主席傅谨、深圳市嬉习喜戏文化传播有限公司总经理邵天女联合发起的“梨园戏现象”研讨会在北京大学百周年纪念讲堂举行。研讨会旨在以梨园戏为契机，探索传统文化在新时代环境下的传承与发展之路。来自文化界、戏曲界、戏剧界、舞蹈界的潘志鹏、胡月明、王鹏、陈秋淮、于建刚、张朝霞、刘学忠、颜晓华、黎柳茹、张纯吉、曾龙、张婧婧、苏志强等多位专家、学者参加了研讨。聚橙网与曾静萍就梨园戏的市场推广相关事宜签订战略合作协议，以梨园戏《御碑亭》《朱买臣》为切入点，深入合作，共同推广发展梨园戏艺术。

（张燕鹰）

【中国戏曲在亚洲的传播学术研讨会】 11月18日—19日，由北京外国语大学国际中国文化研究院、世界亚洲研究信息中心和比较文明与人文交流高等研究院联合主办的中国戏曲在亚洲的传播学术研讨会在北京外国语大学举办。廖奔、孙有中、张西平、王廷信等来自中国作协、中国人民大学、中国传媒大学、中国艺术研究院、梅兰芳纪念馆、中国戏曲学院、中央戏剧学院、中央民族大学、北京语言大学、武汉大学、东南大学、上海戏剧学院、广州大学、福建师范大学等近20所高校和科研机构的30多位专家、学者围绕“中国戏曲在亚洲各国的传播现状”“华语戏曲在东南亚的本土化与中国化”“亚洲各国对中国戏曲的研究”“亚洲各国对中国戏曲的改编”“中国戏曲在亚洲传播的文献资料研究”等议题，对中国戏曲在亚洲各国的传播与研究进行了研讨。

（翟　璐）

【第六届国际剧院团管理大师班——中英高峰对话】 12月8日—10日，“第六届国际剧院团管理大师班——中英高峰对话”在中央戏剧学院剧场中心举办。该对话以“戏剧的当代价值——剧院团的经营与管理”为主题，中国的中央戏剧学院、北京保利剧院管理有限公司、北京文化艺术基金、上海话剧艺术中心和英国的英格兰艺术委员会、英国皇家莎士比亚剧院、伦敦大学金史密斯学院、苏格兰国家剧院、威尔士千禧中心、创意苏格兰等机构的十余位专家、学者结合本国国情与实践探索，以国际化的角度及视野发表了主题演讲。

(翟　璐)

【中国话剧诞生110周年纪念座谈会】 12月11日，由文化部与中国文联共同主办的中国话剧诞生110周年纪念座谈会在文化部举行。文化部党组书记、部长雒树刚，中国文联党组书记、副主席、书记处书记李屹出席并讲话。会议回顾了中国话剧的110年历程。中央戏剧学院原院长徐晓钟、中国剧协主席濮存昕、中国国家话剧院导演白皓天、宁夏话剧团原团长王志洪、宁夏话剧团原团长宋国锋等话剧艺术工作者结合中国话剧110年就聚焦现实题材创作等方面做了发言。

(翟　璐)

【青年导演李伯男研讨会】 12月13日，由中国戏剧杂志社主办的青年导演李伯男研讨会在中国剧协举行。崔伟、林荫宇、欧阳逸冰、王敏、黄维钧、李龙吟、姜涛、刘平、姜志涛、赓续华、张之薇等戏剧界专家、学者与会，对李伯男导演的戏剧作品进行了分析与探讨，对其作品的文学意蕴、艺术呈现的独特开掘、时空的灵活转换、以现实主义为主体并借鉴象征主义的表现手法给予了肯定。

(张燕鹰)

教育与传承

【名家艺术讲坛开讲】 3月23日，由北京市剧院运营服务平台推出的线下交流板块“名家艺术讲坛”首期节目在北京戏曲艺术职业学院举办。导演张曼君以“寻找现实的回声——我的现代追求与美学理想”为题，与业内专家和戏曲、戏剧爱好者分享了自己的艺术创作经验及舞台感悟。该讲坛由北京市文化局主办，承办单位为北京市演出有限责任公司及北京戏曲艺术职业学院。

(张燕鹰)

【第二期铃木方法演员训练营】 4月8日—21日，由文化乌镇股份有限公司、北京古北水镇旅游有限公司等联合主办的第二期铃木方法演员训练营在北京古北水镇艺术塾举办。在该训练营，日本戏剧家、导演、利贺铃木剧团创始人铃木忠志为来自中国各地的36名学员讲授了话剧表演的相关技巧。

(翟　璐)

【2017儿童戏剧教育教师培训班】 5月15日—19日，由中央文化管理干部学院、中华儿童文化艺术促进会、中国木偶艺术剧院和北京儿童艺术剧院联合主办的2017儿童戏剧教育教师培训班在北京人民艺术剧院菊隐剧场举行。在该培训班期间，有凯斯·约翰斯通即兴戏剧场公司艺术总监福兰克·托蒂诺，中央戏剧学院教授石学海等国内外7名导师讲授了“当代戏剧主流与戏剧教育发展现状”“儿童剧、木偶剧和教育实验戏剧的创作与市场前景”“儿童戏剧创作与教育实践”“儿童戏剧表演中的声、台、形、表的标准和要求”“儿童戏剧教师的自身戏剧修养和教学技能提升”“儿童剧片段创作与剧目创作方法及导演技巧”等课程。培训考核成绩合格者由中央文化管理干部学院颁发培训结业证书及由中华儿童文化艺术促进会、中国木偶艺术剧院、北京儿童艺术剧院等单位联合颁发注册登记的“儿童戏剧教育教师培训结业证书”。

(翟　璐)

【中国戏曲传统化妆、服装技术培训班】 6月7日，国家艺术基金2016年度艺术人才培养资助项目中国戏曲传统化妆、服装技术培训班结业展示在北京戏曲艺术职业学院举行。该培训班为期2个月，培训班学员共24人，培训方式包括集中授课、实习实训及结业考试等。培训班包括传统戏曲化妆、梳妆，戏曲现代戏人物造型，传统戏服装扮戏技法，传统戏服装管理、盔箱管理，以及电脑制图软件应用等11门课程。由龚和德、艾淑云、彭丁煌、刘小庆、张靖等业内专家和北京戏曲艺术职业学院专业教师共同授课。

(张燕鹰)

【儿童剧编导人才培养培训班】 6月19日—9月19日，由北京儿艺承办的国家艺术基金2016年度资助项目儿童剧编导人才培养培训班在北京国际艺术学校举办。该项目旨在培训具有一定基础和较高创作潜力、希望从事儿童剧编导工作的青年戏剧编创人才，使其全面提升对儿童剧创作的理解，培养一批具有较高艺术素养、创新精神十足的儿童剧创作中坚力量。来自全国19个城市的30名学员进行了集中授课、采风交流研讨、作品执导、片段排练等培训，并进行了结业汇报等。

(翟　璐)

【第六届中国京剧优秀青年演员研究生班】 7月12日，由中共中央宣传部指导，文化部、北京市政府主办，中国戏曲学院承办的第六届中国京剧优秀青年演员研究生班在中国戏曲学院举行毕业典礼。80余名表演艺术家、理论家为该研究班学员讲授了20余门文化理论课，传授京剧剧目500余出。49名学员经过3年的学习，在表演技能、艺术理论、文化水平、人文素养及思想品德方面均得到提高。

(张燕鹰)

【中美戏剧培训交流项目】 7月17日—29日，由京演集团主办、北京京演天籁文化有限公司承办的国家艺术基金2017年度资助项目——“中美戏剧培训交流”项目在北京举办。该项目以中美戏剧文化为核心，汇集中美戏剧行业资源，与托尼奖戏剧委员会深度合作，邀请中美两国戏剧专家授课，将百老汇的戏剧资源带入中国，将中国戏剧艺术呈现于国际舞台，通过集中授课、现场观摩、赴美实践等多种形式，力求为国内戏剧人搭建一个与国际戏剧文化交流的平台。参与培训交流的31名学员来自国内11个省、自治区、直辖市的院团或高校。

（翟　璐）

【2017戏剧教育大师班】 8月11日—17日，由中国对外文化交流协会、中国儿童艺术剧院联合主办，中国儿童戏剧研究会协办的艺术专业与管理人才国际交流项目“2017戏剧教育大师班”在中央文化管理干部学院举办。该大师班授课教师为美国最大的青少年戏剧及艺术教育剧团——美国夏洛特儿童剧院的艺术总监亚当·伯克、教育总监米歇尔·朗和教育课程老师亚当·蒙塔古，他们介绍了夏洛特剧院在戏剧教育方面的研究及开展的工作，来自19个省市的60名学员参加了学习。

（翟　璐）

【赵燕侠收徒】 9月18日，京剧赵派艺术创始人赵燕侠在北京收王晶、吴昊颐为徒。王晶毕业于北京戏曲艺术职业学院，吴昊颐毕业于中国戏曲学院，并参加了中国京剧优秀青年演员研究生班的学习。王晶、吴昊颐均就职于北京京剧院。

（张燕鹰）

【叶少兰收徒】 10月8日，叶少兰在北京举办收徒仪式，来自京津冀鲁的李福胜、田胜强、曾宝玉、张尧、姬鹏、苏从发、刘明哲、赵佳8名弟子拜叶少兰为师。在收徒拜师仪式上，叶少兰要求新事新办，以鞠躬行礼代替了以往的磕头形式。

（张燕鹰）

【2017第二期儿童戏剧教育教师(学龄前)工作坊】 11月12日—17日，由中华儿童文化艺术促进会戏剧教育专业委员会和北京儿童艺术剧院共同主办的2017第二期儿童戏剧教育教师（学龄前）工作坊在北京举办。工作坊旨在增强儿童戏剧教师的教学实操能力，提升戏剧课堂对学龄前儿童的吸引力，来自全国各地的35名学员参加该次学习。台湾艺术大学教授张晓华、北京人民艺术剧院导演唐烨、儿童戏剧教育教学专家李婷婷、北京东方百老汇国际剧院管理有限公司董事长陈纪新、中国木偶艺术剧院院长赵永庄分别从创作性戏剧教学、儿童的团队与合作意识培养、儿童排演剧目创新、儿童戏剧游戏、市场营销推广等方面举办了专题讲座。

（翟　璐）

【2017两岸青年戏剧人才培训扶持计划】 11月19日—12月1日，由中华文化联谊会、北京市文化局主办，北京市海外文化交流中心、《新剧本》杂志、台北市文化艺术促进协会承办，北京戏剧家协会协办支持的2017两岸青年戏剧人才培训扶持计划在北京举行。中国大陆、台湾地区的12位学员在北京进行了集中学习与参访交流，18位戏剧、戏曲、影视领域的一线专家、学者通过授课及工作坊训练的形式，与学员们一起分享对当代戏剧创作的经验和思考。

（翟　璐）

出版与传播

【《20世纪中国戏剧史》】 4月，傅谨著述的《20世纪中国戏剧史》由中国社会科学出版社出版。该书分为上下两册，上册于2016年12月出版。该书将20世纪中国戏剧以1949年为节点分上、下两段，以时间为经系统梳理20世纪的戏剧发展，记录历史事件，阐述戏剧与时政、经济、文化的互动，展示了中国戏剧百年的演变进程和内在脉络。

（翟　璐）

【“满目繁华——京师梨园百年”系列图书新书发布会】 6月7日，“满目繁华——京师梨园百年”系列图书新书发布会在湖广会馆举办。该系列包括《满目繁华——京师梨园故居谈》《满目繁华——京师梨园科班》《满目繁华——京师梨园世家谱》，该套系列丛书共230余万字，2700多幅照片和170幅世家谱图表。作者刘嵩崑（1937—2016），曾出版过《梨园轶闻》《梨园史缀》等著述。

（翟　璐）

【《中国戏曲画脸全谱》】 8月，《中国戏曲画脸全谱》由朝华出版社出版，作者黄殿祺。该书为中英文双语图书，不仅收录了手绘戏曲人物脸谱图1800余幅，还梳理了中国戏曲脸谱的渊源与发展，介绍了以京剧为主体的51个中国主要剧种、18个中国戏曲脸谱主要流派。

（翟　璐）

【《京剧大家绝艺录·老生篇》】 9月，由北京戏曲艺术职业学院策划的记录京剧老艺术家表演艺术特色工程的系列之作——《京剧大家绝艺录·老生篇》由商务印书馆出版，主编封杰。该书汇聚了孙国良、刘元鹏、安云武、萧润增、王全熹、李伯培、张信忠、高元升、赵麟童、童祥苓、祝元昆、陈国卿、杨乃彭、辛宝达、任德川、陈志清16位京剧老生讲述京剧绝艺和其自身多年的演出心得。

（翟　璐）

【邢韶瑛评剧精选专辑 CD 首发】 10月22日，《“邢韵流芳”邢韶瑛评剧精选专辑》CD发布会在香格里拉饭店举办。该专辑由中国唱片总公司出版发行，共2碟，收入了邢韶瑛在《于公案》《孔雀东南飞》《丝绒计》《潇湘夜雨》《桃李梅》《啼笑因缘》《生死情》《海棠红》《秦香莲后传》9个评剧剧目中的27个唱段。当天还发布了由中国文联出版社出版发行的《“梅骨荷香”邢韶瑛评剧表演艺术画册》。

（翟　璐）

【《大武生张宝华》】 10月，《大武生张宝华》由北京联合出版公司出版，主编许立仁。该书通过“我这一辈子”“父亲是我心中的英雄”“我的恩师张宝华”等15个篇章，以亲人、友人、后辈等不同的视角，记述了北京风雷京剧团创始人之一张宝华的生平故事。

（翟　璐）

曲　　艺

【概　况】 2017年，是相声发展乃至曲艺事业发展值得纪念的一年。5月14日，习近平总书记在“一带一路”国际合作高峰论坛欢迎宴会上把相声和京剧作为中国传统艺术的典型代表推荐给外国友人，极大地振奋了全国各地的曲艺从业者。在中华曲艺学会、中国曲协相声专业艺术委员会、北京曲艺家协会组织的座谈会上，与会人员认为习近平总书记的讲话把相声提升到了一个新的高度，这对相声界来说既是发展动力也是新的课题，既是机遇更是挑战。相声从业者应抓住机会，明辨相声事业的精华和糟粕，加强行业自律，发扬正能量，使相声回归本真，创作出更多令观众满意的作品。在此精神鼓舞下，北京曲艺团为了锻炼年轻的相声创作演出队伍，推出了“快乐北京人”原创曲艺相声小品专场演出。北京地区其他相声团体纷纷创作出了《名扬天下》《梦想清单》《假如没有这条路》等观众喜闻乐见的相声作品。这些作品取材当下、视点新颖、表演清新，一方面体现了青年相声表演者群体在相声传承与创新方面的不断努力；另一方面，也让我们清醒地认识到尽管这些作品质量有一定的提高，但距离思想精深、艺术精湛、制作精良的精品之作依然有相当大的距离。

2017年，也是北京曲艺在市场化运营的道路上逐步探索，稳步向前发展的一年。相声小剧场在经历了前两年井喷式的盲目发展后，一批原本没有演出实力、创作能力的小型相声班社不得不黯然退出舞台。相声从业者经历了大浪淘沙般的淘汰、整合，业已达到了一个相对稳定的状态。鼓曲的演出市场也逐步升温，青春鼓曲社、青春国粹联盟等团体在推动鼓曲的普及和发展方面始终锲而不舍地努力着，在西城区第二文化馆等各鼓曲演出基地里不断深耕。11月20日，天桥演艺联盟在老舍茶馆举办了马小祥专场演出，众多名家登场助阵。这不仅是对北京曲艺三弦伴奏方面的领军人物马小祥个人的褒奖，也是对之前存在的重演唱、轻伴奏现象的一种“拨乱反正”。此外，北京集贤弘艺文化中心作为民营公司，整合力量，将消失已久的全堂八角鼓演出形式重新搬上北京舞台，并在年中、年末两度上演，引发了观众的热情。全堂八角鼓的恢复演出，不仅仅是非物质文化遗产的简单复制，也是将其具态化、系统化的传承手段，还是非物质文化遗产传承生态的一种营造。

9月23日—30日，北京评书主阵地之一的宣南书馆迎来了成立十周年的庆典，整个庆典活动由北京评书宣南书馆传承成果研讨会、全国中青年评书评话名家会书、北京评书四世同堂传承成果汇报演出等内容组成，形式多样、内容丰富。宣南书馆十年来坚持北京评书的演出，培养出大批评书的爱好者，也将书馆听书逐步实现了正常的、可持续化发展的市场运营。十年来，这支由北京评书的国家级代表性传承人连丽如领衔的团队在宣南书馆坐场演出500多场，接待听众超过10万人次，对于北京评书的传承、发展有着重要的推动作用。

2017年，北京曲艺展演活动频繁。为了庆祝中国共产党第十九届全国代表大会胜利召开，中国文联举办了全国优秀曲艺节目展演，集中展示了全国最具代表性的40多个曲艺节目。参展单位多、节目形式全、内容主题鲜明、充满正能量。10月17日，中国广播说唱团推出了喜迎十九大曲艺专场演出，老中青三代同堂，节目内容既有聚焦教育问题的《钱不是问题》，也有反映国学热的《诗词小会》，还有关注国家“一带一路”政策的《一路同行》等，贴近现实，在给首都人民带来欢笑的同时，也充分显示了团队的创作实力。为了中国人民解放军建军90周年，中国文联举办了“欢声笑语在军营”精品曲艺专场演出，在歌颂伟大的中国人民解放军英雄事迹的同时，也向首都观众展现了解放军曲艺创作、演出的实力。

2017年，北京的曲艺教育取得了进步，开展了各种多层级、多侧面的人才培养工作。中国曲协分别举办了首期全国曲艺自由职业者优秀人才培训班、首期中国曲协艺委会专家研修班、第九期全国曲艺创作高级研修班，从曲艺创作、经营、表演、发展的方方面面对从业人员加以培训，有力地推动了曲艺事业的建设发展。9月30日，北京戏曲艺术职业学院在成功招收第一批曲艺系学生之后，再次邀请业界专家共聚一堂，共同研讨曲艺教学。刘兰芳、王印权、赵玉明、常祥霖、田战义等名家应邀参加，为曲艺教学中的课程设置、课程标准制定、曲艺教学实践等问题建言献策。这不仅是对于北戏曲艺教学的深入探讨，也是对于曲艺学科体系建设在高职阶段的有益尝试。

2017年，北京曲艺的交流更加广泛，除去京津冀之间的互动、交流日益频繁，业已形成常态之外，北京曲协还以四川为首站，主动加强与“一带一路”沿线省份的文化、交流。3月30日，北京曲协赴四川座谈，就新形势下如何整合运用新媒体资源、相声创作取材、小剧场经营和市场拓展等问题进行了深入探讨。11月15日，四川省曲艺研究院携新创节目《丝路》进京演出，更是将两地的艺术交流落到了实处。

2017年，北京曲艺在国家整体压缩赛事的情况下，一方面精简赛事、评奖，另一方面将保留下来的赛事品牌做精做细。2017少儿曲艺比赛、第八届青年相声节、第四届艺韵北京群众曲艺大赛等不同等级的赛事在带动曲艺发展、推动曲艺人才的培养、促进曲艺作品的创作及演出方面起到了不可忽视的作用。

（丁　琳）

机　构

【数来宝房山长阳中心小学传承培训基地】 6月20日，由东城区非遗保护中心、东城快板沙龙共同举办的国家级“非遗”项目数来宝房山长阳中心小学传承培训基地揭牌仪式在长阳中心小学举行。揭牌仪式结束后，长阳中心小学小水滴快板社团的学生们展示了群口快板《非遗传承我担当》《弟子规》等节目。开展数来宝传承培训基地共建活动，旨在保护、传承数来宝这一传统曲艺艺术，培育曲艺新苗，丰富中小学生的第二课堂。

（丁　琳）

【曲艺媒体联盟】 8月24日，曲艺媒体联盟成立会议在胜利饭店召开。北京、天津、河北、辽宁、上海、江苏、山东、四川、陕西等地的20余位曲艺媒体人参加了会议。大会通过了《曲艺媒体联盟章程》及《曲艺媒体联盟常务理事会推选人员名单(草案)》。该联盟是由曲艺杂志社发起组建，海内外主要涉及曲艺领域的平面媒体、广播电视媒体、网络媒体、自媒体、开设曲艺传媒专业的院校、专家、学者自愿加入的自我管理、自我约束的服务型自组织平台。联盟的宗旨是团结、动员和依靠广大曲艺类媒体机构及相关工作者，推动曲艺类媒体经营理念与模式的创新，实现各成员单位资源共享、信息互通、合作共赢，增强曲艺界舆论引导力，推动曲艺事业繁荣发展。会上，各媒体人结合自身媒体特点，就联盟章程展开了热烈的讨论，表达了对联盟成立的认可和期待。

（丁　琳）

作　品

【京韵大鼓《新百山图》】 发表于《曲艺》第一期，作者罗君生。作品描绘了泰山、华山、峨眉山、五台山等遍布全国的名山大川，勾勒了秀丽的自然景色、悠久的历史文化、宏伟的古代建筑，赞美了伟大的祖国。全曲共描写了118座山，全篇使用言前辙，158句唱词，可唱可读。

（丁　琳）

【相声《名扬天下》】 张强、徐涛、郭威创作，徐涛、郭威表演的相声作品。作品犀利地讽刺了为了获取利益，电影行业出现的罔顾创作规律、粗制滥造、盗版跟风、表演粗疏等问题。

（丁　琳）

【相声《梦想清单》】 马苗、李春熠创作，李春熠、郭鸿斌表演的相声作品。作品中甲乙二人讨论了甲的五年梦想清单：第一是了解中国传统文化，结果甲却将中国文化人物张冠李戴、颠三倒四；第二是坚持说相声，却时时期盼更换搭档；第三是找个女朋友，也无疾而终。整个作品轻松诙谐，劝诫青年们梦想的实现要靠脚踏实地，一步一个脚印地去奋斗。

（丁　琳）

【相声《假如没有这条路》】 李寅飞、叶蓬创作、表演的相声作品。作品中甲乙二人介绍了丝绸之路在历史上对于推动东西方文化传播交流所起到的重要作用，宣传了当下“一带一路”建设的巨大成就。作品贴近现实、立意新颖。

（丁　琳）

活　动

【“文化艺术进卫计委”专场演出】 3月6日，西城区第二文化馆在北京市杂技剧场举办“文化艺术进卫计委”专场文艺演出，为一线医疗工作者送去慰问。该活动以“传统文化润无声　巾帼天使展欢颜”为主题，演出以传统文化相声艺术为主要表演形式，北京周末相声俱乐部的艺术家们为西城区医护工作者演出了快板《鲁达除霸》，相声《欢歌笑语》《我爱炸酱面》《送你一支歌》《改唐诗》以及双簧《老少乐》等多个节目。

（丁　琳）

【网络视频评书节目《金山书场》开播新闻发布会】　3月18日，网络视频评书节目《金山书场》新闻发布会在北京泓文博雅艺术馆举行。该节目由评书演员张金山演播，旨在传承经典、发展、创新评书艺术，通过“影像＋声音”的形式展现评书的魅力。节目整体思路是古事今说、继承创新，将正史与演义结合，既有戏说又有正评，并将时尚观点、流行词汇、幽默语言融入其中。该次节目的制作包括观众录制，增强了观众的参与性。书场的书目题材是传统书目与现代书目并行，第一部书是《梁山好汉外传》，其中对宋江、晁盖、武大郎、西门庆、潘金莲等水浒重要人物进行了歪批与正解，调动了网友及听众的喜爱及兴趣。节目时长为每集20分钟左右，在网络上的播出时间为每周两集，周二、周四晚八点在腾讯、搜狐、乐视、优酷等视频网站播出。然后在全国300多家广播电台和喜马拉雅等音频网站陆续播出。新闻发布会后录制了《梁山好汉外传》第一讲。

（丁　琳）

【中国文联举办感受曲艺专场演出】　5月4日，中国文联机关党委、中国曲艺家协会、中国文联机关团委、中国文联机关青联、周末相声俱乐部、青春鼓曲社在东城区和平里街道文化活动中心联合举办了“弘扬五四精神，感受曲艺艺术”主题活动暨曲艺专场演出。数十位来自中国文联各团支部、青联的青年代表观看了演出。宋德全、方清平、刘颖、浩楠、杨广业等曲艺演员参加了演出。演出的作品既有表现当代青年人情感的相声《青春修炼手册》，讲述北京旧貌换新颜的单弦联唱《北京人儿》，富有节奏感的快板《花唱绕口令》，充满辛辣讽刺的相声《说谚联》，也有极具京味儿的京韵联唱《鼓韵》，展示互联网时代相声传承的《时尚评书》等。

（丁　琳）

【刘兰芳曲艺进校园启动】　5月24日，由评书表演艺术家刘兰芳发起，人民东方出版传媒有限公司、北京华夏汉易文化传播有限公司联合主办，海淀区作家协会和八一学校承办的“讲好中国故事：刘兰芳曲艺进校园”首场活动在八一学校举行。活动中，刘兰芳同十余位曲艺家一起，表演了评书《岳飞的故事》、西河大鼓《玲珑塔》、快板书《岳母刺字》、单弦《北京小吃》、花板《长安街上逛花灯》等节目。曲艺作家王印权向北京市八一学校的师生做了曲艺知识普及讲座，并即兴表演快板作品《赞北京八一学校》。该活动致力于打造一个向青少年和社区百姓弘扬传统文化、展现曲艺艺术风采的益民工程，将深入更多的学校、社区开展曲艺演出与普及工作。

（丁　琳）

【全堂八角鼓在长安大戏院演出】　5月30日，由北京集贤弘艺文化中心推出的全堂八角鼓演出在长安大戏院演出。“全堂八角鼓”是北京传统的综合性曲艺形式，包含单弦岔曲、联珠快书、相声、古彩戏法、双簧、空竹等多种非物质文化遗产项目，由于社会的变革及历史原因，此种演出形式绝迹舞台多年。而这一曲艺形式的恢复，不仅是“非遗”传承具象化、系统化的重要环节，也是“非遗”传承生态的再造。演出中，田立禾表演了单口相声；赵玉明、杨云演出了马头调；马增蕙演出单弦牌子曲；章学楷、王玥波、徐德亮表演了联珠快书；侣童强、张博演出了金派梅花大鼓；刘春爱演出了骆派京韵大鼓；应宁、莫岐表演了滑稽大鼓；全体演员还共同演出十不闲架子曲。

（丁　琳）

【“快乐北京人”专场演出】　6月3日—4日，由北京曲艺团创作的原创曲艺相声小品专场演出“快乐北京人”在民族文化宫大剧院举行。该演出是北京曲艺团复建之后，由团内年轻的编创、演出力量创作完成的。演出通过相声、小品、快板等喜剧节目形式，聚焦了手机控、碰瓷儿、单身男女、家庭和谐等热点话题。该演出注重故事及情绪的完整性，节目中还融入了影视作品及舞台剧表演的戏剧元素，通过戏剧结构凸显矛盾，更好地彰显了作品的喜剧色彩。该专场演出包括于磊、付朝奎、杨惠乔演出的小品《对对碰》；杨广业、张硕演出的相声《相亲历险记》；王树才、沈洋、张曦文、李想表演的传统鼓曲小品《瞧这一家子》；郭迎欢、龚浩川表演的双唱快板《为他疯狂》；王政、吕嘉强、李涵演出的群口相声《造星公司》；张天雷、迟永志、刘廷凯、赵迎新、李川表演的小品《坑爹》；何云伟、刘宸表演的相声《和睦家庭》；李菁、龙月、迟永志表演的小品《快点儿，别着急》等节目。

（丁　琳）

【曲艺杂志社组织“送欢笑”禁毒帮扶活动】 6月20日，曲艺杂志社于国际禁毒日前夕在天堂河强制戒毒所组织了“送欢笑”禁毒帮扶活动。该活动是曲艺杂志社创刊60周年系列活动之一。曲艺工作者们通过文艺演出和艺术交流的形式，向戒毒人员传递关爱和社会正能量，唤醒戒毒人员对家庭、对亲人、对社会的责任心、感恩心，增强他们的戒毒意志力，提高戒毒效果。

（丁 琳）

【曲艺英才培育行动成果汇报演出】 7月19日，“牡丹绽放”——曲艺英才培育行动成果汇报演出在中央电视台星光剧场举行。此次演出的演员均为近两年中国曲协组织实施的“牡丹绽放”——曲艺英才培育行动的首批培育对象。该演出既是对培育对象创作成果的集中展示，也是对曲艺英才培育行动成效的总体检验。演出包括相声小品、鼓曲唱曲、歌曲、诗朗诵、舞蹈等艺术形式，董建春、李丁、张硕、许玉龙等表演了开场歌舞《牡丹绽放洒芬芳》；苗阜、王声演出了相声《史记新说》；叮当表演了谐剧《让我看你一眼》；庄丽芬演出了南音《春寒料峭》；杨菲带领孩子们演唱了梅花大鼓《牡丹赋》；贾冰、孙欣博、余钦南、李欢欢、刘薇合作演出了小品《裙带关系》；刘芓君演出了扬州清曲《风雅颂》；夏吉平、王波演出了双簧《快乐老妈》；任平表演了四川清音《蒹葭》；陈靓、潘前卫表演了独角戏《农民工点歌台》；全维润、黄晓娟、于紫菲、范军表演了诗朗诵《曲艺人·中国魂》等。

（丁 琳）

【庆祝中国人民解放军建军90周年精品曲艺专场演出】 7月22日，为迎接中国人民解放军90华诞，中国文学艺术界联合会、中国曲艺家协会在北京举办“欢声笑语在军营”——庆祝中国人民解放军建军90周年精品曲艺专场演出。南部战区陆军文工团的逗笑、逗乐、杨蔓、杨苗、杨倩带来了曲艺联唱《辉煌九十年》；海军政治工作部文工团的王超、高洪胜表演了山东快书《打票车》；东部战区陆军文工团的蔡小华演出了苏州弹词《永远的阿庆嫂》；原北京军区战友文工团的李进军表演了口技《边防哨所的一夜》；原成都军区战旗文工团董怀义、原北京军区内蒙古文工团王文水、原济南军区前卫文工团张勇、火箭军政治工作部文工团王岩四人表演了群口快板书《军营新歌》；陆军政治工作部文工团的于海伦、郝晋东、许玉龙、李清、李聪共同表演了小品《考连长》；吉林省二人转协会的闫淑平、佟长江表演了二人转《天下娘心》；武警政治工作部文工团的魏鹏、海军电视艺术中心的郭丰周表演了相声《军营趣事》；武警政治工作部文工团王勇、王红波、盛英勇表演了小品《哥俩好》。参加中国曲协第八次代表大会的代表率领全体演员，共同表演了音舞诗画《我是一个兵》。

（丁 琳）

【全和全利滑稽专场演出】 8月17日—18日，中国广播艺术团说唱团双胞胎幽默滑稽哑剧笑星刘全和、刘全利“哥俩乐翻天”——全和全利滑稽专场演出在民族文化宫大剧院上演。刘全和、刘全利以双胞胎独特的默契表达、创意妙想和非凡演技，在各种身份之间自由切换，演绎了一个又一个精彩的喜剧故事，演出现场气氛热烈。《父亲的梦》饱含深情，《同桌的你》童趣盎然，《街景趣事》发人深思，《照镜子》巧妙诙谐，《指挥家与钢琴家》展现兄弟二人的较量与合作，《摄影爱好者》《兄弟拍电影》两个节目邀观众上台共演，引人捧腹。

（丁 琳）

【第八届北京青年相声节】 9月14日—11月23日，由北京市文联主办，北京曲协、石景山区文化馆承办的第八届北京青年相声节在北京举办。该活动包括探讨相声未来发展方向的相声小剧场负责人研讨会，向广大观众展现相声艺术的传承和发展的“名师高徒”专场演出以及相声作品比赛、获奖作品展演、青年相声演员下基层等活动。

（张燕鹰）

第八届北京青年相声节相声作品比赛现场

【2017年全国曲艺相声新作展演】 9月14日—16日，由中国文联曲艺艺术中心、中国曲艺家协会相声艺术委员会、北京曲艺家协会、东城区文化委员会联合主办的首届“2017年全国曲艺相声新作展演”活动在东城区第一图书馆会议中心剧场举行。该次展演活动从3月启动，截至8月中旬，共收到来自全国24个省、自治区、直辖市和香港特别行政区选送的节目180个。其中，相声109个，鼓曲、小品、快板等曲种的节目71个。14日晚，15日、16日全天，35个优秀曲艺节目在东城区第一图书馆会议中心剧场进行了5场异彩纷呈的展演。苗阜、王声表演了相声《史记新说》；李少杰表演了快板《天安门广场看升旗》；姚忠贤、杨珀表演了山东琴书《偷年糕》；张蕴华表演了单弦《风雨归舟》；李金斗、李建华表演了相声《山东二黄》；常贵田、王佩元表演了相声《高人一头》；姜昆、戴志诚表演了相声《乐在其中》等。新人新作是这次展演的最大亮点，演员们有来自专业曲艺院团的中坚骨干，也有长期活跃在基层的民间艺术工作者，更多的是来自全国各地曲艺小剧场的“85后”“90后”新人。节目以现实题材为主，嘻哈包袱铺的刘春山、许健合说的相声《正义人士》讽刺了不遵守交通规则、乱写乱画等不文明现象；德国人柏仁睿和他的师父姚富山带来对口数来宝《内当家》，吐槽怕老婆这一主题；合肥市曲艺团的高乾、夏重梁的相声《找爷爷》讲述了战争年代因打仗背井离乡的老红军的故事；长期扎根于民间的熊竹英、孙占东、王勇的陕北说书《那道道峁梁那道道川》用通俗流畅的说唱、热烈高亢的曲调描摹了黄土高原上的沟沟峁峁、梁梁道道；大逗相声社李寅飞、叶蓬的相声《假如没有这条路》则紧扣时下的“一带一路”重大主题。该次展演中还有不少曲艺前辈助阵，单弦演员张蕴华和弟子王晶对唱单弦《母女深情》；相声演员石富宽为相声演员刘捷捧哏，表演了相声《我容易吗》；双簧演员王文安与王波搭档双簧《新货郎》；许志成、苏丽红在李立山等名家的指点下，表演的相声《学说闽南话》经反复修改逐渐成熟。为提高展演的质量和水平，现场以评代奖，由常贵田、李立山、李金斗、韩宝利、宋德全、高洪胜、李世儒组成的点评团分别对每一个节目进行点评，最终通过网络投票，双簧《新货郎》，相声《名扬天下》《歌声传奇》《纠结》《医条龙服务》《海右名士》《不容忽视》《西游漫谈》，二人转《龙蚌情》，单弦《母女情深》入选十大最受观众喜爱的节目。除了5场展演外，部分展演节目还在15日与16日下午走进北京一中和北京二十二中分校，为中小学生及社区居民送去欢歌笑语。9月16日晚，闭幕式暨“送欢笑”走进国旗护卫队演出在武警十支队广场举行。

（丁　琳）

【全国优秀曲艺节目展演】 9月24日—27日，由中国文联和中国曲协共同主办的“说唱中国梦　喜迎十九大”全国优秀曲艺节目展演在民族文化宫大剧院举办。中国文联、中国曲协和有关单位领导、嘉宾与来自首都社会各界代表及曲艺爱好者近3000人现场观看了演出。该展演是中国曲协在全国范围内遴选出具有广泛代表性的42个优秀曲艺节目的集中展示。参演演员中除来自中国广播艺术团、中国铁路文工团、中国煤矿文工团等国有院团和北京、天津、厦门等地方曲艺专业院团外，更多的是来自地方基层的曲艺队伍。同时，该次展演还注重吸纳目前活跃于各类舞台上的自由曲艺工作者和优秀青年曲艺演员。参加展演的节目来自北京、天津、山西、新疆等19个省、区、市和解放军与中直单位。节目形式多样，涉及相声、快板、评书、评话、小品、谐剧、南音、二人转、独脚戏、山东快书、京韵大鼓、梅花大鼓、苏州弹词、胶东大鼓、长子鼓书、上海说唱、湖北大鼓、河南坠子、四川盘子、四川竹琴、陕北说书、绍兴莲花落、藏族龙头琴弹唱、壮族唱天、维吾尔族莱帕尔、蒙古族好来宝26个曲艺形式。节目来源广泛，既有在全国各类曲艺展演中涌现出来的优秀节目，如绍兴莲花落《说也说不清楚》、四川盘子《要的歌》、小品《一碗桂花茶》、湖北大鼓《都是唱歌惹的祸》等，也有经过反复打磨、久演不衰的经典节目，如京韵大鼓《草船借箭》、相声《红灯记》、弹词开篇《蝶恋花·答李淑一》等，更有在金砖文艺晚会中大放异彩的南音表演唱。参展节目主题鲜明，高扬主旋律，其中有反映各个时期优秀共产党员崇高品格的四川竹琴《双枪老太婆》、弹词开篇《故道夜思》，有反映国家扶贫攻坚战略的长子鼓书《小米县长》，有弘扬凡人善举的二人转《天下娘亲》、谐剧《再看你一眼》，有反映美好生活的相声《开往幸福的地铁》、说唱《这样的好生活》，还有反映少数民族群众在党的领导下建设幸福生活的莱帕尔《党的政策亚克西》、好来宝《幸福生活赛拜努》等。

（丁　琳）

【迎国庆乐中秋专场演出】 9月26日下午，由东城区永外街道办事处与宽和文化传媒主办，永外宽和曲艺会承办“迎国庆乐中秋专场”演出在北京市第五十中学分校举办，近两百名附近居民免费观看了演出。李金斗、李建华表演了相声《红灯记》，刘兰芳的弟子张金山表演了评书《肖飞买药》，方清平演出了单口相声，单弦名家张蕴华也表演了精彩节目，特邀的杨派京剧老生杨少彭为永外的百姓表演了精彩的京剧唱段，李金斗的弟子、宽和茶园的创始人李宽还即兴与杨少彭合作了一段京剧《智取威虎山》唱段。

（丁　琳）

【喜迎十九大曲艺专场演出】 10月17日，由中国广播说唱团创作、策划的“喜迎十九大曲艺专场演出”在北展剧场举办。该演出由中国广播艺术团团长冯巩领衔，刘全和、刘全利、付强、郑健、温淑萍、白凯南、郭月、随风、王彤、贾旭明、侯林林、叶飞、董建春、李丁、李溪昶等老中青三代艺术家同台献艺，共演出了反映当前国学热的相声《诗词小会》、聚焦教育问题的相声《钱不是问题》，关注国家“一带一路”热点的小品《一路同行》和探讨规矩礼仪的相声《新规矩论》《吃饭有理》，还有弘扬正能量的河南坠子《老实人》等。

（丁　琳）

【马小祥曲艺专场演出】 11月20日，由天桥演艺联盟举办的“天桥西河鼓书传人三弦家马小祥曲艺专场演出”在老舍茶馆举办。该次演出是天桥演艺联盟出品的“记录——天桥走出的老艺术家”系列演出之一。演出当天的表演者来自京津两地曲艺界，节目内容既有传统曲目，也有传承创新之作。马岐演唱了单弦牌子曲《褚遂良》；何丹、翟静婉演唱了梅花大鼓《鸿雁捎书》；周春本演出了京东大鼓《长寿村》《让座》；钟喜荣演唱了马派西河大鼓《绣鞋帮》；郑菲演唱了京韵大鼓《宝玉娶亲》；单弦表演艺术家张蕴华演出的单弦牌子曲《祭晴雯》；此外还有由作曲家、指挥家吴华创作，马小祥三弦独奏的《情满四合院》；由三弦演奏家、曲艺音乐家韩宝利创作，马小祥演奏的三弦独奏《乐亭新韵》；马小祥和马紫宸父子二人演奏的双三弦《土耳其进行曲》等。

（丁　琳）

【《中国大百科全书》曲艺学科撰写启动】 11月20日，中国艺术研究院曲艺研究所所长吴文科研究员应聘以学科主编身份与中国大百科全书出版社正式签署了编纂《中国大百科全书》第三版（“曲艺学科”条目稿）的委托撰稿合同，标志着此项工作正式启动。

（丁　琳）

【全堂八角鼓在天桥剧场演出】 12月10日—12日，由西城区文委主办，西城区非遗保护中心、北京集贤弘艺文化中心承办的全堂八角鼓演出在天桥剧场举办。三场演出定位不同，首场老艺术家专场，保留了全堂八角鼓的基本原貌，张博、佀童强等9位演唱了十不闲《发四喜》；章学楷、刘春爱、刘秀梅、孟昭宜、田学明等名家也演出了精彩节目；徐德亮、王玥波等演唱了连珠快书；评书表演艺术家田连元表演了评书；群曲《共筑中国梦》，唱响了新时代人民的共同心声。第二场师徒专场，曲艺名家赵玉明、张秋苹、籍薇、张蕴华、李金斗、赵凤兰、刘禹等名家，带着他们的爱徒——杨云、志淑燕、韩梅、王鸿亮、何丹、王晶、付强、何建春、杨鸣豫、钮高乐等共同表演。第三场是南北交流，展现了南北不同地域、不同语系、不同曲种间的交流与辉映。高博文、姚依依表演了评弹开篇《宝玉夜探》；阮继恺演出了上海说唱《金陵塔》；施敏表演四川清音《竹颂》展现了南方曲艺的魅力；杨菲、冯歆贻演出梅花大鼓《文成公主》；张博表演了梅花大鼓《黛玉葬花》；应宁表演滑稽大鼓《吕蒙正教学》；路晨表演单弦《小巷风波》；张伟、钱俊吉表演评书《较量》；白金鑫、顾伯岳拆唱八角鼓《汾河湾》；张娃佳东北大鼓《小两口顶嘴》则演绎了当前北方曲艺的代表曲种。

（丁　琳）

【第五届全国相声小品优秀节目展演】 12月11日—13日，由中国文联、中国曲协共同主办的第五届全国相声小品优秀节目展演在民族文化宫大剧院举办。展演包括两场优秀相声小品展演和一场纪念侯宝林100周年诞辰专场演出。来自北京、天津、上海、吉林、黑龙江、浙江、山东、陕西、西藏等10个省（区、市）、20多个单位的100多位曲艺名家新秀参加了演出。优秀相声小品展演荟萃了一年来涌现出的优秀相声小品节目。演出曲目有青春鼓曲社青年演员表演的京韵大鼓《鼓韵》；天津相声俱乐部相声演员马军、盛伟表演的相声新作《不容忽视》；烟台基层曲艺演员们表演的小品《孝顺不能装》；黑龙江青年演员刘骥、张瀚文表演的相声新作《舌尖上的中国》；嘻哈包袱铺徐涛和郭威表演的相声《名扬天下》；浙江小品演员贾冰和搭档们表演的小品《拍马屁》；大逗相声社李寅飞、叶蓬表演的时代气息浓郁的相声《假如没有这条路》；小品演员邵峰与演员张瑞雪再现了经典节目《午夜电话亭》。此外，还有陈印泉、侯振鹏和聂运海、张晓白表演的相声新作《法治进行时》与小品《醉氧》等；李金斗和李建华也表演了相声《新红灯记》。纪念侯宝林100周年诞辰专场演出以向大师致敬为主线，在全新创作的相声、唱曲、数来宝等节目中结合访谈环节，让观众在领略优秀节目魅力的同时，更被一代相声大师的崇高品格和精湛艺术所感动。相声《醉酒》《抬杠》等侯宝林的经典节目通过不同角度进行了重新演绎，相声《我爱诗词》《快乐生活》《永远的笑声》也展现出相声深接地气、反映民生，说唱百姓，雅俗共赏的特点。

（丁　琳）

【2017 北京曲艺精品节目展演】 12 月 17 日，由北京市文联主办，北京曲协、北京市曲艺团承办的 2017 北京曲艺精品节目展演在民族文化宫大剧院举办。该演出是为纪念曲艺表演艺术家良小楼 110 周年诞辰举办的。演出节目包括北京时调、京韵大鼓、山东快书、双簧、相声等诸多曲种。

（张燕鹰）

【贯彻落实习近平总书记重要讲话精神座谈会】 5 月 19 日，北京曲协召开贯彻落实习近平总书记重要讲话精神座谈会，邀请相声名家、青年相声演员及北京的相声小剧场、专业团体，围绕习近平总书记重要讲话精神进行座谈。与会人员认为，习近平总书记在“一带一路”国际合作高峰论坛欢迎宴会上的讲话把相声提升到了一个新的高度，这对相声界来说既是发展动力也是新的课题，既是机遇更是挑战。大家结合当下相声小剧场的发展情况，围绕如何正确理解并贯彻落实习近平总书记讲话精神，传承发展相声艺术，推动相声事业长足发展等方面展开讨论。艺术家表示，相声从业者应该抓住当前大好机会，明辨相声艺术的精华和糟粕，加强行业自律、发扬正能量，使相声回归本真，创作出更多令老百姓满意的精品力作。

（丁　琳）

【相声界学习习近平讲话座谈会】 5 月 29 日，由中华曲艺学会、中国曲协相声专业艺术委员会牵头召开了相声界的学习习近平讲话的座谈会。该座谈会由中国文艺志愿者协会主席、中国曲艺家协会主席、中华曲艺学会会长姜昆发起。常贵田、高洪胜、崔琦、王大胜、常祥霖、宋德全、全维润、戴志诚、郑健、甄齐、王玥波、应宁、李寅飞、陈印泉、金霏、李丁、迟永志、张天赐等曲艺工作者以及部分媒体记者参加了座谈会。中国人民大学美学研究所张成源应邀参加了座谈会。该座谈会主要的议题是“传播正能量，说好新相声”。与会人员建议由中国曲艺家协会相声专业艺术委员会、中华曲艺学会、北京曲协共同发起成立相声推进小组，组织人力物力，用一年时间，全面考察北京市及全国其他地市相声小剧场发展状况，发现问题，发掘人才和优秀作品，以推动相声事业尽快发展；撰写关于相声与其他艺术门类相互借荐和发展的理论文章；加强相声艺术的理论研究，强调相声演员要自觉锤炼、净化语言，相声表演要凸显其传统说唱艺术的民族性，注重在传统相声中注入时代特色，赋予其新的生命等。

（丁　琳）

【中国曲协第八次全国代表大会】 7 月 19 日—21 日，中国曲艺家协会第八次全国代表大会在北京召开，200 余位曲艺工作者参加大会。会议回顾、总结了中国曲艺家协会第七次全国代表大会以来的工作，研究部署今后五年的主要任务。会议审议通过了《中国曲艺家协会第八次全国代表大会工作报告》，修订了《中国曲艺家协会章程》，宣读了《关于任命中国曲艺家协会第八届秘书长、副秘书长的决定》《关于推举中国曲艺家协会第八届名誉主席和聘请顾问的决定》。选举产生了中国曲协新一届领导机构。姜昆再次当选为曲协主席；乌力吉图、冯巩、闫淑平、吴文科、张旭东、范军、种玉杰、翁仁康、盛小云、董耀鹏、籍薇为副主席；董耀鹏为秘书长；罗扬、刘兰芳被推举为名誉主席；土登、王汝刚、朱光斗、李时成、吴宗锡、余红仙、郭刚、黄宏、崔凯、程永玲被聘为顾问。

（丁　琳）

【曲艺界行风建设推进会】 7 月 21 日，中国曲协在北京会议中心召开曲艺界行风建设工作推进会。该会议旨在贯彻落实曲代会精神，研究部署今后一段时期的曲艺界行风建设工作。曲艺界行风建设委员会成员以及中国曲协部分团体会员负责人参加会议。姜昆、吕育忠、董耀鹏、崔凯、李丁、鲍震培、岳运生等分别发言，认为加强曲艺界行风建设具有重要的现实意义，要通过行风建设推动曲艺事业跨过高原，攀登高峰，树立行业新风，推出无愧于时代的伟大作品。

（丁　琳）

赛事　奖项

【2017 北京少儿曲艺比赛】 8 月 16 日—18 日，由北京市文联主办、北京曲协承办的 2017 北京少儿曲艺比赛在北京举行。该比赛于 2017 年 6 月初启动，共收到来自北京、天津、河北、黑龙江、辽宁、四川、陕西、山西、河南、浙江、江苏、广东等 14 个省区，涵盖相声、快板、评书、双簧、山东快书、单弦、北京琴书、京韵大鼓、河南坠子等 10 多种曲艺形式

的参赛作品196个，并从中评选出114个节目入围决赛。决赛由赵连甲、李增瑞、张文甫、张蕴华、魏瑞峰、付强、应宁等组成评委会，对小选手们进行现场点评。为了让孩子们的表演被更多人欣赏，该次比赛还采用了现场视频直播的方式进行推广。

（丁　琳）

【相声《爷俩好》获第15届中国人口文化奖二等奖】 11月3日，第15届中国人口文化奖舞台艺术类评选工作组委会会议在北京召开。会议听取了戏剧、曲艺、歌曲、舞蹈4个专业评委会专家评委的评选工作汇报，评委会监委对评委会全部活动进行了监督，并汇报监督意见。组委会经过认真审议，一致通过获奖建议名单。此次评选活动共收到来自全国各省、自治区、直辖市，以及计划单列市卫生计生系统及中国戏剧家协会、中国音乐家协会、中国曲艺家协会、中国舞蹈家协会等单位报送的参评作品328件。经评委会评选和组委会审议通过，共评出各类作品一等奖6个、二等奖18个、三等奖30个、优秀奖37个、组委会特别奖1个和组织工作奖18个。中国铁路文工团由刘捷创作，刘捷、石富宽表演的相声《爷俩好》获二等奖。

（丁　琳）

【第八届北京青年相声节新作品比赛】 11月21日—23日，由北京市文联主办，北京曲协、石景山区文化馆承办的第八届北京青年相声节新作品比赛在石景山区文化馆举办。该次活动共有来自北京、天津、河北、辽宁、黑龙江、内蒙古、山东、甘肃、宁夏、浙江、江苏、贵州12个省、自治区、直辖市的76个作品报名参赛，最终筛选出34个作品进入决赛。比赛由赵连甲、于连仲、常贵田、赵福玉、崔琦、刘洪沂、武宾等专家进行现场点评，并评选出一、二、三等奖，优秀作品奖及优秀组织奖。

（丁　琳）

【第四届"艺韵北京"群众曲艺大赛及展演活动落幕】 11月25日，"喜庆十九大"2017年第四届"艺韵北京"群众曲艺大赛及展演在朝阳区9剧场举办。该大赛旨在立足基层，发掘新人新作，推动曲艺原创作品的扎实创作。该大赛从作品收集、甄选到比赛共耗时半年，常贵田、李立山、崔琦多位曲艺名家组成的专家组对所有作品进行选择。最终评选出一等奖6名，二等奖10名，三等奖12名，最佳创作奖5名，最佳风采奖8名。

（丁　琳）

【2017京津冀快板邀请赛】 12月15日，由东城区文委、北京文化艺术活动中心、北京曲艺家协会、天津市群众艺术馆、河北省群众艺术馆主办的2017年京津冀快板邀请赛暨第九届北京快板邀请赛决赛在北京刘老根大舞台落幕。参赛作品以歌颂十八大以来祖国取得的辉煌成就为主，宣传贯彻了十九大精神，歌颂党、歌颂领袖、歌颂人民、歌颂英雄，内容贴近百姓生活。该届邀请赛先由京津冀三地文化馆、群艺馆分别组织初赛和复赛，选出15个节目进京参加决赛。快板表演艺术家朱光斗，相声艺术家李国盛，曲艺、影视表演艺术家李绪良，曲艺杂家、北京曲协副主席崔琦，快板表演艺术家李世儒等名家应邀担任评委。比赛现场评出了一、二、三等奖及优秀创作奖，并举办颁奖仪式。其中，《纵情高歌十九大》《身边的热心人》《千年大计》3个作品获一等奖。

（丁　琳）

交　流

【中国曲艺家代表团赴南美巡演】 2月19日—26日，由姜昆率领的中国曲艺家代表团举办了南美巡演，分别在巴西圣保罗、智利圣地亚哥以及秘鲁利马进行了演出。青年演员孙海洋、王莹演出了东北二人转；陈玲玉演奏了粤曲小调《乡情》《步步高》；欧晓斌表演了脱口秀魔术；吕元杰演唱《女人善变》和中国民歌《在那遥远的地方》；周春晓和郑健表演了相声《南腔北调》；姜昆和戴志诚表演了相声《乐在其外》。

（丁　琳）

【北京曲协青年赴四川座谈交流】 3月30日，"北京市曲艺家协会青年创作实践交流活动(首站四川)"座谈交流会在四川省艺术院举行。活动是首都青年曲艺表演、创作者入川，开展创作采风活动的一项重要内容，也是京川两地曲艺工作者贯彻落实习近平总书记在第十次全国文代会上重要讲话精神的具体行动。参加座谈交流会的有来自北京的15位青年曲艺家、曲艺工作者和四川省曲协、四川省曲艺研究院及四川扁月亮少儿语言表演影视培训基地、成都哈哈曲艺社的曲艺家与曲艺工作者。座谈会上，两地曲艺工作者就新形势下如何整合运用新媒体资源、相声创作取材问题、小剧场经营和市场拓展等话题展开了交流。

（丁　琳）

【第十届巴黎中国曲艺节】 10月24日—29日，第十届巴黎中国曲艺节在法国巴黎举行。此次活动共4场演出，在马赛、南锡和巴黎3个城市展开。活动汇集了来自中国北京、内蒙古、河北、天津、山东、浙江和上海等省、市、自治区的数十个曲艺节目，包括河北沧州木板大鼓《夜探潇湘馆》、河南坠子《游湖借伞》、山东琴书《梁祝下山》、二人台《王婆观灯》、苏州弹词《白蛇·赏中秋》、京韵大鼓《剑阁闻铃》、温州鼓词《杀庙》等，中国曲协主席姜昆和相声演员戴志诚还表演了相声《乐在其中》。

（丁　琳）

【第五届德国中国曲艺周】 11月2日—4日，由柏林中国文化中心、中国曲艺家协会、德国凯撒旅游集团和《欧洲新报》合作主办的“第五届德国中国曲艺周”在德国举办。中国曲艺家协会主席姜昆率领曲艺家代表团参加了该活动。中国驻德国使馆公使张军辉、科技处公参尹军及柏林当地侨团的侨领等嘉宾出席了开幕演出。德国演员倪克演出了快板《武松打虎》，姜昆、戴志诚表演了相声《乐在其中》，王占新表演了二人台《王婆观灯》，张旭东演出了谐剧《麻将人生》，柴京云和柴京海表演了山西大同数来宝《婆媳之间》，陆嘉玮和解燕表演了苏州弹词《白蛇·赏中秋》，韩延文演唱了歌曲《我爱你中国》及《父亲草原母亲河》，展现了曲艺家们扎实的“唱”功。

（丁　琳）

【京川两地曲艺家在京演出】 11月15日，由北京市文联、北京曲协、四川省文联、四川省曲协、北京市石景山区委宣传部、石景山区文委、石景山区旅游委、北京石泰文化发展有限公司联合举办的“‘一带一路’沿线省份‘北京—四川’曲艺家交流演出活动”在北京民族宫大剧院举办。四川省曲艺研究院的艺术家带着最新创排的曲艺作品《丝路》与北京的曲艺家一起，共同为观众献上精彩的曲艺节目。该活动旨在通过交流演出宣传中共十九大精神和“一带一路”建设，加强两地曲艺家的沟通、交流与联系，开拓传统艺术传承的新理念、新观念。

（丁　琳）

纪　念

【戴宏森逝世】 3月20日，曲艺理论家戴宏森在北京去世。戴宏森（1933—2017）生于北京。1950年参加大众文艺研究会。1951年，到北京市东城区委工作，担任文秘和宣传工作。1979年调入中国曲协，曾任中国曲协书记处书记、分党组成员、研究部主任，中国民族民间文化保护工程专家委员会委员，文化部民族民间文艺发展中心特约研究员，中国曲艺出版社编辑部、曲艺编辑部主要负责人。他长期从事曲艺工作，为中国曲艺事业的繁荣发展做出了积极贡献。共发表曲艺论文100多篇。著有《戴宏森说唱艺术论集》，话本集《中华小名家》，哲学读物《谁能追得上乌龟》等，并与金受申共同整理了长篇评书《兴唐传》。

（丁　琳）

【青春鼓曲社成立两周年汇报演出】 3月26日，由中国曲协北方鼓曲艺术委员会、东城区文联、东城区文委共同主办的“青春鼓曲　一路有你”青春鼓曲社惠民演出100期暨成立两周年汇报演出活动在风尚剧场举行。中国文联、中国曲协、北京曲协等有关部门负责人，众多鼓曲爱好者与东城区街道群众一同观看了演出。此次演出汇集了老中青三代鼓曲演员，在曲目的选择上兼顾经典和原创作品。青年演员孙静雅、宗淑玲、焦雅楠、周悦、李娜、李景双演出了鼓曲联唱《鼓舞青春》；青年骆派演员冯欣蕊演绎了京韵大鼓经典曲目《百山图》；青年河南坠子演员李玉萍、陈杨演唱了新创节目《十月金风遍神州》；西河大鼓演员钟声携宗淑玲演唱了《中国梦》；单弦表演艺术家张蕴华与天津曲艺团团长岳长乐带来了单弦《风雨归舟》；滑稽京东大鼓表演艺术家王大海演唱了《三鼠登科》；京韵大鼓表演艺术家种玉杰带来了新创节目《龚全珍训女》。

（丁　琳）

【南锣职工曲艺社成立一周年汇报演出】 6月6日，南锣职工曲艺社成立一周年汇报演出在东城区第一文化馆举办。演出之前，交道口街道召开了“劳动最伟大　创造最光荣”南锣职工曲艺社成立一周年暨“南锣工匠”表彰大会。大会表彰了8位在交道口建设和南锣鼓巷发展中做出突出贡献的工匠，南锣职工曲艺社首任社长张天赐获得“南锣工匠”称号。之后，南锣职工曲艺社为大家进行了该曲艺社成立一周年的汇报演出。演出节目有赵润启表演的北京琴书《美丽的南锣，我们的家》；陈印泉、张天赐、梁显超、王楠表演的小品《家和万事兴》；李涵、邱子阳表演的快板《小社区里的大管家——杨春茹》；侯振鹏、迟永志表演的相声《“特色”餐馆》等节目。

（丁　琳）

【马玉萍从艺七十五周年专场演出】 6月10日，由北京市文联主办、北京曲协承办的庆祝河南坠子演唱艺术家马玉萍从艺七十五周年专场演出在民族文化宫大剧院举行。演出中，81岁的马玉萍与老伴、著名坠胡伴奏家李云祥合作演唱了河南坠子名段《断桥》《十个鸡子儿》，他们的弟子北京曲艺团青年演员沈洋、杨惠乔和弦师刘源与乐队合作，演唱了马玉萍的经典河南坠子作品《走马荐诸葛》《宝玉哭黛玉》《借髢髢》。该场庆典活动采用了网络直播的形式，是传统的鼓曲艺术与新媒体相结合的尝试。

（丁　琳）

【唐杰忠逝世】　6月18日，相声表演艺术家唐杰忠在北京逝世。唐杰忠(1932—2017)，出生于北京。1949年参加中国人民解放军，任文工团团员，并随部队南下到广州。1958年，因编、演相声《医生》《探社》，获广州军区文艺会演创作奖。1959年晋京深造，成为相声表演艺术家刘宝瑞入室弟子。1964年，调入中央广播说唱团，先后与刘宝瑞、马季、郝爱民、姜昆等搭档，播演了近百段相声。1974—1979年，与马季合演的《友谊颂》《海燕》《高原彩虹》及《新桃花源记》等相声，分别被珠江电影厂及新闻电影厂拍成艺术片。1987年以后，参加过影片《京都球侠》《超速》和电视剧《多棱镜》《人怕出名》《愉快的旅行》的拍摄。1991年，被评为全国十佳笑星。1995年，获侯宝林金像奖。2010年，获中国曲艺牡丹奖终身成就奖。其与马季合说的《友谊颂》以及与姜昆合说的《虎口遐想》等相声，深受观众喜爱。

（丁　琳）

【纪念京韵大鼓“少白派”创立88周年专场演出】　9月13日，由西城区文联、西城区第一文化馆主办，西城区曲艺家协会协办的纪念京韵大鼓“少白派”创立88周年专场演出在西城区第一文化馆上演。演出中，既有对京韵大鼓“少白派”图文并茂的介绍，又有曲艺名家的现场表演：赵玉明带领几位曲艺前辈的后代演唱了岔曲《风雨归舟》；马增蕙带伤演出了经典作品《一盆饭》的片段。此外，王玟琪、肖诗婧、王可、刘芊芊、赵朔表演了单弦联唱《薪火相传》；王晶表演了京韵大鼓《连环计》；志淑燕、支文英表演了梅花大鼓《卢沟晓月》；王玥波、应宁表演了京韵大鼓《华容道》；陈秀敏表演了京韵大鼓《大漠情恩》；关键表演了大岔曲《宝玉探病》；王玉兰演唱了梅花大鼓《探晴雯》；种玉杰演唱了京韵大鼓《别母乱箭》。

（丁　琳）

【梁厚民逝世】　9月17日，快板书演员梁厚民在北京逝世。梁厚民(1940—2017)，出生于河北玉田。自幼喜欢文艺，曾表演过笛子及箫独奏、民族舞蹈、评剧、京剧、话剧、山东快书、相声、快板、快板书等，快板书为其主要擅长曲种。1963年毕业于北京矿业学院地质系。先后在北京农村文化工作队、北京文工团任演员。1969年在北京曲艺团任快板书演员。1985年拜师高凤山。曾任中国曲艺家协会会员、北京曲协理事、北京市崇文区政协常委、北京大学中文系兼职教师、北京对外友协理事。代表节目有《奇袭白虎团》《大闹药王庙》《犟姑娘》《争夺》《百年大计》《西安事变》《倔闺女》《幸福属于谁》《人间真情》等快板书40余段，均曾在电台录音、电视台录像，并录制成唱盘。

（丁　琳）

【宣南书馆成立十周年纪念活动】　9月23日—30日，由中共西城区委宣传部、西城区文化委员会、西城区文学艺术界联合会、中国曲艺家协会评书艺术委员会、北京电视台文艺中心主办，西城区非物质文化遗产保护中心、国如轩书馆(宣南书馆)承办，中华书局、北京市西城区第一文化馆、北京市西城区第二文化馆协办的“北京评书·宣南书馆”成立十周年暨首届“宣南书荟”系列活动在西城区举办。其中包括汇集了北京、天津、上海、重庆、西安、苏州、扬州和台北等地评书评话名家的全国中青年评书评话名家会书；评书艺术家连丽如领衔的北京评书四世同堂传承成果汇报演出；采用文字、图片、实物、视频等多种形式呈现的“十年传承结硕果”北京评书宣南书馆历程回顾展以及出版由西城区非物质文化遗产保护中心主编的《北京评书宣南书馆成立十周年纪念文集》等。

（丁　琳）

【纪念侯宝林100周年诞辰系列活动】　12月13日，由中国文联、中国曲协、中国广播艺术团联合举办的纪念相声大师侯宝林100周年诞辰系列活动在北京举行。活动分为两个部分：即上午在中国文联召开的纪念侯宝林100周年诞辰专题座谈会和晚上在民族文化宫大剧院举行的纪念专场演出。座谈会上，中国文联党组成员、副主席李前光代表中国文联党组，对侯宝林的艺术生涯及成就给予了高度评价。中国曲协主席姜昆就曲艺事业的持续健康发展表达了自己的意见和建议。中国曲协副主席、中国广播艺术团团长冯巩，火箭军文工团相声表演艺术家贾冀光，海政文工团相声表演艺术家常贵田，天津艺术研究所所长张蕴和，苏州评弹表演艺术家邢晏芝，中国曲协理论委员会主任康尔，中国广播艺术团副团长刘学俊，中央人民广播电台高级编辑陈连升，西安青曲社社长苗阜、家属代表侯耀华结合自身经历，围绕侯宝林的舞台表演、创作创新和学术研究，以及敬业奉献、道德修为等主题作了发言。纪念演出汇集了众多曲艺名家、新秀，其中包括由王晶、陈娜娜、种五杰、张曦文、李想等表演的曲艺联唱《为民求乐侯宝林》；范军、韩兰合说的相声《永远的笑声》；侯耀华、高洪胜、李少杰联合演绎的快板与快板书联唱《大师情谊》；丁广泉指导来自喀麦隆的捷盖和法国的勃小龙，表演相声《杂学唱》；少儿相声演员阮天宇、曹立演绎的侯宝林代表作品相声小段《醉酒》；苗阜、王声合说的相声《快乐生活》；冯巩、贾旭明、随风、侯林林表演的相声《我爱诗词》；姜昆、赵炎、于紫菲、单联丽以及在京部分中青年相声演员演出的配乐诗朗诵《向侯宝林大师致敬》；男高音歌唱家蒋大为演唱的《衣食父母》等。

（丁　琳）

【纪念良小楼110年诞辰专场演出】　12月17日，为纪念曲艺大师良小楼110周年诞辰，北京市文联、北京曲协、北京曲艺团组织的“良音妙曲绕小楼”专场演出在民族文化宫举行。李金斗、王文林、王谦祥、李增瑞等曾受良小楼教导的曲艺家以及张蕴华、李伟建、王文林、李想、杨惠乔、王谦祥、李增瑞、张志强、王玉兰、种玉杰、王文友、李业明、王晶等演出了《凡人小事》《武松打虎》《双玉听琴》《京剧漫谈》等曲艺节目。

（丁　琳）

探索与研究

【2017年央视春晚语言类节目专题研讨会】　2月24日，由中国文联文艺评论中心、中国曲协、人民日报社文艺部、中国艺术报社联合主办的2017年央视春晚语言类节目专题研讨会在北京召开。中国文联理论研究室主任、文艺评论中心主任、中国评协副主席兼秘书长庞井君，中国曲协分党组书记、驻会副主席董耀鹏，《中国艺术报》社长向云驹，中国评协、中国曲协副主席崔凯，中国评协副主席、《当代电视》杂志社主编张德祥，《人民日报》文艺部主任梁永琳，央视春晚语言类节目总策划秦新民，山东省曲协原主席孙立生以及来自太原师范学院影视艺术系、聊城大学音乐学院、全国曲艺小剧场艺术指导委员会、中国广播艺术团、大逗相声社、清华大学、杭州滑稽艺术剧院等单位的曲艺研究者、曲艺创作者和相关负责人参加会议。与会者各抒己见，进行了探讨与交流。并一致认为，语言类节目要想赢得观众，就要满足观众的积极审美需求。创演人员要善于倾听时代声音，把握时代脉搏，紧随时代潮流，深入观察生活，用心体验生活，努力创作、演绎出最能反映当下社会主题的精品力作，在谈笑风生中艺术呈现现实生活。

（丁　琳）

【《新时期有关北京评书发展的论争与思考》】　5月22日，发表于《中国艺术报》，作者吴文科。文章指出：北京评书在当代的传承发展，面临着节目老化、人才稀缺、阵地缺少和传播乏力等问题。而这些问题的形成，既有北京评书界自身的原因，也有社会文化环境的掣肘。作者检视了改革开放以来北京评书的创作、演出，认为由于演出及传播方式的变化，北京评书存在着冷热不均的状况和新旧两极的特点。前者指的是茶馆书场的传统演出方式整体遇冷，而广播电视以及互联网络等媒体与介质的录制和传播逐渐趋热；普通演员的演出活动比较冷寂，而大家名流的节目播出持续热络。后者指的是依托传统节目改编演播较多，而新编原创的长篇节目普遍较少；老一辈的艺术家录播节目频繁而且活跃，新生代的年轻从业者人数极少且很难立定脚跟。作者认为，要解决北京评书面临的上述问题，从根本上讲，就是要想方设法创造有利于其健康持续发展的内部与外部条件，通过促进对于其艺术传统的深刻继承，来有效推进对其艺术的发展繁荣；尤其是要大力培养北京评书极为缺乏的传承新人，不断推出适应新时代人们欣赏需求的原创精品。

（丁　琳）

【艺海问道文化论坛研讨曲艺“走出去”】　8月26日，由中国文化报社举办的第17期艺海问道文化论坛在中国文化报社举行。该论坛是由中国文化报社理论部推出的小型研讨会，论坛邀请国内外知名专家、学者和艺术家通过沙龙、笔谈、对话、研讨的形式，对文化艺术界关心、关注的普遍现象与焦点话题进行系列探讨。该期论坛以“中国曲艺‘走出去’的实践、经验和前瞻”为主题，邀请姜昆、吴文科、蒋慧明等专家、艺术家针对如何促进中国曲艺“走出去”进行了深入的研讨。与会专家认为，中国曲艺“走出去”还有很大的发展空间：要针对不同的地区和观众，结合不同的目标，选择相对合适的形式，吸引更多外国观众；要不断创新曲艺传播方式，开拓曲艺艺术的发展空间；要进一步完善建构当代曲艺理论；要重视人才培养，通过政府奖励、媒体鼓励、市场激励等方式推动曲艺“走出去”。

（丁　琳）

教育　培训

【北戏召开曲艺教学研讨会】　9月30日，北戏曲艺教学研讨会在北京戏曲艺术职业学院召开。刘兰芳、王印权、赵玉明、常祥霖、田战义等曲艺名家受邀参加了该研讨会，为北京戏曲艺术职业学院建立曲艺学科建言献策。该研讨会主要就北戏曲艺教学的课程标准，课程设置及曲艺教学遇到的问题、难题展开研讨和探究。同时，就北戏曲艺系实施各项课程的整体情况、艺术课程实践情况以及今后曲艺系艺术课程如何实践进行了探讨研究。

（丁　琳）

【首期全国曲艺自由职业者优秀人才培训班】 10月22日—26日，由中国文联人事部、中国文学艺术基金会、中国曲协共同主办的首期全国曲艺自由职业者优秀人才培训班在北京市怀柔区举办。此次培训目的是通过培训加强对新曲艺组织、新曲艺群体的团结引导，提升曲艺自由职业者的职业道德和业务素养，引领曲艺小剧场健康发展，推动曲艺事业的繁荣。培训班学员由各地曲协推荐，经中国曲协逐一进行资格审定。50名学员均是当地曲艺自由职业者中的佼佼者，有小剧场的管理运营者，有文化传媒公司的负责人，有来自少数民族地区的曲艺新秀，有中国曲艺牡丹奖的获得者，也有在各省屡获大奖的曲艺骨干。培训班开设了“以马克思主义文艺理论为引领　发挥曲艺自由职业者的重要作用”“曲艺著作权保护到底离我们有多远”“曲苑杂谈”“曲艺作品的知识产权保护”“新媒体生态下的剧场运营与品牌建设”“看春晚，说创作”等专题讲座。各领域专家、艺术家不仅为学员授课、辅导，还与学员们进行了深入的交流。

（丁　琳）

出版物

【《中国曲艺发展简史》】 3月，中国曲艺家协会与辽宁科技大学组织编写的《全国高等院校曲艺本科系列教材·中国曲艺发展简史》由高等教育出版社出版。该书是根据高等教育的教学特点，坚持简明、客观的原则，在现有史料的基础上进行梳理、精简而成的专门针对高等教育的曲艺历史教材。全书共分九章，分别是初创时期的唐前曲艺、正式形成的唐代曲艺、成熟兴盛的宋代曲艺、稳定发展的金元曲艺、承前启后的明代曲艺、集成繁荣的清代曲艺、民国时期的曲艺、新中国探索时期的曲艺、新时期的曲艺。

（丁　琳）

【《中华曲艺书目概览》】 3月，中国曲艺家协会与辽宁科技大学组织编写的《全国高等院校曲艺本科系列教材·中华曲艺书目内容概览》由高等教育出版社出版。该书是《中华曲艺图书资料名录》的姊妹篇，从《中华曲艺图书资料名录》中选择具有一定理论研究价值的书籍，就其主要内容进行简要介绍。该书将收录的书籍分为曲艺理论、曲艺历史、名家传记、杂谈论集、辞典索引读本五大类，并对每一类别的书目进行细分，如曲艺理论类又分为概论、单一曲种理论、曲艺创作表演和音乐、专论、地方曲艺概述等，以方便广大读者，尤其是曲艺理论工作者学习、查询、研究。

（丁　琳）

【《全国高等院校曲艺本科系列教材·中华曲艺图书资料名录》】 5月1日，董耀鹏主编，张鑫、石羚、段漉希整理，中国曲艺家协会与辽宁科技大学组织编写的《全国高等院校曲艺本科系列教材·中华曲艺图书资料名录》由高等教育出版社出版。该书通过对国家图书馆、中国曲艺家协会等单位所藏录的与曲艺有关的书籍资料进行系统整理，比较完整地收录了现存的可供学习和研究的曲艺资料。这些资料包括公开出版的曲艺书籍、刊物以及内部留存的资料汇编等，通过对其进行分类编排，为曲艺研究者及广大爱好者提供资料索引。

（丁　琳）

杂　　技

【概　况】 2017年10月，举世瞩目的中国共产党第十九次全国代表大会在北京隆重召开。大会确立了习近平新时代中国特色社会主义思想的历史地位，在政治上、理论上、实践上取得了一系列重大成果。关于文化，中共十九大报告提出"坚定文化自信，推动社会主义文化繁荣兴盛"，要求牢牢掌握意识形态工作领导权，培育和践行社会主义核心价值观，加强思想道德建设，繁荣发展社会主义文艺，推动文化事业与文化产业发展。大会同意把中国特色社会主义文化同中国特色社会主义道路、中国特色社会主义理论体系、中国特色社会主义制度一道写入党章，这有利于全党深化对中国特色社会主义的认识、全面把握中国特色社会主义内涵。这一系列重要论断，体现出党对中国特色社会主义文化的认识更加清晰、更加深刻，把中国特色社会主义文化提升到了一个新的高度，为新时代中国特色社会主义文化建设和文艺工作指明了前进方向、提供了根本遵循。首都杂技魔术界热烈响应中共十九大号召，掀起了认真学习、积极宣传、深入贯彻中共十九大精神的热潮，首都杂技（魔术）事业开启了崭新的篇章，各项活动取得了丰硕成果。

2017年，北京地区杂技（魔术）演出繁荣发展。在演出节目方面，精品力作不断涌现。例如中国杂技团将中国土生土长的传统节目《爬杆》的道具进行了革命性创新，实现了道具运动的多维立体变化，在此基础上对杂技本体技艺进行大幅创新和充分融合，成就了一个全新的作品《九级浪——杆技》。中国杂技团的《奔向第61块金牌》展现了4个获得被誉为"杂技界奥斯卡"的金小丑奖获奖作品以及十余个经典节目，集中体现了中国杂技团"追求卓越、力塑经典"的艺术理念。

在演出活动方面，既有全国性的赛事、也有国际性的活动。中国杂技金菊奖是经中央批准设立，由中国文联和中国杂技家协会联合主办的全国性文艺专业奖项，是中国杂技界的最高奖项，2017年第十届中国杂技金菊奖全国杂技比赛共有10个节目获得金菊奖杂技节目奖。其中，中国杂技团《九级浪——杆技》以高难度的技巧、耳目一新的道具创新、精巧而富创意的编排、完美的现场表现，荣获中国杂技金菊奖节目奖。2017世界大学生魔术交流大会在沿袭以往经典的基础上，以"创意·精品"为主题，延续"世界一流、中国水准、北京特色"的办会理念，突出"国际化、品牌化、社会化、市场化"的办会模式，不断推动中国魔术产业与国际化接轨，推动魔术文化惠及广大人民群众。为期3天的2017年世界大学生魔术交流大会吸引了中国、美国、英国、法国、德国、俄罗斯、西班牙等17个国家和地区的30余位魔术师、评委与嘉宾参加，活动直接参与人数达5000人次。该届魔术大会成功举办了第二届国际魔术产业发展高端峰会，"北京之光"国际近景魔术精品专场秀，5场国际魔术大师与国内外魔术爱好者面对面交流的培训班，吸引了来自全世界十余家道具商参展的国际魔术道具展，以及"年轻就是要奇迹——校园魔术快闪"等多项活动，为观众呈上了精彩纷呈的魔幻视觉盛宴。

2017年，首都杂技（魔术）坚持把满足基层群众精神文化需求、向基层群众学习作为重要使命，扎实开展"深入生活　扎根人民"主题实践活动，开展"送欢乐下基层"文艺志愿服务活动。2017年，中国杂协继续广泛开展"送欢乐下基层""精品杂技下基层"等文艺志愿服务活动，组织杂技艺术家赴贵州省六盘水市钟山区、山东蓬莱、安徽临泉等进行慰问演出，并开展书法辅导、"精品杂技下基层"慰问演出副场演出活动。文艺惠民活动让广大基层人民群众真正享受到了我国文化艺术繁荣发展的胜利果实，受到人民群众的热烈欢迎。这些主题实践活动和慰问演出活动是首都杂技（魔术）界深入贯彻落实中共十九大精神，扎根人民、扎根基层、坚持文艺惠民、文艺为民、文艺乐民的根本宗旨的生动体现。

2017 年，首都杂技(魔术)人才培养力度加强，举办国家艺术基金资助项目全国高等艺术职业学院杂技表演专业带头人创新创业能力培训班、首都杂技(魔术)文艺人才培训班、杂技评论人才培养班，文化部举办 2017 年全国专业魔术师研修班，中国杂协先后在上海、天津、河南、黑龙江、河北等地举办了 5 期深入学习贯彻习近平总书记文艺工作座谈会重要讲话精神专题研讨班，以及中国杂协全国团体会员单位管理人才培训班。10 月 23 日，北京城市学院杂技艺术学院揭牌仪式在北京举行，这是全国首所本科层次杂技艺术高等教育学院，是 2017 年首都杂技教育的一大亮点。首都杂技(魔术)人才培养体系逐步走向科学化、规范化，为推进首都杂技(魔术)的进一步发展提供了重要的人才储备。

机　　构

【北京城市学院杂技艺术学院】 10 月 23 日，北京城市学院杂技艺术学院揭牌仪式暨贯通培养班 2017—2018 学年度开学典礼在北京城市学院顺义校区举行。全国首所本科层次杂技艺术高等教育学院——北京城市学院杂技艺术学院正式成立。该学院由北京城市学院与中国杂技团联合建立，旨在依托高技能人才七年贯通培养项目，培养高层次杂技艺术人才。中国文联、中国杂协北京演艺集团、中共顺义区委、北京市教委、北京杂协、北京城市学院、中国杂技团有限公司等有关单位相关负责人，与北京城市学院部分师生共同参加了揭牌仪式。

(王凌雨)

作　　品

【杂技舞台作品《奔向第 61 块金牌》在京演出】 4 月 30 日—5 月 1 日，大型杂技舞台作品《奔向第 61 块金牌》在北京民族文化宫大剧院演出。该作品共展现了《俏花旦——集体空竹》《腾韵——顶碗》《协奏・黑白狂想——男女技巧》《圣斗——地圈》中国杂技团 4 个获得被誉为“杂技界奥斯卡”的“金小丑奖”称号的获奖作品以及柔术、爬杆、转花盘、拍球(球技)、蹬伞等十余个经典节目。

(王凌雨)

【杂技节目《做杂技我们是认真的》】 5 月 21 日，由北京文化艺术基金资助的 2016 年度小型节(剧)目《做杂技我们是认真的》在北京中杂剧场进行首演。该项目是由中国杂技团精品队演员自编、自导、自演的一个创新类杂技节目，包括“路人”“翻腾”两个篇章。节目采用现代杂技的表演形式，将具有中国特色的古典音乐元素融入当下最流行的 Dubstep、House 等电子风格音乐中，集结了空竹、球技、对手顶、柔术以及转体翻、屈体翻、前空翻、后空翻等高难度的杂技技巧，展现了杂技的新视听效果。

(王凌雨)

【2016 昌平区青少年魔术迎春会】 2 月 19 日，由北京市昌平魔术协会主办、昌平区青少年魔术团承办、昌平区前锋学校协办的“2016 年昌平区青少年魔术迎春会”在昌平区前锋学校礼堂举办。北京市文联副主席、北京杂技家协会主席李恩杰，昌平区委常委、宣传部部长余俊生，昌平区副区长刘淑华，北京杂技家协会秘书长董蕾，昌平区文委书记、主任刘全新，昌平区教委书记隋彦玲，昌平区广播电视中心主任刘晓梅，北京市文联副主席、昌平魔术协会主席李宁等参加了活动。北京杂技团金菊奖魔术师徐阳表演了中国传统魔术古彩戏法，昌平区城关小学魔术社团为现场观众表演了大型舞台魔术《金字塔奇迹》，昌平区青少年魔术团表演了魔术舞蹈《神奇的跳舞棒》，昌平区优秀“小魔星”代表宋新宇表演参加“韩国魔术之旅”中学习到的魔术作品，昌平区优秀“小魔星”李子为表演了魔术《神奇的骰子》，昌平魔术协会秘书长、国家级非物质文化遗产“傅氏幻术”第四代传承人胡金玲的收徒仪式也在迎春会上举办。

(王凌雨)

【“中华绝技秀”主题文化活动】 3 月 17 日，由北京朝阳区文化委员会主办的“中华绝技秀”主题文化活动首场演出在北京朝阳剧场举行。此次活动是朝阳区文化委员会推出的“文蕴朝阳”惠民工程中的一项内容。“中华绝技秀”传统杂技专场演出免费向公众开放，从 2017 年 4 月开始，每周五在文化朝阳云平台中采用网上预约方式进行发票。承担“中华绝技秀”主题文化活动演出的是四川省遂宁市杂技团。

(王凌雨)

【中国杂协开展杂技全国大调研活动】 6 月至 7 月，按照中国文联深化改革方案精神，切实推动中国杂协改革任务的全面落实，中国杂协展开了全国大调研活动，先后赴全国各省市，走访杂技院团、学校、团体会员单位、新文艺组织等进行实地调研，掌握了大量的第一手资料，对中国杂技发展的现状、存在的问题有了更为深入的认识和思考，为《中国杂协改革方案》的制定奠定了基础。

（王凌雨）

【2017 北京市西城区“非遗”演出季杂技专场活动】 8 月 2 日—3 日，由北京市西城区文化委员会主办的 2017 北京市西城区“非遗”演出季杂技专场活动在北京天桥杂技剧场举办。北京杂技团演出了抖空竹、口技、双人球技、蹬鼓、红绸等节目。

（王凌雨）

【第五届北京惠民文化消费季魔术专场秀】 9 月 9 日—10 日，第五届北京惠民文化消费季在北京银座和谐广场进行了《魔戏团之大王与小王》和《魔戏团之幻术梦境》魔术秀专场演出。《魔戏团之大王与小王》的主角是一个小丑，他有着与生俱来的天赋，与魔法息息相关的灵魂烙印引导他踏上冒险和揭秘的真相之路。大型主题魔术剧《魔戏团之幻术梦境》演出了各种大型幻术。

（王凌雨）

【2017 世界大学生魔术交流大会】 9 月 22 日—24 日，2017 年世界大学生魔术交流大会在北京市昌平区举办。来自美国、英国、法国、德国、俄罗斯、立陶宛等 17 个国家和地区的 30 余位魔术师、评委、嘉宾参加。活动期间还举办了“金长城杯”世界大学生魔术原创精品展演，共有来自 8 个国家和地区的 10 位魔术师进行了表演，俄罗斯的以利亚·伊林获得展演金奖，中国的许扬、韩国的李健豪获得银奖，郑昱炜等展演嘉宾获得了铜奖，优秀奖由来自巴西的艾伦·斯蒂凡诺维奇等 4 名嘉宾获得。该魔术大会期间，还举办了第二届国际魔术产业发展高端峰会、“北京之光”国际近景魔术精品专场秀、培训、国际魔术道具展及“年轻就是要奇迹——校园魔术快闪”等多项活动。

（王凌雨）

【北京欢乐谷第十一届国际魔术节】 10 月 1 日—8 日，北京欢乐谷第十一届国际魔术节在北京举办。来自俄罗斯、乌克兰、罗马尼亚、美国、意大利、西班牙、加拿大的七国魔术家用变幻莫测的手法和极尽精妙的道具，展示出世界级的魔法魅力。该魔术节期间还举办了多项活动：2017 欢乐谷杯全国魔术精英挑战赛，由北京欢乐谷联合北京杂技家协会召集全国范围内的魔术精英，进行了近景赛、舞台赛；第六届“未来魔星”全国少儿魔术大赛由来自全国各地的小魔术师们进行了魔术表演。此外，还有多场魔幻零距离互动表演、《虫虫狂欢》和《梦之光》魔幻巡游、魔术道具展、魔术商品销售等活动，各国魔术家还在现场向群众教授了简单的魔术表演。

（王凌雨）

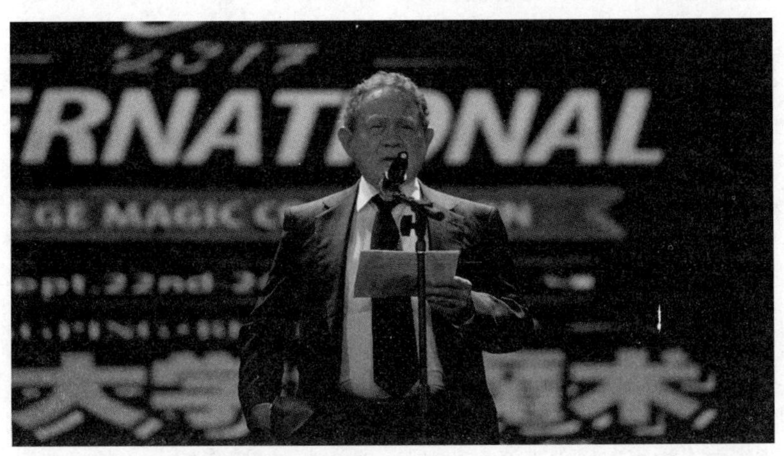

国际魔术联盟荣誉主席艾瑞克·艾斯文
在 2017 年世界大学生魔术交流大会开幕式上致辞

【中国杂协组织学习中共十九大报告】 10 月 18 日，中国杂技家协会全体党员干部在中国文联机关集体收看了中共十九大开幕式盛况，聆听了习近平总书记代表中共十八届中央委员会向大会作的报告。下午，中国杂技家协会分党组召开学习会，围绕习近平总书记所做的报告进行专题学习和讨论。分党组书记、驻会副主席、秘书长王仁刚主持会议，分党组成员、副秘书长肖世革及协会全体党员干部参加学习讨论。大家在讨论中一致认为，习近平总书记的报告全面回顾了过去五年的工作和历史性变革，系统阐述了新时代中国共产党的历史使命、新时代中国特色社会主义思想和基本方略、新时代党的建设总要求，深情展望了实现“两个一百年”奋斗目标，实现中华民族伟大复兴中国梦的美好前景，对推进党的建设新的伟大工程，做好党和国家各项工作，具有十分重要的意义。大家在讨论中表示，要深入学习、深刻领会、学习贯彻报告精神，切实把思想和行动统一到大会精神上来、统一到报告上来。要更加紧密地团结在以习近平同志为核心的党中央周围，坚决维护中共十九大的各项决策部署，坚定不移地以习近平新时代中国特色社会主义思想武装头脑，指导实践，坚决贯彻新时代中国特色社会主义思想和基本方略，认真学习践行习近平总书记关于文化、文艺工作的总要求，真心实意履职尽责，热情为杂技艺术发展做好服务，为推动文艺大发展大繁荣做出新的、更大的贡献。王仁刚代表协会分党组，对下一步学习提出要求。他强调，要把学习中共十九大精神作为当前和今后一段时间首要的政治任务，协会要按照中央要求与文联部署，认真组织好学习贯彻。同时要把学习中共十九大报告同协会的工作任务有机结合起来，特别是在谋划今后工作时，要以中共十九大精神为指导，深入贯彻中共十九大的战略思想和时代要求，以此推动杂协工作与杂技艺术发展不断迈上新台阶。

（王凌雨）

【北京杂技团启动庆祝六十华诞系列活动】 11月15日—17日，由北京杂技团主办，中共北京市西城区委宣传部、西城区文化委员会、天桥演艺区建设指挥部、北京杂技家协会、北京天桥盛世投资集团有限责任公司、北京京都文化投资管理公司联合支持的“传承坚守　创新逐梦”——北京杂技团庆祝六十华诞系列活动在北京举办。该系列活动包括以“传承坚守　创新逐梦”为主题的北京杂技庆祝60华诞主题座谈会、杂技主题晚会、杂技专场演出、“传承坚守　创新逐梦”北京杂技团庆祝60华诞展览等板块，全面展示了北京杂技团发展历程及艺术成就。

（王凌雨）

【杂技界学习贯彻中共十九大精神座谈会在京召开】 11月2日，杂技界学习贯彻中共十九大精神座谈会在北京召开。中国杂协在京主席团成员、分党组成员，杂技院团、学校、协会负责人，杂技、魔术、滑稽等各艺术门类的老中青艺术家、新文艺群体工作者代表，以及中国杂协各部门处级以上干部共30余人参加。中国杂协分党组书记、驻会副主席王仁刚，中国杂协副主席、中国广播说唱团团长刘全利，中国杂协副主席、中国杂技团有限公司总经理张红，中国广播说唱团滑稽表演艺术家刘全和，北京杂技团团长王晓颖，魔术师罗秉松、王立民、徐凤美，青年魔术师李宁、沈娟，中国杂技团演员樊梦蝶、赵晗龙，北京奇幻森林魔术文化产业集团有限公司副总经理李魏林，国家级“非遗”项目“傅氏幻术”传承人胡金玲，国家级“非遗”项目“口技”传承人江联营等先后发言，畅谈了对中共十九大精神的理解和日后的努力方向。

（王凌雨）

会　议

【北京杂协召开四届七次理事会(扩大)会议】 4月26日，北京杂协召开第四届理事会第七次(扩大)会议。北京市文联副主席、北京杂协主席李恩杰，北京市文联党组副书记刚杰，中国杂协副主席、中国杂技团总经理张红，北京杂协副主席、中国杂技团创意总监孙力力以及协会理事、顾问、部分老艺术家和新入会会员代表60余人出席了会议。会上，刚杰传达了市文联八届五次理事会会议精神。北京杂协秘书长董蕾做《2017年北京杂协四届七次理事会工作报告》。张红宣读了《北京杂技家协会新入会会员名单》。孙力力宣读了《北京杂协关于增补孙盛雅等同志为第四届理事会理事的说明》，理事会通过7名新增补理事名单。李恩杰宣读《北京杂协第四届理事会成立专业工作委员会的通知》。刚杰做了总结发言。

（王凌雨）

【北京市昌平魔术协会2017年会员代表大会】 9月24日，北京市昌平魔术协会2017年会员代表大会在昌平区文化委员会礼堂召开。秘书长胡金玲代表北京市昌平魔术协会向到场嘉宾、会员单位、会员代表汇报了协会成立两年多以来所开展的工作，并与到场专家、顾问、同业嘉宾及会员单位、会员代表共同探讨了协会未来的工作方向。会上，胡金玲还向会员单位颁发了“会员单位匾额”、向新晋会员代表颁发了“会员证”。

（王凌雨）

比赛评奖

【第四届“小巨人杯”首都少儿魔术大赛】 7月23日，由北京杂技家协会主办，魔法巨人专业魔术培训机构、中国高校魔术联盟承办的魔法巨人四周年庆典——第四届“小巨人杯”首都少儿魔术大赛在北京文联剧场举办。该赛事由北京杂协理事、魔术师徐凤美，中国杂技艺术中心副主任、《魔术与杂技》副主编徐秋，北京杂协顾问、魔术师罗秉松，北京杂协理事、魔术师王立民担任大赛评委。该次参赛的18位魔法“小巨人”们年龄最小的6岁，最大的14岁，平均年龄不到9岁。表演形式既有互动魔术，又有舞台魔术；表演风格既有浪漫柔和，又有轻松搞笑；舞台呈现的既有现代魔术，也有古典手彩。表演内容丰富，魔术技法多样，既有传统的环、球、绢、花等表演，也有时尚的扑克牌、鸽子、伞、扇等表演。最终朱峰旭凭借魔术作品《中国环》获得第四届"小巨人杯"首都少儿魔术大赛的金奖；杜若希凭借魔术作品《魔力美食家》、宋思远凭借魔术作品《伞耀奇迹》获得银奖；白芸溪凭借魔术作品《梦幻甜心》、王昊奇凭借魔术作品《球》、多劲戈凭借魔术作品《空手出牌》获得铜奖。

（王凌雨）

【中国杂技团《九级浪——杆技》获全国杂技金菊奖节目奖】 9月20日，第十届中国杂技金菊奖全国杂技比赛在山东蓬莱落下帷幕。该届比赛共有28支队伍的30个杂技节目进入决赛，经评委会终评，其中10个节目获得金菊奖杂技节目奖。中国杂技团《九级浪——杆技》以高难度的技巧、耳目一新的道具创新、精巧而富创意的编排、完美的现场表现，获中国杂技金菊奖节目奖。

（王凌雨）

交　流

【北京杂技团赴美举办专场演出】 1月26日—2月1日，2017年"欢乐春节"活动在美国首都华盛顿举办。由文化部派出的北京市艺术团一行34人抵美进行演出交流，北京杂技团共17人受邀参加该次活动。在1月26日、1月28日（大年初一）、1月31日和2月1日的活动中，北京杂技团的演员们演出了舞狮等杂技节目。

（王凌雨）

【中国杂协文艺志愿服务团赴贵州六盘水开展"精品杂技下基层"慰问活动】 5月20日—22日，中国文联、中国杂协文艺志愿服务团一行到贵州省六盘水市钟山区开展"送欢乐下基层""精品杂技下基层"慰问演出和志愿服务系列活动，在"精品杂技下基层"活动中，服务团演出了大兴东杂技团的《冰与火》、中国杂技团的《黑白狂想——五人技巧》、北京杂技团的《妙舞炫竹》、贵州省杂技团的《钻圈——追梦少年》等节目，还到当地小学开展魔术支教，教孩子们变魔术并赠送魔术道具。北京地区的滑稽表演艺术家刘全利、刘全和，魔术艺术家王立民等参加了此次活动。

（王凌雨）

【北京杂技家协会举办赴俄交流访演】 9月9日—16日，应俄罗斯马戏工作者协会邀请，北京杂技家协会一行16人赴俄进行了访演交流。在莫斯科、雅罗斯拉夫尔、圣彼得堡，访问团成员完成了3场演出、1场观摩、4场交流座谈任务。该次北京杂协代表团的交流演出是以业内研讨学习、传播中华传统艺术和学习俄罗斯马戏管理经验为主，团员则多为新文艺组织的青年文艺表演者与文艺院团的管理人员。在该次活动中，艺术家们不仅演出了《女子柔术》《古彩戏法》《变脸》《妙舞空竹》《魔术》《罗圈鲜彩》《球技》等杂技和魔术节目，还与当地的马戏工作者协会负责人进行了座谈交流，观摩了莫斯科尼库林马戏院举行的国际马戏节比赛。在参观了圣彼得堡国家大马戏院的马戏艺术博物馆后，与该院就下一步加强天桥杂技演艺区合作，互派学习访问签订了初步意向。

（王凌雨）

【中国杂协赴山东临朐开展精品杂技下基层慰问演出活动】 10月9日—14日，由中国文学艺术界联合会、中国杂技家协会主办，中国文联杂技艺术中心、中共潍坊市委宣传部、潍坊市文学艺术界联合会、中共临朐县委、临朐县人民政府承办，中共临朐县委宣传部、临朐县文学艺术界联合会、临朐县文化广电新闻出版局、临朐县广播影视中心、城关街道文化惠民党工委办事处协办、组织的"到人民中去——精品杂技下基层慰问演出"团队来到山东潍坊市临朐县，为这里的人民献上系列文化惠民活动。演出的节目有遂宁杂技团的《蝶飞蝶舞》、济南杂技团的《杆上技巧》、北京杂技团的《抖空竹的小妞妞》、中国杂技团的《五人技巧》等。

（王凌雨）

北京杂技家协会应邀组织艺术家赴俄罗斯演出

评论与研究

【《青年杂技人才的现状与发展》】 发表于《杂技与魔术》第4期，作者郭云鹏。文中提到，按照《中国文联深化改革方案》及《2017年度中国文联党组重点调研课题实施方案》，2017年6月—7月，中国杂协在杂技界开展了"青年文艺人才成长规律和培养机制"课题调研。设计调查问卷，并分别向全国11家杂技院团职员及22位杂技院团长(样本涉及省级和地市级)发放。其间，中国杂协还在北京、河南、河北、黑龙江、广东、上海等省市进行实地调研，走访杂技院团、学校、团体会员单位、新文艺组织等，召开多次研讨会、座谈会，获取了大量一手信息和资料。通过调研，中国杂协对青年杂技人才成长规律和培养机制有了更为深入的了解与思考。一、青年杂技人才的现状与特点：从艺时间早、舞台生涯短、出成绩早，取得成就高、对外文化交流频繁、思想活跃，自学能力强。二、青年杂技人才面临的问题与困惑：如学历低、专业单一，人才结构不合理，成为职业演员必备素质欠缺，缺少杂技明星，转岗再就业困难，人才无序流动，招生困难，青年人才青黄不接，职称评定处于劣势，个人保障亟待提高和改善。三、青年杂技人才发展对策与建议：1. 提升杂技教育的层次。2. 加大对青年杂技人才扶持和培训力度。3. 加强青年杂技人才的职业道德建设。4. 建立行业人才合理的流动机制。5. 推动完善杂技行业的职称评定工作。6. 采取灵活多样的管理模式。在调研过程中部分杂技院团介绍了青年文艺人才培养值得借鉴的经验。如对青年创作人才采用无固定工时，鼓励其在院团报备的前提下积极参与社会创作；鼓励青年人才参加竞赛、参与剧目节目的创作，激发创新动力，体现自身价值；创立艺术职级评定机制(艺衔制)，打破年限、学历、资历限制，推动高级杂技艺术人才的培养。结合艺衔制改革分配制度，将职级与贡献挂钩，采取多演多得、演好多得的激励机制；对获得国内外重大奖项的优秀青年杂技人才给予一定的奖励表彰，在职称评定、选拔任用等方面予以优先，增强其职业荣誉感和成就感；选拔优秀青年杂技人才加入各级杂协的主席团、理事会及代表大会，推荐德艺双馨的艺术家，作为各级党代表、人大代表、政协委员人选，提高青年杂技人才的社会地位等。

(王凌雨)

【第二届国际魔术产业发展高端峰会】 9月22日，第二届国际魔术产业发展高端峰会在北京召开。该次峰会邀请了众多世界顶尖魔术大师与昌平区领导、魔术小镇相关领域专家一起，共同探讨中国特色魔术小镇的兴建与发展。昌平区文化委员会副主任刘庆华在发言中表示：昌平区要有明确的区域定位，发展昌平特色文化产业，更好的增进世界各国文化的交流。北京奇幻森林魔术文化产业集团CEO梁明以"打造特色小镇，实现特色发展"为主题作了专题发言。魔术表演艺术家秦鸣晓就如何以魔术文化产业为中心打造特色小镇作发言。世界第二大魔术零售商的美国Vanishing公司联合创始人安迪·格莱文(Andi Gladwin)在峰会上着重强调要建立品牌齐全的专业魔术零售店的重要性。美国Chavze魔术学院校长Dale Salwak以魔法城堡为例，对如何建设特色小镇提出了宝贵经验。国家发改委国际合作中心郑憩、中国科学院地理科学与资源研究所研究员、城市规划学会区域与城市专业委员会委员蔡建明，北京中建建筑设计院创作中心主任李培成和北京水木巨匠建筑规划设计研究院院长孟义强相继发表了中国特色魔术小镇的兴建与发展的相关论述。

(王凌雨)

【北京杂技的古都风韵与时代风貌研讨会】 11月14日，由北京市文联主办，北京杂技家协会和北京市文联研究部承办的北京杂技的古都风韵与时代风貌研讨会在北京市文联召开。20多位杂技老艺术家、杂技院团管理者、杂技理论家、教育家、一线杂技编导以及民俗专家参加研讨。市文联副主席、北京杂技家协会主席李恩杰，市文联党组副书记、副秘书长刚杰出席会议并讲话。与会者认为，北京杂技承载着厚重的宣南文化底蕴，是京味文化、古都文化的重要代表之一。在新时代，如何使北京杂技适应时代发展，实现创造性转化、创新性发展，是北京杂技艺术工作者面临的重大课题。应总结以往的成功经验，充分挖掘"天桥文化"的丰富内涵，聚焦新时代杂技艺术的创新发展，围绕"一城一核三带"建设，让天桥杂技焕发出新的时代光彩，为全国文化中心建设做出更大贡献。

(王凌雨)

【南北魔术之道——魔术的传承与时代】 12月4日，由北京市文联主办，北京杂技家协会承办、市文联研究部和北京文艺评论家协会协办的研讨会"南北魔术之道——魔术的传承与时代"在北京举行。全国50余位魔术表演艺术家、魔术理论家、魔术领域的管理者和文艺评论家参加会议，就魔术的传承、时代、创新等既具有挑战性，又把握了伟大时代脉搏的主题展开讨论。与会专家认为，习近平总书记在中国文联十代会、中国作协九代会上的重要讲话中说文运与国运相牵，文脉与国脉相连，如果说第三届北京大学生魔术交流大会是兴杂技（魔术）的文运，那么本次主题研讨会则应是理杂技（魔术）的文脉。魔术表演已经非常成熟，艺术性和审美化达到了相当的高度，并且具有多样性与民族性，故魔术从传统中汲取营养的同时应该沉下心来思考艺术未来的道路。

（王凌雨）

【《坚持以人民为中心的创作导向，创作代表新时代的杂技艺术作品》】 发表于《杂技与魔术》第6期，作者邓宝金。文章认为，作为一名共产党员，一名杂技艺术工作者，要充分认识中共十九大的重大意义，把学习宣传贯彻中共十九大精神作为当前和今后一个时期的首要政治任务，切实把思想与行动统一到中共十九大精神上来，奋力谱写新时代中国特色社会主义文化的新篇章。中共十九大报告中“坚定文化自信，推动社会主义文化繁荣兴盛”占了较大篇幅，同时中国特色社会主义文化也同中国特色社会主义道路、中国特色社会主义理论体系、中国特色社会主义制度一道写入党章，愈加彰显文化重要性，使广大杂技艺术工作者倍感责任重大、使命光荣。中共十九大报告指出的“要繁荣文艺创作，坚持思想精深、艺术精湛、制作精良相统一，加强现实题材创作，不断推出讴歌党、讴歌祖国、讴歌人民、讴歌英雄的精品力作”为新时代的文化艺术创作指明了方向。下一步，杂技艺术工作者将以学习中共十九大精神为契机，坚持以人民为中心的创作导向，创作出富有浓郁民族特色，代表新时代、新理念、新模式、新水平的杂技艺术作品，开创中国杂技艺术编导、制作、演出新局面。

（王凌雨）

培 训

【全国高等艺术职业学院杂技表演专业带头人创新创业能力培训班】 3月27日—6月8日，在文化部文化科技司的指导和支持下，在全国文化艺术职业教育教学指导委员会、中国杂技家协会、中国杂技团有限公司的协助下，杂技表演专业带头人创新创业能力培训班在北京市杂技学校举办。培训班邀请了业内权威的师资团队。该次培训班有46名学员，其中，年龄最大的55岁，最小的21岁，涉及20个省市、30余个团体，大专及以上学历的学员占一半以上。该培训班共开设了团队建设、拓展训练、职业发展、行业分析、教育科研、教师素养、教学技能、成长现场、成果展示9个教学模块，其目标是完善、提高杂技学科的教学体系，引领杂技教师专业化成长，进而带动杂技艺术的健康发展。在中国杂技团实验剧场举行的“教育创新·让杂技走得更高更远”结业汇报中，学员分别以“不忘初心·创新前行”“暮春之感·学习之悟”“永远在路上”“方法创新·一堂创意课”“思维创新·色彩碰撞”“发展创新·魅力之争”“模式创新·集体授课”为题，用不同形式展示了学习成果。

（王凌雨）

【第二届首都杂技（魔术）文艺人才培训班】 6月14日—16日，由北京市文联主办、北京杂技家协会承办、中国杂技团协办的第二届首都杂技（魔术）文艺人才培训班在中国杂技团举办。此次培训共有30位北京杂协新增补理事、新入会会员和骨干文艺工作者参加。培训班上，北京杂协副主席、中国杂技团创意总监孙力力讲授了“杂技的创新与发展”，北京作协驻会作家、散文家周晓枫用散文化的语言讲授了“美好的阅读”，北京市杂技学校舞蹈系主任王梅讲授了“形体表现意识培养”。此外，该培训班还特别安排了拓展活动，以增强团队协作精神，彰显团队集体智慧，培养积极向上生活态度。

（王凌雨）

捐赠 慰问

【北京杂协举办新春慰问演出】 1月8日—20日，北京文联、北京杂协组织了6场慰问演出，分别走进石景山区社会福利院、丰台区右安门街道、石景山区教育委员会、西城区第一文化馆、大兴区桂村、北京市第一中级人民法院，为福利院老人、文明志愿者、中学生、基层社区工作人员、街道居民、村民、法官和法院干警等带去新春的祝福。该次演出节目以杂技、魔术为主。杂技节目有中国杂技团的《拍球》《单手顶》《集体空竹》，北京杂技团的《蹬鼓》，中国铁路文工团曲艺杂技团的《晃管》《蹬鼓》等节目。魔术节目有罗秉松的《口技与中国环》，徐秋的《彩巾连接》，王立民的《钓鱼》，徐凤美的《相信》，沈娟的《天女散花》，王璐的《牌花新露》，徐阳的《古彩戏法》，胖子叔叔的滑稽魔术，李彦培、李克石的川剧《变脸》等。

（王凌雨）

【中国文联文艺志愿服务团“庆祝建军90周年”慰问演出】 7月25日，由中国文联、中国杂协、中国文艺志愿者协会、中国人民解放军某部队主办的“庆祝建军90周年”慰问演出在北京昌平的中国人民解放军某部队举办。演出开始前，书法家吴震启、陈水冬、邹国美为战士们现场书写了书法作品。演出在战士们的锣鼓声中拉开帷幕。主持人牛群、鞠萍。演出的杂技节目有滑稽表演艺术家刘全和、刘全利的《谁是主角》，傅琰东的魔术《闪电换人》，奇志、张伟的相声《天路》。另有中国杂技团带来多个在国内外摘得大奖的杂技节目，如《协奏·黑白狂想——男女技巧》《荷韵·蹬伞》《激踏·球技》《腾韵·顶碗》。歌曲节目有霍勇的《当那一天来临》《强军战歌》《快乐的马车夫》，曾德洪的《军中绿花》《我的老班长》，阿斯根的藏语歌曲《天路》《再唱山歌给党听》，斯琴高丽的流行曲目《犯错》，其中某部队的战士们还表演了《战斗宣言》。

（王凌雨）

音　乐

【概况】 2017 年，北京地区音乐呈现是丰富多彩的。新增加了一些音乐机构，出现了一批新的作品，形式各异的音乐演出和活动频仍，国内外的交流不断，还举办、开展了较多的音乐赛事与研讨活动。

2017 年，北京地区新增加的音乐机构有文化部老艺术家管弦乐团、“一带一路”音乐教育联盟、中国歌剧学研究中心、中国乐派高精尖创新中心和孙家馨教授声乐大师工作室等。这些机构的设立，推动了北京地区的音乐创作、研究和演出，为北京地区的音乐发展增添了新的活力。

2017 年，北京地区推出的新的音乐作品有国家大剧院打造的原创歌剧《兰花花》、民族歌剧《金沙江畔》、国家大剧院制作的轻歌剧《风流寡妇》、国家大剧院与美国大都会歌剧院等联合制作理查德·瓦格纳歌剧《特里斯坦与伊索尔德》、国家大剧院与维也纳国家歌剧院联合制作的威尔第歌剧《法斯塔夫》，中国歌剧舞剧院制作的原创音乐剧《焦裕禄》、原创现代民族歌剧《林徽因》、原创民族歌剧《红色娘子军》，国家话剧院、三拓旗（北京）文化传媒有限公司联合出品的音乐剧《你若离开，我便浪迹天涯……》、北京舞蹈学院大学生原创音乐剧（剧场版）《冰季·风季·木季》、中央民族乐团打造的民族器乐剧《玄奘西行》、中国东方演艺集团打造的大型原创舞·乐《中国故事·十二生肖》、中央歌剧院推出的原创民族歌剧《玛纳斯》、中国东方歌舞团打造的音乐剧场《我们的爱情故事》、北京手拉手剧团打造的音乐剧《雪孩子》、北京民族乐团制作的国乐剧《春江花月夜》、日本四季剧团授权中文版家庭音乐剧《想变成人的猫》，以及音乐剧《阿尔兹记忆的爱情》、校园古典诗词吟唱剧《思美人》、原创音乐剧《隐婚男女》、大型交响诗《鲁迅》、原创音乐剧《秋裤和擀面杖》等。

2017 年，北京地区的音乐演出也很活跃。除了北京地区各个音乐表演团体和音乐家个人举办的各类音乐会、演唱会，还有“绚酷早春”公益音乐会、99 公益日音乐会等公益演出；展示新作品的管弦乐新作品音乐会、“交响中国风”2017 国家大剧院新作品音乐会、中东欧国家作曲家新作品音乐会、“格桑花开新时代——美丽西藏采风原创歌曲演唱会”等；还有以“一带一路”为主题的“丝路交响”音乐会、“弦歌逐梦——西部丝路之旅”音乐会、“一带一路　聆听中国”原创交响音乐会；围绕中共十九大召开的“喜迎十九大唱响幸福歌”文艺扶贫歌曲创作汇报音乐会、“党啊，亲爱的妈妈”——喜迎党的十九大胜利召开音乐会等；也有独具特色的家风故事音乐会等。

2017 年，北京地区开展了多种多样的音乐活动。国家大剧院举办了周末音乐会系列演出、2017 国际钢琴系列演出、国家大剧院歌剧节·2017、国家大剧院五月音乐节，北京交响乐团举办了 2017 音乐季，北京音乐厅举办了 2017 国际古典乐系列演出季，中央民族歌舞团举办了 2017 春季演出季，北京市文化局主办的“首都市民音乐厅”，中央音乐学院主办的第十五届北京现代音乐节、第二届中央音乐学院钢琴音乐节、第十届中央音乐学院·北京国际室内音乐节，中山公园音乐堂举办的“八喜·打开艺术之门——2017 暑期艺术节”，北京音乐厅举办的 2017 年“打开音乐之门”暑期系列活动，文化部和北京市人民政府主办的第二十届北京国际音乐节以及 2017 中国大学生音乐节、第四届“拉美艺术季”之“加勒比音乐节”、2017 北京音乐生活展、第四届“北京 Musethica 公益音乐周”、“为你歌唱”第七届北京合唱节暨第四届“北京之声”首都市民合唱周、第十九届北京平谷桃花音乐节、第十二届北京九门爵士音乐周、“艺术之音　时光印记——世界音乐剧大事记及天桥艺术中心回顾展”等活动。

2017 年，北京地区举办了第六届华乐论坛暨“新绎杯”杰出民乐演奏家评选、第七届“卡丹萨”杯全国青少年中国钢琴作品演奏比赛全国总决赛、第八届施坦威全国青少年钢琴比赛总决赛暨第 81 届施坦威国际青少年钢琴比赛中国区总决赛等重要赛事。这些赛事和评奖活动，在一定范围和一定程度上促进了北京地区音乐创作、音乐演出水平的提高。

2017 年，在北京举办了对象不同、视角不同的若干音乐方面的研讨会。有以乐器为研讨对象的第六届全国乐器学研讨会，有关于音乐课程设置的全国高等音乐艺术院校基本乐科课程建设学术研讨会，有以北京民歌为切入点的北京市文联系统北京民歌创作研讨会，有关注歌剧创作的第二届北大歌剧论坛、中国民族歌剧创作座谈会和“华语音乐剧未来发展”论坛，有以儿童歌曲创作为视角的“美焕文心少儿歌曲创作研讨会”，有以音乐产业为讨论内容的 2017 第四届音乐产业高端论坛，还有一些针对具体音乐作品的研讨会，如歌剧《星星之火》专家研讨会、民族管弦乐音乐会“我的祖国”首演专家研讨会等。

2017 年，北京地区的国际音乐交流活动十分频繁。到北京演出的外国音乐表演团体和艺术家有乌克兰国家交响乐团、意大利协奏团、波兰爱之花园古乐团、挪威特隆赫姆独奏家乐团、俄罗斯莫斯科当代乐团、新加坡国家青年华乐团、丹麦国家合唱团、西班牙瓦伦西亚室内乐团、美国旧金山歌剧院、比利时透明歌剧院、德意志不来梅室内爱乐乐团等。外国艺术家到北京演出的有波兰钢琴家亚当·科斯米埃加，印度演奏家达伦·巴塔查亚、塔布苏布汉卡·班纳吉，法国钢琴家米哈伊·鲁迪，美国男中音歌唱家托马斯·汉普森，德国男高音歌唱家乔纳斯·考夫曼和钢琴家赫尔穆特·多伊奇，德国花腔女高音歌唱家戴安娜·达姆娆，马来西亚歌手梁静茹，美籍华裔歌手范玮琪等。此外，百老汇音乐剧《魔法坏女巫》《金牌制作人》也相继登陆北京的舞台。

北京地区的音乐表演团体赴国外演出的有中国交响乐团赴马尔代夫举行庆祝中马建交 45 周年音乐会，北京交响乐团赴美国、加拿大进行“欢乐春节”巡回演出活动，中央音乐学院赴印度举办“中国故事印度行”专题音乐会，国家大剧院管弦乐团赴阿布扎比艺术节演出音乐会，紫禁城室内乐团赴瑞典卷音乐会，中央歌剧院赴意大利、斯洛文尼亚演出歌剧《蝴蝶夫人》和歌剧《红军不怕远征难》，中国交响乐团赴韩国举办“中韩建交二十五周年专场音乐会”，国家大剧院管弦乐团美国巡演

2017 年，国内一些音乐表演团体和个人到北京演出，丰富了北京地区的音乐舞台。其中包括陕西爱乐乐团在北京演奏的交响音画《大秦岭》，湖南省交响乐团在北京演出的大型交响合唱《通道转兵组歌》，山西省歌舞剧院民族乐团在北京演出的民族管弦乐组曲《山西印象》，夏征农民族文化教育发展基金会在北京演出的大型原创音乐剧《凤凰浴火》，新疆特克斯县歌舞团在北京演出的哈萨克民族音乐剧《黑眼睛》，内蒙古通辽市民族歌舞团在北京演出的视听音乐会“敖包相会的地方”——庆祝内蒙古自治区成立 70 周年科尔沁音乐巡礼，上海华人希杰文化发展有限公司在北京演出的百老汇音乐剧《变身怪医》，浙江交响乐团在北京演出的音乐会和大型交响诗《鲁迅》，沈阳音乐学院·北方女子民歌合唱团在北京演出的“东北风”——北方女子民歌合唱团音乐会，天津音乐学院在北京演出的“华韵凡音”民族室内乐专场音乐会，上海安可艺术团在北京演出的音乐剧《致命咖啡》和鄂伦春乌兰牧骑在北京演出的歌舞诗剧《山岭上的人——鄂伦春》等。

中国香港和台湾地区也有一些团体到北京进行交流，包括香港管弦乐团在北京保利剧院演出的“原版”瓦格纳歌剧《女武神》，香港话剧团在天桥演艺中心中剧场演出的音乐剧《顶头锤》，台湾音乐导聆家连纯慧做客北京天桥艺术中心“时间旅行者文艺沙龙”等。

2017 年，指挥家黄飞立、钟立民、严良堃、徐锡宜等音乐家的离世，是北京音乐界不可弥补的损失。在对他们进行缅怀的同时，还开展了纪念张韶教授诞辰 90 周年学术活动，举办了纪念指挥家李德伦诞辰 100 周年音乐会、纪念林耀基教授诞辰 80 周年音乐会、纪念邱大成逝世二十周年系列活动。人们会铭记他们为北京音乐发展所做出的贡献。

2017 年，北京地区还从不同角度开展了音乐的培训和教育，出版了一系列的音乐书籍与音乐作品，启动了中国网音乐中国频道，为北京地区的音乐发展奠定了更加坚实的基础。

(张燕鹰)

机　构

【文化部老艺术家管弦乐团】 2 月，在文化部有关部门的批准下，文化部老艺术家管弦乐团在北京成立。该团是文化部离退休人员服务中心领导的公益性文化团体，也是我国第一个由国家级艺术院团离退休优秀艺术家组建的管弦乐团。成员来自文化部直属艺术院团的离退休艺术家及社会爱乐人士。该团主要成员有王春生、娄巍、张金春、王书礼、薛淳、郑凯林、关庆武、刘彭、孙凤英、丁冀伟、郭青、高大力、邵大钊等，团长照日戈图，首席客座指挥汤沐海。

(张燕鹰)

【“一带一路”音乐教育联盟】 5月5日，“一带一路”音乐教育联盟成立大会在中央音乐学院召开。参加成立大会的有教育部国际司司长许涛，北京市委副秘书长郭广生和中国10多所音乐院校校长和15所“一带一路”沿线国家音乐院校的院长、学者与音乐家。该联盟有成员院校61所，包括37所国外院校和24所国内院校。该联盟拟开展沿丝路相关国家音乐文化传统与现状的交流，搭建各国音乐文化交流的学术平台；加强与相关国家音乐学院间的教育教学合作，建立音乐教育交流与合作机制，探讨合作办学、教师培训、学生互换访学等问题。

（崔 渊）

【中国歌剧学研究中心】 9月12日，中国艺术研究院与北京大学歌剧研究院签署协议并共同成立中国歌剧学研究中心。中心人员构成以北京大学歌剧研究院为主体。双方将共同开展歌剧史、歌剧学、中外歌剧比较、歌剧创作与表演、歌剧评论等相关研究，创建中国歌剧学基础理论体系。在此基础上，制定中国歌剧学的教学大纲，共同编写教材。同时创办歌剧学学术刊物、进行学术活动。该次合作旨在加强高校与科研院所的合作，实现优势资源共享，提升院校学科建设与优秀艺术专业人才的培养质量。为中国歌剧学术体系建立进行实践探索和理论准备。

（崔 渊）

【中国乐派高精尖创新中心】 10月9日，中国乐派高精尖创新中心在中国音乐学院举行揭牌仪式。音乐家祖宾·梅塔、多明戈、叶小纲、刘辉、徐昌俊、胡志平、阎维文、丹妮丝·格费丝、阿里·瓦迪等人担任特聘教授。中心以《中国音乐大典》编纂工程、中国声乐艺术建设、“一带一路”东方音乐研究以及中国音乐对外传播交流四个方向为支撑建设，预计在未来五年内汇聚国内外顶级音乐人才，将文化创新与人才培养相结合，构建中国音乐理论研究、创作、表演的龙头基地。

（崔 渊）

【孙家馨教授声乐大师工作室】 12月1日，孙家馨教授声乐大师工作室在陈经纶中学举行揭牌仪式。中国花腔女高音歌唱家、声乐教育家孙家馨以及美国达特茅斯学院教授董夔、钢琴家董萱担任指导专家。为学生全面发展搭建平台。

（崔 渊）

作 品

【轻歌剧《风流寡妇》】 1月18日，由国家大剧院制作的轻歌剧《风流寡妇》在国家大剧院歌剧院首演。三幕轻歌剧《风流寡妇》是维也纳轻歌剧兴盛时期的代表作，讲述了年轻姑娘汉娜在举行婚礼当天丈夫去世，她成了富甲一方的寡妇，男士们都争先恐后地想与其结婚，最终在蓬特威德罗国驻巴黎大使泽塔的撮合下，汉娜与旧情人解除误会重修旧好的故事。奥地利指挥家托马斯·勒斯纳担任指挥，乌戈·德·安纳任导演，宋元明、托马斯·莱斯克、埃琳娜·罗西、保罗·阿明·埃德尔曼、玛利亚·穆德拉克和保罗·法纳莱、刘嵩虎、伊力多斯等国内外歌唱家参演。

（崔 渊）

【音乐剧《焦裕禄》】 3月24日，由中国歌剧舞剧院制作的原创音乐剧《焦裕禄》在天桥艺术中心首演。全剧分为“泡桐树下的回忆”“兰考的冬天”“敢叫日月换新天”“我是兰考的儿子”“兰考的春天”以及尾声6个部分，讲述了焦裕禄在河南兰考担任县委书记期间的事迹。编剧、作词妮南，作曲刘彤，总导演吴楠，主演余音。

（崔 渊）

【音乐剧《你若离开，我便浪迹天涯……》】 4月5日，由国家话剧院、三拓旗（北京）文化传媒有限公司联合出品的音乐剧《你若离开，我便浪迹天涯……》在国家话剧院首演。该剧讲述了一家三代人之间的隔阂、理解和爱，通过音乐、舞蹈等多种形式表现人物的情感冲突与价值追求，试图唤起更多年轻人关照老人、关注家庭。赵淼担任导演兼编剧，词曲樊冲，指挥彭龙，编舞俞辰曦，荔莘、汪玥、史妍、吴俊达参演。

（崔 渊）

【音乐剧《阿尔兹记忆的爱情》】 4月5日，音乐剧《阿尔兹记忆的爱情》在北京保利剧院首演。该剧讲述了热恋中的女孩郑雅弦患上阿尔兹海默症，逐渐失去记忆、忘掉爱人。男友吴智哲依然不离不弃，努力为她找寻记忆的故事。韩红担任音乐总监和作曲，并为该剧独立创作了28首作品，田沁鑫编剧并执导，谭维维、王铮亮、郑棋元、阿云嘎、黄绮珊、金志文、刘维、张可盈等歌手参演。

（崔 渊）

【诗词吟唱剧《思美人》】 5月10日，由北京师范大学文学院、北京青春你好文化传媒有限公司、北京文心汇影文化传播有限公司联合出品的校园古典诗词吟唱剧《思美人》在北京师范大学首演。该剧分为土、金、火、木、水五幕，以古典诗词吟唱为核心，集民族器乐、东方古典舞、传统礼仪、历史事实、民间风俗等于一体，刻画了屈原的形象。北京师范大学南山诗社歌队现场吟唱了《云中君》《思美人》《楚丘游猎》等屈原经典诗赋作品。编剧杨昆，导演武英洁，刘智晗担任吟唱曲目创作。

(崔 渊)

【音乐剧(剧场版)《冰季·风季·木季》】 6月7日，北京舞蹈学院大学生原创音乐剧(剧场版)《冰季·风季·木季》在剧空间剧场首演。该剧通过青葱男孩林觉、北漂奋斗女童桐等代表人物在一座城市发生的差异化故事，生动地重现了当下年轻人在亲情、友情、爱情以及梦想和事业上的困惑。编剧吴瑛琪，作曲屈云龙，作词魏维佳，编舞戴赟、郑子豪，总导演曲宁，主演王凌毅、刘蓉、柳佩瑶、王晨旭、李爽、朱婧怡、李金洋等。

(崔 渊)

【歌剧《红色娘子军》】 6月14日，由中央歌剧院、中共海南省委宣传部和海南省文联共同推出的大型原创民族歌剧《红色娘子军》在国家大剧院首演。该剧根据同名电影《红色娘子军》及京剧改编，对同名芭蕾舞剧有所借鉴。主要讲述了在20世纪30年代的海南岛上，穷苦女孩吴琼花被椰林寨民团团总、恶霸地主南霸天强抢为奴，后来在党代表洪长青的帮助下逃离樊笼，加入红色娘子军，并最终成长为一名革命战士的故事。编剧王艳梅、王持久、陈道斌，作曲朱嘉禾、王艳梅，指挥杨洋，导演王湖泉，主演王庆爽、韩钧宇、金川、刘玉、李想等。

(崔 渊)

【中文版音乐剧《想变成人的猫》】 6月23日，日本四季剧团授权中文版家庭音乐剧《想变成人的猫》在北京保利剧院首演。该剧由四季欢歌(北京)文化艺术有限公司引进并创排。该剧改编自美国儿童文学家劳埃德·亚历山大的同名小说。讲述了一只憧憬着人类生活的猫咪莱奥尼，在主人的魔法下如愿变成人，并与所在小镇的镇民相处、相知，尝到了人间之爱的故事。导演赵永斌，编舞八子真寿美[日本]，主演李响、卜志岩、林强、葛长城、刘畅、刘微等。

(崔 渊)

【民族器乐剧《玄奘西行》】 7月7日，由文化部、财政部立项，中央民族乐团、中南集团联手打造的民族器乐剧《玄奘西行》在天桥艺术中心首演。该剧以玄奘西行取经的丝绸之路上的历史故事为题材，分为《大乘天》《佛门》《一念》《潜关》《问路》《遇险》《极乐》《高昌》《普度》《雪山》《中国城》《祭天》《菩提》《那烂陀》《如梦》《大唐》《归一》17个章节，将器乐视为设定人物与故事的逻辑起点，为乐器定制了与之匹配的人物与故事情境。南箫、古筝、胡琴、琵琶、唢呐、扬琴、箜篌、艾捷克、热瓦普、冬不拉、萨塔尔、手鼓、鹰笛、西塔尔琴、塔布拉鼓等民族乐器悉数登场。作曲、编剧、总导演姜莹，指挥叶聪、刘沙。

(崔 渊)

【民族歌剧《金沙江畔》】 7月28日，由国家大剧院打造的民族歌剧《金沙江畔》在国家大剧院首演。该剧改编自陈靖的同名小说，讲述了红军先遣团在团长金明的带领下，成功攻破敌军，以严明的纪律和民族政策消除藏族姑娘卓玛对红军的误会，赢得藏区土司桑吉的信任，成功借道，使红军主力得以继续北上的故事。编剧冯柏铭、冯必烈，作曲雷蕾，导演廖向红，指挥张国勇，主演王凯、王泽南、王喆、王丽达、刘珊、陈冠馥、关致京、黄延明、王宏尧、张卓等。

(崔 渊)

【歌剧《特里斯坦与伊索尔德》】 8月23日，由国家大剧院与美国大都会歌剧院、波兰华沙国家歌剧院、巴登巴登节日剧院联合制作理查德·瓦格纳歌剧《特里斯坦与伊索尔德》在国家大剧院歌剧院首演。该版歌剧将原本发生在苏格兰与爱尔兰的剧中故事移植到一艘现代战舰上。分别来自苏格兰与爱尔兰两个国家的特里斯坦与伊索尔德在昏暗、密闭的船舱中上演至死不渝的爱情大戏。波兰导演特雷林斯基执导，吕绍嘉指挥，杰·亨特·莫里斯、安·彼得森、艾琳娜·瑞德科娃、李晓良等参演。

(崔 渊)

【歌剧《林徽因》】 8月25日，中国歌剧舞剧院原创现代民族歌剧《林徽因》在天桥艺术中心正式公演。歌剧分为两幕，各有四场，该剧讲述了林徽因主要的人生节点。该剧曾于2017年5月在北京保利剧院试演。编剧庄一，作曲金培达，总导演田沁鑫，复排导演李利星，指挥周丹等，主演陈小朵、高鹏等。

(崔 渊)

【音乐剧《隐婚男女》】 9月15日，原创音乐剧《隐婚男女》在天桥艺术中心首演。该作品根据导演李伯男的同名话剧改编，讲述一对年轻夫妻为求职而隐婚的故事。编剧高瑞嘉、魏诗泉，导演高瑞嘉，词曲魏诗泉，编舞刘艾，主演崔秀丽、王培杰、王维申、吴泳宏、王玉冰、许沁、刘牧、吴梦芸等。

(崔 渊)

【交响诗《鲁迅》】 9月25日，为纪念鲁迅逝世80周年，由中国文学艺术界联合会指导，浙江省委宣传部、鲁迅文化基金会、中国音乐家协会、浙江省文化厅主办的大型交响诗《鲁迅》在国家大剧院演出。作品选取了鲁迅不同时期、不同体裁的作品，以独唱、重唱、朗诵等形式呈现。叶小纲，吕嘉执棒浙江交响乐团，濮存昕、王威、朱慧玲、石倚洁、刘嵩虎、沈洋参演。

（崔　渊）

【民族歌剧《玛纳斯》】　10月1日，中央歌剧院推出的原创民族歌剧《玛纳斯》在天桥剧场首演。该剧根据新疆克孜勒苏柯尔克孜族的传说改编，描绘了英雄玛纳斯及其子孙八代领导族人为争取自由而斗争的故事。编剧王晓岭，作曲许舒亚，导演王延松，指挥杨洋，主演刘怡然、郭橙橙、牛莎莎、袁晨野等。

（崔　渊）

【歌剧《兰花花》】　10月1日，由国家大剧院打造的原创歌剧《兰花花》在国家大剧院首演。歌剧运用陕北民歌《兰花花》《天下黄河九十九道弯》等素材，以民间流传的姬延玲的凄美爱情故事为背景，运用意大利歌剧艺术表现手法，展现了戏剧舞台艺术在当下发展语境中中西融合的新样态。作曲张千一，编剧赵大鸣，导演陈薪伊，张国勇执棒，赵丽丽、关致京、薛皓垠、张英席等青年歌唱家与国家大剧院合唱团、国家大剧院管弦乐团、青岛交响乐团共同参演。

（崔　渊）

【音乐剧场《我们的爱情故事》】10月11日，由中国东方歌舞团打造的音乐剧场《我们的爱情故事》在天桥艺术中心首演。该剧以“爱情”为主题，采用了“音乐剧场”的表现形式，融歌、舞、剧于一体，汇聚了歌剧、流行歌曲等音乐元素，集结了弗拉门戈、探戈、踢踏等舞蹈。通过演绎一个爱情故事，串联起40余首经典唱段。主要唱段有袁岱演唱的《巴黎圣母院》选曲《跳舞吧，埃斯米拉达》，崔京浩演唱的《我的野蛮女友》主题歌《我相信》，西尔艾力演唱的《巴黎圣母院》中的《大教堂时代》和吉他弹唱《花儿为什么这样红》，郭蓉演唱的《保镖》《歌剧魅影》等。总导演周莉亚。

（崔　渊）

【音乐剧《秋裤和擀面杖》】　10月19日，原创音乐剧《秋裤和擀面杖》在天桥剧场首演。该剧以母女亲情为主线，将视线投向北漂一族的现实生活窘境，从群舞演员这一小人物的视角映射出了当代年轻人在生活与梦想之间的游离，探讨了选择大城市还是小城市、梦想是否应该坚持等话题。编剧张文潇、李猛，词曲李猛，导演张文潇，参演曹博、杨竹青、帕拉萨特·巴合提、国恩龙、牛俊杰、张嘉宇、肖永轩、王靖棋、李晨、赵梓岑、林洁、王依梦、张嘉慧、钱子杰等。

（崔　渊）

【音乐剧《雪孩子》】　10月21日，由北京手拉手剧团打造的音乐剧《雪孩子》在北京剧院首演。该剧讲述了一个善良的小雪人为了帮助别人最终融化了自己的故事。剧中使用现代管弦乐和现代流行音乐的配器形式，演唱方式有独唱的咏叹调、宣叙调，还有二重唱、四重唱，包括新创音乐共40余首。编剧王堃，音乐总监张小柯，舞蹈总监张薇，导演赵宇。

（崔　渊）

【国乐剧《春江花月夜》】　10月28日，由北京民族乐团制作的国乐剧《春江花月夜》在民族文化宫大剧院首演。该剧讲述了张若虚与其作品《春江花月夜》的传奇故事。剧中使用琵琶、笛子、箜篌、二胡、京胡、笙等传统乐器演奏，融合了京剧音乐元素，致敬经典古曲和京剧唱腔《春江花月夜》。编剧李轻松，作曲刘青，唱腔设计宋昊宇，导演宫凯波导演，林羽、何怡与北京民族乐团玖乐室内乐组合共同演绎。

（崔　渊）

【歌剧《法斯塔夫》】　12月3日，由国家大剧院与维也纳国家歌剧院联合制作的威尔第歌剧《法斯塔夫》在国家大剧院首演。《法斯塔夫》是歌剧作曲家威尔第创作生涯的最后一部作品，歌剧主人公法斯塔夫是取材自莎士比亚文学经典的胖骑士，因向两位女性同时送出内容相同的情书，在舞台上被众人“整治”了一番。指挥雷纳托·帕伦波，导演大卫·麦克维卡，罗伯特·德坎迪亚、拉凯莱·斯塔尼西、菲利普·波里内利、石倚洁等中外歌唱家参演。

（崔　渊）

活　动

【“紫燕衔春”新年民族音乐会】1月1日，由北京演艺集团主办的2017“紫燕衔春”新年民族音乐会在民族文化宫大剧院上演。该音乐会演奏了民族管弦乐《春节序曲》《龙跃东方》，台湾民谣合奏《声动桃园》，京腔京韵的《霸王别姬》，台湾高山族音乐《丰年祭》，琵琶协奏曲《京城鼓韵》等。指挥邵恩、瞿春泉，北京民族乐团与中国台湾桃园市国乐团联袂演出。

（崔　渊）

【周末音乐会系列演出】 1月8日，国家大剧院艺术普及及教育品牌“周末音乐会”进行了2017年的第一场演出。演出节目为“指挥家系列”中的现代歌剧《梦临汤显祖》，由彭家鹏执棒，上海音乐学院交响乐团、上海音乐学院合唱团与歌唱家廖昌永、董芳、周正等联袂出演。在国家大剧院运营十周年之际，艺术普及及教育品牌特别策划了“十周年主题系列活动”，包括“家庭音乐会系列”“指挥家系列”等6大系列50场精彩演出。

（崔 渊）

【2017北京新年新画音乐会】 1月9日，由北京文化发展基金会主办，北京翰宇博奇文化传播有限公司等公司承办的“2017北京新年新画音乐会”在北京保利剧院上演。音乐会由“写影写意”“古风古韵”“中西融合”3个篇章组成。以纪录片的方式展现了刘勃舒、何韵兰、老甲等21位中国书画家的艺术观点及作品。升腾乐队的王鹏、喻晓庆、德吉措、梁旭、贡秋卓玛参加了表演。

（崔 渊）

【“新春祝福之欢乐颂”音乐会】 1月12日，中国交响乐团“新春祝福之欢乐颂”音乐会在国家大剧院音乐厅上演。中国交响乐团携手美籍乌拉圭指挥家何塞·塞雷布里埃，演奏了交响曲《卡门》全部章节以及肖斯塔科维奇《牛虻》组曲(选段)。

（崔 渊）

【2017国家大剧院国际钢琴系列演出】 1月15日—12月14日，国家大剧院举办2017国际钢琴系列演出。2017年的国际钢琴系列共有16位钢琴家登台，包括“一代宗师”板块的克里斯蒂娜·欧蒂丝、梅内海姆·普莱斯勒、斯蒂芬·科瓦切维奇等人；“魅力学派”板块的尼克莱·德米登科、让-马可·路易沙达等名家；“独步天下”板块的埃莱娜·格里莫、安德烈·加夫里洛夫等人；“天生赢家”板块的张昊辰、丹尼尔·特里夫诺夫等青年钢琴家。

（崔 渊）

【“龙凤呈祥”——全球华人新春音乐盛典2017在国家大剧院举办】 1月26日，“龙凤呈祥”——全球华人新春音乐盛典2017在国家大剧院举办。音乐会由吕嘉指挥，国家大剧院管弦乐团、国家大剧院合唱团演出了小约翰·斯特劳斯的《皇帝圆舞曲》，肖斯塔科维奇的清唱剧《森林之歌》选段《给祖国披上森林绿衣》，瓦格纳的代表性作品《唐豪瑟》中的第二幕《神圣的大厅向你致敬》，鲍元恺作曲的《炎黄风情》选曲《对花》和《太阳出来喜洋洋》，歌剧《长征》选段《祝愿你们翻过神山》等。此外，吴蛮演奏了琵琶与弦乐队协奏曲选段《快板》《那不勒斯之歌》《三驾马车》，大提琴演奏家田博年演奏了《匈牙利狂想曲》，小提琴演奏家杨天娲演绎了《卡门幻想曲》。钢琴家赵梅笛演奏了《A大调第二十三钢琴协奏曲》第三乐章，沈凡秀用管风琴演奏了《金蛇狂舞》，和慧演唱了歌剧《拉·瓦利》选段《再见，我将远去》，石倚洁演唱了歌剧《微笑王国》选段《你是我(心)的一切》。

（张 鑫）

【“珍琴流芳——传世京胡撷萃”展览】 2月15日—3月15日，“珍琴流芳——传世京胡撷萃”展览在国家大剧院艺术沙龙展厅举办。展览共展出楼庄东收藏的京胡逾五十把，其中年代最久的京胡已超过百年。展品主要为晚清以来的珍品，分为“名家用琴”“名铺造琴”“先贤老琴”“特材制琴”“慈严遗琴”和“纪念版琴”六个部分。其中，“名家用琴”不仅有晚清时期著名琴家梅雨田、孙佐臣的珍贵用琴，有京剧学者陈彦衡、陈道安的教学用琴，有徐兰沅的用琴和他制作的琴，还有该次展览的亮点，民国时期京、津、沪的“名铺造琴”，展示了马良正、史善朋、洪广源、吕顺昌、周井千的胡琴名工造坊制作的京胡。

（张 鑫）

【北京交响乐团2017音乐季】 2月24日—12月6日，北京交响乐团2017音乐季在北京举行。该音乐季北交共完成演出30余场。其中包括与国内外指挥家、演奏家的合作演出，“中华情怀”系列演出，“首都市民音乐厅”系列演出和为迎接中共十九大召开举办的“优秀作品展演”等。

（崔 渊）

【北京音乐家协会摇滚音乐分会举行周年庆活动】 3月19日，北京音乐家协会摇滚音乐分会成立一周年庆典活动在北京市文联礼堂举行。该分会秘书长石梓禾总结了该分会2016年的工作，提出了2017年的工作计划。当日，来自中外的音乐艺术家们进行了摇滚音乐交流演出。

（崔 渊）

【北京音乐厅2017国际古典乐系列演出季】 3月31日—12月8日，北京音乐厅2017国际古典乐系列演出季在北京音乐厅举办。期间上演了13场古典音乐会，接待观众1万余人次，近一半演出上座率达到80%。来自中国、法国、瑞典、意大利等国的艺术家参与演出。

（崔 渊）

【国家大剧院歌剧节·2017】 4月9日—7月9日，国家大剧院歌剧节·2017在北京举办。该届歌剧节以“交融·回响”为主题。期间上演了国家大剧院制作的歌剧《假面舞会》《玫瑰骑士》《方志敏》《阿凡提》，国家大剧院与马林斯基剧院联合制作的尼采蒂歌剧《拉美莫尔的露琪亚》，中央歌剧院制作的歌剧《红色娘子军》，中国歌剧舞剧院制作的歌剧《小二黑结婚》和“名家经典之夜”——中央歌剧院2017演出季交响音乐会等8台节目，共进行了29场演出。歌剧节期间还举办了相关的主题讲座、特色展览等多种活动。其中，“2017国家大剧院电影展”主题活动，国内外剧院的29部歌剧电影在全国10个城市展映。此外还举办了“国家大剧院建院十周年歌剧制作与创作研讨会”“百场歌剧电影进校园”等活动。

（崔　渊）

【2017中国大学生音乐节在京启动】 4月11日，2017中国大学生音乐节暨中国中东欧国家文化季高校行项目在北京启动。该活动覆盖350所大学，以打造“超级音乐IP”为主要形式，在太原、济南、南京、南昌、成都、广州等10个城市进行巡演。通过中国大学生与中东欧各国艺术家之间的互动交流，融合比赛、演出、讲座、展览等形式，以期将音乐文化、艺术教育、文化旅游等紧密结合，为中国的青年群体提供一个多元化、高水准、国际化的文化视野平台。

（崔　渊）

【中央民族歌舞团2017春季演出季】 4月23日—28日，中央民族歌舞团2017年“春暖花开”春季演出季在民族剧院举办。期间共上演了四场演出，包括“请你跟我一起来”——中央民族歌舞团公众开放日开幕演出，重庆市民族歌舞团、重庆市黔江区职教艺术团打造的原创民族风情歌舞诗剧《濯水谣》，中央民族歌舞团原创舞剧《仓央嘉措》和中央民族歌舞团为庆祝内蒙古自治区成立70周年举办的《草原赞歌》音乐会。

（崔　渊）

【“首都市民音乐厅”交响乐专场音乐会】 4月24日，由北京市文化局主办的“首都市民音乐厅”交响乐专场音乐会在通州文化馆举行。此次活动标志着“首都市民音乐厅”公共文化服务品牌在通州的正式启动。该音乐会以“助力北京城市副中心建设，创建首都公共文化服务示范区”为主题，是北京交响乐团2017年“首都市民音乐厅”50场公益演出之一。音乐会演奏了吴祖强、杜鸣心作曲的舞剧《红色娘子军》中的《序曲》《操练舞》，罗西尼歌剧《威廉·退尔》序曲（选段），约翰·施特劳斯名曲《狩猎波尔卡》，比才歌剧《卡门》序曲以及刘铁山、茅沅的《瑶族舞曲》等作品，指挥焦飞虎。

（崔　渊）

【国家大剧院五月音乐节】 4月27日—5月27日，国家大剧院五月音乐节在北京举办。该届音乐节以“聆听贝多芬”为主题，共举办了17场音乐会和19场公益演出。特别是在公益演出中，吕思清、沈凡秀等著名演奏家，美杰三重奏、龙四重奏、朱亦兵大提琴乐团、国家大剧院管弦乐团、合唱团及国家大剧院驻院歌唱家、英国皇家北方小交响乐团、特隆赫姆独奏家乐团、哈灵爵士乐队等众多国内外艺术家与团体，到北京市行政副中心、故宫博物院、国家博物馆、协和医院、亦庄经济开发区以及学校、企事业单位等地进行展演，让室内乐的优美旋律响彻了京城的各个角落。

（崔　渊）

【国家大剧院五月音乐节首场公益演出】 4月27日，国家大剧院五月音乐节“走出去”公益演出的首场演出在通州区台湖镇北京新城职业学校礼堂举行。小提琴演奏家吕思清演奏了小提琴独奏曲《花儿为什么这样红》和小提琴协奏曲《梁山伯与祝英台》选段。金郑建、王鹤翔、李欣桐、刘嵩虎四位国家大剧院驻院歌剧演员为观众演唱了《草原上升起不落的太阳》《我的太阳》《手挽手》等中外歌曲，还有歌剧《卡门》《蝴蝶夫人》《魔笛》《风流寡妇》中的经典咏叹调和歌剧《茶花女》的著名咏叹调“饮酒歌”。

（张　鑫）

【第四届拉美艺术季之加勒比音乐节】 4月29日—5月1日，由文化部外联局主办、中国对外文化集团公司承办的第四届“拉美艺术季”之“加勒比音乐节”在798艺术区玫瑰之名艺术中心举办。“拉美艺术季”是第17届“相约北京”艺术节之“潮流音乐节”的特设板块，来自海地的沃克斯·桑布乐队、厄瓜多尔的维克多乐队、智利的民谣歌手达米安·罗德里格斯、秘鲁母女乐队、墨西哥的贝兰诺瓦乐队等演出团体及艺术家在该届音乐节进行了表演。

（崔　渊）

【国家大剧院第四期“青年作曲家计划”展演】 5月1日—11月8日，国家大剧院第四期“青年作曲家计划”展演在国家大剧院举办。该期青年计划于2016年3月启动，2017年1月结束复评，共收到了67部参选作品，最终评选出12部作品参加展演。这12部作品分别是曹胜男的《森之图》、王阿毛的《画音藏域》、王姝慈的《深渊》、吕文彬的《第八奇迹》、张志亮的《纵目青铜》、刘健的《“落水天”不打伞》、段炼的《北魏回响》、缪薇薇的《诗三则》、盛萌的《星空下的原野》、李博的《飞寒》、蔺锡鹏的《暗月·晚风》、段伯阳的《百鬼夜行》。参加演出的团体有中央歌剧院交响乐团、北京交响乐团、中国电影交响乐团、中国国家芭蕾舞团交响乐团、国家大剧院管弦乐团。

（崔　渊）

【中美“新丝路探索者”乐队中国巡演首场音乐会】 5月2日，由中央音乐学院主办，学院中外音乐文化交流与体验基地及音乐孔子学院办公室策划并制作的“用音乐理解中国”——“新丝路探索者”乐队中美文化分享之旅首场演出在中央音乐学院歌剧音乐厅举办。音乐会将中国民歌与美国爵士乐、乡村音乐相结合，演奏了蓝调版的《康定情歌》、爵士版的《茉莉花》以及《琴弦和鸣》《律动的紫竹调》《二泉听月》等新老作品。还有以美国作曲家格什温的《我找到了节奏》为主题，用中国扬琴、美国扬琴、六弦提琴、木鱼、箫等乐器重新演绎的《感·动》。

（崔　渊）

【2017北京音乐生活展】 5月5日—7日，由中国乐器协会、上海国展展览中心有限公司共同举办的2017北京音乐生活展在北京展览馆举行。跨行业融合和沉浸式体验是该次展览最大的特点。此次展览启用了北京展览馆的全部10个展厅，分为“国风”“西韵”“跨乐”和“乐学”4个主题。国风馆集中展示了我国民族乐器和传统文化的魅力，除“敦煌”“乐海”“虎丘”三大民乐品牌外，一批新兴民乐及文化品牌别出心裁的亮相也是该次展览的一大亮点；西韵馆着力打造将钢琴、管弦乐等西方乐器有机融入日常生活的全新空间；跨乐馆以科技和时尚来提高人们的音乐生活品质为主题；乐学馆更注重音乐教育。除展览外，主办方还精心打造了包括高端论坛、对话大师、艺术沙龙、精品展中展以及现场演奏等多种形式的主题活动。

（张　鑫）

【第十五届北京现代音乐节】 5月21日—27日，由教育部、文化部支持，中央音乐学院主办的第十五届北京现代音乐节在北京举办。期间共上演了12场音乐会，举办了6场讲座、大师班。该届音乐节汇集了苏格兰作曲家詹姆斯·麦克米兰，波兰钢琴演奏家亚当·科斯米埃加与来自德国、法国、英国等国家和地区的数十位音乐家。参加演出的有中央音乐学院交响乐团、天津交响乐团、法国摩登时代乐团、莫斯科当代乐团、琥珀四重奏等国内外乐团。该音乐节活动期间还演出了杜鸣心、陈丹布、秦文琛等中国作曲家的作品。

（崔　渊）

【第四届“北京Musethica公益音乐周”】 5月22日—24日，由北京保利紫禁城剧院管理有限公司与以色列驻华大使馆主办的第四届“北京Musethica公益音乐周”在北京举行。该活动由以色列的中提琴演奏家艾维·列维坦创立于2014年。该届音乐周的主题是“关爱老年人”。期间，艾维与中央音乐学院的青年吉他演奏家王楚婷，走进北京乐城国际学校、北京双井恭和苑养老机构、北京市昌平区舒耘听力语言康复中心以及黄昏黎明俱乐部，共上演了9场公益音乐会。

（崔　渊　　张　鑫）

【“与梦飞翔”少儿歌曲创作大赛颁奖音乐会】 5月24日，“与梦飞翔”少儿歌曲创作大赛颁奖音乐会在首都师范大学大学生活动中心举行。该次音乐会是第一届首都师范大学艺术季的活动之一。颁奖音乐会上演出了《新少年畅想曲》管乐合奏、《六一我的家》、《梦里我是一条鱼》、《无忧岛》、《小兄弟》、《小木马》、《摆树叶》、《植物大战僵尸》、《小兔乖乖》、《奇幻心愿》、《月上玉泉》、《童心是一粒种子》、《故乡的红蜻蜓》、《山和海》为童声合唱与钢琴而作(2015)、《心随音动》、《梦回童年》、《姥姥抱抱》、《孩子孩子快醒来》、《小池》、《脚印》、《威海卫》和《逐梦少年》等此次大赛新推选出的获奖作品。

（崔　渊）

【第七届北京合唱节】 5月26日—12月5日，由中国音乐家协会、北京市文学艺术界联合会发起，北京音乐家协会、北京市教育委员会主办的“为你歌唱”第七届北京合唱节暨第四届“北京之声”首都市民合唱周在北京举行。合唱节期间举办了开闭幕式、合唱普及讲座、合唱新作品推荐会、群众合唱指挥法大赛、合唱比赛、专场音乐会、基层慰问演出、合唱指挥培训课、原创合唱歌曲集出版10个大项目、若干子项目活动。在合唱比赛的分组设置上，除原先的小合唱组、中青年组和老年组之外，首次增加了少年组与阿卡贝拉组，并采取现场打分、现场亮分方式评选。闭幕式上，北京第一实验小学合唱团、西城区展览路第一小学金帆合唱团等合唱团分别演唱了《富强歌》《民主歌》《文明歌》等《社会主义核心价值观少儿声乐套曲》中的12首曲目。

（崔　渊）

【第二届中央音乐学院钢琴音乐节】 5月28日—6月2日，以“纪念贝多芬逝世190周年”为主题的第二届中央音乐学院钢琴音乐节在中央音乐学院举办。国际著名独奏家的钢琴教育家蒂娜·约菲，踏板钢琴演奏家罗伯特·普罗塞达，贝多芬音乐研究专家威廉·金德曼，早期钢琴演奏家维薇安娜·索弗罗尼茨基，钢琴教育家但昭义，小提琴演奏

学生们在演唱《社会主义核心价值观少儿声乐套曲》

家吕思清，大提琴演奏家秦立巍，钢琴系教授杜泰航、盛原、潘淳、韦丹文、邹翔、陈韵劫及钢琴学会2016“华夏琴英”优秀青年钢琴家称号获得者杨姗姗、王鲁、刘云天、沈璐、周韵清等参加了该音乐节。该届音乐节举办了6场音乐会、8场学术专题讲座和大师班。音乐会中较有特色的是用现代踏板钢琴演奏的音乐会和用早期钢琴演奏的音乐会。

（崔　渊）

【第十九届北京平谷桃花音乐节】 5月28日—30日，由北方华录文化科技有限公司主办的第十九届北京平谷桃花音乐节在中国乐谷草地公园(渔阳国际滑雪场)举办。该次音乐节的主题为“感恩摇滚·畅享音乐嘉年华”，设有主舞台、副舞台两大舞台，齐秦、秦勇、谢天笑、GALA、莫西子诗等30组歌手、乐队参加了演出，涵盖流行、民谣、摇滚、金属、电音等多种风格。

（崔　渊）

【“6·21”国际乐器演奏日】 6月17日—21日，由中国“6·21”国际乐器演奏日组委会主办的系列活动在全国各地举办，黄桥镇是该次活动的主会场。“6·21”国际乐器演奏日又称夏至音乐节，1982年由法国人创立，后风靡全世界120多个国家和地区的750多个城市。该演奏日在北京中国园林博物馆举办了一系列活动，来自京津冀三地的演奏家及广大艺术爱好者进行了多项公益演奏活动。

（崔　渊）

【韩婷婷交响作品演唱会全国巡演北京站】 6月18日，由吉林卫视《放歌中国》、京湘婷韵文化传媒有限公司等单位共同主办的“中国梦　德孝行”韩婷婷交响作品演唱会全国巡演北京站在798艺术演播厅上演。演唱会以传播德孝文化为主题，阎维文、刘和刚、廖昌永等歌唱家依次登台，演唱了《村口》《父亲的手》等14首韩婷婷创作的歌曲。

（崔　渊）

【“MUSICME觅乐行动”启动】 6月26日，“MUSICME觅乐行动”在北京启动。该活动是中国演出行业协会与腾讯音乐娱乐集团共同主办的音乐创意人才扶持项目之一，是对优秀青年音乐创意人才进行选拔、培养、扶持、推广的活动，共有65组音乐人进入扶持计划。此次“MUSICME觅乐行动”旨在整合双方优势资源，扩大原创音乐的征集面，加大对入选音乐人才的扶持力度，为优秀音乐人提供更多展示的机会和舞台。“MUSICME觅乐行动”将联合知名手机品牌荣耀，通过举办原创音乐甄选活动、校园音乐节、音乐分享会等一系列活动，助力优秀音乐人实现音乐梦想。启动仪式上，中国演出行业协会与腾讯音乐娱乐集团签署战略合作协议，双方将在原创音乐人的培养与扶持、音乐演出资源的衔接与整合等方面展开深度合作。腾讯音乐娱乐集团副总裁吴伟林、中国演出行业协会会长朱克宁均表示了对该活动的支持。

（张　鑫）

【第四届孔子学院国际音乐夏令营】 7月1日—15日，由中央音乐学院主办，“中外音乐文化交流体验”基地、音乐孔子学院办公室承办的第四届孔子学院国际音乐夏令营“中国音乐暑期学院”在北京举办。活动期间，来自4个国家、6所孔子学院的师生共参加了6个系列、50余场活动。此次“中国音乐暑期学院”对中国传统与现代音乐文化进行了展示，包括16种中国民族器乐展示与演奏的7场“演奏家示范音乐会”、25场“音乐专家讲堂”、9种中国民族器乐及演唱学习的10次“中国乐器研习班”、3场中国戏曲书画艺术工作坊，以及7次文化参访活动，45位来自校内外的专家、学者和民乐演奏家展示了他们的学术成果，53位教师团队进行分组实践教学。

（崔　渊）

【打开艺术之门2017暑期艺术节】 7月2日—8月31日，“八喜·打开艺术之门——2017暑期艺术节”在中山公园音乐堂举办。期间共呈现了70场演出，开展了10个夏令营活动和10场艺术讲座。参加演出的有北京交响乐团、北京太阳青少年乐团等团体。表演作品有莫扎特的《嬉游曲》，勃拉姆斯的《匈牙利舞曲》，根据罗马尼亚民歌改编的《罗马尼亚的春天》，施特劳斯轻歌剧《吉卜赛男爵》序曲，还有《南国玫瑰圆舞曲》《维也纳森林故事圆舞曲》《铁匠波尔卡》《快活波尔卡》等。

（崔　渊）

【2017“打开音乐之门”暑期系列演出】 7月7日—8月27日，北京音乐厅2017年“打开音乐之门”暑期系列活动在北京举办。该次演出首次实施观演分级制度，引导各年龄层观众各取所需。“精品古典”“音乐知识”“创意创新”“天籁之音”4大板块上演了48场音乐会。包括“‘看’音乐·彼得与狼”——中国电影乐团视听交响音乐会、“《魔笛》与《塞维利亚的理发师》——歌剧动画视听交响音乐会”，约瑟夫·格雷夫斯呈现的英文独角戏，将玩具作为乐器演奏的《波波波尔斯卡》，还有“音乐的色彩”——法国钢琴大师鲁迪多媒体音乐会、“蓝色多瑙河”——世界经典名曲交响音乐会等。

（崔　渊）

【古北水镇国际室内乐夏令营】 7月18日—25日，由北京卡丹萨文化艺术有限公司、北京古北水镇旅游有限公司联合主办的“卡丹萨古北水镇国际室内乐夏令营”在古北水镇汤河剧场举办。活动旨在推动和促进中国青少年室内乐教育事业发展，搭建青少年钢琴、弦乐学习者和爱好者的交流平台，弘扬室内乐演奏的协助精神。活动期间，开展了一对一钢琴、弦乐大师课，艺术家专题讲座，大师音乐会等活动。中国音乐家协会室内乐学会为该次活动的艺术指导，美国钢琴家亚历山大·布兰津斯基，加拿大指挥家、钢琴家罗尔夫·伯尔奇、王振山、董卫东、梁大南、张晋等国内外音乐家、音乐学者担任导师。中国爱乐乐团首席小提琴陈允，演奏家毛新光、颜科、关正月等参与了其中部分教学和演出。

（崔　渊）

【中华青少年交响乐团全国巡演】 7月26日，由中美青少年教育发展基金会支持的中华青少年交响乐团(NYO－China)在北京音乐厅举办音乐会。这是该团在美国卡内基音乐厅举行世界首演之后，首次在国内亮相。乐团由105位14岁～21岁的中国青少年音乐家组成，叶小纲担任团长。音乐会上，演奏了周龙的《鼓韵》，柴可夫斯基的《降b小调第一钢琴协奏曲》，德沃夏克的《e小调第九交响曲“自新大陆”》以及叶小钢的《广东组曲》第四乐章《旱天雷》。钢琴家奥尔加·科恩参演，指挥路多维克·莫洛。北京演出之后，乐团又赴上海东方艺术中心和苏州文化艺术中心演出。

（崔　渊）

【全国葫芦丝巴乌展演交流音乐会】 7月27日，由房山区人民政府主办的全国葫芦丝巴乌展演交流音乐会在房山区体育中心举行。来自北京、山东、新疆和中国台湾等地的葫芦丝、巴乌爱好者表演了《葫芦丝主题经典联奏》《新版夜深沉》《月光下的凤尾竹》《巴土歌舞满三峡》等节目。

（崔　渊）

【中国交响乐团2016—2017音乐季闭幕音乐会】 7月29日，中国交响乐团2016—2017音乐季闭幕音乐会在国家大剧院音乐厅上演。上半场演奏了肖斯塔科维奇《第一小提琴协奏曲》，下半场的曲目是国交保留作品——里姆斯·基科萨科夫的《天方夜谭》。李心草执棒，宁峰担任小提琴独奏。

（崔　渊）

【蒋派二胡艺术传承系列活动】 9月22日—23日，由中国音乐学院、美国南加州中国音乐艺术中心合办的“继承与发展”——“蒋(风之)派”二胡艺术传承系列活动在北京举行。该系列活动主要包括蒋派二胡艺术传承音乐会和蒋(风之)派二胡艺术研讨会。在蒋派二胡艺术传承音乐会上，张尊连、宋飞、曹德维、梁聆聆等音乐家演奏了《汉宫秋月》《病中吟》《流波曲》《三宝佛》等蒋派二胡代表作品。在蒋(风之)派二胡艺术研讨会上，蒋青、李明正、岳峰、赵砚臣、朱万斌、杨易禾等音乐界专家、学者就蒋风之在二胡发展历史中的地位和作用、蒋派二胡演奏的风格特点、蒋派乐曲的学习与教学实践、如何把握传统二胡作品的灵魂、研究蒋派二胡的现实意义等话题展开研讨。

（张　鑫）

【“一曲难忘——走进影院听古典”艺术沙龙】 9月24日，在国家大剧院古典音乐频道移动客户端“大剧院·古典”上线五周年之际，古典音乐频道策划推出的“一曲难忘——走进影院听古典”艺术沙龙活动在王府井百老汇影院举行。活动精选古典音乐频道“2015‘好莱坞之夜’柏林森林音乐会”中的《星球大战》《猫和老鼠》等电影音乐作品，还特别邀请作曲家蒋安庆、影视音乐制作人郭好为对视频段落进行穿插讲解和赏析，与观众分享聆听经典音乐带来的独特感受。

（张　鑫）

【第二十届北京国际音乐节】 10月8日—29日，由文化部和北京市人民政府主办的第二十届北京国际音乐节在北京举办。该届音乐节的古典类演出中，首次有少数民族音乐表演团体参加。该音乐节的主题是“我们共同走过的二十年”，共上演了29场演出，涵盖歌剧演出3部、8场，交响音乐会演出17场，教堂音乐会1场，儿童音乐会2场以及漫步系列音乐会1场。其中，10月14日由中国交响乐团、中国爱乐乐团、北京交响乐团、上海交响乐团、广州交响乐团等9家国内交响乐团在北京保利剧院进行了一场长达10小时的“交响马拉松”，演奏了《梁祝》《二泉映月》《瑶族舞曲》《查拉图斯特拉如是说》等28部中外经典管弦乐作品。此外，还开展了大师班、音乐会导赏、进校园、周末家庭日、公开彩排观摩等公益教育活动12场。

（崔 渊）

【第十二届北京九门爵士音乐周】 10月13日—15日，第十二届北京九门爵士音乐周在北京举办。来自中国吉林艺术学院流行音乐学院的Decode乐队，北京的爵士魔方八重奏，波兰的拉法乌·萨涅茨基六重奏、帕维尔·卡茨玛尔切克音感三重奏，匈牙利的鲍洛希·巴伊新四重奏，卢森堡的绝对码头三重奏等在朝阳区文化馆的主舞台进行了近10场演出。

（崔 渊）

【“欢乐一家亲”歌曲城市巡演北京站】 10月17日，由拉萨市人民政府、中国音乐家协会、中外名人文化传媒联合主办的“欢乐一家亲”歌曲城市巡演北京站演唱会在朝阳区1919剧场上演。演唱会以“中华民族一家亲 同心共筑中国梦”为主题，演出包括大型歌舞《吉祥飞歌》，歌曲《中华民族》《小小的梦》《等你回家》《我的名字叫中国》《在这里在一起》《那一片灯火》《中国结》《收获未来》《梦想花开》《为祖国干杯》《母亲》和《梦想有一天》，以及“藏、蒙、彝”多民族组合——阿吉太组合带来的原创歌曲《乡愁客家》《第二故乡》等节目。

（崔 渊）

【北京国际音乐节举办第二期“对话”活动】 10月24日，由第二十届北京国际音乐节与拿督黄纪达基金会共同推出的“对话”系列活动的第二期在北京举行。英国国家歌剧院艺术总监丹尼尔·克莱默作为该期主讲嘉宾，在活动中对其作品进行了解读，并介绍了近年来英国国家歌剧院最具代表性的歌剧作品。丹尼尔·克莱默导演过的代表作有《茶花女》（巴塞尔剧院、英国国家歌剧院）、《萨特阔》（里姆斯基·科萨科夫）、《罗密欧与朱丽叶》（莎士比亚）、《一出梦的戏剧》（斯特林堡）、《毒蛇》（布朗大学三一剧目）、《佩利亚斯和梅丽桑德》（马林斯基剧院和莫斯科大剧院公演）、《卡门》（安特卫普剧院和北方剧院公演）等。

（张 鑫）

【歌唱家走进肿瘤医院演出】 10月31日，国家大剧院“深入生活 扎根人民”——国家大剧院百场公益演出走进了北京大学肿瘤医院的外科楼，国家歌剧院和中央歌剧院的驻院歌剧演员周晓琳、金郑建、王海涛、王鹤翔、张扬5人，在张钰的钢琴伴奏下，为患者及家属、志愿者、医护人员演出了一场别开生面的音乐会。演唱曲目有《手挽手》《一杯美酒》《草原上升起不落的太阳》《我和我的祖国》《我爱你中国》《我的太阳》《斗牛士之歌》等10余首歌曲。

（张 鑫）

【第十届中央音乐学院·北京国际室内音乐节】 11月3日—9日，第十届中央音乐学院·北京国际室内音乐节在中央音乐学院举办。来自中国、俄罗斯、英国、美国、加拿大、澳大利亚等不同国家的艺术家举办了开幕式音乐会、“琴缘·明日之星”音乐会、小荷青青合唱团与民乐队专场音乐会、澳洲悉尼三重奏音乐会、I. A跨界乐团专场音乐会、“生命与热情”——澳大利亚墨尔本华特尔四重奏专场音乐会、“向贝多芬致敬”——小提琴与钢琴二重奏专场音乐会、泰国曼谷民族器乐三重奏团的“一室乐融”音乐会、闭幕式音乐会9场音乐会以及“贝多芬全套弦乐四重奏——艺术的突破，生命的历程，心智的倾诉，灵魂的反思”“艺高人胆大：怎样在比赛压力下发挥最佳水平”“走入永恒——斯克里亚宾钢琴及室内乐作品解析”“问路探源——民族音乐创演漫谈”“技术与音乐的完美融合——论《肖邦练习曲作品10》的学习与演奏”“从贝多芬钢琴小提琴奏鸣曲看贝多芬的音乐语汇”“中国音乐的创作——钢琴室内乐与独奏曲”“云南丽江洞经古乐的前世今生”“中国京剧与室内乐——中国戏曲与室内乐结合的前景发展”9场讲座和王毅室内乐大师班、秦川钢琴大师班、亚历山大·科普林钢琴大师班等活动。

（崔 渊）

【第三届（北京）国际手风琴艺术节】 11月14日—18日，中央音乐学院第三届（北京）国际手风琴艺术节在北京举行。艺术节期间举办了6场音乐会、10场大师课、4场学术论坛及讲座。来自德国、波兰、希腊、塞尔维亚、西班牙、芬兰等国家以及国内北京、天津、上海、辽宁沈阳、河北石家庄等20多个省、市、自治区的手风琴演奏家、教育家参加了活动。

（崔 渊）

【世界音乐剧大事记及天桥艺术中心回顾展】 2017年11月19日—2018年1月28日，由北京文化艺术基金支持的“艺术之音 时光印记”——世界音乐剧大事记及天桥艺术中心回顾展在天桥艺术中心举办。该展览主要分为世界音乐剧版图和天桥过往剧目海报两个板块。第一板块以“图文结合”的形式重点刻画了一部完整的音乐剧图像编年史，主要阐述了世界音乐剧艺术的起源、发展和创新之路，重新梳理了音乐剧知识脉络和体系；第二板块以回顾的方式将天桥艺术中心所有演出剧目的海报进行了展示。展览期间，还播放了影片“悲惨世界25周年纪念演唱会”和“西贡小姐25周年表演”。

（张燕鹰）

【打击乐《木兰》走进北京市第三十五中学】 11月24日，北京市西城区第二文化馆组织的“演出进校园”活动走进北京市第三十五中学初中部，由“红樱束”女子打击乐团为师生演奏了打击乐《木兰》。演出将传统京剧的乐器、身段、唱腔、肢体与打击乐融合，展现了中国鼓乐的磅礴气势。500多名师生观看了演出。

（张　鑫）

【杭盖乐队新专辑首发演唱会】 12月10日，杭盖乐队新专辑《故乡》首发演唱会在五棵松M空间举办。演唱会上，杭盖乐队不仅演唱了《海然海然》《乌兰巴托的夜》《鸿雁》《酒歌》等耳熟能详的老歌，还演唱了新专辑《故乡》中的新歌《父亲》《故乡》等。

（崔　渊）

【公益歌曲《一起幸福》发布会】 12月11日，由广州市、毕节市委共同推出的精准扶贫公益歌曲《一起幸福》在北京举行发布会。在发布会现场，主创人员讲述了他们深入农户家中进行实地采风，激发创作灵感的经过。

（崔　渊）

【“定义钢琴教育，AI引领未来”新闻发布会】 12月13日，珠江钢琴旗下子公司广东琴趣网络科技有限公司在北京举办主题为“定义钢琴教育，AI引领未来”的新闻发布会，现场发布了钢琴云学堂这一全新音乐教育产品。源于音视频识别技术与AI人工智能算法、云技术等新兴科技产品，可以使钢琴教师与学生的近距离互动由线下复制到线上，将钢琴教育的课堂环境、课堂氛围原汁原味地“搬”到学生家中。

（张　鑫）

【大剧院用艺术家雕塑讲“音乐”】 12月24日，国家大剧院中外音乐家雕塑廊特别音乐会在国家大剧院南水下廊道举行。在国家大剧院遴选出的伯牙、嵇康、李叔同、聂耳、冼星海、贝多芬、施特劳斯、肖邦、威尔第、柴可夫斯基10位音乐家的塑像前，来自北京市第十二中学、北京市第二中学、北京小学万年花城分校、北京市第十八中学附属小学的百余名学生在聆听《流水》《送别》《卖报歌》及《保卫黄河》选段和威尔第歌剧《弄臣》中的咏叹调、《女人善变》贝多芬《月光》奏鸣曲等中外音乐家的作品的同时，还了解到了这些音乐家的故事。

（张　鑫）

演　出

【曲成久管乐交响作品音乐会】 1月10日，解放军军乐团作曲家曲成久管乐交响作品音乐会在解放军军乐厅举办。该台音乐会是曲成久从艺45周年的缩影，精选了他在不同时期创作的9首代表作品，包括《音乐会进行曲》《第一单簧管协奏曲》，小号协奏曲《西沙随想》，前奏曲《胜利号角》，国宴席间音乐《春雨蒙蒙》《秋的思念》，单簧管协奏曲《羌歌》，交响诗《北川2008》《水兵之舞》。指挥张海峰、袁威。

（崔　渊）

【二手玫瑰演唱会】 2月14日，2017“千年等一会儿”二手玫瑰演唱会“2·14”北京演唱会在北展剧场上演。这是二手玫瑰乐队打造的“2·14”情人节现场品牌。该演唱会演唱了《仙儿》《正人君子》《潇洒走一回》《粘人》《能行》《舞曲》《生存》《伎俩》《千年等一回》等歌曲。

（崔　渊）

【郭祖荣作品专场音乐会】 2月22日，中国交响乐团“龙声华韵”系列之郭祖荣作品专场音乐会在北京音乐厅举行。音乐会上演奏了郭祖荣1989年创作的《乐诗三章——袖珍乐曲三首及尾声》，1957年创作的《第四钢琴协奏曲》以及2014年创作的《第二十八交响曲》。钢琴独奏何祖汉，指挥卞祖善。

（崔　渊）

【感悟国学经典大型交响咏诵会】 3月7日—8日，由中国文联主办，中共北京市海淀区委宣传部和福建省歌舞剧院承办的“中华经典系列咏诵”活动之“先人与我们同行——感悟国学经典大型交响咏诵会”在民族文化宫大剧院举办。该咏诵会由《易经》《大学》等4篇经典原文，《智哉！老子》《万世师表》《呼唤良知》等7篇解读经典的散文和《我心光明》《诚信是金》《民字大如天》等9首感悟经典的歌曲组成，福建省歌舞剧院交响乐团担任交响演奏与伴奏。

（崔　渊）

【“雄壮与飞扬”男声合唱交响音乐会】 3月14日—15日，“雄壮与飞扬”中央军委政治工作部歌舞团中外名曲男声合唱交响音乐会在国家大剧院上演。音乐会上演绎了《人民军队忠于党》《中国人民志愿军战歌》《神圣的战争》等男声合唱军旅曲目。程志、熊卿材、王宏伟、张英席、泽旺多吉等歌唱家领唱了《延安颂》《中国，中国，鲜红的太阳永不落》等作品。

（崔　渊）

【“巴黎印象”法国作品交响音乐会】　3月18日，中国交响乐团“巴黎印象”法国作品交响音乐会在国家大剧院音乐厅举行。音乐会上演奏了梅西安的《被遗忘的祭品》，米约的《创世纪》，圣·桑《b小调第三小提琴协奏曲》以及德彪西的《大海》。小提琴演奏家陆威、周颖领衔演出，胡咏言指挥，中国交响乐团演奏。

（崔　渊）

【“绚酷早春”公益音乐会】　3月22日，由中国交响乐团演奏家尹小珲、周宏、李亚迪、乔鲲和党然组成的铜管五重奏“绚酷早春”公益音乐会在世纪剧院演出。音乐会上，他们不仅演奏了传统古典作品《西班牙进行曲》《亚麻色头发的女孩》，以及电影《泰坦尼克号》《花样年华》《冰雪奇缘》《哆啦A梦》的主题音乐，还通过与孩子们互动的形式普及铜管乐器常识、讲述曲目创作背景。北京6所小学的1000多名小学生聆听了该场音乐会。

（崔　渊）

【管弦乐新作品音乐会】　3月30日，中央音乐学院非遗中心推出的“丝绸之路的音乐考察研究与创作”科研项目的第二期成果——管弦乐新作品音乐会在北京音乐厅上演。该活动同时被纳入了中国国家交响乐团“龙声华韵”系列项目。音乐会共收录了5首作品，分别为贾国平的《风越苍茫》、罗新民的《敦煌两帧》、李滨扬的《空中花园》、郝维亚的《万里行》和向民的《丝韵》。琵琶演奏家兰维薇、笛子演奏家戴亚、阮演奏家邸琳、笙演奏家王磊和胡琴演奏家牛长虹担任领奏。指挥陈琳、林涛。

（崔　渊）

【迪里拜尔独唱音乐会】　4月8日，花腔女高音歌唱家迪里拜尔独唱音乐会在中山音乐堂举办。演出当天，迪里拜尔与钢琴家张佳林搭档，演唱了多尼采蒂歌剧《拉美莫尔的露琪亚》的选段《四周被寂静笼罩》《帕米尔，我的家乡多么美》《我爱你，中国》等。

（崔　渊）

【中哈联合音乐会】　4月17日，为庆祝中国、哈萨克斯坦建交25周年，加强两国文化交流与合作，促进“一带一路”框架下的民心相通，由中华人民共和国文化部、哈萨克斯坦驻华大使馆主办的“光明丝绸之路上的相遇”——中哈联合音乐会在北京音乐厅举行。音乐会上，小提琴演奏家艾曼·穆罕萨哈热耶娃、歌手迪玛希等哈萨克斯坦音乐家、乐团与中国广播电影交响乐团合作，演奏了柴可夫斯基《D大调小提琴协奏曲》等中外名作。中华人民共和国文化部外联局局长谢金英、哈萨克斯坦驻华大使沙赫拉特·努雷舍夫、中国对外文化集团公司党委书记李金生等中哈两国相关人士及20多个国家驻华使节，与近千名观众一同观看了音乐会。

（张　鑫）

【小娟 & 山谷里的居民乐队演唱会】　4月21日，小娟 & 山谷里的居民音乐会在北展剧场上演。演唱会上，北京独立民谣乐队“小娟&山谷里的居民”演唱了《山谷里的居民》《红布绿花朵》《我的家》等原创曲目，还翻唱了《梦田》《往事随风》等歌曲。

（崔　渊）

【“对话巴洛克”室内乐音乐会】　4月27日，中国国家交响乐团“对话巴洛克”室内乐音乐会在北京音乐厅演出。音乐会上半场演奏了布里顿《简明交响曲》作品4号、斯特拉文斯基《普钦奈拉》组曲，下半场演奏了巴赫《E大调小提琴协奏曲》（作品号BWV1042）、让·玛里·勒克莱尔《F大调4号小提琴协奏曲》（作品号Op.7）、朱塞比·塔尔蒂尼《g小调小提琴奏鸣曲·魔鬼的颤音》。指挥邵恩。

（崔　渊）

【中国音协爱乐男声合唱团“春天的歌声”音乐会】　5月4日，中国音协爱乐男声合唱团“春天的歌声”——中外歌曲珍品音乐会在北京音乐厅举行。音乐会以男声合唱的形式，演唱了《满江红》《忆秦娥·娄山关》《美丽的夏牧场》《赶牲灵》《美丽的梦》《草原啊草原》《春天来到了我们的战场》《胜利节》《出发》《卡林卡》《天路》《传奇》《青年歌》共13首歌曲。指挥徐锡宜。

（崔　渊）

【“龙声华韵”——盛礼洪作品专场音乐会】　5月11日，由中国国家交响乐团首席客座指挥邵恩执棒的“龙声华韵”——盛礼洪作品专场音乐会在北京音乐厅举行。音乐会演奏了作曲家盛礼洪的第四交响曲《1937年的记忆》，《g小调大提琴协奏曲》、女高音与乐队合唱交响曲《唐诗》节选《鸟鸣涧》《澜沧江之源》以及第一交响曲《海之歌》。

（张　鑫）

【张立萍·法语声乐作品独唱音乐会】　5月12日，“浪漫法兰西”——女高音歌唱家张立萍·法语声乐作品独唱音乐会在中山公园音乐堂举行。音乐会上，张立萍携手钢琴家张佳林演唱了《月光》

《假如我的诗歌有翅膀》《梦后》《我们的爱情》《小夜曲》《致克罗伊斯》以及歌剧《浮士德》选段《珠宝之歌》、歌剧《卡门》选段《我说我不害怕》、歌剧《罗密欧与朱丽叶》选段《我要生活在美梦中》。

（崔　渊）

【“丝路回响”民族音乐会】　5月12日—13日，北京民族乐团“丝路回响”民族音乐会在民族文化宫大剧院举办。音乐会由“丝路古韵”“丝路风情”“丝路欢歌”3个乐章组成。表演形式有民乐演奏、声乐演唱及舞蹈等，演出节目有舞剧《大梦敦煌》片段，乐舞《敦煌彩塑》，乐曲《龟兹舞曲》《阿斯图里亚斯》《琴弦上的叶尔羌》，民族管弦乐《丝绸之路》《丝路回响》，俄罗斯民间乐曲《货郎》，阿拉伯风格乐曲《波斯市场》，黎巴嫩乐曲《愉快的旅行》，声乐与民乐《楼兰姑娘》《欢乐颂》等。管子演奏家郭向、青年舞蹈家孟庆旸、中阮演奏家李雨涵等人参演。指挥杨春林。

（崔　渊）

【琥珀四重奏专场音乐会】　5月27日，“图腾”——琥珀四重奏专场音乐会在中央音乐学院演奏厅上演。琥珀四重奏四位成员第一小提琴宁方亮、中提琴戚望、大提琴杨一晨以及特邀第二小提马魏家，为观众带来了3部现代音乐作品，分别是安东·韦伯恩的弦乐四重奏《缓慢的乐章》，阿尔弗雷德·施尼特凯的《弦乐四重奏No. 3》以及中国当代作曲家张朝的《第一弦乐四重奏：“图腾”Op. 31》。3部作品的创作时间跨越整个20世纪，为观众展现了从调性到无调性、从萌芽到多元发展的现代音乐历程。

（崔　渊）

【谷建芬“新学堂歌”音乐会】　5月31日，由文化部主办，文化部艺术司、中国东方演艺集团承办的谷建芬“新学堂歌”音乐会在国图艺术中心举办。“新学堂歌”是谷建芬根据经典古诗词谱写的儿童歌曲，2005年起开始投入创作，目前已完成50首曲目创作。音乐会分为4个篇章，选取了《三字经》《弟子规》《千字文》《悯农》《游子吟》《出塞》《回乡偶书》《有无歌》等18首“新学堂歌”，并以“一母一子”两位人物形象作为音乐会串联主线。音乐会上，谷建芬还走上舞台，和孩子们共同进行了演唱。

（崔　渊）

【第三届“佳音”再续兰亭——山水情怀琴诗书会】　6月2日—4日，第三届“佳音”再续兰亭——山水情怀琴诗书会在北京举办。该次雅集活动由北京居庸书苑传统文化发展传播中心主办。活动由“琴韵流深”“指尖上的中国”“百家问学”3个主题雅集构成。“琴韵流深”雅集以古琴音乐为核心，融合其他民族乐器以及书法、吟诵、古典舞等多种传统艺术的展示。琴家弹奏了《梅花三弄》《归去来辞》《广陵散》《平沙落雁》等经典琴曲。“指尖上的中国”雅集以传统音乐的改编曲为对话的一种方式，通过小提琴等西方弦乐与中国民乐的对话，突出东西方弦乐音乐的不同风格、韵味以及它们在乐曲中的融合与对比，以实现中西文化的碰撞。演奏曲目有《牧歌》《渔舟唱晚》《十面埋伏》《梅花三弄》等。“百家问学”雅集穿插于上述两个雅集之中，围绕中国传统音乐文化在当代的价值与传承，以及古琴艺术在当代的传承问题这两个主题进行探讨。

（张　鑫）

【王莹博士毕业音乐会】　6月7日，“军营飞来一只百灵”——王莹博士毕业音乐会在中国音乐学院举办。该次音乐会是女高音歌唱家王莹20多年从事声乐演唱、教学与研究的一次全面总结与汇报。王莹演唱了《乘着歌声的翅膀》《春思曲》《红豆词》《小河淌水》等中外歌曲近20首，澳大利亚悉尼歌剧院首席男高音丁毅作为嘉宾与王莹一同演唱了《饮酒歌》。指挥张峥，中国歌剧舞剧院交响乐团参演。

（崔　渊）

【雷佳博士毕业音乐会】　6月13日，中央军委政治工作部歌舞团青年歌唱家雷佳博士毕业音乐会在北京音乐厅举办。音乐会融“艺术歌曲、中外歌剧选段、创作歌曲”于一体，为观众献上了《渔翁》《玫瑰三愿》《阿里路亚》《你们可知道》《为艺术为爱情》等歌曲及歌剧选段。

（崔　渊）

【郭淑珍从艺从教70周年音乐会】　6月18日，“不忘初心　方得始终”郭淑珍从艺从教70周年纪念音乐会在中央音乐学院歌剧音乐厅举办。参加演出的有郭淑珍的学生金顺爱、吴霜、吴碧霞、张立萍，以及藏族歌唱家泽旺多吉、军旅歌唱家刘和刚、王宏伟等人。演出曲目有《呀啦嗦》《在那遥远的地方》《都达尔和玛丽亚》《白鸽》《卡琳卡变奏》《木偶之歌》《圣洁的女神》等歌曲。音乐会尾声，王秀芬在郭淑珍的指导下演唱了《黄河怨》，郭淑珍与所有参演者共同合唱《我爱你，中国》。最后，在俞峰的指挥下，在场的所有人为郭淑珍演唱了《生日快乐》。

（崔　渊）

【陈培勋作品专场音乐会】　6月22日，中国国家交响乐团“龙声华韵”系列“英雄的诗篇”——陈培勋作品专场音乐会在北京音乐厅举行。音乐会上演奏了陈培勋的《心潮逐浪高》《清明祭》《咏雪》，还奉上了第三交响乐《梅松赞》的世界首演。指挥汤沐海。

（崔　渊）

【旅美青年大提琴家曹臣独奏音乐会】 6月25日，旅美青年大提琴家曹臣独奏音乐会在北京音乐厅举行。曹臣携手钢琴家潘林子、吉他演奏家濮小博、打击乐演奏家钟世祺，以及指挥家谢江和中国爱乐乐团的管乐演奏家，演绎了圣－桑《大提琴与钢琴奏鸣曲第一号》、齐尔品《大提琴独奏组曲》、纳塔利·拉达米斯《吉他与大提琴奏鸣曲》、马替奴《大提琴与钢琴奏鸣曲第二号》、古尔达《大提琴协奏曲》等作品。

（崔　渊）

【孙家馨67年艺术生涯庆贺音乐会】 6月26日，“燕子”——花腔女高音歌唱家孙家馨67年艺术生涯庆贺音乐会在北京音乐厅举办。现场演出曲目有混声合唱《让思想乘着金色的翅膀》《牧歌》，女声二重唱《船歌》《花之二重唱》，男声合唱《等你到天明》，歌曲《加州海岸》《黎明》《燕子》，音乐剧《音乐之声》以及歌剧《茶花女》选段等中外歌曲。男中音歌唱家刘秉义、女中音歌唱家罗天婵等携手中国交响乐团合唱团、中央音乐学院师生以及孙家馨的部分海内外学生参加了演出。指挥姜金一。

（崔　渊）

【“一带一路　聆听中国”原创交响音乐会】 6月28日，由北京市文联、北京音乐家协会主办，北京综艺博览文化交流有限公司创作承办的“一带一路　聆听中国”原创交响音乐会在中山音乐堂演出。“聆听”系列以“一带一路”为创作背景，包括“聆听中国”“聆听阿拉伯”“聆听南亚”“聆听地中海”四台原创作品音乐会，意在运用“一带一路”沿线各国的特色音乐语言，展现出在互联互通的新时代下新“丝路”上的民俗文化和地域风情。该场音乐会上，北京交响乐团依次演奏了“聆听中国”原创交响音乐会委约的7首管弦乐新作，分别是张朝的《编钟畅想》、尹铁良的《北方梆调》、张大力的《黄梅随想——主题变奏曲》、温展力的《古道新绫Ⅲ——大提琴与交响乐队》、张难的《春天的鼓舞》、亢竹青的《潮尔》和伍嘉冀的《蓝色畅想》。指挥谭利华。

（崔　渊）

【交响诗《草原之歌》】 6月28日，包头交响乐团委约叶小钢创作的大型交响诗《草原之歌》在国家大剧院音乐厅首演。该作品共分10个乐章，分别为《额尔古纳》《火之祭》《圣山》《诺恩吉雅》《山之鹰》《泉水如花》《炊烟》《北方的天空》《两棵树》与《天堂草原》。鲍尔吉·原野作词，叶小钢作曲，胡咏言指挥，男高音歌唱家王传越、男中音歌唱家刘嵩虎、女高音歌唱家王威、女中音歌唱家朱慧玲、蒙古族歌手傲日其楞、马头琴演奏家韩牟人、竹笛演奏家李乐与中国国家交响乐团、包头交响乐团共同出演。

（崔　渊　　张　鑫）

【音乐中的童话世界音乐会】 7月13日，中国国家交响乐团M·E室内乐团“音乐中的童话世界”音乐会在北京音乐厅上演。音乐会以探戈曲目开场，演奏家为小朋友们演奏了《胡桃夹子》组曲，还与小歌手、小演奏家同台演出了《美国鼠谭》《哆啦A梦》《动物狂欢节》等歌曲和乐曲。现场考验小朋友们的音乐知识并送上了礼物，还设计了“找出小杜鹃”的耳力练习和学习打击乐的节奏练习。

（崔　渊　　张　鑫）

【康熙的声色世界四重奏室内演奏会】 8月5日，由易加网主办，北京明成馆、清秘阁协办的“康熙的声色世界四重奏室内演奏会”在清秘阁举行。来自德礼格乐团的王楠、韩晓、梁平、范柏松4位音乐家演奏了《献给康熙的奏鸣曲》《思乡》等作品。此外，还演奏了西洋传教士德礼格从意大利带来的巴洛克音乐，让观众聆听了300年前响彻清宫的西洋乐章。

（崔　渊）

【罗兰少儿音乐嘉年华】 8月26日，由北京罗兰数字艺术中心举办的“SUMMER DREAM”2017罗兰少儿音乐嘉年华在蟹岛度假村举办。该次活动分为户外草坪、户外嘉年华和室内音乐会三个区域。来自罗兰艺术培训中心的近2000名学员与家长参与其中。演出的曲目有《名侦探柯南》主题曲、电钢琴独奏《小步舞曲》、励志曲目《蜗牛》以及《铃儿响叮当》《七色光》《蓝精灵》《星星点灯》《听妈妈的话》《少先队队歌》《让我们荡起双桨》等人们耳熟能详的少儿歌曲。

（崔　渊）

【民族管弦乐音乐会“山水重庆”】 9月1日，由重庆民族乐团与中央民族乐团共同演绎的大型民族管弦乐音乐会“山水重庆”在国家大剧院上演。该音乐会由《峡江放歌》《黄葛之恋》《扶摇高飞》《巴风渝韵》《巴河号子》《春之遐想》《武陵恋曲》《山城颂》8首独立民族管弦乐作品组成，并穿插了川剧演唱、川剧伴奏、号子领唱等地方特色音乐元素。

（崔　渊）

【黑豹乐队“本色”演唱会】 9月2日，黑豹乐队三十周年“本色”演唱会在工人体育场举行。现场黑豹乐队除演唱《无地自容》《Don’t break my heart》等该乐队的经典歌曲外，还为观众带来了新专辑《本色》中的《How do we find away》《低头士》等多首歌曲。

（崔　渊）

【99公益日音乐会】 9月3日，由腾讯公益联合数十家公益机构举办的“99公益市集”活动上，中国音协爱乐男声合唱团和血友之家红苹果儿童合唱团为该次活动献上了一台音乐会，以合唱的形式演唱了《九九一起爱》《驾着太阳，驾着月亮》《美丽的夏牧场》《爱之梦》《卡林卡》《隐形的翅膀》《传奇》《月亮代表我的心》《天路》《爱的奉献》等歌曲。其中，《九九一起爱》是徐锡宜为该次公益活动特别创作的主题曲，也是其生前创作的最后一部作品。

（崔　渊）

【李云迪与华沙爱乐乐团音乐会】 9月3日，李云迪与华沙爱乐乐团音乐会在国家大剧院音乐厅举办。音乐会上，李云迪担任钢琴独奏兼指挥，与华沙爱乐乐团演奏了肖邦的《第一钢琴协奏曲》《第二钢琴协奏曲》和中国乐曲《彩云追月》。

（崔　渊）

【“丝路交响”音乐会】 9月7日，中国歌剧舞剧院交响乐团推出的“丝路交响”音乐会在国家大剧院音乐厅上演。该音乐会曲目包括《第一交响序曲》、《长城随想》、《茉莉花》、《百鸟朝凤》、《中国民歌三首》(《太阳出来喜洋洋》《杨柳青》《看秧歌》)、《火把节》、《思泉》、《良宵》、《楼兰姑娘》、《哈尼印象》10部作品。音乐会由中国歌剧舞剧院小提琴演奏家曹欢担任首席，二胡演奏家林感、唢呐演奏家刘西站、竹笛演奏家喻晓庆、琵琶演奏家罗慧芳等加盟演出，指挥邵恩。

（崔　渊）

【文艺扶贫歌曲创作汇报音乐会】 9月8日，由中国文联、中国音乐家协会、中国文艺志愿者协会联合主办的“喜迎十九大唱响幸福歌”文艺扶贫歌曲创作汇报音乐会在民族文化宫大剧场演出。该音乐会演绎的作品主要来自中国文联文艺志愿服务中心、中国音乐家协会共同邀请的一批词曲作家为文艺扶贫示范县创作的形象歌曲和“送欢乐下基层”文艺志愿服务活动中为贫困县创作的歌曲。演出曲目有《到人民中去》《爱上高高的兴安岭》《人到此处比神闲》《秦长城》《鄱阳・图画》《风到湘西会唱歌》《百岁歌》《阿尔山的姑娘》《幸福的誓言》等歌曲，阎维文、陈思思、吴碧霞、李丹阳、江涛、周澎、王丽达、廖昌永、殷秀梅等歌唱家参加了演出。中国文联和国务院扶贫办领导、国务院扶贫开发领导小组49个成员单位以及部分中央企业的有关负责人观看了音乐会。

（崔　渊）

【大型歌舞《般若号角》北京站演出】 9月9日，由北京十方妙音文化主办，北京般若号角文化、月溪香林生活禅院、玉泽东方文化联合出品的大型歌舞《般若号角》北京站演出在五棵松体育馆举行。演出共分为“云耕子堤”“疏贤德玥”“天鼓雷音”“金莲席地”4个篇章。央吉玛、马常胜、朱哲琴、钰翔、王磊、田不疚、王佳男、李雨儿、李玉刚、河北省歌舞剧院舞剧团参演，总导演李玉刚，执行总导演蔡薇蔓。

（崔　渊）

【北京民族乐团成立两周年音乐会】 9月10日，“追梦京华”——北京民族乐团成立两周年音乐会在中山公园音乐堂上演。音乐会上演奏了民族管弦乐《庆典序曲》《追梦京华》《古槐寻根》《国风》《步步高》《花好月圆》等曲目，北京民族乐团演奏，指挥张列。音乐会开始前，北京演艺集团总经理吴然代表北京民族乐团为中国音协名誉主席、作曲家赵季平颁发聘书，聘请其为北京民族乐团艺术顾问及艺术委员会主任。

（崔　渊）

【国交走进中国航天科工三院演出】 9月12日，中国交响乐团合唱团走进中国航天科工三院，在航天展示中心礼堂举办了“喜迎十九大，心系航天人，爱在金秋月”声乐专场音乐会。演出曲目有混声合唱《中国航天赞美诗》，毛主席诗词《沁园春・雪》《忆秦娥・娄山关》，歌曲《我爱你祖国》《太阳最红　毛主席最亲》《蒙古人》《欢乐的那达慕》，俄罗斯歌曲《喀秋莎》《神圣的战争》《卡林卡》，女声三重唱《山楂树》，男声四重唱《格拉纳达》，女声五重唱《修女也疯狂》《三套车》，女高音独唱《一杯美酒》，混声合唱电视连续剧《人民的名义》主题曲《以人民的名义》，冼星海作曲的《黄水谣》《怒吼吧！黄河》以及歌剧《茶花女》选段《饮酒歌》。

（崔　渊）

【“弦歌逐梦——西部丝路之旅”音乐会】 9月9日—10日，中央民族歌舞团秋季演出季之“弦歌逐梦——西部丝路之旅”音乐会在北京民族剧院上演。在音乐会的舞台上，马头琴、手鼓、都塔尔、艾捷克等古老的少数民族乐器，与现代电声乐队结合，演绎了《在那遥远的地方》《美丽新疆》《万马奔腾》《母亲》《火把节之夜》《瑶族舞曲》等曲目，展示了丝路沿途的民族风情。

（张　鑫）

【中外打击乐组合与乐队实验音乐会】 9月15日，由中国东方演艺集团有限公司中国东方歌舞团创作演出的“打击·乐”——中外打击乐组合与乐队实验音乐会在国图艺术中心上演。该音乐会以“中国音乐东方化，东方音乐世界化”为理念，融合中国传统民族乐器及外国特色乐器，从作品呈现、乐器摆放、舞台调度等多方面展示打击乐。并对中国东方歌舞团乐器库中的印度乌都鼓、非洲卡巴萨等50余种特色乐器加以展示。

（崔　渊）

【文化部老艺术家管弦乐团首演音乐会】 9月18日，由文化部离退休人员服务中心和中国国家博物馆共同主办的“喜迎党的十九大暨庆祝建国68周年——文化部老艺术家管弦乐团首演音乐会”在国家博物馆音乐厅举办。文化部老艺术家管弦乐团是2017年2月成立的公益性文化志愿团体，成员来自文化部直属艺术院团的离退休艺术家及社会爱乐人士。当天音乐会的表演曲目有管弦乐《红旗颂》《北京喜讯到边寨》和舞剧《红色娘子军》选段，还有小提琴独奏《传奇》、中提琴独奏《鸿雁》、萨克斯独奏《圆舞曲》以及男高音歌唱家李光羲演唱的《祝酒歌》《革命人永远是年轻》等。

（崔　渊）

【“音乐的色彩”室内乐音乐会】 9月20日，中国国家交响乐团“音乐的色彩”室内乐音乐会在北京音乐厅演出。由国交音乐家组成的木管五重奏组合和弦乐首席重奏组合为观众带来丹茨《木管五重奏》作品56号第2、莫扎特《G大调弦乐小夜曲》作品525号第一乐章、柴可夫斯基《C大调弦乐小夜曲》第二乐章、李斯特《爱之梦》、圣－桑《天鹅》、马思涅《沉思》和宫崎骏动画音乐等作品。音乐家们以“音乐的色彩”为主题，向观众介绍了巴松、单簧管、双簧管、长笛等乐器，并展示了木管、弦乐两种不同风格的重奏。

（崔　渊）

【中央歌剧院贝多芬专场音乐会】 9月22日，中央歌剧院贝多芬专场音乐会在国家大剧院音乐厅上演。该音乐会演绎了贝多芬的《A大调第七交响曲》《D大调小提琴协奏曲》。小提琴独奏刘云志，指挥杨洋。

（崔　渊）

【“花好溢西城　月圆满宣南”专场民族音乐会】 9月22日，由西城区第二文化馆主办的2017年传统节日系列活动——“花好溢西城　月圆满宣南”专场民族音乐会在天桥杂技剧场举办。该音乐会邀请了天津民族乐团多位演奏家，演出了板胡独奏《月牙五更》，三重奏《春江花月夜》，二胡独奏《二泉映月》和弹拨乐合奏《浏阳河》《旱天雷》等民族乐曲。

（崔　渊）

【中国人民大学校庆八十周年音乐会】 9月26日，“凤凰涅槃”——中国人民大学校庆八十周年音乐会在北京音乐厅举行。该音乐会演出的部分作品与中国人民大学（其前身为陕北公学）发展历程紧密相关。演出的曲目有钢琴协奏曲《黄河》、合唱曲《凤凰涅槃》、管弦乐《春节组曲》以及由作曲家郭文景专门为此次人大校庆创作的交响序曲《G大调第二号序曲——为中国人民大学校庆而作》，还有由人大校友王莘创作的合唱曲《歌唱祖国》和成仿吾作词、吕骥作曲的《陕北公学校歌》等。音乐会由钢琴演奏家张放、女高音歌唱家杨明明、男高音歌唱家谢天等与中国人民大学艺术学院音乐系青年管弦乐团、学生艺术团合唱团联袂演出，指挥王琳琳。

（张　鑫）

【文化中国·全球华人音乐会】 9月27日，国务院侨务办公室、中国海外交流协会为庆祝中华人民共和国建国68周年，凝聚全球华人力量同圆共享中国梦而举办的2017年“文化中国·全球华人音乐会”在国家大剧院举办。该音乐会演奏了《红旗颂》、《一千零一夜》第二乐章、贝多芬《第九交响曲》第四乐章、二胡三重奏《赛马》等曲目，还演唱了《我爱你中国》《草原上升起不落的太阳》和二重唱《波西米亚人》等歌曲。音乐会由近两百人组成的全球华人乐团演出，意大利籍华人、国家大剧院歌剧总监及首席指挥吕嘉担任指挥。

（张　鑫）

【中国少年民族乐团教学实践音乐会】 9月28日，“少年之光”——中国少年民族乐团教学实践音乐会在北京音乐厅举行。音乐会由9首作品构成，分别是《龙跃东方》《影调》《二泉映月》《胡旋》《民歌三首》《弦之韵》《古槐寻根》《富春三章》《鼓乐杂弹》。指挥陈雷激。

（崔　渊）

【左宏元携学生周倩感恩作品音乐会】 9月29日，由北京京演文化传媒有限责任公司主办的“左宏元携学生周倩感恩作品音乐会”在民族文化宫大剧院举行。音乐会上，由周倩主唱、左宏元伴唱的18首歌曲全部由作曲家左宏元创作，既有《父恩》《幸福快乐歌》等以弘扬传统美德为主题的原创新作，也有《踏浪》《蜗牛与黄鹂鸟》等校园歌曲，还有为学生周倩量身创作的《快乐女孩》《情缘》等曲目。此外，为纪念电视剧《新白娘子传奇》首播25周年，师生二人还以其主题曲《千年等一回》《青城山下白素贞》《渡情》等致敬港台影视剧经典。周倩还演唱了车行作词、左宏元作曲的新歌《中国梦》。

（崔　渊）

【2017 国家大剧院新作品音乐会】 10月10日，“交响中国风”2017国家大剧院新作品音乐会在国家大剧院音乐厅上演。其中，李博作曲的《飞寒》、杜鸣心作曲的《北京颂》为钢琴与乐队而作以及赵季平作曲的《第一小提琴协奏曲》3部作品均是首次演出。此外，该音乐会还演出了歌剧《兰花花》的选段，民族歌剧《金沙江畔》的片段和歌剧《成吉思汗》中的长调以及赵季平、赵麟创作的《和平颂》等。小提琴家宁峰、钢琴家袁芳以及扣京、李欣桐、阿木古楞等8位歌唱家和国家大剧院管弦乐团、合唱团参加了演出，指挥张艺。

（张　鑫）

【中东欧国家作曲家新作品音乐会】 10月13日，由中国音乐学院紫禁城室内乐团推出的中东欧国家作曲家新作品音乐会在北京音乐厅举办。音乐会演出曲目均为中东欧八国中青年作曲家为中国器乐而作的中国题材原创作品，包括《大草原》[波兰]、《晨雨》[拉脱维亚]、《天问》[马其顿]、《暮光小径回旋曲》[爱沙尼亚]、《子夜组诗》[保加利亚]、《老房子》[阿尔巴尼亚]、《宇宙之爱》[塞尔维亚]和《夜之魅影》[匈牙利]。

（张　鑫）

【“名无虚”《五行》民乐即兴音乐会】 10月15日，由十三月文化传播有限公司和“新乐府”音乐厂牌联袂推出的“名无虚”“五行”民乐即兴音乐会在天桥文化艺术中心上演。民乐演奏家闵小芬、吴巍、徐凤霞联手皮影艺术家王玉光以及视觉艺术家毕振宇，以《山海经》的故事为背景、以“五行”的核心理念进行了一场民乐即兴演奏与光影表演。“五行”分金、木、水、火、土5个章节，集合了琵琶、二胡、古筝、笙、中阮、传统打击乐等多门类民族乐器的演奏，配以京剧、秦腔等戏曲方式的吟唱，构成了每次演出都不一样的即兴表演。

（崔　渊）

【“心儿在歌唱”——李双江师生十九男高音音乐会】 10月15日，“心儿在歌唱”——李双江师生十九男高音音乐会在北京音乐厅举行。李双江携夏米力、魏金栋、梁召今等18位男高音歌唱家，演唱了《延安颂》《想起周总理纺线线》《北京颂歌》《战士歌唱毛主席》等歌曲。

（崔　渊）

【喜迎党的十九大胜利召开音乐会】 10月15日，由北京市文化局、北京人民广播电台主办，北京交响乐团承办的“党啊，亲爱的妈妈”——喜迎党的十九大胜利召开音乐会在中山公园音乐堂举办。演出曲目有北京交响乐团的《红旗颂》，殷承宗演绎的钢琴协奏曲《黄河》，吕思清演奏的小提琴曲《梁祝》，王宏伟演唱的《再见了，大别山》和《可爱的一朵玫瑰花》，吴碧霞演唱的《党啊，亲爱的妈妈》《中国梦》等。指挥谭利华。

（张　鑫）

【“京华风韵”——中国作品专场音乐会】 10月16日，北京交响乐团“京华风韵”——中国作品专场音乐会在中山公园音乐堂举办。该音乐会演奏了作曲家郭文景的《莲花》、张千一的《云南随想》和周龙的《京华风韵》。指挥谭利华。

（崔　渊）

【“箫与古典吉他的邂逅”室内乐音乐会】 10月18日，“箫与古典吉他的邂逅”——张维良与杨雪霏室内乐音乐会在国家大剧院小剧场举行。笛箫演奏家张维良与古典吉他演奏家杨雪霏联袂演绎了古曲《春江花月夜》《胡笳》《梅花三弄》《杏花天影》《渔舟唱晚》等。

（崔　渊）

【原创民族管弦“我的祖国”音乐会】 10月21日，由中国歌剧舞剧院民族乐团出品的原创民族管弦乐“我的祖国”音乐会在国家大剧院上演。音乐会由《华夏欢歌》《江行》《梦寻长安》《草原英雄小姐妹》《万泉河水》《中岳传奇》《我的祖国》《象雄雪域》8首作品组成，其中6首是由作曲家徐之彤、王云飞、陈思昂、李博、马懋玄、兰添等通过采风创作完成，为首次与观众见面。指挥洪侠。

（崔　渊）

【“美丽的梦　一陆有你”慈孝公益艺术汇】 10月22日，由中国东方演艺集团女中音歌唱家、陆璐策划并导演的“美丽的梦　一陆有你”慈孝公益艺术汇专场演出在北京举办。演出中的每一首歌曲均由陆璐作词作、曲并演唱，演出曲目包括《你的名字》《战士的春天》《寸草春晖》《爱的畅想》《美丽的梦》等。

（崔　渊）

【中国当代经典交响作品音乐会】 10月24日，北京交响乐团的中国当代经典交响作品音乐会在海淀北部文化中心举办。演出曲目有管弦乐《火把节》，王西麟受北京交响乐团委约创作的《动》，交响组曲《云南音诗》选段和交响组曲《黄河壁画》。指挥谭利华。

（张　鑫）

【家风故事音乐会】 10月27日，家风故事音乐会在国家大剧院小剧场举行。该音乐会是首都文明办与国家大剧院联合主办的2017“艺术之家的最美传承”系列活动之一。音乐会由“家和万事兴”“歌唱祖国”等篇章组成，包括《红旗颂》《草原夜色美》《金色年华家庭圆舞曲》《难忘的旋律》《烛光里的妈妈》《茉莉花》等器乐曲和女生独唱《天路》《牧羊曲》《我的祖国》等歌曲。

【原创绘本《麻雀》亲子音乐会】 10月28日，由接力出版社推出的“原创绘本《麻雀》亲子音乐会”在北京剧院上演。《麻雀》是接力出版社于2015年出版的一部原创图画书。《麻雀》亲子音乐会用音乐配合表现故事情节，在观众互动环节让孩子们作为音乐会的参与者沉浸其中，帮助演员和演奏家们一起完成指令与任务。

（崔　渊）

【石磊竹笛独奏会】 10月28日，“若秋”——石磊竹笛独奏会在北京音乐厅举办。音乐会以“新人、新作、新乐器”为关键词，由青年竹笛演奏家石磊演奏了《灞桥》《红高粱叙事曲》《新疆印象·天山马》《阿诗玛叙事诗》《春叙》《管韵》《若秋》《诙谐的影子》《孤烟直》《跑旱船》10首曲子。

（崔　渊）

【2017齐欢钢琴独奏音乐会(北京站)】 11月4日，为庆祝柏斯音乐集团成立三十周年，由柏斯音乐基金会主办的“柏斯音乐三十周年——2017齐欢钢琴独奏音乐会(北京站)”在中央音乐学院歌剧音乐厅举办。音乐会上，青年钢琴演奏家齐欢除演奏了《西班牙之颂》《版画集》《小品四首》《平湖秋月》《幻想曲1975》《降b小调第二钢琴奏鸣曲》《幻想曲1975》等作品。

（崔　渊）

【夏良作品专场音乐会】 11月6日，中国交响乐团“龙声华韵”——夏良作品专场音乐会在北京音乐厅举行。音乐会上，夏良新作钢琴协奏曲《云河天籁》第二交响乐《大河东流》进行了首演。此外，还演出了交响诗《远山》、大提琴与弦乐队协奏曲《古林随想》。邵恩指挥。

（崔　渊）

【“涅瓦河畔的冬日”音乐会】 11月7日，中国爱乐乐团“涅瓦河畔的冬日”音乐会在北京保利剧院上演。音乐会上演奏了作曲家邹野的新作品《涅瓦河畔的冬日》。该作品将俄罗斯古典音乐名作与战争年代传唱的歌曲进行了重新编排，并加上了管弦乐配器。整套乐曲分为“前夜”“伟大的卫国战争年代”“伟大的民族，神圣的战争”3个部分，长约50分钟。此外，该音乐会还演奏了拉赫玛尼诺夫的《第二钢琴协奏曲》。指挥余隆。

（崔　渊）

【“大师有约·梦计划”音乐会】 11月8日，保利WeDo音乐艺术联盟在北京保利剧院举办了“大师有约·梦计划”音乐会，这是保利WeDo面向全国家庭举办的50场系列公益演出之一。此次演出受邀参加的学校有国美家园小学、华凯蓝天幼儿园、人大附小朝阳学校、史家分校、赫德国际学校、爱迪国际学校6所学校。该演出旨在为朝阳区中小学及幼儿园的孩子们提供与大师同台演出的机会，共建朝阳艺术联盟，并为孩子们的艺术展演提供最专业的国家级舞台。该场音乐会由保利WeDo的学员和受邀的6所学校的同学同台演出了中国鼓《凤鸣朝阳》、民乐合奏《菊花台》、合唱《京味串烧》、京剧联唱《国色天香》和钢琴独奏、钢琴六手联弹等音乐节目和舞蹈《小小白天鹅》、传统吟诵《诗经·小雅·采薇》等。

（张　鑫）

【“长相知”——古诗词歌曲音乐会】 11月9日，方琼“长相知”——方琼古诗词歌曲音乐会在北京音乐厅举办。歌唱家方琼联手姜嘉锵、史鹏等演唱了《阳光三叠》《胡笳十八拍》《长相思》等古曲，以及赵季平、刘文金、奚其明等当代作曲家根据古典诗词创作的《关雎》《幽兰操》《杨柳枝》等近20首古诗词歌曲。

（崔　渊）

【民族歌舞器乐集锦《西山晴雪》】 11月25日，由北京歌剧舞剧院、西藏山南市艺术团、北京民族乐团共同演绎的“京藏人民一家亲”民族歌舞器乐集锦《西山晴雪》在北京保利剧院上演。演出节目有歌曲《天路》《夏尔巴赞歌》，集歌、舞、乐于一体的弦子舞《雀舞琴鸣》，以雅隆扎西雪巴鼓钹伴奏的藏戏，腰鼓与舞蹈结合的《藏南鼓舞》，乐舞诗《雅鲁藏布》和舞蹈《万马奔腾》《吉庆有余》《梦幻紫禁城》等。

（崔　渊）

【“新时代之歌”大型主题演出】 11月28日—30日，由北京演艺集团出品的大型主题演出《新时代之歌》在民族文化宫大剧场上演。此次演出集结了北京演艺集团旗下的中国杂技团、中国评剧院、中国木偶艺术剧院、北京歌剧舞剧院、北京儿童艺术剧院、北京曲艺团、北京民族乐团、北京市河北梆子剧团、北京市曲剧团9个院团的作品进行编排串联，将诗朗诵、歌曲、曲艺、舞蹈、戏曲选段、器乐合奏等艺术形式融合，节目包括歌舞短剧《北京地铁》，杂技《九级浪——扬帆》，评剧《藏地彩虹》等。其中，歌曲《新时代之歌》在演出中首次呈现，歌曲由任卫新作词，孟卫东作曲，吴春燕、云飞演唱。

（崔　渊）

【美丽西藏采风原创歌曲演唱会】 12月8日，由中国文联、中国音协、西藏自治区文联主办的“格桑花开新时代”——美丽西藏采风原创歌曲演唱会在中国剧院举办。演唱会上演了《天上的西藏》《爱上纳木错》《藏北女孩》《高原的梦》《归来》《心灯》《吉祥的天空》《藏》《一路向西》《我和西藏有个约定》《八廓街》《向往拉萨》《拉萨之夜》《桃花雪》《长着青稞的天》《雅鲁藏布》《心向阳光》17 首歌曲。曲目选自2016 年8 月由中国文联统一部署，中国音协组织词曲作家赴西藏采风创作的一批歌曲。张千一、屈塬、宋小明、戚建波、何沐阳、舒楠、美朗多吉等汉、藏词曲作家参与创作。

（崔　渊）

【“共享音乐时光”特别音乐会】 12 月12 日，由国家大剧院古典音乐频道策划的主题为“Share the Music Time 共享音乐时光”的特别音乐会在国家大剧院音乐厅演出。音乐会上，谭利华指挥北京交响乐团演奏了《蝙蝠》序曲、《乡村骑士》幕间曲、《拉德茨基进行曲》等多首中外名曲，吕思清演奏了小提琴协奏曲《梁祝》，国家大剧院的艺术家们演唱了歌剧《长征》选段，歌曲《我和我的祖国》等。该音乐会还特别邀请谭利华、王刚、周海宏、吕思清、于丹为“音乐导师”，阐述自己对音乐的感悟、诉说音乐与生活的故事。

（张　鑫）

【中央民族乐团“一带一路”民族音乐会】 12 月15 日，中央民族乐团“一带一路”民族音乐巡礼《丝绸之路》音乐会在国家大剧院上演。该音乐会浓缩了《印象国乐》《又见国乐》《玄奘西行》3 台剧目中的经典作品，演出曲目有箜篌与乐队《普度》、二胡与乐队《二泉映月》、双琵琶协奏曲《楚汉之争》、敦煌复原乐器与乐队《极乐》以及《印象国乐》节选。指挥陈燮阳。

（崔　渊）

【2017 年歌剧GALA 音乐会(上)】 12 月24 日，中央歌剧院2017 年歌剧GALA 音乐会(下)在国家大剧院音乐厅上演。演出曲目有选自舞剧《花木兰》的《花木兰组曲》，歌剧《红军不怕远征难》选曲《才送走了毛头》《红娃，这是娘给你取的名字》《再看一眼战友长眠的地方》《带血的银元》，中文版《卡门》中的选段《卡门序曲》《哈巴涅拉》《听那铃铛响得多美妙》《斗牛士之歌》《我们要去做一件事(五重唱)》《花之歌》《我说过我不会害怕》《是你是我(二重唱)》等。指挥杨洋。

（崔　渊）

【隆庆祥2018 新年交响音乐会】 12 月24 日，中华老字号隆庆祥的2018 新年交响音乐会在北京国家大剧院举行。该音乐会演出曲目有舞剧《花木兰》、歌剧《红军不怕远征难》、歌剧《卡门》的选曲等。“非遗”界人士、隆庆祥客户和阿尔巴尼亚、白俄罗斯、马尔代夫等国的驻华使节等应邀参加了该音乐会。中央歌剧院交响乐团参加演出，指挥杨洋。

（张　鑫）

【2017 年歌剧GALA 音乐会(下)】 12 月25 日，中央歌剧院2017 年歌剧GALA 音乐会(下)在国家大剧院音乐厅上演。演出曲目有选自歌剧《玛纳斯》的《我才是江河的首领》《山高水远好梦长》《马蹄耕耘的历史》《飞翔》《亲近神圣》，选自歌剧《红色娘子军》的《我的心飞向你》《我要成为你那样的人》《木棉花开》和选自歌剧《弄臣》的《弄臣序曲》《这位还是那位》《我们是平等的》《亲爱的名字》《你们这些狗强盗》《复仇二重唱》《爱之骄子(四重唱)》等。指挥杨洋。

（张燕鹰）

赛　事

【第六届华乐论坛暨“新绎杯”杰出民乐演奏家评选】 6 月20 日，由中国民族管弦乐学会主办的第六届华乐论坛暨“新绎杯”杰出民乐演奏家评选颁奖音乐会在北京音乐厅举办。该届“新绎杯”杰出民乐演奏家(弓弦、吹管)评选活动评选出刘英(唢呐)、姜克美(板胡)、唐俊乔(竹笛)、邓建栋(二胡)、吴巍(笙)、于红梅(二胡)、周东朝(唢呐)、沈诚(板胡)、张维良(竹笛)、李光陆(笙)、戴亚(竹笛)、宋飞(二胡)12 位获奖者。演奏曲目有刘英主奏的唢呐与乐队《百鸟朝凤》、唐俊乔主奏的竹笛协奏曲《愁空山》、邓建栋主奏的二胡协奏曲《第一二胡协奏曲》、吴巍主奏的笙协奏曲《易经》、于红梅主奏的二胡与乐队《诗咏国魂》、沈城主奏的板胡与乐队《莽原情》、张维良主奏的竹笛与乐队《花泣》、李光陆主奏的传统笙协奏曲《太行乡情》、戴亚主奏的竹笛与乐队《戴亚》、宋飞主奏的二胡与乐队《天籁华音》。

（崔　渊）

【第七届“卡丹萨”杯全国青少年中国钢琴作品演奏比赛】 8 月29 日，第七届“卡丹萨”杯全国青少年中国钢琴作品演奏比赛全国总决赛颁奖音乐会在北京举行。本届比赛吸引了来自全国的万余名青少年报名，在全国32 个省市设立初赛分赛区，共有380 名不同组别的选手在北京参加总决赛。最终获得大赛特别奖的选手分别是业余组吕天瑶和专业组夏多多，19 人分获各组别的一等奖。在颁奖音乐会上，获得一等奖的选手分别演奏了中国作品《旱天雷》《浏阳河》《战台风》《打虎上山》和《中国畅想曲第二号——序曲和舞曲》等作品。

（张　鑫）

【第八届施坦威全国青少年钢琴比赛】 12月10日，为期三天的第八届施坦威全国青少年钢琴比赛总决赛暨第81届施坦威国际青少年钢琴比赛中国区总决赛在北京落下帷幕，并于当晚在中央音乐学院歌剧音乐厅揭晓各项奖项。该届中国区总决赛由施坦威钢琴亚太有限公司主办，共有来自13个分赛区的22000多名选手报名参加，49位专业组选手和113位业余组选手入围总决赛。最终决出54位获胜者，分获专业和业余两大组别的各个奖项。来自上海赛区的朱璟廷获专业组特等奖，来自港澳赛区的胡晓桦获业余组特等奖，来自港澳赛区的张海量获专业C组一等奖。颁奖典礼结束后，朱璟廷、胡晓桦、张海量和第七届施坦威全国青少年钢琴比赛总决赛专业组特等奖获得者，来自北京的王雪融进行了现场演奏。

（张　鑫）

评　论

【“华语音乐剧未来发展”论坛】 4月8日，由北京天桥艺术中心与香港西九文化区管理局联合主办，香港话剧团和香港特区政府驻北京办事处协办的“华语音乐剧未来发展”论坛在北京举办。该论坛以“华语音乐剧的新机遇与新发展”为主题，邀请了上海华人梦想文化发展有限公司总经理田元，上海文化广场剧院管理有限公司副总经理费元洪，音乐剧《驴得水》《如果我不是我》音乐总监樊冲，《顶头锤》的曲作者高世章、词作者岑伟宗，一铺清唱行政总监吴嘉美等参加论坛。与会者就音乐剧本土化、华语音乐剧的发展等话题进行了交流和探讨。

（张　鑫）

【民族歌剧创作座谈会】 5月9日，由文化部主办的中国民族歌剧创作座谈会暨“中国民族歌剧传承发展工程”指导委员会成立会议在北京召开。“中国民族歌剧传承发展工程”指导委员会委员，文化部艺术司负责人，专家、艺术家代表，部分地方文化厅（局）负责人，中直院团、国家大剧院、高等艺术学校和地方艺术院团负责人共70余人参加座谈会。文化部党组书记、部长雒树刚，文化部党组成员、副部长董伟先后讲话。乔佩娟、郭兰英、羊鸣、仲呈祥、居其宏、黄奇石、关峡、王晓岭、黄定山9位专家、艺术家代表在座谈会上发言。

（张　鑫）

【歌剧《星星之火》专家研讨会】 5月18日—19日，国家艺术基金2017年度大型舞台剧和作品滚动资助项目歌剧《星星之火》专家研讨会在北京举行。国家艺术基金管理中心副主任王勇、辽宁省文化厅副厅长许红英、沈阳音乐学院院刘辉、中国儿童剧院编剧欧阳逸冰、空政文工团编剧王俭、中国戏曲学院教授曹林、中国铁路文工团副团长孙鸣笛、北京大学艺术学院音乐学系主任周映辰、上海戏剧学院教授熊源伟、国家大剧院舞台美术总监高广健、人民音乐出版社社长莫蕴慧、中央歌剧院演奏员景作人、中央音乐学院作曲系教授郝维亚、北京演艺集团艺委会副主任王亚勋、西安音乐学院音乐学系教授王安潮、中国音乐学院声歌系教授韩延文等参加了研讨会。歌剧《星星之火》最早于1950年由东北鲁迅艺术文学院实验剧团在哈尔滨首演。侣朋等编剧，李劫夫等作曲。与会专家认为，复排的歌剧《星星之火》既保留了原剧精华，又赋予其现代气息。与会者还对作品如何更好地修改提出了中肯的、具体的意见和建议。

（张　鑫）

【“美焕文心”少儿歌曲创作研讨会】 5月24日，首都师范大学首届“美焕文心”艺术季系列活动——音乐学院“与梦飞翔”少儿歌曲创作大赛颁奖音乐会在北京举办，演出了《童心是一粒种子》《姥姥抱抱》《小池》等12首获奖歌曲。音乐会结束之后，来自音乐界和首都教育界的专家、教师参加了“美焕文心”少儿歌曲创作研讨会，对少儿歌曲的创作、推广等情况进行了交流。与会者认为，少年儿童是祖国的希望和未来，只有创作出符合时代要求、符合孩子年龄、符合孩子音乐学习能力的积极向上的作品，才能更好地培养孩子们的艺术素养，保护孩子的童真童趣，为孩子的成长搭建更坚实的桥梁。

（张　鑫）

【民族管弦乐音乐会“我的祖国”首演专家研讨会】 11月2日，“让祖国的声音更宏大”——中国歌剧舞剧院民族管弦乐音乐会“我的祖国”首演专家研讨会在北京举办。中国民族管弦乐学会原副会长张殿英、中国艺术研究院硕士生导师吴玉霞、中国音乐学院指挥系教授杨又青、人民音乐出版社电子音像中心副编审黄志鹏、首都师范大学教授杨青、中央民族乐团副团长赵东升、中国歌剧舞剧院民族乐团常任指挥洪侠、中国歌剧舞剧院剧目创作部副主任朱亚林等参加了研讨会。研讨会结合中共十九大精神，从曲目编排、演员形象、乐队建制、乐团定位以及当今民乐发展趋势、观众需求、文化传承等角度展开深入探讨，话题同时涉及乐团管理、人才培养、市场运作等更为广阔的领域。与会专家为“我的祖国”音乐会及剧院民族乐团今后的发展与提高提供了宝贵意见。

（张　鑫）

【2017第四届音乐产业高端论坛】 11月3日，由国家新闻出版广电总局指导，中国传媒大学主办，中国传媒大学艺术学部音乐与录音艺术学院、中国音像与数字出版协会音乐产业促进工作委员会联合承办的2017第四届音乐产业高端论坛在北京举行。论坛上发布了《2017中国音乐产业发展报告》。论坛还围绕“互联网+”时代下音乐产业发展与变革的新格局，聚焦音乐全产业链的动态与前沿，从产业生态、制作、版权、投融资、演出等环节展开了8个分论坛。国内外百余位业界专家出席论坛并参与讨论。中国传媒大学的陈文申、姜绪范，国家新闻出版广电总局的许文彤、冀素琛，国家版权局的赵杰，北京新闻出版广电局的王野霏，中国音像著作权集体管理协会的邹建华，中国音像与数字出版协会的王炬、汪京京，中国社会科学院《文化蓝皮书》主编张晓明，中国流行音乐学会会长付林等出席论坛并讲话。

（张　鑫）

【第二届北大歌剧论坛】 11月3日—5日，北京大学歌剧研究院联合北大人文学部、中国艺术研究院和中国歌剧研究会，共同举办第二届北大歌剧论坛。论坛主题为“中国歌剧民族性的现代呈现及其创作走向”。中国艺术研究院副院长牛根富、北京大学歌剧研究院院长金曼、上海歌剧院副院长李瑞祥、沈阳音乐学院院长刘辉，词作家王晓岭，作曲家雷蕾、徐占海、刘聪，歌唱家戴玉强、魏松、莫华伦等各领域的专家、学者200余人出席该论坛。参会者集中探讨了“中国歌剧的民族性与当代性”“中国歌剧创作的技术现状”等相关热点议题。论坛上还成立了高校原创艺术精品共创共享联盟。

（张　鑫）

【北京市文联系统北京民歌创作研讨会】 11月15日，在北京市文联主办的北京市文联系统北京民歌创作研讨会在北京市文联召开。音乐评论家金兆钧，作曲家伍嘉冀、田晓耕、赵方、郭小虎，音乐活动家刘国超，原生态北京民歌传唱人陈树林，北京民歌演唱者陶庆友等参加了研讨会。研讨会上，市文联鼓励各单位搜集整理本区民歌，并创作适宜舞台演出、百姓传唱的“新民歌”。与会者就“北京新民歌”创作原则以及应注意的事项进行了广泛的研讨。

（张　鑫）

【全国高等音乐艺术院校基本乐科课程建设学术研讨会】 11月16日—18日，由中国音乐学院主办的“全国高等音乐艺术院校基本乐科课程建设学术研讨会”在北京西藏大厦召开。中央音乐学院副院长周海宏、人民音乐出版社副总编辑赵易山、星海音乐学院副院长雷光耀及林松源、赵亮，刘斌、赵海鹰、欧超智、李丽娜、王高飞、张晖等220多位基本乐科专家和研究生参加了会议。与会者围绕“课程改革研究与实践”“教学专题研究与实践”“学科论文专题研究”“中国音乐教学专题研究与实践”“外国教材与教学专题研究”“音乐理论专题研究”“西方近现代音乐教学专题研究与实践”等论题进行了探讨。

（张　鑫）

【跨文化音乐教学方法与策论国际论坛】 11月29日—12月2日，由孔子学院总部、国家汉办支持，中央音乐学院主办，中央音乐学院中外音乐文化交流与体验基地及音乐孔子学院办公室承办、音乐学系协办的“跨文化音乐教学方法与策略国际论坛”系列音乐艺术交流活动在北京举行。在主旨发言中，来自中央音乐学院、北京外国语大学、首都师范大学音乐学院、四川音乐学院、北京语言大学艺术学院、美国科罗拉多大学及丹麦皇家音乐学院等学校的多位中外专家和教师，从各自不同的学术视角出发，聚焦跨文化音乐教学的理论与实践，为中国音乐国际传播建言献策。在该论坛配套设置的跨文化研讨课上，多位曾赴丹麦音乐孔子学院的志愿者教师，在现场进行了双语教学演示，并由专家进行了点评。

（张　鑫）

【第六届全国乐器学研讨会在京举行】 12月8日—10日，由中国音乐学院主办、中国博物馆协会乐器专业委员会协办、中国音乐学院音乐科技系承办的第六届全国乐器学研讨会暨东方乐器研讨会在北京举行。全国的音乐高校乐器学科带头人和师生共150余人参会。该研讨会以“一带一路”为主题，探讨东方乐器声学特征、工艺材料、乐器改良、历史文化交流等相关问题，并通过主题演讲、乐器展演、圆桌讨论、学生论坛等多种形式展开深入、广泛的交流。

（张　鑫）

交　　流

【乌克兰国家交响乐团2017北京新年音乐会】 1月8日，中国与乌克兰建交25周年之际，乌克兰国家交响乐团2017北京新年音乐会在北京音乐厅演出。音乐会上，该团演奏了奥托里诺·雷斯庇基的交响诗《罗马的松树》、乔治·格什温的交响音画作品《波吉与贝斯》、莱昂纳德·伯恩斯坦的《西区故事交响舞乐组曲》和莫里斯·拉威尔的《波莱罗舞曲》等曲目。演出由中国指挥家范焘执棒。

（张　鑫）

【中国交响乐团庆祝中马建交45周年音乐会】 2月5日，中国交响乐团庆祝中马建交45周年音乐会在马尔代夫马累奥林巴斯剧院举行。音乐会上，该团演奏了铜管五重奏《探戈舞曲》、古筝与钢琴合奏曲《远清秋》、弦乐重奏《春节序曲》、小提琴独奏《沉思》、马尔代夫曲目《幸运的胜利》和德国作曲家勃拉姆斯的《匈牙利舞曲第五号》。中国驻马尔代夫大使王福康和马尔代夫青年体育部部长伊茹斯莎姆等出席了音乐会。

（张　鑫）

【北京交响乐团赴北美进行“欢乐春节”巡演】 2月6日—12日，北京交响乐团赴美国、加拿大进行“欢乐春节”巡回演出活动。2月6日，北京交响乐团在美国华盛顿的肯尼迪艺术中心音乐厅举办了中国新年音乐会的演出；2月9日，在多伦多的索尼艺术中心举办了“欢乐新春”新春音乐会；2月12日，为纪念加拿大建国150周年，北京交响乐团与加拿大国家艺术中心交响乐团、渥太华交响乐团在加拿大渥太华国家艺术中心音乐厅联袂举办了“北京—渥太华友好城市新春音乐会”。

（张燕鹰）

2月9日，北京交响乐团与加拿大音乐家在加拿大多伦多索尼艺术中心共同演出

【陕西爱乐乐团进京演出】 2月17日—18日，由中国音乐家协会、陕西省委宣传部主办，陕西爱乐乐团演奏的交响音画“大秦岭”音乐会分别在国家大剧院和清华大学蒙民伟音乐厅举行。该作品以大型交响乐叙事、绘景、抒情、壮怀的方法，刻画和表现了秦岭的风光、民俗，讲述了在秦岭发生的中国故事。

（崔　渊　　张　鑫）

【湖南省交响乐团进京演出】 3月6日—8日，由湖南省文化厅、湖南省文联、湖南省演艺集团支持，湖南省交响乐团组织创作的大型交响合唱《通道转兵组歌》在北京音乐厅上演。该组歌取材于红军长征初期在湖南通道转兵西进贵州，从而挽救红军命运、奠定遵义会议基础的重大历史事件。

（崔　渊）

【意大利协奏团到京演出】 3月11日，为纪念蒙特·威尔第诞辰450周年，由意大利协奏团携其歌剧《奥菲欧》在国家大剧院上演出。该剧由意大利作曲家威尔第创作于1607年，以古希腊神话中奥菲欧与尤丽狄茜的故事为题材。

（崔　渊）

【山西省歌舞剧院民族乐团进京演出】 3月12日，山西省歌舞剧院民族乐团创作演出的民族管弦乐组曲《山西印象》在国家大剧院音乐厅上演。该作品向观众展现了山西的壮美风光和三晋儿女昂扬向上的精神风貌。

（张　鑫）

【中央音乐学院赴印度演出】 3月14日，由中国驻加尔各答总领馆与印度文化关系委员会合作举办的“中国故事印度行”专题音乐会在加尔各答印度文化关系委员会礼堂举行。该音乐会由中央音乐学院的14名艺术家与印度桑图尔琴大师达伦巴塔查亚及塔布拉鼓大师苏班卡班纳吉联袂奉献，演奏的乐器以中国传统乐器为主，为观众献上了合奏《彼岸花》、竹笛独奏《三五七》、弦乐四重奏《情深谊长》、古筝独奏《林中泉水》、琵琶独奏《龙舟》、二胡重奏《光明行》等极具中国特色的音乐作品。刘月宁教授与两名印度音乐家还合作演绎了《拉格茉莉》。中国驻加尔各答总领事马占武、印度西孟邦政府官员以及美、俄、日等国驻当地外交官和当地文艺界人士等约300人出席音乐会。

（张　鑫）

【国家大剧院管弦乐团参加阿布扎比艺术节】 3月24日—25日，国家大剧院管弦乐团的指挥家张艺、钢琴家张昊辰、小提琴家吕思清等艺术家在阿布扎比酋长皇宫礼堂为阿布扎比艺术节演出了2场音乐会。音乐会上，国家大剧院管弦乐团演奏了巴赫的《d小调恰空》、拉赫玛尼诺夫的《c小调第二钢琴协奏曲》和德沃夏克的《第九交响曲》等乐曲。

(张　鑫)

【香港话剧团到京演出】 4月7日—9日，香港话剧团携其出品的音乐剧《顶头锤》在天桥演艺中心中剧场演出。这部作品以歌舞戏剧再现了往日的足球赛事与香港市民的生活场景。

(张　鑫)

【梁静茹“你的名字是爱情”北京演唱会】 4月8日，马来西亚歌手梁静茹“你的名字是爱情”北京演唱会在首都体育馆举行。演唱会上，梁静茹围绕“花之爱情”“奇幻旅程”“梦想”“精彩人生”4个主题演唱了《宁夏》《勇气》《在爱里等你》《燕尾蝶》《如果有一天》《属于》《别再为他流泪》《爱的代价》等歌曲。

(崔　渊)

【波兰爱之花园古乐团到京演出】 4月9日—16日，波兰爱之花园古乐团参加了中山公园音乐堂第七届“紫禁城·古乐季”的演出。该古乐团在古乐季进行了2场演出。4月9日，该乐团用巴洛克时期的羊肠弦乐器伴奏，由英国假声男高音杰克·阿迪提、波兰次女高音娜塔莉亚·卡瓦莱克演绎了亨德尔的《里纳尔多》等7部歌剧中的经典唱段。4月16日，波兰鲁特琴演奏家安东·贝如拉和安娜·科沃斯卡伉俪在“巴洛克音乐巨人：巴赫遇见魏斯——鲁特琴二重奏之夜”音乐会上，演奏了魏斯的《组曲》《恰空》和音乐家自己改编巴赫的《b小调法国组曲》《田园曲》《交响曲》等乐曲。

(张　鑫)

【挪威特隆赫姆独奏家乐团到京演出】 5月19日，“古典也简约”挪威特隆赫姆独奏家乐团音乐会在国家大剧院举办。音乐会上演奏了贝多芬的《弦乐四重奏》、莫扎特的《C大调钢琴协奏曲》、菲利普·格拉斯的室内乐作品《打开》和布里顿《弗兰克布里奇主题变奏曲》等曲目。

(张　鑫)

【百老汇音乐剧《魔法坏女巫》到京演出】 5月20日，百老汇音乐剧《魔法坏女巫》在天桥艺术中心上演。该音乐剧改编自小说《坏女巫：西方坏女巫的一生》，2003年10月，该音乐剧在百老汇格什温剧院首演。作品讲述了“西方坏女巫”和“南方好女巫”两个女孩共同成长的故事。

(张　鑫)

【范玮琪“在幸福的路上”演唱会】 5月20日，美籍华裔歌手范玮琪“在幸福的路上”世界巡回演唱会(北京站)在首都体育馆举办。演唱会上，范玮琪演唱了《最初的梦想》《最重要的决定》《一个像夏天一个像秋天》《黑白配》《最重要的决定》等代表作。

(崔　渊)

【波兰亚当·科斯米埃加到京演出】 5月24日，波兰钢琴家亚当·科斯米埃加在中央音乐学院音乐厅举办钢琴独奏音乐会。音乐会上演奏了赛洛基的《即兴曲》、西科尔斯基的《心不在焉的窗前凝视》和《手稿》。

(张　鑫)

【北京现代音乐节中印文化交流专场音乐会】 5月25日，“拉格·茉莉”——北京现代音乐节中印文化交流专场音乐会在中央音乐学院音乐厅举行。音乐会上，印度演奏家达伦·巴塔查亚、塔布苏布汉卡·班纳吉共同演绎了《拉格·生命之美》，并与中国扬琴演奏家刘月宁共同演奏了《拉格·茉莉》。音乐会还依次演奏了周龙的《长风破浪》、张蔓菁的《白马麦朵青衫薄》、克里斯蒂安·伍兹的《交迭声鸾》、叶小纲的《光明行》、李劭晟的《将进酒》以及邹航的《醉舞金刚》和中国民歌《茉莉花》等中外作品。

(张　鑫)

【莫斯科当代乐团到京演出】 5月26日，俄罗斯莫斯科当代乐团在中央音乐学院歌剧音乐厅举办“皮埃罗之梦”音乐会。音乐会演奏了中国作曲家温德清的《牧童长笛》、钟峻程的《花山壁画》和俄罗斯作曲家爱迪生·丹尼索夫的《DSCH》、阿尔弗雷德·施尼特凯的《第一奏鸣曲》、帕维尔·卡玛诺夫的《送给自己的生日礼物》、奥列格·佩勃尔丁的《国华》以及亚历山大·拉迪洛维奇的《皮埃罗的梦》7首作品。

(张　鑫)

【音乐剧《凤凰浴火》进京演出】 6月9日—10日，由夏征农民族文化教育发展基金会出品的大型原创音乐剧《凤凰浴火》在中国剧院上演。该剧以“新安旅行团”为原型，讲述了一群来自江南水乡的青少年走遍大江南北宣传全民族团结抗日的故事。

(崔　渊)

【新加坡国家青年华乐团到京演出】 6月15日，新加坡国家青年华乐团在中国音乐学院附中举办“我们飞”专场音乐会，同时启动中国巡演。演奏的曲目有新加坡作曲家王辰威的《我们飞》、罗伟伦的《海上第一人：郑和之海路》、林向斌的《乌天蓝调》，中国作曲家刘锡津的双二胡协奏曲《乌苏里吟之第三乐章——猎》、王丹红的琵琶协奏曲《云想·花想》及姜莹的民族管弦乐《丝绸之路》。

（张　鑫）

【新疆特克斯县歌舞团进京演出】 6月16日—18日，由新疆特克斯县委宣传部、特克斯县文化体育广播影视局、特克斯县文化馆出品，特克斯县歌舞团演出的新疆哈萨克民族音乐剧《黑眼睛》在解放军歌剧院举行了演出。该剧讲述了汉代西域乌孙公主弟史和龟兹王子绛宾之间的爱情故事。

（崔　澜）

【紫禁城室内乐团赴瑞典演出】 6月25日，“与民乐经典近距离”——紫禁城室内乐团音乐会在瑞典首都斯德哥尔摩的中国文化中心举行。音乐会上，中国音乐学院的音乐家们演奏了《花好月圆》《云南回忆》《二泉映月》《春江花月夜》《鹧鸪飞》《夜深沉》《喜洋洋》等乐曲。中国驻瑞典大使馆文化参赞兼中国文化中心主任浦正东，中资机构、华侨华人代表等出席了活动。

（张　鑫）

【连纯慧做客时间旅行者文艺沙龙】 7月1日，台湾音乐导聆家连纯慧做客北京天桥艺术中心“时间旅行者文艺沙龙”，她以讲故事的方式与乐迷们分享了音乐家莫扎特创作的最后一部歌剧《魔笛》。活动现场，连纯慧不仅讲述了莫扎特的生命旅程及《魔笛》创作的时空背景，还引导大家一同欣赏了精选的19首乐曲，并分析了这些曲目的艺术特色和历久弥新的音乐价值。

（张　鑫）

【内蒙古通辽市民族歌舞团进京演出】 7月4日，由内蒙古通辽市民族歌舞团打造的“敖包相会的地方——庆祝内蒙古自治区成立70周年科尔沁音乐巡礼”视听音乐会在北京保利剧院举办。该音乐会以蒙古族科尔沁特色音乐为本体，把蒙古民族对草原、对英雄、对骏马、对生活的情怀以及对祖国的挚爱感恩之情融入音乐、融入歌声，让人领略到科尔沁的草原魅力。

（张　鑫）

【丹麦国家合唱团到京演出】 8月10日，“童话醇音”丹麦国家合唱团音乐会在国家大剧院演出。音乐会上演唱了约翰·塞巴斯蒂安·巴赫的《来吧，耶稣，来吧》，布鲁克纳的《维尔加·杰西教堂，基督诞生》，克里斯托弗·韦斯的《牧羊人在放牧》，亨里克·荣格的《尼罗河流淌的地方》，费力克斯·德尔松的《合唱圣乐》，珀尔·纳尔戈尔的《像孩子一般》，拉尔夫·沃恩·威廉斯的《海神的召唤》《云端之塔》《在山丘和溪谷的那边》，朱迪·伯明翰的《生死恋人》，查尔斯·斯坦福的《蓝鸟》，卡尔·尼尔森的《神奇的晚风》，珀尔·浔贝克的《丹麦，我的故乡》和捷尔吉·利盖蒂的《夜晚与清晨》等歌曲。

（张　鑫）

【西班牙瓦伦西亚室内乐团到京演出】 8月12日—13日，“中·西艺术交流——西班牙瓦伦西亚室内乐团平谷之行音乐会”在平谷区华东音乐厅上演。音乐会上演奏了铜管五重奏《他们来自墨西哥》《波吉与贝丝》《卡门》《康定情歌》等曲目和小提琴曲《瓦尔兹玛祖卡的前奏》《遗忘》《帕萨卡利亚舞曲》《巴拉达》《在水一方》《春节序曲》《梁祝》等中外曲目。

（张　鑫）

【中央歌剧院赴欧洲演出】 8月15日—24日，中央歌剧院赴欧洲，在意大利、斯洛文尼亚进行了5场演出。8月18日，在意大利第63届普契尼艺术节上演出了普契尼的歌剧《蝴蝶夫人》；8月19日，在意大利埃米利亚艺术节上演出了中国大型原创歌剧《红军不怕远征难》；8月20日，在意大利里米尼会展中心为第38届里米尼会议举办了开幕式音乐会；8月23日和24日在斯洛文尼亚首都卢布尔雅那举办的第65届卢布尔雅那艺术节上演出了2场普契尼歌剧《蝴蝶夫人》。

（张　鑫）

【中国交响乐团赴韩国演出】 8月26日，中国交响乐团在韩国首尔艺术殿堂举办了“中韩建交二十五周年专场音乐会”。音乐会由华人指挥家汤沐海执棒，音乐会演出的曲目有韩国青年小提琴演奏家金柏颂莉与中国交响乐团合作演奏的门德尔松的《e小调小提琴协奏曲》，中国交响乐团演奏的穆索尔斯基作曲、拉威尔改编的《图画展览会》，以及由韩国民歌改编的交响乐版《阿里郎》与中国作曲家刘湲的《火车托卡塔》。

（张　鑫）

【法国钢琴家米哈伊·鲁迪到京演出】 8月26日，法国钢琴家米哈伊·鲁迪在北京音乐厅举办了名为“音乐的色彩”的音乐会。音乐会上，米哈伊·鲁迪在演奏的同时，用大屏幕投影展示与之相关的绘画作品。演奏曲目有穆索尔斯基的《图画展览会》，选自斯甘巴蒂改编自格鲁克的《奥菲欧与欧吕迪克》的《精灵之舞》，莫扎特的《d小调幻想曲》，李斯特改编自瓦格纳的《伊索尔德的爱之死》，德彪西的《四度练习曲》《八指练习曲》和拉威尔的《圆舞曲》等。

（张　鑫）

【英文版歌剧《红楼梦》到京演出】 9月8日，由美国旧金山歌剧院制作，北京保利剧院管理有限公司和阿姆斯特朗音乐艺术管理有限公司联合引进的英文原版歌剧《红楼梦》在北京保利剧院开启内地巡演的首演。该剧唱词均为英文，音乐中加入了《阳关三叠》《无锡景》等民乐元素。2016年9月，该剧在旧金山歌剧院首演。

（崔　渊）

【上海华人希杰文化发展有限公司进京演出】 9月8日—29日，上海华人希杰文化发展有限公司携百老汇音乐剧《变身怪医》中文版在天桥艺术中心上演。该音乐剧根据英国作家罗伯特·罗伊斯·史蒂文森的《化身博士》改编，1990年首演于美国休斯敦。2017年7月，该剧中文版在上海首演。

（崔　渊）

【北京交响乐团赴黑山、塞尔维亚巡演】 9月14日—16日，北京交响乐团赴黑山首都波德戈里察、塞尔维亚首都贝尔格莱德参加“第二届中国—中东欧国家(16+1)首都市长论坛”及“北京日”文化活动。乐团分别在波德戈里察国家剧院及贝尔格莱德萨瓦中心剧院举办了2场音乐会。音乐会由黑山交响乐团和贝尔格莱德爱乐乐团的20名乐手与中国演奏家共同完成。演出曲目有中国作曲家方可杰的《热巴舞曲》、华裔作曲家于京君的《中国主题》笛子协奏曲、德沃夏克的《第八交响曲》以及黑山及塞尔维亚当地音乐等。指挥谭利华。

（张　鑫）

【乌日娜独唱音乐会】 9月15日，鄂温克族歌唱家、声乐教育家，“吉祥三宝”组合成员乌日娜的学术独唱音乐会《苍茫谣》在中国音乐学院国音堂大音乐厅举行。音乐会上，乌日娜演唱了《不为唱歌而唱歌》《东泉》《美丽的家乡》《白骆驼》《锡尼河故乡》等蒙古族、鄂温克族、鄂伦春族歌曲，《彩虹》《孟根诺尔》等创作歌曲，并特别演唱了由其女儿诺尔曼创作的歌曲《苍茫谣》。

（崔　渊）

【浙江交响乐团进京演出】 9月25日，浙江交响乐团在北京举办了两场音乐会，其中大型交响诗《鲁迅》在国家大剧院首演，展现激越磅礴的鲁迅精神。在北京音乐厅上演的是交响音乐会。演奏曲目有拉赫玛尼诺夫《c小调第二钢琴协奏曲》和柴可夫斯基《b小调第六交响曲“悲怆”》。

（张　鑫）

【比利时透明歌剧院到京演出】 10月19日—21日，由比利时透明歌剧院和安特尔普皇家音乐学院联合制作，法国作曲家弗朗西斯·普朗克创作的独幕歌剧《人声》在三里屯太古里北区的红馆演出。该剧通过一个女人独自在房间里接打了几通电话的情节，引发了关于生存与死亡、爱情与痛苦的对白和独白。演出从头至尾，整个舞台上仅有女高音一人，是一部不折不扣的“独角戏”歌剧。

（张　鑫）

【不来梅室内爱乐乐团到京演出】 10月22日—26日，德意志不来梅室内爱乐乐团在中山公园音乐堂演奏了全套九部贝多芬交响曲。10月22日演奏的是贝多芬第一、第二、第三(英雄)交响曲，10月23日演奏的是第四、第五(命运)交响曲，10月25日演奏的是第六(田园)、第七交响曲，10月26日，则是第八交响曲和第九(合唱)交响曲，并由拉脱维亚国家合唱团携手男高音西蒙·约翰·奥尼尔、女高音苏珊·伯恩哈德、次女高音安内吕·佩埃博和低男中音歌唱家沈洋，共同唱响《欢乐颂》。指挥帕沃·雅尔维。

（张　鑫）

【香港管弦乐团到京演出】 10月24日—26日，香港管弦乐团携原版瓦格纳歌剧《女武神》在北京保利剧院演出。该剧是北京国际音乐节与萨尔茨堡复活节音乐节联合制作，高度复原了舞美设计大师施奈德·西姆森当年的创作，并在其中融入了很多现代的舞台元素。男高音斯图亚特·斯盖尔顿、男低音维塔利·科瓦廖夫、女高音克里斯蒂内·利波等参演，指挥梵志登。

（张　鑫）

【国家大剧院管弦乐团赴美巡演】 10月28日—11月7日，“中国声音”2017国家大剧院管弦乐团美国巡演先后在芝加哥交响中心(10月28日)、纽约恩斯特教堂卡内基音乐厅(10月30日)、费城基默尔艺术中心费莱森音乐厅(11月1日)北卡罗来纳大学教堂山分校纪念堂音乐厅(11月2日)、旧金山戴维斯交响音乐厅(11月5日)、密歇根大学安娜堡分校希尔礼堂(11月7日)进行演出。演奏曲目有中国作曲家赵季平的《第一小提琴协奏曲》，鲍元恺的《紫竹调》，陈其钢的《乱弹》《逝去的时光》，殷承宗、储望华等的钢琴协奏曲《黄河》和外国作曲家卢·哈里森的《琵琶与弦乐队协奏曲》，西贝柳斯的《D大调第二交响曲》和勃拉姆斯的《e小调第四交响曲》《匈牙利舞曲第六号》等。

（张　鑫）

【北方女子民歌合唱团进京展演】 10月31日，沈阳音乐学院·北方女子民歌合唱团的“东北风”——北方女子民歌合唱团音乐会在国家大剧院音乐厅上演。音乐会分为“北方风情”“古词新唱”“歌剧选段”“民歌新声”“艺术精粹”5个板块，以合唱团的形式演唱东北风情民歌作品。演出曲目有《正对花》《看秧歌》《摇篮曲》《回娘家》《俺是个快乐的饲养员》等。

（崔　渊）

【天津音乐学院进京演出】 11月7日，由天津音乐学院打造的“华韵凡音”民族室内乐专场音乐会在国家大剧院上演。音乐会由胡佰端执棒，“凡音”室内乐团担纲演奏，演奏曲目有《德音》《凡音》《牛斗虎》《孤独的月亮》《大笛绞》《梅边四梦》《麒麟》《敦煌》等。

（张　鑫）

【美国歌唱家托马斯·汉普森到京演唱】 11月14日，美国男中音歌唱家托马斯·汉普森在国家大剧院举办了一场独唱音乐会。上半场第一部分演唱曲目是选自舒伯特套曲《天鹅之歌》中的6首歌曲。第二部分是马勒的5首歌曲，选自马勒《少年魔角》《旅行者之歌》的5首歌曲。下半场演唱了美国歌曲《林肯之最后诉求》《林肯之死》《今日入伍》《赶牛回家》《黑人说河流》《致比科斯比夫人的信》等。

（张　鑫）

【马来西亚籍华裔钢琴家克劳迪娅·杨到京演出】 11月14日，为纪念中俄友好协会成立60周年、中央音乐学院附中成立60周年，马来西亚籍华裔钢琴家克劳迪娅·杨专场音乐会在中央音乐学院附中音乐厅举行。音乐会上演的曲目大部分选自俄罗斯作曲家的作品。包括拉赫玛尼诺夫的D大调、G小调、降E大调、C小调前奏曲，柴可夫斯基的歌剧《叶甫盖尼·奥涅金》波罗乃兹选段，穆索尔斯基的《图画展览会》以及《莫斯科郊外的晚上》《喀秋莎》和中国作品《彩云追月》等。俄罗斯驻华大使馆、意大利罗马圣·切奇利亚音乐学院以及中央音乐学院附中等相关负责人观看了演出。

（崔　渊）

【德国歌唱家乔纳斯·考夫曼到京演唱】 11月15日，德国男高音歌唱家乔纳斯·考夫曼携手钢琴家赫尔穆特·多伊奇在国家大剧院音乐厅为观众带来“浓情醇音”独唱音乐会。音乐会包括舒伯特著名演唱曲目《鳟鱼》《泉边少年》《艺神之子》等。

（张　鑫）

【上海安可艺术团进京演出】 11月16日，由上海市文化广播影视管理局指导，上海市禁毒委员会办公室支持，上海安可艺术团出品的音乐剧《致命咖啡》在北京警察学院上演。该剧讲述了男主人公张然因压力与诱惑染上毒品，在爱人赵冰冰的鼓励和支持下，走进戒毒所，克服艰难重新开启新生活的故事。

（崔　渊）

【广东音乐剧进京演出】 11月17日，由广东省东莞市塘厦镇人民政府等单位出品和制作的原创音乐剧《酒干倘卖无》“一点·凤凰之夜”专场在北京世纪剧院上演。该音乐剧《酒干倘卖无》取材于电影《搭错车》的情节，讲述了一位拾荒者与养女的故事。

（崔　渊）

【德国歌唱家戴安娜·达姆娆到京演出】 11月29日，德国花腔女高音歌唱家戴安娜·达姆娆独唱音乐会在国家大剧院音乐厅举行，这也是她首次亚洲巡演的收官演出。音乐会上，戴安娜携手法国低男中音尼古拉·泰斯特、钢琴家马切伊·皮库尔斯基，一同演绎了《塞维利亚理发师》《茶花女》《弄臣》《迪诺拉》等歌剧选段和中国歌曲《我住长江头》。

（崔　渊）

【百老汇音乐剧《金牌制作人》到京演出】 12月12日—26日，百老汇经典音乐剧《金牌制作人》在天桥艺术中心演出。该剧改编自美国同名电影，讲述了一个金牌制作人的故事。昔日明星麦克斯获得了一笔巨额制作基金，准备排演一出烂到极点的戏，然后携余款逃跑。没想到该剧竟然备受欢迎。成了金牌制作人的麦克斯，在事业和金钱面前，发现自己陷入了前所未有的艰难抉择。

（崔　渊）

【鄂伦春乌兰牧骑进京演出】 12月15日—16日，鄂伦春乌兰牧骑创作的歌舞诗剧《山岭上的人——鄂伦春》在国家大剧院上演。该剧呈现了舞蹈《人天相应》、男女群舞《漫步雪原》、情景表演唱《图腾印象》、女子群舞《鹿灵》、男子群舞《猎枪》、男声合唱《莫日根》等鄂伦春族特色节目。

（崔　渊）

纪　念

【黄飞立逝世】 2月20日，指挥家黄飞立，在北京逝世。黄飞立（1917—2017），1917年生于上海。1941年毕业于沪江大学生物系，后留校任教。1943年后，任福建音乐专科学校副教授。1951年毕业于美国耶鲁大学音乐学院。同年回国主持创建了中央音乐学院管弦系和指挥系，并先后担任管弦系与指挥系主任，历任中央音乐学院副教授、教授，中国音协第三、四届理事，中国音协天津分会副主席。黄飞立曾担任歌剧《叶甫根尼·奥涅金》《茶花女》和舞剧

《天鹅湖》《吉赛尔》《鱼美人》的乐队指挥。

(张　鑫)

【纪念张韶90周年诞辰学术活动】 4月25日，“纪念张韶教授诞辰90周年学术活动”在中央音乐学院举行。纪念活动由开幕式、学术研讨会、纪念音乐会三个部分组成。开幕式上，中央音乐学院院长俞峰和王次炤、刘再生、陈耀星、宋飞、朱昌耀、逄焕磊等嘉宾分别发言，从多个方面缅怀张韶教授。学术研讨会上，海内外音乐界的嘉宾鲁日融、陈耀星、朱昌耀、许讲德、冯卉、刘长福、杨光雄、邓建栋、张尊连、陈春园、陈军等和张韶的生前挚友，以及他的学生、后辈、晚学等共同回顾了张韶在二胡艺术领域所做出的贡献与他崇高的艺德师德。纪念音乐会上，于红梅、刘长福、姜建华、张方鸣、蒋才如、许文静、魏晓东、黄晨达、闫国威携手圣风组合、金弦组合，在中央音乐学院民族管弦乐团协奏下演出了十余首二胡传统曲目和当代创作的经典作品。

(张　鑫)

【钟立民逝世】 5月15日，作曲家钟立民逝世。钟立民(1925—2017)，1925年生于江西南昌。1947年，毕业于中山大学外国语言文学系。1948年，肄业于广东艺专音乐科。1951年，考入中央音乐学院研究部为研究生。1953年到中国音乐家协会任《歌曲》编辑，1986年任《歌曲》副主编。曾创作《我们要向一边倒》《美国黑孩子小杰克》《在天池畔》《啊，湘江》《我寻找你，陶然亭》《瑞丽江之夜》等歌曲，代表作是《鼓浪屿之波》。

(张　鑫)

【纪念林耀基80周年诞辰音乐会】 5月19日，“星光闪耀百年根基”——纪念林耀基教授80周年诞辰音乐会在中央音乐学院歌剧音乐厅举办。音乐会上演奏了专门为纪念林耀基创作的《思念》和《足迹》。还演奏了门德尔松、维瓦尔第、巴赫、马勒、埃尔加的多部小提琴协奏曲。

(张　鑫)

【纪念指挥家李德伦诞辰100周年音乐会】 6月6日，中国交响乐团纪念指挥家李德伦诞辰100周年音乐会在国家大剧院音乐厅举办。汤沐海、邵恩、胡咏言、余隆、谭利华、陈燮阳、徐东晓、张国勇、李心草9位指挥家轮番执棒，与小提琴家吕思清、女高音歌唱家孙秀苇、男高音歌唱家李爽、中国交响乐团共同演奏了带有“李德伦记忆”的乐曲。包括贝多芬的《c小调第五交响曲》、德沃夏克的《e小调第九交响曲》、莫扎特的《G大调第三小提琴协奏曲》、柴可夫斯基的《1812序曲》等。

(崔　渊)

【中格举办建交25周年纪念音乐会】 6月14日，为纪念中国与格鲁吉亚建交25周年，推动中格文化交流，由中华人民共和国文化部、格鲁吉亚驻华使馆、中国人民对外友好协会共同主办，中国对外文化集团公司承办的中格建交25周年暨格鲁吉亚独立日纪念音乐会在北京音乐厅举行。中格两国友好人士及部分国家驻华使节与近千名观众一同观看了音乐会。该次音乐会是纪念中格建交25周年系列活动之一，鲁斯塔维合唱舞蹈团和沃伊萨乐队表演了充满浓郁格鲁吉亚风情的音乐和舞蹈，受到观众热烈欢迎。

(张　鑫)

【严良堃逝世】 6月18日，指挥家严良堃在北京逝世。严良堃(1923—2017)，1923年生于武昌。1938年参加抗敌演剧九队，后调至孩子剧团。1942年考入国立音乐学院理论作曲系，学习指挥。1947年，到香港中华音乐学院从事理论作曲、指挥教学工作。1949年，在中央音乐学院任教并担任该校青年工作团合唱指挥。1952年，任中央歌舞团合唱指挥。1954年，赴苏联深造，主修交响乐及合唱指挥。1958回国，任中央合唱团指挥。1964年，任音乐舞蹈史诗《东方红》千人合唱首席指挥。1983年，匈牙利柯达伊纪念委员授予严良堃证书和纪念章，表彰他在介绍柯达伊的作品与教学法中所做的贡献。曾任中国音乐家协会副主席、中央乐团合唱指挥、中国音乐家协会第八届顾问、合唱指挥学会理事长、中国文学艺术界联合会第十届荣誉委员等。

(张　鑫)

【庆祝中国人民解放军建军90周年音乐会】 8月1日，为庆祝中国人民解放军建军90周年，中国人民抗日战争纪念馆在馆内举办“胜利之光”——庆祝中国人民解放军建军90周年音乐会。由抗战精神宣传志愿者组成的管乐艺术团和老战士合唱团艺术家为观众带来了军旅音乐作品。管乐艺术团演奏了《人民军队忠于党》《八月桂花遍地开》《三大纪律八项注意》等红色经典乐曲，老战士合唱团演唱了《中国人民解放军军歌》《新四军军歌》《英雄赞歌》等歌曲。

(崔　渊)

【徐锡宜逝世】 8月22，作曲家、指挥家徐锡宜在北京逝世。徐锡宜(1938—2017)，1938年生于上海。1951年考入上海行知艺术学校音乐组。1952年—1963年，在上海音乐学院少年班、附中、本科学习钢琴、小提琴、乐队指挥等专业。1963年，参加中国人民解放军总政歌舞团，曾任乐队指挥。1970年起从事专业作曲。1993年，倡导并建立中国音协爱乐男声合唱团，任该团团长兼首席指挥。创作歌曲、合唱、管弦乐、室内乐、舞剧、舞曲、影视、戏剧音乐等大量作品，代表作品有《十五的月亮》(与铁源合作)、《战士歌唱毛主席》、《七色光之歌》、《怀念战友》、《中国中国我爱你》、《我的歌飞过太平洋》、《飞吧，心中的歌声》、《风帆》等歌曲。曾任中国音乐家协会合唱联盟主席。

（张　鑫）

【中国人民大学校庆80周年音乐会】 9月26日，“凤凰涅槃”——中国人民大学校庆80周年音乐会在北京音乐厅举行。音乐会演出曲目有钢琴协奏曲《黄河》、合唱曲《凤凰涅槃》《歌唱祖国》、管弦乐组曲《春节序曲》、交响序曲《G大调第二号序曲——为中国人民大学校庆而作》。钢琴演奏家张放、女高音歌唱家杨明明、男高音歌唱家谢天等与该校艺术学院青年管弦乐团、学生艺术团合唱团联袂演出。指挥王琳琳。

（崔　渊）

【中国音乐家协会二胡学会成立35周年音乐会】 9月26日，庆祝中国音乐家协会二胡学会成立35周年音乐会在国家大剧院举办。音乐会上，宋飞、刘长福、邓建栋、周维、于红梅、余惠生、张尊连、陈军、赵寒阳、曹德维，分别演绎了《逐梦》《塞外情思》《战马奔腾》《你的美丽我的心》《宁夏川好地方》《阿曼尼沙》《乔家大院——爱情》《江河水》《流波曲》等二胡独奏曲，陈耀星、陈军、陈依妙祖孙三代同台演奏了《战马奔腾》，中央音乐学院和中国音乐学院的孙凰、谭蔚、马可、闫国威、黄晓晴、李仓枭、张海玥、张童谣等师生，与宋飞合奏了《蒙风》，中国爱乐民族弓弦乐团还演奏了弦乐合奏《平湖秋月》《夫妻逗趣》。指挥曲大卫。

（崔　渊）

【纪念邱大成逝世二十周年系列活动】 12月7日—8日，由中国音乐学院主办、中国音乐学院国乐系承办的“‘忆故人’——纪念邱大成先生逝世二十周年系列活动”在北京举办。该系列纪念活动，分为“‘忆故人’——为纪念邱大成先生古筝音乐会”“‘筝教学中的传承’——纪念邱大成先生研讨会”“徐晓琳作品音乐会”3个部分。12月7日的“‘忆故人’——为纪念邱大成先生古筝音乐会”，演奏了邱大成改编的古筝曲目《旱天雷》《广陵散序》《春江花月夜》和其夫人徐晓林的作品《黛玉葬花》《抒情幻想曲》《忆故人——纪念邱大成君》，以及邱大成弟子周展创作的《秦土情》，日本作曲家肥后一朗创作的《手事三景》等。12月8日的“‘筝教学中的传承’——纪念邱大成先生研讨会”上，杨艺、江澹曦、沙里晶、常静、周展、毛丫、邱霁等发言，探讨邱大成在教学、创作等方面的艺术思想以及自己对邱大成艺术精神的传承。12月8日的“徐晓林作品音乐会”演奏了徐晓林创作的《建昌月》《舞幻》《葡萄架下》《剑令》《无言韵Ⅱ》《文姬归汉》《菩萨蛮——读李白词有感》等作品。

（张　鑫）

培训　教育

【中国民乐指挥人才培养项目】 7月20日—8月20日，由中国民族管弦乐学会主办、中国广播民族乐团协办的中国民乐指挥人才培养项目在中央音乐学院举办，来自全国20余个省、市、区的18名正式学员及旁听学员参加培训。其中有艺术团体的指挥，也有音乐院校的师生，近半数学员具备副高以上职称，来自香港、澳门、台湾的青年指挥均有代表参加。该培养项目分为指挥实践和讲座论坛两个部分，培训内容为指挥理论、音乐理论、乐队管理、双钢琴、乐队实践、演奏家以身说法、参观游学、音乐会观摩、论文撰写等。该培训项目还在北京组织了2场汇报音乐会，项目的正式学员以公开指挥音乐会演出的形式向社会汇报培训成果。学员的论文于项目结项后汇编成册。

（张　鑫）

【朗朗公益钢琴大师课】 8月14日，在国家大剧院“经典艺术讲堂”十周年特别策划——郎朗公益钢琴大师课上，双目失明的16岁琴童刘浩演奏了李斯特的《爱之梦》，他对音乐的热爱与所展现的天赋让郎朗赞叹不已。当天的大师课上，金育承、赵梓彤、蓝方块3位来自不同学校的钢琴学习者也逐一演奏了张朝的《山娃》、贝多芬奏鸣曲《月光》第一乐章和李斯特的《钟》，郎朗耐心地在他们身边倾听、指导，并给予鼓励。

（张　鑫）

出版与传播

【《不忘初心　孝行天下》专辑在京首发】 3月27日，由人民音乐出版社主办的《不忘初心　孝行天下》韩磊专辑发布会在北京新闻出版大厦举行。该专辑收录韩磊近年来演唱的《不忘初心》《孝笑儿女道传万里》《梦中的母亲》《把心交给中国》《孝行天下》《路的呼唤》等12首弘扬正能量、传播中国传统文化的歌曲，包括影视歌曲和主题晚会歌曲。

（张　鑫）

【《阎肃经典歌词300首》出版】 3月，《阎肃经典歌词300首》由新华出版社出版发行。该书收入了300首由阎肃创作的经典歌词，分为“经典歌曲”“军歌嘹亮”“江山多娇”“其他歌曲”4个部分，图文并茂，是对阎肃歌词创作生涯取得成就的集中展现。书中的歌词和图片由阎肃夫人李文辉提供，真实、生动地反映了阎肃生前工作与生活情况。

（张　鑫）

【中国网音乐中国频道启动】 4月7日，中国网音乐中国频道运营启动仪式暨中央音乐学院“央音全国青少年艺术展演”联合新闻发布会在北京举办。会上宣布，中国网音乐中国频道启动，北京起航文化发展股份有限公司正式成为中国网音乐中国频道合作伙伴，同时，中央音乐学院“央音全国青少年艺术展演”北京赛区活动也正式启动。

（张　鑫）

【嘹亮军歌——纪念中国人民解放军建军90周年音乐会暨新书发布】 6月7日，为纪念中国人民解放军建军90周年，由人民音乐出版社主办的“嘹亮军歌——纪念中国人民解放军建军90周年音乐会暨新书发布”在国家大剧院举行。《嘹亮军歌——中国人民解放军建军90周年优秀歌曲集》由张千一担任总主编。全书共分9卷，配套音像光盘，按照编年体方式收录1927年至2017年中国人民解放军各个历史时期、覆盖各个军兵种的1700余首优秀军旅歌曲。

（张　鑫）

【《古诗童韵》在京首发】 9月9日，由中国音乐家协会名誉主席赵季平担任艺术顾问、作曲家赵麟领衔多位作曲家共同创作的儿童古诗词音乐专辑《古诗童韵》在北京首发。该专辑以传承中华优秀传统文化为初衷，从中小学课本中遴选适合谱曲的古诗词，创作具有中国文化特色同时又融入流行音乐元素的古诗词歌曲，让少年儿童在优美的歌声中体会诗意。该专辑共收录32首歌曲，包括《敕勒歌》《归园田居》《蒹葭》《卜算子·咏梅》《使至塞上》等，由阿鲁阿卓、王丽达、曹芙嘉等歌手以及杨鸿年少年合唱团演绎。

（张　鑫）

舞　　蹈

【概况】 2017年，北京舞蹈界辛勤耕耘，服务人民，繁荣文艺创作，推动文艺创新，在原创、演出、赛事、研讨、交流活动等多个方面百花竞放、硕果累累，呈现出蓬勃发展的生动景象。

优秀舞蹈原创作品层出不穷，在主题、表演形式等方面均有所突破。大型原创舞剧《花木兰》传递着无私、负责与担当的时代主题；由多个单位联合创作的《汉画舞蹈》构思新颖，以汉画为基础用断代、断面、断点的方式将经典的汉代拓片和壁画动作进行整合编排；中国东方演艺集团编创的舞·乐《中国故事·十二生肖》展现了十二生肖背后“时间与生命”的永恒主题；中央芭蕾舞团大型原创芭蕾舞剧《敦煌》再现了敦煌艺术精华和古今“敦煌人”默默坚守、甘于奉献的“敦煌大爱”；“天域舞风”——原创西藏题材舞蹈作品展演了11部风格各异的原创西藏题材舞蹈作品。

各类舞蹈演出内容丰富，特色鲜明。“舞典华章”——2017中国舞蹈年度巡礼演出中穿插播放了中国舞蹈界在表演、创作、教学、理论、惠民、对外交流等方面的年度重要事件和可喜成果的视频；中央芭蕾舞团推出了现代芭蕾《大地的咏叹与起舞》和舞剧《十二·生肖》，为庆祝中国人民解放军建军90周年演出了舞剧《红色娘子军》，通过英姿飒爽的舞姿表现出坚强不屈的奋斗精神和理想信念；当代舞剧《贝玛·莲》将中国当代舞蹈与印度古典舞蹈融为一体，展现了中印文化的共通之处；北京市中关村二小金帆舞蹈团十周年专场由来自金帆舞蹈团等团体的350名学生参演。

各类舞蹈艺术活动和舞蹈专业赛事蓬勃开展，不仅促进了国内外舞蹈交流，还推动了舞蹈事业的发展和进步，充分体现了艺术为人民服务的宗旨。在“2017年北京大学生舞蹈节”上，北京70余所高校、5200余人、参演了125部作品；“第三届中国国际芭蕾舞演出季”中，俄罗斯莫斯科大剧院等团体推出了14台剧目、31场演出；2017年“一带一路”民族传统舞蹈展演与学术交流系列活动、“首届中国舞蹈影像展”、“共舞新时代”——北京舞蹈大赛30年拔尖人才和优秀成果展等活动相继开展。在第十一届中国舞蹈“荷花奖”古典舞评奖中，有来自全国25个省、区、市的艺术院团、院校的32部舞蹈作品参赛；在“纪念建军90周年”——第十五届北京舞蹈大赛上，有5个组别、246件作品参赛；第四届北京国际芭蕾舞暨编舞比赛、2017北京第十一届“舞燃情”国际标准舞（体育舞蹈）、第六届北京舞蹈学院舞蹈艺术“学院奖”等活动的举行，掀起了社会公众参与的热潮，在促进舞蹈专业水平提高的同时，增强了舞蹈的普及性。

各类研讨会的举办和舞蹈类专著的出版，推动了舞蹈艺术理论研究和交流，对舞蹈艺术发展影响深远。北京市中小学舞蹈教研组在北京成立，教研组由全市16个区选送的20名优秀舞蹈教师组成；“中国舞蹈家协会昆舞专家委员会”成立大会、第十五届北京舞蹈大赛专题研讨会、“2017国际创意舞蹈学术研讨暨高校展演”、“高参小”教育教学交流会等活动相继在北京举办，拓宽了舞蹈理论的研究视野，并与实践进行了良性互动。冯双白、罗斌任主编的第四版中国舞协“少儿舞蹈培训系列教材”的发行，有助于满足人民群众追求美好生活的需要和提高少儿舞蹈教育水平。

国内外优秀舞团的来访和演出异彩纷呈，展示了我国不同地区、不同民族，以及世界上不同国家、不同地域的舞蹈魅力。广西柳州市艺术剧院演出的3D大型舞蹈诗《侗》展现了三江县侗族人民自然、和谐、幸福的生活场景；日本松山芭蕾舞团到京演出《白毛女》，年届69岁的团长森下洋子饰演“喜儿”，令人惊服；巴黎歌剧院芭蕾舞团表演的“足尖传奇”——巴黎歌剧院芭蕾明星精品荟萃以及日本松竹大歌舞伎为纪念中日邦交正常化45周年到华演出，均引起热烈反响；《孤独/莫扎特安魂曲》《泰坦尼克》《安娜·卡列尼娜》等舞剧的亮相，为观众带来了全新的审美体验。

在欣赏国外优秀舞剧的同

时，我国优秀舞蹈剧目亦随着“一带一路”建设的发展走出国门，走向世界，讲述中国故事，展示中国舞蹈艺术。应亚太地区表演艺术节之邀，中央芭蕾舞团携芭蕾舞剧《红色娘子军》在澳大利亚墨尔本艺术中心演出；中国歌剧舞剧院创作的大型舞剧《孔子》在美国纽约林肯中心演出；北京9当代舞团携现代舞作品《梦境之窥》赴马其顿、斯洛文尼亚及荷兰三国进行文化交流巡演；《摇篮》在斯洛文尼亚艺术节上首演；《昭君出塞》在墨西哥国家大剧院上演。

（姚怡暾）

机　　构

【中国舞蹈家协会昆舞专家委员会】　6月9日，由中国舞蹈家协会主办的中国舞蹈家协会昆舞专家委员会在中国文联举行成立大会。大会推选中国舞协分党组书记罗斌担任中国昆舞专家委员会主任，昆舞创始人马家钦担任常务副主任兼秘书长，张萍、王蕾任副主任，唐坤、宋延任副秘书长，并确认在中国舞协设立中国昆舞专家委员会秘书处。昆舞专家委员会将凝聚和团结全国昆舞教育机构、社团与爱好者，组织开展形式多样的昆舞创作、研究、评论、学术交流活动，系统、专业地推动昆舞的发展及传播。

（姚怡暾）

【北京中小学舞蹈教研组】　10月30日，北京市中小学舞蹈教研组在北京成立。教研组依托北京教育科学研究院成立，由全市16个区选送的20名优秀舞蹈教师组成。教研组负责研究制定中小学舞蹈课程目标、课程内容、教学方法、教学策略、教学评价、开设条件以及学业质量标准；开展舞蹈课程开设情况、教材使用、教学效果、师资队伍建设等情况的调研；同时还负责开展中小学舞蹈课程、教材、教学等研究与实践，促进教师专业发展，提升舞蹈教育质量，培养骨干教师队伍。

（姚怡暾）

作　　品

【舞剧《国风》】　3月29日，北京舞蹈学院原创舞剧新古风第一舞《国风》在北京舞蹈学院舞蹈剧场首演。该剧改编自《诗经》，改编题材选取了《诗经》中《关雎》《蒹葭》《子衿》《采葛》《大车》《桃夭》《女曰鸡鸣》《绿衣》8个诗篇，以诗经“国风”中的爱情诗篇为基础主线，让观者从古诗、古音、“古人”中体悟中国文化千百年来的奥妙与深邃。编导万素。

（姚怡暾）

【《汉画舞蹈》】　4月15日，由大涵文化(北京)有限公司创作制作，由北京舞蹈学院研究生部、北京大学汉画研究所、首都体育学院武术与表演学院汉代百戏研究与实验中心等单位联合创作的《汉画舞蹈》在北京舞蹈学院黑匣子剧场首演。作品分“建木之下”“手袖威仪”“弄剑”“羽人”“逶迤丹庭”5个篇章，以汉画为基础，用断代、断面、断点的方式将经典拓片和壁画动作进行整合编排，组成了一个汉画舞蹈简化的仪式流程。制作人、导演杨光，策划刘建，学术顾问朱青生、刘冠，服装、舞美毛涵，灯光白文国，化妆曾卫，舞蹈学院学生演出。

（姚怡暾）

【现代芭蕾《大地的咏叹与起舞》】　5月12日，中央芭蕾舞团与诺伊梅尔合作推出的现代芭蕾《大地的咏叹与起舞》在天桥剧场首演。该作品包含了“春与秋”和“大地之歌”2个部分。“春与秋”选择了德沃夏克的《E大调弦乐小夜曲22》为舞蹈伴奏，渲染出春之勃发与秋之收获的景象和情感。“大地之歌”呈现的是诺伊梅尔与作曲家马勒心灵对话的灵感和感悟，以及其对人生归宿的思考和生命本质的挖掘。编导诺伊梅尔，指挥张艺，主演王启敏、马晓东、郑宇、王济禹等。

（姚怡暾）

【大型原创舞剧《花木兰》】　5月17日，中央歌剧院和武汉市黄陂区人民政府、宁波市演艺集团歌舞剧院联合创作的大型原创舞剧《花木兰》在国家大剧院首演。该剧以“孝”“忠”“勇”“节”“爱”为主线进行串联，讲述了北魏时期巾帼英雄花木兰从男扮女装、替父从军、完成使命、追求爱情到回归和平与自由的历程，该剧以大爱和追求和平为主旨，传递着无私、负责与担当的时代主题。编导周莉亚、韩真，编剧朱海，作曲杜鸣，主演郝若琦、黎星、胡适等。

（姚怡暾）

【舞剧《十二·生肖》】　5月27日，北京现代舞团排演的舞剧《十二·生肖》在民族剧院首演。该剧在“呼”与“吸”之间感受着时间的轮回，讲述了在《山海经》中有一座“睡山”，十二个动物为了寻找有生命的时间，不约而同来到这座山下，他们相信只要唤醒了山中的睡神，世间就会有生命的故事。总导演高艳津子，编舞北京现代舞团，作曲郭思达，主演李一朦、肖富春、巩中辉等。

（姚怡暾）

中央歌剧院央地合作原创民族舞剧《花木兰》在宁波首演

【舞蹈作品《圆2：源流》】 7月25日，北京雷动天下现代舞团作品《圆2：源流》在天桥艺术中心中剧场首演。该作品以"圆"为主题，在看似既定却又重重"矛盾"的源流中，寻找新的思考的力量，变与不变在源流的生命轨迹中被分化为两个极端——看得见原初，却寻不到结尾。该作品分别以长调、马头琴和诗词朗诵为初始与收结。编舞訾伟，长调演唱娜仁其木格，马头琴演奏那日森，诗词朗诵乌日柴呼，北京雷动天下现代舞团演出。

（姚怡暾）

【舞剧《北京人》】 8月18日，北京艺枫澜舞蹈剧场出品的舞剧《北京人》在北京保利剧院首演。该剧改编自曹禺的同名原著，舞剧通过"枯井""深宅""古钟""瘾笼"4幕，讲述了旧社会年轻人冲破封建家庭禁锢、向往自由生活的故事。编导吴蓓，作曲谢鑫，主演黄路霏、曾明、刘芳等。

（姚怡暾）

【舞·乐《中国故事·十二生肖》】 9月6日，中国东方演艺集团编创的舞·乐《中国故事 十二生肖》在天桥剧场首演。该作品以中国生肖文化为创作题材，以打击乐演奏和舞蹈为主要表现形式，展现十二生肖背后"时间与生命"的主题。全剧分4幕，以十二生肖化为12个节目，但并未按十二生肖的顺序次第出场。总导演沈晨，主演曾明、孟庆旸、李超、汪子涵、靳智棋、王悦洋、刘佳妮等。

（姚怡暾）

【芭蕾舞剧《敦煌》】 9月19日，中央芭蕾舞团大型原创芭蕾舞剧《敦煌》在天桥剧场首演。该剧从中国第一代致力于敦煌艺术保护与研究的传承者的视角出发，通过其与莫高窟艺术在心境上的共鸣为主线而创作，展现了敦煌艺术和古今"敦煌人"的默默坚守、甘于奉献的"敦煌大爱"。编剧、导演费波，作曲郭文景，编舞费波、王思正、王琪，主演张剑、王启敏、曹舒慈、马晓东、王晔、孙瑞辰、郑宇、邱芸庭、徐琰、方梦颖等，演奏中央芭蕾舞团交响乐团，指挥张艺、刘炬。

（姚怡暾）

【民族舞剧《李白》】 10月6日，由中国歌剧舞剧院、中共马鞍山市委宣传部、马鞍山市文化和旅游委员会联合出品，中国歌剧舞剧院创作的民族舞剧《李白》在天桥艺术中心首演。该剧分"月夜思""仗剑梦""金銮别""九天阔""鹏捉月"5个部分，以李白晚年兵败被发配夜郎为切入点展开其人生回忆，揭示了李白的内心世界。编剧江东，总导演韩宝全，作曲张渠，主演胡阳。

（姚怡暾）

【舞剧《井冈·井冈》】 10月10日，北京舞蹈学院原创舞剧《井冈·井冈》在国家大剧院首演。该剧分为"序""星火凌云""井冈儿女""小井长歌""十送红军""尾声"6个部分，通过两代人的对话，回顾了主人公小丹与丈夫张秋山以及当年的红军战士、井冈山百姓所经历的战火岁月，展现了井冈山地区百姓与红军们的军民鱼水情。总导演郭磊。

（姚怡暾）

【舞蹈剧场《一刻》】 10月31日，华宵一制作并领衔主演的舞蹈剧场《一刻》在北京保利剧院首演。该作品分"眺""未完""独自起舞""滑"4个章节，内容有展现长袖飘然的东方韵味，也有流淌着充满力量的当代哲思。导演许锐，编舞阿库让·汉［英国］、高成明、娄梦涵［荷兰］，作曲亢竹青、泰耶斯·希耶［荷兰］。

（姚怡暾）

【中印艺术家携手编创舞剧《贝玛·莲》】 11月29日，由中国舞蹈家协会主办，中国文学艺术基金会、印度Shri Ram表演艺术中心、Serendipity艺术基金、SRF联合制作的当代舞剧《贝玛·莲》在北京未来剧院首演。该剧分5个篇章，通过中国当代舞蹈与印度古典舞蹈融合，讲述了半神、爱人、凡人与仙子等几个人物之间的爱恨情愁，诠释了穿越时空、跨越国度的人类情感，寻求两种文化的共通之处。编导 Rukmini Chatterjee(印度)、滕爱民，主演滕爱民等。

(姚怡暾)

【舞蹈剧场《两地书》】 12 月 2 日，由中国舞蹈家协会主办的“青年舞蹈人才培育计划”和香港艺术节联合推出的香港与内地青年艺术家共同创作的舞蹈剧场《两地书》在国家大剧院首演。该作品汇聚了内地的谢欣、李超、杨畅、张翼翔，与香港的潘振濠、姚洁琪、杨浩、白濰铭 8 位青年舞者，不同的文化背景、不同的知识结构、不同的创作方式，在“人与城市”的主题下，用当代艺术的表达，呈现了《Fly Me to the Moon》《柚子　橙子　橘子》《……之后……》3 部全新作品。

(姚怡暾)

活　　动

【走进黑池新闻发布会】 3 月 16 日，世界舞蹈总会、中传锦绣、英国黑池娱乐公司联合举办了第 94 届英国黑池舞蹈节——“视觉中国·洲际行”走进黑池新闻发布会在北京钓鱼台国宾馆举行。英国黑池舞蹈艺术节每年 5 月在英国北部小镇黑池的冬季花园(Winter Gardens)举行，每年有超过 60 个国家的数万名选手和观众参加。在第 94 届英国黑池舞蹈节期间，中国传统文化项目“视觉中国·洲际行”将中国水墨艺术与国际性舞蹈比赛相融合，举办以“宣纸上的舞者”为主题的跨界艺术展览，展示美术与舞蹈的魅力。

(姚怡暾)

【中关村二小金帆舞蹈团十周年专场演出】 3 月 22 日，北京市中关村二小金帆舞蹈团十周年专场演出在清华大学新清华学堂上演。来自中关村二小金帆舞蹈团、金帆交响乐团、银帆合唱团、室内弦乐团等机构的 350 名学生参加了演出。演出的舞蹈有《羽翼凌云》《长歌咏志》《苗山欢歌》《卿卿鱼儿跃》《追风少年》《紫藤花开》《练练练》等。

(姚怡暾)

【2017 年高级舞蹈艺术教育及管理人才培训】 5 月 3 日—5 日，中国东方演艺集团(原中国东方歌舞团)在国家艺术基金的支持下，于中央文化管理干部学院举办了 2017 年高级舞蹈艺术教育及管理人才培训。该培训面向全国各剧场(剧院)、艺术院团、艺术院校，择优选取 50 人，培训内容包含专家讲座、学术研讨、案例分析、管理课程、舞台实践、剧目创作、剧目观摩等多种授课方式，邀请知名舞蹈艺术家、舞蹈教育专家、舞蹈教育机构管理专家亲自授课，共同探讨艺术教育的发展。

(姚怡暾)

【第四版“少儿舞蹈培训系列教材”发布】 5 月 8 日，由中国舞蹈家协会出版，冯双白、罗斌任主编的第四版中国舞协“少儿舞蹈培训系列教材”在北京发布。该系列教材共分 10 个级别，适用于 4 岁 ~ 17 岁的少年儿童，新版教材在注重儿童舞蹈素质教育的同时，更加关注少年儿童的德育和美育，以及对中国传统文化的传承，倡导“快乐、健康、科学、人文”的舞蹈教育新理念。

(姚怡暾)

【2017 年北京大学生舞蹈节】 5 月 17 日—6 月 3 日，由中共北京市委教育工作委员会、北京市教育委员会主办，北京学生活动管理中心、北京舞蹈学院、清华大学、中国人民大学、北京交通大学共同承办的“2017 年北京大学生舞蹈节”在北京举办。期间，北京 70 余所高校、5200 余人参演的 125 部作品分别在人民大学、交通大学、北京舞蹈学院等校园剧场内演出，展演的作品有《芭蕾创意工作坊》《沉香》《大美不言　国舞集萃》《踏歌》《现当代舞专场》《七尺》《春·祭》等。同时，该活动还举办了市级展演、剧目展示、教学公开课、舞蹈工作坊、创意舞蹈营、户外舞蹈体验等 26 场系列活动。

(姚怡暾)

【2017 阳光下的花朵——舞动芭蕾“高参小”六一会演美育教育成果展】 5 月 23 日，中央芭蕾舞团与丰台区草桥小学、西城区半步桥小学、新街口东街小学和雷锋小学合作在天桥剧场举行了“2017 阳光下的花朵——舞动芭蕾‘高参小’六一会演”美育教育成果展。参演的剧目有《拉德斯基进行曲》《庆典》《芭蕾序曲》《芭蕾韵律操》《小夜曲》《小小的芭蕾梦》《彩虹芭蕾》《三字经》《梦想·芭蕾》《波罗乃兹》《欢快的我们》《花环圆舞曲》等，西城区和丰台区教委的相关领导、4 所学校的部分师生及家长观看了汇报演出。

(姚怡暾)

【全国街舞联盟深入学习贯彻习近平总书记系列重要讲话精神专题研讨班】 7 月 17 日—18 日，由中国文联、中共中央统战部八局、共青团中央社会联络部、北京市委统战部作为联合指导单位，中国舞蹈家协会主办的“全国街舞联盟深入学习贯彻习近平总书记系列重要讲话精神专题研讨班”在中国文联举办。全国 30 个省、400 多名街舞联盟负责人到场参与学习，会议期间的主要发言有中国舞蹈家协会主席冯双白的《中国街舞艺术当立在世界之巅》，中共中央统战部八局局长张明的《贯彻落实全国新的社会阶层人士统战工作会议精神》，民政部国家社会组织管理局副巡视员赵泳的《社会组织的发展与改革》，共青团中央社会联络部副部长刘德扬的《街舞文化与青少年健康成长》，中国歌剧舞剧院舞剧创作艺术指导夏广兴的《街舞的兴起：如何创作具有中国文化特色的舞蹈作品》，中国传媒大学副院长卜希霆的《中国街舞文化产业的创意营造前瞻》等。

（姚怡暾）

【第十届“北京舞蹈双周”】 7月18日—30日，由北京雷动天下现代舞团、香港城市当代舞蹈团和北京天桥艺术中心联合主办的第十届“北京舞蹈双周”在北京举办。该活动分为教学周和展演周，来自美国、爱沙尼亚、匈牙利、德国、日本等14个国家的16位国际现代舞老师们主持了训练课程。在展演周的“大师班”“青年舞展”“另类平台”和“焦点舞台”4个单元中，展演了北京雷动天下现代舞团的《圆2：源流》、香港城市当代舞蹈团的《风中二十》、挪威茵格莉菲斯达舞团的《天体》、广东现代舞团的《小羽的气球》、以色列嗖舞团的《大甩卖》、德国开姆尼茨剧院舞团的《孤独/莫扎特安魂曲》6台现代舞作品。

（姚怡暾）

【第十五届北京舞蹈大赛专题研讨会】 7月19日，由北京市文联主办，北京市文联研究部、北京文艺评论家协会和北京舞蹈家协会共同承办的第十五届北京舞蹈大赛专题研讨会在北京举办。北京市文联、北京舞协、北京文化艺术活动中心、北京学生活动管理中心、东城区舞蹈家协会的有关领导及中央民族歌舞团、北京舞蹈学院、中国戏曲学院、中央民族大学舞蹈学院、首都师范大学音乐学院、大兴区文化馆等单位的专家、艺术家及部分舞蹈大赛获奖节目代表30余人参加了研讨会。与会者总结了北京舞蹈大赛举办30年来的成功经验，一致认为，当下舞蹈创作应更加注重选取积极向上的主旋律题材；要发挥舞蹈的美育作用，注重舞蹈艺术在群众中的普及；要鼓励舞蹈艺术家的独立表达，推动舞蹈创作的多样化、个性化发展；要拓宽、拓展理论研究方法、舞蹈理论评论视野，促进理论与实践的良性互动。

（姚怡暾）

【第30届国际拉班舞谱双年会】 7月23日—28日，由北京师范大学中国拉班研究中心主办的第30届国际拉班舞谱双年会在北京师范大学举行。会议邀请了来自世界各地的大学教授、舞蹈研究者、人类学家、计算机技术人员、舞者、舞蹈教师、学生等60余位会员参加。同时还举办了以“会动的符号”为主题的舞谱展览，通过书法、绘画、书籍、影像、多媒体等形式，展现舞谱的实用性和舞谱研究者的艺术追求。

（姚怡暾）

【第三届“THE NEW”北京新舞蹈国际艺术节】 8月19日—27日，由北京市朝阳区文化馆主办，北京9当代舞团、元艺术空间承办的第三届“THE NEW”北京新舞蹈国际艺术节在朝阳区文化馆举办。该活动有来自中国、西班牙、加拿大、斯洛伐克、以色列等7个国家的40余位国内外艺术家带来的10场演出，开设了9个主题工作坊、38次艺术家专业课程等，其中参演的作品有《共·生》《16》《池塘》《自由落体》《身体与器乐二重奏》等。

（姚怡暾）

【2017第六届国家大剧院舞蹈节】 9月13日—12月12日，2017第六届国家大剧院舞蹈节在国家大剧院举办。该活动以“一舞亦世界”为主题，分为“舞动传世爱恋”“舞动当代之思”“舞动中华神韵”3个部分，共上演了15个剧目的34场演出，参演的剧目有《安娜·卡列尼娜》《罗丹》《西游》《莲花》《兰花花》《心之所往》《稻禾》《草原英雄小姐妹》《天鹅湖》《睡美人》《雁丘词》等。

（姚怡暾）

【2017国际创意舞蹈学术研讨暨高校展演】 9月18日—24日，北京师范大学舞蹈系联合世界高校联盟在北京师范大学举办了2017国际创意舞蹈学术研讨暨高校展演活动，来自美国南佛罗里达大学、罗格斯大学、奥克拉荷马大学、西澳表演艺术学院、韩国庆熙大学以及中国台北艺术大学、中国台湾艺术大学、中国台湾中国文化大学、中国香港演艺学院等国内20多所高等院校和教育机构参加了活动。该活动以“转换与重置”为主题，开设了14门国际舞蹈大师班、4场学术论文发表会、2场公演等活动，发表论文39篇。

（姚怡暾）

【2017第四届国家大剧院舞蹈影像巡礼】 2017年10月9日—2018年3月15日，“2017第四届国家大剧院舞蹈影像巡礼”在国家大剧院北水下廊道举办。该活动实现了舞蹈艺术家与影像艺术家的联合跨界艺术实践，通过影像媒介，对王亚彬、唐诗逸等当代青年舞者进行全新的观视、记录与创作。

（姚怡暾）

【2017“一带一路”民族传统舞蹈展演与学术交流系列活动】 10月24日—27日，由北京舞蹈学院主办、北京舞蹈学院民族舞蹈文化研究基地承办的2017年“一带一路”民族传统舞蹈展演与学术交流系列活动在北京舞蹈学院举办。活动期间，10个国家和地区的艺术家就各国各民族的传统舞蹈剧目进行了展演、交流、研讨，以实现对原生态民族传统舞蹈文化的保护与传承。展演剧目有甘肃武威的《攻鼓子》、辽宁海城高跷秧歌的《欢喜冤家》、越南岱依族的《山望》、甘肃文县白马藏族的《池哥昼》、吉林汪清县朝鲜族的《丰收乐》、尼泊尔山区的传统《婚礼舞蹈》、贵州雷山县苗族的《铜鼓舞》、韩国黄海道地区朝鲜族的《康翎假面舞》、西藏桑日县藏族的《巴郎卓巴谐玛》、北京舞蹈学院中国民族民间舞系的彝族《打歌》。

（姚怡暾）

【第三届中国国际芭蕾舞演出季】 2017年11月10日—2018年1月14日，由中央芭蕾舞团主办，天桥剧场、北京中芭演出有限公司承办的“第三届中国国际芭蕾舞演出季”在天桥剧场举办。来自俄罗斯莫斯科大剧院、中国中央芭蕾舞团、法国巴黎歌剧院、美国旧金山芭蕾舞团、德国柏林国家歌剧芭蕾舞团等表演团体进行了14台剧目的31场演出，上演了《舞姬》《吉赛尔》《海盗》《巴黎的火焰》《小美人鱼》《卡拉马佐兄弟》《安娜·卡列尼娜》《黄河》等作品，观众达6万余人。该演出季期间，还举办了大师面对面、演出季摄影大赛、剧前的导赏、芭蕾舞团院团长论坛等活动。

（姚怡暾）

【“高参小”教育教学交流会】 11月17日，由北京市教育委员会主办，北京市“高参小”市级领导小组办公室、北京舞蹈学院承办的“高参小”教育教学交流会在北京舞蹈学院举行。来自北京各区县教委、“高参小”资源单位、项目牵手学校校长及教师共计220余人参加了会议，分享、交流“高参小”实施以来的教学经验与成果。

（姚怡暾）

【第四届“青年舞蹈人才培育计划”成果展演系列活动】 11月27日—12月3日，由中国舞协主办的第四届“青年舞蹈人才培育计划”成果展演系列活动在国家大剧院举行。展演演出了曾莹的《归途》，巩中辉的《凉亭》，胡岩的《我》，常肖妮的《没有大象》，胡沈员的《众·从·人》，查龙浩的《丧俚调》，张翼翔的《老友记》，田湉的《俑》，刘迦、曲继程的《慢热集》9部作品，以及与香港艺术节联合制作的舞蹈剧场《两地书》。还举办了“中国舞者映像系列”展映，参与的作品有《未》《低语》《度》《觉知》《沈盈盈》《源缘》《孤美·独白》《额日勒·寻》《细嗅蔷薇》《偏离轨道》10部舞蹈影像作品。

（姚怡暾）

【“舞蹈惠民，筑梦家园”舞蹈培训走进社区汇报演出】 11月29日，由北京市文联主办的“结对子，种文化”文艺志愿服务——“舞蹈惠民，筑梦家园”舞蹈培训走进社区汇报演出在文联小剧场上演。来自北京各社区近300人表演了18个节目。近20位文艺志愿者参加活动，演出后为志愿者颁发了“文艺志愿者注册服务证”。

（姚怡暾）

【首届中国舞蹈影像展】 12月11日—15日，由中国舞蹈家协会主办、中国文联舞蹈艺术中心承办的首届中国舞蹈影像展在中国文艺家之家展览馆举办。该活动展出了12部舞蹈影像作品，分为“舞蹈宣传片”“舞蹈广告片”“舞蹈艺术片”“舞蹈故事片”4个单元。参加该活动的各艺术团体、专家团体、创作团体共同进行了切磋。

（姚怡暾）

【“天域舞风”——原创西藏题材舞蹈作品展演】 12月12日，由中国文联、中国舞蹈家协会、西藏自治区文联主办的“天域舞风”——原创西藏题材舞蹈作品展演在国家大剧院举办。《转山》《青稞》《阿嘎人》《梦宣》《腾》《玄音鼓舞》《鼓韵新生》《暖》《藏马》《勇士的歌舞》《戏面人》11部风格各异、特色鲜明的原创西藏题材舞蹈作品进行了展演。参演单位有东北师范大学音乐学院舞蹈系，北京舞蹈学院研究生部、中国民族民间舞系，中央民族大学舞蹈学院，国防大学军事文化学院，上海戏剧学院舞蹈学院，西北民族大学舞蹈学院，甘肃省甘南藏族自治州碌曲则岔演艺公司，西藏自治区那曲地区索县中学等，创作表演人员有王舸、田露、格日南加、丛帅帅、武宁、格林郎杰、赵小刚、袁媛、索南尖措、扎西才让、李进、索朗群旦、马亮亮、刘芳、袁佳、才旺卓玛等。

（姚怡暾）

【“舞典华章”——2017中国舞蹈年度巡礼】 12月27日，由中国舞协与国家大剧院联合主办的“舞典华章”——2017中国舞蹈年度巡礼在国家大剧院歌剧厅上演。演出的节目有呼和浩特民族演艺集团的《爷爷们》、新疆军区文工团的《长长的辫子》、延边歌舞团的《长鼓行》、中央民族大学舞蹈学院的《梦宣》、中央芭蕾舞团的《阿莱城的姑娘》、中国歌剧舞剧院的《李白》、空军蓝天幼儿艺术团的《我的梦娃我的梦》等作品。展演过程中，还穿插播放了展示中国舞蹈界一年来在表演、创作、教学、理论、惠民、对外交流等方面的重要事件和可喜成果的视频。

（姚怡暾）

赛事与奖项

【“寻找邻家舞王”北京社区大型舞蹈比赛】 1月7日—17日，由北京国际广告传媒集团主办的“寻找邻家舞王”北京社区大型舞蹈比赛在北京天桥演艺中心举办。大赛以居住社区为单位，依据标准舞、爵士舞、民族民间舞3类分为少年组、青年组、魅力组3个赛段。200多支社区舞蹈队、1000多名舞者参加了比赛。

（姚怡暾）

【第八届怀柔国际标准舞艺术节2017第19届CBDF“院校杯”暨第8届“怀柔杯”公开赛/首届国际名校对抗赛】 3月23日—26日，由北京市怀柔区委宣传部、北京市怀柔区文化委员会、中国国际标准舞总会主办，深圳市港龙文化体育有限公司承办的第八届怀柔国际标准舞艺术节2017第19届CBDF“院校杯”暨第8届“怀柔杯”公开赛/首届国际名校对抗赛在北京举办。来自北京、上海、重庆、河南等20多个省、区、市的130多个代表队，近4000多名选手分为166个不同组别参加比赛。最终来自北京百汇演艺学校的彭佳男、钟佳慈和来自深圳市国际标准舞研究会的唐艺铭、黄馨仪分获大赛最高组别甲A组摩登舞、拉丁舞冠军。在国际名校对抗赛中，英国剑桥大学获得冠军，中国台湾大学获得亚军，北京清华大学和上海复旦大学并列第三名，北京大学名列第四，美国斯坦福大学为第五名。北京百汇演艺学校的李威、马婧怡和来自重庆文化艺术职业学院的徐鑫、温韵琪分获CBDF国家青年队拉丁舞与摩登舞冠军。

（姚怡暾）

【北京第十一届“舞燃情”国际标准舞(体育舞蹈)、交谊舞国际邀请赛】 6月17日—18日，由海淀区文化委员会和北京舞蹈学院教学实践中心联合主办的2017北京第十一届“舞燃情”国际标准舞(体育舞蹈)、交谊舞国际邀请赛在首都体育学院大学生体育馆举行。1000多名舞者参加了比赛，最终国际职业组拉丁舞决赛冠军由俄罗斯代表队的Kirill Belorukov、Polina组合获得；国际职业组摩登舞决赛冠军由POSE普斯舞蹈的李伟平、郑岑组合获得；国际A组拉丁舞决赛冠军由北京舞蹈学院的李亚龙、朱晓丹组合获得；国际A组摩登舞决赛冠军由北京舞蹈学院的戈薪权、冯田青组合获得；21岁以下A组拉丁舞决赛冠军由北京舞蹈学院的李亚龙、朱晓丹组合获得；21岁以下A组摩登舞决赛冠军由北京舞蹈学院的许梓寅、闫心茹组合获得。

（姚怡暾）

【2017年全国广场舞大赛北京站决赛】 7月8日—11月15日，由国家体育总局社会体育指导中心、中国社会体育指导员协会主办，全国广场舞推广委员会、北京市社会体育管理中心承办的2017年全国广场舞大赛北京站决赛暨首届全国广场舞公益大篷车推广万里行活动在北京举办，有256支舞队、近5000人参加了比赛。18支队伍、近500名表演者参加了决赛，最终，东城区齐舞飞扬舞蹈队夺取了北京站决赛特等奖，获得了代表北京站在海南陵水黎族自治县举办的全国总决赛参赛资格。

（姚怡暾）

【第十五届北京舞蹈大赛】 7月10日—17日，由北京市文学艺术界联合会、北京市教育委员会主办，北京舞蹈家协会承办的“纪念建军90周年”——第十五届北京舞蹈大赛在北京天桥剧场举行。大赛共开展13场比赛，分为5个组别，展现了246件作品，最终《太液晴波》《踩雨水》《梦・宣》《桥》获得作品金奖，获得一等奖的有非专业中老年组的《竹林雨韵》《踏雪欢歌》《守护蓝天梦》《那片田埂那片情》，非专业少儿组的《纸飞机》《我也要系红绸带》《雪域鼓瑶》《熊猫宝贝》，非专业青少年组的《12345678》《那条长路》《篆意》，专业少年组的《丝路红》，专业青年组的《石林情深》《越女凌风》《醉忆生声》《孤月杳然》等，北京舞蹈学院、中央民族大学舞蹈学院、北京歌剧舞剧院、大兴区文化馆、朝阳区舞蹈家协会、东城区舞蹈家协会获得优秀组织奖，《纸飞机》《地道战》《铁索战魂》《那片田埂那片情》《红色娘子军》获得“纪念建军90周年”——剧目特别奖。

（姚怡暾）

【第四届北京国际芭蕾舞暨编舞比赛】 8月5日—10日，由国家大剧院主办、北京晓星芭蕾艺术发展基金会协办的第四届北京国际芭蕾舞暨编舞比赛在国家大剧院举行。进入决赛的有古典芭蕾舞选手34人，编舞组选手16人，大赛共产生14个名次奖。此外，还颁发了国家大剧院特别奖、晓星芭蕾艺术发展基金会特别奖、评委会特别奖、最佳双人舞奖、古典芭蕾组最佳双人舞奖，以及2017年新增设的、与第46届瑞士洛桑国际芭蕾舞比赛合作的特别奖项——“洛桑特别奖”。

（姚怡暾）

【第十一届中国舞蹈“荷花奖”古典舞评奖】 11月1日—4日，由中国文学艺术界联合会、中国舞蹈家协会主办，北京舞蹈学院承办的第十一届中国舞蹈“荷花奖”古典舞评奖在北京舞蹈学院舞蹈剧场举办。该奖设有5个评奖子项，来自全国25个省、区、市的艺术院团、院校的32部舞蹈作品参加了评奖，其中，单人舞、双人舞、三人舞作品20部，群舞作品12部，通过2场演出角逐3个中国舞蹈“荷花奖”古典舞奖。最终来自北京舞蹈学院青年舞团表演的《墨舞流白》获得第一名，中央军委政治工作部歌舞团蔡亦寒表演的《故国》获得第二名，西部战区陆军政治工作部战旗文工团表演的《齐天大圣》获得第三名。

（姚怡[illegible]）

【北京舞蹈大赛30年拔尖人才和优秀成果展】 12月24日，由中国舞协支持，北京市文联主办，北京舞蹈家协会、北京舞蹈学院承办的“共舞新时代”——北京舞蹈大赛30年拔尖人才和优秀成果展在北京舞蹈学院剧场举办。该展演的26个节目回顾了北京舞蹈30年的发展历程，展示了首都舞蹈界的丰硕成果。其中贾作光、吕艺生被授予“北京舞蹈家协会终身成就舞蹈艺术家”称号，李毓珊被授予“北京舞蹈家协会特别贡献舞蹈艺术家”称号，欧建平等5人被授予“北京最受欢迎的舞蹈评论家”称号，姜铁红等5人被授予“北京最受欢迎的舞蹈表演艺术家”称号，赵明等9人被授予“北京最受欢迎的舞蹈编导”称号，刘福洋等8人被授予“北京舞蹈大赛30年最受欢迎的男青年舞蹈家”称号，王亚彬等6人被授予“北京舞蹈大赛30年最受欢迎的女青年舞蹈家”称号。

（姚怡暾）

交　流

【中国歌剧舞剧院赴美国演出】 1月5日，由中国歌剧舞剧院创作的大型舞剧《孔子》在美国纽约林肯中心演出。该剧展现了孔子周游列国的传奇故事，通过今人视角重现孔子理想的大同世界。

（姚怡暾）

【俄罗斯圣彼得堡艾夫曼芭蕾舞团到京演出】 1月5日—7日，受第三届中国国际芭蕾演出季之邀，俄罗斯圣彼得堡艾夫曼芭蕾舞团携芭蕾舞剧《卡拉马佐夫兄弟》在天桥剧场演出。该剧改编自作家陀思妥耶夫斯基的同名作品。

（姚怡暾）

中央芭蕾舞团在北京舞蹈大赛30年拔尖人才和优秀作品展中演出的芭蕾舞《唐·吉柯德》

【宁夏伽巴拉舞蹈剧场进京演出】 1月8日，由宁夏伽巴拉舞蹈剧场、宁夏大学音乐学院现代舞团创作的《空城·秘密》在北京雷动天下剧场演出。该作品运用现代舞与话剧相结合的手法，反映了当今社会人们的生活现状。

（姚怡暾）

【巴黎歌剧院芭蕾舞团到京演出】 1月13日—14日，巴黎歌剧院芭蕾舞团在天桥剧场上演“足尖传奇——巴黎歌剧院芭蕾明星精品荟萃”。该团演出了《卡门》《睡美人》《艾斯米拉达》《天鹅湖》《沉思曲》《海盗》《完满之夜》等舞段。

（姚怡暾）

【中国中央芭蕾舞团赴澳大利亚演出】 2月15日—18日，受亚太地区表演艺术节之邀，中央芭蕾舞团携芭蕾舞剧《红色娘子军》在澳大利亚墨尔本艺术中心演出。该艺术节是致力于促进亚太地区文化融合与交流的艺术节。

（姚怡暾）

【辽宁芭蕾舞团进京演出】 3月14日—15日，辽宁芭蕾舞团携芭蕾舞剧《八女投江》在天桥剧场演出。该剧通过8位女战士的成长经历，讲述了抗战英雄的战斗生活，诠释了她们坚定的信仰和对幸福的向往。

（姚怡暾）

【四川省歌舞剧院有限责任公司进京演出】 3月18日—19日，四川省歌舞剧院有限责任公司携舞剧《家》在天桥剧场演出。该剧根据巴金同名小说改编，主要有由2场婚礼和2场葬礼4幕组成。

（姚怡暾）

【日本松竹大歌舞伎到京演出】 3月18日—20日，为纪念中日邦交正常化45周年，日本松竹大歌舞伎在天桥艺术中心演出。演出作品有《义经千本樱·鸟居前》《恋飞脚大和往来·封印切》《藤娘》等。

（姚怡暾）

【云南文山州民族文化工作团进京演出】 4月14日—16日，云南文山州民族文化工作团携原创民族舞剧《铜鼓姑娘》在中央民族歌舞团民族剧院演出。该舞剧以云南省文山州砚山籍王建川烈士的英雄事迹为原型，讴歌了中国人民解放军和文山各族人民共同创造的“艰苦奋战，无私奉献”的老山精神。

（姚怡暾）

【北京9当代舞团赴欧洲演出】 4月17日—5月2日，受马其顿斯科普里国际舞蹈节及斯洛文尼亚卢布尔雅那文化艺术节之邀，北京9当代舞团携现代舞作品《梦境之窥》在马其顿、斯洛文尼亚及荷兰3国进行文化交流巡演。

（姚怡暾）

【北京舞蹈学院赴斯洛文尼亚演出】 4月19日，作为中国—中东欧国家舞蹈文化艺术联盟的合作项目，北京舞蹈学院研究生部代表学校与斯洛文尼亚“艾科索德斯”现代艺术节制作人娜塔莎合作创演的剧目《摇篮》在斯洛文尼亚艺术节上首演。该剧是来自北京舞蹈学院研究生部的刘昱婷、冯丹丹、李晨哲、钟桢、费官晗、饶宇弘6名研究生与来自中东欧国家的6名学生共同编创表演的。《摇篮》通过12个故事，用“舞蹈”的方式，演绎了时间的流逝和生命的轮回。

（姚怡暾）

【美国舞蹈家开展公益课堂教学】 4月19日—21日，在由北京结伴童行助学促进中心发起的“结伴童行舞相随”公益项目活动中，世界著名舞蹈家罗莉·贝莉洛芙［美］走进北京市第八十中学和燕京小天鹅公益学校，开展“舞育童心，体艺同行”公益课堂教学，并对全市中小学生及舞蹈教师代表进行身体美育的理念介绍与课程展示。通过“身体游戏和身体创意”的形式，引导一年级的孩子们通过观察模仿、即兴表现、合作等小游戏，感受声音、图像，感知身体、时间和空间，让孩子们在快乐的氛围中得到身体之美的启蒙。

（姚怡暾）

【云南杨丽萍文化传播股份有限公司进京演出】 4月26日—5月2日，云南杨丽萍文化传播股份有限公司携舞剧《孔雀之冬》在北京保利剧院演出。该剧选取了杨丽萍2012年创作的舞剧《孔雀》中“春”“夏”“秋”“冬”4幕中“冬”的一幕，独立成章。全剧以黑、白两色为主色调，营造出肃穆、冷冽的气氛。漫天飞雪中19只孔雀翩翩起舞，用生动的表演向观众阐释着生命的永恒与不朽。

（姚怡暾）

【匈牙利实验舞蹈团到京演出】 4月27日—29日，受第十七届“相约北京”艺术节之邀，匈牙利实验舞蹈团携舞剧《茜茜公主》在天桥艺术中心演出。该舞剧由匈牙利实验舞蹈团和布达佩斯吉普赛交响乐团联合出演，着重表现了茜茜公主在匈牙利的所见所闻，以及她从一个懵懂少女成长为高贵皇后的生命历程。

（姚怡暾）

【柳州市艺术剧院进京演出】 5月12日—13日，广西柳州市艺术剧院携3D大型舞蹈诗《侗》在天桥艺术中心演出。该剧以神秘侗寨的“阳春”“清夏”“三秋”“九冬”四季为线索，全方位展现了三江县侗族人民自然、和谐、幸福的生活场景。

（姚怡暾）

【安徽省花鼓灯歌舞剧院进京演出】 6月21日，由国家艺术基金资助、安徽省（蚌埠市）花鼓灯歌舞剧院携创排的民族舞剧《大禹》在国家大剧院演出。舞剧参考了安徽淮河流域花鼓灯舞的风格，着重突出了安徽地方的文化特色。

（姚怡暾）

【台湾古舞团进京演出】 7月13日—16日，来自台湾的古舞团携即兴舞蹈《这一天，那些事》在77剧场演出。演出中，舞者们依靠对自己的身体和彼此的感知，表现出生活真实的样貌。

（姚怡暾）

【香港城市当代舞蹈团进京演出】 7月26日，香港城市当代舞蹈团携作品《风中二十》在天桥艺术中心剧场演出。该演出荟萃了曹诚渊、黎海宁、桑吉加、庞智筠和黄狄文5位编导的13部作品选段。

（姚怡暾）

【挪威茵格莉菲斯达舞团到京演出】 7月27日，挪威茵格莉菲斯达舞团携作品《天体》在天桥艺术中心中剧场演出。该作品通过在舞台上构建的神秘空间，不断移动的装置，变幻不定的人体关系，意图将观众带入一个全方位的感官环境，使观众从不同的角度体验同一个的事件。

（姚怡暾）

【广东现代舞团进京演出】 7月28日，广东现代舞团携作品《小羽的气球》在天桥艺术中心大剧场演出。该作品希望观众从“观”舞里

“听到”自己心中的声音。

(姚怡暾)

【以色列嗖舞团到京演出】 7月29日，以色列嗖舞团携作品《大甩卖》在天桥艺术中心剧场演出。该作品以幽默的手法展现充斥在生活中的消费主义，来反思人性及人生。

(姚怡暾)

【德国开姆尼茨剧院舞团到京演出】 7月30日，德国开姆尼茨剧院舞团携作品《孤独/莫扎特安魂曲》在天桥艺术中心剧场演出。该作品的灵感来自美国表现主义画家爱德华·霍普的绘画作品。编舞者精心设计的肢体语言，更加凸显其中的戏剧性。

(姚怡暾)

【鄂尔多斯民族歌舞剧院进京演出】 8月10日，内蒙古自治区鄂尔多斯民族歌舞剧院携原创民族寓言舞剧《库布其》在北京天桥艺术中心演出。该剧取材于库布其沙漠上流传的一则寓言故事，表现了草原人对万物生灵的大爱相惜以及草原儿女为解决环境问题所做的思考与努力。

(姚怡暾)

【斯洛文尼亚卢布尔雅纳舞蹈剧院到京演出】 8月23日—24日，斯洛文尼亚卢布尔雅纳舞蹈剧院携作品《16》在北京9剧场TNT剧场演出。该作品展现了罗萨娜和格里高尔两位当代舞蹈家16年的精诚合作与亲密关系，通过舞蹈语言，讲述了他们二人的人生故事。

(姚怡暾)

【加拿大达妮埃尔·德努瓦耶/腰方肌舞蹈团到京演出】 8月25日—27日，加拿大达妮埃尔·德努瓦耶/腰方肌舞蹈团携作品《身体与器乐二重奏》在北京9剧场TNT剧场演出。该作品是一部结合了舞蹈和声音装置艺术的作品，体现了身体动作与声音之间自然的、本能的对话。

(姚怡暾)

【西班牙莎伦·弗里曼舞蹈团到京演出】 8月26日—27日，西班牙莎伦·弗里曼舞蹈团携作品《自由落体》在北京9剧场切·行动剧场演出。该作品体现了编导莎伦·弗里曼对于身体运动的探索。

(姚怡暾)

【海南省歌舞团进京演出】 9月2日—3日，由海南省歌舞团和其附属芭蕾舞蹈学校合作复排、改编的黎族舞剧《黄道婆》在民族剧院演出。该舞剧首演于2006年，经过复排和改编后，着重突出了黎族的文化与传承，民族风情的表演更为浓郁。

(姚怡暾)

【俄罗斯艾夫曼芭蕾舞团到京演出】 9月13日—16日，受2017年国家大剧院舞蹈节之邀，俄罗斯艾夫曼芭蕾舞团携作品《安娜·卡列尼娜》《罗丹》在国家大剧院演出。舞剧《罗丹》择取雕塑大师罗丹的部分情感生活为故事主线并以此铺展开来，主要讲述罗丹与卡米尔之间的情感纠葛。舞剧《安娜·卡列尼娜》使用了柴可夫斯基的音乐作为配乐，将观众带入19世纪俄罗斯，展现了当时的社会百态，表现了安娜、沃伦斯基与卡列宁三人的情感纠葛。

(姚怡暾)

【爱尔兰艺术家到京演出】 10月7日，近30位爱尔兰踢踏舞者和音乐家携踢踏舞剧《泰坦尼克》在北京展览馆剧场演出。舞剧讲述了这艘世界上最著名的大船从在贝尔法斯特造船厂的诞生直到它在大西洋上沉没的悲剧。

(姚怡暾)

【东北师范大学进京演出】 10月8日，东北师范大学舞蹈晚会“从心而来”——多题材原创舞蹈作品专场在国家大剧院演出。舞蹈晚会集中了该校舞蹈创作的精华。演出的作品有《图们江边》《走冬》《中国妈妈》《鸡毛信》《长白又一春》等。

(姚怡暾)

【吉林省歌舞团有限责任公司进京演出】 10月11日—12日，由吉林省歌舞团有限责任公司创作的民族舞剧《人·参》在北京保利剧院演出。该舞剧讲述了一个极具吉林地域特色的爱情故事，在灾难面前，人参姑娘毅然做出抉择，用自己的生命拯救了苍生。

(姚怡暾)

【2017中东欧国家舞蹈大师工作坊】 10月23日—26日，由文化部主办、北京舞蹈学院承办的“2017中东欧国家舞蹈大师工作坊”在北京舞蹈学院举办。来自中东欧国家的舞蹈艺术家展示了精彩的舞蹈，引导学员思考舞蹈文化的多样性、探索舞蹈创作的别样方法。经过为期4天的授课和彩排表演，不同的文化背景与思想相交融，促进了舞蹈艺术领域的多边交流。

(姚怡暾)

【合肥演艺股份公司进京演出】 10月24日—25日，由合肥市委宣传部、合肥市文广新局、合肥文广集团主办，合肥演艺股份公司出品的民族舞剧《立夏》在天桥艺术中心演出。该剧以1928年发生在大别山腹地金寨地区的“立夏节起义”为历史背景，表现了青年共产党人投身革命的坚强信念，以及对纯真爱情的追求和对革命理想的执着坚守。

(姚怡暾)

【荷兰舞蹈剧场到京演出】 10月27日—29日，荷兰舞蹈剧场携现当代芭蕾作品《藏身之处》和《心之所往》在国家大剧院演出。编导索尔·莱昂介绍："《藏身之处》的灵感来自《易经》，我们运用黑白两种颜色体现《易经》中的阴阳，并通过寂静来表达世界上发生的一切，这种境界就是'此时无声胜有声'"。

（姚怡暾）

【台湾云门舞集进京演出】 11月2日—5日，台湾云门舞集原创作品《稻禾》在国家大剧院演出。该作品分为"泥土""风""花粉""日光""谷实""火""水"7个章节，从耕种一直到丰收焚田，展现了一方土地的生命轮回。

（姚怡暾）

【内蒙古艺术学院进京演出】 11月14日—15日，由内蒙古艺术学院创作的民族舞剧《草原英雄小姐妹》在国家大剧院演出。该剧以"草原英雄小姐妹"龙梅和玉荣的英雄事迹为蓝本，将蒙古族舞蹈艺术与民族音乐及蒙古族服装、文化元素充分融入舞剧编创，以当代视角与多重空间的表现手法，彰显了草原民族的英雄主义情怀，再现了"草原小姐妹"的英雄事迹。

（姚怡暾）

【马林斯基剧院芭蕾舞团到京演出】 11月21日—23日，俄罗斯马林斯基剧院芭蕾舞团携古典芭蕾舞剧《睡美人》在国家大剧院演出。该剧是柴可夫斯基与芭蕾舞编导彼季帕的联合之作，该剧原始版本时长4小时。此次访华演出，是该团《睡美人》4小时完整版的首次在华演出。

（姚怡暾）

【意大利阿岱舞蹈团到京演出】 11月25日—26日，受2017国家大剧院舞蹈节之邀，意大利阿岱舞蹈团在国家大剧院戏剧场上演了《水的回声》《雨中的狗》《对立》3部现代舞作品。《水的回声》源自歌德的诗作；《雨中的狗》源于美国歌手汤姆·威茨的同名歌曲；《对立》展现了事物各种相互对立的状态。

（姚怡暾）

【中国歌剧舞剧院赴墨西哥演出】 11月28日，受2017墨西哥"中国文化年"之邀，中国歌剧舞剧院携大型舞剧《昭君出塞》在墨西哥国家大剧院演出，5000余名当地观众观看了演出。

（姚怡暾）

【俄罗斯明星芭蕾团到京演出】 12月1日，俄罗斯明星芭蕾团携舞蹈节目《来自俄罗斯的爱》在天桥剧场上演。节目中包含双人舞《魔符》《海盗》，独舞《天鹅之死》等作品。

（姚怡暾）

【西班牙马德里弗拉门戈舞剧团到京演出】 12月2日—3日，西班牙马德里弗拉门戈舞剧团在北京展览馆剧场上演舞剧《卡门》。该剧改编自作家梅里美的《卡门》，舞剧用弗拉门戈热情的舞步生动诠释了一场对"爱与自由"的思考。

（姚怡暾）

【山西太原舞蹈团进京演出】 12月2日—3日，山西太原舞蹈团携舞剧《雁丘词》在国家大剧院演出。该剧依据金代诗人元好问的《摸鱼儿·雁丘词》而创作，以现代舞为基础，同时融入山西传统戏曲——晋剧，并大量使用了投影技术，以水墨画风格的投影视效来实现背景讲述、舞台迁换等。

（姚怡暾）

纪　念

【贾作光逝世】 1月6日，舞蹈表演艺术家、编导艺术家贾作光在北京逝世。贾作光（1923—2017），生于辽宁沈阳，满族。1938年，考入伪满洲映画株式会社学习舞蹈。1947年，参加内蒙古文工团，曾任演出科长、副团长，并兼任舞蹈编导、演员。1955年，考入北京舞蹈学校（现北京舞蹈学院），后任院领导，建立编导班。他创作的舞蹈作品有150余部，代表作品有《牧马舞》《雁舞》《马刀舞》《哈库麦》《鄂伦春》《挤奶员舞》等。曾任中国文联第十届荣誉委员、中国舞协名誉主席、中国国际标准舞总会会长、北京舞蹈家协会名誉主席。2003年，获由文化部颁发的"表演艺术成就奖"荣誉表彰。

（姚怡暾）

【盛婕逝世】 1月9日，舞蹈表演艺术家、活动家盛婕在北京逝世。盛婕（1917—2017），女，生于江苏常州。1938年，入中法戏剧学校学习。曾任上海剧艺社特约演员，广东艺术专科学校教师，延安鲁艺、东北大学艺术系舞蹈教师。1949年加入中国共产党。中华人民共和国成立后，历任中国青年艺术剧院舞蹈团副团长、中央戏剧学院舞蹈教研班民间舞组组长、北京舞蹈学校教研组组长。她长期从事民间舞蹈、地方戏曲舞蹈的收集整理和研究工作，参与了多部舞蹈书籍的编辑工作。曾任中国文联第四届委员，中国舞协第一届理事和第二、三届秘书长及第四届副主席。2009年，获"中国舞蹈荷花奖·终身成就奖"。

（姚怡暾）

美　　术

【概况】 2017年，北京美术界活动频繁，举办了大量的展览、研讨、交流等活动，还增设了一些美术设施，成立和调整了一些美术机构，美术藏品也有所增加。

2017年，北京地区在新增加的美术设施中，极具特色的展陈场所有以环保理念建成的北京低碳雕塑园以及专门服务于残疾人的残疾人美术馆。在新成立的机构中，以特殊画种为研究和创作对象的胡杨艺术研究院专门以新疆维吾尔自治区的树种为创作、研究对象；杨留义城市山水画艺术馆则以城市山水画为创作、研究对象。新成立的教育书画协会高等美术教育学会对研讨全国综合高等院校美术设计教学与美育工作的方法和途径，促进中国高等美术教育事业的健康发展有指导作用；国家当代艺术档案库北京总部的成立，可以更加有效、有序地收藏、保存中国当代艺术的重要文献。一些美术机构进行了调整。中国美术家协会所属的漆画艺术委员会、综合材料绘画与美术作品保存修复艺术委员会、版画委员会、平面设计委员会、服装设计委员会、实验艺术委员会召开了换届大会。

2017年，北京地区举办了多层次的、内容丰富的各种展览。其中，全国性、综合性的美术展览主要有第七届中国北京国际美术双年展、“中国精神·中国梦”——全国农民画创作展、“美在生活”——全国写生艺术展、百年中国女性艺术大展等。凸显某一美术领域的展览有首届全国雕塑艺术大展、第四届中国油画展、世界插画大展、中央美术学院壁画系教师作品展、“杨柳春风”——中国美术馆藏杨柳青古版年画精品展和展示工笔画成就的“学院新方阵十年展”等，以及2017中国写意油画学派名家研究展、“天唱地和”——中国自然之声油画艺术研究院第三届中国风景油画邀请展和“固本流远”——人物画传承学术邀请展等。反映北京地区的重要美术创作成果的有北京重大历史题材美术作品展、北京美协第十六届新人新作展和“北京意象·美丽延庆”——绘画作品展等。围绕2017年发生的重要事件的美术展有“最美中国人”——庆祝中国共产党第十九次全国代表大会胜利召开大型美术作品展、“庆祝中国人民解放军建军90周年全国美术作品展览暨第13届全军美术作品展览”、“庆祝香港回归祖国20周年——全国中国画作品展”等。此外，还有以特定群体作为创作对象的“时代劳动者”美术作品展、“时代楷模　国家脊梁：青年画家杨华‘两弹一星’功勋人物肖像画展”以及反映某一群体美术创作的首届百位影视名人书画展和第五届西部少数民族青年美术家创作展等。北京地区还举办了一批反映当代中国美术创作实力和水平的展览，如2017中国写实画派十三周年展、中国美术馆青年艺术家提名展(2017)、“破折号”——2017年度“青年艺术100”北京启动展、当代中国画“60后”艺术家提名展、2017学院青年中国画家学术展以及反映美术创新生力量的首届“全国大学生美术作品展”、美术学院学生作品展、中央美术学院2017研究生毕业展、清华大学美术学院2017届本科生毕业作品展等。一些现当代艺术家是个展更是丰富了北京地区的美术展览内容，包括北京画院藏齐白石精品展、李苦禅绘画艺术展、黄永玉生肖画展、常沙娜艺术研究与应用展等。

2017年，北京地区开展了频繁的国内外美术交流活动。其中，在北京举办的重要的外国美术展览有“卢浮宫的创想——卢浮宫与馆藏珍品见证法国历史八百年展览”、“伦勃朗和他的时代：美国莱顿收藏馆藏品展”、“从莫奈到苏拉热：西方现代绘画之路(1800—1980)展览”、“德国8：德国艺术在中国展览”、白俄罗斯国家美术馆典藏精品展、葡萄牙当代艺术展、中乌当代美术展、拉美当代艺术展、“巴基斯坦艺术、文化与遗产展”、丝绸之路国家高校师生美术作品展等。

2017年，外埠到北京举办的展览主要有新中国美术家系列之重庆市国画作品展、云南省国画作品展和青海省国画作品展，其他重要展览有福建省画院晋京作品展、广东美术百年大展、黑龙江省美术书法作品晋京展、多彩贵州大型书画作品展、新疆兵团题材美术作品展、西藏唐卡艺术精品汇展、佛山木版年画展、西宁美术作品展、四川美术学院作品展、西安美术学院作品展、中国美术学院东方版画工作展、浙江大学双甲子书画展、山东中国画大展(1949—2017)、纳西族史诗《黑白战争》连环画展等

2017年，北京地区的美术机构新入藏了一批美术作品。其中包括国内艺术家韩美林捐赠给中国国家博物馆的绘画、书法等80件作品，“长安画派”创始人之一石鲁家属捐赠给中国国家博物馆的412件书画作品等。入藏的国外艺术家作品包括第一位获得“米开朗基罗雕塑终身奖”的女性艺术家安娜·高美将其雕塑代表作《心灵的外衣》捐赠给中国国家博物馆，白俄罗斯国家美术馆馆长佛拉基米尔·普罗科普佐夫将其代表作油画《父母的故土》捐赠给中国美术馆。

2017年，北京地区还举办了一些美术研讨活动。其中，较其他研讨更具鲜明特色的是“商业还是艺术”私人美术馆及画廊生态研讨会，“美术史在中国——中央美术学院美术史学科创立60周年国际学术研讨会”。中国美术报网和墨笔文化综合商务平台上线，为美术作品搭建了新的交流与交易平台。

(张燕鹰)

机构 设施

【紫苑书院】 4月6日，紫苑书院庆典暨张立辰中国画写意高研班开学仪式在北京举行。紫苑书院旨在弘扬艺术经典、精研中国书画之道，希望中国画学建构自己完整的学理体系，发扬中国画学、传播中国画学。张立辰、薛永年、刘曦林、姜宝林任紫苑书院名誉院长并担任学术主持，胡萍任执行院长。朱颖人、方增先、舒传曦、刘汉、邵大箴、卢坤峰、张道兴等名家担任书院顾问，执行导师团队有高卉民、张伟民、任惠中、于光华、王珂、梅墨生、刘彦湖等艺术院校教师和中青年书画家。

(张燕鹰)

【残疾人美术馆】 4月23日，残疾人美术馆开馆仪式在北京举行。该馆是专门展示中国优秀残疾人书画艺术作品的美术馆，也是残疾人与健全人文艺家之间分享不同文化风格、交流彼此艺术的互动平台。该馆从全国各地征集了350多幅残疾人书画爱好者作品，经专家评审委员会严格评审，遴选出150幅优秀美术作品进行巡回展示。参展残疾作者的残疾类别包括视力残疾、听力残疾、言语残疾、肢体残疾等。参展的绘画、书法、美术作品选材广泛、内容丰富、各具特色。

(张燕鹰)

【国家当代艺术档案库北京总部揭牌】 5月26日，中国国家画院国家当代艺术档案库北京总部正式揭牌成立。该档案库由方力钧、陈喆、王艺于2014年3月共同发起，并于2016年7月经中国国家画院正式批复。该档案库的共同发起机构有中央美术学院、四川美术学院、鲁迅美术学院、泰康人寿集团、北京民生现当代美术馆、今日美术馆、北京时代美术馆、武汉合美术馆、西安美术馆、北京平阁九鼎美术馆、长沙市美术馆、武汉大学万林美术博物馆、山西大同和阳美术馆、雅昌艺术网等。该档案库隶属中国国家画院，由中国国家画院当代艺术研究中心、中国国家画院文化艺术产业中心、国家发改委国际合作中心文化产业研究所3个机构共同负责。该档案库是国家艺术基金支持的重要项目之一，旨在收藏及保存中国当代艺术的重要文献，第一届理事长由中国国家画院文化艺术产业中心主任王艺担任。国家当代艺术档案库下设组织委员会、理事会、学术委员会、项目合作机构与支持单位等。

(张燕鹰)

【胡杨艺术研究院】 6月4日，中国国际书画艺术研究会“胡杨艺术研究院”揭牌仪式暨张介宇“胡杨礼赞艺术研讨会”在人民大会堂举行。胡杨艺术研究院是由中国国际书画艺术研究会批准成立的研究机构。该机构的成立标志着胡杨画作作为新的艺术门类正式确立。胡杨是新疆古老珍奇的树种，被称为“英雄树”。曾创作巨幅国画《胡杨礼赞》的画家张介宇被聘为首任院长。

(张燕鹰)

【杨留义城市山水画艺术馆】 10月12日，由文化部华夏文化遗产保护中心主办，文化部华夏文化遗产中国画院、北京文华书画中心、中国艺术创作院、北京传承匠心文化有限公司承办的杨留义城市山水画艺术馆揭牌暨杨留义山水画展开幕式在北京市科技路39号院举行。开幕式上，文化部有关专业单位授予杨留义城市山水画艺术馆“华夏文化遗产保护与传承示范基地”称号，并宣布成立杨留义城市山水画研究办公室。杨留义多年以来创作了大量的城市山水画作品，努力探索中国画的创新之路。

(张燕鹰)

【“一道”北京画馆】 10月28日，

"一道"北京画馆开馆并"海上虹影"首发暨书画作品展在北京宋庄举办。"一道"北京画馆由中国书画影像网主办，位于北京宋庄，展厅面积近300平方米，设计别致，陈设高雅。

(张燕鹰)

【教育书画协会高等美术教育学会】 11月4日，(全国)教育书画协会高等美术教育学会成立大会在清华大学举办。该学会是隶属于教育部直属(全国)教育书画协会的学术与教育研究团体，是在教育书画协会的大力支持及指导下，由清华大学美术学院牵头，联合北京大学艺术学院、四川大学艺术学院等9所综合性大学美术与设计学院共同倡议发起成立的。学会以广泛团结、组织和联络全国高等综合院校从事美术教育工作、美术与设计教学的工作者，深入研讨综合高等院校美术设计教学以及美术教育工作的有效方法、途径，开展针对非专业师生的美育教学、研究、示范、交流、推广活动，提高学生审美及人文素养，促进中国高等美术教育事业的健康发展。清华大学美术学院院长鲁晓波任会长；清华大学美术学院副院长张敢、四川大学艺术学院院长黄宗贤任常务副会长；北京大学艺术学院副院长彭锋、中国人民大学艺术学院丁方、北京师范大学艺术与传媒学院副院长甄巍、中央民族大学副校长殷会利、浙江大学人文学院副院长黄厚明、南京师范大学美术学院院长刘赦、陕西师范大学美术学院院长冯民生任副会长；清华大学美术学院李睦任学会秘书长。

(张燕鹰)

【北京低碳雕塑园】 11月7日，北京低碳雕塑营闭营暨北京低碳雕塑园开园活动在昌平区马池口镇畜奁屯举办。北京低碳雕塑园坐落于北京市昌平区马池口镇畜奁屯村宝贵石艺科技有限公司的工业园区，占地26000余平方米。雕塑园内陈设了朱尚熹、张宝贵、宫长军、郭煜、岳艳娜、邢华锋、许庚岭、杨金环、赵磊、赵勇、周鉴鸿、朱羿郎12位国内雕塑家历时几个月，经过征集、研讨、放大、制作的24件低碳材料雕塑作品。来自世界环保组织、科研院所、建筑界、艺术界的100多人见证了用固体废弃物制作的雕塑成果。

(张燕鹰)

展　　览

【第五届西部少数民族青年美术家创作展】 1月6日—18日，由中国文联、中国美协、中国文学艺术基金会、中央民族大学、首都师范大学共同主办的第五届西部少数民族青年美术家创作展在中国美术馆举办。展览展出来自西部8个省区、9个民族的19位青年美术家创作的中国画、油画、版画作品60余件。展出作品题材广泛，形式多样，富有独特的民族气质和鲜明的时代特色。中国美协自2011年起组织实施"西部少数民族美术人才培训发展计划"，连续举办每届为期一年的西部少数民族青年美术家精品创作高研班。该次展览的参展作者，即是2016年4月开始举办的第五届西部少数民族青年美术家精品创作高研班的结业学员，该次展览则是他们展示最新创作的汇报展。

(黎　明)

【中国美术馆藏杨柳青古版年画精品展】 1月10日—3月26日，由中国美术馆主办的"典藏活化"系列展"杨柳春风"——中国美术馆藏杨柳青古版年画精品展在中国美术馆举办。该展甄选展出中国美术馆收藏的杨柳青古版年画精品140余幅。展出作品年代介于清中期至晚清民国之间，涵盖了杨柳青年画发展各个阶段的代表作品，其中有不少珍贵的孤本和粉本。展览分为"瞳瞳春日新桃旧符""扫舍之后便贴年画""家家点染户户丹青"3个部分，从题材、功能、工艺等方面综合展示杨柳青年画的风格面貌和艺术魅力。

(黎　明)

【北京画院藏齐白石精品展】 1月13日—5月7日，由北京画院主办的"何要浮名"——北京画院藏齐白石精品展在北京画院美术馆展出。展览分为"星塘白屋不出公卿""要知天道酬勤""知己有恩""寂寞之道"4个板块，汇集齐白石的山水、人物、花鸟、草虫、水族、禽鸟、蔬果、杂画、书法、篆刻等各品类代表性作品80余件(套)，深度发掘了作品背后艺术大师的人格魅力与艺术追求。该展是北京画院美术馆自2005年成立至2015年，举办从"草间偷活"到"可惜无声"等10个齐白石艺术专题展之后，开启的第二轮齐白石艺术研究展的首个主题展。2016年，北京画院与宁波博物馆合作策划，以全新的视角对院藏近2000件齐白石作品作全面梳理，在宁波举办了"何要浮名"——北京画院藏齐白石精品展，展出作品150余件；此次北京展的作品，是从宁波展的作品中再次精选而出。

(黎　明)

【第三届学院实验艺术文献展】 1月14日—2月19日，由中央美术学院主办的"第三届学院实验艺术文献展"在中央美术学院举办。

此次文献展以“教学相长”为主题，聚焦于实验艺术教学创作领域里的师生在教与学过程中的相辅相成和融会贯通，全国12所院校的实验艺术专业师生参展，同时展出多位教师在其专业领域内的教学方法及学术研究成果。该次展览采用“师生”组合形式，多位工作在实验艺术教学第一线的教师优选其教授过的3名学生一起展出，师生同台，辅以教学方案阐释。

（白　莲）

【当代名家迎春油画展】　1月15日—25日，当代名家迎春油画展在北京东升汇艺术空间展出。该画展共展出闫平、王克举、段正渠、徐里、陈淑霞、顾黎明、任传文和唐承华8位当代中国油画家的作品40余幅。

（张燕鹰）

【第二届“恭王府·时代”肖像艺术展】　1月17日—22日，由文化部恭王府管理中心和北京时代美术馆共同主办的第二届“恭王府·时代”肖像艺术展在北京时代美术馆举办。展览共展出了93位艺术家以“肖像进行时——中国当代城市生活”为主题创作的134件肖像艺术作品，涵盖油画、水墨、雕塑、插画、漆画等多种表现形式。

（白　莲）

【黄永玉生肖画展】　1月19日—2月12日，“十二个十二个月”——黄永玉生肖画展在中国国家博物馆展出。该展览展出了黄永玉自2006年以来12年间创作的168幅作品，集中体现了“黄氏幽默”的特色。画面形象构成具有漫画特点，而题语与画配合相得益彰。

（张燕鹰）

【全国写生艺术展】　1月24日—2月18日，由中国美术馆主办的“弘扬中国精神”系列展之“美在生活”——全国写生艺术展在中国美术馆举办。展览分为“数风流人物”“我看青山多妩媚”“待到山花烂漫时”3个篇章，全面展示了新中国成立以来不同时期画家的国画、油画、版画、雕塑等种类的写生作品400余件，以梳理新中国美术及写生发展的历程与成就，展望写生的未来发展趋势及方向。展出作品包括面向全国20余所美术学院和画院征集的作品，一批特邀名家的作品，以及中国美术馆的部分馆藏经典作品。

（黎　明）

【中国美术馆典藏精品陈列】　1月25日—12月31日，由中国美术馆主办的“宝藏经典　活化精神”——中国美术馆典藏精品陈列在中国美术馆展出。该展设于中国美术馆藏宝阁，展出了从该馆十多万件藏品中甄选出的任伯年、齐白石、黄宾虹、吴作人、吴冠中、刘开渠、熊秉明、于右任、林散之、高二适等大师的经典名作。

（黎　明）

【张立国绘画艺术回顾展】　2月22日—3月5日，由中国美协、清华大学美术学院共同主办的“走向现代”——张立国绘画艺术回顾展在中国美术馆举办。展览展出知名艺术家、清华大学美术学院教授张立国（1939—2014）各时期创作的重要作品120余件，以全面回顾其艺术生涯与成就。展览分为“我喜欢自然、真实、面向未来”“心中的风景——新美学的批判性重建”“影子——去空间化的表达”“艺术年表”4个部分，展出张立国的油画、素描、油画创作稿、水墨画以及实物文献。展览期间，张立国家属向中国美术馆捐赠了他的多件作品。

（黎　明）

【杨沛戏剧油画艺术展】　2月24日—3月10日，“游园惊梦”——杨沛戏剧油画艺术展在美门艺术馆展出。该展览以经典剧目《牡丹亭·游园惊梦》《苏三起解》《凤还巢》《三岔口》《钟馗嫁妹》等为题材，展出艺术家杨沛从2000—2017年创作的80余件戏剧人物作品。

（张燕鹰）

【中国美术馆藏路德维希夫妇捐赠国际艺术作品选展】　2月24日—4月4日，由中国美术馆主办的“中国美术馆典藏活化系列展：永恒的温度——中国美术馆藏路德维希夫妇捐赠国际艺术作品选展”在中国美术馆举办。展览展出从德国著名企业家和社会活动家彼得·路德维希教授（1925—1996）及其夫人伊蕾娜·路德维希（1927—2010）捐赠给中国美术馆的作品中遴选出的50件作品。1996年，路德维希夫妇从自己的艺术收藏中精选82位欧美艺术家的89件（117幅）艺术作品捐赠给了中国美术馆，这批捐赠作品大多创作于20世纪60—90年代，包括了欧美现代主义不同流派的大师名作。此次展出的50幅作品，分为19个艺术流派，包括了拉尔夫·戈英斯、沃尔夫冈·普伊克、巴伯洛·毕加索、罗伊·利希滕施泰因、安迪·沃霍尔等大师的名作。

（黎　明）

【乔十光八十艺术展】　2月25日—3月19日，由中国国家博物馆、清华大学美术学院共同主办的“大漆之光”——乔十光八十艺术展在中国国家博物馆举办。展览展出年届八十的漆画艺术家、清华大学美术学院教授乔十光的漆画、水粉画、水墨画、速写、书法等作品100余幅，全面展现了其艺术创作历程和成就。

（黎　明）

【传统年画精品展】 2月27日—3月9日，由文化部恭王府管理中心推出的“迎春纳福”——传统年画精品展在恭王府展出。该展览展出了山东东昌府木版年画、重庆梁平木版年画、四川夹江木版年画、天津杨柳青木版年画及江苏无锡纸马5个传统年画项目的“非遗”代表性传承人及代表作品共计200余幅。

（张燕鹰）

【中央美术学院壁画系教师作品展】 3月2日—27日，“图墙”——中央美术学院壁画系教师作品展在中央美术学院美术馆举办。该展览是中央美院壁画系建系以来第一次全系师生参与的壁画大展。展览用文献展的方式呈现了壁画系自成立以来历届师生参与国家公共文化空间创作的成果，并采用“图墙”这一全新的展览方式，展现师生的全新壁画作品。所展作品是由18位壁画专业现任教师带领学生用7天的时间在艺术空间里共同创作完成的。

（张燕鹰）

【常沙娜艺术研究与应用展】 3月8日—19日，由中国美术馆和清华大学主办的中国美术馆捐赠与收藏系列展之“花开敦煌”——常沙娜艺术研究与应用展在中国美术馆举办。展览分为“守望”“凝萃”“传承”3个单元，展出常沙娜的敦煌壁画临摹、敦煌图案研究、花卉写生、自20世纪50年代以来参与完成的国家重点建筑装饰设计以及其他应用设计等艺术作品共260多件，并配合翔实的文献资料，全面呈现常沙娜多彩的艺术生涯。展览举办之际，常沙娜向国家捐赠了其个人的24件艺术作品，由中国美术馆永久收藏；其中包括5幅以《观无量寿经变》为代表的早年敦煌临摹代表作，18幅花卉写生作品，以及1幅特意为该次展览重新绘制的《文殊变》。

（黎　明）

【孙立新油画作品展】 3月23日—4月1日，由中国美协、中国人民革命军事博物馆、中国油画学会共同主办的“军旅·行旅”——孙立新油画作品展在中国美术馆举办。展览分为“历史情怀”“一路风光”“故乡的雪”3个部分，展出军旅画家、中国人民革命军事博物馆美术创作室主任孙立新的军事历史题材主题性创作、写生和风景油画作品200余幅。该展旨在通过主旋律、正能量作品的展示，唤起公众对传统文化和严肃文艺作品的更多关注。开幕式当日举行了孙立新油画艺术研讨会。

（黎　明）

【卢沉艺术研究展】 3月23日—4月23日，由中国美协、中央美院、北京画院主办，中央美院中国画学院协办，北京画院美术馆承办的“寻道求变”——卢沉艺术研究展在北京画院美术馆举办。展览分“型神”“笔线”“品兴”“墨构”4个主题单元，汇集中央美院前教授卢沉(1935—2004)从20世纪60年代到21世纪初40余年间创作的写实人物画、写意人物画、水墨构成作品及书法作品共70余件，展现其不断求变的艺术探索之路。由北京画院编辑、增补和再版的《卢沉论水墨画》在展览开幕式上首发。

（黎　明）

【中国美术馆藏俄罗斯油画精品展】 4月2日—5月7日，由中国美术馆主办的中国美术馆典藏活化系列展之“伏尔加河之声”——中国美术馆藏俄罗斯油画精品展在中国美术馆举办。展览精选展出中国美术馆藏俄罗斯油画精品100件，全面展现20世纪以来俄罗斯老中青三代艺术家不同的风格面貌和创作特点，以及俄罗斯现代美术的发展历程。展出作品大部分出自刘迅的捐赠，也有部分出自路德维希夫妇的捐赠；其中既包括了梅尔尼科夫、特卡乔夫兄弟等人民艺术家或功勋艺术家的作品，也包括了一些具有现代主义风格的艺术家的作品。

（黎　明）

【袁运生艺术展】 4月6日—16日，由中国美术馆主办、中央美院协办的中国美术馆捐赠与收藏系列展之“走向文明的自觉”——袁运生艺术展在中国美术馆举办。展览分为“水墨意蕴”“道象”“融贯中西”“记忆”4个部分，展出中央美院教授袁运生自20世纪60年代至今创作的水墨、油画、铜版画等作品141件，素描、速写等作品20多件，其中大部分作品为首次公开展出。展览期间，袁运生将其《三个枪手》《嫁新娘》《海边太极》《驱鬼图》，著名的《泼水节——生命的赞歌》壁画原稿以及高3.4米、长27米的铅笔大稿等共16件各时期代表作品，捐赠给中国美术馆作永久收藏。

（黎　明）

【闫平艺术展】 4月6日—16日，由中国美术馆主办的中国美术馆学术邀请系列展之“闪烁如歌”——闫平艺术展在中国美术馆举办。展览展出了中国人民大学艺术学院教授闫平近年创作的油画代表作品20余幅，对其艺术探索所作的阶段性学术梳理。

（黎　明）

【王克举艺术展】 4月6日—16日，由中国美术馆主办的中国美术馆学术邀请系列展之“正是橙黄桔绿时”——王克举艺术展在中国美术馆举办。展览甄选展出实力派油画家、中国人民大学艺术学院教授王克举近年创作的油画作品20余幅，展现了其艺术探索的阶段性成绩。

（黎　明）

【全国高等艺术院校人物画教学研讨会暨教师、学生写生作品展】 4月18日—5月3日，为展示全国高等院校中中国画人物画教学的发展与成果，“为中国画”——全国高等艺术院校人物画教学研讨会暨教师、学生写生作品展在中央美术学院美术馆举办。该展览展出了107位在职教师以及90位在校学生所提交的近200幅人物写生作品。

（张燕鹰）

【中华民族大团结作品展】 5月1日—15日，由北京市黄胄美术基金会和北京洛源文化传媒有限公司共同策划的“多彩华章”——中华民族大团结作品展在炎黄艺术馆举办。该展览以黄胄创作的反映民族大团结主题创作的作品为主线，并邀请30位艺术家参展。展览共展出140余幅作品，其中包括炎黄艺术馆和黄胄美术基金会收藏的10余幅黄胄少数民族题材精品。

（张燕鹰）

【中国美术馆青年艺术家提名展（2017）】 5月4日—9日，由中国美术馆主办、中华艺文基金会协办的“中国美术馆学术邀请系列展：中国美术馆青年艺术家提名展（2017）”在中国美术馆举办。展览展出26位青年艺术家的119件作品，作品涵盖中国画、油画、版画、雕塑、水彩、书法6大门类。获该次展览提名的26位艺术家，包括中国画10人、油画6人、雕塑7人、版画1人、水彩1人、书法1人，均毕业于中国各大美术专业院校，任职于各大美术院校和相关创作、研究机构，曾在各种全国性和国际性美术展览中入选与获奖，且绝大部分在年龄上属“70后”“80后”。

（黎　明）

【故宫博物院藏四僧书画展】 5月5日—6月28日，“故宫博物院藏四僧书画展”在故宫武英殿书画馆举办。该展览展出了明末清初的弘仁、髡残、八大山人、石涛“四僧”的81件（套）作品。由于政治原因，清代宫廷中所藏“四僧”作品极少，该展览展出的“四僧”作品均为1949年以后故宫陆续征集的作品。展品以时代为序，力图将“四僧”最为典型的作品面貌展现给观众。

（张燕鹰）

【中央美术学院2017研究生毕业展】 5月10日—28日，中央美术学院2017研究生毕业展在中央美术学院美术馆举办。该展览共展出中央美院2017届硕、博研究生356人的毕业作品1200余件，作品涵盖中国画、油画、版画、雕塑、壁画、实验艺术、设计、摄影、建筑设计及影像等媒介形式，全面反映出该院毕业研究生的学术研究与创作水平。

（张燕鹰）

【2017学院青年中国画家学术展】 5月13日—18日，由文化部艺术发展中心主办，中国画美术馆、广东广雅艺术馆、北京宋韵画院、安徽出版集团联合协办的“春风润”——2017学院青年中国画家学术展在中国画美术馆举办。该展览共展出30余位青年国画家近100幅中国画作品。这些作品不仅注重对自然山川、草木风物的观察，还在写生实践中参照、吸收历代经典名作的精髓，呈现出传统与当下之间的微妙关系。

（张燕鹰）

【学院新方阵十年展】 5月13日—21日，由森林中国、今日美术馆联袂主办的“新粉本”——学院新方阵十年展工笔画学术单元在今日美术馆举办。该展览共展出了62位青年艺术家的123幅当代工笔画作，以容纳东方审美意境与规则范式的传统工笔画创作方式——“粉本”为切入点，秉承归复传统、以承当代的创新理念，展现了当代工笔的新现象、新力量。

（张燕鹰）

【北京画院六十年综合艺术展】 5月14日—8月20日，由北京画院美术馆主办的“华彩丹青一甲子”——北京画院六十年综合艺术展在北京画院美术馆举办，以庆祝北京画院甲子之寿。展览从北京画院收藏的近8000件宋、元、明、清、近现代以及当代的书画、篆刻、古籍等作品中，精选展出200余件。展出作品中既有金城、陈师曾、于非闇、陈半丁、任伯年、吴昌硕、傅抱石、宋文治、张大千、溥心畬、黄君璧等名家之作，也有北京画院画家不同时期的经典创作，并首次系统展出了该院收藏的宋人《松下抚琴图》、龚贤《云山林屋图》、费丹旭《仕女》、华喦《花鸟》等古代作品。展览还以文献展的形式，梳理了60年来北京画院在创作、研究、教学、展示等方面所取得的丰硕成绩。

（黎　明）

【全国农民画创作展】 5月18日—24日，由中国文联、中国文学艺术基金会、中国民间文艺家协会、中国美术馆共同主办的“中国精神·中国梦”——全国农民画创作展在中国美术馆举办。该展自2017年年初开始征集作品，并从1450幅参评作品中，经预审、初审、复审，遴选出200幅作品入展。参展作品包括粉画、油画、国画、版画、漆画、唐卡等各门类，来自全国25个省区市，涉及60多个农民画之乡，由汉族、藏族、维吾尔族、回族、苗族、彝族等多民族的农民画艺术家创作，展现出鲜明的地域特色和民族特色，彰显“中国精神·中国梦”的主题，集中展示新时期农民画精品力作，反映当代中国农民画的创作水平。

（黎　明）

【“中国精神·中国梦——美丽乡村行”写生采风作品展】 5月23日，由中国文联、中国美协、中国文学艺术基金会共同主办的“2017中国文联、中国美协‘中国精神·中国梦——美丽乡村行’写生采风作品展”在中国文艺家之家展览馆举办。展览展出全国近百位画家的国画、油画、水彩等写生作品百余件。根据作为中国文联“中国精神·中国梦”主题文艺创作工程项目之一的“中国精神·中国梦——美丽乡村行”写生采风创作活动的计划安排，自2月起，中国美协组织全国70多位知名美术家，先后走进江西老区、甘肃陇西、浙江桐庐等革命老区，感受红色文化，重温革命记忆，体验老区新貌，感知时代变迁，创作优秀作品，展现时代风貌。该次展览展出作品的主要部分即是这一创作活动的成果。

（黎　明）

【中国、俄罗斯、希腊美术名家作品联展】 5月27日—6月2日，“相约北京、‘一带一路’”——中国、俄罗斯、希腊美术名家作品联展在中国国家画院（国展）美术中心举办。该展览的宗旨是积极响应“一带一路”倡议，加强与“一带一路”沿线国家和地区的交融互鉴，创新发展，秉承和而不同、互鉴互惠的理念，尊重“一带一路”沿线国家和地区人民的精神创造与文化传统，推动“一带一路”多元文化深度融合。该展览共展出中国、俄罗斯、希腊11位画家的157幅作品。

（张燕鹰）

【清华大学美术学院2017届本科生毕业作品展】 6月3日—28日，由清华大学美术学院主办的清华大学美术学院2017届本科生毕业作品展在清华大学艺术博物馆举办。该展览共展出262位毕业生（含18位数字娱乐设计二学位学生）的600余件（套）作品。

（张燕鹰）

【中国画家非洲采风作品展】 6月16日—18日，“行走的画笔”——中国画家非洲采风作品展在北京中外文化交流中心展览馆举办。该展览是根据《中非合作论坛——约翰内斯堡行动计划（2016—2018年）》制定的“中非文化人士互访计划”而创立的中非文化交流项目。展览展出了5位中国画家在马拉维、坦桑尼亚和毛里求斯等非洲国家采风后创作的50余幅作品。

（张燕鹰）

【惠尔再旦画院美术名家邀请展】 6月17日—30日，由北京惠尔再旦文化艺术传媒有限公司主办，北京惠尔再旦画院承办，香港油画研究院、北京九鼎当代艺术空间、中艺丝路（北京）国际文化有限公司、《美术传承》杂志社协办的“和而不同”——惠尔再旦画院美术名家邀请展在北京惠尔再旦美术馆举办。该展览展出了陆千波、陈玉林、雷洪连、张鹏、关宏臣5位艺术家近期代表作150余幅。他们的绘画同属现实主义范畴，但画风各异，艺术风格独特。

（张燕鹰）

【2017中国写意油画学派名家研究展】 6月21日—7月4日，由深圳市关山月美术馆、北京当代中国写意油画研究院、岭南画院共同主办的“文脉传薪”——2017中国写意油画学派名家研究展在中国美术馆举办。展览分“意韵篇”“意写篇”“意象篇”“意境篇”“意念篇”5个板块，展出了全国各地老中青三代120位油画艺术家的120余幅油画作品，以展示写意油画学派的最新创作成果和整体面貌，推动中国“写意油画”的创作、交流、研究与发展。作为自2015年以来连续举办的第3届“文脉传薪”系列研究展，该展在此次中国美术馆首展之后，同前两届一样，继续赴全国各地进行巡展。

（黎　明）

【庆祝香港回归20周年——全国中国画作品展】 6月23日—7月4日，由中国美协、中国文学艺术基金会主办的“庆祝香港回归祖国20周年——全国中国画作品展”在中国美术馆举办。展览分为“主题创作作品”“特邀作品”“全国征集作品”3个部分，共展出作品190余幅。展出作品回顾中国自1840年鸦片战争以来香港回归祖国道路中的重大历史变革，聚焦中国近现代历史，展现社会主义新中国所取得的伟大成就。展览共收到全国各地来稿作品5500余幅，经过初评、复评，共选出159幅作品参展；同时，还特别邀请了32位美术家参展。由徐里、谭乃麟创作的《不忘初心，坚持“一国两制”，香港的未来一定更美好》，李翔、杨文森、张蕊创作的《香港回归二十年发展成就巨大》，刘健创作的《省港大罢工》，刘金贵创作的《香港回归祖国，特区政府成立》，毕建勋创作的《邓小平创造性提出“一国两制”大政方针》，刘泉义创作的《香港与抗日战争》，苗再新创作的《英国侵占香港》，黄骏创作的《香港人民欢庆新中国成立》，陈钰铭创作的《虎门销烟》，王珂创作的《辛亥革命与香港》10幅作品，是中国美协专门为该次展览组织创作的。

（黎　明）

【北京米开朗基罗国际艺术展】 7月15日—10月10日，鸟巢艺术中心与意大利米开朗基罗故居博物馆携手，在鸟巢文化中心举办北京米开朗基罗国际艺术展。该次展览呈现米开朗基罗包括《大卫》《圣殇》《创世纪》等经典作品在内的博物馆级复制藏品百余件，全面展示这位文艺复兴巨匠在素描、雕塑、建筑、文学、湿壁画等领域取得的艺术成就。展览现场模拟了米开朗基罗工作室以及湿壁画的创作室，用来展示以中世纪技法创作湿壁画的完整过程。

（白　莲）

【庆祝建军90周年全国美术作品展览暨第13届全军美术作品展览】 7月27日—8月9日，由文化部、中央军委政治工作部、中国美协联合主办的“庆祝中国人民解放军建军90周年全国美术作品展览暨第13届全军美术作品展览”在中国美术馆和81美术馆举办。展览展出中国画、油画、版画、雕塑、水彩画、宣传画、连环画、装置、新媒体、实验艺术等作品共计近600余件。展出作品包括从全国各地征集的7000多件作品中评选出的531件作品，以及特邀展出的部分经典作品和展览评委会评委作品。这些作品主题内涵深刻、生活气息浓郁、艺术手法新颖、形式风格多样，以军事题材美术的特有语汇赞颂中国共产党领导下的人民军队90年波澜壮阔的发展历程。

（黎　明）

【第四届中国油画展（写实展）】 7月29日—8月10日，由中国美协主办，中国美协油画艺委会、山东美术馆、中国油画院美术馆、西安美术馆、武汉美术馆、重庆美术馆、包头美术馆承办的“中国精神·第四届中国油画展：真像——当代中国写实油画的新发展研究”收官展在中国艺术研究院中国油画院美术馆、陈列馆、教学展厅举办。该展是按计划从2015年—2018年举办的共分为表现展、写实展、抽象展、汇总展4个主题区段的“中国精神·第四届中国油画展”的第2区段展，自2016年11月起已先后在山东、西安、武汉、重庆、包头各美术馆进行巡展。该展以特邀、推荐和海选方式面向全国征集到2903位油画家的5993件作品，经评审，海选出的170件作品和邀请画家的95件作品参展，展出作品全面呈现了中国写实油画发展现阶段的总体面貌。此次北京展共展出入选作品85件和特邀作品95件。该展的学术座谈会在开幕式后举行。

（黎　明）

【2017年度“青年艺术100”北京启动展】 8月1日—15日，由“青年艺术100”和今日美术馆联合主办的“破折号”——2017年度“青年艺术100”北京启动展在今日美术馆举办。展览展出了来自全球不同国家的150余位青年艺术家的400余件艺术品，包括油画、国画、版画、雕塑、装置、影像、行为艺术等不同的形式，全面、立体地呈现了青年艺术最鲜活的生态。

（张燕鹰）

【世界插画大展】 8月11日—10月29日，由中信出版集团、国家图书馆、上海京采文化创意有限公司联合主办的世界插画大展——国际安徒生奖（终身成就）50周年展北京站在国家典籍博物馆举办。该展览展出了1966年—2014年，25位“国际安徒生奖插画家奖”得主的近300幅作品。

（张燕鹰）

【杨晓阳工作室作品展】 8月22日—30日，由中国国家画院、国家艺术基金主办的“中国国家画院杨晓阳工作室（国家艺术基金项目：国家美术发展专题创研班）作品展”在中国政协文史馆举办。展览中，47位学员的190幅作品所呈现出的多元化的新图式体现了该创研班教学模式。

（张燕鹰）

【第二届中国美术馆收藏青年美术家作品展】 8月13日—31日，由中国美术馆策划并主办的“2017第二届中国美术馆收藏青年美术家作品展”在中国美术馆举办。中国美术馆展览专家委员会从来自全国各地具有代表性的当代青年美术家的优秀创作中遴选出了近60件雕塑、绘画作品入展。这些作品最终由中国美术馆收藏。

（黎　明）

【北京重大历史题材美术作品展】 8月24日—9月1日，由北京市文史研究馆主办的“北京重大历史题材美术作品展”在中国美术馆举办。展览展出历时5年创作完成的北京重大历史题材美术创作工程的第一期成果——描绘“北京史诗”和“北京神韵”的大型人物画、山水画与风俗画作品19幅。人物画系列包括以“北京史诗”为主题，从金、元、明、清和新中国5个时期选取的10个重大历史题材，即再现宏大历史场景的《海陵迁都》《营建大都》《德霈万邦》《午门誓师》《换了人间》等10幅作品；山水画系列包括以“北京神韵”为主题，描绘北海、香山、长城、颐和园、通惠河等北京名胜的8幅作品；1幅长14米、宽3.5米的大型风俗画《清末民初北京万象图》，描绘了清宣统二年至民国9年（1910年—1920年）北京的人文环境、历史建筑、重大历史事件和重要历史人物。中国史学会前会长戴逸、张海鹏等10余位文史专家，马振声、赵建成、苗再新、毕建勋等20余位国画名家，参与了启动于2011年的该项“北京重大历史题材美术创作工程”。

（黎　明）

【中国自然之声油画艺术研究院第三届中国风景油画邀请展】　8月24日—31日，由中国美协和乌海市文化新闻出版广电局主办的“天唱地和”——中国自然之声油画艺术研究院第三届中国风景油画邀请展在中国美术馆举办。该展展出了李天祥、赵友萍、张重庆、崔开玺、张京生等40余位老中青三代画家的140余幅风景油画作品，展现了艺术家们对“自然之声”所作的多元、自由而丰富的表达。该展览学术研讨会在开幕式当日举行。

（黎　明）

【明清人物画的情与境】　8月25日—11月19日，作为北京画院“中国古代书画研究系列展览”之一，由北京画院联合故宫博物院、上海博物馆、南京博物院、天津博物馆共同举办的“笔砚写成七尺躯——明清人物画的情与境”展览在北京画院美术馆举办。该展展出了4家博物院(馆)收藏的吴伟的《武陵春图》、陈洪绶的《听琴图》、高其佩的《指画人物》、罗聘的《醉钟馗图》、仇英的《捣衣图》、曾鲸的《顾梦游像》、文征明的《松石高士图》、金农的《佛像图》等明清时期人物画精品62件(套)。展览分为“性耽贪玩泉与石——雅事”“笔端刷却世间尘——写真”“画中红袖今安在——蛾眉”“色相分明各奇古——道释”4个单元，以作品的笔墨特性与情景表达为线索，重点展现明清时期人物画中独有的“情与境”，引导观众感受古人丰富的精神世界，纵览明清时期的众生诸相，并借古开今，促进对当今画坛发展的反思。

（黎　明）

【人物画传承学术邀请展】　8月30日—9月14日，由文化部艺术发展中心、中国画学会、中国美术家协会中国画艺术委员会联合主办，中国画创作研究院、中国画美术馆、北京艺投文化有限公司联合承办的“固本流远”——人物画传承学术邀请展在中国画美术馆举办。展览以师生联袂的方式进行，共邀请了10位人物画家以及他们各自的学生参展，师生共计31位，共展出人物画80余幅。展览作品艺术手法多样，风格各异，较为全面、真实地反映了当代人物画创作的境界和水平。

（张燕鹰）

【当代中国画“60后”艺术家提名展】　9月1日—6日，“六零六零——当代中国画‘60后’艺术家提名展”在中国政协文史馆举办。该展览展出了“60后”中国画艺术家的优秀佳作近200件，呈现出了艺术家对当代社会以及自身状态的思考，展现出当代水墨新概念的实践与拓展。

（张燕鹰）

【首届全国雕塑艺术大展】　9月6日—17日，由中国美术馆主办，长春市人民政府支持的“首届全国雕塑艺术大展”在中国美术馆举办。展览在从历史与学术角度对中国美术馆馆藏及当代创作雕塑作品进行研究梳理的基础上，展出了20世纪以来中国316位雕塑艺术家的精品力作590件，全面呈现中国雕塑艺术百年发展脉络和重要成就。展览分为“砥砺铭史”“塑魂立人”“时代丰碑”“匠心着意”“多元交响”“文心写意”“溯源追梦”7大篇章，展出了百年来国家重大题材主题雕塑、人物雕塑、现代城市雕塑、民间雕塑、多元化探索性雕塑、写意雕塑等各种类作品，以及出版的相关杂志、书籍、画册和文献资料。展览占据中国美术馆全部展厅及户外空间，为我国迄今规模最大、内容最全面的一次雕塑展。展览开幕前夕，中国美术馆还举行了“文明互鉴”——雕塑艺术高端学术论坛，来自中、德、法、俄、白俄5个国家的专家代表们共同回顾和探讨了中国雕塑的历史与未来走向。

（黎　明）

【赵孟頫书画特展】　9月6日—12月5日，由故宫博物院主办的赵孟頫书画特展在故宫博物院武英殿书画馆举办。该展览分为“溯本清源——赵孟頫的艺术渊源”“书画交辉——赵孟頫的艺术成就”“松雪遗韵——赵孟頫的艺术影响”“云泥有别——赵孟頫书画辨伪”4个单元，共展出来自故宫博物院、上海博物馆以及辽宁省博物馆等收藏的赵孟頫的书法、绘画作品107件，系统呈现赵孟頫艺术的发展脉络及深远影响。

（张燕鹰）

【首届百位影视名人书画展】　9月20日—26日，由北京市文联、北京电影家协会和百位影视名人书画展组委会主办的首届百位影视名人书画展在民族文化宫展出。蓝天野、李雪健、唐国强、斯琴高娃、六小龄童、王刚、雷恪生、张铁林、徐静蕾、许娣、徐锦江、黄建新、关晓彤等超过100位影视界名人的百余幅作品同时展出。

（张燕鹰）

【北京美协第十六届新人新作展】　9月20日—26日，由市文联与北京美协共同主办的“北京美协第十六届新人新作展”在国艺美术馆举办，以迎接国庆和中共十九大召开。展览收集投稿作品共近500件，经初评作品照片、复评作品原作，评选出优秀作品115件参展。此项展览活动自2003年—2016年已连续举办了15届，累计收集作品 6396 件，展出 1956 件。并通过此活动，发现和推出了一批优秀人才及精品力作，为发展壮大首都美术家队伍，进一步繁荣、发展首都美术事业奠定了基础。

（黎　明）

【李苦禅绘画艺术展】 9 月 23 日—11 月 26 日，“世纪英杰写豪情”——李苦禅绘画艺术展在中国园林博物馆举行。该展览展出了李苦禅的 60 余件真迹原作，以及不同时期的资料图片和李苦禅使用过的笔墨用具、速写画稿及手稿。其中，由齐白石、李苦禅、许麟庐于 1950 年共同创作完成的《荷塘渔鹰》是首次对外展出。

（张燕鹰）

【第七届中国北京国际美术双年展】 9 月 24 日—10 月 15 日，由中国文联、市政府和中国美协共同主办的“2017 · 第七届中国北京国际美术双年展：丝路与世界文明”在中国美术馆举办。展览以“丝路与世界文明”为主题，汇聚了来自 102 个国家、567 位艺术家的 601 件作品，其中包括外国（含特展）作品 411 件、中国作品 190 件，作品涵盖了绘画、雕塑、装置、影像、多媒体等诸多种类。主题展之外，还设有“格鲁吉亚当代艺术特展”“希腊当代艺术特展”“印度尼西亚当代艺术特展”“蒙古国当代艺术特展”“从丁托列托到利兰加的艺术之旅”“北京双年展历届捐赠作品特展”6 个特展。为填补当前大型“一带一路”主题美术作品的空白，组委会专门组织国内美术家在有限的时间内完成了参展的 2 件巨幅主题作品：6 米长的国画《海上丝路新篇章》与 8 米长的油画《丝绸之路新篇章》。

（黎　明）

【“最美中国人”庆祝中共十九大美术作品展】 10 月 10 日—29 日，由中共中央宣传部指导，中国文联、中国美协、中国国家博物馆共同主办的“最美中国人”——庆祝中国共产党第十九次全国代表大会胜利召开大型美术作品展在中国国家博物馆举办。该展展出了表现中共十八大以来各行业涌现出的先进典型人物及事迹的 300 ×800 厘米巨幅油画和中国画作品共 21 幅，以及作品创作过程中的画稿与素材等共百余幅。展出作品所表现的先进人物，是以中共中央宣传部组织宣传的“时代楷模”“全国重大典型宣传人物”等为蓝本所选出的，分为 6 组：领导干部代表罗阳、高德荣、苏和、尕布龙和廖俊波；基层党员代表龚全珍、菊美多吉、高思杰、王家元和魏德友；文化科技教育工作者代表李保国、赵亚夫、阎肃、徐立平和黄大年；政法工作者代表邹碧华、孙波、汪勇、李培斌和陈清洲；卫生与健康工作者代表黎介寿、徐克成、贾立群和万少华；部队和官兵代表海军 372 潜艇官兵群体、火箭军某导弹旅、张超、刘珪和郭毅力。参与作品创作的有中国美协邀请的王珂、袁元、张俊明、王颖生、张永海等 40 余位当代中国画和油画创作领域具代表性的画家，其中包括艺术院校教师、画院专职画家、美协团体以及部队的专业画家。

（黎　明）

【田世信艺术展】 10 月 13 日—29 日，由中央美院主办的“大匠之作”——田世信艺术展在中央美院美术馆举办。展览分为“汉风唐韵”“民间塑造”“王者之尊”“当代匠作”“尊文崇士”5 个板块，展出中央美院教授田世信从艺 60 余年来各时期的代表性雕塑作品以及一系列素描、速写、油画作品和手稿文献等，对其创作历程及艺术成就作全面回顾、研究、梳理。展览期间，田世信将其大型组雕作品《花桥》捐赠给中央美院。

（黎　明）

【美术学院学生作品展】 10 月 15 日—28 日，“学院本色 2017”——美术学院学生作品展在清华大学美术学院美术馆举办。该展览共展出中央美院、清华美院、中国美院和四川美院 4 所院校在校生约 200 件（套）作品。该展览通过专家评审形式，评出造型艺术奖、艺术传承奖、艺术创新奖、赞助人特别奖及提名奖 5 个奖项，获奖作品在展场均有展出。该展览展出作品，除了突出个人情感表达和个性化审美，更多地展现了对宽阔生活的关照与对艺术梦想的坚持。

（张燕鹰）

【刘巨德艺术展】 10 月 20 日—29 日，作为中国美术馆学术邀请系列展之一、中华艺文基金会资助项目，由中国美术馆、清华大学、中国美协共同主办，清华大学美术学院协办的“浑沌的光亮——刘巨德艺术展”在中国美术馆举办。该展展出当代著名艺术家、画家、清华大学美术学院教授刘巨德近年创作的水墨、彩墨、油画、陶艺、雕塑、装置等作品 100 余件。展览期间，刘巨德向中国美术馆捐赠其代表作品 10 件。

（黎　明）

【钟蜀珩绘画作品展】 10 月 20 日—29 日，作为中国美术馆学术邀请系列展之一、中华艺文基金会资助项目，由中国美术馆、清华大学、中国美协共同主办，清华大学美术学院协办的“寻归自然”——钟蜀珩绘画作品展在中国美术馆举办。该展展出画家、清华大学美术学院教授钟蜀珩各时期创作的油画作品 50 余件。展览期间，钟蜀珩向中国美术馆捐赠其代表作品 3 件。

（黎　明）

【戴士和2017油画写意展】 10月20日—29日，作为中国美术馆学术邀请系列展之一、中华艺文基金会资助项目，由中国美术馆和中央美院共同主办的“画我所要”——戴士和2017油画写意展在中国美术馆举办。展览展出当代著名画家、中央美院教授戴士和近年的写生和写意油画作品100余件，展现其新近的创作探索状态。

（黎　明）

【千年古宣央美优秀青年画家联展】 10月28日—11月8日，由千年古宣美术馆主办的“倘然意象”——千年古宣央美优秀青年画家联展在北京千年古宣艺术中心举办。该展览展出了中央美术学院曹巍、陈昭、郭清杰、郭艺涵等20位优秀青年画家创作的以山水、人物、花鸟题材的国画作品80多幅。

（张燕鹰）

【李秀实艺术回顾展】 11月2日—12日，由中国油画学会主办的“我这60年”——李秀实艺术回顾展在中国美术馆举办。展览分为“60年经典”“黑龙江金秋”“墨骨油画”3个板块，展出当代著名油画家、中国美协理事、中国油画学会理事李秀实各时期的代表性作品近150幅，全面回顾其创作探索历程和艺术成就。展出作品中包括了李秀实的成名作《万里长江横渡》以及《疾风》《北疆秋阳》《过去·现在·未来》《晨》等早期代表作品。

（黎　明）

【2017中国写实画派十三周年展】 11月5日—24日，由中国写实画派与嘉德艺术中心联合主办的2017中国写实画派十三周年展在北京嘉德艺术中心举办。该展览展出中国写实画派近30位艺术家的100多件作品，涵盖了每位艺术家最经典的代表性作品和近年的最新力作。该展览即是写实画派十三年的总结和回顾，也是画家个人成就的全新呈现。

（张燕鹰）

【“两弹一星”功勋人物肖像画展】 11月14日—19日，为了庆祝中共十九大胜利召开和中科院建院68周年，由中科院文联举办的“时代楷模　国家脊梁：青年画家杨华‘两弹一星’功勋人物肖像画展”在北京展出。展览展出的作品是1999年9月18日受到党中央、国务院、中央军委表彰的为“两弹一星”做出突出贡献的23位获得“两弹一星”功勋奖章的科技专家的个人肖像和一幅大型集体合影。作品由中科院文联组织策划，中国美术家协会会员、中科院美协理事杨华历时两年多创作完成。

（张燕鹰）

【庆祝“十九大”胜利召开中国美术馆典藏精品特展】 11月17日—26日，由中国美术馆主办的“美在新时代——庆祝‘十九大’胜利召开中国美术馆典藏精品特展”在中国美术馆举办。展览汇集了从中国美术馆馆藏中精选出的任伯年、吴昌硕、齐白石、傅抱石、叶浅予、李可染、徐悲鸿、林风眠、庞薰琹、吴作人、吴冠中等近现代书画大师的作品200余件(套)。该展又于2017年12月21日至2018年1月28日在中国美术馆再次展出，并增添了黄宾虹、潘天寿、颜文樑等大师的作品。

（黎　明）

【辟谷列维奇油画作品展】 11月17日—29日，“再忆北平”——辟谷列维奇油画作品展在北京鲁迅博物馆展出。民国25年—37年(1936年—1948年)，应北平都市规划局聘请，俄罗斯画家辟谷列维奇运用俄罗斯绘画技法，创作了60余幅北京市区及郊区的古迹、古建写生作品，真实记录了这些古建筑的历史风貌。这批作品20世纪40年代归入北平文物整理委员会(即现今的中国文化遗产研究院)收藏。新中国成立前，其中21幅运往南京参加展览，之后辗转到了台湾(现存放于台湾华岗艺术博物馆)。中国文化遗产研究院收藏的39幅画作大部分已出现了不同程度的损坏。该展览展出的作品为中国文化遗产研究院收藏、修复的22幅画作，其中有4幅画作描绘的地点尚未被认出，暂时命名为“佚名”。

（张燕鹰）

【百年中国女性艺术大展】 11月22日—12月7日，由中国美协、中国女画家协会、中国文学艺术基金会、中国妇女儿童博物馆共同主办，中国艺术研究院、中国国家画院、中央美院学术支持的“女性与时代·百年中国女性艺术大展——迈向新时代”在中国妇女儿童博物馆举办。展览展出来自全国各地的中青年女性艺术家的国画、油画、版画、雕塑、装置等各艺术门类的作品290余件，全面呈现新时代中国中青年女性艺术家创作的总体面貌及艺术成就。作为“女性与时代·百年中国女性艺术大展”的首项展览，参展艺术家及作品，皆通过全国征集、展览艺委会推荐、评审委员会评选等程序入展。作品题材广泛、风格多样，呈现出年青一代女性艺术家鲜明的艺术个性、多元化的艺术风格和活跃的艺术创造力。

（黎　明）

【“时代劳动者”美术作品展】 11月25日—12月15日，由北京市总工会主办、北京市劳动人民文化宫承办的“时代劳动者”美术作品展在太庙举办。该展览分为

“劳动新风”“多元开放”和“当代面貌”3个部分，分别展现不同时代的农业、工业、制造业中劳动者个人、群像或劳动场景，共展出60余件艺术作品，涵盖国画、油画、版画、雕塑、影像等不同的艺术表现形式。

（张燕鹰）

【“北京意象·美丽延庆”绘画作品展】 12月1日—10日，由市文联、中共延庆区委、延庆区政府主办的“北京意象·美丽延庆”绘画作品展在中国美术馆举办。作为市文联主办的“北京意象”系列大型美术创作工程的第8站，该展展出了表现延庆的自然风光、历史文化、人文景观、优秀典型人物的油画和国画作品共90幅。参与创作的，既有年长名家，也有画坛中坚，还有青年才俊和艺术院校的研究生，以及延庆区美协会员，该次展出的作品，是从他们经数月努力创作出的300多幅作品中评选而出。

（黎　明）

【第四届中国油画展(第三区段)】 12月2日—29日，由中国美协主办，中国美协油画艺委会、山东美术馆、今日美术馆承办的“中国精神·第四届中国油画展(第三区段)：抽象——当代中国非具象油画艺术展”首展在今日美术馆举办。该展是继2015年推出第一区段“心像——中国表现性油画研究展”、2016年推出第二区段“真像——当代中国写实油画的新发展研究”之后，对当代中国非具象油画艺术创作现状的一次集中呈现。展览分为评委作品、特邀作品、海选作品3个部分，共展出作品103件。其中，评委作品8件，特邀作品19件，从来自全国675位艺术家的2557件作品中评选出的海选作品76件。

（黎　明）

【中国国家画院年展(国画、书法篆刻)】 12月13日—22日，由中国国家画院主办，中国国家画院国画院和中国国家画院书法篆刻院承办的“写意中国”——2017中国国家画院年展(国画、书法篆刻)在中国国家画院国展美术中心举办。展览展示中国国家画院120位研究员一年来的艺术创作成果，展出作品共430件，其中包括国画作品300件、书法篆刻作品130件。该展学术研讨会于展览开幕式当日举行。

（黎　明）

【首届“全国大学生美术作品展”】 12月14日—24日，由中国美协与首都师范大学共同主办的首届“全国大学生美术作品展”在中国美术馆举办。展览共展出作品301件，其中包括中国画96件、油画103件、版画51件、水彩粉画51件，全面展现了中国高等院校美术教育教学、研究和创作成果。展览共收到来自全国各艺术专业高校的7075件投稿作品，其中包括国画作品2350件、油画作品2693件、水彩粉画作品1132件、版画作品900件，并从中评选出了该次入展作品。作者皆为在校的本、专科生及硕士、博士研究生。

（黎　明）

【庆祝中国工笔画学会成立三十周年名家学术邀请展】 12月20日—25日，“不忘初心　砥砺前行　贯彻十九大精神暨庆祝中国工笔画学会成立三十周年名家学术邀请展”在81美术馆举办。该展览展出了已故老艺术家潘絜兹、刘凌沧、田世光、陈白一，创会元勋刘大为、林凡、冯大中、蒋采苹、喻继高、金鸿钧、朱理存、李魁正、胡勃、荣子林、谢振瓯、萧玉田、王天胜、何家英、刘金贵、于文江、李翔、杜军、庞媛、唐勇力、陈孟昕、张策、喻慧、牛克诚、唐秀玲、张伟民、刘新华、林容生、刘泉义、贾广健、黄援朝、安佳、夏荷生、罗翔、金沙、刘选让、刘临、王裕国、孙恺、郭华卫、潘缨、李传真、张见、孙震生、陈治、王冠军、方政和、窦建波、苏柏斗、孙志刚等老中青三代工笔画家30余年来的创作成果。

（张燕鹰）

【新中国美术家系列——中国国家画院国画作品展】 2017年12月25日—2018年1月14日，由中国国家画院主办的“新中国美术家系列——中国国家画院国画作品展”在时代美术馆举办。展览展出中国国家画院老中青三代50位艺术家的山水、人物、花鸟等各种题材的中国画作品181件，展现了该院艺术创作的整体面貌。参展艺术家有赵建成、冯大中、李庚、唐勇力、马国强、孔紫、许钦松、苗再新、刘健、赵奇、范扬、田黎明、吴迅、邢少臣、张立柱、史国良、曾来德、申少君、马书林、梁占岩、陈向迅、赵卫、舒建新、何家英、王永亮、李洋、李爱国、林容生、陈钰铭、杨晓阳、李孝萱、袁武、陈平、刘建、胡应康、纪连彬、张江舟、何加林、刘庆和、王辅民、卢禹舜、姚大伍、尚可、于文江、陈鹏、贾广健、郭子良、李晓柱、方向、乔宜男。

（黎　明）

活　　动

【中国美协漆画等两个艺委会换届】 1月22日，“中国美术家协会漆画艺术委员会、综合材料绘画与美术作品保存修复艺术委员会换届大会”在北京召开。中国文联党组成员、副主席、书记处书记左中一，中国美协分党组书记、驻会副主席、秘书长徐里，副主任梅启林，新一届漆画艺委会与综合材料绘画与美术作品保存修复艺委会委员，中国美协艺委会办公室主任咸懿、副主任贺绚等出席了会议。会上宣读了《中国美术家协会关于第三届漆画艺术委员会成员的聘任决定》《中国美术家协会关于第二届综合材料绘画与美术作品保存修复艺术委员会成员的聘任决定》。聘任南京艺术学院教授冯健亲为漆画艺委会名誉主任，聘任厦门大学艺术学院美术系主任、教授、博士生导师陈金华为漆画艺委会主任，聘任中国美术馆副馆长胡伟为综合材料绘画与美术作品保存修复艺委会主任。

（张燕鹰）

【罗工柳作品捐赠中央美院暨“罗工柳青年创作奖”设立】 4月14日，“罗工柳作品捐赠仪式暨‘罗工柳青年创作奖’签约仪式”在中央美院举行。已故著名油画家、版画家、美术教育家罗工柳(1916—2004)家属代表、其子罗安，将罗工柳代表作《毛泽东在延安作整风报告》创作稿、《鲁迅像》、《左权像》等30件作品无偿捐赠给中央美院。并出资200万元设立“罗工柳青年创作奖”，用于支持中央美院每年一度的“青春·足迹”学生主题创作展。

（黎　明）

【纪念潘天寿120周年诞辰座谈会】 5月2日，由文化部、中国文联、浙江省人民政府联合主办的纪念潘天寿120周年诞辰座谈会在北京人民大会堂举办。中共中央政治局委员、国务院副总理刘延东出席座谈会并讲话。座谈会上，文化部部长雒树刚，中国文联党组书记、副主席李屹，文化部副部长、中国文联副主席董伟，中国文联党组成员、副主席左中一，浙江省委常委、宣传部部长葛慧君等有关方面领导，美术界学者、艺术家代表，潘天寿亲属等约120人共同缅怀潘天寿的伟大艺术成就和崇高艺德人品。

（张燕鹰）

【2017年度国家美术作品收藏和捐赠奖励项目名单公布】 5月4日，文化部办公厅公布2017年度国家美术作品收藏和捐赠奖励项目名单，共有中国美术馆、中国艺术研究院、中国国家画院、中华艺术宫、北京画院美术馆、广东美术馆等单位申报的16个项目被列为2017年度国家美术作品收藏和捐赠奖励项目。

（白　莲）

【中国美协版画等四个艺委会换届】 5月15日，“中国美术家协会版画、平面设计、服装设计、实验艺术委员会换届大会”在北京召开。中国文联党组成员、副主席左中一，刘大为、徐里等中国美协负责人以及来自各地的版画家，平面设计和服装设计专家，实验艺术家出席会议。会议宣读了中国美协关于四个艺委会成员的聘任决定。聘任天津美术学院教授姜陆为版画艺委会名誉主任，中央美术学院副院长苏新平为版画艺委会主任，清华大学美术学院教授何洁为平面设计艺委会主任，深圳大学艺术设计学院院长吴洪为服装设计艺委会主任，中国艺术研究院副院长谭平为实验艺术委员会主任。

（张燕鹰）

【私人美术馆及画廊生态研讨会】 9月16日，由美国克莱蒙特研究生大学人文学院主办的“商业还是艺术”私人美术馆及画廊生态研讨会在北京798白盒子艺术馆举行。美国克莱蒙特研究生大学艺术与人文学院院长帕催克·梅森，商学院院长Jenny Darroch，北京画廊协会监事林松，太和艺术贾廷峰，雅昌艺术主编裴刚，独立策展人、该次沙龙策划孙小娟分别作了发言。与会者就商业与艺术的关系，私立(民营)美术馆及画廊运营机制、画廊的盈利模式，艺术品的税负、解决途径等问题进行了交流和探讨。

（张燕鹰）

【张仃百年诞辰纪念学术报告会】 11月1日，“张仃百年诞辰纪念学术报告会”在清华大学举行。王希勤、常沙娜、鲁晓波、吴为山、陈履生、丁绍光、袁运生、黄国强、朱军山、王鲁湘等专家、学者，以及张仃夫人理召、张仃之子张郎郎等亲属代表围绕张仃的艺术人生经历、艺术创作成就、艺术教育贡献等方面进行主旨发言。

（张燕鹰）

【“美术史在中国”国际学术研讨会】 11月25日—26日，“美术史在中国”——中央美术学院美术史学科创立60周年国际学术研讨会暨第11届中国高等院校美术史学年会在中央美术学院举办。来自全球各高校、研究机构的数百位美术史界学者参加了研讨会。该研讨会涉及内容广泛，从“早期中国美术史和美术考古”到“世界美术史”；从“跨文化美术史”“美术理论与方法论”到“后期中国美术史”“二十世纪美术史”，发言者充分展示了各自的研究成果，观点新颖，论证充分，并与参会学者进行了深入的交流。

（张燕鹰）

【2017年全国美术馆馆藏精品展出季项目在京验收】 11月28日，2017年全国美术馆馆藏精品展出季展览项目验收评审工作在北京举行。“2017年全国美术馆馆藏精品展出季”活动共吸引了全国66家各级各类美术馆进行申报，共

有28个项目入选《2017年全国美术馆馆藏精品展出季活动目录》。展览内容涵盖中国画、油画、版画、雕塑、水彩画、书法、篆刻、影像、民间美术等多种艺术门类。各馆举办各种类型的公共教育活动383次，共计42.54万人次参与到活动之中。有11个美术馆结合项目开发了文化创意产品。2017年展出季实际实施展览项目25个，共计展出作品3445件(套)。入选2017年展出季并已实施的25个展览项目的美术馆汇报了展览实施和开展公共教育与推广等情况，接受了专家小组的验收。

（白　莲）

捐赠　收藏

【韩美林80件作品入藏中国国家博物馆】 2月12日，在“美林的世界·韩美林八十大展”闭幕式上，韩美林将自己的80件作品捐赠给了中国国家博物馆，其中包括绘画、书法、紫砂、艺术家具等各门类，均为韩美林的最新力作。

（张燕鹰）

【石鲁作品第3次捐赠中国国家博物馆】 2月27日，“石鲁书画作品捐赠仪式”在中国国家博物馆举行，20世纪中国杰出国画大师、“长安画派”创始人之一石鲁(1919—1982)的家属，将其412件书画作品捐赠给中国国家博物馆。2012年8月和2014年8月，石鲁夫人闵力生携全体子女，先后将石鲁遗作151件、89件套(142件)捐赠给了中国国家博物馆。至今，中国国家博物馆共获得石鲁家属捐赠石鲁作品705件，从而成为最权威的石鲁作品收藏机构。

（黎　明）

【白俄罗斯国家美术馆馆长向中国美术馆捐赠作品】 4月27日，“白俄罗斯国家美术馆馆长佛拉基米尔·普罗科普佐夫油画作品捐赠仪式”在中国美术馆举行，白俄罗斯国家美术馆馆长佛拉基米尔·普罗科普佐夫将其代表作油画《父母的故土》捐赠给中国美术馆作永久收藏。

（黎　明）

【新加坡平社捐赠京剧名家书画作品】 7月2日，“新加坡平社捐赠京剧名家书画作品展”暨墨宝捐赠仪式在北京梅兰芳大剧院举行，梅兰芳、周信芳、马连良等京剧名家的近20幅墨宝被无偿赠予中国国家京剧院永久收藏。文化部部长雒树刚出席捐赠仪式并为捐赠者颁发捐赠证书。

（张燕鹰）

【安娜·高美雕塑作品捐赠中国国家博物馆】 11月27日，“安娜·高美雕塑《心灵的外衣》捐赠收藏仪式”在中国国家博物馆举行，享有世界声誉的当代欧洲著名女雕塑家安娜·高美将其雕塑作品《心灵的外衣》捐赠给中国国家博物馆作永久收藏。安娜·高美是达利的高足，也是第一位获得“米开朗基罗雕塑终身奖”的女性艺术家。作为安娜·高美最富想象力和表现力的代表作，《心灵的外衣》创作于2015年，并于当年参展中国国家博物馆举办的“安娜·高美雕塑艺术展”。

（黎　明）

【丝绸之路国家高校师生美术作品展】 1月3日—7日，由陕西渭南师范学院、俄罗斯莫斯科国立师范大学、泰国博仁大学共同主办的“使命·铁肩·热土”——丝绸之路国家高校师生美术作品展在中国国家画院举办。该展览分为“伟业先声”“艰苦岁月”“丝路人文”“创新创造”“无限风光”5个部分，共展出中国、俄罗斯、泰国、韩国及乌克兰、哈萨克斯坦、塔吉克斯坦、亚美尼亚等丝路沿线国家高校师生和美术家创作的156幅美术作品。

（张燕鹰）

【爱德华多·纳兰霍作品展】 1月7日—17日，由中国美术馆、西班牙驻中国大使馆、中国国家画院、中国美协主办，浙江美禾时尚文化传播有限公司承办的“爱德华多·纳兰霍作品展”在中国美术馆举办。展览展出了西班牙当代最负盛名、具有国际影响力的杰出艺术家爱德华多·纳兰霍的油画、版画、素描等作品70余件。纳兰霍学术研讨会也于展览开幕式当日举行。

（黎　明）

【西藏唐卡艺术精品汇展】 1月7日—18日，作为中国美术馆援藏项目，由中共西藏自治区委宣传部、中国美术馆、西藏自治区文化厅、西藏自治区文联共同主办的“天上西藏”——西藏唐卡艺术精品汇展在中国美术馆举办。展览汇集了西藏美术家和唐卡艺术家创作的优秀唐卡艺术作品50余幅。参展作品中既有老一辈艺术家的创作，也不乏近年涌现出的藏族新生代唐卡画师的创作。作品风格各具特色，创作技法上既有对传统勉唐、钦则、噶赤、齐吾岗巴、帕赤五大画派的传承，又有对现代绘画技法的借鉴与融汇。唐卡学术研讨会于展览开幕当日举行。

（黎　明）

【福建省画院晋京作品展】 1月

10日—17日，由福建省文联、福建省画院、福建省美协联合举办的“闽彩墨华”——福建省画院晋京作品展在中国国家画院美术馆举行。该展览展出的100多件作品，全面、系统地展示了福建省画院老中青三代画家传承创新、开拓求索取得的各项成绩，无论在题材内容、审美趣味，还是艺术取向、语言结构上都面貌各异，具有显著的个人风格。

（张燕鹰）

【佛山木版年画展】 1月15日—3月18日，“岭南迎春正阳接福”——佛山木版年画展在北京正阳门城楼展出。该展览展出了126件具有浓郁岭南文化特色的木版年画及印制年画的木版，从门神画、门画、神像画、观赏画、新年画及年画制作工艺与传承等方面，全面介绍了中国贴年画的传统习俗及佛山木版年画的发展历程、蕴涵的丰富历史文化和民俗文化。

（张燕鹰）

【林风眠艺术精品展】 1月20日—3月5日，由中国美协、上海市美协、上海中国画院、中华艺术宫、北京画院共同主办的“清寂鹜影”——林风眠艺术精品展在北京画院美术馆举办。展览汇聚中国画艺术大师林风眠（1900—1991）20世纪40—70年代创作的静物、花卉、仕女、禽鸟、风景精品36件。展品大多出自上海市美协、上海中国画院和中华艺术宫的收藏，北京画院的2件藏品也在展览中首次呈现。

（黎　明）

【傅狷夫的艺术世界特展】 2月23日—3月5日，由浙江省文化厅主办、浙江美术馆承办的“心香·飞梦”——傅狷夫的艺术世界特展在中国美术馆举办。展览分2个板块，展出了从傅狷夫（1910—2007）家属捐赠给浙江美术馆的傅狷夫书画作品、旧藏近现代名家作品和文献中遴选出的作品共84件，全面展现了这位台湾当代著名画家、艺术教育家、20世纪台湾“渡海名家”代表人物、开拓台湾水墨新境的导师的艺术人生。自2010年以来，傅狷夫的家属先后4次向浙江美术馆捐赠傅狷夫作品、藏品与文献共500余件。

（黎　明）

【亚洲青年艺术家邀请展】 2月24日—3月5日，由中国美术馆主办的“东方物语”——亚洲青年艺术家邀请展在中国美术馆举办。作为文化部组织的“2016年全国美术馆优秀青年策展人扶持计划”展览项目之一，该展展出了于瀛、王礼军、冯海涛、艾敬、任哲、许宏翔、陈子丰、杨凯、柄泽健介[日本]、郭子龙、唐钰涵、黄彦、商亮、黄薇(中国台湾)、韩娅娟、温凌、雷磊17位亚洲青年艺术家的绘画、装置、影像、雕塑等最新作品20余件，旨在展现亚洲当代青年艺术家对艺术语言与表达方式的探索和创造。

（黎　明）

【新疆兵团题材美术作品展】 3月18日—29日，由辽宁省人民政府、新疆生产建设兵团、中国美术家协会、中国工笔画学会共同主办的“大美新疆·军垦华章”——新疆兵团题材美术作品展在国家博物馆展出。该展览以百余件巨幅美术作品诠释兵团精神，展现大美新疆，展示援疆成就，表现民族团结，状写60余年来新疆翻天覆地、日新月异的发展变化，新疆各族人民和睦相处、和衷共济、和谐发展的画卷。

（张燕鹰）

【中国美术馆之夜】 3月20日晚，作为中德建交45周年系列庆祝活动之一，依托于“永恒的温度”——中国美术馆藏路德维希夫妇捐赠国际艺术作品选展，由中国美术馆与德国驻华大使馆共同主办的“中国美术馆之夜”活动在中国美术馆举行。文化部党组书记、部长雒树刚，文化部副部长丁伟，德国驻华大使柯慕贤及夫人，中国美术馆馆长吴为山，阿尔及利亚、波黑、智利、爱尔兰、乌克兰等国驻华大使，澳大利亚、比利时、意大利、俄罗斯、西班牙等国驻华使馆的公使、参赞和文化官

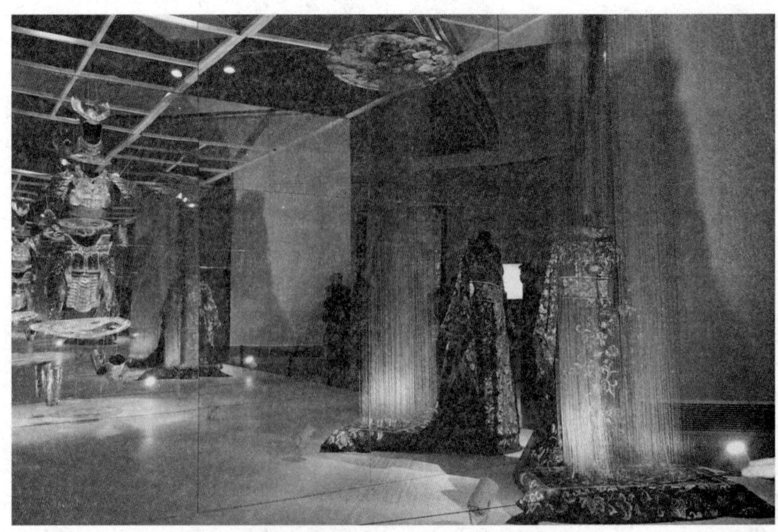

亚洲青年艺术邀请展

员等嘉宾出席了活动。仪式结束后，嘉宾们参观了正在中国美术馆展出的“永恒的温度”——中国美术馆藏路德维希夫妇捐赠国际艺术作品选展和“杨柳春风”——中国美术馆藏杨柳青古版年画精品展。

（黎 明）

【冯健亲油画回顾展】 3月22日—4月1日，作为江苏省为推介荣获“紫金文化奖章”的书画名家而举办的晋京系列展览之一，由中共江苏省委宣传部、江苏省文联、中国美协、民革江苏省委、南京艺术学院共同主办的“江苏名家晋京展：冯健亲油画回顾展”在中国美术馆举办。展览展出了南京艺术学院教授、前院长、江苏美协常务副主席、江苏省油画界领军人物冯健亲从艺60年来的代表性油画作品128幅，全方位回顾其艺术探索生涯和油画艺术成就。

（黎 明）

【巴基斯坦艺术、文化与遗产展】 3月23日—28日，为了庆祝巴基斯坦独立70周年和中巴建交66周年，由巴基斯坦驻华大使馆、中国世界和平基金会、北京国际和平文化基金会和中国互联网新闻中心主办的巴基斯坦艺术、文化与遗产展在北京正阳门博物馆展出。该展览展出了巴基斯坦艺术家吉米·安金尼尔的绘画作品100余幅，作品主要以巴基斯坦的历史、建筑、风景为主题，包括《国际建筑构图》《1947独立之旗》《贫穷》《休息的水牛》《古老文明》《生命的线条》等。该展览还展出了中国画家吴世民创作的《中巴友谊万古长青》，纪清远和卢平联手创作的《秋塘采莲》，薛海涛创作的《长城颂》《黄河颂》，孙晓斌创作的《炊烟》等作品。

（张燕鹰）

【马库斯·吕佩尔茨作品展】 3月27日—4月28日，由清华大学艺术博物馆主办，德国MAP收藏协办，德国贝尔艺术中心赞助的“从酒神赞歌到阿卡迪亚：马库斯·吕佩尔茨作品展”在清华大学艺术博物馆举办。展览展出了德国新表现主义大师马库斯·吕佩尔茨自1968年至2017年各阶段代表作品共104件，包括88件架上绘画和16件雕塑作品，全面梳理其半个世纪的艺术探索、发展与演变的历程。

（黎 明）

【油画家游画新疆北京巡展】 4月15日—21日，由中国艺术研究院中国油画院、新疆维吾尔自治区旅游局、克拉玛依市人民政府主办，克拉玛依市委宣传部、克拉玛依市旅游局、克拉玛依区人民政府承办，克拉玛依区委宣传部、克拉玛依区文体旅游局、大雅文化艺术有限责任公司执行的“丝绸之路经济带”——油画家游画新疆暨中国油画院名家走进新疆北京巡展在北京美门艺术馆举办。该展览以丝绸之路文化为背景，以石油城新疆克拉玛依市为基地，邀请了来自全国各地的油画家，展出了他们创作的近60余幅作品。

（张燕鹰）

【浙江大学双甲子书画展】 4月18日—28日，由浙江大学主办的“翰墨求是”——浙江大学双甲子书画展在中国美术馆举办。该展览共展出浙江大学历代书画名家和部分在校师生、海内外校友的优秀书画作品共160余件，呈现了浙江大学120年的人文积淀与书画情结。

（张燕鹰）

【王衍成艺术展】 4月19日—27日，由中国美术馆主办的“衍”——王衍成艺术展在中国美术馆举办。展览展出了旅法华裔艺术家王衍成近年创作的20余件大尺幅抽象绘画作品，呈现其继承朱德群和赵无极的抒情抽象的传统，依循中国传统文化与美学精神，对纯粹抽象绘画的创造性探索。

（黎 明）

【大韩民国艺术院美术展（中国特别展）】 4月19日—5月12日，为纪念中韩建交25周年暨驻华韩国文化院建院10周年，由驻华韩国文化院与大韩民国艺术院共同主办的“大韩民国艺术院美术展（中国特别展）”在北京驻华韩国文化院美术馆展出。特别展上展出了来自该艺术院17名艺术家创作的覆盖韩国画与西洋画、雕塑、工艺、书法、建筑等多个美术领域的41件艺术院藏品和最新作品。

（白 莲）

【“新中国美术家系列——重庆市国画作品展”】 4月21日—26日，由中国国家画院和重庆市文化委员会主办的“新中国美术家系列——重庆市国画作品展”在中国国家画院美术馆举办。展览展出周顺恺、张春新、傅仲超、李白玲、王世明、邓建强、陈起、康益、冯东东、唐德福共10位重庆市老中青三代优秀国画家的精品力作近百幅，以展现重庆中国画艺术创作和发展的整体面貌及丰硕成果。

（黎 明）

【张尔宾画展】 4月26日—5月2日，作为北京画院建院60周年院庆系列展之一，由北京画院、人民美术出版社主办的“张尔宾画展”在北京画院美术馆举办。展览汇聚了“新金陵画派”代表性人物、中央文史研究馆书画院研究员张尔宾近40年来创作的水墨山水作品50余件，集中展示了其长期坚持民族绘画传统的学习、创作和研究的艺术成果；同时，还展出了张尔宾的老师——许公泽、李味青、林散之、高二适、钱松喦等几位名家的作品，其中包括林散之、钱松喦为张尔宾示范的课徒画稿。由人民美术出版社出版的《中国近现代名家画集——张尔宾卷》于展览开幕式上首发。开幕式后还举行了该展览学术研讨会。

（黎　明）

【李子侯作品展】 4月30日—5月10日，由中国美协、浙江省文化厅、中国美院、中国工笔画学会主办，浙江美术馆承办的“丝路源头桑陌青青”——李子侯作品展在中国美术馆举办。展览展出了年届八旬的著名中国画家、美术教育家、“浙派人物画”代表人物、中国美院教授李子侯的“工笔意写”人物画作品90件，全面展现其艺术探索创新历程及卓著成就。

（黎　明）

【拉美当代艺术展】 5月4日—10日，由中华人民共和国文化部外联局和阿根廷、厄瓜多尔、哥伦比亚、墨西哥、乌拉圭等拉丁美洲国家驻华大使馆联合主办，中国对外文化集团公司承办的“美美与共”——拉美当代艺术展在北京中华世纪坛世界艺术馆举办。该展览采用联展的方式，集中展示了拉美多个国家的绘画、影像、装置作品74件，全方位展现了拉丁美洲不同国家的当代艺术和风土人情。

（张燕鹰）

【郭志光艺术作品展】 5月6日—17日，由中共山东省委宣传部、中国美协、中国国家画院主办，山东省文化厅、山东省文联、大众报业集团、山东工艺美术学院承办的“南风北韵”——郭志光艺术作品展在中国国家博物馆举办。展览展出著名大写意花鸟画家、山东工艺美术学院中国画研究院院长、教授郭志光近年来创作的大写意花鸟画巨幅作品60余件，展示其积极探索花鸟画艺术表现的新形式和新方法所取得的丰硕成果。展览开幕前夕，郭志光将自己的重要代表作品《雄无争》捐赠给了中国国家博物馆。

（黎　明）

【从莫奈到苏拉热：西方现代绘画之路(1800—1980)】 5月6日—8月31日，作为2017年第12届中法文化之春开幕展览，由清华大学艺术博物馆主办的“从莫奈到苏拉热：西方现代绘画之路(1800—1980)”在清华大学艺术博物馆举办。展览展出法国圣艾蒂安大都会现当代艺术博物馆所藏现代绘画经典作品51件，其中包括库尔贝、莫奈、马蒂斯、毕加索、杜布菲、苏拉热等诸多艺术大师的作品。展览分为“对风景的新感知”“西方艺术中的人物与肖像”“从立体主义革命到纯粹主义”“超现实主义，梦境与无意识”“回归物质”“在具象与抽象之间”6个单元，展现从古典主义、写实主义、印象主义、象征主义、立体主义、超现实主义一直到抒情和几何抽象主义等一系列风格流派的交替与发展，全面回顾法国现代绘画自19世纪以来近2个世纪的发展历程。北京展之后，该展继续赴武汉、成都展出。

（黎　明）

【武永年艺术展】 5月12日—21日，由中国美术馆主办的“中国美术馆捐赠与收藏系列展：还淳返朴——武永年艺术展”在中国美术馆举办。该展展出了西安美院油画系教授武永年的油画、素描作品百余幅，全面展示其从艺60余载的艺术成果。展览以“夕阳望坡”“教学相长”“岁月回顾”3个部分，分别展示了武永年描绘陕北风景和民俗风情的作品，色彩教学习作及素描作品，以及人物肖像、纸版画与风景类作品。展览期间，武永年将其24幅代表作品捐献给国家，由中国美术馆作永久收藏，其中包括其1954年完成的毕业创作，也是其最具代表性和影响力的油画作品《信天游》。

（黎　明）

【“立陶宛艺术：透过风景的思考”展览】 5月13日—7月2日，作为“2017中国—中东欧国家文化季/中国美术馆国际交流‘一带一路’特展系列”的重要组成部分，由中国美术馆、立陶宛国家美术馆、立陶宛国家画廊、立陶宛共和国驻华大使馆联合主办的“立陶宛艺术：透过风景的思考”展览在中国美术馆举办。展览分为“画家的视角”“开放的结构”“去浪漫主义色彩”“绘制风景”4个部分，展出立陶宛国家美术馆馆藏及部分私人收藏的20世纪以来立陶宛艺术中最具代表性的绘画、雕塑、装置、摄影和影像等各种类经典作品共69件，集中展现立陶宛艺术风貌和其百年演化过程。展出作品涵盖了20世纪初期浪漫主义和现代主义的绘画作品，20世纪中期表现主义和极简主义的绘画与雕塑作品，以及近几十年来的新表现主义绘画和当代艺术作品。

（黎　明）

【黎冰鸿艺术回顾展】 5月17日—24日，由中国美协、中国油画学会、浙江省文联、中国美院联合主办的“绘心艺魂”——黎冰鸿艺术回顾展在中国美术馆举办。展览展出了20世纪中国著名油画家、美术教育家黎冰鸿(1913—1986)作品300余件，其中油画90余件、水彩50余件、速写170余件，同时配合展出了大量文献手稿，全面回顾其艺术生涯和杰出成就。展出作品中，黎冰鸿创作的

《南昌起义》《秋收起义》《种玫瑰花的姑娘》《水电站发电》《版纳艳阳》等一批新中国美术史上的名作悉数亮相，分别为中国国家博物馆、中国人民革命军事博物馆、南昌八一起义纪念馆和中国美术馆收藏的4幅不同版本的《南昌起义》也首次同时展出。

（黎　明）

【朱振庚艺术展】 5月28日—6月4日，由中国美术馆主办的“中国美术馆捐赠与收藏系列展：风骨有相——朱振庚艺术展”在中国美术馆举办。展览分为“从水墨到重彩”“戏墨人生”“众生相”“速写与白描”4个部分，展出了中国当代具有代表性的重彩写意画家、华中师范大学美术系教授朱振庚（1939—2012）的作品100余幅，以全面回顾其艺术人生及卓著的艺术成就。展览期间，朱振庚家属将其最具代表性的20件作品捐赠给中国美术馆作永久收藏。

（黎　明）

【四川美术学院作品展】 6月8日—18日，由中国美协、中国美术馆、四川美院共同主办的“时代质感——四川美术学院作品展”在中国美术馆举办。展览分为“时代强音”“现实关切”“意象生成”“传统再造”“语言之思”“图像叙事”“实验之维”“历史回望”8个部分，展出了200多位艺术家涵盖国画、油画、版画、雕塑、装置、新媒体等各种艺术形式的作品共300余件，回顾与梳理了改革开放以来四川美院的创作发展历程，全面展现了该院从老一辈艺术教育家到新生代艺术家的开拓精神和丰硕成果。该展的学术研讨会也于开幕式当天举行。

（黎　明）

【西宁美术作品展】 6月12日—26日，由青海省西宁市人民政府主办“流动的色彩”——西宁美术作品展在北京恭王府博物馆举办。该展览集中展示了青海省内优秀画家的作品60余件，有中国画、油画、水彩画、版画等表现形式，内容涉及西部山水风貌、异域风情的精心采撷、本土文化主题的创意发掘等主题，体现了青藏高原悠久深厚的文化底蕴。

（张燕鹰）

【新中国美术家系列——云南省国画作品展】 6月13日—8日，由中国国家画院和云南省文化厅联合主办的“新中国美术家系列——云南省国画作品展”在中国国家画院美术馆举办。该展展出了罗江、杨卫民、寇元勋、李平、杨正国、肖凡、满江红、赵芳、杨鹏9位出生于新中国的云南省代表性艺术家的国画作品56幅，展现云南国画创作的整体风貌和艺术成就。

（黎　明）

【纳西族史诗《黑白战争》连环画展】 6月13日—19日，由国家图书馆与中共丽江市委、丽江市人民政府联合主办的纳西族史诗《黑白战争》连环画展在国家典籍博物馆举办。该展览展出了“国家艺术基金传播交流推广资助项目”《黑白战争》连环画70幅。该连环画根据纳西族东巴经书的英雄史诗《董埃术埃》（又名《黑白战争》）改编创作而成。作品以传统连环画的创作结合纳西族东巴绘画风格，画面精美、气势恢宏。

（张燕鹰）

【伦勃朗和他的时代：美国莱顿收藏馆藏品展】 6月17日—9月3日，由中国国家博物馆、荷兰王国驻华大使馆、美国莱顿收藏共同主办的“伦勃朗和他的时代：美国莱顿收藏馆藏品展”在中国国家博物馆举办。展览展出17世纪荷兰绘画大师的肖像画、历史画及风俗画作品70余件，重现荷兰艺术史上黄金时代的盛景。作为荷兰黄金时代画作在中国迄今最大规模的展览，展出作品中包括了享誉世界的艺术家伦勃朗的《书房中的女神密涅瓦》《身披金丝斗篷的女孩》《昏迷中的病人》（又名《嗅觉的寓言》）等11幅代表性画作，艺术大师约翰内斯·维米尔的杰作《坐在维金纳琴旁的年轻女子》，伦勃朗的学生格里特·德奥及其弟子弗兰斯·范·米里斯和戈特弗里德·沙尔肯等艺术家的“精细画”佳作，以及卡尔·法布里蒂乌斯、科瓦特·富林克、斐迪南特·波尔等伦勃朗流派其他知名艺术家的作品。莱顿收藏是目前全球拥有17世纪荷兰艺术画作数量最多、最重要的私人收藏之一。该次展览是莱顿收藏首次全球巡展的一站，之后还前往上海龙美术馆、阿布扎比卢浮宫博物馆继续巡展。

（黎　明）

【首届京津冀花鸟画名家邀请展】 6月18日—27日，由北京市美术家协会、天津市美术家协会、河北省美术家协会联合主办的“国之精华、助力雄安”——首届京津冀花鸟画名家邀请展在石家庄世纪高尔夫球场艺术馆展出。该画展集中展示了30多位京津冀艺术家的花鸟画作品近百幅。

（张燕鹰）

【“天工开物”中国美院版画展】 6月22日—7月9日，由中国美院与北京画院共同主办的“天工开物”——中国美术学院东方版画工作展在北京画院美术馆举办。展览分为“新天工开物”“典雅复制”“东方语境”3个板块，展出了中国美院东方版画工作室创作的版画长卷《天工开物》、传统水印工作室所藏民间木板年画经典及水印技术复制的文人画和新浙派水墨画精品，以及部分版画系师生作品与水印技艺教学成果。其中，由中国美院版画系陈海燕、曹晓阳、佟飚、张晓锋4位艺术家携众学生，据明代宋应星所著《天工开物》，采用传统饾版水印技术创作的近12米的同名版画长卷《天工开物》，曾入选国家“中华文明历史题材美术创作工程”，并入展2016年中国国家博物馆“中华史诗美术大展”。此次展览同时展出了该作品的原作、草图、雕版、文献及制作现场还原场景。展后，北京画院收藏该作品。展览还配合展出了北京画院所藏清嘉庆二十二年(1817)芥子园重刊胡氏彩色套印本《十竹斋书画谱》、1958年荣宝斋复刻版《北平笺谱》等一批以木版水印为主的古籍。该展学术研讨会于展览开幕式次日在北京画院举行。

(黎　明)

【AVERY画廊肖像油画展】　6月30日—7月17日，“观像自在”——AVERY画廊肖像油画展在北京环球金融中心举办。该展览展出的是以美国AVERY肖像画廊旗下俄罗斯艺术家为主的肖像定制系列作品。在展览作品中，多位外国艺术家用肖像油画记录了他们眼中的当代中国社会精英，有企业家、艺术家，也有专业人士；有耄耋老人、中年人，也有朝气青年；有夫妻情、隔代亲，还有合家欢，人生百态显现于一张张肖像画中。

(张燕鹰)

【“‘一带一路’笔墨传情——弘扬丝路精神　谱写美丽篇章”展览】　7月6日—26日，“‘一带一路’笔墨传情——弘扬丝路精神　谱写美丽篇章”展览在故宫博物院午门东雁翅楼展厅举办。该展览汇集了刘大为、尼玛泽仁、蒋威、郭怡孮、孙志钧、程振国等10名画家的40余件作品，展览作品包括多位画家联合创作的长卷，“一带一路”中国沿线各地域风土人情的写生、创作作品和在中亚各国风采的写生、创作作品。展出作品有工笔、写意，题材包括山水、花鸟、人物，基本涵盖了当代中国画的各种表现形式。

(张燕鹰)

【黄新波艺术研究展】　7月12日—8月13日，作为北京画院美术馆“二十世纪中国美术大家系列展”之一，由广州美院和北京画院主办的“心曲人间”——黄新波艺术研究展在北京画院美术馆举办。展览分为7个部分，展出“新兴木刻运动”的重要成员、中国现代版画史上杰出的代表性画家黄新波(1916—1980)各时期代表性作品近百幅，并结合书籍、照片等文献资料，全面回顾了这位身处动荡变迁的20世纪中国的艺术家的创作与人生。展览座谈会于开幕式后举行。

(黎　明)

【广东美术百年大展】　7月14日—23日，由中共广东省委宣传部、广东省文化厅、广东省文联、中国美术馆联合主办，广东省美协、广东美术馆承办的“其命惟新”——广东美术百年大展在中国美术馆举办。该次大展从北京、广东、上海等地的10多个重要艺术机构调集了共554件经典作品，占据中国美术馆几乎全部展厅，分为“勇立潮头——洋画运动在广东”“艺术革命——岭南画派与国画研究会”“匕首投枪——新兴木刻运动及漫画”“激情岁月——为人民服务为时代讴歌”“弄潮擎旗——改革开放中的广东美术”“百花争妍——创新创造再筑高峰”6大板块展出，全面、系统地展现百年来广东美术开风气之先、领时代之新、走变革之路的发展历程和丰硕成果。在评选出入展作品的基础上，该展评委会推举出了21位成就卓著并在百年中国美术史上具有重大影响的“广东美术大家”：李铁夫、何香凝、高剑父、陈树人、高奇峰、林风眠、关良、方人定、司徒乔、赵少昂、李桦、王肇民、胡一川、黎雄才、关山月、廖冰兄、赖少其、黄新波、罗工柳、古元、杨之光。大展学术研讨会于展览开幕式当日举行。

(黎　明)

【新中国美术家系列——青海省国画作品展】　7月21日—25日，由中国国家画院与青海省文化和新闻出版厅主办的“新中国美术家系列——青海省国画作品展”在中国国家画院美术馆举办。展览展出李忠盛、张权、张海鸿、袁宗福、郭子源、徐子清、刘晨曦7位1949年以后出生的青海省代表性艺术家的人物、山水等题材国画作品共114幅，展现了青海的自然风光、人文历史、民族文化以及国画创作的当代风貌和艺术成果。

(黎　明)

【吉莲·艾尔斯的抽象绘画展】　7月30日—8月27日，英国女性抽象艺术家吉莲·艾尔斯的个展“航向边缘：吉莲·艾尔斯的抽象绘画　1979年至今”在中央美术学院美术馆举办。该展览是作者的首次中国个展，展出作品囊括了艾尔斯自1979年以来所创作的15幅大尺寸画作，巨幅画布之上，颜料虬结，笔触长可达30厘米，色彩主宰着画作的形式。

(张燕鹰)

【庄弘醒水彩画艺术展】　8月10日—19日，由中国美术馆主办的“中国美术馆捐赠与收藏系列展：梦里依稀——庄弘醒水彩画艺术展”在中国美术馆举办。展览分为

"似水流年""南浔梦回""域外人文"3个部分，展出了中国水彩画家协会会员、江苏水彩画艺委会委员、江苏教育学院美术系教授庄弘醒数十年间创作的水彩画作品100余件，囊括了《秦淮梦》《城市夜色》等艺术家各时期的代表作，展现其水彩绘画的探索与成就。展览期间，庄弘醒将其创作的重要水彩画作品28件捐赠给中国美术馆作收藏。

（黎　明）

【伍霖生艺术展】 8月13日—20日，由中国美术馆主办的中国美术馆捐赠与收藏系列展之"墨韵河山——伍霖生艺术展"在中国美术馆举办。该展展出新金陵画派画家、傅抱石入室弟子、原江苏省国画院专职画家伍霖生（1924—2008）各时期创作的表现新中国成立后的社会主义建设和祖国山河新面貌的山水画作品共180余幅。展览期间，伍霖生家属将其毕生重要的29幅代表作品捐赠给中国美术馆作永久收藏。

（黎　明）

【黑龙江省美术书法作品晋京展】 8月19日—27日，由中共黑龙江省委宣传部、黑龙江省文联主办，黑龙江省美协、黑龙江省书协、黑龙江省美术馆承办的"龙江丹青中国梦"——黑龙江省美术书法作品晋京展在北京炎黄艺术馆举办。该展览汇集了黑龙江艺术家精心创作的200余幅作品，其中，书法、篆刻111件，中国画43件，油画34件，版画33件，水彩画35件，漆画9件，雕塑9件，特邀作品3件。展览作品反映了黑龙江省书画家关注现实、关注本土的艺术追求。

（张燕鹰）

【三晋名家六人展】 8月19日—27日，"吾境·三晋名家六人展"全国巡回展于三品美术馆北京馆举办。该展览展出了王秦生、裴文奎、孙海青、王爱忠、李贵文、张伟6位来自山西的艺术家的油画、国画作品共60余件。他们用其独有的"美"的视角，向世人诠释着大美山西的新形象。

（张燕鹰）

【韩国雕塑家张伯淳个展】 8月20日—9月15日，由宋庄当代艺术文献馆主办的"东方之物"——韩国雕塑家张伯淳个展在宋庄当代艺术文献馆举办。该展览共展出张伯淳40多件雕塑作品，其中绝大多数作品以"麻"作为材料，呈现出某种具有东方性的文化隐喻与象征的"物性"。

（张燕鹰）

【陈钧德绘画艺术展】 8月22日—31日，由中国美术馆、中国美协、上海戏剧学院联合主办的"陈钧德绘画艺术展"在中国美术馆举办。展览展出著名油画家、美术教育家、上海戏剧学院教授陈钧德各时期代表性绘画作品百余幅，全面回顾其60年的创作探索及艺术成就。展出作品包括布面油画60余幅，纸本油画棒作品20余幅，青年时期的速写及素描作品20幅；其中，二十世纪六七十年代创作的具有很高文献价值的现代派油画作品《小金》《自画像》等，以及2011年以意识流手法描绘"心象"的其最大尺幅（2米×3米）油画《梦境》，均为首次公开展出。展览期间，陈钧德将其5件代表作品捐赠给中国美术馆。展览学术研讨会于开幕式当日举行。

（黎　明）

【拉夫连季·布鲁尼作品展】 9月15日—29日，"芭蕾·花开：到中国之路"——拉夫连季·布鲁尼作品展在保利艺术博物馆举办。该展览展出了俄罗斯艺术家拉夫连季·布鲁尼运用油画、水彩画、木炭画、素描画等绘画技法所绘花朵和芭蕾舞两大主题的约100幅作品。

（张燕鹰）

【"德国8：德国艺术在中国"】 9月15日—11月12日，作为庆祝中德建交45周年系列活动的重点项目，由德国波恩艺术与文化基金会与中国中央美院共同主办的"德国8：德国艺术在中国"，包括7个既彼此独立，又相互关联的主题展览和1场学术论坛，分别在中央美院美术馆、太庙艺术馆、北京民生现代美术馆、红砖美术馆、今日美术馆、元典美术馆、白盒子艺术馆举办。"艺术之规"——德国当代艺术展，9月16日—10月29日在中央美院美术馆举办，展出弗朗茨·阿克曼、霍斯特·安特斯、斯蒂芬·巴尔肯霍尔等17位艺术家的绘画、雕塑、摄影、装置、观念艺术等门类的作品。"记忆的痕迹"——德国当代绘画杰作展，9月18日—10月20日在太庙艺术馆举办，展出乔治·巴塞利兹、约瑟夫·博伊斯、昆特·福尔格、安塞姆·基弗、马库斯·吕佩尔茨、A. R·彭克、西格玛·波尔克、尼奥·劳赫、格哈德·里希特、昆特·约克10位艺术大师的力作。"摄影的语言"——杜塞尔多夫学院展，9月16日—10月22日在北京民生现代美术馆举办，展出伯恩和希拉·贝歇、安德里亚斯·古斯基、坎迪达·霍弗等8位摄影艺术家的作品。"先导"——德国非定形艺术展，9月16日—10月22日在红砖美术馆举办，展出皮特·布吕宁、卡尔·奥托·格兹、格哈德·胡美等6位艺术家的非定形艺术作品。"凝固的时间"——德国新媒体艺术展，9月17日—11月12日在今日美术馆举办，展出哈伦·法伦基、尤尔根·克劳克、马塞尔·奥登巴赫等7位新媒体艺术家的作品。“对话”——色彩的空间维度展，9月16日—10月31日在元典美术馆举办，展出女艺术家卡塔琳娜·格罗斯和她的老师戈特哈德·格劳伯纳的作品。“未来一代”——德国当代青年艺术展，9月15日—10月31日在白盒子艺术馆举办，展出阿丽佳·柯维德、赛巴斯蒂安·里默、迈克尔·塞尔斯托夫等6位青年艺术家的绘画、雕塑、装置、摄影等各门类作品。该组展览汇集德国20世纪50年代至2017年最具影响力的55位艺术家的近320组作品，全面回顾“二战”后德国艺术的发展历程，是德国当代艺术迄今在中国最大规模的一次展示。“全球化背景下的德国和中国当代艺术发展”学术论坛，9月18日在中央美院美术馆举办，瓦尔特·斯迈林、费迪南·乌尔里希、迪特·戎特、彼得·艾登、范迪安、许江、朱青生、王璜生、张子康等两国文化学者和艺术家，就当代文化艺术发展与交流的相关问题进行了研讨。2015年5月—9月，中德两国共同策划的艺术交流项目“中国8——莱茵鲁尔区中国当代艺术展”在德国莱茵鲁尔区8座城市的9座博物馆举办，共有近120位中国当代艺术代表性艺术家的近500件艺术作品参展；“德国8：德国艺术在中国”，即是对“中国8——莱茵鲁尔区中国当代艺术展”交流活动的回访与继续。

（黎　明）

【陈家泠艺术大展】　9月16日—10月12日，由中国国家博物馆和上海美院主办，上海市对外文化交流协会协办的“陈家泠艺术大展”在中国国家博物馆举办。展览以“壮美祖国”“优美家乡”“和美世界”“精美生活”4个板块，展出年届八十的著名中国画家、上海美院教授陈家泠的绘画、书法、陶瓷、丝绸、家具等多门类作品百余件，其中包括其近5年来推陈出新创作的以描绘韶山、井冈山、娄山关、太行山、延安等革命圣地为主题的山水巨作。展览学术研讨会于该展开幕同日举行。

（黎　明）

【黄小明木雕艺术展】　9月26日—10月29日，由中国国家博物馆主办的“寄情与木·明志匠心”——黄小明木雕艺术展在中国国家博物馆举办。展览分为经典代表作、大型落地屏风系列、木雕挂屏系列、立体木雕系列、木雕台屏系列、立体台屏系列、实景木雕系列、随形雕系列8大部类，展出中国工艺美术大师、非物质文化遗产“东阳木雕”代表性传承人黄小明从艺近40年来不同阶段的代表性木雕作品共约70件，全面回顾和梳理了其艺术创作历程。

（黎　明）

【臧跃军作品展】　9月29日—10月15日，作为北京画院“少数民族地区艺术家系列邀请展”之一，由中国美协艺委会、西藏自治区文联、北京美协、西藏自治区美协、北京画院、西藏美术院、李可染艺术基金会共同主办的“臧跃军作品展”在北京画院美术馆举办。该展展出了军人出身的国画家、西藏自治区美协副主席、西藏美术院副院长臧跃军创作的《心灵佛光》系列作品70余件。

（黎　明）

【孔子及弟子画像石拓片展】　10月12日—24日，由孔庙和国子监博物馆、临沂市文物局联合主办，沂南北寨汉墓博物馆、北京艺博汉通文化发展有限公司承办的“绣像儒风”——孔子及弟子画像石拓片展在北京国子监展出。该展览分为“好学的孔子”“丰富的阅历”“致力于教育”“睿智的孔子”4个单元，通过沂南北寨汉墓博物馆收集整理的汉画拓片80多幅，以汉代人的视角，展现孔子好学善思的品质，致力教育的成绩，以德治国的政治理想和救国济民的情怀。

（张燕鹰）

【金田绘画作品展】　10月19日—29日，由中国油画学会、江苏省美协和江苏省美术馆主办的“彩云飘过”——金田绘画作品展在中国美术馆举办。展览展出著名油画家、江苏省美协副主席、江苏省美协油画艺委会主任金田历年创作的油画作品，展现其将西方现代主义绘画与中国写意绘画审美精神相融合而形成的独特艺术风格。

（黎　明）

【白俄罗斯谢尔盖·谢利哈诺夫和康斯坦丁·谢利哈诺夫雕塑展】　10月24日—29日，作为中国与白俄罗斯建交25周年庆祝活动之一，由中国美术馆主办的国际美术作品捐赠与收藏系列展之“塑痕·中国记忆”——白俄罗斯谢尔盖·谢利哈诺夫和康斯坦丁·谢利哈诺夫雕塑展在中国美术馆举办。展览展出白俄罗斯艺术家谢尔盖·谢利哈诺夫(1917—1976)的37件雕塑作品、16幅绘画作品，及其孙子、雕塑家康斯坦丁·谢利哈诺夫的92件雕塑作品，从祖孙两代艺术传承的角度反映白俄罗斯雕塑艺术的历史发展。展出的谢尔盖·谢利哈诺夫的作品，主要选自其1956年年底至1957年年初参加中国创作之旅、对中国作3个月访问期间的创作，包括齐白石、蒋兆和、李桦、白杨等一批中国绘画和表演艺术家的肖像雕塑，以及描绘北京、南京、上海、杭州、广州等地社会大众形象及现实景况的速写、素描、水彩与小幅写生油画作品。展览期间，康斯坦丁·谢利哈诺夫向中国美术馆捐赠了其祖父谢尔盖的30件雕塑作品及其本人的29件作品。

（黎　明）

【白俄罗斯国家美术馆典藏精品展】 10月24日—12月17日，作为中国与白俄罗斯建交25周年庆祝活动之一，由中国美术馆与白俄罗斯国家美术馆共同主办的“白俄罗斯国家美术馆典藏精品展”在中国美术馆举办。展览展出白俄罗斯国家美术馆典藏精品57幅。展出作品跨越19世纪至20世纪的白俄罗斯美术发展史，涵盖经典俄罗斯和白俄罗斯艺术家以及现代白俄罗斯艺术家的人物肖像画、风景画、静物画、风俗画等不同门类、不同风格的代表性作品，其中包括克拉姆斯科伊、列宾、希什金、列维坦、马科夫斯基、涅斯捷罗夫、库斯托季耶夫、谢罗夫等为中国观众熟知和喜爱的艺术大家的作品。

（黎　明）

【葡萄牙当代艺术展】 11月1日—15日，由中国对外文化集团承办的“轻风呢喃”——葡萄牙当代艺术展在北京民生现代美术馆举办。该展览展出了葡萄牙东方基金会推介的5位艺术家所创作的41幅独具风格的绘画作品，展示了他们的艺术造诣。5位葡萄牙艺术家创作风格清新明快、诙谐幽默，或通过指示，或变化形态，塑造出比喻化的形象；或直接描绘生态，或诗意对话现实，表达了对人与自然关系的探讨。

（张燕鹰）

【刘云中国画作品展】 11月2日—12日，由中国美协、湖南省文联共同主办，湖南省美协、湖南省画院承办的“灵山秀水”——刘云中国画作品展在中国美术馆举办。展览展出著名画家、中国美协理事、湖南省美协常务副主席、湖南省画院院长刘云的中国画山水精品60余幅及其部分早期油画代表作，呈现其由油画向中国画转型的创作探索历程与艺术成就。

（黎　明）

【刘海粟艺术展】 11月3日—26日，由中国美术馆、中共江苏省委宣传部、中共常州市委、常州市人民政府主办的“沧海一粟”——刘海粟艺术展在中国美术馆举办。展览展出了20世纪中国美术大师刘海粟（1896—1994）久未面世的书画作品101件，以及大量文献资料。展览分为3个篇章：第一篇“欲腾云上天都”，展出以黄山为题材的17幅泼墨泼彩作品与11幅油画作品；第二篇“今日荷花别样红”，展出34幅中国画花鸟、山水作品与2幅书法作品；第三篇“神州尽在彩雾中”，展出描绘中国各地风景的37幅油画作品。中国美术馆馆长吴为山创作的刘海粟雕像在展览开幕式上揭幕。展览期间，刘海粟子女将其创作的油画《黄山云海》、中国画《满庭芳（泼墨黄山）》和书法《毕竟西郊八月中》3幅作品捐赠给中国美术馆。

（黎　明）

【陆庆龙绘画作品展】 11月4日—12日，作为中国美术馆学术邀请系列展之一、中华艺文基金会资助项目，由南京大学、中国美协、江苏省文联共同主办的“永恒的情怀”——陆庆龙绘画作品展在中国美术馆举办。展览展出中国美协水彩画艺委会委员、江苏省美协副主席、南京大学美术研究院硕士生导师陆庆龙10余年来创作的油画、水粉画代表性作品70多幅，完整呈现其扎根人民、为人民写照的精神品格及艺术创作的成绩。展览期间，陆庆龙向中国美术馆捐赠了其新近创作的作品近10幅。

（黎　明）

【2017年巴比松画派作品展暨2018年毕加索作品预展】 11月5日—12月15日，由中华世纪坛艺术馆、美国新完美基金会主办的“臻品·大师原作展”——2017巴比松画派作品展暨2018毕加索作品预展在中华世纪坛艺术馆举办。展览展出了在艺术史上占有重要地位的法国巴比松画派的卢梭、雅克、迪亚兹、特罗雍、杜普雷与杜比尼等最具代表性的20余位艺术家的作品。同时，作为2018年毕加索展览的预展，展览展出了包括《戴草帽的杰奎琳》在内的9幅毕加索原作。

（黎　明）

【国际木口木刻版画作品及文献展】 11月8日—12月3日，由中央美院主办的“国际学院版画联盟系列活动——国际木口木刻版画作品及文献展”在中央美院美术馆举办。作为国内首次全面呈现木口木刻版画这一传统艺术的学术展览，该展汇集了英国、美国、比利时、法国、俄罗斯、保加利亚、意大利和中国8个国家、100多位艺术家的200多件木口木刻版画作品、珍贵木版和文献书籍。展出作品包括古典部分、现代部分和当代部分，作者涵盖了从18世纪的艺术大师到当代的青年学生。

（黎　明）

【山东青年美术作品晋京展】 11月10日—15日，由中共山东省委宣传部、山东省文学艺术界联合会主办，山东省美术家协会承办的“大美齐鲁·山东青年美术作品晋京展”在北京民族文化宫举办。该展览的参展作者以50岁以下的山东青年画家为骨干，画种包括国画、油画、水彩（粉）画、版画、综合材料，展出作品共计280余件。

（张燕鹰）

【中乌当代美术展】 11月10日—30日，由中央美术学院、乌克兰国立美术与建筑学院、北京市总工会、中国电力传媒集团联合主办，中央美术学院丝绸之路艺术研究协同创新中心、太庙艺术馆承办的"第聂伯之会"——中乌当代美术展在太庙艺术馆展出。该次展览共展出由乌克兰23位艺术家创作的70余件组作品和中国24位艺术家创作的100余件作品。这些作品是由8月中央美术学院组织的写生团和乌克兰利沃夫、喀尔巴阡山、基辅三地的艺术家共同在乌克兰游历、交流、探讨之后，最终创作出来的。两国画家通过油画、水彩、版画、速写、纸本水墨、色彩胶版等绘画形式，呈现出各自眼中乌克兰唯美的风土人情。

（张燕鹰）

【饶宗颐教授荷花书画巡回展】 11月18日—26日，由中国美术馆、香港大学主办的"莲莲吉庆"——饶宗颐教授荷花书画巡回展在中国美术馆举办。展览展出百岁高龄的享誉国际的学界泰斗、书画大师饶宗颐所作荷花题材的书画作品数十组，展现其文人书画的独特风韵及深邃的文化精神境界。展览期间，饶宗颐及其家属、饶宗颐学术基金将其4件（套）中国画和6件（套）书法作品捐赠给中国美术馆作永久收藏。

（黎　明）

【布德尔雕塑艺术展】 2017年11月20日—2018年4月30日，由清华大学艺术博物馆主办的"回归·重塑：布德尔与他的雕塑艺术"展览在清华大学艺术博物馆举办。展览展出法国著名雕塑家、画家、教育家、雕塑艺术大师罗丹最优秀的学生、助手安托万·布德尔（1861—1929）的代表性作品数十件，其中包括青铜雕塑38件、油画2件、水彩8件以及若干素描和历史图片等。所有展品均来自法国布德尔博物馆的馆藏。展览聚焦19世纪末至20世纪初布德尔个人艺术风格日臻成熟时期的创作，分为"布德尔的创作之源""帕拉斯""阿波罗""弓箭手赫拉克勒斯""果实""珀涅罗珀""香榭丽舍剧院与垂死的人马"7个单元，集中展示布德尔回归古希腊罗马神话题材，以兼具古希腊雕塑艺术传统与现代艺术理念的独特创作手法重塑古代经典人物的杰作。

（黎　明）

【山东中国画大展】 11月27日—12月2日，由中共山东省委宣传部、山东省文化厅、山东省文学艺术界联合会主办的"新时代新征程——齐鲁画风·山东中国画大展（1949—2017）"在中国国家画院美术馆举办。该展览是一个集研究性、回顾性、学术性于一体的中国画大展，展览分两个部分，第一个部分是文献展板，第二个部分是作品展示。文献展板包括前言、推动形成"齐鲁画派"文化工程简介、四大文化工程简介、山东中国画百年大事记和省外山东籍画家介绍等内容。作品部分共分3个板块，每个板块又分为人物、山水、花鸟3个门类进行展示。该展览共展出具有代表性的山东画家优秀作品120件，反映近百年来山东中国画发展脉络的文献资料5万余字和100余幅图片。

（张燕鹰）

【四川美术学院漆艺术展】 11月29日—12月10日，由四川美术学院、中国美协漆画艺委会主办的"本体与重构"——四川美术学院漆艺术展在中国美术馆举办。展览展出了四川美术学院自20世纪40年代创建漆艺术专业以来几代漆艺术家创作的60余件（套）作品以及相关史料文献，系统梳理了四川美术学院漆艺术学科不断探索创新的发展历程。展出作品涵盖了传统漆器、现代漆画和当代实验漆器艺术，其中既包括漆艺术学科开创者沈福文最为著名的代表作《虾》，杨富明的代表作《都江瑞雪》，陈恩深、肖连恒、蒲江的现代漆画《四月漫步》《花与桃》《山涧云梦》等全国美展获奖作品，还包括部分青年教师及研究生、本科生的漆艺术佳作。

（黎　明）

【广州美术学院水彩画传承谱系展览】 11月29日—12月10日，由广州美术学院主办的"行进之力"——广州美术学院水彩画传承谱系展览在中国美术馆举办。该展览共展出了由15位艺术家创作的97件作品，展览邀请了胡钜湛、吴正斌、龙虎、李燕翔、许以冠、刘凯、陈朝生、陈海宁、杨培江、叶向明、陈东锐、李进健12位新老水彩艺术家参加展览，其中还展出了著名水彩艺术家李铁夫、王肇民、陈秀莪的作品。主题涵盖静物、风景、人体和主题创作，展览通过呈现每位艺术家对水彩语言不同的艺术探索，展示出广州学院水彩画创作风貌各异但又内含延续性的特点。

（张燕鹰）

【"回眸600年——从明四家到当代吴门"绘画特展】 11月30日—12月10日，由中国美术馆、中共江苏省委宣传部、江苏省文联、苏州市人民政府主办的"回眸600年——从明四家到当代吴门"绘画特展在中国美术馆举办。展览分为古代作品、近现代作品和当代作品3个部分，共展出中国画、油画、版画、水彩画等作品164幅，全面回顾近600年苏州美术发展的历史。展出的古代作品，共29组件、71幅，从故宫博物院借展，主要有“明四家”及吴门后学，董其昌与“四王”等文人画史主流代表人物的经典作品；近现代作品共18幅，主要展现苏州在近代绘画史转型中具有开拓性与探索性的代表人物吴湖帆、颜文樑等人的精品力作；当代作品共75幅，包括历届全国美展获奖和入选作品35幅，以及经专家评审入展的作品40幅。展览学术研讨会于开幕式当天在中国美术馆举行。

（黎　明）

【西方经典艺术作品展】 12月16日—23日，“古典遗珍”——西方经典艺术作品展在北京奥加美术馆举办。该展览共展出欧洲油画作品30余幅、欧洲古典雕塑作品5件，以及德国哈格曼艺术中心收藏的中国艺术家宋宇古典写实油画作品5幅。

（张燕鹰）

【西安美术学院作品展】 12月16日—24日，由中国美术家协会、中国国家画院、陕西省委宣传部、陕西省委高教工委、陕西省教育厅、陕西省文学艺术界联合会、西安美术学院主办的“时代精神”——西安美术学院作品展在中国美术馆举办。该展览共展出近200件西安美院艺术家的精品力作，其中不仅有刘文西代表作《祖孙四代》、杨晓阳作品《雪域》等中国美术馆馆藏作品，也有西安美院老一代艺术家在国家重大历史题材创作和重要科研学术项目中完成的代表性美术作品，还有在历届全国美展以及重大美术活动及竞赛中获得奖励的精品，以及近年来中青年艺术家在各自专业领域里有突出建树的力作，涵盖了中国画、油画、水彩画、版画、雕塑等多个艺术门类。

（张燕鹰）

【“安格尔的巨匠之路”展览】 2017年12月17日—2018年1月16日，“安格尔的巨匠之路——来自大师故乡蒙托邦博物馆的收藏”展览在中华世纪坛展出。该展览是安格尔作品在中国第一次成系统的、全方位的展览展示，展览展出了由法国蒙托邦安格尔博物馆带来的70件有关安格尔的藏品，展品既有艺术家创作的安格尔画像和塑像，又有安格尔自己创作的油画、素描等作品原件。

（张燕鹰）

【“美在京津冀”——北京、天津、河北美术作品展】 12月19日—25日，由北京市文联、天津市文联、河北省文联共同主办，三地美协共同承办的首届“美在京津冀”——北京、天津、河北美术作品展在炎黄艺术馆举办。展览共展出中国画110幅、油画42幅。入展作品是从面向三地美术家征集到的千余幅作品中，经专家评审遴选而出。这些作品以丰富多样的创作题材、形式语言和表现风格，回顾历史、描绘现实、展望未来，礼赞京津冀。

（黎　明）

【多彩贵州大型书画作品展】 2017年12月28日—2018年1月8日，由中共贵州省委宣传部、贵州省文化厅、贵州省文联等主办的“翰墨书盛世　丹青颂华章”——多彩贵州大型书画作品展在中国美术馆举办。该展览集中展出了多彩贵州大型书画“双百”创作工程的117件美术、书法作品。

（张燕鹰）

【陆光正从艺60年东阳木雕大展】 2017年12月28日—2018年1月31日，由中国国家博物馆、中国工艺美术协会、中国非物质文化遗产保护协会、浙江省文化厅主办的“丝路华章”——陆光正从艺60年东阳木雕大展在中国国家博物馆举办。展览以“序篇——中国梦”“上篇——丝路记忆”“下篇——复兴路上”3个篇章，展出中国工艺美术大师、首批国家级非物质文化遗产代表性传承人陆光正的“一带一路”主题创作木雕精品，及其从艺60年来的部分代表作品、建筑装饰作品和红木家具作品等。在“丝路华章”这一反映时代风貌、呈现历史画卷、展现改革开放以来伟大成就的宏大主题创作中，包含了许多木雕界从未涉足过的现代和国际化题材。其中，作品《中国梦》长20.8米、高3.08米、雕刻板厚25厘米，创下了最大木雕雕刻的纪录。

（黎　明）

纪　念

【中国美术馆藏王琦版画作品选展】 2月23日—3月5日，由中国美术馆主办的“中国美术馆典藏活化系列展：时代的刻痕——中国美术馆藏王琦版画作品选展”在中国美术馆举办。展览甄选展出中国美术馆藏王琦（1918—2016）版画作品百余幅，以缅怀这位中国新兴木刻运动中成长起来的杰出版画家、美术教育家和美术理论家。

（黎　明）

【张仃一百周年诞辰纪念展】 2月23日—3月5日，由中国美术馆主办的“中国美术馆典藏活化系列展：它山之石——张仃诞辰一百周年纪念展”在中国美术馆举办。展览精选展出中国美术馆藏张仃（1917—2010）中国画作品30余幅，以缅怀这位中国当代著名国画家、漫画家、壁画家、书法家、工艺美术家、美术教育家和美术理论家，回顾其富有开创性的中国画创作探索历程及艺术成就。

（黎　明）

【赵开坤油画作品回顾展】　4月8日—15日，由中国美协、中国油画学会、吉林艺术学院共同主办的“与自然对话”——赵开坤油画作品回顾展在中国美术馆举办，以缅怀和纪念当代著名油画家、艺术教育家、吉林艺术学院终身教授赵开坤(1954—2016)。展览粹选赵开坤数十年创作生涯中各时期的代表作品80余件，回顾其油画创作历程和艺术发展之路。展览学术研讨会于开幕式当日举行。

（黎　明）

【潘天寿120周年诞辰纪念大展】　5月2日—14日，由文化部、中国文联、浙江省人民政府联合主办，中国美术馆、中国美协、浙江省文化厅、中国美院共同承办的“民族翰骨”——潘天寿诞辰120周年纪念大展在中国美术馆举办。展览以“高风峻骨”“一味霸悍”“奇崛明豁”“雁荡山花”“守常达变”“饮水生涯”6大板块，展出了20世纪中国杰出国画家、美术教育家和美术理论家潘天寿(1897—1971)的120余件作品及其数十件手稿文献，全面回顾了其艺术、文化和教育成就。展览期间还举行了5场以“潘天寿与文化自信”为主题的“纪念潘天寿诞辰120周年学术研讨会”。“纪念潘天寿诞辰120周年座谈会”也于展览开幕式同日在人民大会堂举行。

（黎　明）

【范保文中国画回顾展】　5月24日—6月4日，由中国美协、江苏省文联、南京师范大学共同主办的“水色有痕”——范保文中国画回顾展在中国美术馆举办。展览展出了著名山水画家、美术教育家、“新金陵画派”第二代画家的杰出代表范保文(1935—2009)各时期代表性作品86件及其收藏于中国美术馆的作品11件，展现其独具风格的“水·色·墨”艺术表现的创造性探索和成就。该展是历时3年的纪念范保文80周年诞辰系列活动的收官展。

（黎　明）

【李老十诞辰六十周年艺术回顾展】　8月12日—20日，由人民美术出版社主办、李老十艺术基金会承办的“亦幻亦真”——李老十诞辰六十周年艺术回顾展在中国美术馆举办。展览展出了“新文人画”代表人物李老十(1957—1996)生前创作的艺术作品100余件，囊括其“残荷”“十八罗汉”“鬼打架”等系列作品以及各种题材的小品写意画，全面回顾了其创作探索与艺术成就。由河北教育出版社出版的《李老十全集》首发式在展览开幕式上举行。

（黎　明）

【张仃百年诞辰纪念展】　10月15日—11月10日，由中国文联和清华大学联合主办，清华大学美术学院和清华大学艺术博物馆承办的“张仃百年诞辰纪念展”在清华大学艺术博物馆举办。展览展出了杰出的革命文艺家、艺术教育家、中央工艺美术学院(现清华大学美术学院)原院长张仃(1917—2010)70余年艺术生涯中创作的漫画、年画、宣传画、工艺美术、电影动画、艺术设计、装饰画、壁画、彩墨画、焦墨山水画、书法等作品近300件，以及相关历史文献和照片，全面回顾了其一生为中国革命与文艺事业做出的杰出贡献。

（黎　明）

【关山月105周年诞辰纪念展】　10月31日—11月23日，作为中国国家博物馆20世纪名家系列展之一，由中共广东省委宣传部指导和支持，中国国家博物馆主办，岭南画派纪念馆、深圳市关山月美术馆、广东省关山月艺术基金会承办，广州美院、广东省博物馆、广东省文联、广东省美协等单位协办的“关山无限”——纪念关山月诞辰105周年作品展在中国国家博物馆举办。展览分为“笔墨当戈”“漫道寻真”“江山多娇”“辉光日新”4个篇章，展出当代著名国画艺术大师、美术教育家、岭南画派代表人物关山月(1912—2000)各时期代表作品及创作手稿、文献资料等百余件，重点呈现了其艺术生涯中的写生创作，包括抗战画、旅行写生作品等，以展现其对中国画传统笔墨形式的不断探索创新和艺术成就。展览期间，关山月家属将其晚年重要代表作《根深叶茂沐洪涛》和《抗洪颂诗一首》捐赠给了中国国家博物馆。

（黎　明）

【宗其香百年诞辰艺术展】　11月30日—12月10日，作为2017年度国家美术作品收藏和捐赠奖励项目，由中国美术馆主办的“中国美术馆捐赠与收藏系列展”之“为画而生”——宗其香百年诞辰艺术展在中国美术馆举办。展览分为“宗法中西，励志向学”“行路万里，其修远兮”“清丽为邻，南国飘香”3个篇章，展出了著名美术家、美术教育家、中央美院原教授宗其香(1917—1999)艺术生涯各阶段的代表性作品百余件，全面回顾其创造性的艺术探索和卓越成就。展出作品出自中国美术馆、中国国家博物馆、中央美院美术馆、江苏省美术馆以及宗其香家属和私人收藏。展览期间，宗其香遗孀武平梅携子女，继2005年向国家捐赠36幅宗其香中国画和水彩作品之后，再次将家藏宗其香71幅作品捐赠给了中国美术馆。

（黎　明）

宗其香百年诞辰艺术展

【李可染 110 周年诞辰纪念展】 2017 年 11 月 30 日—2018 年 1 月 3 日，由中国国家博物馆、中国美协、中央美院、北京画院、李可染艺术基金会联合主办的“纪念李可染诞辰 110 周年——墨天神境 · 李可染最后十年作品展”在中国国家博物馆举办。展览展出了 20 世纪中国艺术大师李可染（1907—1989）1979 年—1989 年创作的绘画及书法经典代表作品 162 幅，其中包括绘画作品 68 幅、书法作品 94 幅。展览开幕式上，李可染家属将其晚年重要书法作品《书文天祥〈戏马台诗〉》捐赠给中国国家博物馆收藏。

（黎　明）

【王琦百年诞辰研究展】 2017 年 12 月 8 日—2018 年 2 月 25 日，由中央美院主办，中国美协、王琦美术博物馆协办的“百年辉煌 · 中央美术学院艺术名家”系列之“世纪刻痕”——王琦百年诞辰研究展在中央美院美术馆举办。展览分为“战时青年 · 革命美术”“美院卅载 · 刀笔相济”“林木新颜 · 都市交响”“桑榆非晚 · 彩墨抒怀”4 个板块，展出了 20 世纪中国著名美术家、教育家、理论家王琦（1918—2016）各时期创作的版画、素描、彩墨、书法等作品共 140 余件，并同时展示大量相关文献资料，以全面回顾和梳理其艺术创作、理论研究与教学等各方面的杰出成就。展览期间，王琦家属将其百余件珍贵木刻原版、作品、文献等捐赠给中央美院。展览研讨会同期举行。

（黎　明）

【袁运甫逝世】 12 月 13 日，著名画家、公共艺术家、艺术教育家、清华大学美术学院教授袁运甫在北京逝世。袁运甫（1933—2017），1933 年生于江苏南通。1949 年—1952 年在杭州国立艺专学习。1954 年毕业于中央美术学院。1956 年起任教于中央工艺美术学院，并历任该院特艺系、装饰艺术系主任和装饰艺术研究所所长。1999 年起任教于清华大学美术学院，曾任中国工艺美术协会副理事长、中国美术家协会理事、中国壁画学会副会长、中国国家画院公共艺术学院院长。

（黎　明）

【李桦一百一十周年诞辰纪念展】 2017 年 12 月 20 日—2018 年 2 月 25 日，由中央美院主办的“桃李桦烛”——李桦诞辰一百一十周年纪念展在中央美院美术馆举办。展览展出了著名版画家、美术教育家、中国新兴木刻运动的先驱和现代版画事业的奠基者李桦（1907—1994）的版画 80 余幅、木刻原版 140 余块以及文献手稿 300 余件（组），全面回顾了其艺术生涯与杰出成就。

（黎　明）

出版与传媒

【中国美术报网上线】 3 月 28 日，中国美术报网（http://www.zgmsbweb.com）上线仪式在中国国家画院美术馆举行，APP 客户端同步上线。该网从 2016 年 4 月开始筹建，由中国国家画院学术支持，是《中国美术报》和北京易艺科技共同打造的一个美术界专业化、国际化的信息交流平台。网站分新闻资讯、艺术财富、艺术机构、艺术家、艺术设计、域外艺术、艺术人文和学术库 8 个板块，以《中国美术报》的纸媒内容为核心优势，采用“报网合一”模式，在内容、渠道、平台、经营、管理等方面整合资源，力求通过互联网平台加速实现艺术价值的传播。

（张燕鹰）

【《白雪石全集》首发】 7 月 3 日，由人民美术出版社出版的《白雪石全集》首发暨捐赠仪式在清华大学美术学院举行。该书分为作品、写生、速写、文论 4 个部分，每个部分按征集到的作品数量决定卷数。此次出版发行的是由清华大学艺术博物馆馆长冯远任编委会主任、北京画院院长王明明任主编的《白雪石全集》首卷；其余各卷，将采取征集够一卷内容，即编好、推出一卷的方式，陆续编辑出版。捐赠仪式现场，白雪石家属代表白启哲向清华大学图书馆捐赠了10册《白雪石全集》首卷。

（黎　明）

【墨笔文化综合商务平台上线】 7月16日，格桑花开“书画进万家”大型公益活动暨墨笔文化综合商务平台上线新闻发布会在北京国家新媒体产业基地星光梅地亚酒店举行。墨笔文化网旨在为书画艺术家提供广阔的舞台，帮助其在该平台上实现以艺易货、免费租挂、网络在线拍卖、高端艺术品寄卖等专业化市场推广服务。该平台分为内容模块、商务类模块、视频类模块。通过原创自媒体视频推广，网络直播流媒体平台，实现互联网放大效应，为艺术家提供个人定制服务。

（张燕鹰）

【《赵孟頫书画全集》首发】 12月4日，由故宫博物院主办，故宫出版社与安徽美术出版社协办的“《赵孟頫书画全集》新书发布会”在故宫博物院举行。该书由王连起担任主编，共10卷，是故宫出版社与安徽美术出版社为配合9月6日—12月5日在故宫博物院武英殿书画馆举办的“赵孟頫书画特展”而合作出版的一套大型图册，汇集了故宫博物院、上海博物馆、天津博物馆、辽宁省博物馆、中国国家博物馆、首都博物馆等12个国内博物馆，以及大都会艺术博物馆、弗利尔美术馆、大英博物馆、克利夫兰艺术博物馆、东京国立博物馆、大阪市立美术馆、普林斯顿大学博物馆等11个海外博物馆和私人收藏的赵孟頫传世书画作品共245件(套)，其中，书法作品158件(套)，绘画作品57件(套)，题跋作品30件，图片总计3000余幅，集中展现了赵孟頫书画艺术的全貌，是收入赵孟頫传世书画作品最全、体量最大、学术定位最高的一套图册。

（黎　明）

书法　篆刻

【概况】　2017 年，北京地区的书法活动比较频繁，成立了新的书法机构，举办了形式多样的书法展览，召开了一些书法会议，还从多个角度进行了书法研讨，开展了书法交流活动等。

2017 年，在北京成立的中华文化促进会篆刻艺术委员会，为更好地开展篆刻艺术创作提供了推力。

2017 年，北京地区举办了内容和形式多样的书法展览。包括大型书法展览、专题展览、特色展览以及书法家个展等。大型展览有"紫垣秋草　翰墨人生"——纪念刘炳森诞辰八十周年作品暨文献展、"辉煌历史：'一带一路'诗书万里行"暨"深入生活　扎根人民"——当代书坛基层采风主题实践活动成果展、"为中国画"——全国高等院校书法专业教师作品展、"入古出新"——当代著名篆刻家印章临创展。

专题性的展览有为迎接中共十九大举办的"民族脊梁"——迎庆党的十九大胜利召开全国书法大展、"鉴古开今"——军之魂主题书法作品展览，为纪念中国人民解放军建军 90 周年举办的"不忘初心　砥砺前行"——人民美术出版社纪念建军 90 周年文献展暨《军魂颂》言恭达大草书法长卷展，有为纪念北京大学书法研究社成立 100 周年举办的"守望与传承"——纪念北京大学书法研究社成立 100 周年作品邀请展，还有"我生无田食破砚——齐白石笔下的书法意蕴之二"专题展等。

特色展览包括毛体书法展览"数风流人物还看今朝"——周鹏飞书写毛泽东诗词书法展，以生态文明为主题的"弘扬生态文明　建设美丽中国"书法作品展，以字体发展过程为内容的"字道 2017"系列巡展，以名人手札为内容的"字响调圆：龙榆生藏现当代文化名人手札展"等。

2017 年，一些书法界的重要会议在北京举办，包括中国书法家协会第七届主席团第五次会议、中国书法家协会 2017 年工作会议和北京书法家协会五届十三次理事会、中国硬笔书法协会第六次全国会员代表大会。

2017 年，北京地区还进行了一些与书法相关的研讨活动。包括"文脉书香"——书法文化主题作品展暨书法教育研讨会、"书法的物质性与历史研究"工作坊、文字学与当代高等书法教育学术研讨会等。

2017 年，北京地区还在书法方面开展了一系列丰富多彩的国内外交流活动。包括在悉尼举办的"传承与创新"——中国"非遗"文化周系列活动之"甲骨文记忆展"，在西班牙举办的"翰墨绘丝路"北大书法作品巡展，北京举行的第 33 届成田山全国竞书大会暨中日友好青少年书法交流活动等北京与国外的交流活动。"北京老号　印迹西城"——"北京西城老字号谱系丛书"及篆刻艺术展赴深圳展出，山西省书法家协会原主席赵望进、安徽省第三届书法家协会主席张良勋分别在北京举办了书法展，福建博物院及福州市严复翰墨馆在北京举办了"绎新籀古　光气垂虹"——严复书法特展等。

2017 年，北京地区开展了一系列与书法相关的活动。包括中国书协组织的"2017 中国文联、中国书协'送欢乐下基层'书法公益活动"，北京书协举办的北京书法大讲堂活动，抱云堂书院举办的首期书法访学班活动，百名书法家将军走进雄安笔会，中国艺术研究院研究生院举办的"与大师面对面"高端文化艺术讲座，董凤树诗、词、书法作品集出版新闻发布会，《毛泽东印章鉴赏》的首发式和延边佛教协会副会长郭凯歌参访北京龙泉寺并赠送书法作品等活动。

（张燕鹰）

展　　览

【迎鸡年春联展】　1 月 17 日，由中国国家博物馆与中国书协联合举办的为期 1 个月的迎鸡年春联展在国家博物馆展出。该展览共展出 58 幅书法作品，字体丰富多样，艺术风貌纷呈，无论是端庄典雅、法度严谨的篆、隶、楷书春联，还是行云流水、跌宕多姿的行、草书春联，都体现出当代艺术家的独具匠心。

(张燕鹰)

【第九届上元雅集“友谊奖”书法展】 2月18日—28日，由中共平谷区委和区政府主办，平谷区文联承办的“大美平谷·中国书法之乡”——第九届上元雅集“友谊奖”书法展在平谷区博物馆举办。展览展出以传承篆书文化为主旨，书写国学、书写大美平谷的书法作品100余件，这些作品是从征集到的300余件参评作品中评选出来的。该届上元雅集还照例评选出了“友谊奖·篆书十佳”的10名获奖作者和“友谊奖·优秀奖”的5名获奖作者。

(黎　明)

【龙榆生藏现当代文化名人手札展】 3月9日—19日，由中国现代文学馆、中国作家书画院主办的“字响调圆：龙榆生藏现当代文化名人手札展”在中国现代文学馆举办。该展览展出的一百余件手札，是龙榆生教学、研究、编辑、写作过程中，与彼时硕学通儒之士的往来信函，讨论社会问题、交流吟诵诗词、切磋读书体会、言述离别思念。沉郁或诙谐的文辞、古雅或简逸的书法，描绘出中国传统文人之间的往来图景。

(张燕鹰)

【“字道2017”系列巡展】 3月11日—25日，由中国文字字体设计与研究中心、方正电子主办，东道设计学院、中国广告博物馆参与承办的“字道2017”系列巡展在中国传媒大学中国广告博物馆举办。展览由“楷体的故事暨方正字库精品设计展”“第62届纽约字体指导俱乐部全球巡展”“时代精神——柏林海报联展”和“拉丁文字的世界”4个部分组成。展览通过100件相关的印刷品、字样、手稿等，以文献和影像的方式呈现具有代表性的楷体字的设计及开发过程。

(张燕鹰)

【王卫明书法艺术展】 3月25日—4月7日，由东煜经典文化有限公司主办的“隐居精学——王卫明书法艺术展”在瑞吉酒店经典藏艺术汇展厅举办。该展览共展出了书法作品40余件，系统呈现了王卫明近年来的书法创作成果。

(张燕鹰)

【衣雪峰书法展】 4月8日—15日，“春风草衣”——衣雪峰书法展在北京杏坛美术馆举办。展览展出了衣雪峰书法作品50余件，从不同书体、风格，全面呈现了衣雪峰在书法方面的积累。作者期待通过该展，梳理目前书法创作与研究的脉络，探索今后书法创作与研究的方向。

(张燕鹰)

【姜洪书法作品展】 4月18日—24日，“空山新雨”——姜洪书法作品展在民族文化宫举办。该展览共展出书法家姜洪的110件近作，尺幅从信札小品到五米长卷不等。涵盖隶、楷、行、草等各种字体，尤以其擅长的行草居多。

(张燕鹰)

【陈海良书法展】 4月19日—5月2日，由中国艺术研究院主办的陈海良书法展在中国美术馆举办。该展览共展出陈海良创作的书法作品30余件，既有鸿篇巨制的大草，也有蝇头小楷、篆书长联，五体皆备，充分展示了陈海良对于书法传统的深刻认识，以及在此基础上真正的创新。

(张燕鹰)

【秦健书法作品展】 4月21日—25日，由北京金砚文化传媒有限公司联合中国国家画院(国展)美术中心共同主办，旭派电源有限公司、中国传媒大学文法学院协办的“传承与经典系列展”之“秦健书法作品展”在中国国家画院(国展)美术中心举办。该展览共展出秦健书法作品20余件，既有丈二条屏也有平尺小品和楹联作品等，皆为他2016年创作的新作品。

(张燕鹰)

【金石书画艺术作品联展】 4月22日—5月8日，白成贵、迟静铧、薛荣萍、杨秀峰金石书画艺术作品联展在北京尚8国际广告园展出。该展览展出的薛荣萍、杨秀峰创作的十二生肖篆刻作品，继承传统用刀技法，展现了肖形印的金石味道和艺术视觉冲击力，其张力与质感使作品流淌着通透而纯粹的美。薛荣萍的生肖印借鉴木刻、剪纸等民间艺术技巧，造型生动、形神兼备。杨秀峰师从薛荣萍，继承了其师传统用刀技法基础，其作品风格简洁、构图严谨，表现手法自由奔放，章法灵活多变。展览同时展出了白成贵、迟静铧创作的冰雪山水画。

(张燕鹰)

【“文脉书香”——书法文化主题作品展】 4月26日—5月15日，“文脉书香”——书法文化主题作品展在首都师范大学举办。首都师范大学是较早开展书法教育的高校，在书法家欧阳中石的主持下，培养了一批书法人才。展览以该校书法文化研究院师生为主体，围绕“文脉书香”这一主题，通过艺术创作形式，集中体现了立足中华文化根基的思想主旨，传达了根植中华优秀文化传统、凝聚中国文化自信精神的艺术气象。该展览共展出首都师范大学师生的70多件书法作品。

(张燕鹰)

【“自然弥新”——原石书法展】 4月29日—5月1日，由中国文化报社品牌活动部主办、北京艺海典藏文化发展中心承办的“自然弥新”——原石书法展在中国国家画院国展美术中心展出。该展览共展出了原石的书法作品130余幅，展览作品内容以中国传统国学为主，也有紧跟时代脉搏的“中国梦”系列作品。

（张燕鹰）

【萧华师生第三届书法展】 5月6日—13日，“坚守与传承”——萧华师生第三届书法展在北京81美术馆举办。该次展览共展出了书法启蒙教育家萧华与180余名学生的400余幅作品。该书法展以“坚守与传承”为主题，参展的绝大部分是青少年学生，最小的只有6岁，参展作品中，以临摹《张迁碑》《张猛龙碑》《元桢墓志铭》《颜勤礼碑》《集王圣教序》《兰亭序》等传统书法经典为主体。展览现场，8位学生代表还在展厅进行了现场临帖，为参观者展示了他们书法学习的成果。

（张燕鹰）

【杨涛书法作品展】 5月12日—21日，由中国艺术研究院主办的“北游”——杨涛书法作品展在中国美术馆举办。该展览是“文化传承丹青力量”——中国艺术研究院中青年艺术家系列展的一部分，共展出杨涛近两年来的数十幅精品力作，涵盖真、草、行、隶、篆五种书体，极具学术价值。

（张燕鹰）

【当代著名篆刻家印章临创展】 5月16日—30日，由中国艺术研究院中国篆刻艺术院和中国国家图书馆（国家典籍博物馆）联合主办的“入古出新”——当代著名篆刻家印章临创展在国家图书馆（国家典籍博物馆）举办。展览展出苏士澍、韩天衡、骆芃芃、王丹、尹海龙等共35位中国篆刻艺术院研究员的篆刻临摹和创作作品，其中，每位参展艺术家展出篆刻原石2枚（含印蜕、边款）、印屏1件、临摹作品4方、创作作品2方以及临印感想。该展开创性地将篆刻家临摹作品与创作作品并列展出，旨在呈现古代经典对当代艺术家创作风格的影响以及艺术家在创作过程中临、创转换的宝贵经验，从而倡导向传统经典学习的精神。展览还同时展出了几十件篆刻艺术衍生品以及国家图书馆馆藏经典印谱多部。展览开幕式后举行了“入古出新”——当代篆刻创作向传统经典学习的现实意义研讨会。

（黎　明）

【第二届“深入生活扎根人民”——文质兼美优秀基层书法家创作活动作品成果展】 6月12日—20日，由中国文联、中国书协主办，中国文学艺术基金会专项资金支持，中国文联书法艺术中心承办的第二届“深入生活　扎根人民”——文质兼美优秀基层书法家创作活动作品成果展在中国文联文艺家之家展览馆举办。该展览展出了来自新文艺群体、工人、乡村教师、普通干部、运输司机、自营业主等各行各业基层一线，具有广泛代表性的86位作者的作品。

（张燕鹰）

【全国正书六家展第三回巡回展】 6月18日—25日，全国正书六家展第三回巡回展在三品美术馆展出。该展览以“经典”为主题，展出了王友谊、王学岭、刘颜涛、张建会、张继、管峻6位书家的66件（套）书法作品。现场开还组织了别开生面的“名家观展团”系列活动。部分参展书法家还向观众讲解了其参展作品。

（张燕鹰）

【“弘扬生态文明　建设美丽中国”书法作品展】 6月28日—9月下旬，由中国书协中央国家机关分会、北京市园林绿化局、北京生态文化协会共同主办，首都绿色文化碑林管理处、北京市园林绿化局宣传中心、北京市园林绿化局信息中心共同承办的生态文明宣传活动——“弘扬生态文明　建设美丽中国”书法作品展在北京百望山森林公园艺园举行。展览共展出60幅书法名家的匠心之作，主题鲜明、内容丰富、风格多样。

（张燕鹰）

【贾起家书法展】 7月1日—5日，由民盟中央美术院、北京文化发展基金会主办，民盟中央美术院山西分院、贾起家书法艺术基金协办的“兰亭神韵”——贾起家书法展在北京荣宝斋美术馆举办。该展览展出了贾起家书写毛泽东诗词、习近平总书记文艺座谈会讲话节录、民盟界别前辈诗句、金庸所作《香港赋》以及《贾起家行书兰亭序》、学书心得和一些古代诗人所作歌咏北京名胜、名景的诗句共计60余件作品。

（张燕鹰）

【欧阳江河、于明诠书法展】 7月15日—30日，由中国现代文学馆、北京师范大学、山东艺术学院主办，北京玉泉书院承办的“墨写新文学”——欧阳江河、于明诠书法展在中国现代文学馆举办。该展览集中展示了欧阳江河、于明诠的作品近百幅，体现了两位书法家对新文学、当代书法创作以及文学与书法之间关系的思考和探索。

（张燕鹰）

【《军魂颂》言恭达大草书法长卷展】 7月30日，由中国美术出版总社主办的“不忘初心　砥砺前行”——人民美术出版社纪念建军

90 周年文献展暨《军魂颂》言恭达大草书法长卷展在北京举行。言恭达创作的 32 米大草书法长卷《军魂颂》，以毛泽东、朱德、周恩来等党和军队领导人的诗词代表作为内容，表现了共和国军队缔造者们的伟岸志向、豪迈气魄与坚定信念。开幕式后，部分专家、学者又举行了“《军魂颂》言恭达大草书法长卷艺术研讨会”。配合该次展览，《军魂颂言恭达大草长卷》一书也同时出版发行。

（张燕鹰）

【“墨韵诗魂”——赵学敏二十四节气自作诗书展】 8 月 7 日—13 日，“墨韵诗魂”——赵学敏二十四节气自作诗书展在全国农业展览馆（中国农业博物馆）举办。“二十四节气”主题作品分为楷书和草书 2 个板块，每个板块的 12 件六尺和八尺条幅作品环绕着展厅内壁展出，24 首诗全部为赵学敏创作，五律、五绝、七律、七绝皆有，诗作以生动的语言把自然与环境、与人文、与生活、与传统融合；在手札形式的作品中，赵学敏的书法随性使转、不加修饰、信手提按、自由布局、浑然天成，构成 18 米长卷。

（张燕鹰）

【“鉴古开今”——军之魂主题书法作品展览】 9 月 6 日—27 日，为喜迎中共十九大的胜利召开，由中央军委政治工作部宣传局和中国书法家协会联合主办的“鉴古开今”——军之魂主题书法作品展览在北京 81 美术馆举办。展览分为“忠诚”“胜战”“正气”3 个篇章，从中国历代军旅诗词、革命先辈战斗诗词、中国军旅文化名言中拾金拈玉，展示了军队 20 位书法骨干创作的 136 幅书法作品。

（张燕鹰）

【郭立永诗文书法展】 10 月 14 日—22 日，由中共门头沟区委宣传部、门头沟区文联、永定河文化博物馆主办，门头沟书法家协会、北京翠岫云溪文化艺术有限公司承办的“喜迎十九大·墨韵大西山·情系永定河”郭立永诗文书法展在永定河文化博物馆举办。该展览展出的 80 余幅书法作品都是郭立永自己创作并书写的诗、词、赋作品，进行了“我手书我心”的艺术尝试。

（张燕鹰）

【“民族脊梁”——迎庆党的十九大全国书法大展】 10 月 16 日—30 日，由中国文联、中国书协、中国文学艺术基金会、中国国家博物馆共同主办的“民族脊梁”——迎庆党的十九大胜利召开全国书法大展在中国国家博物馆举办。展览展出赞颂中华民族杰出历史人物的书法作品百余幅。展览主办方组织专家、学者从中华民族 5000 年历史长河中遴选出 100 余位杰出历史人物及英雄群体，依据历史文献组织创作内容和人物小传，组织当代百余位书法家进行书写创作，最终呈现这部“民族脊梁”的史诗般群雕长卷。展出作品的作者，除知名书法家而外，还有半数来自基层。作品绝大多数采用丈二尺寸，风格各异，诸体俱全；展签上的“民族脊梁”传记全部由当代优秀中青年小楷书家书写，成为精美的书法小品，与大幅作品相互映衬而相得益彰。展出作品被中国国家博物馆永久收藏。

（黎　明）

【权希军师生书法作品展】 10 月 27 日—11 月 1 日，由中国书法家协会展览部主办的“崇德尚艺”——权希军师生书法作品在民族文化宫举办。此次展览共展出权希军及其学生洪雪竹、刘广运、侯少岩、霍云风、张测云、栾传益、佟岩林、吕建德、苏涛、董呈发、马天保、刘延福、杨金海、徐于群、王少林、谢智勇、张鲁家、许树才、徐俊、陈华、殷涛、王立新、豆万龙，共 24 人的书法、篆刻作品 130 余幅。

（张燕鹰）

【邢光辉书法展】 11 月 2 日—5 日，由北京文采中心、北京书法家协会共同主办的“不忘初心　牢记使命”——邢光辉书法展在北京市劳动人民文化宫举办。该展览共展出邢光辉创作的 100 余幅楷书、行书、隶书、甲骨文、金文书法作品。其篆生涩苍茫，笔性之松弛，刚中藏柔；其隶古朴雅致，笔意之随心；其楷雄浑厚重，中正大气；其草书自然流畅，飞动中带韵律；其章草率真，拙中见巧。

（张燕鹰）

【全国高等院校书法专业教师作品展】 11 月 16 日—12 月 3 日，由中央美院主办的“为中国画”——全国高等院校书法专业教师作品展在中央美院美术馆举办。展览汇集了全国 22 所高等院校书法专业教师的书法作品百余幅，同时以影像方式展示中央美院中国画学院书法系在校学生与历届毕业生的优秀作品，并特别展出了齐白石、黄宾虹、徐悲鸿、李苦禅等先辈名家的书法作品，旨在集中展现高等院校书法教育发展历程及现状，梳理当下书法教学、创作与研究的源流承变，在新时期加强校际书法教育学术交流。展览期间还举办了相关主题的学术研讨会与交流座谈会。

（黎　明）

【边保华书法作品展】 11 月 18 日—12 月 18 日，“用典之美”——边保华书法作品展在北京名家艺术馆隆重开幕并展出。该展览以“墨品用典之美、坚定文化自信”为主题，共展出书法家边保华精心创作的书法作品140余幅。

（张燕鹰）

【何绍基书法与湖湘传脉专题展】 2017年11月24日—2018年1月21日，由北京画院联合湖南省博物馆、中国国家图书馆、辽宁省博物馆、首都博物馆、重庆中国三峡博物馆、江苏省美术馆共同主办的“佳墨名楮纷相随”——何绍基书法与湖湘传脉专题展在北京画院美术馆举办。展览分为“且自低头诵经史（综合学养）”“池边写字师前辈（皆为我师）”“柔毫硬纸写无停（自成一家）”“蝯翁门下萃群贤（书传湖湘）”4个板块，汇集了该展7个主办机构涵盖书法、绘画、古籍、古印、诗册、日记等诸多品类的藏品近80件，展现清代著名诗人、画家、书法家何绍基（1799—1873）熔铸百家、开宗立派、独具风格的书法艺术，及其对后世书坛和湖湘文化的深远影响。

（黎　明）

【“深入生活　扎根人民”——当代书坛基层采风主题实践活动成果展】 11月28日—12月3日，由中国文联、中国书协、中国铁路文联主办，中国文学艺术基金会专项资金支持，中国文联书法艺术中心、中国铁路书协承办的“辉煌历史：‘一带一路’诗书万里行”暨“深入生活　扎根人民”——当代书坛基层采风主题实践活动成果展在中国文艺家之家展览馆举办。该展览展出作品是中国书协组织20余位当代书坛老中青知名书法家赴丝绸之路和海上丝绸之路沿线代表性地区进行采风实践的成果。展览展出自作诗文书法作品近百幅，诗词作品涵盖旧体诗、新诗、散文诗，书体囊括真、草、篆、隶、行五体。入选书法和诗词作品涵盖并观照了“一带一路”沿途书法遗存的艺术形式与风格。

（张燕鹰）

【“一带一路石油梦”于恩东书法实践展】 12月5日—10日，由中国书法家协会、中国文学艺术基金会、中国石油文联共同主办的“一带一路石油梦”于恩东书法实践展在中国文艺家之家展览馆举办。该展览展出的80余幅作品均是于恩东深入“一带一路”沿线，特别是远赴哈萨克斯坦，考察“一带一路”文化遗迹后创作形成的。展出的作品真、草、隶、篆、行五体皆妙，表现形式丰富多彩，如中堂、条幅、对联、扇面、斗方、条屏等。

（张燕鹰）

【沈门七子书法展】 12月9日—20日，由中国国家博物馆、中国国家画院联合主办的沈门七子书法展在中国国家博物馆举办。参展者王厚祥、刘京闻、龙开胜、周剑初、李明、张志庆、方建光均为中国国家画院开办的沈鹏课题班的优秀学员。该展览共展出书法作品81幅，沈鹏的3件作品与执行导师曾来德的1件作品也共同展出。

（张燕鹰）

【“至人之心，如珠在渊”篆刻艺术展】 12月16日—31日，由晏山堂主办的“至人之心，如珠在渊”篆刻艺术展在白塔寺胡同美术馆举办。展览展出黄晓东篆刻作品130枚，包括古玺、汉印、元朱文、肖形印等，比较全面地诠释了黄晓东的篆刻风格。

（张燕鹰）

【周鹏飞书毛泽东诗词书法展】 12月22日—28日，由中央党校图书馆、中国国际文化交流中心、文化部恭王府博物馆主办的“数风流人物还看今朝”——周鹏飞书毛泽东诗词书法展在中央党校档案馆举办。展览中展出周鹏飞书写的毛泽东诗词书法作品约50幅，其中一部分是根据人民文学出版社的终极版中39首诗词用毛泽东书体精心创作的。除了周鹏飞书写的毛泽东诗词之外，展览还展示了周鹏飞用毛体书法书写的中共十九大报告书法长卷部分作品。

（张燕鹰）

【纪念北京大学书法研究社成立100周年作品邀请展】 12月22日—31日，由北京大学主办，首都5所高校联合举办的“守望与传承”——纪念北京大学书法研究社成立100周年作品邀请展在北京大学全球大学生创新创业中心举行。北京大学、清华大学、中国人民大学、北京师范大学、首都师范大学、北京语言大学和北美四海书院的海内外书家参展，作者以中青年书家为主，该展览共展出书法作品100多幅。

（张燕鹰）

【“齐白石笔下的书法意蕴之二”专题展】 2017年12月22日—2018年2月28日，由北京画院联合辽宁省博物馆、湖南省博物馆、首都博物馆、重庆中国三峡博物馆和中央美院美术馆共同主办的“我生无田食破砚——齐白石笔下的书法意蕴之二”专题展在北京画院美术馆举办。展览分为“日洗砚池挥宿墨：临摹古今”“删去临摹手一双：胆敢独造”“眼昏看世不模糊：直书己意”“已卜余年见太平：创变不息”4个主题板块，汇集了国内6个重要的齐白石收藏机构的60余件（套）齐白石行、篆、隶、楷等多种字体的书法精品，追溯其书法艺术的发展、演变脉络。该展是北京画院自2015年推出的第二轮齐白石艺术专题系列展之一，在第一轮中，该院曾于2009年举办了“心诗自书——齐白石笔下的书法意蕴”展览。

（黎　明）

会　议

【中国书法家协会第七届主席团第五次会议在京召开】 3月1日，中国书法家协会第七届主席团第五次会议在北京召开，主席团全体成员出席会议，协会秘书长工作班子、有关直属单位、机关各部室负责人列席会议。会议传达学习了中国文联十届二次全委会会议精神和《关于实施中华优秀传统文化传承发展工程的意见》，审议通过《中国书协七届五次主席团会议工作报告》《中国书协2017年度工作要点》《中国书法家协会各委员会管理暂行办法》，研究讨论了第六届中国书法兰亭奖工作方案。

（张燕鹰）

【中国书法家协会2017年工作会议在京召开】 4月6日，中国书法家协会2017年工作会议在中国职工之家召开。2017年中国书协主席苏士澍，中国书协分党组书记、驻会副主席陈洪武，中国书协副主席毛国典、刘金凯、刘洪彪、孙晓云、张建会，中国书协分党组副书记、秘书长郑晓华，中国书协分党组成员、副秘书长曹建明、潘文海，以及来自全国各地的各团体驻会负责人员出席了会议。会上，曹建明宣读了《中国书法家协会2016年度工作总结》，潘文海宣读了《中国书法家协会关于表彰2017年元旦春节期间开展“送万‘福’进万家”公益活动先进集体和先进个人的决定》。郑晓华介绍了中国书法家协会2017年度工作要点。

（张燕鹰）

【北京书法家协会五届十三次理事会】 5月9日，北京书法家协会五届十三次理事会在北京市文联召开。北京市文联党组副书记、驻会副主席刘开阳，中国书协顾问、北京书协主席林岫，中国书协理事、北京书协驻会副主席、秘书长田伯平，北京书协副主席龙开胜、叶培贵、刘俊京、杨广馨、孟繁禧、胡滨、彭利铭、刘守安、丁嘉耕，调研员郭孟祥以及北京书协理事70余人出席会议。田伯平作题为《墨舞中国梦　笔歌民族魂》的北京书协2016年工作报告。林岫主持会议并作总结讲话。

（张燕鹰）

【中国硬笔书法协会第六次全国会员代表大会】 6月3日，中国硬笔书法协会第六次全国会员代表大会在全国政协礼堂召开，来自中国硬笔书法协会全国34个省级行政区的各级团体会员代表和优秀会员代表，新闻媒体近350人参加了会议。中国硬笔书法协会主席张华庆代表第五届理事会作题为《不忘初心　携手共进　传承中华文化　践行大书法》的工作报告。大会经过审议，以举手表决的形式通过了中国硬笔书法协会第五届理事会工作报告和《中国硬笔书法协会章程》修改报告。大会通过代表们投票选举，产生了中国硬笔书法协会第六届理事会、常务理事会；选举产生了中国硬笔书法协会第六届主席团；选举产生中国硬笔书法协会监事会；任命秘书长、副秘书长；聘请协会名誉主席、顾问和名誉理事。张华庆当选中国硬笔书法协会第六届主席。

（张燕鹰）

研　讨

【书法教育研讨会】 4月26日，由中国书法文化研究院、汉字认知与表现研究中心主办的“文脉书香”——书法文化主题作品展暨书法教育研讨会在首都师范大学举办。围绕欧阳中石提出的“作字行文，文以载道；以书焕采，切时如需”书学理念，及“文脉书香”之“文”与“书”的关系，专家、学者从文化、艺术、科技等各维度广开思路，对当下提出书法与文化关系的现实性以及如何解决等实际问题展开研讨。中国书法家协会分党组副书记兼秘书长郑晓华，北京语言大学党委书记李宇明，中国书法家协会理事、西泠印社副社长李刚田，《中国书法》杂志主编朱培尔，北京大学教授张辛，清华大学教授陈池瑜，北京师范大学艺术与传媒学院副院长甄巍，《中华书画家》杂志副主编张公者，荣宝斋《艺术品》杂志主编王登科，中国书法家协会行书委员会副主任王学岭等参加了研讨会。

（张燕鹰）

【“书法的物质性与历史研究”工作坊】 5月21日—27日，由北京大学人文社会科学研究院与浙江大学文化遗产研究院共同承办的“书法的物质性与历史研究”工作坊在北京、安徽举办。该活动主要以书法史的物质性研究为主题，以笔、纸等文具与文玩、装潢与修复材料等主题为切入点，进而探索其如何影响了艺术品的生成和呈现。5月21日—24日，在北京进行了会议讨论、实物观摩、书写交流等活动。5月25日—27日，与会学者在安徽泾县，考察当地的宣纸、墨与毛笔等文具的生产情况。

（张燕鹰）

【首期当代书法创作与评审工作专题研讨班】 6月12日—14日，由中国文联、中国书协主办的首期“当代书法创作与评审工作专题研讨班”在北京外国专家大厦举办。参加培训的43名学员大部分为来自长期工作在基层、近年来活跃书坛、成绩突出的中国书协第七届专业委员会委员。培训期间，中国书协有关领导以及书法理论家等分别就艺术的品评标准、展览评审机制的完善与实践、当代书法文化与审美、书法与文学、以展览为舞台的当代书坛、古今字体演变规律、近代美术化倾向对书法发展的影响等课题进行了解读分析，并与学员进行交流研讨，以帮助学员进一步了解全国性文艺评奖制度改革趋势和当代书法创作发展现状，提升审美品位与文化素养，熟悉中国书协的展览评审过程、具体要求、改革方向及注意事项，为日后工作打下坚实基础。

（张燕鹰）

【第二期当代书法创作评审及协会工作专题研讨班】 8月27日—30日，由中国文联、中国书协主办的第二期“当代书法创作评审及协会工作专题研讨班”在北京外国专家大厦举办，来自全国各团体会员单位的40名学员参加了培训。该期研讨班学员主要是各团体会员单位的驻会干部。培训期间，中国书协主席苏士澍作了“写好中国字，做好中国人”专题讲座。中国书协副主席、江西省书协主席毛国典，中国书协副秘书长潘文海，中国书协学术委员会副主任朱以撒，北京大学艺术学院院长王一川，分别就“如何做好协会工作”“展览评审机制的完善与实践”“当前书坛种种现象的思考与对策”“中国艺术的民族性特征及创造性转化发展”等议题做了专题报告，并交流研讨。为了倡导开展积极健康的艺术批评，培训期间，特别安排了2场创作交流互评会，通过学员个人创作思想陈述、同学互提批评意见、学术主持总结点评等环节，为学员创作诊断把脉，提供进一步改进创作的思路。中国书协分党组副书记、秘书长郑晓华全程参加培训并主持讲座。

（张燕鹰）

【文字学与当代高等书法教育学术研讨会】 11月9日，由中国艺术研究院美术研究所主办的“文字学与当代高等书法教育学术研讨会”在北京举行。来自中国艺术研究院美术研究所、首都师范大学甲骨文研究中心、清华大学出土文献研究与保护中心、中国古文字研究会、首都师范大学、郑州大学书法学院、吉林大学古籍研究所、北京语言大学中国书法篆刻研究所等知名书法研究教学机构的专家、学者，围绕高校书法教育中文字学课程的重要性与教学、文字学基础与书法篆刻创作、文字学与书法研究等主题，重点研讨了甲骨文和金文的书法价值、《说文解字》与书法、古文字书法的困境与出路、当代书法创作中的文字问题、书法创作中的简繁字等议题。

（张燕鹰）

活　　动

【北京书协开展“迎新春、送祝福”慰问活动】 1月4日—24日，北京书协开展了多场“迎新春、送祝福”慰问活动。北京市文联党组书记沈强，副书记刘开阳、程惠民和北京书协的书法家先后走进朝阳区朝外街道办事处、石景山苹果园街道办事处、通州区梨园镇大马庄村、大兴区礼贤镇东梁各庄村、昌平区流村镇古将村、右安门街道办事处等基层进行慰问，为当地群众写春联、送“福”字，奉献上最传统的“文化年货”。

（张燕鹰）

【《毛泽东印章鉴赏》出版】 1月，王本兴著的《毛泽东印章鉴赏》由北京工艺美术出版社出版。该书为16开，胶版纸印刷，共收集印章33方，有图片，有印蜕，图文并茂。根据这些印章的款识，记录了为毛泽东治印的篆刻家有包括曹立庵、谢梅奴、齐白石、钱君

北京市文联领导下基层送春联、送“福”字

匋、邓散木、刘博琴、傅抱石、吴朴堂、张樾丞、陈巨来、谈月色、石昌明、任小田、康殷、齐燕铭、柳玉昌在内的至少20人。

（张燕鹰）

【“清明怀远”2017年诗书歌咏会】 3月26日，由北京市文联、北京书法家协会、中国教育电视台共同主办的“清明怀远”2017诗书歌咏会在市文联小剧场录制完成。该活动分为隽永篇、理想篇、忠魂篇3个部分。朗诵艺术家殷之光、臧金生、李光烈、杜虹、朱琳等朗诵了《我骄傲，我是中国人》《丰碑》《血写的忠诚》《清明时节雨纷纷》等诗歌，首都书法家现场挥毫，用笔墨寄托对先贤的哀思。

（张燕鹰）

【2017中国文联、中国书协“送欢乐下基层”书法公益活动】 5月22日，由中国文联、中国书协、中国楹联学会、中共延庆区宣传部主办，中国文联书法艺术中心、延庆区文联承办的“2017中国文联、中国书协‘送欢乐下基层’书法公益活动”在延庆张山营西大庄科村举行。活动现场，书法家们挥毫泼墨，为大庄科村百姓书写迎接冬奥、歌颂文化发展、特色乡风民俗语句等内容的书法作品100余幅，并现场将所有书法作品无偿捐赠给当地政府和村民。

（张燕鹰）

【百名书法家将军走进雄安笔会】 6月18日，百名书法家将军走进雄安笔会在海淀区颐和山庄八方来集团书画院举办。老将军和业内知名书法家，创作出一幅幅或雄浑厚重，或飘逸灵动的书画作品，为国家设立并重点建设河北雄安新区抒情、抒写、抒怀。

（张燕鹰）

【北京书法大讲堂启动】 6月24日，为贯彻落实习近平总书记在文艺工作座谈会上的重要讲话精神，结合中国书法艺术最高专业奖项“第六届中国书法兰亭奖”评审，由北京书法家协会举办的北京书法大讲堂首讲在北京市文联小剧场启动。北京书协副主席孟繁禧担任首讲主讲，他讲座的题目是《寓静于动》——品读楷书动态之美。北京市文联党组副书记刘开阳、北京书协调研员郭孟祥以及各区书协和各行业协会的创作骨干、参与“兰亭奖”投稿的作者、爱好书法的学生等300余人参加了活动。

（张燕鹰）

【董凤树诗、词、书法作品集出版新闻发布会】 8月5日，由中国书画艺术院、北京天脉天成旅游规划设计院主办，品牌中国战略规划院协办，北京今川文化有限公司承办的“著名书法家董凤树诗、词、书法作品集出版新闻发布会”在北京举行。这是董凤树的第三本“大红袍”作品集，主要内容是董凤树把对时代的观察与思考、对人生现实的体验与感悟、对艺术的探索与传承，及对日益强大的祖国发自内心的赞叹与自豪，用诗词形制和书法艺术相结合的方式进行了呈现。各界领导、书法、企业、媒体领域及学生代表百余人参会，中央档案馆原馆长、国家档案局原局长杨冬权宣布中央档案馆将收藏董凤树为“一带一路”书写的诗词、书法作品。发布会现场举行了捐赠仪式。

（张燕鹰）

【抱云堂书院首期书法访学班】 8月18日—22日，抱云堂书院首期书法访学班在北京举办。来自北京、江苏、重庆、广东、陕西、安徽、河南、浙江、福建等地的30位书法家及书法爱好者参加了学习。学习期间，中国书协顾问言恭达教授主讲“当代中国书法审美自觉的哲学思考”；中国书协篆书委员会委员傅亚成、仇高驰主讲“篆隶临创旨要”及创作示范，并对学员作品进行逐一点评；中华诗词学会理事舒贵生主讲“诗词楹联创作”；清华美院博士后杨晓辉主讲“当代书坛的几种创作观念及其反思”。学习期间，书院还安排了学员到中国国家博物馆和北京石刻艺术博物馆进行了参访学习。

（张燕鹰）

【中华文化促进会篆刻艺术委员会在京成立】 9月4日，由中华文化促进会主办，中央数字电视书画频道协办，文促会篆刻艺术委员会承办的“中华文化促进会篆刻艺术委员会成立暨《四书五经佳句篆刻集》和佛教文化经典篆刻鸿著项目启动仪式”在全国政协礼堂举行。朱伟任篆刻艺术委员会主任。相关单位有关人员和文促会驻会工作人员及在京篆刻艺术爱好者近150人出席仪式。

（张燕鹰）

【“与大师面对面”高端文化艺术讲座】 9月15日，中国艺术研究院研究生院在学术报告厅为全院研究生进行了一场“与大师面对面”高端文化艺术讲座。主讲人是文化学者、著名书法家言恭达教授。在题为“书法文化的哲学意蕴与美学精神”的讲座中，言恭达从中国书法艺术的文化特质与哲学依据、思维形式与审美品格、美学精神与原理活化，以及当代书法的审美转型和文化自觉诸多方面，全面阐述了书法文化的本体价值，切实剖析了当今书坛艺术创作的现状，从而明悉了中国书法时代文化创造的路径及艺术创作旨要。

（张燕鹰）

【"技高一筹"北京市中小学书法教师擂台赛】 9月24日，由北京市文联、北京书法家协会主办，《水墨丹青》栏目组承办的"技高一筹"北京市中小学教师书法擂台赛决赛在石景山电教馆录制完成。参加决赛比拼的选手为：清华大学附属小学商务中心区实验小学段娜娜、昌平区燕丹学校田二丽、北京市八一学校杨义、北京市平谷中学张赟、北京师范大学奥林匹克花园实验小学王少凡。最终，王少凡获得总冠军，张赟获得亚军，段娜娜获得季军，田二丽和杨义分获第四名和第五名。

（张燕鹰）

【"永远的丰碑"第九届北京电视书法大赛决赛】 11月12日，由北京市文联、北京书法家协会、央视数字书画频道联合主办，北京翰墨清韵文化发展有限公司承办的"永远的丰碑"第九届北京电视书法大赛决赛在北京市文联剧场举行。该大赛共收到来自全国30个省、市、自治区的5716幅作品，其中，成人组3544幅，青少组2172幅。成人组和青少组各有12名选手进入总决赛。最终，青少组选手吴宇茜夺得金奖，张俊熙、董金洋获得银奖，田子瑶、伍思全、张紫宸获得铜奖，王羽良、王雪婷、尹博炀、冉世豪、杜易立、李弘毅获得优秀奖。成人组选手段颖越问鼎金奖，刘君君、芦玉龙获得银奖，杨树玉、韩宗捷、雷俊芝获得铜奖，王泽新、冯曰昆、孙冰霜、罗晓康、赵洪全、裴江获得优秀奖。

（张燕鹰）

【郭凯歌参访北京龙泉寺并赠书法作品】 12月21日，佛教界著名书法家、吉林延边朝鲜族自治州佛教协会副会长郭凯歌参访北京龙泉寺并向该寺赠送了《中国梦》《小楷宝塔心经》两幅书法作品。

（张燕鹰）

纪　　念

【佟韦逝世】 7月12日，书法家佟韦在北京逝世。佟韦（1929—2017），1929年生于辽宁省昌图县人，满族。原名佟遇鹏，笔名冬韦、冬人、冬青等。1946年在沈阳辽东学院中文系学习。1947年在天津东北大学生补习班学习。1949年2月在北京华北人民革命大学学习。同年6月，调到全国第一次文学艺术工作者代表大会筹委会工作；7月，任中国文联办公室秘书。1952年，任中国文联办公室负责人。后曾任职于文化部政治部政治工作研究处、北京图书馆党委办公室。1981年，任中国书法家第一次代表大会秘书长。1983年，任中国文联组联部主任。1987年，任中国书协党的领导小组组长。1990年，任中国书协分党组副书记、中国书协秘书长。1991年，当选为中国书协副主席。佟韦少年学隶，青年学草，中年以后定位于章草，参加国内外重大书展，在各地举办过多次书展，作品被国家博物馆、中国美术馆、中国文字博物馆、中国军事博物馆、国家图书馆等单位收藏。中国书法家协会曾授予他"中国书法艺术特别贡献奖"，中国文联曾授予他从事新中国文艺工作六十年荣誉证书与证章。

（张燕鹰）

【萧娴115周年诞辰遗墨展】 7月29日—8月6日，由中国美术馆主办，南京市求雨山萧娴纪念馆协办，江苏省委宣传部、江苏省文化厅、江苏省文联、南京市文化广电新闻出版局、南京市浦口区人民政府支持的"国家美术捐赠奖励与收藏系列展：书中有我——萧娴先生诞辰115周年遗墨展"在中国美术馆举办。展览分为"蜕阁生平""大笔豪情""博涉多优"3个板块，展出了20世纪中国著名女书法家、碑派书风代表人物之一萧娴（1902—1997）遗墨100余件，展现其精神历程和艺术成就。萧娴书法作品学术座谈会于展览开幕当日举行。展览期间，萧娴家属将其10件书法作品和1本印谱捐赠给中国美术馆。

（黎　明）

【纪念刘炳森八十周年诞辰作品暨文献展】 2017年12月22日—2018年2月23日，由中国文联、

"萧娴先生诞辰115周年遗墨展"在中国美术馆展出

全国政协书画室、故宫博物院和中国书法家协会联合主办，中国书法家协会中直分会承办的“紫垣秋草　翰墨人生——纪念刘炳森诞辰八十周年作品暨文献展”在故宫博物院武英殿举办。此次展览展示了刘炳森一生各阶段创作的最具典型意义的书画作品，其中有的作品曾多次参展，为社会各界书画爱好者所熟悉，有的作品尚属首次与观众见面。该展览还涉及内容翔实、品类丰富的图文资料与实物，包括“华文隶书”电脑字体的原形——刘炳森20世纪80年代所书的“汉字隶书字样”等。

（张燕鹰）

交　　流

【北大书法作品赴西班牙巡展】　6月26日—30日，由汉语国际推广工作办公室和西班牙格拉纳达大学孔子学院主办，北大校友书画协会协办的“翰墨绘丝路”北大书法作品巡展在西班牙格拉纳达、马拉加和瓦伦西亚三地依次开展。参展的40余幅巡展作品均为北大校友书画协会的师生们为书法巡展精心创作的。主题涵盖中国文化、西班牙文化、北大精神三个方面的内容。北大常务副校长吴志攀为巡展撰写序言，传递来自东方的友好问候；北大常务副校长柯杨书写“静生百慧虚容万物”；北大书法协会会长张振国教授书写《论语》句“与朋友交言而有信”、鲁迅的“北大是常为新的”；方建勋博士书写西班牙诗人洛尔迦的《哑孩子》节录“在一滴水中，孩子在找寻他的声音”；孟若愚博士书写胡适诗“我从山中来，带得兰花草。种在小园中，希望花开好……”书法作品闪烁着中国文化的神奇光彩，师生们用极简的黑白和笔画的造型向西班牙民众诠释古老中国的艺术追求及审美意趣，为西班牙民众打开了解中国的一扇窗。展览活动吸引了孔子学院学生和当地民众，互动环节中许多西班牙民众积极体验书写汉字的奇特感受。

（张燕鹰）

【“甲骨文记忆展”在澳大利亚举办】　7月27日，“传承与创新”——中国“非遗”文化周系列活动之“甲骨文记忆展”在悉尼中国文化中心开幕。该次展览特设“汉字密码——NICE Choice”文创产品展示单元及开幕式后的“纵横有象”——中国书法的视觉内涵专题讲座，进一步增添了活动的丰富性与互动性。“甲骨文记忆展”以展示殷商先人留下的珍贵文化遗产甲骨文为主题，通过图文并茂的展板，甲骨文复制品和拓片以及同时期的与甲骨文相关的历史文物仿真模型等多种形式，深入浅出地向澳大利亚民众展示中国古代文字甲骨文，中国文字的演变及文化的传承及发展。“汉字密码——NICE Choice”文创产品展示单元共展出30余件具有代表性的汉字文创作品，从不同角度对汉字和汉字文化进行解读与创新。悉尼市议员郭耀文等嘉宾以及澳大利亚汉学家、中国书法研究学者、中国传统文化爱好者等百余人出席了活动。

（张燕鹰）

【第33届成田山全国竞书大会暨中日友好青少年书法交流活动】　8月5日，第33届成田山全国竞书大会暨中日友好青少年书法交流活动在北京举行。日方参加交流笔会的14名学生是2017年日本全国书法竞赛的优胜者，中方参加交流的14名学生则来自北京市朝阳、海淀、东城等区的小学、初中及高中，最小的仅11岁。中日青少年学生同台挥毫书写，有的书写诗词名句，有的表达对未来的美好期盼。中日双方书法家还对学生们的作品进行了点评，鼓励两国青少年通过交流，切磋技艺，相互学习，领悟书法的真谛，将来成为传承书法艺术的栋梁。

（张燕鹰）

【“北京西城老字号谱系丛书”及篆刻艺术展】　8月21日—27日，由北京市西城区社会科学界联合会、深圳市宝安区文学艺术界联合会主办的“北京老号　印迹西城”——“北京西城老字号谱系丛书”及篆刻艺术展在深圳市宝安区群众文化艺术馆举办。该展览集中展示了书法家赵增福为西城区97家老字号企业集中创作的印章、印谱，印文以秦篆、汉印或元朱文等不同形式分朱布白，为老字号刊成异彩纷呈、各具特色的印文，以篆刻这一最中国化的艺术手法宣传展示中国特色的企业文化。同时展出的还有西城老字号谱系研究成果系列丛书，包括“北京西城老字号谱系丛书”(四册)、《传承与创新：老字号发展之路——北京西城老字号谱系研究文集》、《北京西城老字号印谱》和《北京西城老字号传承故事集锦》。

（张燕鹰）

【赵望进书法艺术展】　11月11日—15日，由中国书法家协会指导，山西省委宣传部、中国楹联学会、山西省文联主办，山西省书法家协会、山西书法院、山西省楹联艺术家协会、太原美术馆承办的赵望进书法艺术展在中国国家画院美术馆举办。该展览分“积步为学”“写心为道”“用世为归”3个部分，共展出了山西省书法家协会原主席赵望进各个时期的书法作品100余幅，包括条幅、对联、条屏、扇面、手卷、册页等多种形式，是赵望进书法的一次全景式、立体式展示。

（张燕鹰）

【深圳·宝安书法晋京展】 11月24日—29日，由深圳市宝安区人民政府主办，中共深圳市宝安区委宣传部、深圳市宝安区文学艺术界联合会承办的“南雁书声”——深圳·宝安书法晋京展在北京杏坛美术馆举办。该展览展出了76名参展者的105幅作品。其中包括25名特邀作者以及来自宝安的51名书家。参展作品以中共十九大精神、社会主义核心价值观、习近平总书记治国理政用典、体现深圳宝安人文历史的古今诗词文赋为主，具有多元化的艺术形式及多样化的艺术风格。

（张燕鹰）

【张良勋书法展】 12月15日—18日，由中国书法家协会、保利文化集团、安徽省文学艺术界联合会主办，安徽省书法家协会、保利艺术中心、保利艺术博物馆承办的“徽风国韵”——张良勋书法展在北京保利艺术博物馆举办。张良勋是安徽省第三届书协主席，该展览共展出了张良勋创作的书法作品一百余幅，包括中堂、条屏、横幅、斗方等多种表现形式，字体的大小、墨色的浓淡变化丰富。

（张燕鹰）

【严复书法特展】 2017年12月28日—2018年1月28日，由故宫博物院、福建省委宣传部联合主办，福建省文化厅、福建省文物局承办的“绎新籀古　光气垂虹”——严复书法特展在故宫博物院延禧宫举办。展览展出了福建博物院及福州市严复翰墨馆珍藏的严复临帖、信札、批注、对联、题赠、译著等珍贵文物百余件，展现了严复鲜为人知的书法造诣。

（张燕鹰）

摄　　影

【概况】 2017年是摄影蓬勃发展的一年，摄影事业也面临着新的任务和新的使命，结合北京的综合优势与地域特色，在中共北京市委、市政府及北京市文学艺术界联合会的领导下，北京摄影家协会要求协会会员及广大摄影工作者要“深入生活　扎根人民”开展创作，要勇于创新，勇于站在时代发展的前沿，不断挖掘、宣传北京深厚的历史文化资源。

2017年，中国摄影家协会、北京摄影家协会以及各个社会团体积极组织开展了一系列摄影活动。1月，由北京市委农工委、北京市文学艺术界联合会、北京摄影家协会、北京美丽乡村联合会主办的第七届“聚焦美丽乡村”摄影大赛作品展在中华世纪坛展出。2月，“2016全国铁路摄影艺术展”在中国摄影展览馆展出。3月，由北京摄影家协会、北京市对外友好协会、斯里兰卡中国社会文化合作协会共同举办的庆祝中国与斯里兰卡建交60周年“多彩北京”图片展在斯里兰卡首都科伦坡展出。4月，由中共北京市委宣传部、北京市政府新闻办公室主办，北京摄影协会、北京摄影爱好者协会、北京市人民对外友好协会等单位承办的第八届“爱北京　照北京”之“北京新气象”——群众摄影文化活动优秀作品展在首都博物馆展出。5月，北京摄影家协会举办的“五月·北京”主题摄影作品在线展览活动正式上线。6月，由中国新华通讯社主办，来自金砖国家的14个媒体参与的“金砖国家媒体联合摄影展”在中国国家博物馆展出。7月，由北京市文学艺术界联合会、天津市文学艺术界联合会、河北省文学艺术界联合会主办，北京社区文化促进会承办的“推动京津冀社区文化建设协同发展暨纪念建军90周年主题创作展览”在北京民族文化宫展出。8月，由中国文学艺术界联合会、中国摄影家协会主办，中国文联摄影艺术中心承办的第七届全国农民摄影大展在中国摄影展览馆展出。9月，中国摄影家协会第九次全国代表大会圆满完成各项议程，在北京闭幕。10月，由中华人民共和国文化部与北京市人民政府主办，中国艺术摄影学会、中国摄影家协会、中国图片集团、北京歌华文化发展集团共同承办的北京国际摄影周2017在中华世纪坛开幕。11月，由中央军委政治工作部宣传局和解放军报社联合主办的“强军路上新风采”——全军摄影展在中国人民革命军事博物馆展出。12月，全国摄影艺术展览60年精品回顾展研讨会在北京召开。

2017年，北京摄影界成绩突出，涌现了大批人才和佳作。北京摄影家协会领导班子把发现和培养人才工作作为繁荣发展北京摄影事业的基础性工作，壮大队伍，带动北京摄影事业的蓬勃发展，为北京全国文化中心建设做出更大贡献。

（吴赣生）

机　　构

【北京市旅游行业协会摄影分会】 1月11日，北京市旅游行业协会摄影分会成立暨首届会员大会在北京国际饭店举行。大会选举产生北京市旅游行业协会摄影分会首届理事会、监事会，理事会选举产生了会长、常务副会长、副会长、秘书长，监事会选举产生了监事长。其中，张桐胜任顾问主席团主席，王培贤任会长，李丽娜任监事长。会议期间，摄影分会会员单位的摄影作品还在国际饭店会议中心进行了展示。北京市旅游发展委员会委员方泽华、中国摄影家协会副主席张桐胜，16个区摄影家协会主席或负责人及近300名北京旅游业界的旅行社及旅游机构代表、北京摄影界的摄影工作者和摄影爱好者代表参加了大会。

（吴赣生）

【北京市成人教育学会摄影教育工作委员会】 3月23日，北京市成人教育学会摄影教育工作委员会在劲松职高常营校区成立。来自北京市各区教委、社区学院、社区教育中心、职业高中、农业广播电视学校及各区分校等数十个职业成人教育单位的负责人参加了委员会的成立活动。经北京市成人教育学会第六届理事会第六次会议推选，王志勇当选为该委员会理事长兼第六届理事会常务理事。中国成人教育协会常务副会长张昭文和北京市教委职业教育与成人教育处处长王东江共同为摄影教育工作委员会揭牌。

（吴赣生）

【无人机摄影专业委员会】 5月7日，中国新闻摄影学会在北京宣布成立无人机摄影专业委员会。该专业委员会经由中国记协批准，旨在无人机新闻摄影理论研究、技术推广、规范发展方面发挥作用。该委员会主任为中国新闻摄影学会副秘书长、中国航空摄影家协会副主席牟健为；新华社高级记者王建华任执行主任；北京航空航天大学宣传部部长谭华霖博士，新浪网图片主编翟红刚，蓝天飞扬运营总监杨诺，北京德恒律师事务所主任王丽博士，中国（上海）新闻航拍联盟创始人、资深媒体人钮一新5人被聘为无人机摄影委员会首批专家委员。来自新闻媒体、无人机研发制造、航拍摄影应用等方面的近百名专家、代表参加了成立仪式，无人机生产企业大疆创新科技有限公司派代表到场祝贺。

（吴赣生）

展览

【第六届全国农民摄影大展】 2016年12月22日—2017年1月15日，由中国文学艺术界联合和中国摄影家协会主办的第六届全国农民摄影大展在中国摄影展览馆展出。展览展出的125幅摄影作品是从收到的21368幅来稿中精选出来的。第六届全国农民摄影大展以“决胜全面小康　聚焦‘三农’发展”为主题。展览开幕式结束后，主办方还举行了主题为“新农村影像十周年”的摄影研讨会。

（吴赣生）

【“聚焦美丽乡村”摄影大赛作品展】 1月6日—13日，由北京市委农工委、北京市文学艺术界联合会、北京摄影家协会、北京美丽乡村联合会主办的第七届“聚焦美丽乡村”摄影大赛作品展在中华世纪坛展出。展览展出了100余幅摄影作品。此次大赛共收到投送的作品近万幅，经过北京摄影家协会专家评选评出了风光、纪实、人物3类、69幅获奖作品，其中特等奖1幅、一等奖3幅、二等奖6幅、三等奖9幅、优秀奖50幅。

（吴赣生）

【“十三五”开局之年的首都文化事件特展】 1月10日—15日，由信文化研究院、北商研究院、新闻大厦艺术馆、北京首博文化发展有限公司联合主办的“记录2016”——“十三五”开局之年的首都文化事件特展在首都博物馆展出。展览展出的60幅图片将发生在2016年群众熟悉的、错过的那些文化事件通过展览展示在观众视野中，引导观众重拾2016年的记忆。展览设置“文化地图”“文化人物”和“致敬大师”三大板块，通过时间与空间的概念对中外文化名人以及分布在北京的重要文化场所进行了展示。

（吴赣生）

【关爱自闭症儿童公益影展】 2月22日—28日，由蜂鸟网举办的“给哭喊一个微笑”——关爱自闭症儿童公益影展在北京798艺术园区蜂鸟圣点影像艺术空间展出。展览展出了80余幅摄影作品，这些作品是从由蜂鸟网携手20余位摄影师，历时一年拍摄的13000余张照片中遴选出来的。展出的每一张照片都见证了这群“星宝”们从孤独封闭、哭喊吵闹到与志愿者们沟通、互动和交流的过程。蜂鸟网希望用大众影像推动更多社会公益活动的开展。

（吴赣生）

【北京新机场建设进程纪实图片展】 2月23日，由北京摄影家协会举办的“筑梦新机场，聚焦建设者”——北京新机场建设进程纪实图片展在北京摄影家协会网站展出。展览展出的30余幅摄影作品是摄影家何慷民用摄影镜头记录下的新机场“成长”历程。其中，有以工地为家的工程师，有高空作业的建筑工人，还有热火朝天投入工作的钢坯切割工等人的身姿。这些作品为新机场建设进程留下了珍贵的图片资料。

（吴赣生）

【2016全国铁路摄影艺术展】 2月23日—28日，由中国铁路文学艺术界联合会、中国铁路摄影家协会主办的“2016全国铁路摄影艺术展”在中国摄影展览馆展出。展览展出的161幅摄影作品分为纪录类和艺术类，是在全国各铁路局举办的摄影展、摄影比赛所收集到的1800余幅优秀作品的基础上精选出来的，这些作品记录了一代代铁路人建设、发展铁路的风采。经过摄影界权威人士评选，评出一等奖5幅、二等奖10幅、三等奖15幅。

（吴赣生）

2016全国铁路摄影艺术展在中国摄影展览馆展出

【许培武摄影展】 2月28日—4月20日，由文化部恭王府管理中心主办的恭王府影像艺术系列展“李白诗行”——许培武摄影展在北京恭王府多福轩影像艺术展厅展出。展览展出的50余幅作品均为摄影家许培武拍摄，照片首次采用银盐作品与李白诗词相结合的展览形式展出，同时展出的还有16米长景的李白诗歌地理分布图及数百幅李白诗行的影像视频。

（吴赣生）

【陈履生摄影展】 3月16日—4月1日，由中国摄影出版社、山水文园美术馆主办，柬埔寨驻中国大使馆为后援的“吴哥之梦”——陈履生摄影展在山水文园美术馆展出。展览展出的140幅作品是从摄影家陈履生2016年10月考察柬埔寨博物馆和文化遗迹时所拍摄的6000余张照片中精选出来的。“吴哥之梦”集中表现了吴哥王朝建筑群遗迹的现状。

（吴赣生）

【“我看博物馆”摄影大展】 3月19日—5月22日，由北京市文物局、北京博物馆学会主办，北京博睿中天文化发展有限公司协办的“我看博物馆”——镜头中的文物与科技摄影大展在首都博物馆地下一层水景庭院东侧展厅展出。展览展出了90幅获奖作品，这些获奖作品是从收到的近1500幅投稿作品中评选出来的，大展评出一等奖3名、二等奖9名、三等奖30名、佳作奖48名。

（吴赣生）

【“乡愁·中国”主题摄影展】 4月1日—24日。由北京出版集团、首都博物馆主办，京版梅尔杜蒙（北京）文化传媒有限公司协办的“乡愁·中国”主题摄影展在首都博物馆展出。影展从100个传统村落中选出最具代表性的20个村落，共100幅摄影作品，用图片展示了每个村落的历史底蕴、传统建筑、风土人情。同时由北京出版集团策划出版的同名10卷本《乡愁·中国》画册与观众见面。

（吴赣生）

【逄小威摄影作品展】 4月8日—18日，由国家大剧院主办的“中国京剧”——逄小威摄影作品展在国家大剧院北水下廊道东展览厅展出。展览展出的百余位京剧人物的肖像是摄影家逄小威使用8×10英寸大画幅彩色胶片拍摄，通过运用缤纷的色彩语言，充分展示出生、旦、净、丑各行当演员各具特色的扮相妆容，真实记叙了京剧演员们传承国粹的粉墨人生。

（吴赣生）

【映·纪实影像奖获奖作品展】 4月15日—5月13日，映画廊十周年庆典暨首届映·纪实影像奖颁奖典礼在北京798艺术区映画廊举行。映画廊成立于2007年4月，至2017年为止，已经举办了上百次展览。由映画廊策划、中国民族摄影艺术出版社出版的“摄影新批评丛书”，以及由映画廊策划出版的高端影像杂志《像素》陆续面世。2017年，映画廊推出了首届映·纪实影像奖，最高大奖奖金额达20万元。十周年庆典当日，首届映·纪实影像奖获奖作品展开幕，展览展出了10位获奖摄影师的纪实影像作品。

（吴赣生）

【古董相机收藏展】 4月22日—9月9日，由中国摄影展览馆主办的路万江古董相机收藏展在中国摄影展览馆展出。展览展出了路万江收藏的60余台古董相机，这些相机大都出品于19世纪，形制多样，几乎涵盖展现了19世纪照相机发展的全过程。展品包括木制滑箱相机、木制皮腔相机、全金属相机、异型相机等。展品展现了摄影技术从银版、湿版、锡版到干版等几个主要的演进阶段，是一部凝固的摄影发展史。

（吴赣生）

【“爱北京　照北京”群众摄影文化活动优秀作品展】 4月28日—5月21日，由中共北京市委宣传部、北京市政府新闻办公室主办，北京摄影协会、北京摄影爱好者协会、北京市人民对外友好协会等单位承办的第八届“爱北京　照北京”之

"北京新气象"——群众摄影文化活动优秀作品展在首都博物馆展出。展览展出的219幅(组)照片分为"新·城市""富·活力""淳·韵味""悦·生活"4个部分，集中展现了北京的新发展、新成就。

(吴赣生)

【邓维四联张影像素材系列摄影展】 4月28日—5月14日，由中国摄影展览馆主办的"匆匆10年 随行随纪"——邓维四联张影像素材系列摄影展在中国摄影展览馆展出。展览展出了50组、200幅摄影作品，摄影家邓维将其10年来拍摄的寻常百姓的家长里短、喜怒哀乐，城市乡村的大小变化以四联张的方式展现给观众。

(吴赣生)

【肖全摄影展】 4月28日—5月21日，由中国民生银行、北京民生现代美术馆主办的"我们这一代：历史的语境与肖像"——肖全摄影展在民生美术馆展出。展出照片由人像摄影家肖全拍摄，此次展出的照片也是对中国50—60年代出生的知名文化艺术界人士进行影像建档。

(吴赣生)

【"飞翔的精灵"摄影展】 5月3日—28日，由昌平区文化委员会主办的"飞翔的精灵"——张号个人鸟类生态摄影展在昌平区图书馆四楼书画展厅展出。展览展出的近百幅鸟类摄影作品涉及70余种鸟类，照片集中展示了鸟类物种的缤纷多样。

(吴赣生)

【"丝绸之路"主题影像展】 5月5日，由京港地铁M地铁·影廊项目与新华社新媒体中心举办的主题为"@所有人 看路，看世界"的2017"丝绸之路"主题影像展在地铁4号线宣武门站展出，同时，一列丝路专列从5月5日起开始在4号线及大兴线上运行。图片展示了陕西省、甘肃省、宁夏回族自治区、新疆维吾尔自治区、中国香港、伊朗、土库曼斯坦、乌兹别克斯坦、哈萨克斯坦、土耳其、荷兰、意大利等地的风景、建筑、人文美食、历史变迁、现代发展，给乘客带来别样的文化体验。

(吴赣生)

【"一带一路"历史建筑摄影·手绘艺术展】 5月6日—6月30日，由中国建筑学会、北京建筑大学主办，米兰理工大学、北方工业大学、中艺影像学校、雅昌影像协办的"一带一路"历史建筑摄影·手绘艺术展在中国建筑大学大兴校区图书馆展出。展览展出了历史建筑摄影作品162幅(包括国内建筑摄影作品91幅，国外建筑摄影作品71幅)，建筑手绘作品90幅。作品从不同的角度展现了"一带一路"沿途国家的历史建筑风貌和文明成果，涵盖俄罗斯、哈萨克斯坦、亚美尼亚、意大利、法国、越南、缅甸、印度等国家。

(吴赣生)

【"美丽北京 文明有我"摄影征集作品展】 5月9日—16日，由首都文明办与《北京晚报》、北京市公园管理中心共同主办的"当好东道主 文明北京人——美丽北京 文明有我"摄影征集作品展在玉渊潭公园百米公益影廊展出。展览展出了近200幅照片。

(吴赣生)

【"一带一路"国际星空摄影展】 5月10日—7月18日，由北京天文馆、无国界天文学家组织(AWB)主办，夜空下的世界(TWAN)承办的"丝路星空"——"一带一路"国际星空摄影展在北京天文馆A馆展出。展览展出了来自37名中外摄影师的56幅星空摄影作品，作品覆盖38个国家和地区，展现了"一带一路"各个国家之间的自然风光与历史建筑，即独特的星空文化。

(吴赣生)

【"一带一路"摄影展】 5月15日—21日，由西城区文学艺术界联合会主办，西城区摄影家协会承办，西城区第一、第二文化馆协办的"回顾与发现"——"一带一路"摄影展在西城区第一文化馆展出。展览展出摄影作品140幅，照片以反映具有地域特点的文化遗址、交通要塞、民俗风情、建设与发展等内容为主。展览回顾了古丝绸之路上的古老文明及建设中的变化与辉煌、历史与未来。照片由西城区摄影协会副主席夏冬领队，与摄影家张德文、余厚民、周旭东、李岩、朱天纯、苏建华、赵辉历时10天，行程5000公里拍摄而成。展出的照片中还有陕西省、宁夏回族自治区、青海省和福建省泉州市等地摄影家的部分作品。

(吴赣生)

【全国第七届"小企业贷款"摄影大展作品展】 5月18日—6月1日，由包商银行主办、大众摄影杂志社承办的"包商银行杯"全国第七届"小企业贷款"摄影大展作品展在北京西站南文化广场展出。该届"小企业贷款"摄影大展历经5个月的征稿，共收到48000幅(组)作品。最终有10多个类别的100幅作品展出。

(吴赣生)

【第十三期图片漂流摄影展】 5月20日—6月2日，由中国文化旅游摄影协会主办的"一花一世界"——第十三期图片漂流摄影展在北京银谷艺术馆展出。展览展出了50幅摄影作品，展出作品是从征集到的近6000幅摄影作品中精选出来的。

(吴赣生)

【“五月·北京”主题摄影作品在线展】 5月23日，为纪念毛泽东《在延安文艺座谈会上的讲话》发表七十五周年，北京摄影家协会“五月·北京”主题摄影作品在线展览活动正式上线。该次在线摄影作品展共展出了百余幅图片，作品选自北京摄影家协会“五月·北京”主题摄影活动，内容涉及北京城市发展、经济进步、社会生活及文化民俗等领域。

（吴赣生）

【国家级海洋保护区摄影展】 6月6日—12日，由国家海洋局生态环境保护司联合中国海洋报社、王府井地区建设管理办公室、国家海洋局宣传教育中心与中国海洋摄影家协会联合举办的“国家级海洋保护区摄影展”在北京王府井商业步行街展出。该图片展共展出由国家海洋局主管的77个国家级海洋保护区的代表性图片。

（吴赣生）

【高帆、牛畏予摄影回顾展】 6月8日—18日，由中国美术馆主办的中国美术馆捐赠与收藏系列展“光影人生”——高帆、牛畏与摄影回顾展在中国美术馆展出。展览精选了老摄影家高帆、牛畏予摄影艺术生涯各时期代表性作品100余幅。展出的作品分为5个部分，即：“他从太行来——高帆战争时期摄影”“平生只负云山梦——高帆新中国时期摄影”“女性风华——牛畏予女性题材摄影”“时代风貌——牛畏予肖像题材摄影”“边疆山河——牛畏予边疆题材摄影”。

（吴赣生）

【“顺义人”主题摄影展】 6月11日—20日，由顺义区摄影家协会主办的“顺义人”主题摄影展在顺义区档案馆展出。展览展出了95幅摄影作品，展现了当今顺义人的风采、风貌，展示了顺义区摄影家协会会员们的拍摄成果。

（吴赣生）

【张苗、姜小亮、王焰专题摄影作品展】 6月16日—7月14日，由中国摄影画廊主办的“跨界”——张苗、姜小亮、王焰专题摄影作品展在中国摄影画廊展出。展览展出了66幅摄影作品。张苗是首都医科大学附属北京安贞医院原神经内科主任、教授，为神经内科专家；姜小亮是电影配音导演；王焰是北京儿童艺术剧院国家一级导演，现为王焰儿童戏剧工作室导演、独立制作人。

（吴赣生）

【大学生公益摄影作品展】 6月23日—7月6日，由中国摄影家协会、北京电影学院和北京国际摄影周组委会主办，中国摄影展览馆、中国摄影家协会教育委员会和北京电影学院摄影学院承办的“深入生活　扎根人民”——大学生公益摄影作品展在中国摄影展览馆展出。展览展出的200余幅摄影作品全部由在校大学生拍摄，作品关注的是大学生志愿者群体及他们积极参与的公益活动。

（吴赣生）

【北京胡同影像联展】 6月24日—7月2日，由一派胡同主办的“借壁2017”——北京胡同影像联展在主场北京视觉经典美术馆和分场27院儿展出。展览展出了摄影家、摄影人沈延太、王长青、贾勇、张海佩、王坚、徐勇、由甲[德]、白皓、刘铮拍摄的有关北京胡同的作品。展览展出作品百余幅，时间跨度达40年。展览期间，还举办了“北京的门墩”“我的拍记故事——转瞬即逝的北京胡同风情”“北京的胡同、四合院、王府的拍摄与实践”“北京的门”4场不同主题的讲座。

（吴赣生）

【密云区第一届摄影展】 6月26日—30日，由中共密云区委宣传部、密云区文学艺术界联合会、密云区教育委员会共同主办，密云区摄影家协会和密云区青少年宫承办的迎接中共十九大·砥砺奋进的五年——“密云聚焦·影像家乡”庆祝香港回归20周年密云区第一届摄影展在密云区青少年宫展出。展览展出了120幅摄影作品。

（吴赣生）

【门头沟红色文化摄影展】 6月30日，由中共门头沟区委宣传部、门头沟区文联、门头沟区档案史志局、门头沟区摄影家协会共同举办的“纪念全民族抗战爆发80周年”——门头沟红色文化摄影展在门头沟区档案局展出。展览展出的80幅摄影作品分为“抗战烈火”“侵华罪行”“永远缅怀”3个部分。第一部分35张照片反映的是八路军在京西开展工作，抗战时曾经的指挥所、联络站、政权所在地，与日军激战场所等红色遗址；第二部分18张照片反映的是日军侵华期间修建的军事设施、烧毁的民房、大屠杀等遗址；第三部分27张照片反映的是为纪念抗战英烈，在门头沟区建立的烈士纪念碑、烈士纪念馆、烈士纪念园等场所。

（吴赣生）

【摄影家“深入生活　扎根人民”作品展】 7月3日—6日，由中国文学艺术界联合会、中国摄影家协会主办的“向人民汇报”——摄影家“深入生活　扎根人民”作品展在中国文艺家之家展览馆展出。展览展出的100余幅摄影作品出自10位摄影家近一年多来拍摄的10组新创作的作品，其中包括岱天荣拍摄的“直击‘中部铁拳·勇士’竞赛”、穆可双拍摄的“冬极哨所”、郭晨拍摄的“毛坦厂中学”、沈遥拍摄的

"船台进行时"、王振成拍摄的"武都高山戏"、谷鹏羽拍摄的"北京新机场"、康昊拍摄的"负二楼的诗"、黄孝邦拍摄的"贫困山区小学脱贫记"、卢北峰拍摄的"美在银川"、潘永强拍摄的"拐点"。

（吴赣生）

【"天文"——图片漂流首展】 7月8日—21日，由中国文化旅游摄影协会、清华大学校友摄影协会主办，清华大学学生天文协会、北京高校天文协会联盟等协办的首届高校摄影季"天文"——图片漂流首展在清华大学图书馆北馆展出。展览展出了50幅优秀星空摄影作品。图片漂流展得到众多天文摄影爱好者及专业人士的支持和参与。

（吴赣生）

【"发展新成就、人民获得感"专题图片展】 7月15日—25日，由中国文化旅游摄影协会主办的"发展新成就、人民获得感"专题图片展在北京集典美术馆举行。展览展出的100幅摄影作品是从收集到的约6000幅作品中甄选出来的。

（吴赣生）

【首届冯海师生商业摄影作品展】 7月25日—31日，由东方视线影视教育机构、北京冯氏兄弟摄影有限公司联合主办的"视觉·价值——2007"首届冯海师生商业摄影作品展在朝阳区工体北路4号（北京机电院）冯氏兄弟摄影机构教学区展出。展览展出了冯海摄影学校师生30多人、70多幅摄影作品，作品涉及人像、产品、空间等多个商业摄影领域。

（吴赣生）

【赵建伟军事摄影作品展】 7月25日—8月5日，由中国新闻摄影学会主办，北京国艺光影文化传播公司承办，中国国家公园网和北京北海公园协办的赵建伟军事摄影作品展在北海公园展出。展览展出了摄影家赵建伟拍摄的46幅反映人民军队在建设、改革的历史进程中的军人形象。

（吴赣生）

【首届中国航天员飞天摄影作品展】 7月26日—9月3日，由新华通讯社、中国载人航天工程办公室主办，北京天文馆承办的"中国梦·航天梦"——首届中国航天员飞天摄影作品展在北京天文馆A馆东展厅展出。展览展出了中国航天员在太空拍摄的作品近百幅，这些照片中，既有中国人在太空的第一张自拍照，也有航天员高空俯瞰地球的各种大片，均以航天员的视角，展现了航天员的太空工作、生活场景，并利用VR、AR技术还原飞船内部结构，增强体验感，让参观者对中国载人航天领域有更加直观、全面的了解。

（吴赣生）

【"镜头里的人民军队"摄影展】 7月30日—8月21日，由中国文学艺术界联合会和中国摄影家协会主办，中国摄影杂志社承办的"镜头里的人民军队"——庆祝中国人民解放军建军90周年摄影展在中华世纪坛中国摄影展览馆展出。影展展出的90幅摄影作品展现了人民军队在不同历史时期的军人风采。

（吴赣生）

【当代中国"两弹一星"事业图片巡回展首展】 8月1日—8月7日，由中国拥军优属基金会、中华人民共和国国史学会主办，中国拥军优属基金会国防教育发展基金管理委员会、中华人民共和国国史学会两弹一星历史研究分会承办的庆祝中国人民解放军建军90周年暨中国首次氢弹试验成功50周年"大国丰碑"——当代中国"两弹一星"事业图片巡回展北京首展在北京民族文化宫展出。展览展出的400多幅标志性瞬间的照片，从中国"两弹一星"半个多世纪的历史影像中展现出一副完整的"两弹一星"历史画卷。

（吴赣生）

【"最美老人"摄影艺术展】 8月4日，由中国社会福利与养老服务协会、中福长者文化传媒有限公司联合举办的首届"中福杯""最美老人"摄影艺术展在北京国家会议中心第六届中国国际养老服务业博览会文化展区展出。展览展出的100幅摄影作品展现了当代老人丰富多彩的生活画面和精神风采。作品经专家进行评审，评选出李春辉的《一生的守护》、周湘的《退而不休》2幅摄影作品为一等奖，刘迎春的《老球星》、王江华的《乐在其中》、赵东义的《盛世欢歌》、陈水和的《乡村摄影师》、蒋平的《咱村的杨家女将》5幅摄影作品为二等奖，《人生三部曲》《老顽童》《年高帽也高》《巧匠》《掏耳朵》《我们这一辈子》《手工雕刻》《笑谈人生》《彝族老人》《油布伞制作》10幅摄影作品为三等奖，赵惠祥的《套马汉子》等83幅摄影作品为入围奖，中国社会福利与养老服务协会会长冯晓丽等协会领导分别为一、二、三等奖获得者颁发了奖状。

（吴赣生）

【"中国大运河"主题摄影作品在线展览】 8月16日，北京摄影家协会举办了"中国大运河"主题摄影作品在线展览，展出的作品是从《中国大运河摄影作品》画册中精选的由8个省、市的摄影家拍摄的60幅摄影作品（北京地域作品选自北京摄协历年摄影展览）。通过这些作品，展现了千年运河的时代风貌。

（吴赣生）

【沙飞的艺术·理念·行动展】 8月18日—9月26日，由北京画院主办、北京画院美术馆承办的“光影岿然”——沙飞的艺术·理念·行动展在北京画院美术馆展出。展览展出的百余幅作品全部由沙飞之女王雁提供，展览分为“黑白影社”“视线转移”“聚焦抗日”3个板块，展现了艺术家在不同历史时期对摄影功能的阐释。展览以“沙飞的行动”为切入点，串联起沙飞在各个时期的艺术理念与摄影创作，多维度地呈现了沙飞的艺术人生和成就。

（吴赣生）

【“大国重器”摄影展】 8月19日—30日，由中国文学艺术界联合会、中国摄影家协会主办，中国摄影杂志社承办的“大国重器”——迎接党的十九大胜利召开摄影展在民族文化宫展览馆展出。展览展出了90幅摄影作品。

（吴赣生）

【第七届全国农民摄影大展】 8月25日—9月7日，由中国文学艺术界联合会、中国摄影家协会主办，中国文联摄影艺术中心承办的第七届全国农民摄影大展在中国摄影展览馆展出。展览展出的149幅（组）摄影作品是从收到的673位作者投送的18523幅（组）作品中遴选出来的。

（吴赣生）

【“中国梦”影像公益广告主题展览】 9月8日—10月8日，由中国摄影家协会主办，北京国艺光影文化传播有限公司承办，北京市玉渊潭公园管理处协办的“中国梦”影像公益广告主题展览在北京市玉渊潭公园展出。

（吴赣生）

【张耕畦摄影艺术展】 9月10日—10月6日，由尚8国际艺术中心主办，北京天下摄影有限公司承办的“读马”——张耕畦摄影艺术展在北京尚8国际艺术中心展出。展览展出了30余幅摄影作品，作品内容以马文化元素为基础，涵盖竞技类、自然类等。

（吴赣生）

【全国各民族人民的幸福生活摄影展】 9月15日—25日，由中国文学艺术界联合会摄影艺术中心主办的喜迎十九大“党在我心中”——全国各民族人民的幸福生活摄影展在北京民族文化宫展出。展览展出的156幅摄影作品展现了43个民族不同的习俗和幸福生活，展出作品是从专家评委们收到的7000余件来稿中精选出来的。

（吴赣生）

【“享，往远方”摄影主题展】 9月28日—11月30日，由策展人丁晓洁策展的“享，往远方”摄影主题展在位于前门大街中心位置的标致大道展出。展览展出了女摄影师水冬青从2010年至2016年拍摄的近20幅摄影作品，作品的拍摄跨越春、夏、秋、冬四个季节，展示出水冬青用镜头所记录的贵州省、新疆维吾尔自治区、内蒙古自治区、青海省、西藏自治区等多处山水图景与人文景观。

（吴赣生）

【解海龙纪实摄影30年摄影展】 9月29日—11月29日，由文化部恭王府博物馆主办的“在希望的田野上”——解海龙纪实摄影30年摄影展在恭王府展出。展览展出了摄影家解海龙30年来创作的摄影作品和珍贵影像资料200余幅。期间，解海龙向文化部恭王府博物馆捐赠了2幅由他拍摄的希望工程系列题材的摄影作品。

（吴赣生）

【“美在玉渊潭”摄影展】 10月11日—2日，由北京国际摄影周2017组委会、市公园管理中心共同主办的“喜迎十九大　美在玉渊潭”——北京国际摄影周2017特别展区系列活动摄影展在玉渊潭公园展出。展览展出了300余幅摄影作品，其中有反映幸福和谐家庭生活的“最美时刻”，也有体现社会公益力量的“光影助学工程”。

（吴赣生）

【北京人纪实摄影展】 10月12日—17日，由北京市文学艺术界联合会、北京摄影家协会主办的“喜迎十九大”——北京人纪实摄影展在首都图书馆B座一层展厅第一展馆展出。展览展出的300余幅摄影作品展示了北京历史、经济、社会、文化的横切面。

（吴赣生）

【首届北京青年摄影大展】 10月12日—15日，由北京市文学艺术界联合会、北京摄影家协会主办的“我们的时代”——首届北京青年摄影大展在首都图书馆B座一层展厅第二展馆展出。共有60位优秀青年摄影人的作品入选参展。

（吴赣生）

【“新时代　新女性”摄影作品展】 10月13日—22日，由中国女摄影家协会主办的“新时代　新女性”摄影作品展在中华世纪坛一层西侧展厅展出。展览展出了从多个角度反映当代中国女性状态的40幅摄影作品。

（吴赣生）

【航拍中国摄影展】 10月13日—22日，由中国新闻摄影学会、北京国际摄影周组委会、光明网联合主办，北京航空航天大学、中国新闻摄影学会无人机摄影专业委员会承办的“辉煌的五年”——“喜迎党的十九大·航拍中国”摄影展在中华世纪坛和广场展出。展览展出的100余幅航拍作品是从收到的万余幅图片中精选出来的，摄影展由“外交盛世”“城市发展”“经济社会”“航空航天”“交通运输”“生态文明建设”“国防科技”“旅游产业”8个板块组成。

（吴赣生）

【贾育平摄影个展】 10月14日—11月14日，由策展人那日松策展的“芳华年代——那些挂历上的姑娘”贾育平摄影个展在798艺术区映画廊展出。展览展出了81岁的老摄影家贾育平在二十世纪八九十年代拍摄的部分挂历照片、原版挂历，以及照片底片、原版杂志、拍摄器材、拍摄道具等实物。

（吴赣生）

【刘立宏摄影展】 10月21日—12月21日，由策展人杨小彦策展的“风物一城”——刘立宏摄影展在朝阳区草场地红一号院希帕画廊展出。展览展出了摄影家刘立宏近些年最新创作的摄影作品《松》（2013—2016）、《溪山图》（2017），以及单屏录像、影像静帧作品《体育馆—万象城》（2005—2012）等。

（吴赣生）

【国家民委系统书画摄影展】 11月2日—6日，由国家民委直属机关党委、直属机关工会主办，民族文化宫、中国民族报社承办的“庆祝党的十九大·同心共筑中国梦”——国家民委系统书画摄影展在民族文化宫展出。展览展出了318幅作品，其中，书法作品99幅，绘画作品69幅，摄影作品150幅。

（吴赣生）

【“天使的微笑”儿童慈善摄影展】 11月2日—12月1日，由舞蹈家刘岩发起的，中国文学艺术基金会刘岩文艺专项基金与央视（北京）娱乐传媒有限公司共同主办的第五届“天使的微笑”儿童慈善摄影展在北京比如世界展出。展览展出的110余幅摄影作品是由专业摄影家拍摄和从社会各界投稿的作品中产生的，摄影作品秉承了“天使的微笑”这一主题，展现了孩子们生活中的美好瞬间。该次展览获得北京文化艺术基金的资助。

（吴赣生）

【于文国摄影作品展】 11月4日—24日，由中国摄影展览馆主办的“于心无悔”——于文国摄影作品展在中华世纪坛中国摄影展览馆展出。展览展出了摄影家于文国40年间拍摄的116幅作品，此次影展是于文国从事摄影工作40年来首次举办的个人作品展，也是中国摄影家协会“见证——改革开放四十年中国摄影家系列作品展”其中一场展览。开幕式结束后，召开了于文国作品研讨会。

（吴赣生）

【“强军路上新风采”全军摄影展】 11月22日—12月2日，由中央军委政治工作部宣传局和解放军报社联合主办的“强军路上新风采”——全军摄影展在中国人民革命军事博物馆展出。展览展出了210余幅（组）摄影作品，这些作品展示了5年来国防和军队建设取得的成就与发生的变革，摄影展分为“铁心向党”“雄师造”“沙场砺兵”“血性担当”“家国情怀”“同心筑梦”6个部分。

（吴赣生）

【第二届强军梦大型军事摄影展】 11月26日—12月24日，由中国军事文化研究会、中国新闻摄影学会主办，重庆福缘联盟科技有限公司、北京邮来邮网络科技有限公司承办的“沙场点兵：锻造世界一流军队”第二届强军梦大型军事摄影展在民族文化宫展出。展览展出的75幅摄影作品反映了朱日和实战化沙场点兵的真实景象，揭示了中国人民解放军在中国特色强军路上迈出的坚实步伐，为实现中国梦、强军梦书写的新篇章。

（吴赣生）

【“印·心”——摄影艺术展】 12月2日—10日，由中国摄影家协会图片社主办的“印·心”——摄影艺术展在北京798艺术区中国摄影家协会影廊展出。展览展出了女摄影家冯晓辉、吴丹旻、王文珂、李勤和吴迪的26幅摄影作品。

（吴赣生）

【航拍中国摄影展】 12月5日—18日，由中国新闻摄影学会、北京航空航天大学、北京国际摄影周组委会、光明网联合主办，北京航空航天大学党委宣传部、中国新闻摄影学会无人机摄影专业委员会承办的“奋进新时代”——航拍中国摄影展在北京航空航天大学展出。展览展出的百余幅摄影作品由“外交盛世”“城市发展”“经济社会”“航空航天”“交通运输”“生态文明建设”“国防科技”“旅游产业”“砥砺奋进的北航”9个板块组成。

（吴赣生）

【李春龙专题摄影展】 12月6日—11日，由中国艺术研究院中国摄影家杂志社、马克思主义文艺理论研究所、研究生院共同主办的“农民工兄弟”——李春龙专题摄影展在中国艺术研究院展出。展览展出的39幅作品为摄影家李春龙6年来拍摄的和农民工生活相关摄影作品中的代表作，作品展示了为城市建设做出贡献的外来务工人员的风采及他们对生活的向往。

（吴赣生）

【当代10位摄影家纪实摄影展】 12月20日—23日，由中国文学艺术界联合会、中国摄影协会主办的“向人民汇报”——‘深入生活 扎根人民’当代10位摄影家纪实摄影展在中国文艺家之家展览馆展出。展览选取了李舸、岱天荣、刘应华、陈团结、陈杰、李洁军、沈伯韩、殷立勤、于全兴、赵戈10位摄影家深入一线创作的共100幅纪实摄影作品进行展示。

(吴赣生)

【全国摄影艺术展览60年精品回顾展】 2017年12月22日—2018年1月2日,“与时代同行”——全国摄影艺术展览60年精品回顾展暨第26届全国摄影艺术展览北京巡展在中华世纪坛举办。展览精选历届全国影展经典作品近300幅,以生动、直观的影像语言,讲述中国故事、传递中国声音、阐发中国精神、展现中国面貌。

(张燕鹰)

会　　议

【视觉中国摄影师年会】 3月19日,视觉中国摄影师年会暨视觉中国&500px2016年度大赛颁奖盛典在北京民航国际会议中心举办,五百余位业界人士参加了该次年会。该届视觉中国摄影师年会以“新平台·新服务”为主题,通过5个环节分别为摄影师带来行业最新信息,现场解读行业趋势。同时,视觉中国及参会嘉宾还为2016年度摄影大赛获奖的摄影师进行颁奖。视觉中国创始人、执行董事柴继军进行了视觉中国&500px2016年度摄影大赛总结,并对2017年摄影行业变化做出解读。

(吴赣生)

【中国老摄影家协会第五届会员代表大会】 4月12日,中国老摄影家协会第五届会员代表大会在北京召开,会议听取并审议了中国老摄影家协会第四届理事会工作报告,审议并通过了修改后的《中国老摄影家协会章程》,选举产生了中国老摄影家协会第五届理事会,潘炳岩当选新一届会长,推举中国文联荣誉委员、中国摄影家协会顾问袁毅平和摄影家张家骅为名誉会长。

(吴赣生)

【中国铁路摄协第二次会员代表大会】 6月27日,中国铁路摄影家协会第二次会员代表大会在北京召开。大会通过投票选举,选出45名中国铁路摄协理事、9名常务理事,原瑞伦当选中国铁路摄影家协会主席,钟岳、张镇轩、张天舒、陈万钧、张卫东当选为副主席,朱河当选为秘书长。

(吴赣生)

【中国民航摄协第二次会员代表大会】 7月8日,中国民航摄影家协会第二次会员代表大会在北京召开。会议对第一届民航摄协理事会工作进行了总结,审议通过了《中国民航摄影家协会章程》《中国民航摄影家协会入会细则》等文件,明确了未来五年民航摄协的奋斗方向和发展目标,提出一系列创新的规划举措。通过投票选举,选举出民航摄协第二届主席团和理事。马松伟当选为民航摄协主席,东哈达当选为执行主席兼秘书长,邓喜平、李韶彬、杨彬、张若萍、武普敖、段冬生、柳峰、高峰、郭巍、潘立当选为副主席,理事会主席团推举陈长芬担任民航摄协名誉主席,聘请中国摄影家协会顾问朱宪民、副主席李树峰担任民航摄协顾问。

(吴赣生)

【中国摄协第九次全国代表大会】 9月1日—3日,中国摄影家协会第九次全国代表大会在北京举行。中共中央政治局委员、中央书记处书记、中宣部部长刘奇葆出席开幕式并讲话。中国文联党组书记、副主席李屹在开幕式上讲话。中国摄影家协会分党组书记郑更生作题为《学习贯彻习近平总书记系列重要讲话精神筑就中华民族伟大复兴时代摄影高峰》的工作报告。中国摄协分党组成员、第八届副秘书长杜金作关于修改《中国摄影家协会章程》情况的说明。审议通过了《关于〈中国摄影家协会第九次全国代表大会工作报告〉的决议》和《关于修改〈中国摄影家协会章程〉的决议》。选举产生中国摄协新一届领导机构。李舸当选为中国摄协第九届主席,郑更生当选为中国摄协第九届驻会副主席,王琛、刘鲁豫、李学亮、杨越峦、陈小波、居杨、线云强、柳军、雍和、潘朝阳当选为副主席;任命高琴为秘书长,杜金、彭文玲为副秘书长;推举王瑶为名誉主席;聘请于健、王悦、王文澜、王玉文、王达军、扎西次登、邓维、朱宪民、李伟坤、李前光、杨绍明、连登良、张宇、张桐胜、陈复礼、罗更前、袁毅平、索久林、贾明祖、黄贵权、简庆福为顾问。

(吴赣生)

活　　动

【首都摄影家走进校园】 1月20日,由北京市文学艺术界联合会、丰台区文学艺术界联合会、丰台区教育委员会主办,北京摄影家协会承办的“校园之光”——首都摄影家走进校园活动走进位于丰台区的北京舞蹈学院附中丰台实验小学,拍摄师生教学活动的瞬间,并向师生代表赠送照片。

1月20日，首都摄影家走进北京舞蹈学院附属小学

该次活动是“首都摄影家走进校园”活动的首站。

（吴赣生）

【第二十届中国国际照相机械影像器材与技术博览会】 4月21日—24日，由中国文化办公设备制造行业协会主办的第二十届中国国际照相机械影像器材与技术博览会在北京国家会议中心举行。该博览会展出了数字照相机、数字机背、银盐照相机、镜头、录像机、扩印设备及相关产品；供业余爱好者使用的普通经济型相机、专业用高级型相机、工业专用智能照相机、摄像机及其附件；带有摄影功能的通信设备；幻灯机、投影仪、打印机及相关产品；影楼设备、无线传输功能存储器、影室灯具、背景道具、婚纱、婚纱头饰、胶片及相机、摄录像、手机摄影等多种辅助器材、户外设备及摄影艺术书刊等。该博览会有国内外近200家摄影及相关行业的企业参展，众多新产品、新技术吸引了业内人士和摄影爱好者体验、选购。

（吴赣生）

【郑更生任中国摄协分党组书记】 7月25日，中国摄影家协会举行大会。中国文联党组成员、副主席李前光出席会议并作重要讲话。中国文联人事部主任郑希友宣布，经中国文联党组研究，并报中宣部批准，郑更生任中国摄影家协会分党组书记，王瑶不再担任中国摄影家协会分党组书记。

（吴赣生）

【北京国际摄影周2017】 10月12日—22日，由中华人民共和国文化部与北京市人民政府主办，中国艺术摄影学会、中国摄影家协会、中国图片集团、北京歌华文化发展集团共同承办的北京国际摄影周2017在北京举办。北京国际摄影周2017以“摄影：本来与未来”为主题，包括开幕活动、系列展览、摄影讲堂、摄影市场、特约活动五大板块活动，主体活动在中华世纪坛举办，同时覆盖北京主要城区、重点高校和市属公园等公共文化场所。通过28个国家的125个展览、70场论坛讲座及活动，聚焦摄影的本来与未来，用镜头讲述中国故事、塑造中国形象、弘扬中国精神，不断深化中外摄影文化交流互鉴。该摄影周期间，发布并启动“丝路国家摄影组织国际联盟”与北京国际摄影周战略合作，宣读了“2018丝路国家青少年国际摄影竞赛”宣言。该届摄影周用镜头记录并见证了党中央团结带领全党全国各族人民，推动中国特色社会主义事业取得的发展与人民生活的改善，党和国家事业取得的历史性成就和历史性变革。重大专题展览紧紧围绕五年辉煌成就、“一带一路”倡议、京津冀协同发展以及首都文化中心建设等主题进行展示。

（吴赣生）

【少数民族摄影人才培训班】 11月20日—29日，由中国文联人事部支持，中国摄影家协会主办，中国文学艺术基金会资助，中国摄影家协会北京摄影函授学院、教育委员会和中国文联摄影艺术中心教育培训部承办的少数民族摄影人才培养工程第五期培训班在北京举办。来自全国少数民族聚居地区的62名少数民族摄影人才参加了该次培训。培训主要内容为中共十九大精神解读，以及覆盖摄影史、摄影理论、摄影实践等方面的课程，授课老师均为摄影、政治、文史、电影、新闻传播等领域的知名专家。

（吴赣生）

【全国摄影艺术展览60年精品回顾展研讨会】 12月22日，“与时代同行”——全国摄影艺术展览60年精品回顾展研讨会在北京召开。中国文联党组成员、副主席李前光，中国摄协主席李舸，分党组书记、驻会副主席郑更生，顾问贾明祖，副主席陈小波、杨越峦、居杨、柳军，分党组成员、秘书长高琴，分党组成员、副秘书长杜金、彭文玲，北京电影学院摄影学院院长宋靖，历届全国影展评委代表石志民、周梅生、付欣、张兆增、藏策、刘宇，入选作者代表赵云、成贵民，全国影展发展史研究者赵俊毅等出席研讨会。与会专家表达了参观回顾展的感想，并围绕全国影展60年的历程，就“如何用全国影展的平台记录时代变化、为时代写真、为历史存照、讲好中国故事”“27届全国影展举办思路”“未来全国影展发展的方向”等主题展开讨论。杜金主持研讨会。

(吴赣生)

交　流

【新西兰华侨华人历史影像展】 2016年10月21日—2017年1月21日，由中国华侨历史博物馆主办，新西兰华裔学者李海蓉博士、新西兰摄影史研究专家John B. Turner参与策划的“域外拾珍”——1842—2016新西兰华侨华人历史影像展在中国华侨历史博物馆展出。展览展出的100余幅图片回顾了在新西兰的华侨华人发展历史，再现了170多年华侨华人在新西兰谋求发展，逐渐融入社会，最终落地生根，开枝散叶的发展历程。

(吴赣生)

【陈志贤摄影展】 2016年12月10日—2017年1月10日，由策展人那日松策展的“广场1985—2016”——陈志贤摄影展在798艺术区映画廊展出。展览展出了温州籍摄影家陈志贤以山西晋城“人民广场”为主题的专题纪实摄影作品。从1985年开始，陈志贤用32年记录晋城，作品中以广场上不变的毛泽东雕像为背景，展示不同年代的晋城社会风貌，从中可以看到中国改革开放以后的变化发展。

(吴赣生)

【“梦幻黄山　礼仪徽州”摄影展】 1月1日—2月11日，由安徽省黄山市人民政府、北京市公园管理中心主办，黄山风景区管理委员会、黄山市旅游委员会、北京市颐和园管理处承办的“梦幻黄山　礼仪徽州”摄影展在颐和园东堤展出。影展展出了黄山风光和徽州人文主题的180幅作品。该展览在颐和园展出后陆续在天坛公园、北海公园、香山公园、动物园、植物园等多个公园展出。

(吴赣生)

【康泰纳仕百年摄影图片影像展】 1月20日—3月5日，由摄影展览基金会(FEP)组织、《Vogue服饰与美容》和尤伦斯当代艺术中心合办的“入时”——康泰纳仕百年摄影图片影像展在北京尤伦斯当代艺术中心展出。展览展出了八十余位国外摄影师的170幅早期摄影作品，其中的大部分作品是其出版以来的首次面世。展出的图片来自于康泰纳仕集团位于纽约、巴黎、米兰及伦敦的资料馆档案。

(吴赣生)

【“千古第一村”——流坑图片展】 2月18日，由江西省乐安县委、乐安县人民政府主办的“千古第一村”——流坑图片展在民族文化宫展出。展览展出了180余幅图片，图片从环境布局、建筑风采、匾联书迹、人文盛况、民俗活动5个方面展现了地处江西省乐安县西南部流坑古村的风土人情。

(吴赣生)

【罗杰·拜伦个展】 2月18日—3月19日，由亦安画廊主办的“灵魂剧场”——罗杰·拜伦个展在朝阳区酒仙桥半截塔路55号七棵树创意园A1－5亦安画廊展出。展览展出了南非摄影家罗杰·拜伦的42件摄影作品与7件绘画作品。

(吴赣生)

【“遇见·银杏”图片漂流展】 2月25日，由中国文化旅游摄影协会、中共贵州省盘县委员会、贵州省盘县人民政府联合主办的“遇见·银杏”图片漂流展在中国文化旅游摄影协会展厅展出。展览展出了70幅来自全国、不同风格的银杏摄影作品，展示了不同地域、不同特色的银杏美景，其中有35幅作品来自盘县妥乐千年古银杏村。

(吴赣生)

【王新妹的自然观摄影展】 3月8日—19日，由浙江省摄影家协会主办，策展人李楠、孙京涛策展的“心之骛”——王新妹的自然观摄影展在中国美术馆展出。展览展出的53幅摄影作品是从王新妹三年来所拍摄的5万余幅照片里精选而成。

(吴赣生)

【“中国梦·劳动美”影像作品展】 3月11日—18日，由中国摄影家协会、中国职工文化体育协会、湖南省总工会、湖南省文学艺术界联合会主办，湖南省摄影家协会承办的“撸起袖子加油干”——“中国梦·劳动美”影像作品展在中国国家博物馆内展出。展览展出的54幅劳模肖像为湖南省摄影家谢子龙拍摄。

(吴赣生)

【袁蓉荪摄影展】 3月11日—19日，由四川省摄影家协会、四川美术出版社主办，映艺术中心/映画廊、文轩美术馆协办，策展人那日松策展的“空谷妙相”——袁蓉荪摄影展在798艺术区映艺术中心/映画廊展出。展览展出了从数万张照片中挑选出来的由袁蓉荪拍摄的40幅作品，内容以巴蜀地区石窟造像为主。

(吴赣生)

【“致敬——红旗渠”摄影展】 3月11日—26日，由中国摄影家协会、河南省文学艺术界联合会主办，中国摄影展览馆、河南省摄影家协会、中共林州市委、中共林州市政府承办，林州市摄影家协会、红旗渠风景区协办，红旗渠干部学院特别支持的“致敬——红旗渠”摄影展在中国摄影展览馆展出。展览展出的120余幅摄影作品分为三个篇章：一是“艰苦卓绝筑天河”，主要以展示当年修建红旗渠时的老照片为主；二是“难忘当年筑渠人”，主要以红旗渠修渠英模群像为主；三是“卷展今日红旗渠”，主要展示出修建红旗渠后，今日林州儿女取得的巨大成就。

（吴赣生）

【“多彩北京”图片展】 3月21日，由北京摄影家协会、北京市对外友好协会、斯里兰卡中国社会文化合作协会共同举办的庆祝中国与斯里兰卡建交60周年“多彩北京”图片展在斯里兰卡首都科伦坡展出。北京摄影家协会主席叶用才、北京市文联组联部主任陈卫东、北京摄影家协会副主席耿大鹏、斯里兰卡中国社会文化合作协会主席英德拉南达·阿贝塞格与北京市对外友好协会杨扬共同出席了开幕仪式。“多彩北京”50幅摄影作品向斯里兰卡观众展示了北京的名胜古迹和作为中国政治中心、文化中心、国际交往中心、科技创新中心的城市面貌暨人民生活风情。

（吴赣生）

【摄影史的最初100年原作展】 3月25日—5月6日，由泰吉轩画廊主办的“从匠人到艺术家”——摄影史的最初100年原作展在白云路6号的泰吉轩画廊展出。展览展出的32幅摄影作品展现了摄影最初百年历程中的关键节点，展现这一人类史上从技术的发明创造衍化为艺术思想的奇迹。1839年1月，英国的亨利·福克斯·塔尔博特和法国的路易·雅克·芒代·达盖尔分别向世人公布了他们应用物理与化学手段精确记录了图像的发明，后人将其称之为“摄影术”。他们的发明改写了人类对于图像认知以及图像记忆的历史。

（吴赣生）

【“我从草原来”摄影展】 3月25日，由中国文化旅游摄影协会主办，包头市东河区文体广电旅游局、争平影像工作室承办的“我从草原来”第十二期图片漂流摄影展在中国文化旅游摄影协会展出。展览展出的170幅摄影作品通过影像符号记录了草原和牧民的现状，展现了当今社会人与自然的关系。

（吴赣生）

【辽宁北镇摄影作品主题展】 3月28日—4月2日，由中国摄影家协会、辽宁省文学艺术界联合会主办，辽宁省摄影家协会和中共辽宁省北镇市委、市政府承办，北京市西城区摄影家协会协办的“北京遇见·神秘北镇”——辽宁北镇摄影作品主题展在民族文化宫展出。影展展出的118幅（组）摄影作品展示了辽宁北镇的山岳风光、历史文化、民俗风情、发展成果，以及辽宁在新一轮老工业基地振兴大潮中取得的成绩。

（吴赣生）

【天水摄影双年展（主题展）北京巡回展】 3月31日—4月12日，由中国摄影家协会、甘肃省文联、天水市人民政府主办，甘肃省摄影家协会、中共天水市委宣传部、天水市文联、天水市摄影家协会承办的“影像丝绸之路”——天水摄影双年展（主题展）北京巡回展在中国摄影展览馆展出。展览展出了190余幅照片。

（吴赣生）

【邱晓宇摄影实验展】 4月15日—26日，由中国摄影展览馆主办，陕西人民美术出版社协办，天津大学提供学术支持的“存在与虚拟”——邱晓宇摄影实验展在北京中国摄影展览馆展出。展览分为作品、理论、技术、创作过程、视频、互动体验6个部分。

（吴赣生）

【佳能公益摄影展】 4月20日—5月21日，由佳能（中国）有限公司主办的“影像重现丝路之美”——佳能公益摄影展在中外文化交流中心展厅展出。展览展出的百余幅作品均选自于“佳能影像发现丝路之美”公益文化保护项目产生的近3万余幅珍贵影像之中，覆盖陕西省、甘肃省、新疆维吾尔自治区等多个丝路沿线重镇，反映了从古至今“一带一路”上中西文化、经济、艺术、宗教交融共生的印记。

（吴赣生）

【“影像安溪”苏宇霖摄影展】 4月27日—29日，由福建省政协教科文卫体委员会和安溪县政协主办的“影像安溪”苏宇霖摄影展，在中国政协文史馆举办。展览展出的160多幅摄影作品为安溪县政协原主席苏宇霖拍摄，展出图片分“经济快速发展”“文化繁荣进步”“人民生活幸福”三大篇章，展现了安溪县从国家级贫困县到跻身县域综合实力全国百强县的跨越式发展历程。

（吴赣生）

【2016年度摄影获奖作品巡展（中国站）】 5月5日—20日，由英国《野生动物》杂志、英国自然历史博物馆联合举办，北京动物园、野性中国承办的“国际野生生物摄影年赛”——2016年度摄影获奖作品巡展（中国站）在北京动物园科普馆展厅展出。展览展出了反

映人与自然的复杂关系的照片、梦幻般的景观风光和肖像作品。这些照片是从将近50000幅参赛照片中挑选出的100幅获奖及提名作品。

(吴赣生)

【中国摄影家眼中的越南摄影展】 5月11日—19日，由中华人民共和国文化部和越南文化体育与旅游部、越南驻华大使馆主办，中国对外文化集团公司承办的“美丽的越南”——中国摄影家眼中的越南摄影展在人民大会堂澳门四季厅、中华世纪坛展出。展览展出了近百幅中国摄影家赴越南期间的采风作品，分为秀美自然、历史回声、人文生活、光影都市4个板块，从不同角度展现出越南的悠久历史、当代文化和多元化的风土人情。

(吴赣生)

【金砖国家媒体联合摄影展】 6月7日—18日，由中国新华通讯社主办，来自金砖国家的14家媒体参与的“金砖国家媒体联合摄影展”在中国国家博物馆展出。展览展出的170余幅图片，分为领导人会晤、风光风情、人文生活、合作交流4个部分。

(吴赣生)

【“走进湘桂黔边·关注老少山穷”全国摄影大展获奖作品展】 6月13日—22日，由民进湖南省委会、民进广西区委会、民进贵州省委会和湖南省摄影家协会联合举办的“2016‘走进湘桂黔边·关注老少山穷’全国摄影大展”获奖作品展在北京开明美术馆展出。展览展出的120幅摄影作品是从征集来的近6000幅摄影作品中精选出来的。

(吴赣生)

【东江水供港影像展】 6月30日—7月30日，由中华人民共和国水利部精神文明建设指导委员会办公室、中国摄影家协会、广东省水利厅、中国摄影家香港文化交流中心、中国水利文学艺术协会、中国网、广东粤港供水有限公司等单位共同举办的“共饮一江水”——东江水供港影像展在中华世纪坛展出。影像展通过珍贵的图片影像，全面展现了东深工程的兴建缘起、初期建设、改造扩建、维护管理的全过程，是对东深工程历史与现实的真实写照。

(吴赣生)

【袁毅平先生摄影艺术作品展】 7月6日—17日，由中国摄影家协会和江苏省张家港市人民政府联合主办的“袁毅平先生摄影艺术作品展”在民族文化宫中央展览大厅展出。展览展出的150幅不同时期的摄影作品为中国文联荣誉委员、中国摄影家协会顾问、老摄影家袁毅平从事摄影工作70多年所创作的作品。

(吴赣生)

【“棒棒人生”摄影作品展】 7月8日—4日，由中国摄影展览馆、腾龙光学(上海)有限公司主办的“棒棒人生”摄影作品展在中国摄影展览馆展出。展览展出的70多幅摄影作品为摄影家胡林庆历时7年在重庆拍摄完成，照片展现了重庆“棒棒”这一特殊群体。

(吴赣生)

【“斑斓大自然、神奇小精灵”昆虫摄影展】 7月8日—9月7日，由国家动物博物馆主办，云南省林业厅、西双版纳热带雨林国家公园望天树景区协办的“斑斓大自然、神奇小精灵”昆虫摄影展在国家动物博物馆交流展厅展出。展览展出的200幅昆虫摄影作品为云南省的3位本土昆虫摄影师赵俊军、桂劲松、王誉策拍摄的作品，摄影作品将昆虫世界的虫情事故、生活交流、生存行为展现给观众。

(吴赣生)

【纪念建军90周年主题创作展览】 7月27日—8月2日，由北京市文学艺术界联合会、天津市文学艺术界联合会、河北省文学艺术界联合会主办，北京社区文化促进会承办的“推动京津冀社区文化建设协同发展暨纪念建军90周年主题创作展览”在北京民族文化宫展出。该次主题创作展览展出了京津冀三地书画和摄影艺术家的140余幅作品。

(吴赣生)

【“互联网+图片版权保护与产业发展”研讨会】 7月28日，由中国版权协会主办、中国版权产业网承办的“互联网+图片版权保护与产业发展”研讨会在北京举行。研讨会围绕图片版权的分类、流向、保护、监测、商业模式等问题展开探讨，以推进相关问题解决，促进产业发展。相较于视频、音乐、文学等数字版权的保护，图片版权的保护无论是从受关注度还是相关学术研究等方面目前均相对滞后。中国人民大学知识产权学院教授金海军以《我国图片产业发展与国外图片版权保护经验比较》、中国摄影著作权协会总干事林涛以《中国摄影著作权协会职能介绍及图片版权保护举措》、北京市海淀区法院知识产权庭庭长杨德嘉以《图片版权的司法保护与案例分析》为题分别阐述了自己的观点。视觉中国创始人、执行董事柴继军，高品(北京)图像有限公司CEO刘全江，锐景创意CEO卢虎臣等图片产业领军人士作为产业代表参加会议并作主题发言。来自版权管理部门、权利人组织、司法界、专家、学者，以及腾讯、百度、新浪、网易、阅文、雅昌、中视瑞德等企业单位代表近百人出席了会议。

（吴赣生）

【“呼伦贝尔·万岁”专题影像展】 8月11日—16日，由绿色中国行活动组委会、中国摄影艺术年鉴主办，吉祥三宝工作室承办的蒙古族歌唱家布仁巴雅尔的“呼伦贝尔·万岁”专题影像展在北京时代美术馆展出。展览展出了80余幅肖像摄影作品，80余位来自不同民族，有着不同人生经历的百岁老人在布仁巴雅尔的镜头下诉说着不同的人生故事，其中年龄最长者达115岁。展出的照片是从布仁巴雅尔跋涉上万公里拍摄的人物肖像中精选出来的。

（吴赣生）

【“丝路明珠·魅力嘉峪关”摄影展】 8月18日—23日，由中共嘉峪关市委统战部主办，中共北京市西城区委统战部、嘉峪关市文学艺术联合会协办的“丝路明珠·魅力嘉峪关”摄影展在北京民族文化宫展出。展览展出的130多幅摄影作品展示了嘉峪关市宜游、宜居、宜业的城市风貌以及近年来经济社会发展的成就。

（吴赣生）

【第十届西藏珠穆朗玛摄影展】 8月21日—30日，由西藏自治区人民政府、中国文学艺术界联合会主办，中共西藏自治区党委宣传部、西藏自治区文学艺术界联合会、北京民族文化宫承办，中国摄影家协会支持的“喜迎党的十九大”——第十届西藏珠穆朗玛摄影展在北京民族文化宫展出。展览展出的198幅摄影作品展现了西藏自治区近年来的发展变化和当地各族干部群众的精神风貌。此次摄影展以“我们的家园”为主题，分为前言、第一单元“幸福家园”、第二单元“和谐家园”、第三单元“美丽家园”和结束语5个部分。展出的部分作品来自第一届至第十届西藏珠穆朗玛摄影展的入围作品，部分作品来自摄影展组委会特约供稿。

（吴赣生）

【周剑生“金砖五国”世界遗产摄影展】 8月28日—31日，由青岛出版集团和保利艺术博物馆联合主办，北京兰阁文化承办的周剑生“金砖五国”世界遗产摄影展在北京市保利艺术博物馆展出。展览展出了摄影家周剑生拍摄的“金砖五国”世界遗产照片数十幅，内容涉及自然地理、建筑遗址及文化景观等多个方面。

（吴赣生）

【运河主题摄影作品在线展】 8月30日，北京摄影家协会举办了“中国大运河”主题摄影作品在线展览。展览展出的作品选自2014年由北京摄影家协会、天津摄影家协会、河北摄影家协会、河南摄影家协会、山东摄影家协会、江苏摄影家协会、安徽摄影家协会、浙江摄影家协会联合主办，杭州摄影家协会承办的“中国大运河摄影作品展览”。通过展览的摄影作品展现了运河文化及沿岸千百年来地域文化的发展变迁。

（吴赣生）

【“一个中国军人的历史抉择”主题展】 9月12日—10月7日，由上海交通大学世界反法西斯战争研究中心和上海交通大学人文学院主办的“从东北到华北——一个中国军人的历史抉择”主题展在中国摄影展览馆展出。展览展出了250余幅历史图片和文字资料，展览以共和国开国上将、原东北军将领吕正操投身中华民族抗日战争的历程为主线，通过图像史料、档案文献等珍贵资料再现了吕正操从东北军爱国军官到共产党抗日将领的成长过程。图片和文字资料主要来源于美国国家档案馆、中央档案馆、中国第二历史档案馆、中国人民解放军档案馆等海内外7个文献典藏机构。除了来自吕正操将军、摄影家石少华等家庭后代珍藏的一手图像资料在该次展览中展出以外，还有来自美国、英国、日本的摄影师、军人所拍摄的影像。

（吴赣生）

【中国摄协、浙江省摄协代表团工作交流会】 9月22日，中国摄影家协会、浙江省摄影家协会代表团工作交流会在北京中国摄影家协会举行。中国文联摄影艺术中心主任刘宇以及中国摄协国际联络部、理论研究部、协会所属媒体中国摄影杂志社、大众摄影杂志社、中国摄影报社、中国摄影出版社、中国摄影家协会网站群的负责人、代表对各自工作进行了简要介绍，对浙江摄协近年取得的成绩表示祝贺，就与浙江省摄协整合资源、深入合作的可能性进行了深入探讨。会后，浙江摄协代表团一行，在工作人员的指引下，参观了中国摄影出版社办公区及书屋和中国摄影报社办公区。

（吴赣生）

【中国美术摄影艺术家作品展】 10月10日—15日，由中国文学艺术界联合会、中共河北省委宣传部、中国美协、中国摄协、中国文学艺术基金会共同主办的“美丽的高岭——塞罕坝”中国文联知名美术摄影艺术家赴塞罕坝机械林场采风创作作品展在中国文艺家之家展览馆展出。展览展出的作品是由40多位美术摄影艺术家赴河北省塞罕坝机械林场进行采风创作的成果组成，作品展示了当年塞罕坝人艰苦创业的感人瞬间和今日塞罕坝的四季风光。

（吴赣生）

【“安静的光”摄影展】 10月15日—11月11日，由泰吉轩画廊主办的“安静的光”——约翰·塞克斯顿、安妮·拉森伉俪摄影展在泰吉轩画廊展出。约翰·塞克斯顿出生于美国，是安塞尔·亚当斯最有成就的学生之一，他在学习亚当斯摄影技法与暗房工艺方面一丝不苟，精益求精，并在亚当斯的技艺技法上潜心研究，最终形成了自己的摄影艺术风格。安妮·拉森生于丹麦。曾是约翰·塞克斯顿的学生、助手，该次展览，约翰·塞克斯顿和安妮·拉森这对伉俪，恰恰是处于这一思想转折时期的艺术家。他们的作品展现了摄影艺术“直接摄影”之后的发展方向，从再现到表达为观展人员揭示了摄影艺术的未来之路。

(吴赣生)

【刘邓大军千里跃进大别山70周年摄影展】 10月17日—21日，由中国文学艺术界联合会国内联络部、河南省文联共同主办，河南省摄影家协会、时代报告杂志社、信阳市文联、信阳市摄影家协会联合承办的“寻访·铭记·传承”——纪念刘邓大军千里跃进大别山70周年摄影展在中国文艺家之家展览馆展出。展览展出的200余幅摄影作品是由9位河南摄影家历时1年，沿着当年刘邓大军的行进路线拍摄的，展览共分为“千里跃进，顾全大局开心局”“寻踪踏访，铁血忠魂再追思”“日新月异，老区明天更美好”“铭记历史，英烈精神代代传”4个展区。

(吴赣生)

【“梦回长白”摄影展】 10月17日，由香港亨达集团主办的“梦回长白”摄影展(北京站)在北京市朝阳区财富金融中心39层展出。展览展出的60多幅摄影作品为亨达集团创办人及名誉主席邓予立拍摄，作品展示了东北黑土地的人文风土暨自然风光。

(吴赣生)

【新中国建桥成就摄影展】 11月17日—23日，由中国摄影家协会、中铁大桥局集团有限公司、中铁大桥勘测设计院集团有限公司联合主办，中国铁路摄影家协会协办，中国摄影杂志社、武汉桥梁传媒有限公司承办的“中国名片”——纪念武汉长江大桥通车60周年暨新中国建桥成就摄影展在中央党校展出。展览展出的90幅摄影作品展示了新中国成立以来，中国桥梁建设方面的成就。

(吴赣生)

【“你好！墨西哥”摄影展】 12月5日—22日，由墨西哥驻华大使馆、全国千万级用户UGC图片分享“视界”平台、努比亚公益基金会联合举办的“你好！墨西哥”摄影展在北京三里屯东街的墨西哥大使馆展出。展览展出的45幅摄影作品象征着中墨友好45周年。

(吴赣生)

【山东抗日根据地历史图片展】 12月16日—22日，由北京八路军山东抗日根据地研究会、山东省政府、八路军115师司令部旧址管理处联合举办的山东抗日根据地历史图片展在北京民族文化宫展出。展览展出了近600幅珍贵的历史图片。该次展览共分为序篇、根据地的初步开辟、根据地的大发展、根据地的艰难坚持、根据地的再度恢复与发展、根据地的伟大胜利、附录7个部分。

(吴赣生)

【铁矛逝世】 11月20日，《中国青年报》高级记者、摄影家铁矛逝世。铁矛(1925—2017)，蒙古族，陕西蒲城人，原名帖德茂，曾用名秦蒲荆。1946年毕业于陕西省商业专科学校。中华人民共和国成立后，曾在无锡市青年文工团参加革命工作。曾任《中国青年报》摄影记者、首都新闻摄影学会会长。1958年3月加入中国摄影家协会。1983年加入中国共产党。1988年离休。是中国摄影家协会第三批“口述影像历史”的口述人。他曾发表过摄影论文《摄影的偶然性和必然性》《新闻摄影的“正规军”和“游击队”》等文章，还写了一本自学摄影丛书《旅游摄影》和内参《青年报人影像回望》。

(吴赣生)

【侯波逝世】 11月26日，女摄影家侯波在北京逝世。侯波(1924—2017)，山西省夏县人。1938年奔赴延安，同年加入中国共产党，先后就学于陕甘宁边区中学、延安大学高中、延安女子大学。抗战胜利后，到东北电影制片厂开始从事摄影工作。1949年—1961年，担负党和国家领导人的拍照任务，拍摄了党和国家领导人在开国大典、中共七届三中全会、全国人大会议、全国政协会议、各地视察、会见各国元首及友好人士、接见全国各界著名人士、访问城乡人民群众、主持党中央的重要会议等活动的大量照片。曾任北京电影制片厂照相科科长，中共中央办公厅警卫局摄影科科长、新华社高级记者。曾获得中直机关巾帼英雄、全国妇联“三八”红旗手、新华社优秀党员等荣誉称号。2009年，获中国摄影金像奖终身成就奖。曾当选中直机关党代会代表，第四届全国妇代会特邀代表，第三、四、五届全国文代会代表，第四次世界妇女大会代表，中国女摄影家协会主席、荣誉主席，宋庆龄基金会名誉理事。

（吴赣生）

【纪念蒋齐生百年诞辰座谈会】 12月8日，由中国新闻摄影学会主办、映画廊协办，纪念蒋齐生百年诞辰座谈会在798艺术区映艺术中心/映画廊举行。蒋铎、徐祖根、鲍昆、许林等摄影界代表，蒋齐生的后代及多家媒体代表，共同追忆、纪念这位摄影史学家、新闻摄影家、新闻摄影理论家、中国新闻摄影学会的创立者和中国新时期新闻摄影理论的最重要推动者。

（吴赣生）

赛事　奖项

【2017北京旅游摄影大赛】 1月11日，由北京市旅游发展委员会主办，《北京晚报》官网·北晚新视觉网承办的“微摄影·微视觉”2017北京旅游摄影大赛在北京西山脚下的紫云台拉开帷幕。中国摄影家协会副主席王文澜，摄影家卢北峰、陆中秋，《北京日报》、《北京青年报》、《北京晨报》、北京电视台、人民网、新华网、千龙网等媒体的记者与近百位摄影发烧友一道共同出席开幕仪式。

（吴赣生）

【中国人游日本摄影大赛颁奖】 2月22日，由日本国家旅游局主办的“2016环游日本”——中国人游日本摄影大赛颁奖典礼在人民网演播厅举行。大赛从启动到作品征集展示、评审历经了近6个月的时间，总计6000余部摄影、摄像作品参赛。经过网友票选、大赛评委组初选以及6位中日摄影界专家复审等环节，最终评选出2个组别、12个奖项、14部获奖作品。摄像组特等奖获得者于海童，摄影组特等奖获得者云游。日本驻华大使横井裕、中国前驻大阪大使衔总领事王泰平、日本国家旅游局次长伊藤聪、人民网总编辑余清楚等出席了颁奖典礼并致辞。

（吴赣生）

【纪实影像奖颁奖】 4月15日，映画廊十周年庆典暨首届映·纪实影像奖颁奖典礼在北京798艺术区映画廊举行。任曙林获“映画廊十年最受欢迎男摄影师奖”，桔多淇获“映画廊十年最受欢迎女摄影师奖”，法国摄影师阎雷获“映画廊十年最受欢迎外国摄影师奖”，欧阳星凯、钟维兴获“映画廊十年最佳展览奖”，闻丹青获得“映画廊十年最佳策展人奖”，“老林专业展览灯”发明者老林获“映画廊十年最佳展览灯光奖”，鲍昆获“映画廊十年最佳摄影批评奖”，殷德俭获“映画廊十年最佳摄影图书出版奖”，刘远《红色影像之旅》获“映画廊十年最佳摄影图书奖”，陈志贤获“映画廊十年最佳摄影姿势奖”，艺术批评家巴力、区志航获“映画廊十年最佳虎妞粉丝奖”。

（吴赣生）

【第三届大学生摄影大赛】 4月23日，由北京大学生电影节组委会主办，新华社摄影世界杂志社承办的第三届大学生摄影大赛在北京师范大学田家炳艺术楼北国剧场举办颁奖典礼。摄影大赛共收到全国大学生来稿20000余幅，经过专家评委的四轮投票选择，评选出专业组最具潜力摄影师TOP10荣誉称号10人，创意类一等奖1名、二等奖2名、三等奖3名、优秀奖5名，记录类一等奖1名、二等奖2名、三等奖3名、优秀奖5名，手机类一等奖1名、二等奖2名、三等奖3名、优秀奖5名。出席该次活动的颁奖嘉宾有新华社中国图片集团董事长总经理邓久翔，北京大学生电影节组委会执行副主任委员、北京师范大学艺术与传媒学院院长胡智锋，新华社摄影部副主任丁玫，新华社摄影世界杂志社总编辑吴笛，北京电影学院摄影学院副教授程铁良，广东思锐光学股份有限公司策划经理包博瑞。

（吴赣生）

【“我眼中的北京科技周”摄影大赛】 5月20日—27日，中国科学报社在2017年北京科技周期间，组织开展了“我眼中的北京科技周”摄影大赛，并向公众征集在北京科技周现场展示的成果、活动、人物等照片。大赛共收到了300多位参赛者的近500幅摄影作品，这些作品反映了全国科技创新中心建设的重大成就。经专家评委会的评审，最终选出了一等奖2名、二等奖5名、三等奖10名、佳作奖20名。

（吴赣生）

【“新产经杯”摄影大展】 6月22日，由中国产经新闻报社主办、新产经杂志社承办的第一届“新产经杯”摄影大展颁奖典礼在北京举行。大展评出特别奖1件、金奖2件、银奖3件、铜奖5件和优秀奖50件。

（吴赣生）

【中国少数民族摄影师大奖颁奖】 6月29日，由798艺术区映画廊举办的第二届“故乡的路”中国少数民族摄影师大奖颁奖典礼暨展览开幕式在映画廊举行。摄影奖共有20位少数民族摄影师入选，“摄影师大奖”由纳西族摄影师苏国胜获得，“青年摄影师资助奖”由哈萨克族摄影师胡尔曼古丽·金恩斯别克获得。

（吴赣生）

出版物

【《百名摄影师聚焦香港》画册首发】 7月24日，由中国日报社、中国文联出版社主办，北京紫檀文化基金会、香港特想集团、一汽红旗资助的《百名摄影师聚焦香港》画册首发式在中国日报社一层阳光大厅举行。2017年是香港回归祖国20周年，为了记录香港20年来的发展历程，中国日报社开展了“百名摄影师聚焦香港”活动，将120余位摄影师拍摄的近200幅香港照片收录在《百名摄影师聚焦香港》画册中，中国日报社副社长、副总编辑康兵，中国日报社副总编辑王浩，香港特别行政区政府驻北京办事处助理主任黄敏、高级政务主任黄志珩以及百余位中国摄影界领导和嘉宾出席了首发仪式。

（吴赣生）

【《百名摄影师聚焦巴西》画册首发】 12月11日，由中国日报社、中国文联出版社主办，国家电网巴西控股公司、巴西华为电讯有限公司、香港特想集团协办的《百名摄影师聚焦巴西》画册首发式在中国日报社阳光大厅举行。2017年，中国日报社策划了“百名摄影师聚焦巴西”摄影活动，组织了一批中国顶尖摄影师赴巴西采访，并将两国百余位摄影师在巴西拍摄的200余幅经典作品汇集成册，向读者全方位呈现巴西联邦共和国的自然风光和风土人情。巴西驻华大使马尚、中国驻巴西大使李金章分别为画册撰写了序言。中国日报社总编辑周树春、副总编辑王浩，巴西驻华大使马尚以及百余位中国摄影界领导和嘉宾出席了首发式。

（吴赣生）

图书馆

【概况】 图书馆在“全民阅读”工作中承担着重要角色，是“全民阅读”工作的主要阵地。2017 年，北京地区各类型图书馆积极响应中国图书馆学会号召，全面开展“全民阅读”工作，通过多样的形式和丰富的内容，提高图书馆阅读推广工作的能力，扩大图书馆的社会影响力。

2017 年，北京市文化局着力完善公共图书服务配送体系，全年配送图书 253 万册。制定基层图书馆(室)选配书目(市级)和选配办法，推进公共图书资源社会共享，提高基层图书服务效能。加强图书“一卡通”通借通还服务，“一卡通”成员馆总计达 206 家。支持“阅读北京·十佳优读空间——百姓身边的基层图书室”推优活动。继续开展“首图讲坛”“换书大集”“市民读书计划”等品牌文化活动，“以互联网 + 志愿服务”模式开展青少年经典导读活动。加强公共文化领域合作，举办首届京津冀“守望青春——我与图书馆故事”阅读推广交流展示活动、京津冀“共沐书香·悦享好书”青少年经典导读活动。确定首都图书馆、东城区第一图书馆、朝阳区图书馆、石景山区图书馆为法人治理结构改革试点单位，推进图书馆总分馆制建设，印发实施《推进文化馆图书馆总分馆制实施方案》。

北京地区高校图书馆继续整合优质资源，优化各地资源交流，深化和推广北京地区高校图书馆文献资源保障体系(以下简称 BALIS)馆际互借、联合传递以及联合数据库的应用。馆际互借各种服务数据快速增长，服务质量稳步提高，统计系统内开户数 87 家，正式签约馆增加至 80 家。读者注册人数新增 9269 人，提交请求 22949 条，请求已满足数 15242 条。馆际互借服务共计借出图书 15242 册，满足率为 67.20%。原文传递服务注册人数 9947 人，服务量 22339 条，满足率 83.95%。各成员馆为高校师生及社会用户提供科技查新、论文收录引用检索等各类服务共计 7162 项，为用户申报科技项目立项、鉴定、报奖及个人学术评价、职称评定等提供有力的材料支撑。2017 年，北京高校网络图书馆成立十五周年，成员馆已经发展为 51 个，读者服务人数达到了 40 多万人，各市管院校图书馆基本已经涵盖其中，各项工作也得到了深入推进。

中国图书馆学会专业图书馆分会、中国图书馆学会高校图书馆分会举办第四届中国数据馆员培训班、第二届中国合理使用周等活动，为转变研究视角和工作创新提供平台。北京市教育技术设备中心成立“李小燕工作室”，开展图书沙龙、市际图书馆员交流学习活动，参与活动的中小学图书馆馆长、馆员 100 余人次，组织学员汇编完成《中小学图书馆常用工具书(初稿)》；调研中小学图书馆剔旧情况，形成《中小学图书馆剔旧工作方法(征求意见稿)》。2017 年，第七届“书香燕京”——北京市中小学阅读指导活动成功举办。

(张小野)

机　　构

【北京市教育技术设备中心成立“李小燕工作室”】 4 月 20 日，“李小燕工作室”揭牌签约仪式在北京市教育技术设备中心举办。“李小燕工作室”是为了更好地开展北京市中小学图书馆建设与应用研究和实践，依托李小燕丰富的工作经验而成立的。主要工作任务是培育中小学图书馆骨干，对中小学图书馆建设与应用进行指导，促进馆藏质量和服务水平提升。“李小燕工作室”平台的建立，旨在吸引更多有志于中小学图书馆建设与应用事业的专家、学者和中小学教师加入该智囊团团队，共同推进该项事业的发展。

(张小野)

【全国图书馆文化创意产品开发联盟成立】 9 月 12 日，全国图书馆文化创意产品开发联盟成立大会在国家图书馆举行。全国图书馆文化创意产品开发联盟成立大会上，各单位的与会代表针对《全国图书馆文化创意产品开发联盟章程(暂行)》、重点工作建设以及未来工作部署等进行研讨，为联盟工作的顺利开展打下了坚实的基础。成立大会后，国家图书馆举办了为期3天的图书馆文化创意产品开发培训班，邀请文化部文化产业司企业发展处负责人、知名文创设计师，以及国家图书馆、国家博物馆、恭王府等文创经营负责人授课，并赴故宫博物院现场教学，提升各馆文创从业人员的专业水平，启发、探索文创开发经营的发展模式，实现文创经营与图书馆传统职能的协同发展。全国图书馆文化创意产品开发联盟是由文化部推动并指导，全国图书馆文创试点单位自愿参加组成的非营利性行业联盟。该联盟以弘扬中华优秀传统文化为目的，以引领和推动行业文创产业发展为宗旨，为图书馆界文创起步晚、规模小、资源较为分散、品牌效应不强等问题提供解决方案，指导各成员通过文创研发、营销渠道、人才培养等资源的共建共享，提高图书馆文创研发整体水平，实现图书馆文创产品文化价值与实用价值的有效统一。1月，文化部、国家文物局确定或备案了154个文化创意产品开发试点单位，其中纳入了37个公共图书馆。作为文化创意产品开发重要力量之一，图书馆行业文创工作正在加速发展、不断壮大。

(国家图书馆)

【首都图书馆和田分馆揭牌】 10月16日，首都图书馆和田分馆揭牌仪式在和田地区图书馆举行。北京市支援合作办公室主任马新明，北京市援疆和田指挥部总指挥丁勇，和田地委委员、宣传部部长顾莹苏，北京市文化局公共文化事业处处长刘贵民，首都图书馆党委书记肖维平，人民东方出版传媒有限公司东方出版社总编辑孙涵，和田地区图书馆馆长储鑫等北京市对口支援办公室、北京市援疆工作前方指挥部、和田地委行署领导出席活动。和田地区图书馆馆舍面积12000余平方米，总馆藏62.41万册，设有阅览座位812个，供读者使用的计算机数量160台，馆内无线网络全覆盖，实现藏、借、阅、咨一体化；有自助服务设备，实现高效精确的典藏管理与便捷服务；设置了综合服务区、大众服务区、对象服务区、主题服务区、交流服务区、藏书区等功能区域，具有鲜明的时代风格和浓郁的和田人文底蕴。和田地区图书馆各项功能齐全，设施设备先进，是新疆维吾尔自治区现代化图书馆之一。

(张小野)

【中国科学院大学经济与管理学院图书情报与档案管理系成立】 10月23日，中国科学院大学经济与管理学院(以下简称国科大经管学院)图书情报与档案管理系成立揭牌仪式在中国科学院文献情报中心举办。国科大经管学院院长汪寿阳宣读《经济与管理学院关于成立图书情报与档案管理系的决定》，并为系领导班子成员颁发聘书。图书情报与档案管理系根据国科大科教融合总体部署设立，由国科大经管理学院及中科院文情中心共建成立，下设图书情报档案管理教研室和信息素质教研室。该系的成立标志着中国科学院大学的院所融合工作又向前迈进了一步。

(汪　维)

【角楼图书馆开放】 10月28日，老北京古城地标之一的左安门角楼，开始作为东城区第二图书馆分馆——角楼图书馆，对广大市民免费开放。角楼图书馆除了向市民提供阅览服务以外，还开展丰富的阅读文化推广活动。位于南二环护城河内侧东南转角处的北京外城东南角楼景观，复建位置基本按照原址勘测，建成后的角楼形态、大小、结构等都与原型无太大变化。通过前期对角楼建筑特点、周边环境、人文环境等多方面的论证，把角楼打造成为从服务形式到内容都区别于传统形式的现代特色图书馆，讲述北京的物、北京的人、北京的事，成为一个聚集、融合老北京文化特色图书借阅、文化展览、文化交流的图书馆平台。其中，角楼一层为主题文化活动及展览展示区，二层为图书外借与图书阅览区，三层为辅助阅览区和辅助主题活动区。

(张小野)

活　　动

·会议与研讨·

【北京高校图书馆2017年馆长年会暨BALIS工作总结会】 1月6日，北京高校图书馆2017年馆长年会暨BALIS工作总结会在北京举行。出席会议的有北京市教委副主任叶茂林、北京市教委高教处副处长荣燕宁、北京地区高校图书馆工作委员会相关领导与北京地区高校图书馆馆长以及厂家代表近120人。会议由北京高校图工委副主任、北京大学图书馆馆长朱强主持。北京地区高校图书馆工作委员会秘书长黄朴民对图工委2016年的工作作了详细的汇报，并初步提出2017年图工委的工作计划。BALIS各中心工作总结由北京高校图工委副主任、清华大学图书馆馆长邓景康主持。会议的最后，BALIS各分中心对先进集体和先进个人进行了表彰。

(魏　微)

【国家图书馆春节活动新闻发布会暨2017年记者座谈会】 1月18日，国家图书馆春节活动新闻发布会暨2017年记者座谈会在国图影院举行。文化部办公厅副主任喻剑南，国家图书馆馆长韩永进、常务副馆长陈力、副馆长孙一钢以及来自文化部、国家图书馆相关部门负责人员、在京主要媒体记者60余人参加活动。国图整合春节服务资源，形成以楹联活动为主打的新春文化“大礼包”，通过行业联动、全国联动，将优秀文化资源送到基层、送到百姓身边。“大礼包”包括3场楹联年俗文化展览可喷绘电子版图片、6种楹联文化古籍电子版、100副精选楹联、200讲国图公开课、300条文津经典诵读等数字资源。国家图书馆创新新闻发布方式，以馆员生动讲解、媒体互动答题、国图乐队穿插春节乐曲演出的方式详细介绍春节读者活动：一是线上活动，举办数字图书馆推广工程“网络书香过大年”，利用国图手机门户、“掌上国图”客户端、微博、微信等平台开展新春互动。二是线下活动，包括“品书香　赏年俗”——2017年国家图书馆年俗文化展、“赏红楼　迎新年”——M地铁·图书馆“书春日”特别活动、“书香筑梦　金鸡纳福”公益晚会，以及馆长拜年、阅览区读者互动活动等节日文化盛宴。

（国家图书馆）

【北京市公共图书馆计算机信息服务系统切换工作部署会】 2月17日，北京市公共图书馆计算机信息服务系统切换工作部署会在首都图书馆召开，市文化局副局长庞微、公共文化事业处领导、各区文委主任及主管副主任、首都图书馆领导及相关主任、各区图书馆馆长及相关负责人、各区图书馆第三方系统服务商等共计90余人参加会议。会议通报了北京市公共图书馆计算机信息服务系统切换工作进展情况，明确了切换时间与转换内容。会议就具体系统切换方案、注意事项、技术准备等问题进行交流与讨论，同时通报了基层图书资源整合、共享工程、数字电子阅览室等工作的进展情况。局领导要求各区文委对系统切换工作要优先安排、全力保障，各图书馆工作要积极稳妥、精益求精，确保读者满意；通过多渠道宣传做好提前预报与耐心解答等细致工作，消除化解由于系统切换带来的读者矛盾；制定相应的工作预案，确保系统切换工作平稳进行；指导“一卡通”基层馆完成系统转换与熟练操作。希望通过此项工作进一步提升“一卡通”服务水平，整合基层文化服务资源，完善图书馆总分馆体系，为实现“一卡通”街道、乡镇图书馆的全覆盖奠定基础。

（张小野）

【2017年北京市公共图书馆馆长工作会】 3月29日，北京市公共图书馆馆长工作会在首都图书馆召开，首都图书馆领导及相关主任、各区图书馆馆长及相关负责人等共计60余人参加会议。会议通报了北京市公共图书馆计算机信息服务系统切换工作进展情况、“一卡通”网站改版上线情况、《北京市基层图书馆（室）选配书目》工作情况；对2017年度阅读北京、红领巾读书、换书大集工作进行安排，对2017年共享工程及电子阅览室工作进行安排；并就北京公共图书馆评估定级工作和转移支付资金情况进行了研讨。会议要求各图书馆要继续稳步推进系统切换工作，确保读者满意；继续提升图书馆各项阅读活动的影响力与参与度，加强交流，及时通报各项重点工作的推进情况；通过评估工作不断完善图书馆建设、管理及使用。希望各馆结合地区工作重点，争取社会资源与领导部门支持，通过多种形式的合作，不断提高业务及服务水平，为全市公共图书馆的发展做出努力。

（张小野）

【CALIS助力北京地区高校学科服务研讨会】 3月31日，“CALIS助力北京地区高校学科服务研讨会”在中国人民大学召开。会议由中国高等教育文献保障系统（以下简称CALIS）管理中心主办，BALIS管理中心承办。人民大学图书馆副馆长宋姬芳主持会议，人民大学图书馆党总书记、BALIS原文传递中心主任徐飞致辞。北京大学、清华大学、浙江大学和CALIS管理中心的老师们共同组成的CALIS讲师团，以“CALIS查收查引平台现状与发展前景”“CALIS查收查引系统建设和北大的应用实践”以及“CALIS学科评估平台应用服务”等内容为话题切入点，对CALIS助力高校学科服务建设进行了全面的诠释，对于学科服务建设过程中出现的问题给出解决方案。

（魏　微）

【Gartner View Point分享会暨国际一流信息化战略工作坊】 4月6日，北京大学Gartner View Point分享会暨国际一流信息化战略工作坊在图书馆举行。北京大学常务副校长吴志攀、副校长王杰到会并致辞，学校科研部、信息化管理与建设办公室、计算中心、教师教学支持中心等管理部门领导以及有关院系的教师应邀参会。会议通过专题报告、开放讨论的方式，对信息化和数字化环境中高等教育机构所面临的机遇与挑战进行深度分析，对如何以高水平的信息化手段助力世界一流大学的规划管理及学科建设进行讨论。会议由图书馆馆长朱强、副馆长聂华主持。该次会议是北京大学Gartner服务项目的启动会。作为该项目的执行单位，图书馆计划在全校进一步推广 Gartner 服务。具体措施包括通过举办专题讲座或走访座谈的方式，协助学校相关部门深入了解和熟悉该服务项目的内容，并提出对该项目的建议与服务需求；根据实际需求，通过推送研究报告、与 Gartner 分析师团队交流等支持方式，获取相关资源、建议和支持。Gartner 公司成立于 1979 年，专门从事针对信息技术的调查研究，提供权威的咨询报告，为各类组织机构提供现状评估和趋势预测服务。

（北京大学图书馆）

【BALIS 原文传递中心高校馆员培训交流会】 4 月 7 日，“NSTL 走入北京高校”暨 2017 BALIS 原文传递中心高校馆员培训交流会在中国科学技术信息研究所召开，该次会议由国家科技图书文献中心（以下简称 NSTL）和 BALIS 原文传递中心联合举办，中国科学技术信息研究所承办，来自北京近 50 所高校图书馆的 110 多位馆长、参考咨询馆员和文献传递馆员参加了该次培训交流会。会议报告环节，双方分别介绍了 NSTL 和 BALIS 的资源与服务情况，并对如何更好地利用 NSTL 及 BALIS 做了讲解。

（魏　微）

【第二届“中国合理使用周”】 5 月 4 日—5 日，第二届“中国合理使用周”在京举办。本届“中国合理使用周”由中国科学院文献情报中心和北京大学图书馆联合举办，中国科学院文献情报中心知识技术研发中心负责组织，由公开讲座和圆桌论坛组成，汇聚来自科技界、出版界、图书馆界的各方参会者，围绕“信息服务中的著作权合理使用制度问题”进行互动交流。研讨会围绕“著作权限制与例外”“科研教育机构及其图书馆的合理使用政策”“开放内容的数字资源管理的权益问题”“国际出版商的文本和数据挖掘政策”四个主题展开讨论。

（张小野）

【国家古籍保护中心成立十周年座谈会】 5 月 25 日，国家古籍保护中心成立十周年座谈会在国家图书馆召开。文化部原副部长、国家图书馆名誉馆长周和平，文化部公共文化司司长张永新、副司长陈彬斌，国家图书馆馆长、国家古籍保护中心主任韩永进，国家图书馆原党委书记、常务副馆长詹福瑞，国家图书馆副馆长、国家古籍保护中心副主任张志清，中国运载火箭技术研究院副院长唐国宏，全国古籍保护工作专家委员会主任李致忠，全国高校古籍整理研究委员会主任安平秋等专家、学者，以及来自各省、自治区、直辖市古籍保护中心的负责人等 50 余人参加会议。会上，国家图书馆（国家古籍保护中心）与中国运载火箭技术研究院签署《中华古籍保护系列产品试用协议书》，旨在利用先进航天技术，研发古籍保护系列产品，服务于国家文献典籍保护；与北京大学信息管理系签署战略合作框架协议，旨在发挥双方优势，建立健全古籍保护学科知识体系，丰富古籍保护人才培养路径，加强古籍保护重点项目研究。国图还联合浙江大学图书馆、复旦大学图书馆、辽宁省图书馆等 6 个图书馆在线发布古籍数字资源，其中，与澳门基金会合作建设的“中华寻根网”在线发布姓氏源流数据 500 余条、书目数据 3 万余条、家谱影像数据 2300 余种。“中华古籍保护计划”启动十年来，形成了较为完善的古籍保护工作协调推进机制，全国古籍保护工作取得一系列阶段性成果。截至“十二五”期末，全国古籍从业人员已由 2007 年以前的不足千人增长至上万人，其中古籍修复专业人员从不足 100 人增加到 1000 余人。

（国家图书馆）

【“北京市高端智库‘一带一路’区域研究文献保障研究”课题研讨会】 5 月 25 日，区域国别研究暨“北京市高端智库‘一带一路’区域研究文献保障研究”课题研讨会在北京大学图书馆召开。会议就“区域国别研究及文献需求”“区域国别研究文献保障”和“如何开展‘一带一路’区域国别研究及文献保障”3 个专题展开深入研讨。该次会议为更好地开展“一带一路”区域国别研究文献保障以支持高校智库和政府智库开展专深的区域国别研究提出意见建议。

（北京大学图书馆）

【首届“数据分析与知识发现”学术研讨会】 6 月 8 日—9 日，首届“数据分析与知识发现”学术研讨会在北京召开。会议由中国科学院文献情报中心主办，《数据分析与知识发现》编辑部承办，共有来自 18 个城市、69 个机构、266 名代表参加会议，收到会议征文 56 篇。24 位来自国内外的专家、学者带来精彩的学术报告。这些学术报告从内容上可以概括为 3 个层面：关于大数据应用趋势的分析与分享，基于数据驱动的知识发现的新方法和新技术，大数据和人工智能技术在未来将会对图书情报机构的发展、图书馆学情报学教学带来的冲击与挑战。

（汪　维）

【《赵城金藏》重要历史资料抢救性摄录工作媒体座谈会】 7 月 6 日，《赵城金藏》重要历史资料抢救性摄录工作媒体座谈会在国家图书馆召开。会议由国家图书馆（国家古籍保护中心）主办。国家图书馆副馆长、国家古籍保护中心副主任张志清主持座谈会。来自国家图书馆（国家古籍保护中心）、临汾市文化局、临汾市非物质文化遗产保护中心等相关单位的10余位专家、学者参加座谈。《赵城金藏》是金代雕刻的一部大藏经，后因被供养在赵城县广胜寺，故名《赵城金藏》。它与《敦煌遗书》《永乐大典》和《四库全书》被誉为国家图书馆的四大镇馆之宝。为进一步揭示国家图书馆入藏《赵城金藏》重要史实，国家图书馆（国家古籍保护中心）于2017年6月正式启动《赵城金藏》重要历史资料抢救性摄录工作，全面、系统记录采访人员的回忆，并到有关地区党史办、档案局调查访问有关人员和资料，抢救性拍摄现存碑铭、寺院、遗址、遗迹，及抗日战争中中国共产党领导抗日武装抢救《赵城金藏》的档案、史料等有关内容，形成一份全面、系统、可靠的《赵城金藏》历史资料，以纪念那些所有参与过保护与抢运《赵城金藏》的先辈。

（国家图书馆）

【全国师范院校图书馆联盟古籍工作会议】 7月7日，全国师范院校图书馆联盟古籍工作会议在北京师范大学图书馆召开。全国师范院校图书馆联盟理事长暨北京师范大学图书馆馆长张奇伟出席会议并致辞，国家古籍保护中心以及部分师范院校图书馆的近40位代表参加了该次会议。国家古籍保护中心办公室主任助理王红蕾首先介绍了中华古籍保护计划的总体情况，首都师范大学、北京师范大学等9所学校图书馆的代表就各馆古籍收藏情况，古籍整理、保护与开发工作及古籍相关服务开展情况相继作了专题报告。北京师范大学图书馆副馆长黄燕云汇报了全国师范院校图书馆联盟资源建设中心的工作进展情况。会议围绕图书馆馆藏古籍资源的整理与保护、古籍普查工作的进展、师范联盟成员馆间古籍资源的共知共享3个主要议题展开讨论。

（北京师范大学图书馆）

【“预印本与新型学术交流”开放研讨会】 7月20日，中国科学院“预印本与新型学术交流”开放研讨会在中国科学院文献情报中心举办。来自国家科技图书文献中心、国家自然科学基金委、中国科学院科学传播局、中国科学院高能物理研究所、清华大学、万方数据和中国科学院文献情报中心等方面的领导、专家参加了会议，共同探讨了预印本和新型学术交流模式发展中面临的机遇与挑战，并为如何更好促进预印本在国内发展、如何为科研人员提供更好地科研交流平台献计献策。与会专家围绕“预印本未来发展”“开放学术交流与传播”等主题展开了充分地交流研讨。讨论内容聚焦在预印本平台质量控制、预印本平台认可度和公信力、未来发展定位，以及学术交流的国际化特征、社区化特征等方面。

（汪　维）

【《中国图书馆史》发布座谈会】 10月12日，《中国图书馆史》发布座谈会在国家图书馆召开。国家图书馆馆长、《中国图书馆史》主编韩永进，文化部公共文化司副司长陈彬斌出席会议并讲话，来自国家图书馆出版社以及各分卷主编、业界专家等30余人参加会议。会上，各分卷主编介绍了分卷的编纂情况，国家图书馆出版社介绍了该书的出版情况，与会专家围绕《中国图书馆史》的价值、图书馆史的研究进行深入研讨。

（国家图书馆）

【图书馆地方文献工作学术交流暨“北京记忆”新版发布会】 10月13日，图书馆地方文献工作学术交流暨“北京记忆”新版发布会在首都图书馆举行，这标志着“北京记忆”网站新版正式上线。来自北京市文化局、各地图书馆、地方文献研究和北京史、北京学领域的领导与专家共同参加了该次活动。全新的“北京记忆”网站采用目前主流的互联网技术平台建设而成，提升了易用性、先进性和兼容性。新网站不但为所有内容建立了索引关键词，方便读者快速定位所需的文字、图片以及音视频类资源，还提供多种语言支持。在内容上，全新的“北京记忆”网站新增设的栏目有“特色专题”“口述历史”“非遗传承”和“北京历史年表数据库”，分别从首都北京特色文化、历史事件亲历者口述、鲜明地域色彩的非物质文化遗产与一部编年体北京简史的直观呈现角度讲解北京记忆。全新的“北京记忆”还加强了与读者、市民的互动，其中，“口述历史”和“市民档案”栏目都设有方便市民上传资料的端口，并逐步根据市民上传资料建立“城市市民整体记忆库”。“北京记忆”网站凸显了北京历史文化的整体价值，展现北京独有的城市文化，同时，又深化京味文化等历史文化资源的研究利用。

（张小野）

【第二届全国音乐院校图书馆联盟会议暨2017音乐艺术院校图书馆编目研讨会】 11月16日—17日，“第二届全国音乐院校图书馆联盟会议暨2017音乐艺术院校图书馆编目研讨会”在中央音乐学院图书馆举办，全国16所音乐艺术院校图书馆参加了会议，并就图书馆编目的相关问题展开研讨。中央音乐学院图书馆编目部参与会议主题发言，并与其他音乐艺术院校图书馆编目人员探讨编目技术有关问题，进行编目经验交流。该次会议在图书馆编目工作标准化与规范化上达成共识，进一步明确与CALIS的合作。

（郭　娜）

·考　察·

【公共数字文化工程考核组到北京考核指导】 5月4日—5日，根据文化部公共文化司安排，中国美术馆党委书记游庆桥、文化部公共文化司副司长白雪华、国家图书馆数字资源部主任曹宁、文化部全国公共文化发展中心培训保障部副处长焦延杰、国家图书馆数字资源部推广工程建设协调组副组长温泉等一行到北京市实地核查北京市2016年公共数字文化工程工作。北京市文化局副局长庞微、公共文化事业处处长刘贵民、首都图书馆党委书记肖维平、首都图书馆副馆长陈坚、海淀区副区长刘圣国、海淀区文委主任陈静陪同检查。核查内容包括听取汇报、查阅资料、实地走访、意见反馈4个环节。检查组首先听取了市文化局关于2016年度公共数字文化工程建设情况专题汇报，现场查阅了北京市公共数字文化工程相关工作材料，实地走访、核查了首都图书馆、海淀区图书馆、东升科技园公共电子阅览室、紫竹院街道社区服务中心、海淀街道阳春新纪元社区数字文化社区5个考核点位。在意见反馈会上，检查组充分肯定了北京市在公共数字文化建设上做出的努力和取得的成效，特别肯定了在规划政策制定出台、数字资源建设、信息化程度、经费投入、群众满意度及注重基层公共文化建设6个方面的突出表现，同时也提出了改进提升意见。

（张小野）

【蔡奇、陈吉宁到首都图书馆调研】 10月1日，市委书记蔡奇，市委副书记、代市长陈吉宁等领导到首都图书馆调研节日期间市民文化生活。市领导主要考察了“图书交换”文化志愿项目、历史文献特藏资源、“北京记忆”数字文化资源、读者阅览区等公共服务空间和项目，体验了电子读报机等电子阅读设备，并与首图文化志愿者及读者亲切交谈。在调研中蔡奇强调，要重视图书馆由传统型向现代型的转变，注重与读者的文化交流，加强文化创意产品开发，让图书馆成为市民的书房、交流的客厅和创意的工作室；加强北京地方特色老照片等资源的推广与展示，体现历史文化保护理念，发挥图书馆爱国主义教育阵地作用；提升节日期间文化服务品质，积极引导市民走进图书馆，鼓励市民参与文化活动；要有力发挥图书馆作为公共文化服务体系重要节点的作用，开展丰富的读者讲座、特色沙龙及文化志愿服务等活动，并将成熟的文化活动服务模式推广到基层。

（张小野）

·讲座与论坛·

【首图“乡土课堂”2017年度开讲仪式暨新闻发布会】 1月7日，“首图讲坛·乡土课堂”开讲仪式暨新闻发布会在首都图书馆举办。仪式上，首都图书馆党委书记肖维平总结了2016年“乡土课堂”的开展情况。北京市社科联党组副书记荣大力在致辞中表示，首都图书馆与北京市社科联联手打造的“乡土课堂”，是对双方资源优势的有效运用与开发。2017年是“乡土课堂”迎来的第14个年头，在接下来的合作中，双方要继续挖掘具有科普意义又充满趣味性的讲座主题，为广大市民呈现更加精彩的北京历史科普文化讲座。北京史研究会会长李建平为现场听众揭晓了“乡土课堂”2017年度讲座计划。2017年主打推出“文化带系列”“皇家坛庙系列”“匠人·匠心”三大系列，涉及永定河流域、西山古迹、雨花阁、帝王庙、彩塑、玉雕等多个领域的文化知识。首都图书馆还邀请天坛公园神乐署雅乐团走进“首图讲坛”，为广大市民带来了“清音雅乐——清代宫廷音乐”的现场演奏。随后，李建平以《北京文化中心与“三个文化带”建设》作为新年首讲，拉开了“乡土课堂”2017年度讲座的帷幕。

（张小野）

【第二届“北京大学数字人文论坛”】 5月26日，第二届“北京大学数字人文论坛”在北京大学图书馆举行。论坛由北京大学图书馆和北京大学人文社会科学研究院联合主办，主题为“互动与共生：数字人文与史学研究”。该次论坛特别邀请到来自北京大学、中国人民大学、浙江大学、复旦大学、南京大学、陕西师范大学、上海图书馆、台湾大学、香港科技大学、爱尔兰国立梅努斯大学、哈佛大学、加州大学伯克利分校等国内外数字人文与史学研究领域前沿专家、学者进行专题报告，吸引了来自全国23个省份及北美、欧洲近300名科研人员、师生参会。北京大学校长助理、社会科学部部长王博，北京大学图书馆馆长朱强，北京大学人文社会科学研究院副院长渠敬东出席会议并致辞。开幕式由北京大学图书馆副馆长聂华主持。“数字人文(Digital Humanities)”可以为史学研究提供新方法、新工具，帮助历史学者提出、重新界定和回答史学问题，而数字技术、工具及平台在史学研究中的成功运用也可促进数字人文的研究与发展。

（北京大学图书馆）

【“实现信息情报共享，支撑‘国家三大战略’”高端论坛】 10月31日，“实现信息情报共享，支撑‘国家三大战略’”高端论坛在北京举行。论坛由国家科技图书文献中心主办、中科院文献情报中心承办。会议围绕“一带一路”建设、京津冀协同发展建设、长江经济带建设政策与焦点问题，NSTL支持“国家三大战略”信息服务成果分享，“国家三大战略”科技信息服务共性问题研讨三大主题，邀请三大战略方面的政策专家、科研专家，及NSTL成员单位、服务站代表，沿线相关科技信息机构代表等展开深入研讨与交流。会上开通了国家重大战略信息服务平台（http://strategyinfo.las.ac.cn/）。该平台是围绕“国家三大战略”打造的“一站式”信息服务平台，含丝绸之路经济带、海上丝绸之路、长江经济带、京津冀协同发展4个子平台。还分享了NSTL支持“国家三大战略”信息服务研究成果，包括：“‘一带一路’沿线国家科技竞争力分析”“农业企业走向‘一带一路’信息需求与服务研究”“长江经济带知识服务浅析”“京津冀科技资源创新服务与数字地图平台建设”“智库研究与成果转化的模式及途径”“京津冀科技资源信息协同共享”等。

（汪　维）

【北师大图书馆“纸质文献修复与保护”讲座】 11月13日，北京师范大学图书馆“纸质文献修复与保护”讲座在第一会议室举办。该次讲座由澳门文物部门协会会长陈志亮主讲。讲座吸引了来自国家博物馆、国家图书馆、故宫博物院、中国美术馆、首都图书馆、中国人民大学图书馆、中央民族大学图书馆、首都师范大学图书馆、中国书店、厦门大学档案馆及一些民营修复机构的同仁40多人参加，同时参与讲座的还有北京师范大学古籍与传统文化研究院、文学院、历史学院的师生和图书馆的部分工作人员。讲座围绕古籍修复定量问题、库房管理和环境控制问题以及修复案例介绍3个方面展开谈论。

（北京师范大学图书馆）

【孔子·儒学·儒藏——儒家思想与儒家经典名家系列讲座】 11月29日，“孔子·儒学·儒藏——儒家思想与儒家经典名家系列讲座”在国家图书馆开讲。讲座由国家图书馆（国家古籍保护中心）和北京大学儒藏编纂与研究中心联合主办。国家图书馆馆长、国家古籍保护中心主任韩永进，国家图书馆副馆长、国家古籍保护中心副主任张志清，北京大学副校长、中华儒藏工程首席专家王博，北京大学教授楼宇烈，北京大学儒藏编纂与研究中心学术委员会主任李中华，山东省曲阜市文物局局长孔德平等出席首场讲座，来自国家图书馆、北京大学的相关部门负责人，以及部分高校研究生近100人参加活动。活动自11月29日起，每周三下午在国图举行，讲座持续到2018年，先后邀请孙钦善、牟钟鉴、李中华、安平秋、陈来、王博、魏常海、景海峰、郭齐勇等知名学者做客国图，引导大众走近儒家经典，更加详尽地了解儒家学说的发端、发展，深刻地体会孔子及其思想对当代中国和世界文化的重要意义。

（国家图书馆）

【全国图书馆文化创意产品开发创新论坛暨优秀校企对接会】 12月11日—12日，“全国图书馆文化创意产品开发创新论坛暨优秀校企对接会”在国家图书馆（国家典籍博物馆）举行。会议由文化部文化产业司指导，全国图书馆文化创意产品开发联盟主办，北京国图创新文化服务有限公司承办。该次活动是2017年9月全国图书馆文化创意产品开发联盟成立大会后，联盟各发起馆的再次集结。在创新论坛环节，来自国家图书馆、首都图书馆、金陵图书馆等联盟成员以及中央财经大学、阿里巴巴、新浪微博、喜马拉雅等院校及优秀企业的专家和负责人，从国内外文创开发政策、发展现状、自身参与文化创意开发的业务特点、经验总结等方面作了经验分享，就“图书馆如何通过文创产品开发的形式，让书写在古籍里的文字活起来”等主题进行交流，探寻社会力量参与图书馆文化创意产品开发的方式、方向，共同提升图书馆文化创意产品开发水平。论坛后，举办了优秀校企对接会，30余个副省级以上图书馆与40余家企业就各自的资源与业务特点进行了充分交流，并就切实可行的合作领域达成了初步意向，实现了图书馆与社会力量的资源无缝对接。

（国家图书馆）

·读者活动·

【国家图书馆开展丰富多彩的新春活动】 1月28日，国家图书馆馆长韩永进，副馆长魏大威、张志清、王军，馆长助理汪东波以及相关部门主任在总馆北区二层大厅喜迎鸡年第一批到馆读者。韩永进向读者拜年，并向前3位读者赠送第十一届文津图书奖获奖图书。春节期间，国图准备了丰富的新春活动：在总馆北区二层印象数图体验区，遴选与春节楹联、民俗主题相关电子图书资源，供读者阅览，同时，读者还可以亲身体验“丹凤来仪·金鸡报晓”数字文化虚拟现实互动。在总馆北区中文图书区二层北区咨询台、中文图书借阅区，读者可以参加“猜灯谜”活动，题目包括中国传统文化知识、谜语等民俗题，以及国图馆藏与服务相关的馆情题，每天准备40道题目。在总馆南区外文文献第一阅览室，设立“书香新春”——畅销图书阅读推广展区，选取近两年《纽约时报》畅销书排行榜所涉及的图书，向读者进行推荐阅读。在总馆南区综合阅览室，通过专题展板展示、图书馆趣味知识问答等活动形式，向读者推荐与节日民俗相关的中文图书。在数字共享空间内，读者可以亲身体验“知识共享”数字资源新春寻宝的乐趣。国图少儿馆也通过开展新春手工活动、新春故事会、儿童电影展播等活动，让少年儿童及家长在国图度过开心而充实的春节。

（国家图书馆）

“阅读北京——心阅书香 共读共享”2017 全市诵读大赛朗读亭

【北大图书馆成功举办第一期“北京大学数字人文工作坊”】 4月13日，“北京大学数字人文工作坊”系列活动的第一期在北京大学图书馆正式开启。该期活动由图书馆朱本军和罗鹏程联袂主讲，主题为“数字人文与大数据中的社会网络分析（Social Network Analysis，以下简称 SNA）及 Gephi 软件操作”，介绍了数字人文的概念、内容内涵和全球数字人文的基本现状，以及 SNA 软件工具在人文领域（特别是史学领域）的应用案例、具体的社会网络分析工具 Gephi 的操作使用方法。

（北京大学图书馆）

【“阅读北京　品味书香”——2017年度首都市民阅读系列文化活动】 3月22日，“阅读北京　品味书香”——2017年度首都市民阅读系列文化活动在首都图书馆正式启动。活动是“书香中国·北京阅读季”的重要组成部分，由北京市委宣传部、北京市文化局主办，首都图书馆、北京市各区文化委员会、首都图书馆联盟承办，活动得到了北京市新闻出版广电局、北京教育委员会等多个单位的支持。2017年“阅读北京”的项目内容秉持“品质阅读　城市之光”的活动主题，特聘请作家王蒙为项目推广大使，助力全民阅读。2017年“阅读北京”整合各级公共2017图书馆资源，通过举办“阅读北京——心阅书香　共读共享”全市诵读大赛、2017北京市青少年“阅读伴我成长”活动、第四届“阅读之城——市民读书计划”图书评选活动、第二届“十佳优读空间——百姓身边的基层图书室”推优活动，以及第二届“最美书评”征集评选活动，发挥北京市公共图书馆在文化传播中的重要职能，推广全民阅读。

（张小野）

【“共沐书香·悦享好书”青少年经典导读活动启动】 3月31日，由首都图书馆（北京市少年儿童图书馆）、天津图书馆、天津市少年儿童图书馆、河北省图书馆共同主办的京津冀三地“共沐书香·悦享好书”青少年经典导读活动在河北省图书馆举行。启动仪式上，三地图书馆共同签署了青少年经典导读活动资源战略合作协议。该活动以京津冀三地中小学生为服务对象，以教育部推荐阅读的经典名著为导读内容，邀请三地专家、学者、文化名人、骨干教师和高校学生，共同成为专业的文化志愿者，依托首都图书馆主导建设的青少年经典导读专用互联网平台，开展包括主题讲座、导读示范课、班级读书会等形式多样的在线志愿服务，并与丰富的线下阅读推广活动相结合，实现优质文化教育资源的共建、共享。在首都图书馆推动建设下，3月以来已有北京市184所中小学、357个班级、累计4万人次参加学习。活动启动后，三地中小学生都能免费参加共读，一同领会经典名著的精神魅力。

（张小野）

【2017年北京高校图书馆面向北京中小学参观开放日活动】 4月21日，在世界读书日之际，北京市教委、北京地区高校图书馆工作委员会在中国人民大学图书馆联合举办“走近古籍典藏，传承国学文化”——2017年北京高校图书馆面向北京中小学参观开放日活动开幕仪式。市教委高教处、北京高校图工委、在京部分高校图书馆负责人、高校和中学教师代表及新闻媒体代表参加活动仪式。为落实中央重视和弘扬优秀传统文化的精神，活动邀请北京101中学的教师和学生们参观中国人民大学图书馆文库与古籍典藏，让小读者近距离地感

受中华典籍；同时北京高校图工委秘书长、中国人民大学图书馆馆长、中国人民大学国学院教授黄朴民为小读者作了题为《活在当下的国学》的主题报告，培养和引领中学生们热爱国学，热爱中华传统文化。活动仪式上，北京市教委高教处调研员荣燕宁，清华大学图书馆馆长、图工委副主任邓景康先后发表讲话。会上还颁发了2016年高校图书馆社会开放工作优秀奖。

（袁　园）

【第七届北京换书大集】 4月22日—23日，“第七届北京换书大集”主题活动在全市11个图书馆同时举办。“第七届北京换书大集”以图书交换为核心，秉承“分享阅读　交换快乐”的宗旨，以阅读活动和资源推介为两翼，将志愿精神贯穿其中，通过丰富多元的文化活动，号召全社会关注阅读、走近阅读、分享阅读，在创新阅读推广方式的同时，让市民全方位、立体化地体验图书馆文化信息资源服务。该次换书大集由北京市文化局主办、首都图书馆及首都图书馆联盟成员馆承办。为提升图书质量，营造和谐的交换氛围，该次活动首都图书馆会场的收书及交换规则比以往严格不少。收书标准提升为近十年出版的正规公开出版物，期刊不在交换范围。根据提交图书类别，市民可以获得相应的“文史图书兑换券”或“图书兑换券”。“文史图书兑换券”可换取全场任意图书，“图书兑换券”只可在“普通综合”的图书范围内进行挑选。两类图书均为1张券对应1本书，每人每次最多只能兑换20册图书。同时，首都图书馆会场还在交换现场设立了“精品图书兑换区”和“图书捐赠处”。市民可直接用20张换书券兑换1册“第三届阅读之城2016年请读书目”图书，或选择为云南开放大学进行图书捐赠，让优质的首都文献信息资源惠及更多民众。

（张小野）

【2017年北京市红领巾读书活动之“我家的家风”家庭情景剧比赛】 5月9日，北京市红领巾读书活动之“我家的家风”家庭情景剧比赛在首都图书馆举行，全市共有16个区的18支代表队，近300名中小学生参与其中。2017年家庭情景剧比赛以“我家的家风”为主题，所有剧目的表现内容均围绕“家庭”这一环境展开，里面的角色也均由学生饰演，每位表演学生都十分投入，向在座的观众演绎了一个个发生在不同的“家庭”里的诙谐幽默又发人深思的小故事。西城区青少年图书馆选送的《家·书》，以现在与过去两个时间段相互交替发展剧情，通过《傅雷家书》引出了家长言传身教的重要性；平谷区图书馆选送的《读书明理，崇德向孝》，徐徐道来了百善孝为先的中华民族优秀传统；昌平区图书馆选送的《奶奶说》讲述了家风正则国正，家教立则国立的道理。通过这一个个故事，让大家意识到真正的教育发生在家庭，发生在孩子与父母之间，发生在他们生命中的每一个瞬间。

（张小野）

【听澳大利亚作家布朗温·班克罗夫特讲故事】 5月14日，来自澳大利亚的儿童文学作家布朗温·班克罗夫特到首都图书馆，带领孩子和家长们一同走进她的儿童文学世界，分享她的创作经历。班克罗夫特首先通过大量照片，生动地向小朋友们介绍了她的家乡、童年和家庭；随后，又分享了她的艺术成长之路，并给孩子们朗诵了她创作的极具澳大利亚色彩的儿童绘本 *Coloursof Australia*（《澳大利亚的色彩》）。布朗温·班克罗夫特是澳大利亚的土著艺术家和设计师。她的绘本特色鲜明、线条清晰、色彩明快、内容通俗，极富澳大利亚特色，展示了澳大利亚的优美景色以及她对澳大利亚的热爱。其中，*Big rain is coming*（《下大雨了》）已经在中国出版。

（张小野）

【“说说我的阅读故事”红领巾讲故事比赛决赛】 5月19日—20日，北京市红领巾读书活动“说说我的阅读故事”红领巾讲故事比赛决赛在首都图书馆举办，全市16个区、93名中小学生参加了该次决赛。2017年的红领巾讲故事比赛围绕“说说我的阅读故事”这一主题展开，参加决赛的小选手们是从各区图书馆选拔而出，讲述了一个又一个与阅读有关的故事。东城区第一图书馆张祎、张顾然，西城区少年儿童图书馆李心艾、曹东尼、夏子衿，海淀区图书馆朱盈盈、杨润宁，延庆区图书馆牛若涵，门头沟区图书馆宋依阳，昌平区图书馆张嘉莘10人获一等奖。

（张小野）

【京津冀三地青少年经典导读阅读季正式启动】 9月10日，2017年“以书为友　共读经典”京津冀三地青少年经典导读阅读季启动仪式在天津市少年儿童图书馆举行。北京市文化局公共事业处、河北省文化厅公共文化处、天津市文化广播影视剧社文处，以及首都图书馆、天津图书馆、河北省图书馆相关领导参加启动仪式，天津市少年儿童图书馆副馆长张纳新主持仪式。启动仪式上，与会领导观看了京津冀三地四馆开展青少年经典导读活动的宣传片，并为天津地区“阅读推广人”颁发聘书，“阅读推广人”与北京、河北的专家、志愿者团队一起，参与青少年经典导读活动。此项活动依托三地四个省市级公共图书馆的资源和特色活动，以中小学生群体为指导对象，以经典名著为导读内容、以“互联网+志愿服务”为服务模式，开展主题讲座、导读示范课、读书会等多种经典导读活动，引导广大青少年共读经典，以书为友，沐浴书香。活动得到北京市文化局、天津市文化广播影视局、河北省文化厅、北京市志愿服务联合会的支持。

（张小野）

【首届京津冀“守望青春，我与图书馆故事”阅读推广交流展示活动】 12月18日，首届京津冀“守望青春，我与图书馆故事”阅读推广交流展示活动在天津图书馆文化中心馆举办。该次活动由三地文化行政主管部门联合主办，天津图书馆、首都图书馆、河北省图书馆共同承办。旨在深入贯彻中共十九大精神，实施文化惠民工程，丰富群众性文化活动，搭建京津冀三地读者阅读推广交流展示服务平台。活动中，首都图书馆精心选择40余幅老照片与天津、河北联展，共同展示了自二十世纪八九十年代开始的不同年代的读者在图书馆里阅读的美好场景。

（张小野）

【第四届“阅读之城——市民读书计划”】 11月27日，第四届“阅读之城——市民读书计划”终评会在首都图书馆召开，由学者、作家、图书馆评论专家、图书馆专家组成的专家评审团依据《“阅读之城——市民读书计划”终评评选规则》最终筛选出兼具传播知识、陶冶情操、提升素养的“2017年请读书目”。2017年，第四届“阅读之城——市民读书计划”共由27家首都图书馆联盟成员馆共同承办，并参与活动推广、读者投票、图书推介等工作。该届活动由首都图书馆在参考公共图书馆借阅排行榜及其他权威机构推荐书单的基础上，向市民推荐200种“城市荐读书目”，并分为14个主题在微信平台进行了逐一推送。同步推出的“图书认领”活动为读者提供了45种图书，读者只需撰写并提交该书书评便完成了该图书的认领。“图书认领”活动共吸引了257名读者参加，发放图书196册，上交书评达226篇。“阅读之城——市民读书计划”是由北京市文化局、首都图书馆联盟主办的大型阅读推广活动。

（张小野）

【北京市青少年“阅读伴我成长”活动展示】 12月10日，北京市青少年“阅读伴我成长”活动展示在首都图书馆剧场拉开帷幕。该场活动共展示了层层选拔出来的10个最具代表性和观赏性的节目：房山区良乡中心小学的群鼓表演《鼓舞少年》，朝阳区劲松第四小学的吟诵《嘉禾四时》，房山区良乡第四小学的民族舞《墨韵书香》，北京外国语大学附属小学朱盈盈的故事《阅读的力量》，房山区长阳中心小学的快板《童诵书香　阅读启智》，北京第一师范学校附属小学的合唱《校园的早晨》，西城区进步小学的朗诵《读中国》，北京绿谷小香玉艺术学校的舞蹈《大海写生》，北京第二实验小学的情景剧《家书》，昌平区回龙观中心小学的家庭情景剧《奶奶说》。该次活动是对2017年北京市红领巾读书活动的总结表彰，展示了少年儿童在这一年读书活动中的收获和风采，宣扬了爱读书、读好书的阅读理念。

（张小野）

·捐赠与收藏·

【国家古籍保护中心向北大师生赠送《国学基本典籍丛刊》】 4月21日，国家古籍保护中心向北京大学中文系古典文献学专业师生赠送《国学基本典籍丛刊》。国家图书馆副馆长、国家古籍保护中心副主任张志清，国家图书馆出版社社长方自金，北京大学中文系主任陈晓明，北京大学中文系教授廖可斌、刘玉才、漆永祥等领导、老师和学生60余人出席了赠书仪式。此次赠书活动是国家古籍保护中心落实两办《关于实施中华优秀传统文化传承发展工程的意见》的具体项目之一，旨在让传统经典走进高校，让更多的青年学子感受中华优秀传统文化的熏陶。北京大学中文系古典文献专业是培养全国古籍整理人才的重要基地，在全国高校起着龙头作用。国家古籍保护中心企盼该次活动能够对全国高校古典文献专业学生研读古籍、整理古籍起到积极的推动作用。

（国家图书馆）

【国家图书馆入藏山西寺观壁画资料】 4月25日，“保护与传承”——山西寺观艺术暨文献展开幕式暨文献捐赠仪式在国家图书馆总馆北区举行。该活动是由中国原创艺术研究发展中心、中国文物学会收藏鉴定委员会共同主办，山西省明道文物保护基金会、明道堂经学馆协办，中国文联民间文艺艺术中心指导，国家图书馆古籍馆、古闻铭（北京）文化传承发展机构承办。韩永进代表国家图书馆接受了由古闻铭（北京）文化传承发展机构捐赠的有关山西寺观艺术的作品和资料，并向其颁发捐赠证书。从2011年开始，古闻铭（北京）文化传承发展机构团队对该省文化遗存进行了全面系统的影像采集。历时四年，将山西从东汉到明清历代各具特点的艺术精品复制下来，这些资料在艺术、历史、宗教、民俗等研究领域都具有重要价值。国家图书馆将在长期保存基础上，充分发挥这些壁画、佛像资料的重要价值，使其服务社会、服务当代，并进一步增强社会公众文化遗产保护意识。

（国家图书馆）

【杨献珍手稿入藏国家图书馆】6月9日，国家图书馆入藏杨献珍手稿共计126种、126册。杨献珍后辈杨力军、杨陆、杨黎虹向国家图书馆捐赠该批手稿，国家图书馆馆长韩永进接受捐赠并颁发捐赠证书，国家图书馆名誉馆长周和平出席仪式。杨献珍（1896—1992），原名杨奎廷，湖北郧县人，当代中国马克思主义哲学家、理论家、教育家，为研究、捍卫和宣传马克思主义做出了不懈努力，在哲学、经济学、党的干部教育等领域都有深刻见解及突出贡献。著有《论敌后抗日根据地的社会性质》《什么是唯物主义》《论党性》《我的哲学“罪案”》等著作。该次捐赠的杨献珍手稿包括研究马克思主义哲学的文稿、札记，与党校教学有关的讲稿、资料等，其中包括大量从未公开发表的珍贵文稿。该次捐赠的手稿将入藏国家图书馆名家手稿文库永久保存。

（国家图书馆）

【司徒乔家书暨夫人冯伊湄《劫后行》手稿捐赠仪式】 6月20日上午，司徒双之父司徒乔家书、其母冯伊湄《劫后行》手稿捐赠仪式在国家图书馆举行。国家图书馆副馆长孙一钢接受捐赠并向捐赠者颁发捐赠证书。司徒双的家人好友以及国家图书馆相关部门负责人出席仪式。该次捐赠的两种文献具有很高的史料价值与文献价值，将入藏国家图书馆名家手稿文库永久保存。司徒乔家书长达10叶，是难得一见的画家文字手稿。另一件是1946年冯伊湄陪同司徒乔赴粤、桂、湘、鄂、豫五省进行战后灾情考察，以途中见闻为素材，创作的纪实文学作品《劫后行》的手稿，该作品记录了战后中国社会面貌与民间疾苦。司徒乔（1902—1958），广东开平人，中国现代著名现实主义画家，1950年后任中央美术学院教授，毕生致力于反映社会现实与人民疾苦的绘画创作。早期画作《五个警察一个〇》《馒头店门前》为鲁迅珍藏，代表画作有《义民图》《放下你的鞭子》《三个老华工》等。冯伊湄（1908—1976），广东惠州人，画家、散文家，1931年与司徒乔结为伉俪。

（国家图书馆）

【新华社向国图捐赠《国家相册》系列微纪录片及出版物】 9月1日，新华社《国家相册》系列微纪录片及出版物捐赠仪式在国家图书馆举行。新华社总编室主任白林代表新华社捐赠该批文献，国家图书馆常务副馆长陈力接受捐赠并向捐赠者颁发捐赠证书。该次捐赠的文献包括新华社《国家相册》1种5册、新华社微纪录片栏目《国家相册》1～50期光盘。《国家相册》是新华社出品的微纪录片形态可视化全媒体产品，立足于中国照片档案馆收藏的自清光绪十八年（1892年）以来的1000多万幅珍贵照片，聚焦中国近现代历史中的重大事件和精彩瞬间，综合运用3D特效、动画模拟、虚拟演播室、数据可视化等技术，讲述中国百年历史。

（国家图书馆）

·读者服务·

【青少年经典导读志愿服务项目正式上线】 3月2日，青少年经典导读志愿服务项目启动仪式在首都图书馆举行。首都精神文明建设委员会办公室未成年人处、北京市教委基教一处、北京市文化局公共文化处、北京市志愿服务指导中心、北京市文化志愿者服务中心、首都图书馆相关领导出席仪式。各区图书馆“红读”活动负责人、各区图书馆文化志愿服务分队负责人和全市中小学生代表以及首都图书馆文化志愿者代表共计260余人参与活动。该次启动仪式不仅为2017年北京市红领巾读书活动拉开帷幕，更标志着“阅读北京 悦享好书”青少年经典导读活动项目正式上线。与此同时，北京市公共图书馆文

3月2日，2017年北京市红领巾读书活动暨青少年经典导读志愿服务项目启动仪式在首都图书馆举行

化志愿服务总队的正式成立，进一步推动全市阅读推广志愿服务的发展与创新。“阅读北京　悦享好书”青少年经典导读活动是2017年全新推出的未成年人阅读推广活动。该活动以中小学生群体为指导对象，以经典名著为导读内容，以“互联网＋志愿服务”模式为青少年开展经典阅读指导，促进青少年阅读活动全面深入开展，推动全民阅读工作进程。依托全市的志愿者力量，打造了一支极具专业性的领读者志愿服务队伍。“青少年经典导读活动”互动平台（http：//qsnjddd. clcn. net. cn）也于当日正式启用。

（张小野）

【北大图书馆新版英文主页正式上线】　3月20日，北京大学图书馆新版英文主页（http：//www. lib. pku. edu. cn/portal/en）正式上线，为校内外读者提供服务。随着建设世界一流大学进程的不断推进，北京大学的国际声誉不断提升，国内外学术交流日益频繁，越来越多的留学生到校学习，越来越多的国外访问学者到校交流。北京大学图书馆顺应这一趋势启动了“新版英文主页”项目建设。新版英文主页在技术框架上采用Drupal框架；在界面设计上进行了优化和创新，使网站不仅保持双语界面的风格统一，又能保证英语读者便捷地享受网站服务。在页面内容方面，新版英文主页不仅提供一次点击便捷跳转的语言切换功能，而且力求做到中文版和英文版主页页面内容完全、精准的对应表述与表现。为保障英文内容的准确和专业，图书馆还特别邀请了北大外国语学院英语系的老师为全站内容进行总审校。图书馆新版英文主页正式上线后，北京大学图书馆成为中国大陆首家提供中英文对照内容的门户服务的高校图书馆。

（北京大学图书馆）

【“北京积水潭医院首届世界读书日”活动】　4月20日，“北京积水潭医院首届世界读书日”活动在北京积水潭医院新街口院区举办。该届活动的口号是“推广应用数字化图书馆，熟练使用数据库”，目的是向读者介绍图书馆服务项目，推广应用图书馆远程访问系统和各种数据库资源，同时为读者提供一个熟练使用数据库的平台，供大家学习提高。活动共设2个会场，主会场设在教学楼前，主要是北京积水潭医院所有在用的数据库提供商现场答疑，介绍利用互联网登录其数据库的方法，提高读者检索文献效率和技巧，同时举办了有中图公司参与的外中文医学图书展；分会场设在图书馆电子阅览室，内容为科研处进行投稿相关问题的授课，以及多家数据库关于检索技巧的现场授课。该次活动邀请了中国知网、中国图书进出口总公司、万方医学网、大医医学网、北京金涧众信、北京聚方瀚搜、斯普林格和木之水医药书店参加。

（杨　民）

【“中国科讯”正式版在中科院文献情报中心发布】　5月25日“中国科讯”正式版在中科院文献情报中心发布。中国科学院副院长张涛出席会议并致辞。中科院文献情报中心领导，以及合作出版商代表、中科院研究所一线科学家及研究生代表等300余人出席发布会。“中国科讯”是中科院文献情报中心精心打造的基于移动互联网的知识服务平台，正式版新增学者主页、科研题录和科研交流圈功能，并从文献数据资源整合、论文发现到管理全流程、资讯情报个性化推送、用户参与交互、使用体验、用户群体覆盖6个方面全方位服务升级，提供文献检索、期刊浏览、图书报告、情报订阅、论文题录、科研圈、科研助手、学者主页8大功能模块。

（汪　维）

【“首都图书馆监狱数字分馆”正式启动】　9月8日，首都图书馆与北京市监狱管理局在原有合作模式的基础上共建“首都图书馆监狱数字分馆”。首都图书馆副馆长陈坚与北京市监狱管理局教育改造处处长周勤共同签署共建协议，让数字资源为广大干警和服刑人员服务。首都图书馆监狱数字分馆是首图的第一家数字分馆，采取了全新的服务模式，具有内容丰富、传输速度快、使用便捷、维护方便等特点。数字分馆搭建在市监管局“新生在线”平台上，作为其子栏目之一，先期提供4T的数字资源，包含电子图书、电子报刊、讲座、视频等内容。首都图书馆在尊重知识产权的基础上，根据监区的具体情况，最大限度地丰富数字分馆的资源，为监区提供更多的数字资源服务，开展数字资源培训。根据实际情况，对干警开通首图数字资源的互联网服务，满足其工作和研究的需求。

（张小野）

【国家图书馆视听服务中心正式开放】　9月9日，国家图书馆视听服务中心正式开放。国家图书馆馆长韩永进出席在国图音乐厅举办的开放仪式并致辞。在国家图书馆海量资源中，馆藏实体音视频资源近40万盘、数字音频资源170余万首、数字视频资源25万多小时。国家图书馆视听服务中心以音乐艺术为主题，以视听服务空间和国图艺术中心为阵地，集合馆藏黑胶唱片及CD、DVD等实体盘片，海量数字资源，以及万余册中外文视听艺术类图书、期刊，通过开展阅览、视听、讲座、演出等形式的公众艺术教育普及与推广活动，实现线上、线下相结合，实体、数字相结合的“一站式”服务，满足社会公众不断增长的视听需求，视听服务空间面向13周岁及以上的读者365天免费开放。视听服务中心还建立专题网站（http：//www.nlc.cn/stfwkj/），提供国家图书馆实体资源以及自建、外购试听数据库的展示和重点推荐，包括志鸟专藏、黑胶唱片、中外文图书、中国经典民族器乐类专辑等特色资源。

（国家图书馆）

【“盲人数字阅读推广工程”在国家图书馆启动】 9月13日，“盲人数字阅读推广工程”在国家图书馆启动。活动由中宣部、财政部、文化部、国家新闻出版广电总局、中国残联组织共同实施。中共中央政治局委员、中央书记处书记、中宣部部长刘奇葆出席启动仪式，并向图书馆和盲人教育机构代表发放智能听书机、盲用电脑等盲用阅读设备。“盲人数字阅读推广工程”启动仪式由国家图书馆、中国盲文出版社共同承办。随着工程的不断深入开展，国家图书馆、中国图书馆学会充分发挥其资源平台优势、桥梁纽带作用和社会教育功能，按照中宣部、文化部的统一部署，组织工程实施过程中相关技术、阅读推广等方面的培训指导，推动“盲人数字阅读推广工程”的全面实施。

（国家图书馆）

【首图视听阅览区开设黑胶唱片在线点播服务】 9月19日，首都图书馆将已完成的部分黑胶唱片数字资源向读者开放，读者可以在B座四层视听资料阅览区的视频点播系统中查找。黑胶唱片作为人类第一种成熟并商业化使用的声音信号载体，为人类记录保存了大量珍贵的有声资料，是图书馆重点收藏资料之一。2016年，首都图书馆开展了抢救珍贵老唱片数字化项目。内容涉及戏曲、音乐、歌曲、曲艺、名人讲话等众多领域，时间从20世纪初开始，国外唱片涉及英、俄、德等多国语言。黑胶唱片在线点播面向所有到馆读者，B座四层视听阅览区内为主要阅览地点。其他阅览室机位通过首都图书馆主页中自建资源链接，也可实现点播阅览。

（张小野）

·展　览·

【“悦读阅美”——2016年请读书目主题展览】 1月，“悦读阅美”——2016年请读书目主题展览在首都图书馆B座二层引航厅展出。展览展出了“阅读之城”——市民读书计划书目评选活动推出的2016年请读书目。2016年请读书目是结合图书馆2016年借阅排行榜、各阅读推广机构的评选书单，在广大读者推荐的基础上，由专家评审团评审出的2016年书目，包括《去年天气旧亭台》《我的应许之地：以色列的荣耀与悲情》《迷人的材料》《乐之本事：古典乐聆赏入门》《想象有一天》等30种图书，涵盖了社科、文学、科普、生活、少儿5个类别。该展览于2017年全年展出，向公众推介2016年请读书目，引导更多的读者品读图书精品。

（张小野）

【北师大图书馆举办馆藏古籍精品展】 4月19日—21日，北京师范大学图书馆在该馆古籍珍藏展室弘文轩展出了馆藏的部分精选古籍。该次展览围绕展示馆藏精品和梳理馆藏源流展开，分别选取了馆藏古籍精品与反映北京师范大学不同历史时期收藏的古籍各20部予以展示。馆藏精品展中，展出了馆藏年代最早的唐写本《胜天王般若波罗蜜经》，宋、元、明、清各时期的精刻精印本，反映了不同时期古籍刻印的风格。馆藏源流展中，通过选取学校不同历史时期收藏的古籍，梳理了北京师范大学、北京女子师范大学、北平大学女子文理学院、辅仁大学这几所高校发展更名的历程。

（北京师范大学图书馆）

【中国国家图书馆“从莎士比亚到福尔摩斯：大英图书馆的珍宝”展览】 4月21日—6月21日，“从莎士比亚到福尔摩斯：大英图书馆的珍宝”展览在国家典籍博物馆第一展厅正式展出。展览由中国国家图书馆与大英图书馆联合举办，展出了英国标志性作家的9部手稿、2部早期印本，涵盖诗歌、戏剧和小说3个领域。展览展出的英国文学经典巨著的手稿和早期珍贵印本均系首次在国内亮相，其中包括夏洛蒂·勃朗特小说《简·爱》的修订稿本、华兹华斯诗歌《我孤独地漫游，像一朵云》的手稿、吉尔伯特与萨利文《贡多拉船夫》的总谱原稿、本杰明·布里顿《仲夏夜之梦》（歌剧）的缩编谱手稿、拜伦《唐璜》的手稿、柯勒律治《古舟子咏》的手稿、莎士比亚《罗密欧与朱丽叶》的第二版四开本、查尔斯·狄更斯小说《尼可拉斯·尼克贝》的手稿及《大卫·科波菲尔》带原版蓝色书皮的合订本。据悉，历经荧幕等改编演绎的经典文学作品手稿也将首次与国内观众见面，包括柯南·道尔的福尔摩斯系列《失踪的中卫》手稿，以及伊恩·弗莱明的詹姆斯·邦德系列故事《黎明生机》《美妙的回报》的手写与打字稿。

（国家图书馆）

【“从《诗经》到《红楼梦》——那些年我们读过的经典”展】 4月21日—6月21日，“从《诗经》到《红楼梦》——那些年我们读过的经典”展在国家典籍博物馆第二展厅开展。展览由中国国家图书馆主办。该展撷英集萃，精选70余件古籍，分为先秦、秦汉、魏晋南北朝、隋唐五代、宋、元、明、清8个部分，通过人物及作品串联起中国辉煌的古典文学，从诗经、楚辞、汉赋到唐诗、宋词、元曲，讫于四大名著为代表的明清小说，包括明铜活字蓝印本《毛诗四卷》，明铜活字印本《白氏长庆集》，清乾隆萃文书屋印本《红楼梦》等众多善本古籍。展厅内还设有“诗书礼乐”板块，现场展示编钟、服饰、活字盘及古琴等展品。4月21日—23日，展厅定点举行古代编钟和舞蹈表演，观众可以亲身融入古典文学的氛围之中，体会中华“诗书礼乐”文化。

（国家图书馆）

【清华图书馆民国时期馆史文献展】　4月24日—5月10日，清华大学图书馆民国时期馆史文献展在清华图书馆北馆（李文正馆）一楼大厅展出。近百页民国资料陈列于8个展柜之中，分为4组内容，包括：1933年清华大学图书馆概况、教师·书·图书馆、学生·图书馆、馆际书函。“国立清华大学图书馆一览”展柜展陈的民国22年（1933年）文献，显示了清华图书馆当时建制的完备程度。清华教师与图书馆以书为媒的史迹资料，展出了3个展柜，点滴之间所涉人物有朱自清、冯友兰、陈寅恪、王国维、毕树棠、吴宓、俞平伯、郑振铎、潘光旦、林语堂、刘崇鋐、吴景超、刘文典、赵万里等十余人。

（清华大学图书馆）

【清华大学馆藏《资本论》珍本展】　4月29日—30日，“清华图书馆藏《资本论》珍本展——纪念《资本论》第一卷出版150周年”在图书馆老馆清华文库阅览室举办。这次展览首次展出了国内罕见收藏的《资本论》第一卷第一版，还囊括了马克思、恩格斯逝世前出版的全套原版《资本论》，是国内唯一一套完整收藏，同时还展出了《资本论》第一个中译本［民国19年（1930年）］等珍贵版本。

（清华大学图书馆）

【“天将金石付斯人”——清代金石学家陈介祺特展】　6月29日—8月28日，由国家图书馆（国家典籍博物馆）与潍坊市博物馆共同主办的“天将金石付斯人”——清代金石学家陈介祺特展在国家典籍博物馆开幕。通过展览，观众感受、认识到陈介祺的鉴藏成就、学术贡献、“簠斋金石体”书法和传拓艺术。展览精选潍坊市博物馆藏品135件进行展出，共分为“富藏精鉴”“翰墨遗珍”“宗仰海内”3个单元。展览中，“富藏精鉴”展出了陈介祺的旧藏拓本，其中，《西周毛公鼎拓轴》《北魏正光六年（525）曹望憘造像拓轴》朱拓本及墨拓本、《汉代君车画像石朱拓横批》等均为首次亮相京城，学术性与艺术性兼具；“翰墨遗珍”中展出了陈介祺的篆、楷、行诸体书法力作；“宗仰海内”则展出陈介祺刊行的著作及传世函札、手稿等。此外，展览还系统梳理了陈介祺的收藏及著述简目、历代学者评价等，可以直观了解到陈介祺的生平。

（国家图书馆）

【“新思路·心纽带”——“一带一路”主题展】　7月12日—25日，“新思路·心纽带”——“一带一路”主题展在首都图书馆A座二层文化艺术展厅开展。展览由首都图书馆联合中国新闻社共同主办，采用独具代表性和观赏性的图片，加以详细的文字讲述，从“一带一路”前世今生，“一带一路”累累硕果，“一带一路”未来共创三个部分，讲述了“一带一路”的溯源、传承与交融。此外，为了让读者更加全面地了解“一带一路”合作发展的理念和倡议，首都图书馆还在展览的最后向读者推荐了一份“请读书目”及首都图书馆关于“一带一路”的优质数字资源。“新思路·心纽带”——“一带一路”主题展为青少年和广大市民深入了解、学习“一带一路”重要构想提供了绝佳平台，图文并茂的展览方式吸引更多市民观展，开展当日就吸引了数百名读者。

（张小野）

【国际安徒生奖（终身成就）50周年展北京站】　8月11日—10月29日，世界插画大展——国际安徒生奖（终身成就）50周年展北京站在国家典籍博物馆第七、八展厅展出。展览由中信出版集团、国家图书馆（国家典籍博物馆）、上海京采文化创意有限公司联合主办，于8月12日正式开展。展览展出近300幅1966年—2014年，25位“国际安徒生奖插画家奖”得主的真迹。国际安徒生奖是国际上公认的儿童文学作家和插画家的最高荣誉，是儿童文学界唯一真正全球性的奖项。展览按照年代划分为5个展区。置身大师名作，浏览其中仿若走过半个世纪。设计团队根据展馆特色和空间配置，融入炫酷的科技元素与丰富的趣味互动。

（国家图书馆）

【“钢铁长城”——纪念中国人民解放军建军九十周年馆藏文献展】　8月15日—10月29日，“钢铁长城”——纪念中国人民解放军建军九十周年馆藏文献展在国家典籍博物馆第三展厅开展。展览由国家图书馆主办。该次展览以国家图书馆典藏的近代文献特别是革命历史文献为基础，遴选出其中最具代表性的文献 260 余册件作为展品。展览除前言、结语外，共分为 6 个单元。第一单元：中国共产党早期军事活动；第二单元：人民军队创建和在土地革命战争中成长；第三单元：战斗在白山黑水间——东北抗联；第四单元：抗日战场的中流砥柱；第五单元：解放全中国；第六单元：建设巩固国防和强大军队。

（国家图书馆）

【“拈花”——鲁迅藏中外美术典籍展】 11 月 3 日，“拈花”——鲁迅藏中外美术典籍展在国家典籍博物馆开展。展览由国家典籍博物馆和北京鲁迅博物馆（北京新文化运动纪念馆）联合主办。鲁迅生前收藏大量的中外美术类书刊，其中英、德、日、俄文美术藏书的版本都是百年前外国出版的美术书籍，已经十分稀有。鲁迅生前曾编辑出版过介绍苏联版画作品的《引玉集》，并欲续编一部《拈花集》而未成。该次展览从鲁迅所藏中外美术典籍中择取精华百余种，可谓“拈花”。以时间为脉络，从“童年求知 · 嗜爱图画” “插画古籍 · 研习传统” “外国美术 · 拿来借鉴” “锐意译介 · 引玉拈花” 4 个部分，较为全面、系统地介绍鲁迅所藏美术典籍，带领观众进入鲁迅的美术书房，领悟他的一颗爱“美”之心，了解他的美术修养以及美术思想的形成渊源。展览持续到 2018 年。

（国家图书馆）

· 表彰与奖励 ·

【《读书天》获得国际图联营销大奖第一名】 4 月 20 日，由国际图书馆协会联合会（以下简称国际图联，IFLA）主办的第 14 届 IFLA—Biblibre 国际营销大奖公布评选结果，北京科技大学图书馆《读书天》获得了第一名。该次比赛共收到来自全世界 11 个国家、5 种语言的 65 个申请。《读书天》（READay）是北京科技大学图书馆的重要阅读推广项目，通过每天在图书馆官方微信号上选择并推送一本推荐图书的书评或书中的精彩片段，为大学校园营造了一个更好的阅读环境。8 月 19 日—25 日，《读书天》受邀参加第 83 届国际图联大会并进行了项目汇报，共有来自 120 个国家的大约 3100 名图书馆员出席此次大会。

（季淑娟　路春梅）

【第十二届文津图书奖】 4 月 23 日，第十二届文津图书奖在国家图书馆揭晓。该次活动由国家图书馆联合北京市海淀区、北京京港地铁有限公司、新华社《北京参考》共同举办，活动旨在通过政府、图书馆、媒体等协力合作，调动家庭、社区、学校等各方力量，共同大力营造阅读氛围，推进全民阅读，构建书香社会。《中国文化的根本精神》《德国天才》《造房子》《古乐之美》《大国大城：当代中国的统一、发展与平衡》《消失的微生物：滥用抗生素引发的健康危机》《星空帝国　中国古代星宿揭秘》《吃货的生物学修养》《去野外：探索大自然之旅》《盘中餐》等图书荣获第十二届文津图书奖，其中社科类 5 种、科普类 3 种、少儿类 2 种。该届文津图书奖共收到推荐书目 1800 余种，全国 64 个图书馆担任联合评审单位，8 家媒体评审参与图书推荐和初评环节，14 位知名学者进行终评工作，共评选出获奖图书 10 种，推荐图书 44 种。

（国家图书馆）

· 交　流 ·

【第 25 届亚洲及大洋洲地区国家图书馆馆长会议】 5 月 17 日—18 日，第 25 届亚洲及大洋洲地区国家图书馆馆长会议在中国国家图书馆举行。文化部部长助理于群，国际图联主席多纳 · 希德，中国国家图书馆馆长韩永进，副馆长魏大威、孙一钢，文化部外联局副局长郑浩等出席会议。30 余位来自本地区 20 个国家的国家图书馆或承担国家图书馆职能的机构代表参加会议。该次会议主题为“构建可持续发展的区域性国家图书馆网络”。与会代表介绍了各馆最新的发展成就，分享了各馆在开展国际合作方面的实践和经验。国图作了“构建推动区域性交流与合作——以中国国家图书馆为例”的专题报告，展现了近年来国图在国际图书馆界发挥的积极作用。会上，与会代表研究了由中方提出的优化亚太会议组织和管理机制的建议，得到代表广泛认可，对于推动亚太会议的可持续发展具有重要意义。亚洲及大洋洲地区国家图书馆馆长会议是亚洲及大洋洲地区为加强本地区国家图书馆的联络与合作举办的区域性国际会议。中国国家图书馆于 1989 年、2004 年分别举办了第 4 届和第 12 届会议。多年来，在各成员机构的共同努力下，会议在推动信息交流、经验借鉴、资源共享、合作办展等方面取得较大成效，促进了各国国家图书馆事业的发展。

（国家图书馆）

【第二届中国与阿拉伯国家图书馆及信息领域专家会议】 5 月 24 日，由文化部支持、中国国家图书馆举办的“第二届中国与阿拉伯国家图书馆及信息领域专家会议”在北京举行。文化部对外文化联络局局长谢金英，中国国家图书馆馆长韩永进、副馆长孙一钢、馆长助理汪东波，阿盟秘书处信息、文献与翻译局局长海勒 · 贾德，巴林、埃及、伊拉克、约旦、科威特、黎巴嫩、阿曼、沙特阿拉伯、突尼斯等阿拉伯国家及阿盟秘书处的 10 余名馆长、官员、专家，以及国内图书馆界的 10 余名馆长出席了活动。该次会议是文化部“丝绸之路系列文化论坛”活动之一。会议主题为“中阿图书馆资源的共知共建与共享”，与会代表围绕各馆在文献资源建设、信息资源组织揭示、图书馆建设发展等方面的情况作了交流；就各馆在信息社会中，如何推动共知、共建和共享，促进图书馆与信息技术的关联发展等问题进行了探讨。此外，中方和阿方分别介绍了“中阿数字图书馆”合作项目进展，网站以展示中阿双方优质数字资源为主要内容，中国国家图书馆首批导入了300多种中国古代及现代文献、视频、音频、图片等资源。

（国家图书馆）

【中国国家图书馆与哈萨克斯坦国家图书馆签署合作协议】 10 月 10 日，中国国家图书馆馆长韩永进会见了来访的哈萨克斯坦国家图书馆馆长查纳特·赛义杜马诺夫·图拉洛维奇一行。韩永进指出，中国国家图书馆十分重视与哈萨克斯坦国家图书馆的交流与合作。该次两馆共同签署的合作协议体现了双方在两国文化遗产研究、图书出版、数字图书馆等方面开展合作达成的共识。图拉洛维奇表示，希望中、哈两馆今后在双方合作协议的指导下，增进人员互访和业务交流活动，探索合作出版图书的可能性，将友好合作关系长期保持下去。会见结束后，图拉洛维奇代表哈萨克斯坦国家图书馆向中国国家图书馆捐赠了图书，双方共同签署了《中国国家图书馆与哈萨克斯坦国家图书馆合作备忘录》。

（国家图书馆）

基础建设

·设施建设·

【清华首个浸润式阅读体验中心“邺架轩”开放】 4 月 23 日，清华大学首个浸润式阅读体验中心“邺架轩”在图书馆北馆正式开放。邺架轩取名自清华校歌中的“左图右史，邺架巍巍”“肴核仁义，闻道日肥”，意在通过阅读滋养身心，培育精神丰满的清华人，丰富校园文化内涵，彰显大学文化品位，满足清华读者日益增长的阅读需求。全国人大常委、民盟中央副主席、中国文联副主席张平，商务印书馆党委书记肖启明，清华大学党委副书记邓卫等出席仪式并致辞。仪式由清华大学图书馆馆长邓景康主持。张平、商务印书馆总经理于殿利、肖启明、邓卫一同为邺架轩揭幕。江苏教育出版社总编辑王瑞书，校友代表《光明日报》高级记者、《博览群书》杂志社社长董山峰，人文学院副院长彭刚等校内外嘉宾、师生代表等近百人参加仪式。邺架轩面向校内外人士开放，校内师生可以刷工作证或学生卡入内，校外人士可以登记身份后入内。运营时间暂定每天 10：00—22：00，之后可根据师生需求进行调整。

（清华大学图书馆）

【清华图书馆开启“清华印记”互动体验空间】 4 月 26 日，“清华印记”互动体验空间在清华图书馆北馆举行启动仪式。互动体验空间利用新媒体技术，以清华特色馆藏资源为基础，提供历史长廊、清华记忆、数字学术、电子书瀑布流等栏目，为读者近距离感受清华的历史和文化带来全新体验。清华图书馆收藏有一大批弥足珍贵的古籍文献和文物，这些馆藏珍品经历了战争年代的战火洗礼与和平建设时期的发展繁荣，在清华大学的人文学术发展及人文学科重建中，发挥了重要作用。数字人文利用现代数字化、可视化技术和 3D 扫描与打印等技术，把重要典籍文献、文物直观呈现出来。在互动体验空间，读者可以利用移动设备采集更多的相关信息，感受深厚的文化熏陶。

（清华大学图书馆）

【国图国家文献战略储备库建设工程建筑设计方案揭晓】 5 月 22 日，国家图书馆与中国建筑设计院有限公司关于国家图书馆国家文献战略储备库建设工程建筑设计合同签字仪式在国家图书馆举行。国家图书馆国家文献战略储备库建设工程选址位于河北承德市承德县，场地四面环山，占地 10.17 公顷，总建筑面积约 6.7 万平方米，主要功能为存储库区、数据资源存储及灾备中心、业务加工区和配套用房等。建筑方案设计是工程建设的重要组成部分，是前期流程中的关键环节。该方案在设计理念上，化大为小，化显为隐，以“小式”建筑组成“聚落”形态，贯彻了隐于自然的理念；在功能布局上，呼应周边自然形态，依山就势，顺山势布局建筑，减少对山体的破坏，节约造价；在可持续发展上，秉承绿色、节能、生态、低碳理念，就地取材，形成本土化的环境与文化特色。国家文献战略储备库项目承担对国家重要文献异地备份储藏和数字资源灾备存储的战略责任，是保障国家文化安全与长远发展，全面保护、传承民族文化遗产的国家重点文化工程。

（国家图书馆）

【中国矿业大学（北京）图书馆智慧学习空间启用】 9月1日，中国矿业大学（北京）图书馆智慧学习空间建成并正式启用。空间引入全新的功能设计理念，更加关注读者，靠舒适的环境，养眼的视觉效果，理想的主题空间，个性化服务与多样化服务满足读者的需求，方便读者阅读纸本文献、电子文献，研讨、交流乃至休闲。在空间布局、功能设计、舒适、生态环境等方面有所创新。靠大数据分析读者的阅读历史，以便提供给读者个性化的引导与智慧服务。

（唐　兵）

【国图与国家发改委共建“发改书吧”】　9月1日，“发改书吧”启动仪式暨国家图书馆与国家发展和改革委员会战略合作签约仪式在国家发改委举行。国家发改委主任何立峰、文化部部长雒树刚见证签约，共同为发改书吧揭牌，并实地考察发改书吧。国家发改委副秘书长、办公厅主任周晓飞与国家图书馆馆长韩永进代表双方签署战略合作协议。在书吧建设过程中，国家图书馆组织专人精心遴选图书，推荐1万册精选图书目录，并向书吧免费提供3500余册图书，图书内容聚焦强化“四个意识”、增强履职能力、提升综合素质等方面。国图设计了详细的服务方案，提供办证、“掌上国图”等全方位的图书馆服务；组织专人考察，为建设实用、舒适、人文的阅览空间提供重要参考；发挥业务专长，邀请编目专家对图书资料管理作专业指导；开通网络专线，为国家发改委提供便捷的数字资源服务。发改书吧是在“互联网+”和大数据服务的时代背景下，国家图书馆与国家发展和改革委员会以开放、信任、共建、共享为理念，通过互联融合与资源共享，建立的集图书借阅、网络查询、移动服务于一体的线上、线下联动服务平台。

（国家图书馆）

【三山五园文献馆启用】　9月4日，三山五园文献馆启用。北京联合大学图书馆在应用文理学院大力支持下，在建有北京学文库、严文明先生文库、燕京校友文库的基础上创建该文献馆。文献馆主旨是服务北京“四个中心”功能定位、体现北京深厚文脉底蕴和文化资源特色，集中陈列三山五园的文化创意产品、珍贵图集等，现有图书4000多册，全面、系统地整理、收集了北京建都至今860余年间，与三山五园相关的历史、地理、园林、建筑、文化、自然景观等方面的文献资料。在服务学校人才培养和地方文化建设中发挥越来越大的作用。

（洪　文　聂延平）

·业务建设·

【北大开放研究数据平台被DCI收录】　3月13日，从Web of Science平台的Data Citation Index数据库（以下简称DCI）获悉，由图书馆负责建设和维护的北京大学开放研究数据平台（http：//opendata. pku. edu. cn）已经被DCI收录。DCI是国际著名的数据引文索引，于2012年推出，旨在推动研究数据的检索、引用与评价。北大开放研究数据平台成为DCI被引数据来源，表明平台建设受到国际权威的认可，有利于北大的数据产出被国际同行发现和利用，从而提升北大的国际学术影响力。现平台已经建设数据空间20个，数据集111个，其中包括中国家庭追踪调查（CFPS）、中国健康与养老追踪调查（CHARLS）、中国历代人物传记资料库（CBDB）等具有较大影响力的多学科数据，集中展示了北大本校科研团队从事调查研究及参与国际合作的最新数据产出，也体现了北大为创建世界一流大学所承担的社会责任。

（北京大学图书馆）

【北京联合大学整合资源统一全校图书馆管理方式】　4月10日，北京联合大学整合资源统一全校图书馆管理方式。北京联合大学应用文理学院、师范学院、商务学院、生物化学工程学院4个图书馆并入北京联合大学图书馆统一管理，校图书馆在各校区设分部。统一全校图书馆管理方式后，深化管理机制改革，经过广泛调研，在9月完成机构重新设置和教职工岗位聘任工作，在流通阅览部、资源建设部、参考咨询部、信息技术部的基础上新成立阅读推广部、读者活动部和学科服务部，有力地推动图书馆服务育人工作的开展。

（赵树荣）

【国家图书馆与中国第二历史档案馆签署合作共建战略框架协议】4月11日，国家图书馆与中国第二历史档案馆合作共建战略框架协议签约仪式在国家图书馆举行。仪式上，国家图书馆常务副馆长陈力、中国第二历史档案馆馆长马振犊分别代表两馆签署了合作共建战略框架协议。中国社会科学院近代史研究所所长王建朗、北京大学历史学系教授王晓秋、中国人民解放军军事科学院军事历史和百科研究部部长曲爱国、南开大学日本研究院院长宋志勇等专家见证了签约。该次合作充分利用双方丰富馆藏和人才优势，结合国家社科基金抗日战争研究专项工程项目的实施，在日本战犯档案整理、日本对华调查档案资料整理、抗日阵亡将士档案调查、滇西抗战档案等抗战文献的整理、研究及人才培养等方面进一步开展系统化合作，共同推进民国时期文献和档案资料的征集、整理、保护、研究与开发利用。

（国家图书馆）

【北大图书馆与中国化工信息中心签署战略合作协议】　4月26日，

北京大学图书馆与中国化工信息中心签署战略合作协议。战略协议的达成标志着图书馆首次与企业信息服务机构开展深度合作，是高校信息服务的一次创新尝试。战略签约仪式当天双方即开展了首次情报创新服务研讨会，会上由中国化工信息中心资深情报分析师和培训专家顾方、牛倩倩分别作了题为《面向创新管理的情报体系建设》《建设战略情报精准获取能力》的主题报告，报告分享了中国化工信息中心的情报服务框架、企业创新情报服务指标与方法、企业信息服务典型案例等。作为国内情报服务的资深机构之一，中国化工信息中心的企业信息服务理念和方法等有很多值得北京大学图书馆借鉴的地方。研讨会上图书馆也以交流的形式介绍了北京大学学科竞争力分析报告、北大科学前沿等项目的数据积累、指标体系和分析方法等，概述了北京大学图书馆科研支持服务的体系与框架，为业界了解高校情报信息服务提供了契机。

（北京大学图书馆）

【首都图书馆与云南开放大学签署长期合作协议】 4月26日，为推动公共文化服务体系建设，探索公共图书馆与高校图书馆合作新模式，首都图书馆与云南开放大学签署了长期合作协议，双方将在现代公共文化服务体系建设、文献资源共享、特色资源创建、图书馆人才培养等方面开展深入交流与长期合作。签约仪式上，云南省政府、昆明市领导、北京市文化局领导、云南开放大学代表、首都图书馆代表出席仪式并致辞。在双方的合作中，除了持续图书捐赠和展览定期巡展外，首都图书馆还将发挥特有的区位优势和丰富的馆藏资源，帮助云南开放大学开展图书馆业务培训指导，还将向云南开放大学开放"读秀"等部分数据库的远程登录服务，利用现代化科学技术及传播手段，为云南地区提供数字文化服务，支持优秀文化传承，定点支援老少边穷地区建设。双方还将发挥区域特色文化资源优势，联合开展文化资源巡展及推广工作，共沐书香，促进两地全民阅读工作的纵深发展。

（张小野）

【首图完成文化部第六次全国公共图书馆评估定级工作】 12月15日—16日，文化部第六次全国副省级以上公共图书馆第一评估组一行6人到首图，开展了实地评估工作。按照《北京市文化局关于做好第六次全国市县级以上公共图书馆评估定级工作的通知》要求，首都图书馆及时成立了评估工作领导小组。评估组专家对照评估要求，通过审阅资料、现场提问等方式，对首都图书馆服务效能、业务建设和保障条件等情况进行了深入细致的调研，并抽查了东城区第一图书馆的评估工作。专家评估组对北京市公共图书馆的事业发展、对首都图书馆的各项业务建设予以了充分肯定，同时也提出了宝贵的意见和建议。评估定级结果会在2018年全国工作结束后进行公示。

（张小野）

·队伍建设·

【第四届中国数据馆员培训班】 3月20日—31日，第四届中国数据馆员培训班在中科院文献情报中心正式开班。来自科研、高校系统共计101名学员参加了培训。该次培训是继2014年首次举办中国数据馆员培训班以来的第四年培训，课程内容区分为基础班和进阶班，学员们根据自身知识背景与专业技能自主报名相应班级。经过为期1~2周的集中培训，学员们初步、系统地掌握了开展数据管理与服务的思路、工具、方法和步骤。该期培训班由中国科学院文献情报中心知识技术研发中心、中国图书馆学会专业图书馆分会、中国图书馆学会高校图书馆分会联合举办，旨在推动图书馆员在开放科学的信息环境下向数据馆员发展转型。通过该次学习，学员可以了解国内外大数据的最新发展现状、信息政策前沿的著作权议题、开源软件、开放数据、开放获取等权益机制，对今后的研究视角和工作创新大有帮助。

（张小野）

【北京地区高校图书馆馆长论坛研讨会】 5月10日，北京地区高校图书馆馆长论坛研讨会在北京师范大学图书馆举行，北京地区28所高校图书馆30余名馆长、副馆长参加。研讨会由BALIS与北京师范大学图书馆联合举办，旨在加强北京地区高校图书馆交流，分享管理经验、探讨科学管理，提升北京地区高校图书馆领导层管理水平。BALIS培训中心主任、北京师范大学图书馆馆长张奇伟在馆长论坛开幕式上致辞。该次馆长论坛分为上、下午2个时段。上午由BALIS培训中心委员、中国农业大学图书馆副馆长潘薇主持，北京大学图书馆朱强、东北师范大学图书馆刘万国2位馆长，分别以"如何当馆长——个人的经验和体会"、"'寻求合作，赢得发展'——馆长工作点滴体会"为题介绍"如何选人、用人""如何高效进行馆领导班子合作、校内外合作""馆长当前和未来应重点关心的工作内容"等方面的经验。下午则由北京高校图工委秘书长助理、中国人民大学图书馆副馆长刘春鸿主持，北京大学信息管理系刘兹恒、南开大学信息资源管理系柯平2位教授分别以"高校图书馆管理与服务常态化"和"图书馆发展的十大趋势"为题，分析当前图书馆面临的新环境、新趋势、新机遇和新挑战，并结合大量的实践案例介绍了“高校图书馆如何科学地进行管理决策”“高校如何进行推动馆里服务创新”等方面的内容。每场报告之后，报告专家都和与会馆长们进行了卓有成效的交流讨论。

（魏 微）

【2017 第二届新型智库核心能力建设高级研修班】 11 月 24 日—27 日，“2017 第二届新型智库核心能力建设高级研修班”在北京师范大学图书馆举办。研修主题为“智库能力与新型智库建设”。研修班旨在加强中国特色新型智库核心能力建设，推进科学决策、民主决策，推进国家治理体系和治理能力现代化，增强国家软实力，解决新型智库理论与实践发展中所面临新问题，加强智库实践界、学术界及决策部门间的研讨交流，促进新型智库发展。研修班邀请国家高端智库代表、知名智库学者以及党政部门领导和一线智库专家，围绕“智库能力与新型智库建设”主题展开专深讲解与互动交流。

（张小野）

·纪 念·

【国家图书馆总馆南区建成开馆 30 周年座谈会】 10 月 12 日，国家图书馆总馆南区建成开馆 30 周年座谈会召开。文化部原部长王蒙，文化部党组成员、副部长张旭，文化部原副部长艾青春，文化部原副部长、国家图书馆名誉馆长周和平，文化部公共文化司副司长陈彬斌，国家图书馆馆长、党委书记韩永进，国家图书馆原党委书记、常务副馆长詹福瑞以及馆班子成员李虹霖、孙一钢、汪东波等领导参会，中国工程院院士张锦秋、崔愷等参与总馆南区建设或维修改造的相关代表，国家图书馆和全国图书馆界代表参加会议。国家图书馆总馆南区建设工程是周恩来提议，于 1975 年 3 月经国务院批准兴建的，周恩来在病中亲自审定了建设方案。工程于 1983 年 9 月奠基，1987 年 10 月 6 日举行开馆典礼，10 月 15 日向社会开放。这项工程是中共十一届三中全会以后，在改革开放新的历史征程中，党和国家推进社会主义文化事业全面走向现代化的重要战略举措。总馆南区的规划建设及开放服务，还得到李先念、万里、谷牧、习仲勋等多位党和国家领导人的殷切关怀与直接指导，得到了首都及全国有关单位的支持、帮助。总馆南区之所以能被誉为中国图书馆事业迈向现代化的重要标志，远不止是因为其一流的建筑和设备。其时，北京图书馆面临现代化转型的历史机遇，在积极筹建新馆同时，明确提出了建设全面履行国家图书馆职能的、现代化的“1986—1995 年十年建馆目标”，并围绕这一建馆目标，在管理体制和运行机制上进行了大刀阔斧的现代化改革，树立了“优质、高效、团结、文明”的馆风，为在一流的建设和设备基础上实现一流的管理和服务提供了坚实保障。

（国家图书馆）

【第三届全国高校文库建设研讨会暨人大文库成立三十周年纪念会】 10 月 19 日—21 日，第三届全国高校文库建设研讨会暨人大文库成立三十周年纪念会在中国人民大学图书馆举行。会议主题是“新形势下的高校文库建设与可持续发展”，会议为促进全国高校文库的建设和发展，加强文库特色服务的创新性及可持续性开展了全方位的对话与交流。图书馆党委书记兼副馆长徐飞致开幕辞。研讨会分别由中国人民大学图书馆副馆长兼副书记刘春鸿、副馆长宋姬芳和清华大学图书馆特藏部主任袁欣、校图书馆文库工作部主任贾芳主持，北京大学图书馆特色资源中心主任邹新明、清华大学图书馆特藏部主任袁欣、浙江大学图书馆代表高艳、上海交通大学图书馆代表兰小媛、武汉大学图书馆代表白建明、中国人民大学图书馆代表刘静、北京师范大学图书馆代表肖亚男等分别做主题报告。

（袁 园）

专题介绍

【北京市东城区第一图书馆】 北京市东城区图书馆成立于 1956 年，是区政府兴办的综合性公共图书馆，是收集、整理文献，并向社会公众提供文献服务的公益性文化教育机构，是北京市精神文明先进单位。2013 年，东城区图书馆更名为东城区第一图书馆。1998 年、2003 年、2009 年、2013 年、2017 年被文化部评为地市级一级图书馆。现图书馆大楼使用于 1996 年，位于交通便利的交道口东大街 85 号，总面积 11780 平方米。2007 年 10 月至 2008 年 5 月，为了进一步改善读者借阅环境，提升图书馆服务水平与能力，更好地发挥其在公共文化服务体系建设中的作用，区政府投资 3000 余万元，对大楼进行了升级改造，现馆内设有第一外借室、第二外借室、少儿借阅室、综合阅览室、外文阅览室、创意文献阅览室、地方文献阅览室、政府信息查阅室、自习室、视障阅览室 10 个服务窗口。截至 2017 年，馆藏文献总量 717862 册、件，阅览室座席 520 个，日平均接待读者 1573.3 人次。东城区第一图书馆会议中心内还拥有典雅庄重、温馨舒适的影剧院、展览厅、报告厅、多功能厅、会议室、培训教室，可向社会公众提供多种类型、层次的文化教育服务。东城区第一图书馆的工作目标是通过追求文献利用率的最大化、追求读者满意度的最大化，从而实现图书馆社会文化价值的最大化，使之成为全国一流的、独具特色的、具有现代化管理水平的区级图书馆。

（张小野）

【中央音乐学院图书馆】 中央音乐学院图书馆1950年始建于天津，1958年随学院迁至北京。图书馆坐落于学院教学区中央，馆舍面积4780平方米。2016年，荣获“华北地区高校图书馆协作委员会2012—2016年度先进集体奖”。作为学院最重要的教辅部门之一，图书馆多年以来注重馆藏建设，目前已收藏了含图书、期刊、乐谱、音像资料、电子数据库等多种载体形式在内的资料逾54万件，并形成了集采编、流通、阅览、读者咨询、视听欣赏、资料复制、现场摄录及电子数据库查询等一体化全方位的服务格局，全力支持学院的教学、科研工作。图书馆下设8个部门：图书馆办公室、文献特藏部、乐谱部、书刊部、音像部、编目部、参考咨询部、技术信息部。中央音乐学院图书馆馆藏由实体馆藏和数字图书馆资源构成。实体馆藏主要分为乐谱、图书、期刊、音像资料及非正式出版物五大类。馆藏乐谱166000余册，中外音乐理论书8万余册，非音乐理论藏书3万余册。图书馆特藏资料为古琴名家查阜西所捐古琴资料470余种、中华再造善本1232种及线装书2690余种。馆藏中外期刊资料1万余册，音像资料逾248000余件，非正式出版物共藏有5000余件。数字图书馆建设启动于1999年。数字资源总量10.5TB，电子书总量218.9GB。为完成数字图书馆的元数据制作、全文数据发布、统一数据检索及运行管理，先后开通了图书馆业务工作集成管理平台、全文数据库加工平台、异构数据库统一检索平台及图书馆门户系统。2017年，图书馆先后开通试用了“18世纪戏剧”“Bloomsbury流行音乐在线”“华艺数位台湾学术文献”“橙艺艺术在线”等数据库。

（中央音乐学院图书馆）

【中国传媒大学图书馆】 中国传媒大学图书馆位于北京市朝阳区定福庄东街1号中国传媒大学内，新馆2012年竣工交付使用。图书馆建筑由主楼和副楼两个部分组成，地上七层，地下两层。截至2017年，总建筑面积43000平方米，其中图书馆专用面积近30000平方米。新图书馆采用全开放式管理方式，主楼地上一层主要是办公区，大厅内设有总借还台和总咨询台；二层是期刊、报纸阅览区；三至六层是图书借阅区；七层是电子阅览区（包括特色的精品试听室）。新图书馆主楼共有阅览座位2000多个。图书馆副楼为学校会议中心。图书馆地下一层是中国传媒大学博物馆，地下二层为馆藏文献密集存放区。图书馆下设7部1室：图书流通部、报刊阅览部、信息咨询部、学术研究部、电子音像部、资源建设部、技术保障部和办公室。中国传媒大学图书馆的资源建设与学校各专业本科教学、学科设置和科研方向紧密联系，文献收藏以该校各本科专业所涉及学科的基础理论文献、教学参考文献、科学研究参考文献为主。图书馆凭借热情的服务态度、优质的服务效果、出色的考核成绩，荣获“2016年度BALIS馆际互借先进集体奖”二等奖，时蔚被评为“BALIS馆际互借服务先进个人”一等奖。2017年，成思危夫人舒允宜向校图书馆捐赠成思危所收藏的艺术类书籍200余册，包括国内外书画册104册，一般图书80册，“经世济民”纪念文集4册。

（中国传媒大学图书馆）

出版与传播

【国图与4个大型公共图书馆联合在线发布古籍数字资源】 2月28日，国家图书馆（国家古籍保护中心）与上海图书馆、天津图书馆、浙江图书馆、云南省图书馆4个单位在国家图书馆联合在线发布古籍数字资源，免费服务大众阅览和学术研究。此次国家图书馆（国家古籍保护中心）联合4个公共图书馆共同发布的古籍数字资源多达1万余部，均为各馆所藏特色资源，加上此前已发布资源，总量已达到2.4万部，相当于6部《四库全书》的总量，而且古籍品种和版本更为丰富珍贵、文献价值更高。同时，全国古籍普查也取得重要进展，完成总量已达到200余万条，1218个古籍收藏单位完成古籍普查登记工作。“全国古籍普查登记基本数据库”在2016年已发布13个省份及中直系统的96个单位及个人所藏38.8万部、358.7万册古籍普查数据的基础上，继续新增新疆、甘肃、山西地区24个单位的古籍普查数据4.2万条，累计发布120个单位及个人的权威古籍普查数据43万余条。“全国古籍普查登记基本数据库”所发布的书目数据质量较高，在相关普查登记目录正式出版后上载提供服务，成为文化系统由政府组织的、率先面向公众在线发布的中华文化遗产数据平台，并陆续发布更新。

（国家图书馆）

【《中国分类主题词表》(第三版)】 4月，《中国分类主题词表》（以下简称《中分表》）第三版由国家图书馆《中国图书馆分类法》编辑委员会编，共2卷8册。第1卷为“分类号—主题词对应表”（共2册），第2卷为“主题词—分类号对应表”（共6册）。《中分表》第三版包括类目51873条；优选主题词120818条、非优选主题词（入口词，指向单个优选主题词）46434条，主题概念短语（入口短语，与《中图法》类目对应）66373条（指向主题词组配式61892条），涵盖了哲学、社会科学和自然科学等各领域学科与主题概念。《中分表》第三版更新重点在于增改主题词、与《中图法》第五版类目对应，起到《汉语主题词表》第3次修订版的作用。《中国分类主题词表》第三版纸质版既可以作为图书馆留存本以备查询使用，又可供专业人士包括高校信息管理专业师生研究分类主题词表的变化与学科演进与变化的关系。

（国家图书馆）

【《中国图书馆史》】 10月，《中国图书馆史》正式出版，共计200余万字，由国家图书馆馆长韩永进主编。该书分为4卷，即古代卷、近代卷、现当代卷以及附录卷，分别由北京大学信息管理系教授王余光、中山大学资讯管理系教授程焕文、武汉大学信息管理学院教授肖希明、国家图书馆研究院院长汪东波主编。《中国图书馆史》融贯古今，在纵向上完整呈现了中国图书馆事业发展的历程，填补了新中国成立以来中国图书馆史系统性研究的空白。

（国家图书馆）

2017年北京市公共图书馆统计资料表

表1

项　目	合　计	中央属	市　属	区县属
个数(个)	24	1	1	22
从业人员(人)	2756	1517	347	892
总藏数(万册、万件)	6528	3769	845	1914
图书(万册、万件)	3848	1400	703	1745
建筑面积(万平方米)	57.8	27.8	9.4	20.6
阅览座席(个)	23064	5427	3346	14291
总流通人次(万人次)	2139	584	528	1027
书刊文献外借人次(万人次)	431	40	46	345
书刊文献外借册次(万册次)	1115	68	213	834

（北京市统计局）

2017年北京市各区街道、社区图书馆（室）基本情况统计表

表2

项目 馆名	街道图书馆（室）											社区图书馆（室）										
	图书馆（室）	藏书（册）	订报刊（种）	购书费（万元）	工作人员 专职（人）	工作人员 兼职（人）	馆舍面积（平方米）	阅览室座位（个）	累计外借证数（个）	接待读者（人次）	文献外借（册次）	图书馆（室）	藏书（册）	订报刊（种）	购书费（万元）	工作人员 专职（人）	工作人员 兼职（人）	馆舍面积（平方米）	阅览室座位（个）	累计外借证数（个）	接待读者（人次）	文献外借（册次）
东城（北区）	11	165689	354	48.29	15	9	2296	238	18194	69374	95302	69	188248	147	2.69	16	66	3662	1183	—	39580	16304
东城（南区）	7	124156	43	24.43	5	12	1455	211	4662	67929	50066	47	97431	2	4.93	12	40	1943	247	876	7460	6019
西城（北区）	14	—	565	11.95	12	7	1400	305	27917	107805	205251	36	64155	478	—	—	36	802.7	446	—	24943	30903
西城（南区）	21	215693	461	9.5	42	30	6020	754	10876	108188	56201	78	45295	327	0.03	13	82	3250	822	2074	34183	5709
石景山	9	145774	53	122.41	6	7	1565	246	1496	285812	98950	140	365311	38	24.78	3	142	10337.2	1946	—	14870	5622
朝阳	25	489063	630	12.8	41	14	5379.4	1156	965	170371	229464	322	1003714	6132	27.63	260	399	21387.2	5966	27215	748886	604927
海淀	23	599769	189	15.9	10	15	2926.1	730	13512	960459	692121	113	955704	125	11.16	54	54	5427	2146	10131	496806	78282
丰台	16	255965	199	6.16	3	13	1873	476	2876	12647	16977	316	619101	618	12.1	61	256	14399	14882	11675	71368	58619
顺义	6	30000	120	—	—	6	575	120	—	12000	18000	74	171029	1480	—	—	74	2220	1480	—	148000	222000
昌平	5	6000	15	—	—	3	240	60	1200	1500	8560	44	88000	5	—	—	44	1500	500	16480	72270	216810
门头沟	3	14000	7	—	2	2	570	70	—	512	442	52	134898	34	—	—	34	1809	537	—	4653	8327
通州	4	43150	140	10	1	9	411.4	122	300	18440	760	96	212069	506	0.45	—	99	3036.4	1561	44	12690	2302
房山	3	30000	50	—	6	—	350	90	3915	3022	1079	3	11000	150	—	—	3	300	56	2515	5183	1385
（燕山）	4	82000	20	0.1	1	3	600	125	2260	3140	885	31	11459	123	0.7	1	48	1619	321	396	12316	171
大兴	4	25470	42	—	3	3	671	146	32	4292	2531	74	162560	247	0.33	13	81	3412	1339	760	14731	10055
怀柔	2	5000	—	—	—	2	120	60	—	3500	1320	31	80600	290	8.7	31	—	480	310	—	13500	11600
平谷	2	5000	100	—	—	2	350	30	524	4198	5799	33	49500	825	—	—	30	600	450	4380	11711	25326
延庆	3	9993	10	—	—	3	100	18	205	2373	2534	37	95742	10	—	—	37	1278	222	1136	11975	12778
密云	2	43890	47	23.54	3	10	650	53	5641	2603	631	34	24330	306	—	—	34	955	394	—	24860	3178
合计	164	2290612	3045	285.08	150	150	27551.9	5010	94575	1838165	1486873	1630	4380146	11843	93.5	464	1559	78417.5	34808	77682	1769985	1320317

注：西城区北区街道图书馆（室）藏书都由区图书馆配送；门头沟区基层图书馆由区图书馆配送

（首都图书馆）

2017年北京市各区乡镇、村图书馆（室）基本情况统计表

表 3

项目	乡镇图书馆（室）										村图书馆（室）									
馆名	图书馆（室）	藏书（册）	订报刊（种）	购书费（万元）	工作人员 专职（人）	工作人员 兼职（人）	馆舍面积（平方米）	阅览室座位（个）	累计外借证数（个）	接待读者（人次）	文献外借（册次）	图书馆（室）	藏书（册）	订报刊（种）	购书费（万元）	工作人员 专职（人）	工作人员 兼职（人）	馆舍面积（平方米）	阅览室座位（个）	累计外借证数（个）	接待读者（人次）	文献外借（册次）
朝阳	19	321103	488	3.85	22	18	3065	655	985	110807	140179	66	185000	708	9.06	45	76	4453	1050	2420	54396	49744
海淀	7	181387	154	2	1	8	1075	280	999	371200	182159	80	75426	134	3.36	19	9	1319	295	2147	496869	41540
丰台	5	65049	104	3	4	1	1230	186	811	15654	45465	65	20983	619	5.2	44	64	5948	1758	5748	48563	52985
顺义	19	202789	380	—	—	19	1113	380	—	38000	57000	407	984390	8140	—	—	407	12210	8140	—	814000	1221000
昌平	15	194456	5	—	—	16	1678	340	2097	32615	70947	284	568000	5	—	2	283	8990	5680	38520	619770	1859310
门头沟	8	36798	61	—	3	38	100	660	—	9556	9112	163	767130	461	—	—	154	3260	10648	—	38900	23654
通州	7	178155	160	86	10	5	1402	348	670	8524	4354	426	1202443	3408	60.63	—	463	21219.8	14321	5404	128028	45457
房山	20	220000	300	—	40	—	2100	600	5500	13816	3051	76	232408	688	—	—	76	4049	1721	3843	35574	7213
大兴	14	127289	64	0.4	22	8	1670	553	1614	19873	11907	444	1066847	838	6.73	92	439	16459	6625	1760	45448	34654
怀柔	14	64200	—	—	—	14	2980	300	—	2360	1980	284	700457	2840	85.2	284	—	9018	3257	—	88160	91255
平谷	16	80000	800	—	—	16	2400	480	2511	37604	55987	271	406500	6775	—	—	271	5420	4065	29147	88325	12987
延庆	15	134965	10	—	—	15	890	110	1696	10971	11223	376	798985	10	—	—	376	13597	5539	9985	56359	57618
密云	17	101453	109	71.36	21	17	1235	399	3210	12645	3468	334	575189	1613	—	—	334	11156	8910	4184	75474	30494
合计	176	1907644	2635	166.61	123	175	20938	5291	20093	683625	596832	3276	7583758	26239	170.18	486	2952	117098.8	72009	103158	2589866	3527911

（首都图书馆）

群众文化

【概况】 2017 年是中共十九大胜利召开的一年，是党和国家事业发展具有特殊重要意义的一年，也是推动首都群众文化事业大繁荣、大发展的关键之年。

北京市着力完善公益演出配送体系，组织开展“文艺演出星火工程”“周末场演出计划”“百姓周末大舞台”等公益惠民演出活动超万场。开展“2017 文化惠民逛庙会 欢欢喜喜过大年——北京市人民政府向首都市民发放 30 万张春节庙会门票”活动，创办“首都市民音乐厅”，为市民欣赏高雅艺术提供新的平台，实施惠民低价票政策。2017 年，55 个剧场共推出惠民低价票演出 2721 场，择优补贴演出 1856 场，比 2016 年(1365 场)增长 35.97%，补贴低价票 23.3 万张。

全市乡镇(街道)、行政村(社区)基层文化队伍已达 9426 人，注册文化志愿者 3.4 万人，志愿团队 334 个。实施“2017 年全市基层文化组织员培训班”，培训 1000 名文化组织员，已累计培训 4000 人。组织开展全市公共文化管理干部培训，加强文化站站长、文化馆业务骨干、文化志愿者管理人员培训，不断提升文化工作者专业素养。

随着全国文化体制改革进程的加快，北京市加大公益性文化事业单位改革的步伐。2017 年，确定首都图书馆、北京群众艺术馆、东城区第一图书馆、朝阳区图书馆、石景山区图书馆、延庆区文化馆为法人治理结构改革试点单位；同时推进文化馆、图书馆总分馆制建设，印发实施《推进文化馆图书馆总分馆制实施方案》。

同时，北京市着力完善文化活动配送体系，开展“首都市民系列文化活动”，围绕“歌唱北京”“舞动北京”“戏聚北京”“艺韵北京”“影像北京”和“阅读北京”六大板块，形成四级联动机制，带动市、区、乡镇(街道)和行政村(社区)四级文化品牌活动联动开展。全年举办各类文化活动 2.4 万场次，参与群众 3100 万人次，“群众演、演群众、群众看”已成为首都一道亮丽的风景线。

(徐　玲)

群众文化建设

【“石景山文化 E 站”正式上线】 6 月 20 日，石景山区公共数字文化服务平台“石景山文化 E 站”正式上线试运行，与此同时，手机 APP“石景山文 E”同步上线。“石景山文化 E 站”实现了公共文化服务的网上咨询、在线点播、在线培训、报名参与和评价反馈等功能。公众可以通过该服务平台快捷地了解石景山地区公共文化服务场所、设施、资源，获取最新公共文化服务信息，还可以在线预约文化活动，观赏文艺演出，聆听名家讲坛等。

(徐　玲)

【香河园地区文化中心正式对外开放】 12 月 23 日，朝阳区香河园地区文化中心正式对外开放。该文化中心总面积约 3700 平方米，地下一层、地上四层，拥有藏书 10 万册的创意图书馆，可容纳 600 余人的多维剧场以及多媒体影像室、艺术教室、创意空间、社区美术馆、咖啡馆等设施，辐射范围包括香河园街道、三里屯街道、安贞街道、左家庄街道、和平街街道及太阳宫地区办事处，覆盖服务人数达 40 余万人，可满足周边群众的图书借阅、演出展览、培训讲座等多种文化需求。该文化中心将目标受众锁定于青年群体和社会组织机构，为其提供交流、发展的文化互动平台。香河园地区文化中心还改变传统的内部运行机制，实践理事会制度，广泛凝聚区域文化资源参与文化共商共治，为公共文化设施实现自我管理和社会化运营提供先行经验。

(徐　玲)

5月17日，“北京松山芭蕾舞教室”落成仪式在香河园地区文化中心举办

作　　品

【话剧《最美家庭》】 3月3日，由朝阳群众自编、自导、自演的话剧《最美家庭》在北京国声京剧团首演。这是朝阳区妇联、朝阳区文委联合精心打造的“我是朝阳群众”系列文化创意活动中的一项，由厚浪文化·李伯男导演工作室制作。该剧讲述了朝阳区开展的寻找“最美家庭”活动中的一系列真实故事。演员中还包括海选出来的热爱表演的朝阳区群众。

（徐　玲）

【原创群众舞蹈展演《因为爱》】 5月31日，北京市西城区第二文化馆舞蹈队原创群众舞蹈展演《因为爱》在北京天桥剧场演出。此次展演分“闪亮新生”“家国情怀”“夕阳无限”3个篇章，围绕“爱”这一主题演出的12个群众性舞蹈作品，均为文化馆业务干部原创，是历年获奖作品之精品。参与表演的104名演员均为西城区舞蹈爱好者，平均年龄63岁，老年女性占较大比例。

（姚怡瞰）

【话剧《乡愁如霞》】 8月30日，由北京文化艺术活动中心、门头沟区文委联合推出的原创京味儿农村现实题材话剧《乡愁如霞》在门头沟区影剧院首演。作品以发生在门头沟山田庄村的故事为原型，讲述女主人公田碧霞在个人事业成功后“反哺”农村，动员全村上下围绕生态和文化资源共同开展家乡建设的故事。为了真实再现北京农村的生活环境和地域文化特色，创作中大量使用北京方言、单弦、京西太平鼓等京味儿元素。

（翟　璐）

【舞台剧《永定人家》】 10月28日，由中共门头沟区委宣传部、门头沟区文化委员会推出的大型原创舞台剧《永定人家》在北京电视台大剧院首演。该剧以小人物的生活为切入点，讲述了京西门头沟古村落“核桃岗”1944年—2017年的历史变迁。编剧陈小玲，导演唐烨，主演史可、孟秀、辛月、朱少鹏、吴娱等。

（翟　璐）

活　　动

【第八届海淀区“海之春”新春文化季】 1月1日（元旦）—2月11日（正月十五），第八届海淀区“海之春”新春文化季在海淀区举办。该活动共举办了20个项目、285场文化活动，惠及群众108万人次。该届新春文化季紧贴海淀自身文化品牌特点，结合新春元素，举办了“名园春晓·吉年”游园活动、“冰雪春风·乐年”冰雪活动、“民俗春秀·福年”民俗系列活动、“舞台春芳·欢年”文艺演出、“文化春瑞·祥年”文化展示5个主题单元活动，将节庆文化、地域文化、民俗文化等融合在一起，扩大了节日文化产品分级、分层供给的力度，满足了群众多层次、多样化的文化需求。

（徐　玲）

【第二届“艺术朝阳”社会主义核心价值观原创文化节成果展示活动】 1月6日，由中共朝阳区委宣传部、区文明办、区文委、区广电中心、区文联共同举办的第二届“艺术朝阳”社会主义核心价值观原创文化节成果展示活动在朝阳剧场举办。该文化节通过网络报名、单位推荐等形式，共征集到歌曲、舞蹈、戏剧、曲艺、微电影5个艺术门类的原创作品122件。经专家评审团评选、考核，分别评选出各类别原创文艺作品一、二、三等奖。舞蹈《踏雪欢歌》、歌曲《少儿声乐套曲：社会主义核心价值观》、微电影《校园微电影》、章回鼓书《古城暗战》、戏剧《社区人家》获得一等奖。

（徐　玲）

【东城区北新桥街道2017年新春联欢会】 1月18日，由北新桥街道策划主办的东城区北新桥街道2017年新春联欢会举办。这是北新桥街道将经过筛选的社区节目组织起来进行的第一次展演，并通过购买第三方公共文化服务的方式，邀请了北京演艺集团的专业演员进驻街道，为演出进行指导和提升。参演的所有演员均来自街道所辖的6个社区，年龄最大的演员73岁。演出的形式包括舞蹈、戏曲、曲艺、音乐等艺术门类。

(徐 玲)

【“校园之光”——首都摄影家走进校园】 1月20日，北京摄影家协会组织10余名摄影家，走进丰台区北京舞蹈学院附属小学，拍摄师生教学活动的精彩瞬间，并向师生代表赠送照片致以节日的问候。该活动意味着，由北京市文联联合丰台区文联、丰台区教委主办，北京摄影家协会承办的“校园之光”——首都摄影家走进校园活动正式启动。

(徐 玲)

【“首都美术家欢乐下基层”慰问活动】 2月14日，由市文联、北京美协主办，西城区文联、广外街道社区服务中心承办的“首都美术家欢乐下基层”慰问活动走进广外社区。在该社区服务中心二楼多功能厅，来自市、区的15位书画家参加了此次书画笔会活动。笔会上，书画家与社区书画爱好者一起挥毫泼墨、交流心得，传递诗情画意。

(徐 玲)

【李光羲做客“胡同里的百家讲坛”】 4月10日，由北下关街道办事处公共事业管理科主办，社戏出品承办的第十九期“胡同里的百家讲坛”在大钟寺社区会议室开讲。歌唱家李光羲以“唱响时代之歌 艺术奉献人民”为主题，与大家分享了他的艺术生涯和人生感悟。北下关街道各社区数百名居民参加了此次讲座。

(徐 玲)

【群星奖获奖作品全国巡演北京行】 4月21日—22日，由文化部主办、北京市文化局承办、北京文化艺术活动中心负责具体实施的“群星奖获奖作品全国巡演北京行”在北京天桥艺术中心举行。该活动共演出4场，演出的节目有江苏的表演唱《一条叫作“小康”的鱼》、北京的京韵大鼓《丰碑》、上海的现代小品《亲！还在吗》、浙江的群舞《阿婶合唱团》、湖北的琴鼓演奏《敲起琴鼓劲逮逮》、四川的群舞《我的弦》、陕西的器乐曲《丝路欢歌》、重庆的小品《占座》、山西的群舞《扫街》、河北的评剧小戏《月缺月圆》、武警部队的故事小品《军婚药方》、北京的群舞《邻里守望》等，均选自群星奖获奖作品、入围群星奖决赛的作品及优秀原创群文作品。文化部党组书记、部长雒树刚，北京市副市长王宁出席观看21日晚的演出。

(徐 玲)

【“最美通州文艺惠民”送文艺下基层系列活动启动】 5月18日，为贯彻落实习近平总书记视察北京城市副中心的重要指示精神，并为中共十九大胜利召开和市级机关迁入通州营造良好的社会氛围，“最美通州文艺惠民”送文艺下基层系列活动启动仪式在通州区潞城镇举办。此次活动由中共通州区委宣传部、区文明办、区文联、区广电中心，潞城镇党委、政府联合举办。“最美通州文艺惠民”送文艺下基层系列活动内容包括“丹青韵”——运河风采文联公益书画讲堂、“运河美——舞动新生活”舞蹈培训、“最美通州”摄影作品拍摄和优秀作品展示、“最美通州”——南北通州书法创作联展、“移风易俗 优秀家风”宣传引导、优秀文艺节目展演展示等系列活动。

【海淀区残健共融文化活动】 5月20日，由海淀区残疾人联合会、海淀区志愿服务联合会与北京传统书画艺术研究会联合主办的“推进残疾预防 健康成就小康”海淀区第二十七次全国助残日主题宣传暨残健共融文化活动在圆明园公园春泽斋举办。爱心艺术家、医院专家以及部分街、乡(镇)的残疾人工作者、助残志愿者和残疾人代表等计300余人参加了活动。12名爱心艺术家和30名海淀区残疾人书画爱好者挥毫泼墨，完成象征健康海淀、美好明天的20米长卷，并赠予海淀区残联。海淀区残疾人艺术团的近百名残疾人演员为现场的观众表演了精彩的文艺节目，全国第三届青年歌手大奖赛金奖获得者、中国音乐家协会会员、歌唱家王庆来为活动爱心助演。

(徐 玲)

【东城区北新桥街道首届“全新全艺”文化节】 7月11日—8月25日，东城区北新桥街道举办首届“全新全艺”文化节。该文化节共开展40多项文化活动，包括艺术辅导、文艺演出、讲座、“非遗”展览等。中国木偶剧院、中国评剧院、北京歌剧舞剧院等院团的演员参与开展了评剧专场、暑期木偶剧专场、相声专场等主题演出。该街道是东城区文委与北京京演文化艺术发展有限公司合作的“东城区基层文化单位购买基本公共文化服务(试点)”项目第一批试点单位。

(徐 玲)

【北京朝阳森林演出季】 8月4日—20日，由朝阳区文委、区社会办和区农委联合主办的北京朝阳森林演出季在朝阳公园举办。该活动共设朝阳公园融合广场、奥林匹克森林公园棋园广场2个舞台。活动形式主要是综艺节目展演、专场活动等，演出内容包括原创作品、儿童节目等。所有居民只要进入公园便可免费观赏演出。活动期间共计进行了45场演出，参与演出团队约500支，演员7000余人。

（徐　玲）

【群众文化风尚季】　8月10日—9月29日，“多彩大兴·魅力绽放”群众文化风尚季暨群众文艺大赛在大兴区举办。该风尚季作为“首都市民系列文化活动”和“南海子文化活动季”的重要内容，围绕“歌唱北京”“舞动北京”“艺韵北京”“戏聚北京”四大板块，开展了以歌曲、舞蹈、曲艺、戏曲为主要形式的文化活动。活动不设门槛，区内群众均可报名参加。活动秉承公益、和谐的宗旨和“群众演、演群众、演给群众看”的原则，挖掘群众文艺作品中的精品，并邀请中国歌剧舞剧院、中央芭蕾舞团、中国国家京剧院、中央民族乐团、中国国家话剧院等国家级院团编导人员及团体参与其中，提升了该活动的艺术质量。

（徐　玲）

【“回家·旧影”主题展览】　8月15日，由北京市城市规划设计研究院与朝阳门街道办事处联合举办的为期一个半月的“回家·旧影”主题展览在北京史家胡同博物馆展出。展览分为“街坊往事”“胡同古今”“京城旧影”与“游园京梦”4个板块。展览期间，举办了老电影放映会、古城意象游戏、老照片主题讲座、老北京主题新书发布会等一系列活动。

【“首都市民音乐厅”2017年系列演出季】　8月19日—12月23日，由北京市文化局主办，朝阳区文化委员会、首都图书馆、北京交响乐团共同发起并承办的“首都市民音乐厅”公共文化惠民活动在北京举办。该活动采用“政府+专业院团+公共文化机构”的合作模式，为市民欣赏高雅艺术提供新的平台。中央歌剧院、中国广播民族乐团、中国音协合唱联盟经典合唱团等多家演出单位在首都图书馆、劲松影剧院、奥加美术馆、霍营街道办事处共举办了15场专场演出，直接惠及观众近2万人。该活动还在“朝阳文化云”和首都图书馆公众号基础上，与文化部云平台合作，对演出进行网络直播，累计网络观众达100多万人。

（徐　玲）

【中央国家机关第四届职工摄影展】　8月25日—30日，由中央国家机关工会联合会指导，中国摄影家协会、中央国家机关摄影协会、国务院侨务办公室直属机关工会主办，《中国摄影报》《人民摄影报》协办的“喜迎十九大，岗位建新功”——中央国家机关第四届职工摄影展在中华世纪坛展出。展览分为“凝心聚力”“建功立业”“百姓梦想”“秀美山河”4个篇章，展出的300余幅(组)作品是从中央国家机关各部门报送的近4000余幅(组)作品中精选出来的。该展览在进行展出的同时，还进行了网上展览。

（吴赣生）

【2017北京天桥民俗文化节】　9月20日—22日，2017北京天桥民俗文化节在北京举办。活动包括在天桥市场斜街广场举办的民俗表演，在天桥艺术大厦举办的专场文化惠民演出，演出的节目有顶坛、中幡、摞跤、打花棍、咏春拳、抖空竹、快板、相声、京韵大鼓、单弦、京剧等。该文化节期间，还在东方饭店举办了天桥民俗文化高层论坛。

（王凌雨）

【2017北京·通州运河艺术节】　9月28日—10月31日，由中共通州区委、通州区政府主办，中共通州区委宣传部和区文委承办的“筑梦副中心　魅力文化带”2017北京·通州运河艺术节在通州区举办。艺术节期间，在全区的11个乡镇、4个街道展演了具有通州本土特色的群众文艺精品。艺术节邀请了运河沿线部分省市以及京津冀三地的优秀文化艺术演出团队，演绎、诠释通州历史积淀和大运河的文化记忆。艺术节期间举办了“歌舞颂运河”歌舞大赛，国庆专场演出，中秋专场演出，国家大剧院歌剧、戏剧、合唱等艺术形式的专场演出，摄影展“腾飞”照片征集活动，微电影《家在通州》征集活动，朗诵艺术讲座活动以及“我的运河情”故事征集活动等丰富精彩的活动。

（徐　玲）

【“舞动北京”广场舞示范教材】　9月，北京文化艺术活动中心在西城区第一文化馆进行录制、拍摄，并完成制作了“舞动北京”广场舞示范教材。该教材以DVD光盘的形式共推出了9支广场舞作品，教材分成“分解动作示范”“队形演示”“完整展示”3个部分。该套光盘免费向社会公众发放。

（徐　玲）

【“祝福祖国好　喜迎十九大”——公园系列群众文化活动展演】　9月—10月，由市公园管理中心主办的“祝福祖国好　喜迎十九大”——公园系列群众文化活动展演在玉渊潭公园、景山公园、紫竹院公园、陶然亭公园等多家市属公园举办。公园搭建了群众文化大舞台，由活跃在这些公园中的市民演出团体登台演出，让市民游客在游园过程中感受喜庆祥和的文化氛围。除了公园群众文化活动展演外，市属11个公园及中国园林博物馆还开展了花卉花艺、主题展览、特色文创、科普科教等上百项文化活动，让市民游客在游园过程中真切体会首都公园生态文明建设成果。其中，颐和园的“风流清逸　萧疏奔放”——吉林省博物院藏“南张北溥”书画特展，展出张大千和溥心畬两位名家所创作的山水、花鸟、人物三大门类绘画精品。紫竹院举行的“一带一路·由盏而续”——精品建盏、紫砂、书画艺术展，展出福建泉州惠安石雕艺术品以及古琴、箫等传统乐器与民间老银饰收藏品等。

(徐　玲)

【公园之友文艺会演】 10月12日，由市公园管理中心主办的“喜迎十九大，创造新辉煌”公园之友文艺会演在景山公园绮望楼前举行。共有来自8个景山公园之友团队的120名公园之友志愿者通过合唱、合奏、舞蹈、诗朗诵等形式，把喜悦分享给大家，为中共十九大献礼。

(徐　玲)

【第十四届海淀文化季】 10月—12月，由海淀区人民政府主办、海淀区文委承办的第十四届海淀文化季在海淀区举办。该文化季以“人民璀璨星光·文化激扬大海”为主题，以学习贯彻中共十九大精神为主题内容，以各街镇、驻区部分单位为主体，通过文艺演出、展览展示、“非遗”展演等表现形式进行展演。文化季分为“海庆·十九大专题”“海文·主题文化”“海艺·区域集成”“海星·璀璨海淀”“海创·创新特色”“海韵·非遗文化”“海展·展览艺术”以及“海聚·风采汇聚”8个单元、共计41个项目。共计开展活动553场，惠及群众179.5万人次。

(徐　玲)

【北京百人百姓新人新作摄影展】 12月11日—13日，由东城区文联、东城区第二文化馆主办的“我的中国梦”——北京百人百姓新人新作摄影展在东城区第二文化馆展出。展览展出的75幅获奖作品(十佳作品10幅、优秀作品65幅)是从收到的965幅摄影爱好者的作品中选出来的，同时展出的还有川藏自驾“圆梦之旅”的25幅摄影作品。摄影者中既有酷爱摄影艺术的发烧友，也有从零开始学习摄影的退休干部、企业职工、社区群众。

(吴赣生)

【长辛店“幸福家庭”共绘幸福长卷】 12月24日，丰台区长辛店镇十多个“幸福家庭”齐聚张家坟村棚改腾退中心，用手绘长卷的形式告别2017年，迎接2018年的到来。该长卷达十余米，由“幸福家庭”的老中青三代人共同绘制。长卷一侧，画有一幅飘扬的党旗，并写有“新时代、新征程、新篇章”，格外醒目。

(徐　玲)

【北京文化志愿者2017年国际志愿者日主题活动】 12月，由北京文化艺术活动中心、文化志愿者服务中心主办，“‘温暖在我心’文化感动生活”万人百站学习宣传中共十九大精神——北京文化志愿者2017年国际志愿者日主题活动在北京举办。该活动选择基层经验丰富的优秀文化志愿者团队和个人，发挥其自身优势，带动群众开展文艺创作，用文艺节目宣讲中共十九大精神。创作并演出了原创音乐快板《纵情高歌十九大》、原创舞蹈《筑梦》、原创诗朗诵《十九大礼赞》、独唱《祖国慈祥的母亲》等以中共十九大精神为主题的文艺节目。活动期间，在全市21个文化志愿者服务分中心、各文化站、文体中心开展宣讲中共十九大“五个一”活动，即观看一段宣传中共十九大精神的文艺演出视频、读一篇中共十九大报告原文、办一期宣传中共十九大精神的板报、学唱一首宣传中共十九大精神的歌曲、在2018年春节前办一次全市宣传中共十九大活动的摄影展。

(徐　玲)

演　　出

【中关村第二小学金帆交响乐团新年音乐会】 1月21日，贺北京市金帆艺术团成立30周年暨北京市中关村第二小学金帆交响乐团新年音乐会在北京音乐厅举行。该音乐会的主题是“把音乐讲给你听”。音乐会上，金帆乐团的孩子们演绎了《卡门》《瑶族舞曲》《卖火柴的小女孩》《山之舞》《雪绒花》《铃儿响叮当》《新春乐》《春天》等曲目。指挥刘凤德。

(崔　渊)

【社会主义核心价值观少儿组歌合唱音乐会】 1月22日，由中国音乐家协会、北京市文联等主办，北京音乐家协会、中央电视台银河少年电视艺术团承办的“中国少年”——社会主义核心价值观少儿组歌合唱音乐会在中山公园音乐堂上演。音乐会上，中央电视台银河少年电视艺术团演唱了《我们要阳光》《妈妈的红灯笼》《中国少年》等艺术团首唱作品，并为观众献上了由中国音协组织开展的“社会主义核心价值观——少儿声乐套曲创作”项目的成果——“社会主义核心价值观少儿组歌”，组歌包括《富强歌》《民主歌》《公正歌》等12首歌曲。

（崔　渊）

【清华附中金帆民乐团十年获奖作品专场音乐会】 2月22日，清华附中金帆民乐团十年获奖作品专场音乐会“金帆颂，祖国情”在新清华学堂举行。音乐会分“传统华韵”“家国情怀”和“经典交响”3个篇章，上演了包括《庆典序曲》《瑶族舞曲》《丰年祭》《龙跃东方》在内的9首乐团历届比赛获奖作品。指挥胡军、陈克。

（崔　渊）

【北京市八一学校银帆京剧团京剧演出】 3月2日，北京市八一学校建校70周年“颂·雅韵”京剧舞蹈专场在该校荣臻礼堂举行。该校银帆京剧团演出了《扈家庄》《贵妃醉酒》《霸王别姬》《拾玉镯》等京剧经典之作和新编京剧《封金育子》。

（张燕鹰）

【“清明忆故人　琴歌梦红楼”专场文艺演出】 3月28日，由西城区第二文化馆主办的“清明忆故人　琴歌梦红楼”专场文艺演出在天桥剧场举办。整台演出将1987年版电视连续剧《红楼梦》中的音乐价值和文化内涵，精编为一台具有文化特色的古典音乐会，通过文化讲述、琴歌演唱等表演形式解读、演绎《红楼梦》中的歌曲。

（徐　玲）

【第十四届“激情洋溢民族情”文艺演出】 4月26日，由西城区第一文化馆组织的第十四届“激情洋溢民族情”文艺演出在牛街西里一区文化广场举行，为老年协会、武警官兵以及社区居民进行了一场精彩的演出。演出聚集了专业演出团队优秀的歌舞、魔术演员，演出了《团结就是力量》《好日子》《芦花》《我爱这蓝色的海洋》《花房姑娘》《太阳最红毛主席最亲》等歌曲和相声《为您祝福》、魔术《欢乐时刻》等节目，展现了“民族团结一家亲，和谐共建中国梦”的主题。

（徐　玲）

【北京市八一学校金帆管乐团建团三十周年专场音乐会】 5月25日，北京市八一学校金帆管乐团建团三十周年专场音乐会在新清华学堂举行。音乐会由“流金岁月”“扬帆远航”上下半场组成，演出曲目有《红旗颂》《草原夜色美》《瑶族舞曲》《春天的歌舞》《庙会》《苏萨的主题交响》《巴黎蒙马特》《60年代经典之声》《思念》等。张亚红、李美珠、张冰冰、张治荣分别担任指挥。

（崔　渊）

【“玉泉颂”音乐会】 6月11日，中国科学院附属玉泉小学2017音乐节——“玉泉颂”音乐会在金帆音乐厅举行。玉泉小学的师生以童声合唱、表演唱、独唱等形式演绎了《茉莉花》《让快乐飞翔》《北京胡同》《玉泉颂》等歌曲，弦乐团、管乐团分别演奏了《莫扎特G大调弦乐小夜曲第一乐章》《龙猫》《凤凰序曲》等乐曲。

（崔　渊）

【中央音乐学院“北京高校社会力量参与小学体育美育发展工作”项目教学展演】 6月29日，中央音乐学院参与的“北京高校社会力量参与小学体育美育发展工作”项目教学展演在中央音乐学院歌剧厅上演。来自奋斗小学、阜成门外第一小学、三里河第三小学、十八中附小等多所小学的学生相继登台，表演了童话歌剧《汉塞尔和格雷特》《宁静的夜晚》和西欧民歌《迎春》等节目。

（崔　渊）

【西城区“文化艺术进社区”专场文艺演出】 8月28日，由西城区第二文化馆主办的2017年西城区“文化艺术进社区”专场文艺演出“国舞绽放”在天桥剧场上演。整场演出由《踏歌》《门神》《飞天》《金刚》《双头佛的禅说》《秦王点兵》《芳春行》《逍遥》《珊瑚》《狂歌》《黄河》第四乐章共11个中国古典舞组成。北京舞蹈学院教师、演员、编导特别向观众介绍了中国古典舞发展过程。观众不仅欣赏到精湛的舞蹈技艺，还获得了中国古典舞的常识。

（徐　玲）

【“阳光与梦想”少儿交响合唱音乐会】 9月18日，为纪念“九一八”事变86周年，由中国文联、中国音协、北京市文联主办，中国音协表演艺术委员会、北京音协承办的“阳光与梦想”少儿交响合唱音乐会在国家大剧院举行。银河少儿艺术团演出了《让我们荡起双桨》《我们的生活多么幸福》《留给我》《中国少年》《我们是共产主义接班人》《歌声与微笑》以及《社会主义核心价值观少儿声乐套曲》。指挥范焘，中国电影交响乐团伴奏。

（崔　渊　张　鑫）

【“老街坊”主题文艺演出】 9月22日，由中共石景山区委、区政府主办，区委组织部、区委宣传部等单位联合承办，石景山区精心创编的“以拼搏为美　向行动致敬”——“老街坊”主题文艺演出在北京首钢体育大厦上演。作为石景山区“喜迎十九大”系列文化活动之一的“老街坊”主题文艺演出，以石景山百姓的生活为素材，将石景山老邻居、老工友、老战友、老朋友、老熟人之间互相帮助、温情劝导、化解矛盾的真人真事，通过音乐、舞蹈、曲艺、戏曲等多种舞台艺术表现形式进行了呈现。

（徐　玲）

【朝阳教师合唱团成立十周年合唱音乐会】　9月29日，“因为音乐”——朝阳教师合唱团成立十周年合唱音乐会在中山公园音乐堂举行。该音乐会分为“和畅”“和应”“和鸣”3个章节，用合唱和故事讲述的形式，对朝阳教师合唱团成立十年来的工作生活进行回顾。演出曲目包括《崴萨罗》《一片丹心》《爱情树》《想你的365天》等歌曲。

（崔　渊）

【“京腔京韵总是情”暨庆“十一”专场演出】　10月2日，由西城区文化委员会主办、西城区第二文化馆承办的2017年“京腔京韵总是情”暨庆“十一”专场演出在天桥剧场上演。该演出以“讲好北京的事儿，拢住剧场的人儿，唱美自己的曲儿，传承民族的魂儿”的创作理念，由北京曲艺团表演了章回鼓书《古城暗战》，向观众讲述了解放前夕发生在北平的一个谍战故事。

（徐　玲）

【“歌唱北京”闭幕式】　11月11日，由北京市文化局、北京市文联发起，北京文化艺术活动中心、北京音乐家协会主办的2017首都市民系列文化活动“歌唱北京”闭幕式暨颁奖音乐会在中山公园音乐堂举行。来自全市的10余支获奖合唱团演唱了《我的中国梦》《中华新声》等节目。该届“歌唱北京”系列活动包括“我爱唱歌”京津冀百姓歌手大赛、首届“奏响北京共筑中国梦”全市器乐大赛和第四届“北京之声”首都市民合唱周等内容，共吸引8岁~80岁的1万余名市民现场参与，网上直接参与留言、评论、投票达350余万人次，“线上+线下”的活动影响力从京津冀延伸至全国。

（张　鑫）

【北京市区(局)、产(行)业文联原创优秀文艺节目展演】　12月2日，北京市区(局)、产(行)业文联原创优秀文艺节目展演在民族文化宫大剧院上演。该展演囊括了舞蹈、曲艺、戏曲、歌曲等多种形式。此次展演报送的25个音乐类节目中，包括《京华春早》《五彩风车》《前门前》等17首原创北京民歌。

（白　莲）

【“幸福就是一起唱”专场演出】　12月7日，朝阳区芳草地国际学校远洋小学“远洋之声”朝花合唱团“幸福就是一起唱”专场演出在中山公园音乐堂举行。演出分为3个板块，分别由学生合唱一团、合唱二团，教师合唱团完成，共演唱了包括主题曲《幸福就是一起唱》在内的19首歌曲。

（崔　渊）

【文化部老年大学“贯彻十九大精神迈进新时代”音乐会】　12月27日，文化部老年大学“贯彻十九大精神迈进新时代”音乐会在北京举办。音乐会曲目有《红旗颂》《卡门序曲》《我的祖国》等。

（张　鑫）

【2017年首都市民系列文化活动群众精品节目展演】　12月28日，为了全面总结2017首都市民系列文化活动的新进展、新成果，2017首都市民系列文化活动群众精品节目展演在首都图书馆大剧场举行。展演以“走进新时代　踏上新征程”为主题，突出“群众演、演群众、演给群众看”的特点，节目涵盖舞蹈、音乐、戏剧、曲艺等艺术类型，演出的节目有群口快板《喜逢新时代》，歌曲《国之新角》《大国工匠》，器乐演奏《春江花月夜》《百鸟朝凤》《夜深沉》等。展演现场，还对2015—2016年度优秀群众文化项目给予了表彰。经专家评审，共评出优秀群众文艺原创作品30个、优秀群众文化团队85个、优秀群众品牌文化活动45个。

（白　莲）

比　　赛

【北京市第五中学分校、国子监中学“乘着歌声的翅膀”合唱比赛】　5月23日，北京市第五中学分校、国子监中学“乘着歌声的翅膀”合唱比赛在中山公园音乐堂举行。30个参赛班级依次登台演唱，最终共有14个班级分获一、二、三等奖，4人获最佳指挥奖，4人获最佳伴奏奖。

（崔　渊）

【“绿港之声”2017首都市民合唱周暨顺义区第11届“天竺杯”群众合唱大赛决赛】　6月30日，由中共顺义区委宣传部、区文委、区文联等单位主办的“绿港之声”2017首都市民合唱周暨顺义区第11届“天竺杯”群众合唱大赛决赛在顺义区影剧院举行。全区共有近百支基层群众合唱队参加初赛，各基层单位从中推荐出31支优秀合唱队参加复赛，其中10支队伍进入决赛。最终，由顺义区教委、马坡镇政府、顺义区机关工委、顺义区国资委4个单位选送的曲目获得金奖，旺泉镇街道办事处等6个单位选送曲目获得银奖。

（张　鑫）

【“歌唱北京”活动】　7月—11月，由北京市文化局、北京市文学艺术界联合会发起，北京文化艺术活动中心、北京音乐家协会主办，北京市各区文化馆、北京合唱协会协办的2017首都市民系列文化活动“歌唱北京”活动在北京举办。该活动包括“我爱唱歌”京津冀百姓歌手大赛、首届“奏响北京共筑中国梦”全市器乐大赛、第四届“北京之声”——首都市民合唱周暨第七届北京合唱节。现场参与市民达万余名，网上参与、留言、投票者达350余万人次，“线上+线下”的影响从京津冀延伸至全国。在11月11日举行的闭幕式暨颁奖音乐会上，演出了《我的深情为你守候》《梨花颂》《我的中国梦》《中华新声》等声乐曲目和民族器乐小合奏《春风得意》、西洋器乐重奏《红旗颂》等器乐曲目，并分别为2017首都市民文化系列活动——“歌唱北京”之“我爱唱歌”京津冀百姓歌手大赛、首届“奏响北京共筑中国梦”全市器乐大赛和第四届“北京之声”——首都市民合唱周各个组别颁奖。

（徐　玲）

第十六届“金刺猬大学生戏剧节”颁奖典礼

【第十六届“金刺猬大学生戏剧节”】 8月5日—20日，由北京戏剧家协会、北京市朝阳区文化馆联合主办的第十六届“金刺猬大学生戏剧节”在北京9剧场举办。该戏剧节共有全国各地63所高校的75个剧社参与报名，最终遴选出了包括原创音乐剧、原创话剧、改编话剧等诸多舞台形式的14部优秀剧目在北京进行展演。该戏剧节与往届的不同之处是全部剧目免费观看，所有剧目全程线上直播。四川大学艺术学院欢行剧社原创音乐剧《你好青春》获“金刺猬奖”。中国戏曲学院他山剧社原创话剧《平庸之罪》和武汉大学艺术学院原创话剧《萝卜泊》获最佳演出奖，西安文理学院原创话剧《冯从吾》获评委会特别奖，中央民族大学话剧团改编肢体剧《虎妞》获最佳创意奖，《你好，青春》剧组郝美丽的扮演者曾钰婷、《冯从吾》中冯从吾的扮演者樊杰、《虎妞》中祥子的扮演者丛乾获优秀表演奖，西安欧亚学院大学生艺术团话剧团改编话剧《妥瑞氏导师》获最佳改编作品奖。

（张燕鹰）

【北京爱乐合唱团获国际合唱比赛冠军】 8月26日，北京爱乐合唱团在意大利举行的第65届圭多·达莱佐国际复调合唱比赛中，战胜来自奥地利、匈牙利等13个国家的14个合唱团获得冠军。该比赛由国际合唱联盟组织发起，是欧洲著名合唱赛事EGP（欧洲合唱冠军大奖赛）下辖的六大联赛之一，获得此次冠军的团队能够在下一年度参加六大联赛冠军之间的较量。北京爱乐合唱团的团员有40余人，均为11岁~15岁的北京中小学生，是参赛团队里唯一的童声合唱团。合唱团由杨鸿年担任首席指挥，杨力为常任指挥。

（张　鑫）

【第二届全国群众文化期刊评选】 9月20日—21日，由中国散文学会主办、天津市群众艺术馆承办的第二届全国文化（群艺）馆期刊、群众文学期刊评选颁奖展示活动在天津举行。该活动共收到31个省、直辖市、自治区、计划单列市及下属地、县级文化（群艺）馆主办的140余种群文刊物。共评选出优秀期刊奖25个，优秀主编奖23个，优秀编辑奖35个，优秀栏目奖11个，优秀设计奖10个，优秀组织单位奖13个，个人优秀组织奖19个。其中，由中共北京房山区委宣传部、区文联主办的《燕都》杂志获评优秀期刊奖和优秀主编奖；北京文化艺术活动中心主办的《首都公共文化》获优秀主编奖和组织奖。

（徐　玲）

【第十二届“舞动北京”群众舞蹈大赛】 9月22日—11月27日，由北京市委宣传部、北京市文化局等单位支持，北京文化艺术活动中心、北京舞蹈家协会主办的第十二届“舞动北京”群众舞蹈大赛在北京举办。全市参与队伍450多支，参与人群12000余人。经海选、晋级的选拔方式，共有87个作品通过网络直播、现场评比、电视展播等多种形式进入总决赛。大赛组委会还组织全市舞蹈创作力量创作了一批优秀广场舞。大赛分为广场舞蹈和舞台舞蹈两大类，其中舞台舞蹈包括社会组、城区组、郊区组3个不同组别。大赛分别对广场舞蹈、舞台舞蹈的老年组、青年组、少年组等不同组别设有不同级别的多个奖项，还设有创作奖和优秀组织奖。

(徐　玲)

【第四届“我爱唱歌”——京津冀百姓歌手大赛】 9月23日，第四届“我爱唱歌”——京津冀百姓歌手大赛在密云大剧院举行。该赛事分为少年组、青年组、中年组、老年组4个组别，共有来自京津冀三地的81组选手进行角逐，共计200余人参赛。最终评选出各组别的一等奖9名、二等奖19名、三等奖28名、优秀奖若干名。

(徐　玲)

【第四届“艺韵北京”群众曲艺大赛】 11月27日，由北京文化艺术活动中心主办的“喜庆十九大”2017年第四届“艺韵北京”群众曲艺大赛在朝阳区9剧场举办。大赛分为诵说类和鼓曲类2大类。全市参与作品84个，参与人群2000余人。进入复赛选拔作品62个，其中原创作品32个。大赛评选出一等奖6名、二等奖10名、三等奖12名、最佳创作奖5名、最佳风采奖8名，获奖作品里和中共十九大精神有关的作品有12个。

(徐　玲)

【2017年“戏聚北京”北京市群众戏剧短剧原创作品大赛】 12月1日—10日，由北京文化艺术活动中心、共青团中国戏曲学院委员会主办的2017年“戏聚北京”北京市群众戏剧短剧原创作品大赛在北京举办。该赛事由戏曲票友京剧大赛和北京市群众戏剧短剧原创作品大赛组成，包括戏剧讲座、原创剧本朗读会、复赛、决赛、获奖作品展演等活动，共近50个作品报名，原创作品占90%，参与人数上千人。初赛由各区文化馆组织，63名选手进入复赛，29名胜出。其中，一等奖8名，二等奖9名，三等奖12名。

(徐　玲)

【“影像北京”2017年北京市美术书法摄影比赛优秀作品展】 12月18日—29日，由北京市文化局、北京市文学艺术界联合会支持，北京文化艺术活动中心、北京书法家协会、北京摄影家协会主办的群众性书法、绘画、摄影赛事“影像北京”2017年北京市美术书法摄影比赛优秀作品展在首都图书馆展出。该赛事于2017年11月启动，面向全市征集，由各区文化馆选拔推荐，选出美术、书法、摄影3个门类，共计600余幅作品。评选出150幅获奖作品，印制了《全市美术书法摄影比赛获奖作品集》。其中，一等奖15名，二等奖30名，三等奖45名，优秀奖60名。

(徐　玲)

【“走进新时代　踏上新征程”群众精品节目展演】 12月28日，由中共北京市委宣传部、北京市文化局主办，北京文化艺术活动中心、首都图书馆、北京电视台承办，北京市各区文委、文化馆协办的2017首都市民系列文化活动“走进新时代　踏上新征程”群众精品节目展演在首都图书馆二期大剧场演出。整台演出以“走进新时代，踏上新征程”为主题，以“群众文艺工作者的人，演群众文艺工作者的事”为基调，围绕“歌唱北京”“舞动北京”“戏聚北京”“艺韵北京”“影像北京”“阅读北京”6个板块，演出了十余个节目，参加演出的演职人员达700余人。相关领导与各界群众近900人观看了演出。

(徐　玲)

传统文化活动

【2017娃娃新春小年庙会】 1月21日，由中国关心下一代工作委员会事业发展中心青少年艺术教育活动办公室、朝阳区文化委员会主办，朝阳区文化馆、春晖行艺术团承办的“2017娃娃新春小年庙会”在朝阳区文化馆举办。家长和小朋友们欢聚一堂，共同迎接新春的到来。该庙会活动包括互动、演出、游戏等多种传统元素及方式，人们可以在文化馆里领略到传统的年味儿。

(徐　玲)

【“迎新春·送祝福”轻型文化民俗庙会】 1月23日，“迎新春·送祝福”轻型文化民俗庙会在密云区溪翁庄镇举办。北京市文联携50多位首都民俗艺术家、画家、摄影家参与其中。该庙会活动包括太狮点睛祈福仪式，“包头剪纸”“陕西剪纸”“京派剪纸”等5个流派的6位剪纸艺术家为村民们剪“吉”送“福”以及木版年画、糖人、北京泥彩塑“福娃”和“金马派风筝”制作等活动，吸引了许多村民参加。艺术家还到村民家中，为他们贴上以“金鸡报喜”“大吉大利”等为主题的窗花和春联。此次活动共送出民间工艺美术作品1600余件，春联1000余副，“福”字1500余个。

(徐　玲)

【立春日“鞭打春牛”】 2月3日(立春)，立春日“鞭打春牛”活动在古观象台前举办。居民代表挥鞭三打春牛，讨吉利、争彩头。身着传统服饰、头戴毛茸鸡帽的“牛童”和“春姑娘”，手持五彩风车，从建国门街道办事处门口出发，一路喊着“春来啦，福到啦!”沿途散播春天到来的讯息，并向路人和居民家里派发象征着五谷丰登的春粮福袋与立春特色年画。热闹的场面，吸引了不少路人驻足观看、拍照。

（徐　玲）

【市政府向首都市民发放春节庙会门票】 春节期间，北京市文化局采取政府购买服务和“文化 + 互联网”的方式，开展“2017 文化惠民逛庙会　欢欢喜喜过大年——北京市人民政府向首都市民发放 30 万张春节庙会门票”活动，该活动选取了地坛庙会、龙潭庙会、大观园红楼庙会等传统庙会，通过微信平台向市民免费发放 30 万张庙会门票，从正月初一至初五，每天 6 万张，抢票率 100%，吸引市民参与人数达 372 万人次，满意度为 99%。

（徐　玲）

【北新桥第九届迎新春元宵灯会】 2 月 10 日，北新桥第九届迎新春元宵灯会在海运仓社区文体中心举办。京演集团选派国粹川剧变脸大师华学良参与了灯会表演，传统民俗手艺人达惠惠为居民们带来了多幅糖画、糖人作品。此次灯会活动的主题为“喜闹元宵，福满北新”。在灯会上，群众欣赏了《张灯结彩》《国粹川剧变脸》等节目，该街道 12 个社区选派代表展出和介绍了由社区居民亲手制作的灯笼。灯会活动还通过群众文化公益护照、北新桥街道第九届灯会地图以及微信公众号链接 10 大主题民俗体验馆、群众民俗文化表演、创意环保灯笼线上投票等系列活动，希望通过打造一场“现代和传统对话”的元宵灯会，弘扬民族传统文化，使观众感受现代科技魅力，体现北新桥的文化特色，实现线上宣传、线下服务的文化活动模式。

（徐　玲）

【市属公园端午节主题游园活动】 5 月 6 日—6 月 18 日，市属公园端午节主题游园活动在中国园林博物馆、颐和园、天坛公园、中山公园、北海公园、陶然亭公园、紫竹院公园、玉渊潭公园、龙潭公园、北京大观园、万寿公园、永定门公园、北京园博园、千灵山风景区、南宫世界地热博览园、石景山游乐园、云居寺风景名胜区、石花洞风景名胜区、夏都公园等市属公园和风景区相继举办。活动包括念先贤典故、赏古树古乐、制香粽香囊、划龙舟争先，以及“非遗”手工艺品现场制作及展卖、缠五彩丝线、画风筝等，并在有水面的公园及风景区新增游船百余艘，近 2000 艘游船伴各地宾客端午泛舟。约 34 万名游客在各公园游览纳凉，体验端午传统文化。

（徐　玲）

【第九届北京端午文化节】 5 月 19 日— 30 日，第九届北京端午文化节在延庆区举办。该届端午文化节以“休闲延庆，多彩端午”为主题，突出端午节传统元素与世园会、冬奥会、长城文化的有机融合，并融入京津冀协同发展的内容，体现了“传统味更浓、参与面更广、创新度更大、全域性更强”的特色。该文化节期间，共设第九届北京端午文化节暨北京市第四届“非遗大观园”端午游园会、“端阳竞渡　助力冬奥”龙舟赛、“劲显端午”传统武术展示、“我为世园做贡献　冬奥有我更精彩”诗歌咏诵决赛等 12 项活动。

（徐　玲）

【“浓情北京　感恩重阳”2017 北京重阳文化节】 10 月 28 日— 11 月，由首都文明办、中共北京市门头沟区委、区政府主办，中共门头沟区委宣传部、门头沟区文明办等单位承办的“浓情北京　感恩重阳”2017 北京重阳文化节在门头沟区妙峰山景区举办。该文化节通过登山大会、文艺演出、戏曲进基层、公益进敬老院 4 个活动板块，围绕“情怀 · 祝福 · 相伴 · 感恩”的主题，烘托孝亲敬老、浓情感恩的节日意义，传递“孝心”“爱心”“善心”。

（徐　玲）

培　　训

【2017 年全市基层文化组织员培训班】 7 月— 11 月，北京市文化局“2017 年全市基层文化组织员培训班”分别由北京文化艺术活动中心和北京戏曲艺术职业学院承办，各自负责 500 名文化组织员的培训。该培训班开设了“公共文化管理常识”“公共文化服务保障法”“文化志愿者服务管理工作讲解”“图书管理”“计算机基础”“书法鉴赏”“绘画鉴赏”“音乐鉴赏”等理论课程以及戏曲剧目课、戏曲身训课、合唱与指挥、葫芦丝演奏、国标舞等专业实践课程。培训采取分阶段、滚动式、系统性进行。

（徐　玲）

【2017 年全市文化志愿者管理人员培训班】 8 月 8 日— 10 日，北京文化艺术活动中心举办了“2017 年全市文化志愿者管理人员培训班”，全市 22 个分中心参加了培训。该培训班邀请专家从志愿者服务项目组织策划、案例分析等方面进行讲解，并针对文化志愿服务工作组织进行了研讨。

（徐　玲）

【“舞蹈惠民，筑梦家园”舞蹈培训走进社区汇报演出】 11 月 29 日，由北京市文联主办，市文联文艺指导和维权部、北京舞蹈家协会承办的“结对子，种文化”文艺志愿服务——“舞蹈惠民，筑梦家园”舞蹈培训走进社区汇报演出在市文联小剧场举行。2017 年，市文联在东四七条社区、南门仓社区等 23 个文艺志愿服务点开展常态化舞蹈培训，北京舞蹈学院、中央民族大学舞蹈学院等单位的近 20 位文艺志愿者参与其中，开设藏族、蒙古族、维吾尔族、傣族、苗族、古典、拉丁、现代、踢踏等 12 个舞种培训项目。全市超过 5800 人次的社区百姓接触到专业的舞蹈指导。该次活动是这些培训的成果展演。来自北京各社区的舞蹈爱好者近 300 人，在场表演了 18 个舞蹈节目。汇报演出现场，主办方为参加该次舞蹈培训的志愿者颁发了“文艺志愿者注册服务证”。

（徐　玲）

【百人合唱指挥人才培训班】　12 月 16 日—17 日，第二届海淀万人合唱季——百人合唱指挥人才培训班在海淀区文化馆举办。该培训班旨在提高基层合唱团队的指挥技能，带动群众合唱整体水平的提高。指挥家、钢琴家王燕不仅向学员们传授实用的指挥技法，同时还结合具体作品，手把手教学员进行指挥。主办方还邀请北京青年合唱团作为示范团，将学到的知识进行现场示范应用，强化培训效果。参训的 100 名学员一部分是北京大中小学青年骨干教师，大多数则来自基层各合唱团。

（张　鑫）

评论与研究

【“公民文化思想广场”活动】　2 月 28 日—3 月 1 日，为迎接《中华人民共和国公共文化服务保障法》的正式实施，由朝阳区文化委员会主办，朝阳区文化馆、《东方历史评论》承办的“公民文化思想广场”活动在朝阳区文化馆 9 剧场举办。活动期间，朝阳区 42 个街乡的基层文化工作者及众多市民共话公共文化服务与发展。该活动包括文化馆业务干部公共文化建设 PPT 文案交流会、“街乡公共文化服务”主题论坛、“百姓改造文化馆”实践体验等 6 个部分。

（徐　玲）

【“校园戏剧面对面”论坛】　6 月 16 日，由中国国家话剧院、西城区文化委员会主办，世界遗产青少年教育中心、《新剧本》杂志协办的西城区百姓戏剧展演“戏剧进校园”暨第三届中国原创话剧邀请展“校园戏剧面对面”论坛活动在国家话剧院举办。中国国家话剧院党委副书记兼纪委书记白雪峰、西城文委副主任古杨利、世界遗产青少年教育中心主任袁爱俊和戏剧界、教育界专家、学者以及西城区中小学戏剧联盟代表参加了论坛。与会者针对戏剧教育中较为突出的“如何有效促进校园戏剧的发展”“如何建立一种有效的戏剧教育合作模式”等问题从不同角度进行了阐述。

（徐　玲）

【2017 年全市文化馆业务工作建设交流会】　9 月 21 日，由北京文化艺术活动中心组织的“2017 年全市文化馆业务工作建设交流会”在北京召开，全市各区文化馆负责人与会研讨。交流会邀请了朝阳区文化馆馆长徐伟作了题为《朝阳区文化馆的新文化运动》的专题演讲，介绍了朝阳区文化馆在解决文化民生方面的尝试和成功经验。在交流研讨环节，各区文化馆馆长依次介绍了各馆基本情况和业务工作开展情况，并围绕全国文化中心建设大背景下的整体工作建言献策。

（白　莲）

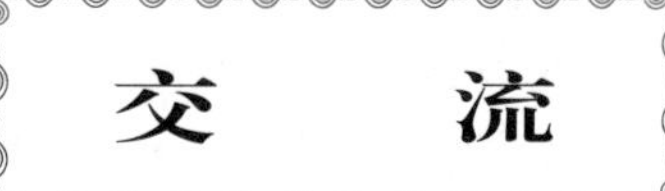

【北京文化庙会·台北之旅】　2 月 10 日—15 日，2017 年“北京文化庙会·台北之旅”活动在台北花博公园举办。该庙会的 60 个摊位包括民俗文化表演、老北京特色小吃、百年老字号、非物质文化遗产现场展演、民俗商户展示 5 个主题。与往年相比，2017 年的庙会延展了京味文化触及面，除了东城区外，大兴、顺义、门头沟等区也组织了商户参加。活动还吸收了天津料器、河北泥塑、冀派微雕等津冀优秀传统庙会内容。

（徐　玲）

【云南苗族小水井农民合唱团进京演出】　10 月 29 日，在第二十届北京国际音乐节闭幕音乐会上，云南苗族小水井农民合唱团演出了广东民歌《彩云追月》和《小河淌水》等云南民歌，与中国爱乐乐团携手完成了贝多芬的《C 小调合唱幻想曲》。

（张　鑫）

各区文情

东　城　区

概　况

东城区位于北京市中心城区东部，面积41.84平方公里。设东华门、景山、交道口、安定门、北新桥、东四、朝阳门、建国门、东直门、和平里、前门、崇文门外、东花市、天坛、体育馆路、龙潭、永定门外17个街道办事处，182个社区居民委员会。另设有北京站地区管理处、王府井建设管理办公室和中关村科技园区东城园管委会3个重点街区管理机构。截至2017年年底，全区常住人口85.1万人，全区户籍人口96.7万人。

东城区文化委员会(以下简称区文委)，机构设置9个，即党委办公室、办公室、公共文化事业科、文化市场管理科(安全生产科)、文物管理科、综合审批科、演艺产业发展促进科、人事科、财务科。区文化委员会行政执法队(以下简称区文委执法队)设办公室，第一、二、三、四执法分队。有公务员编制80人、实有78人；事业单位17个，编制569人、实有281人。

2017年，东城区第一图书馆以优异的成绩通过了文化部第六次评估定级，东城区第一图书馆“首都科学讲堂”荣获2017年图书馆界、出版界阅读推广优秀案例一等奖；东城区第一图书馆东总布分馆所在赵家楼社区被评为2017年“书香社区”；东城区第二图书馆是北京市唯一一家获“有声阅读基地”称号的图书馆，角楼图书馆成为文化传播新地标；在2017年市政府公共文化效能评估及群众满意度测评中，东城区得分位居全市第一；执法队拓展执法新案由和案件来源，立结案数、罚没款数和执法量均居全市第一；文委政务服务窗口被评为“突出贡献窗口”；东城区第一文化馆、东城区第二文化馆群众文化团队在多项赛事中荣获金奖。

2017年文化艺术发展

领导调研

周家雷到图书馆、文化馆调研　1月5日上午，中共东城区委常委、宣传部部长周家雷到东城区第一图书馆、第一文化馆调研，提出三点要求：一是图书馆工作要重视馆藏结构建设，提高利用率，服务全民阅读，推动全民素质提高；二是要注重地方文献资源的充实和开发，加大对胡同、名人、胜迹等地域特色的挖掘，传承与传播东城区域内的人文历史文化，以此推动图书馆更好地建设、发展；三是要不断加强文化设施建设，提升群众品牌团队服务能力，为扩大东城区群众文化影响力再接再厉、再创佳绩。

宋甘澍等到非遗博物馆考察调研　2月20日，东城区政协主席宋甘澍等到区非遗博物馆、木工体验工作室考察调研。宋甘澍与区政协常委、“非遗”项目京作硬木家具烫蜡技艺传承人于鸿雁就东城区文化资源的合理利用、文化形象的宣传推广以及“非遗”项目的传承发展等话题展开探讨。

张秀芳等到象牙雕刻厂、同仁堂博物馆调研　3月7日，市人大常委会教科文卫体委员会主任委员张秀芳及部分市人大代表、市人大常委会教科文卫体办公室负责人，就制定《北京市非物质文化遗产保护条例》的立项论证工作，到北京象牙雕刻厂有限责任公司、同仁堂博物馆进行实地调研，听取了区文委副主任魏瑞峰关于东城区“非遗”保护工作情况的汇报，并与部分“非遗”项目的传承人进行了座谈。市文化局法规处、非遗处和市非遗保护中心领导参加调研。东城区人大常委会副主任王中华及东城区人大相关负责人陪同调研。

蔡奇到永定门城楼、钟鼓楼文物保管所参观调研　3月22日上午，北京市市长蔡奇在东城区区长李先忠的陪同下到永定门城楼、北京市钟鼓楼文物

保管所参观调研。蔡奇对永定门城楼作为东城区爱国主义教育基地免费开放予以肯定，对文化展老照片反映的历史价值表示赞赏。在钟鼓楼文物保管所，蔡奇指出，钟鼓楼周边地区的老旧小区、平房的整改、腾退要结合申遗来进行；要使周边地区的建筑风貌与文物古建筑相统一；改造过程中不能忽视民生，要有计划，按步骤进行。

葛俊凯到北新桥街道实地察看公共文化设施建设情况　4月19日，东城区副区长葛俊凯到北新桥街道前永康“文化社区”和北新桥街道文体中心，实地察看公共文化设施建设情况，并现场组织召开工作推进会，分别听取了东城区文委，龙潭街道、东直门街道、东华门街道和北新桥街道4个试点单位，以及京演集团的工作汇报。

李先忠到东城区文化活动中心调研　7月13日上午，东城区区长李先忠到东城区文化活动中心工程现场进行调研，听取了区文委关于项目整体情况、工程进展等事项的汇报，提出“建是为了用”的主张。副区长葛俊凯，区发改委、住建委、城管委、文委等部门主要负责人参加调研。

王宁之到东城文委执法队调研　12月21日上午，市文化执法总队副总队长王宁之带领法制监督处、基层指导处工作人员到东城文委执法队开展调研，就文化执法及“扫黄打非”进基层工作进行座谈交流。

宣传中共十九大文化活动

宣传学习中共十九大精神文艺演出　10月30日晚，由北京阳光艺术团创作的大型民族情景舞蹈《阳光之歌》在国家大剧院演出。该团是东城区扶持的民间公益性团体，团员400余名，团员来自社会各界，有退休教师、工人、癌症患者、残疾人士等。中共十九大一线保障人员及街道社区群众2000余人一同观看演出。

“党的十九大，我知道”线上知识竞赛　11月13日—12月13日，东城区第一图书馆依托于东城区“书香东城”网上全民阅读平台和北京中文在线书香系列平台开展“党的十九大，我知道”线上知识竞赛，累计参赛人数7292人。参赛选手可随时随地利用手机、电脑等设备阅读中共十九大相关书籍、党章、中共十九大报告等文献资料，通过参与知识竞赛，全面学习中共十九大报告政策和方针。

“文艺党课”下基层活动　12月7日下午，由区文委主办的东城区学习宣传贯彻中共十九大精神走进基层小分队走进前门街道，为百姓带来了一堂主题为“不忘初心　牢记使命”的“文艺党课”。该活动重点演出5场，小分队下基层演出20场，及时、迅速地传递党和政府的政策、措施，使中共十九大精神得以更加生动地宣传、贯彻。

学习中共十九大报告精神知识竞赛决赛　12月19日，由东城区文委主办、东城区第一图书馆承办的“不忘初心跟党走　凝心聚力中国梦”学习中共十九大报告精神知识竞赛决赛在东城区第一图书馆召开。东城区共有8支代表队进入决赛。最终，北京某参赛部队胜出，北京市第二十二中学和北京东方嘉诚文化产业发展有限公司获二等奖，其他5个代表队荣获优秀奖。

戏剧东城

2017青少年戏剧教育成果展　4月10日—24日，中国儿童艺术剧院举办2017青少年戏剧教育成果展。活动涵盖青少年戏剧教育成果展演、戏剧教育研讨会等活动，近30所学校参与剧目展演和观摩。《走进戏剧学历史》《家园》《成语王国的奇妙旅程》3部东城区民营演出团体的儿童剧参演。

金晖等就戏剧东城建设工作进行调研　5月5日下午，区人大常委会主任金晖、副主任王中华及区教科文卫委成员，专题调研戏剧东城建设工作情况。实地走访77文创园和景山街道文体中心景声话剧社，听取戏剧东城建设工作汇报。

2017南锣鼓巷戏剧展演季　5月22日—9月10日，2017南锣鼓巷戏剧展演季举办。该展演季包括讲述东城故事的原创剧目10部，邀演剧目30部，亲子剧场、台词漂流等近景短剧20部。该展演季首次设立的户外“近景短剧单元”，于6月3日在青年湖公园进行了首表演。展演季期间，还举办了“戏剧开讲”“最佳剧评人评选”等系列活动，并通过“戏剧东城”微信公众号向广大观众提供惠民演出票。该展演季演出场次近150场，观众人数近万人次。

第七届中国儿童戏剧节　7月7日—8月20日，第七届中国儿童戏剧节在中国儿童艺术剧院举办。该戏剧节期间，共展演47台剧目、200余场。

第八届百姓环保戏剧展演　8月22日—31日，第八届百姓环保戏剧展演在东城区举办。该戏剧展演活动推出《走进想象世界》《心灵环保大闯关》2部全新的原创剧目，共演出14场。所有演出票全部免费发放给辖区群众、机关工委、中小学以及幼儿园等。

第十届北京青年戏剧节　9月5日—28日，第十届北京青年戏剧节在东城区举办。该届青年戏剧节上演了10位中国青年戏剧导演的10部代表作品，展示了10部优秀青年艺术家的新创首演剧目，及5部外国戏剧作品。中国青年戏剧联盟也在该次青年戏剧节上宣布成立。

2017年东城故事原创剧目展演暨戏剧进基层演出活动　10月25日—11月30日，2017年东城故事原创剧目展演暨戏剧进基层演出活动在隆福剧场举办。其中，原创剧目板块有10部2017年东城故事原创剧目；传统戏曲板块邀请包括京剧、曲剧、评剧、越剧等类型在内的8部经典传统剧目演出，使驻区干部群众共享戏剧文化发展成果。

纪念中国话剧诞生110周年·戏剧东城10周年——全国话剧优秀新剧目展演季　11月28日—12月30日，纪念中国话剧诞生110周年·戏剧东城10周年——全国话剧优秀新剧目展演季在东城区举办。12月5日开幕式上，区领导李先忠发表题为"使命担当　繁荣创作　筑就话剧文化繁荣兴盛"的致辞。12月10日，召开全国话剧院团贯彻中共十九大精神学习交流活动。戏剧专家徐晓钟、蔺永钧，区领导周家雷、葛俊凯及110家国有话剧院团代表出席。该展演季期间，演出了包括东城区推出的原创话剧《炒肝》《皇城根下》《留取丹心》《十年》在内的22部话剧作品。

2017东城区戏剧普及成果展演　12月25日—29日，2017东城区戏剧普及成果展演在菊隐剧场举办，辖区25个社会单位与专业院团结成"一帮一"帮学对子。经过一个多月的集中排演，共表演了25个短剧。

东城区演出行业协会成立　12月30日，东城区演出行业协会成立大会在菊隐剧场二层多功能厅举办。

公共文化服务示范区建设

2017"京津冀公共文化服务示范走廊"发展联盟工作会议　9月24日，2017"京津冀公共文化服务示范走廊"发展联盟工作会议在东城区召开。会上，11个成员单位就2017年各地区公共文化服务工作、联盟活动开展情况和下一步工作设想进行了深入交流。

东城区公共文化服务体系示范区建设推进会　11月7日下午，东城区公共文化服务体系示范区建设推进会在北新桥街道文体中心召开。17个街道党政一把手、分管文化工作副主任等参加会议。

文化馆

2017年东城区残疾人迎新春相声专场慰问演出　1月13日，"金鸡送福　喜迎新春"2017年东城区残疾人迎新春相声专场慰问演出在东城区第一文化馆风尚剧场举行。市残联、区政府相关领导与全区残障人士近400人欣赏相声演出，共庆佳节。

2017年东城区宣传人道主义文艺会演　5月18日，"携手同心·助爱同行"2017年东城区宣传人道主义文艺会演在东城区第一文化馆风尚剧场举行。全区残障人士近400人观看演出。

迎"八一"书画交流笔会　7月27日，东城区第一文化志愿者服务分中心在武警北京总队第一支队举办庆祝建军九十周年迎"八一"书画交流笔会活动。武警官兵、有关部门领导、文化志愿者、书画家等近100人参加活动。

7月27日，东城区第一文化志愿者服务分中心在武警北京总队第一支队举办庆祝建军九十周年迎"八一"书画交流笔会活动

"深入生活　扎根人民"——国家大剧院公益演出　9月6日，东城区与国家大剧院合作的"深入生活　扎根人民"——国家大剧院公益演出在东城区第一文化馆音乐排练厅举行。来自国家大剧院弦乐团知名艺术家组成的表演队演出了多个曲目。近百名街道社区群众观看了演出。

从李白到但丁中外艺术歌曲音乐会　9月7日，由东城区文委员会主办、东城区第一文化馆等承办的"艺术穿越丝路——从李白到但丁中外艺术歌曲音乐会"在东城区第一文化馆举办，歌唱家们用中、俄、德、法、意五国语言，演唱了由李白、普希金、歌德、雨果、但丁等东西方诗人创作的诗歌谱写成的歌曲。

第九届北京快板邀请赛　12月2日—15日，第九届北京快板邀请赛在东城区举办。来自北京、天津、河北三地的15个节目进入决赛。最终，北京的《纵情高歌十九大》、天津的《身边的热心人》、河北的《千年大计》获一等奖。

图书馆

"故事时间"活动　4月18日—12月31日，东城区"故事时间"活动分别在建国门、朝阳门、东直门、永外4个街道开展。共举办故事会527场，4843人次参加，讲故事1997个。开展绘本之旅活动115场，1997人次参加。东城区"故事时间"活动、"绘本之旅"活动都是为1~4岁幼儿进行共享亲子阅读的服务项目。

"聆听中国历史文化名人名篇"诵读会　4月21日，"聆听中国历史文化名人名篇"诵读会在东城区

第一图书馆剧场举办。该诵读会以中国历史文化名人名篇为主线，诵读了《桃花源记》《兰亭集序》《将进酒》等名篇佳作。学校师生、诵读爱好者及读者500余人聆听经典，品味书香。

东城区诵读大赛　7月24日，东城区第一图书馆举办“2017年阅读北京——‘心阅书香　共读共享’东城区诵读大赛”。比赛主题为“我的中国梦　欢乐新北京”，分为个人、团体2个组别，收到参赛节目45个，共计85名选手参赛。

角楼图书馆免费开放　10月28日，复建后的左安门角楼重新开门亮相，角楼图书馆作为以北京历史文化为主题的图书馆，向市民免费开放。

“书香社区”　11月3日，在宁波举办的2017年“书香社区”论坛上，东城区第一图书馆东总布分馆所在的赵家楼社区成功入围2017年“书香社区”。

“天天故事会”　年内，东总布图书馆举办“天天故事会”241场，讲故事1094个，参与小读者3779人次。开展“绘本之旅”活动96场，参与小读者2091人次。

京津冀一体化

“戏剧东城”京津冀文化交流活动　1月17日，在三河市文化艺术中心综合大剧院举办“戏剧东城”京津冀文化交流活动。活动选取反映老北京生活的原创剧目《炒肝》《老北京记忆》进行展演交流，三河市民近千人观看演出。

《京津冀公共文化服务示范走廊发展联盟秦皇岛市轮值工作方案》　2月28日，在秦皇岛召开的京津冀公共文化服务示范走廊发展联盟工作会议通过《京津冀公共文化服务示范走廊发展联盟秦皇岛市轮值工作方案》。

2017年京津冀“非遗”走进王府井活动　9月25日—27日，“国宝非遗聚金街　工匠精神共传承”——2017年京津冀“非遗”走进王府井活动在北京apm购物中心举办。参加该次活动的“非遗”项目包括北京地区的景泰蓝制作技艺、雕漆技艺、北京玉雕等10余种“非遗”制作技艺，天津地区的津派面塑、麦秸画、工艺面塑等，河北地区的古法琉璃制作技艺、皮影制作技艺、吴桥线装书工艺、乐亭泥人等。

群众文化活动

春节庙会活动　春节期间，在地坛、龙潭庙会，东城区非物质文化遗产保护中心推出“非遗”摊位35个，展现东城区百年“非遗”文化。第三十二届地坛庙会为市民准备了花会舞台、曲艺杂坛、戏曲专场、杂技专场和丝路欢歌五大演出。第三十四届龙潭庙会为市民准备了花会舞台、笑语欢歌舞台、杂技舞台、歌舞舞台四大舞台演出。东城区第一文化馆举办了第二十七届新春游乐会活动，作为北京最大的室内庙会，主打民间手工艺表演、舞蹈大赛、儿童乐园、老年舞会、皮影表演等十余项活动，吸引到馆游客近1万人次。2017年“非遗闹元宵”第七届东城区新春“非遗”庙会在非遗博物馆现场展示北京绢花等20余项“非遗”项目。

清明风筝放飞活动　清明节前夕，由东城区文委主办、东城区第二文化馆（东城区非物质文化遗产保护中心）承办的“春暖京城放飞梦想”——2017年东城区清明风筝放飞活动在永定门城楼南广场举行。串式风筝、立体风筝、板子风筝、硬翅风筝、软翅风筝和自由类风筝进行了放飞展示。

文化干部培训班　4月—11月期间，分2期举办东城区文化干部培训班。区文委及有关单位主管文化的领导、182个社区文化组织员等270余人参加培训，基本实现全区基层文化干部的全覆盖，进一步提高了东城区基层文化干部素质和工作能力。

原创作品演出　5月11—14日，区文委在北京保利剧院举行原创现代民族歌剧《林徽因》、大型民族音乐会“悠悠丝路情”专场演出。专场演出受益群众达到4000余人。

“舞动北京”群众舞蹈大赛　6月11日，第十二届“舞动北京”群众舞蹈大赛暨第十九届北京“天使杯”国标舞、交谊舞城市友好邀请赛在地坛体育馆举行。比赛首日，有140名选手参赛，近800名观众到场观看。大赛共有全国15个省市及俄罗斯等国家的1500余名选手参加。

东城区群众文化展演季　7月28日—10月24日，东城区群众文化展演季在东城区举办。该展演季以“喜迎十九大　畅想中国梦”为主题，共举办群众文化活动160项，演出1000余场，演员近1万人。

7月28日，2017年东城区群众文化展演季开幕式文艺演出在玉蜓公园市民文化广场举行

“曹灿杯”青少年朗诵大赛颁奖典礼　8月1日，第三届“曹灿杯”青少年朗诵大赛颁奖典礼在北京喜

剧院举行。大赛持续180天，28个省市以及美国、加拿大40万名朗诵爱好者参加，经历4轮比赛后评选出金、银、铜及特等奖等奖项。中国关心下一代工作委员会主任顾秀莲、副区长葛俊凯，表演艺术家曹灿、宋春丽、黎江、敬一丹为获奖选手颁奖。

全国曲艺相声新作展演　9月14日—16日，首届“2017年全国曲艺相声新作展演”活动在东城区举行。该展演活动共收到来自全国24个省、直辖市、自治区选送的节目180个。其中，相声109个，鼓曲、小品、快板等曲种的节目71个，最终甄选了36个节目参加该届展演。

2017钟鼓楼金秋诗会　9月26日—27日，2017钟鼓楼金秋诗会在钟鼓楼文化广场举行。诗会共举办两场，分别是“青春絮语”——中小学生朗诵专场和“情动中华”——名家名篇朗诵专场，共吸引观众1000余人观看。

文化市场管理

区文委执法队获2016年全国“扫黄打非”先进集体荣誉称号　1月13日，全国“扫黄打非”工作小组表彰2016年全国“扫黄打非”先进集体和先进个人，区文委执法队获得2016年全国“扫黄打非”先进集体荣誉称号。2017年，区文委执法队共出动执法人员4000余人次，车辆200余车次，检查各类文化市场经营单位2000余家次，通过微信、灵讯通等电子通信平台发送合法经营和安全生产提醒短信5000余条。行政处罚立案162起，办结159起，罚没款112.513万元，使用案由种类41种，在全市各区中位列第一。

安全生产法律法规培训　4月5日—7日，区文委执法队在北京稻香湖景酒店分批次对东城区网吧、歌舞厅、游艺厅等经营场所法人、负责人140余人进行安全生产法律法规培训，对参加培训单位法人进行法规考试。

知识产权日宣传活动　4月26日，在南锣鼓巷开展“远离有害出版物，多读书读好书”——“4·26”知识产权日宣传活动，发放宣传手册270余册、纪念品100余件。区科委、区工商分局、区法院等部门参加。

文化市场安全生产月工作部署会　6月12日，区文委市场科、行政执法队联合组织召开东城区文化市场安全生产月工作部署会，辖区文化市场经营单位法人、负责人近280余人参加，现场发放安全生产宣传材料3000余份。

北京市第十三个文化市场安全日大型现场会　6月16日，东城区举行北京市第十三个文化市场安全日大型现场会活动，区文化娱乐场所负责人200余人参加。

东城区文化委员会

书　记　张恩东

主　任　王伟东

（刘晶伟）

西　城　区

概　况

西城区历史悠久，人文底蕴深厚。辖区面积50.7平方公里。全区户籍人口144.5万人，常住人口为122万人。辖区设15个街道、261个社区。

西城区文化委员会（以下简称区文委）是区政府主管文化、文物、新闻出版和广播电影电视事业管理工作的职能部门。设办公室、政策法规科（研究室）、公共文化科、非物质文化遗产科、文化产业科、文化市场管理科、文物科、财务审计科、党群工作办公室、人事科，行政编制43人。区文委所属区文化执法队负责区文化、文物、新闻出版和广播电影电视事业行政执法工作，设综合科、文化市场治理办公室、法制监督科、财务科、执法一分队、执法二分队、执法三分队、执法四分队、执法五分队，行政编制37人。

2017年是深入落实“十三五”规划的重要一年。年初以来，区文委深入学习贯彻习近平总书记系列重要讲话精神，着眼服务全国文化中心建设，坚持多元构建、社会协同，积极创新，锐意进取，大力发展区域文化事业，文化工作呈现出良好局面。

2017年文化艺术发展

文化创新建设

“西城区什刹海特色专题数据库”正式上线　4月23日，“西城区什刹海特色专题数据库”正式上线。“西城区什刹海特色专题数据库”内容全部来源于西城区第一图书馆前期整理的《北京什刹海文化专题文献资料汇编》131册、《北京什刹海文化专题文献资料档案》15册。“西城区什刹海特色专题数据库”可全文检索，以原版原貌展示为发布基础，具体可进行标题、著者、出处、出版年、全文以及其他途径检索，同时还支持按照文献章节及重点推荐进行相应的查阅。全库分文献资源、档案资源及照片资源3个部分，包含文献资源10163篇，合计全文识别达6000万字左右；档案资源317篇；照片资源1016个。

西城区文化云　4月—9月，为加快推进公共文化服务与科技融合发展，解决西城区在公共文化服务方面所面临的一系列现实问题，探索公共文化服务新模式，提升现代文化传播服务能力，建立全区共享、互联互通的公共数字文化服务网络平台，西城区申报打造了西城区公共数字文化服务项目——西城区文化云，该云平台于9月正式上线运行。截至年底，云平台注册会员31285人，西城公众号用户量19596人，其中，北京占96.6%，隶属西城用户占85%，票务预订率100%，活动达到率90.2%，公众号平均阅读7天达1203次，单篇最高2665次，好评率100%。

传统节日文化活动

天桥小年文化庙会　1月20日—25日，在天桥剧场举办“北京第三届（2017）天桥小年文化庙会暨老舍京味文化节”。活动期间开展了北京市曲剧团老舍作品改编经典剧目展演、北京民俗展示、北京民俗讲座、天桥艺术、“非遗”展示、节庆用品展卖及其他丰富多彩的主题活动。共计6000余人次参与该次活动。

春节庙会活动　1月28日至2月1日（正月初一至初五），北京厂甸庙会和北京大观园第二十二届红楼庙会举办，庙会重点突出文化特色、创新特色、公益特色。5天分别接待游客47.98万人次和9.1万人次。

清明·陶然诗会　4月4日，2017年“清明·陶然诗会”在陶然亭公园举办。诗会邀请多名表演艺术家、朗诵家参与活动。12个群众朗诵团体、近百名朗诵爱好者声情并茂的朗诵节目，表达了人民群众缅怀先烈，继承遗志，实现“中国梦”的壮志豪情，抒发了对革命先烈的敬仰之情。

端午节文化活动　5月28日—30日，“传承文化　吉满陶然”西城区端午节系列文化活动在陶然亭公园举办。活动通过开展非物质文化遗产展示、端午节令传统食品展售等形式配合公园独特的景观资源，让游客充分的感受中华民族传统文化的魅力。

中秋群众游园赏月活动　10月2日—4日，中秋节期间，在大观园和月坛公园举办“情寄中秋·福满西城”——2017年西城区中秋节群众游园赏月活动。活动由诗歌朗诵会、“非遗”演出、京剧专场演出3个部分组成。此次活动汇集了文艺表演、“非遗”展示、猜灯谜、拜“兔儿爷”、游园互动、网上直播等文化活动。共吸引近万名当地群众和中外游客参与。

书香西城建设

区领导参加志愿服务　3月5日，区领导王少峰、陈宁、姜立光、李会增、李异、郁治、徐利、张利星等作为西城区第一图书馆志愿者，为前来阅读的读者服务。区领导分成3个组，分别参加“分享阅读，交换快乐”——每周日的图书交换项目、“了解我的图书馆”——图书整理项目、“了解我的图书馆”——电子报刊借阅服务项目活动。西城区第一图书馆的志愿服务工作开展15年，共设4大志愿服务项目，规模从几名志愿者，发展成为有多个团队、近400名志愿者参与。

大栅栏民俗图书分馆获“十佳优读空间”称号　3月22日，“阅读北京·品味书香——2017年度首都市民阅读系列文化活动”启动仪式上，西城区第二图书馆推送的大栅栏民俗图书分馆获得2016年“阅读北京·十佳优读空间——百姓身边的基层图书室”荣誉称号。“阅读北京”由北京市委宣传部和文化局主办，首都图书馆、北京市各区文化委员会、首都图书馆联盟承办。

“阅读春天”系列活动启动仪式　4月23日，“阅读春天”系列活动启动仪式在历代帝王庙举行。启动仪式上，区文委发布了《北京市西城区“十三五”时期全民阅读推广规划》，向通过考核的阅读空间颁发西城区特色阅读空间标牌，并向积极支持、帮助西城区全民阅读的社会各界热心人士颁发“西城阅读朋友”证书。首位升空女航天员刘洋出席活动并分享阅读体会。

4月23日，“阅读春天”系列活动启动仪式
在北京历代帝王庙举行

共享阳光残障人读书活动　2017年，区少儿馆重视为特殊少儿服务。开展共享阳光残障人读书会活动和亲子空间俱乐部的外来务工子女读书活动，全年共举办活动9次，435人次参与活动。为了更好地、长期有效地开展残障人的阅读疗愈工作，帮助残障人克服在社交及语言上的障碍，区少儿馆与西城区我们的家园残疾人服务中心签订合作协议，为残障人士提供健康向上的社会环境，通过各种阅读活动疗愈其心灵。

特色群众文化活动

第14届北京景山合唱节 6月1日—7月14日，举办了“喜迎十九大 颂歌献给党”2017第14届北京景山合唱节活动。该届合唱节共有2支团队获得了景山合唱节金奖、4支团队获得了银奖、6支团队获得了铜奖、17支团队获得了优秀奖。

2017西城区天桥鼓曲专场 6月15日—16日，由区文委、中华曲艺学会联合举办的首都市民系列文化活动之“艺术天桥 鼓韵荟萃”——2017西城区天桥鼓曲专场演出在天桥剧场举办，近2000名观众观看。

“欢乐飞飏”北京社区舞蹈大赛 7月—8月，区文委2017“欢乐飞飏”北京社区舞蹈大赛。共有来自北京市各区舞协、文化馆、街道、社区舞蹈团和舞蹈工作室的80多个单位、110多个作品报名参赛。经过初赛筛选，复赛角逐，最终有20个舞蹈作品入围决赛。20支参赛队伍分为舞台舞组和广场舞组进行角逐，最终共产生4个金奖、6个银奖、10个铜奖。

文化品牌工程建设

第三届中国原创话剧邀请展 3月2日—6月25日，由中国国家话剧院、西城区人民政府联合主办，国家话剧院剧场运营中心、天桥艺术中心和区文委承办的第三届中国原创话剧邀请展在国家话剧院与天桥艺术中心举办。共有来自全国20余个省、自治区、直辖市的国有院团、民营院团、社区戏剧团为首都观众带来了21部大剧场剧目、10部小剧场剧目，共计135场演出，观众人数累计10万余人次。

庆祝“宣南书馆”成立十周年系列活动 9月18日到9月底，由中共北京市西城区委宣传部、北京市西城区文委、北京市西城区文学艺术界联合会、中国曲艺家协会评书艺术委员会、北京电视台文艺中心主办，北京市西城区非物质文化遗产保护中心、国如轩书馆(宣南书馆)承办，中华书局、北京市西城区第一文化馆、北京市西城区第二文化馆协办的“北京评书·宣南书馆”成立十周年暨首届“宣南书荟”系列活动在北京举办，活动包括专场演出、回顾展、专家座谈会、出版论文集4个板块，“宣南书馆”成立十周年庆典演出及两场公演活动、“历程”——北京评书宣南书馆成立十周年回顾展、“北京评书·宣南书馆”传承成果研讨会和发表《北京评书宣南书馆成立十周年纪念文集》等活动。

第四届当代小剧场戏曲艺术节 2017年10月26日至2018年1月7日，由北京市戏剧家协会、西城区文委、天艺同歌文化公司共同主办，繁星戏剧村承办的第四届当代小剧场戏曲艺术节在北京举办。来自两岸三地的11个剧种、19个剧目，涵盖京剧、昆曲、越剧、粤剧、藏剧、评剧、柳子、赣剧等戏曲形式，共70余场展演在繁星戏剧村进行。

第三届中国国际芭蕾演出季 11月10日，由中央芭蕾舞团主办，北京中芭演出有限公司、天桥剧场承办，西城区委、区政府、区文委、国家艺术基金支持的第三届中国国际芭蕾演出季正式开幕。自11月10日起，在为期2个多月时间内，共为群众带来14个剧目、30场演出。

2017西城区“百姓戏剧展演”系列活动 年内，由区文委主办，西城区第二文化馆和万方文化机构承办，中国国家话剧院支持的2017西城区“百姓戏剧展演”系列活动举办。“百姓戏剧展演”继续以“政府搭台、企业参与、百姓受益”为宗旨，以原创话剧、音乐剧、戏曲、情景剧等为载体，开展19项活动，展示了23部剧目，共计奉献44场演出。

非物质文化遗产保护工作

“非遗”项目参加对外文化交流活动 2月1日，由中国驻美国大使馆和美国子午线国际中心共同举办的“欢乐春节——中国文化之夜”活动在中国驻美使馆举行。中国驻美国大使崔天凯、美国联邦众议员卡洛琳·马洛尼、美国国务院亚太事务助卿丹尼尔·拉塞尔、国家艺术基金会主席朱简、子午线国际中心总裁斯图亚特·霍利迪大使等华盛顿各界嘉宾近500人出席活动。来自北京市西城区的口技、内画鼻烟壶、北京鬃人、彩塑京剧脸谱、彩塑等“非遗”项目传承人参与了活动，进行了传统手工艺展示和互动。2月9日—16日，西城区组织“非遗”展示人员、演出人员赴缅甸、越南参加东盟文化之旅文化交流活动。

“非遗”文化系列活动 4月27日，“2017年西城区非遗演出季”昆曲专场演出在梅兰芳大剧院演出，演出北方昆曲剧院的新排剧目《汤显祖与临川四梦》。5月2日，2017年西城区“非遗”演出季系列活动“雅乐·尚韵”——“非遗”音乐会演出活动由天桥剧场推出，演出汇集了十番乐、古琴、古代诗词歌曲、三弦、京胡等“非遗”传统音乐演出形式，以“雅乐·尚韵”为主题，分为“乐之吟”“乐之思”“乐之弦”3个篇章。5月3日，2017年西城区“非遗”演出季系列活动“弘武·继艺”武术专场演出活动由天桥剧场推出，武术专场汇集了八卦掌、通背拳、孙式太极拳、六合拳、梅花桩拳等各类拳法代表性传承人以及众多武术爱好者，专场演出共分为“记忆”“技艺”“寄意”“继艺”4个章节。6月15日—17日，天桥剧场推出西城区曲艺专场演出活动，来自京津冀乃至全国的优秀曲艺传承人以精彩完美的演出展现传统曲艺文化的传承精神，演出汇集了快板、西河大鼓、铁片大鼓、双簧、梅花大鼓、河南坠子等西城区新公布的第五批西城区级非物质文化遗产代表性项目，作为西城惠民文化活动的组成部分，3000余名西城区群众通过免费领票的形式观看演出。12月10日—12日，由西城区文委主办的“非遗”演出季之“全堂八角鼓”专场演出在天桥剧场拉开帷幕，3场演出分别以“老艺术家专场”“师徒专场”“南北交流专场”的主题形式展开，将“全堂八角鼓”这一传统的曲艺形式全方位地展现给广大观众，年届九十的老曲艺家赵玉明先、国家级“非遗”项目代表性传承人张蕴华、连珠快书项目代表性传承人章学楷、评书表演艺术家田连元等众多曲艺名家悉数登场献艺。

4月27日，“2017年西城区非遗演出季”昆曲专场演出在梅兰芳大剧院举办

举办第五批西城区级非物质文化遗产项目授牌仪式　6月10日是中国的“文化和自然遗产日”，区文委在月坛雅集传艺荟举行第五批西城区级非物质文化遗产项目授牌仪式，为46个区级“非遗”项目颁发标牌。

“非遗”保护传承活动　2017年北京非物质文化遗产时尚创意设计大赛自6月10日—11月10日举行。大赛的口号为“100天让‘非遗’融入百姓生活”。大赛包括启动仪式、体验行动、赛事评选、成果展示4大板块。2017年，大赛在市文化局的指导下，正式提升为市级文化活动。6月21日，区文委联合区教委、区体育局在月坛体育馆共同开展2017年西城区“非遗”进校园推进会暨“非遗”项目推介活动。活动现场以学生实物作品、展板等形式对近几年“非遗”进校园的成果进行了集中展示，同时还邀请了“非遗”项目代表性传承人到场进行展示交流，供学校进行现场遴选，全区各中小学校负责人参加了该次活动。

文化馆

西城区第一文化馆　一级文化馆。现有编制83人，在岗78人。内设办公室、财务部、后勤保障部、声乐部、器乐部、舞蹈部、戏剧曲艺部、艺术培训部、研究创作部、剧场管理部、厅室活动部、舞美工作部共12个部门。文化馆立足于公益性，免费开放公共活动场所，为群众免费提供公共文化服务，组织开展丰富多彩的群众文化活动，坚持为社区群众提供优质的文化服务，保障群众的基本文化权益，为促进文化的大发展大繁荣和构建公共文化服务体系不懈努力。年内，西城区文化馆继续推进“文化馆免费开放”工作，开展了形式多样的活动，完成公益演出122场、公益展览30场、公益讲座28场、公益电影30场、公益培训1264个课时。还充分利用场地优势提供公益性服务：大小剧场共承接活动305场，五层舞蹈排练厅提供服务212场，其他厅室服务819个课时。坚持“看大戏到西城”“音乐汇”“文化广场”“群星大舞台”等公益活动，为满足“上班族”需求新开设“周末课堂”公益培训，关注弱势群体文化需求，举办“彩虹剧场”“温馨影院”等活动。与PAS·中国国际打击乐艺术协会合作，引进并承办了“首届PAS·中国国际打击乐艺术节”；与上海长宁文化艺术中心签订了《文化共建协议书》，并组织了“2017歌唱南北情”京沪两地优秀合唱团队交流活动；与中国国际青年交流中心确定合作关系，并被确定为“‘青年之桥·丝路使者’中国传统文化传播基地”。原创北京曲剧《北京人家之B超神探》在文化馆共计演出4场。

西城区第二文化馆　一级文化馆。现有编制37人，在岗32人。内设办公室、财务部、培训辅导部、戏剧曲艺部、美术摄影部、文化活动部、研究创作部共7个部门。文化馆开展各类公益性群众文化活动及服务性文化活动：传统节日活动全年演出37场，受众10740人次，其中，大型活动11场，受众9400人次；文化“六进”活动共开展152场次，受众18960人次；馆内免费演出8场，受众612人次。积极开展基层艺术培训和辅导活动：“艺术一点通”公益讲座6场，受众350余人次；“艺术大讲堂”培训50场，受众1500余人次；“名家大讲堂”4场，受众350余人次；书画培训150次，受众4500余人；骨干团队共培训542次，受众达26296人次；业务干部下社区辅导完成553场，辅导培训达21522余人次。全年培训、讲座、辅导共计1345场次。年内，共举办摄影、书画等展览7项，其中，摄影展5项、书画作品展2项，受众达9000人次。在作品创作、品牌赛事上赢得赞誉获得丰硕成果，市级比赛获4个金奖，1个银奖，4个优秀组织奖，4个优秀节目奖，2个一等奖，2个二等奖。

图书馆

西城区第一图书馆　全国首家获得国际图联会

员资格的区县级公共图书馆。建筑面积11720.28平方米，馆内设有报刊阅览室、德国信息与德语自学中心、中瑞可持续发展信息中心、视障人阅览室、集体视听室、多媒体网络中心、旅游资料室、音乐资料室、参考资料室、古籍资料室、个人借阅部、少儿阅览室、自习室13个服务厅室。全年举办各种文化活动，延续特色讲座及读者活动的开展，实行免费开放。2017年，以"文化兴区"为主线，繁荣发展公益性文化事业，努力打造"书香西城"。全年采购新书12224种，43407册，使用购书资金1376885.61元。办理"一卡通"读者证2781个，累计接待593080人次。其中，借阅478247人次，借书462394册次；上网浏览1932人次；视听欣赏840人次；举办读者活动累计584场次，114832人参加；流动图书车借书615人次，32245册次；基层辅导40次，街道分馆借书107805人次，205251册次。

西城区第二图书馆　一级图书馆，建筑面积约6004.6平方米，馆内设外借部、报刊阅览室、少儿部、资料阅览部、电子阅览部、采编部、宣传辅导部、自习室等部室。现馆藏图书648389册(件)，阅览座位560个，服务窗口6个，是北京市公共图书馆"一卡通"借阅成员馆之一。2017年，采购文献图书15512册，报刊931种，电子资源5.3TB；办理"一卡通"读者证2665个，接待读者169383人次、借阅书刊271180册；举办讲座报告会89场、听众达3147人次；开展送书下基层活动102次，送书20200册；举办共享工程活动296场，6356人次参加；接待网上阅览读者近28875人次。2017年荣获第三届"阅读之城——市民读书计划"图书评选活动优秀组织奖。举办大型主题展览16次，参观者达20万人次。展览包括"新春民俗文化展"、"阅读之城"请读书目展、"英烈足迹遍宣南"展、"世界读书日"专题展、"我们的节日——端午节"民俗展、"铭记光辉历史　开创强军伟业"建军90周年主题展、"西城之最"展、"携手共创　文明西城"展、"热烈庆祝建国68周年"主题展、中共十九大报告解读展、冬奥体育文化展等。

西城区青少年儿童图书馆　内设低幼阅览室、绘本馆、综合阅览室、科普阅览室、报刊阅览室、电子阅览室、少儿智慧空间等开放厅室，面向西城区及北京市18岁以下青少年儿童开放。截至年底，累计藏书40万余册(其中新增图书12692种、38370册)，接待读者195943人次，流通册次355248册、新办证5244个，举办活动295次、80501人次，编制二、三次文献5种，解答读者咨询1876条，集体送书88次、26207册，网站累计点击率470万人次。广泛开展全民阅读，以第六次全国公共图书馆评估达标为工作重点，加强读者阅读指导，科学合理配置书目，完善数字阅读推广，提高读者服务质量，充分发挥市级爱国主义教育基地、区科普教育基地、区法制教育基地、区市民终身学习教育基地"四大教育基地"的职能作用，开展了丰富多彩的读书活动。2017年，首次参加了第三届中国童书博览会。

文化市场管理

行政许可工作　2017年，接待咨询7000余人次。受理文化市场行政许可及备案类事项共计1472件，其中依法受理并许可国内营业性演出审批1218台、12170场次。2017年度，西城区国内营业性演出的审批的台数、场次分别占到全市各区县审批总量的38.7%和42.6%，均居第一位。西城区现有文化市场经营单位1204个。

文化市场执法检查　2017年，区文化执法队共出动执法人员3480人次，检查文化经营单位1501个次，立案124件，罚款211992元。

西城区文化委员会

主　任　孙劲松

(房　徽)

朝　阳　区

概　况

朝阳区位于北京市城区东部，区域面积470.8平方公里，下辖24个街道办事处，19个乡(地区办事处)，常住人口373.9万人。

北京市朝阳区文化委员会(以下简称区文委)是负责朝阳区文化、文物、新闻出版和广播电影电视工作的政府职能部门。设办公室、文化科、文物管理科、出版发行管理科(审批管理科)、电视音像管理科(调研室)、组宣人事科、财务基建科。编制32人，其中，行政编制29人，工勤编制3人。下属事业单位有文物管理所、朝阳区图书馆、北京民俗博物馆、朝阳京剧文化艺术中心、朝阳区文化馆、垡头地区文化中心、香河园地区文化中心、国声京剧文化艺术中心、朝阳剧场、紫光影城、劲松电影院、朝阳群众文化厅。朝阳区文化委员会行政执法队(以下简称区文化执法队)为区文委所属的行政执法机构，主要负责区文化领域行政执法工作。设文化市场管理办公室、法制办公室、一分队、二分队、三分队、四分队(798文化执法办公室)。行政执法专项编制27名。

2017年，朝阳区始终将宣传贯彻中共十九大和学习贯彻习近平新时代中国特色社会主义思想作为重中之重，结合蔡奇书记到朝阳区调研文化工作的讲话精神，全区文化工作紧紧围绕“四个中心”定位，以首善之区标准，按照“一核一城三带两区”的总体框架，以“拓面、提质、增效、强基”为总要求，加强统筹协调，加大改革攻坚力度，继续发挥全国文化中心核心区的示范引领作用，统筹推进文化事业与文化产业发展，基本公共文化服务水平不断提高，文化市场繁荣有序，群众文化权益得到更好保障。

2017年文化艺术发展

公共文化服务与建设

香河园地区文化中心对外开放 12月23日，香河园地区文化中心正式对外开放。文化中心位于北三环，毗邻中国国际展览中心，占地面积约1050平方米，建筑面积约4036平方米，可同时容纳1200余人，首创“文艺工号”吸引地区资源交互共享，推出了3D打印创意中心、多媒体影像室、多维剧场、图书馆、艺术教室等创意空间，辐射范围包括香河园、三里屯、安贞、左家庄、和平街等街道及太阳宫乡，覆盖服务人数达40万余人。

公共文化服务 2017年，朝阳区进一步优化公共文化设施网络布局，稳步推进文化惠民工程，保障群众文化权益。全年完成公益性演出281场，开展各类文化活动2576场次。新增的“中华绝技秀”惠民演出项目，每月发放惠民票600张，全年惠及群众5000余人次。加强区域品牌文化建设，制定“1+10”政策体系文件(即《关于推进百个公共文化建设品牌创建工程的实施意见》和10个品牌认定及奖励扶持办法配套文件)，推进百个基层文化品牌创建工程，继续开展公共文化设施、传统文化传承基地、民办文化机构、公益性文化活动、艺术团体、群众文艺队伍、文化能人(名人)、文化家庭、文化服务项目和文化交流项目十类品牌认定工作。开展“首都市民音乐厅”“全民星秀”“书香朝阳全民阅读活动”等系列文化惠民活动。截至2017年年底，全区有各类群众文艺团队2844支，参与人数7.4万人。

群众文化干部队伍建设 2017年，朝阳区继续开展“千场讲座下基层”基层文化辅导培训项目，全年培训1655个课时，培训人员3万余人。朝阳区文委与朝阳区人力资源和社会保障局共同举办第四期公共文化建设高级研修班，43个街乡主管领导及区文委系统文化管理干部参加培训。与区京剧艺术中心合作，举办3期京剧艺术培训班，培训人员400余名。开展品牌群众文艺团队认定工作。全区有各类群众文艺团队2844支，参与人数7.4万人。

重要活动

第二届“艺术朝阳”文化节原创成果展示 1月6日，由区委宣传部、文委、文联等共同举办的第二届“艺术朝阳”文化节社会主义核心价值观原创成果展示活动在朝阳剧场举行。该活动共征集原创作品122件，评选出5个门类原创作品的一、二、三等奖。

文化、科技、卫生“三下乡”集中示范活动 1月11日，由朝阳区委、区政府主办的2017年朝阳区文化、科技、卫生“三下乡”活动在金盏乡东窑村启动。该活动现场赠送图书200册，邀请专业院团进行文艺演出，区文联艺术家们写春联、剪窗花送给当地群众。

“文蕴朝阳·送福到家”小年儿特色文化活动 1月20日，朝阳区开展“文蕴朝阳·送福到家”小年儿特色文化活动。该活动由区文委统筹，群众通过文化朝阳云平台预约，在腊月二十三当天免费领取春联和福字。全区47个单位参与活动，共送出春联19000余副、福字15000余个。

“我爱北京天安门”老照片展 1月23日—2月5日，区文化馆在官舍·会空间举办“我爱北京天安门”老照片展览，展出区内30多个社区居民家中收集的以天安门为背景的老照片2000余张。

金台书院启动仪式暨金台书院“国学讲堂”开学典礼 2月26日，区图书馆金台书院启动仪式暨金台书院“国学讲堂”开学典礼在北京国声京剧团剧场举行。启动仪式上，区图书馆与中国国际友人研究会、上海浦江学堂、天津方寸轩表演艺术团、北京市第一中西医结合医院等合作单位签订合作协议，并为2016年与浦江学堂合作开办的首期国学讲堂“德金班”优秀学员颁发证书、奖品，“德金班”全体学员进行成果汇报演出。

2月26日，金台书院启动仪式暨金台书院国学讲堂在北京国声京剧团剧场举行开学典礼

话剧《最美家庭》首演　3月3日，话剧《最美家庭》在国声京剧文化艺术中心首演。该剧主要反映朝阳群众文明家风。

首都市民音乐厅　3月16日，2017年“首都市民音乐厅”音乐会在首都图书馆剧场开幕，北京交响乐团表演10首经典曲目。8月19日，在首都图书馆剧场举行“首都市民音乐厅”2017年系列演出季启动仪式及民乐专场演出。全年举办专场演出15场，现场观众近2万人，网络直播观众达500余万人。

首场“中华绝技秀”公益演出　3月17日，由区文委主办的首场“中华绝技秀”杂技公益演出在朝阳剧场举行。2017年，区文委每周通过“文化朝阳云平台”送100张门票给市民。

书画公益课堂　4月12日，2017年度“五乡一街”文化惠民工程——书画公益课堂在垡头地区文化中心民众讲堂启动。全年共授课20次，700人参加。

第二届“全民星秀”公益K歌挑战赛　4月15日，由区文委主办，唱吧麦颂以及唱吧APP承办的第二届“全民星秀”公益K歌挑战赛启动。该次比赛持续至12月中旬，共6场晋级赛，5000多人参与。前三甲获得专业音乐培训基金和唱吧麦颂KTV储值卡等奖励。

第9季“非非演出季”　4月22日—5月29日，第9季“非非演出季”在9剧场举办。19个剧团演出了27场戏剧，展演剧目除9剧社《婚，不昏》、三里屯隔壁剧社《跟我说句“对不起”!》之外，还有来自外省市剧社的3个剧目参演。

第十二届潮流音乐节　4月29日—5月1日，由朝阳区文化馆主办的第十二届潮流音乐节在798艺术区玫瑰之名艺术中心举行。来自俄罗斯、墨西哥等8个国家的乐队与国内乐队、歌手共同演出20场，接待观众约13500人次，“北京时间”网络直播点击率约380余万人次。

“为爱启航”艺术家基层服务巡讲月惠民公益专场音乐会　6月13日，由区文联、区音乐家协会、垡头地区文化中心、区筑梦艺术团共同主办的“为爱启航”艺术家基层服务巡讲月惠民公益专场音乐会在垡头地区文化中心举办，中国音乐学院青年歌唱演员进行节目表演。

北京朝阳森林演出季暨“喜迎十九大”朝阳区基层文化展演　8月4日—26日，由区文委、区农委等联合主办，区文化馆承办的“北京朝阳森林演出季暨‘喜迎十九大’朝阳区基层文化展演”在朝阳区举行。全区43个街乡的文艺队伍参与，活动包括45场演出、40个现场展览，共计播放45部宣传片，现场参与观众人数达10余万人。

第16届金刺猬大学生戏剧节　8月5日—20日，由北京戏剧家协会、朝阳区文化馆、灵河文化传媒(上海)有限公司联合主办的第16届“金刺猬大学生戏剧节”展演在9剧场举办。活动期间，选自全国高校的14部优秀剧目参与演出。

第三届“THE NEW”北京新舞蹈国际艺术节　8月19日—27日，由朝阳区文化馆主办的第三届“THE NEW”北京新舞蹈国际艺术节在9剧场举办。活动期间，来自中国、西班牙、加拿大、斯洛伐克、以色列等7个国家的40余位国内外艺术家进行10场演出，开设9个主题工作坊和38次国内外艺术家专业课程。

喜迎十九大书画家社区交流展　9月21日，由区文委、呼家楼街道办、北京文化发展基金会艺术惠民专项基金、北京电视台生活频道联合主办的喜迎十九大书画家社区交流展开幕式在呼家楼街道举行。22位书画家与社区书画爱好者的作品100幅参展。

2017年北京798艺术节　9月23日—10月22日，2017年北京798艺术节在798玫瑰之名艺术中心举办。该艺术节共推出上百场当代艺术展和数场现场互动活动。

图书馆

李凯参加“全国中小型图书馆联合会2017年研讨会”　9月13日，由全国中小型公共图书馆联合会、中国知网·中国知识资源总库编委会及《图书馆杂志》联合主办的“全国中小型图书馆联合会2017年研讨会”在湖南株洲举办。朝阳区图书馆馆长李凯受邀在大会上作发言，就社会化参与公共图书馆运营实践情况向与会成员进行介绍。

城市书屋发布和授牌仪式暨郎园·良阅书房揭幕典礼　11月25日，宸冰书坊馆、798尤伦斯馆、良阅书房馆、东亿产业园馆4家城市书屋发布和授牌仪式暨郎园·良阅书房揭幕典礼，在郎园Vintage文创园举行，朝阳城市书屋·良阅书房馆正式开馆。区文委书记、主任高春利参加典礼。

基础业务　2017年，区图书馆办理借书证10067个。图书流通总量96万余册次，接待读者91万余人次。馆藏总量2575716册件。图书配送服务156次、96374册。全年举办活动352次，线上线下共计3227643人参加。开展“阅读行走12小时”“阅读行走，爱心昆明行”等活动，创造单日活动220万人参与的记录。

调研

文化部公共文化司副司长陈彬斌等到朝阳区调研　5月2日，文化部公共文化司副司长陈彬斌、中国传媒大学经管学部学部长范周等一行8人，到朝阳进行公共文化服务融合发展与社会化运营专题调研，范周教授高度评价朝阳区公共文化建设在融合发展和社会化运营方面做出的创新尝试，并希望通过该次课题调研加强对朝阳区公共文化服务建设的研究，力争形成能够在全国推广和复制的研究成果。区委常委、副区长孙其军，区文委书记、主任高春利等陪同调研。

市文化局演出艺术处调研公益演出情况　5月17日，市文化局演出艺术处一行6人到朝阳区调研公益演出情况，处长郭竹青对朝阳区公益演出的一些特色做法给予高度肯定，也指出了在全市范围内公益演出存在的一些共性问题，提出公益演出的一些具体改革措施。区文委副主任马骏陪同调研。

市委宣传部部长杜飞进到垡头地区文化中心调研　5月26日，市委常委、宣传部部长杜飞进到垡头地区文化中心调研文化工作并指出，垡头地区文化中心实践的"地区文化居委会"管理模式开创了文化事业中群众自我管理、自我服务、自我教育、自我监督的创新模式，值得深入探索。区委书记吴桂英，区委副书记、区长王灏，区委常委、宣传部部长刘军胜，区委常委、副区长孙其军及区文委书记、主任高春利等陪同调研。

市委书记蔡奇到朝阳区调研文化工作　8月28日，市委书记蔡奇就"抓好'两贯彻一落实'、迎接党的十九大、建设公共文化服务体系示范区与文化创意产业引领区，推动全国文化中心建设发展"到朝阳区进行专题调研，召开全市公共文化服务体系建设现场推进会，并提出"希望朝阳区在全国文化中心建设，特别是'两区'建设上求突破、树标杆、作示范"的工作要求。区委书记吴桂英，区文委党委书记、主任高春利等陪同调研。

文化交流

国际交流展示

1月26日—29日，朝阳区公共文化创意产品"漂亮的兵马俑灯笼"第4次到英国交流展出。

4月17日—5月2日，北京9当代舞团赴马其顿、斯洛文尼亚、荷兰三国开展文化交流巡演，并受邀参加当地舞蹈节和艺术节演出。

5月17日，日本松山芭蕾舞团到香河园地区文化中心参观、交流，并举办"北京松山芭蕾舞教室"落成仪式。

9月8日，由越南驻华大使馆主办的魅力越南·中越文化交流活动在北京民俗博物馆举办开幕仪式，展览包括"魅力越南·越南绘画作品展"和越南国家风景摄影展。

9月23日，区文委联合外交部外交人员服务局、区政府外事办、区文联及北京东岳美术馆在北京民俗博物馆举办"共话中秋——'一带一路'国际文化交流联谊会"，邀请60位"一带一路"沿线国家在华新闻记者、外交官以及人民网、北京电视台等国内6家主流媒体记者参加。

9月8日，魅力越南·中越文化交流活动在北京民俗博物馆开幕

区域文化交流

1月2日，北京9当代舞团赴西安表演现代舞《梦境之窥》和《七窍生烟》。

3月23日，天津市河西区委常委、宣传部部长杨志庆一行到朝阳区开展交流，实地调研朝外街道文化中心、悠贝亲子图书馆和朝阳城市书屋·梦工坊馆，交流街道文化中心、城市书屋等运行情况。

8月1日，天津市空港经济区文化中心主任李岩带队到区图书馆(新馆)进行参观、学习。

同日，新疆哈密市文体市场稽查支队、石河子市文化市场综合行政执法支队一行10人到朝阳区开展文化执法工作交流活动。

9月2日，朝阳区文委行政执法队前往新疆哈密、石河子开展文化执法工作交流。

9月26日—10月7日，中国民间佩饰(刺绣类)精品文物展在贵阳展出，共展出北京民俗博物馆122件(套)民间刺绣类佩饰藏品。

11月7日—8日，由朝阳区文委与昆明市文化广播电视体育局共同主办的"朝阳·家风"——朝阳区家风文化主题活动在昆明市图书馆举办。该活动展出了一批体现家风文化的老北京胡同门联写生和摄影作品，朝阳区文委还向昆明禄劝则黑乡中心小学送出爱心图书2000余册。

11月—12月，区文委联合云南省昆明市和贵州省贵阳市两地组织开展2017年"春雨工程"系列文化活动。

12月21日，京津冀公共文化服务示范走廊发展联盟在北京国声京剧团剧场举办交流活动，秦皇岛市小海燕评剧团表演大型新编古装评剧《情法监察》。

文化遗产保护与传承

第十一届“春分·朝阳”文化节 3月19日—20日，由区文委、朝外街道办事处主办的“春分·朝阳”文化节在日坛公园举行。该文化节包括开幕式文艺表演、朝阳区“非遗”展示活动、传统手工艺品展示和地区文化队伍文艺表演等。

“端午国际文化季”系列活动 5月27日—30日，北京民俗博物馆·东岳雅集在北京民俗博物馆举办“端午国际文化季”系列活动，包括端午情景复原陈列、端午节少年包粽子体验、斗百草知识竞答、端午经典诵读、舞龙舞狮表演、古琴体验、汉服展示、端午钟馗书画展、现代书法体验、拓片木刻体验、小鲁班木艺体验、传统射箭、投壶体验、民间手工艺“非遗”传承体验、馆藏陈列展览等几十种项目，来自拉美、亚洲、非洲50个国家的记者参与、体验和了解中国传统文化。

“文化与自然遗产日”活动 2017年，区文委组织举办2017年“文化和自然遗产日”主题系列活动。包括6月9日在高碑店乡漕运广场举办以“文蕴朝阳之朝阳漕运文化”为主题的活动；6月9日—11日，在北京民俗博物馆开展以“感受文化色彩，领悟遗产真谛”为主题的系列活动等。

文化遗产研究与传承 2017年，朝阳区启动孙河古镇、萧太后河、坝河(东坝古镇)、朝阳门石道等民俗文脉研究课题，在全市启动“寻找工匠”“非遗”传习课堂，传承和保护文化遗产，广泛开展传统文化传承活动，开展“传习趣”——传统文化配送活动，全年配送113次。

“我们的节日”系列文化活动 2017年，区文委以中国传统习俗和传统节日为主题组织开展“我们的节日”文化系列活动。包括朝阳区第五届“北京二闸清明踏青节”活动、“我们的节日·端午节”系列文化活动、“我们的节日·浓情七夕”系列文化活动、“我们的节日·中秋节”系列文化活动、“我们的节日·重阳节”系列文化活动等。

文化市场管理

文化场所安全检查 3月7日，区委常委、宣传部部长刘军胜带队检查文化场所安全工作，在王四营图书批发市场和潘家园旧货市场检查时，要求吸取其他单位火灾教训，落实安全责任，防止发生安全事故，要不断细化安全预案，加强巡查，切实把安全工作落实到位。

“12318健康文化你我他”主题宣传活动 3月17日，区文委行政执法队在朝阳区图书馆(新馆)开展“12318健康文化你我他”主题宣传活动，向市民介绍“12318”举报平台受理的范围，倡导广大市民共同维护文化市场秩序、共同参与文化市场监督管理。

召开文化娱乐场所安全生产会议 2017年，区文委联合公安朝阳分局、区安监局、消防支队、区卫计委等部门共召开10次文化娱乐场所安全生产会议。会议通报近期消防安全问题，开展消防安全培训，部署全区文化安全工作，由区内5000余个次的文化经营单位负责人参会，累计发放安全宣传材料5万余份。

行政许可 2017年，办理行政审批事项1105件。其中，包括举办营业性演出许可373件；歌舞娱乐场所设立6件，变更及延续换证23件；电子游艺变更及换证10件；网吧设立16件，变更及延续换证146件；表演团体设立4件，变更及换证21件；办理备案项目301件，包括艺术品经营单位备案51件，演出场地经营单位变更换证9件，个体演员换证1件，市文化局审批演出备案240件。现场核查场所92家，184人次；审核剧本193件。截至2017年年底，朝阳区文委有审批事项16项，其中许可10项，备案6项。

文化市场管理 2017年，区文化执法队开展了以服务保障“两节”、全国两会、“一带一路”高峰论坛和中共十九大为重点，落实“七个一”(各分队每周走访一街一乡、每周报送一篇工作信息、每月组织一次联合执法、每季度召开一次片区例会、每年上报一篇调研报告、每半年开展一次评价考核、每人每月立案至少一件)等专项工作任务。全年区文化执法队共出动车辆572次，执法人员1562人次，检查文化娱乐场所7953个，全程监管营业性演出67场次。

文化市场检查 截止到2017年年底，全区共有文化娱乐场所1959个，其中包括歌舞娱乐场所432个，互联网上网服务场所316个，营业性演出场所备案24个。区“扫黄打非”成员单位和各街乡共出动车辆4654台次，出动执法人员1.4万人次，检查文化娱乐场所16847个次，查封黑网吧8家，没收相关设备265台。受理举报98件，回复98件。立案调查113件，较上年同比增长24%。上报各类信息53篇。

获奖情况

集体

区图书馆 文化志愿服务分队低幼阅读空间文化志愿服务项目被评为北京市公共图书馆文化志愿服务部队优秀文化志愿服务项目。

区文化馆 获2016年北京市基层群众文艺创作辅导(文学)专项工作首届“文荟北京”群众文学奖“组织奖”；获中央人民广播电台第五届“夏青杯”朗诵大赛(北京赛区)暨第四届“放飞梦想”北京诗歌朗诵大赛获“优秀组织奖”；获2017首都市民系列文化

活动之“歌唱北京”全市群众性音乐展示活动“优秀组织单位奖”；获艺韵北京第四届北京市群众曲艺大赛“优秀组织奖”；获2017首都市民系列文化活动第十二届“舞动北京”群众舞蹈大赛“优秀组织奖”、广场舞团体(城区组)铜奖；获“影像北京”2017全市群众美术、书法、摄影大赛“组织奖”；获“漂亮的兵马俑”装置艺术展2015—2016年度北京市优秀群众品牌文化活动(一类)称号；《相亲前规则》获2017年“戏聚北京”北京市群众戏剧短剧原创作品大赛最佳风采奖。

区文联筑梦艺术团　获2015—2016年度北京市优秀群众文化团队称号；原创舞蹈《铁索战魂》获第十五届北京舞蹈大赛颁奖晚会暨优秀作品展演“纪念建军90周年”剧目特别奖和优秀组织奖。

个人

高春利　获2015—2016年度北京市“扫黄打非”暨文化市场管理工作先进个人称号。

沈国军　获2015—2016年度北京市“扫黄打非”暨文化市场管理工作先进个人称号。

吕　鑫　获首都劳动奖章。

郭贝思　在2017首都市民系列文化活动——歌唱北京首届“奏响北京　共筑中国梦”器乐大赛展演比赛中获“优秀辅导奖”。

赵晓慧　在2017年“戏聚北京”北京市戏曲票友京剧大赛中获“群众戏曲优秀工作者”称号。

何　琳　获蒲公英第十七届(2017)青少年优秀艺术新人选拔活动全国总选拔比赛“优秀教师奖”；在2017首都市民系列文化活动“歌唱北京”首届“奏响北京　共筑中国梦”全市器乐大赛展演比赛中获“优秀辅导奖”。

第四届“我爱唱歌”2017年京津冀百姓歌手大赛　杨柳青获青年组二等奖，刘思雨获青年组三等奖，曹建明获中年组优秀奖，赵绪岭获老年组二等奖。

朝阳区文化委员会

书　记　高春利(2月任)

主　任　高春利

(黄俏凤　郑　妍)

海　淀　区

概　况

海淀区位于北京市城区的西部和西北部，总面积430.77平方公里，约占北京市总面积的2.62%。辖7个镇(地区)、22个街道、84个村、576个社区。2017年，全区常住人口348.0万人，其中，户籍人口235.4万人。

海淀区文化委员会(以下简称区文委)是主管海淀区文化、文物、新闻出版和广播电视工作的政府职能部门。内设办公室、组织宣传科、公共文化科、文物科、审批管理科、法制督察科6个职能科室和文化行政执法队。直属事业单位有海淀区文化馆、海淀区图书馆、海淀区文物保护中心(海淀区博物馆)。

2017年，区文委围绕人民群众的文化需求与全国科技创新中心核心区的发展，深耕海淀文化土壤，持续挖掘文化科技融合新动力，顺利通过第三批国家公共文化服务体系示范区中期督查，协同多部门促进西山永定河、大运河文化带建设新突破；围绕疏解整治促提升促进文化市场转型新升级；依法依规落实党的建设和廉洁从政新要求。

2017年文化艺术发展

积极开展公共文化服务工作

公共文化服务体系建设　2017年，以国家公共文化服务示范区创建为重点，全面统筹，分类指导，全区公共文化活动空间不断扩展、基层文化队伍建设进一步加强、公共文化服务效能显著提升，顺利通过了文化部组织的国家公共文化服务示范区创建中期督查，针对中期督查提出的问题，制定了“提升服务效能三百天行动计划”，力争在2018年6月示范区终期验收中取得优异成绩。

创建第三批国家公共文化服务体系示范区中期督查　7月6日，由上海市政府参事、上海图书馆原馆长吴建中任组长的专家组到海淀，就海淀区创建第三批国家公共文化服务体系示范区进行为期三天的中期督查。当天下午召开海淀区创建第三批国家公共文化服务体系示范区中期督查汇报会。区委副书记、区长于军，副区长刘圣国出席会议。7月7日，在市文化局副局长庞微和副区长刘圣国的陪同下，吴建中率文化部第一督查组就海淀区创建第三批国家公共文化服务体系示范区展开了为期一天的中期实地检查。督查组对区、街(镇)、社区(村)三个层级的文化设施建设、百姓服务供给、场馆规范管理等进行全面检查。督查组先后到羊坊店街道永红社区文化活动中心、万寿路街道综合文化活动中心、田村路街道阜四社区文化小院、海淀区北部文化中心文化馆和图书馆、上庄镇地区文化活动中心、西北旺镇综合文化活动中心进行实地察看。7月8日，督查组根据暗访、汇报、实地考察等情况对海淀创建国家公共文化服务体系示范区中期工作进行反馈。督查组一致认为，海淀区委、区政府高度重视示范区创建工作，纳入绩效考评体系，加大投入、优化管理，主动加压、重点督查，积极动员、广泛宣传，创建工作取得显著成效，达到了预期目标。海淀北部文化中心整体社会化运营、田村阜四小院“一院八馆”解决服务“最后一公里”问题、设立优秀群众文艺团队补贴以及实施全区第三方评估等是海淀区示范区创建工作突出的亮点和特色。此外，督查组也指出了中期督查发现的问题与不足。督查组建议，海淀区委、区政府要以此次中期督查为契机，认真查找问题，形成整改清单，把责任落实到各部门、各街镇和各岗位，力争终期验收时创建指标优秀率居全国领先水平。

“提升服务效能三百天”行动计划　7月21日，针对创建国家公共文化服务体系示范区中期督查提出的“海淀区公共文化服务效能还需进一步提升”问题，区创建办以区、街镇两级图书馆和文化活动达到东部优秀指标作为提升服务效能的突破口，科学设计了18个指标作为工作重点，计划在未来300天，以创新性思路、创造性方法，强有力措施、超常规速度，实现海淀区公共文化服务效能跨越式提升，使海淀进入国家一流文化强区行列。8月2日，区创建办组织召开全区大会，全面部署“提升服务效能三百天”行动计划。

8月2日，海淀区创建第三批国家公共文化服务体系示范区“提升服务效能三百天”任务部署会召开

组织开展《公共文化服务保障法》培训　2017年，为落实《中华人民共和国公共文化服务保障法》，区文委制定了《海淀区学习宣传贯彻中华人民共和国公共文化服务保障法工作方案》，并组织开展公共文化服务保障法培训，主管区领导做开班动员，全区各街道(镇)、社区(村)及文化委系统近200名文化骨干参加。通过设置宣传专栏、张贴宣传海报、摆放相关图书及印发宣传手册等传统方式，充分利用微博、微信等新媒体，面向社会公众宣传、普及公共文化服务保障法的内容与有关知识，增强舆论宣传的渗透力。

课题研究强化顶层制度设计　制度设计是公共文化服务体系示范区创建的重要组成部分，是公共文化服务的制度保证。2017年，根据海淀的实际情况与实际需求，确定了制度设计5个课题的名称、研究方向、内容、大纲结构和转化成果。前期，课题组密集调研各文化场馆，研讨热点、难点，数次召开课题论证会，目前总分馆制、法人治理结构等部分研究成果已经形成，文图两馆法人治理结构已经召开第一次筹备会议，年底前初步确定理事会成员名单。

宣传报道营造创建工作氛围　2017年，海淀区制定下发《海淀区创建国家公共文化服务体系示范区宣传方案》，向社会逐渐深入发动。一是开展示范区创建标语、标识、卡通形象征集活动。通过网络、纸媒等多个平台征集具有海淀特色的标语、标识、卡通形象，并把一等奖作品延展设计成海报、横幅、围挡、护栏、微信表情包、微信H5等多种形式在社会和群众中广泛宣传，同时将海淀区示范区创建LOGO作为街镇、社区(村)文化活动中心挂牌的标配，进行全区统一。二是依托各种活动平台在文化骨干和群众中进行宣传。在《中国文化报》发表4篇示范区系列专题报道，在《中国文化报》、《北京日报》、全国门户网站、人气微信大号及广播电视等媒体传播稿件609篇，其中在新华社APP推送的稿件阅读量突破100万人次。三是充分利用《海淀信息》、《示范区工作简报》、各级政务网站及微信平台扩大宣传渠道和宣传覆盖面。四是梳理创建成果，整理出20条具有海淀特色的创建亮点，在总结提升的同时，成熟一个推广一个，形成示范效应。

基层文化队伍建设　建立长效机制，基层文化队伍建设进一步加强。为解决公共文化服务末端弱化问题，提升百姓的获得感，以区政府名义下发《海淀区基层文化组织员管理办法》，起草《海淀区建立基层文化组织员队伍实施方案》《关于基层文化组织员待遇的通知》等一系列方案制度，从2017年起，区政府每年投入保障经费近4500万元，以购买服务的方式为29个街道(镇)、655个社区(村)配齐文化组织员。已招募640人，占总计划招募人数的85%。评选出2017年优秀群众文艺团队389个，其中，“三星级”团队38个，“二星级”团队60个，“一星级”团队291个。

海淀区600名基层文化组织员集中培训　12月

4 日，为进一步提高海淀区基层文化组织员队伍的政治素质、文艺技能、服务群众的能力和水平，海淀区基层文化组织员培训班在海淀区稻香湖景酒店开课。海淀区文化委员会党组书记、主任陈静出席开班仪式，作开班动员并为基层文化组织员队伍授旗。该次培训班共分 5 期开展，每期 5 天，共计培训学员 600 人。

文化设施建设

概况　设施建设是示范区建设的重点工作，海淀区继续秉承以标准化促进均等化的发展理念，提高标准，优化布局，完善三级网络。

基层文化设施建设　依托示范区街镇督导检查组，对街镇、社区(村)两级公共文化设施开展地毯式梳理、指导工作，督促街镇扎实推进设施达标工作；委托第三方公司就区域公共文化设施服务效能、基本情况进行调研，形成专业调查报告，为领导决策提供依据；继续加大对街镇综合文化活动中心和社区(村)文化活动中心建设投入。截至 2017 年年底，已高标准建成 28 个街镇综合文化活动中心，655 个社区(村)文化活动中心已达标 635 个。

海淀公共文化数字化平台上线　2017 年 8 月，投资 380 余万元的文化@海淀——海淀公共文化服务数字化平台上线试运行。平台依托海淀雄厚的技术资源，运用 VR(虚拟现实)、AR(增强现实)、LBS(基于位置的服务)、网络直播、移动互联、智能感知等技术，实现了课程点播、场馆预约、交流互动和在线评价等服务功能，为公众提供个性化、智能化、"一站式"、立体化的公共文化服务，提升百姓获得感和数字化服务水平。平台各类数字资源总量已达到 60TB，并作为文化部首批试点率先完成了与国家文化云的对接和资源共享。截至年底，平台注册用户 1.7 万，访问量近百万人次。

文化活动

概况　2017 年，区文委组织"海之春"新春系列文化活动、中关村国际青年艺术季、中关村系列演出季、海淀文化季等活动；组织"到人民中去"——精品文艺演出进基层、进企业活动；举办海淀万人合唱季、广场舞达人秀等活动。全年举办文化活动 2000 余场次，惠及群众 400 余万人次。

新春系列文化活动　1 月 20 日—2 月 29 日，区文委在北部文化活动中心中央共享大厅举办 2018 年"海之春"新春文化季系列活动。153 平方米的巨幅"福"字从天而降，由北京市文化局、海淀区政府支持，北京文化艺术活动中心、北京市文化志愿者服务中心、海淀区文化委员会主办，海淀区北部文化中心文化馆承办的"北京·我们的家"——第九届北京文化志愿者"送福到家"活动暨 2017 年海淀区新春文化季正式启动。该届新春文化季由启动仪式和 5 个主题单元组成。政府牵头、66 个部门联动，有效扩大了春节文化产品分级分层供给的力度，为海淀春节营造出了欢乐祥和、喜庆热烈的节日气氛，为各界群众奉上了一份新春文化大礼。1 月—2 月，2017 年海淀区新春文化季共开展以年节为主题的文化活动 300 场，惠及群众 130 万人次，媒体报道共计 178 次。

2017 年海淀全民阅读活动　4 月 23 日—12 月 31 日，2017 年海淀区全民阅读主题系列活动在海淀区举办。4 月 23 日，在国家图书馆学津堂正式开启海淀区全民阅读主题系列活动，活动分为海淀区"文化行走·悦读海淀"系列主题活动、海淀区"书伴人生·悦读海淀"全民阅读季系列活动 2 大板块、5 大单元 31 项活动。全民阅读主题系列活动共计开展阅读活动 530 场，惠及群众 94.34 万人次。区委宣传部、区文委、区文明办联合成立海淀区全民阅读活动指挥部，下发《海淀区 2017 年全民阅读主题系列活动实施方案》，明确各单位工作任务，强化保障措施，并建立了全民阅读活动组织参与月报送机制，适时公布各阶段汇总结果，积极探索建立阅读学习的长效机制。海淀区委书记崔树强率区四套班子领导充分发挥表率作用，带头荐书，充分激发了海淀区全体干部群众的阅读热情，各单位主要领导纷纷响应，踊跃参与。全区各单位干部群众通过"悦读海淀"微信号、各类阅读群、阅读分享会等，形成海淀区上下联动、共促阅读的生动局面。

4 月 23 日，"文化行走·悦读海淀"全民阅读主题系列活动启动仪式在国家图书馆举办

第七届中关村国际青年艺术季　6 月 28 日，第七届中关村国际青年艺术季在民族剧院盛大开幕。中关村国际青年艺术季是实施国家公共文化服务体系示范项目的重要载体和特色平台，体现了文化与科技双轮驱动的发展战略。该届青年艺术季正逢国

家“一带一路”峰会开展和创建第三批国家公共文化服务体系示范区中期督查的关键节点。经过公开征集项目、部门严格评审、多方征求意见、方案整体策划等环节，7 大主题单元、45 个项目相继开展，历时 7 个多月，共计开展 821 场活动，惠及群众 41.7 万人次。

第十四届海淀文化季　10 月—12 月，区文委在北部文化中心文化馆剧场举办第十四届海淀文化节，庆祝中共十九大胜利闭幕，同时拉开第十四届海淀文化季的帷幕。2017 年第十四届海淀文化季系列活动以“人民璀璨星光·文化激扬大海”为主题，以学习贯彻中共十九大精神为主题内容，以各街镇、驻区部分单位为主体，以文艺演出、展览展示、“非遗”展演等表现形式，分为“海庆·十九大专题”“海文·主题文化”“海艺·区域集成”“海星·璀璨海淀”“海创·创新特色”“海韵·非遗文化”“海展·展览艺术”以及“海聚·风采汇聚”8 个单元共计 41 个项目。10 月—12 月，共计开展活动 553 场，惠及群众 179.5 万人次。

第三届中关村儿童演出季　6 月 1 日—8 月 31 日，2017 年第三届中关村儿童演出季在海淀区内 9 家剧场上演，共举办了 32 项、169 场演出，观众达 4.8 万人次。

第六届中关村金秋演出季　9 月 1 日—11 月 30 日，第六届中关村金秋演出季在海淀区内 11 家剧院及场馆上演 93 项、289 场精彩文艺演出，该届演出季期间共销售文化惠民票 3.3 万余张，惠民补贴款共计 422 万余元，总票房达 2300 余万元。

海淀主题剧本征集活动　由海淀区文委、海淀区演出联盟主办的“大写中关村·聚光海淀人”——海淀主题剧本征集活动”在历经征集、首轮筛选、专家评审等阶段后，于 11 月 16 日在北京三联韬奋 24 小时书店海淀分店举行颁奖活动，海淀区文委主任陈静、海淀演出联盟成员单位代表及剧本征集活动获奖作者出席活动。最终由青年剧作家王甦创作的《海上花开》从众多作品中脱颖而出，获得第一名，由柯锦棠创作的《海淀人与机器人》、张钧舜创作的《五道口》分获二、三名。

文化科技融合主题交流　11 月 28 日，由海淀区文委、海淀区演出联盟主办的 2017 年第六届中关村金秋演出季特别策划——科技与文化对话之“高新技术在戏剧演出行业的应用”主题交流活动在北京中间剧场举办，海淀区文委副主任邱文忠，海淀区文化创意产业协会秘书长王蔚，北京电影学院数字媒体学院副院长叶风，舞美设计师、中国新锐导演、中国当代青年视觉艺术家窦辉出席活动，海淀区演出联盟部分成员单位代表以及海淀区部分科技企业代表 30 余人现场参与该次活动。

第八届“海之声”新年演出季　2017 年 12 月 1 日至 2018 年 2 月 28 日，第八届“海之声”新年演出季在海淀区内剧场上演 75 项、286 场国内精品文艺演出，演出季累计惠及观众 17 万余人次，惠民补贴 454 万余元。

机构改革

根据 2017 年 10 月 11 日《北京市海淀区机构编制委员会关于派驻纪检监察机关机构全覆盖工作中区属有关单位编制划转的通知》，撤销区文委监察科，核减监察科科长职数，划转 2 名编制到区纪委，区文委编制由 63 名变为 61 名。

文化馆

2017 年，海淀北部文化中心文化馆采用整体服务外包的形式运营管理。开设展览展示、文艺培训、剧场演出及讲座、支持群众文艺团队活动等服务项目，有培训教室 20 个。2017 年，共举办 4 期、278 个培训班，培训种类涉及声乐、器乐、合唱、舞蹈、美术、书法、摄影、瑜伽、健美操等 10 余类的专业培训课程，受众学员达 7.02 万人次。接待 40 个团队排练活动共计 4.7 万人次。举办展览 12 个，开展演出活动 171 场，受众人数近 12.65 万人次；馆内招募了 50 名志愿者提供志愿服务。

图书馆

海淀北部文化中心图书馆采用整体服务社会化运营的形式进行管理。图书馆总面积 3 万平方米，设计馆藏 100 万册，架上现有藏书 14 万册。设有报刊阅览区、图书阅览区、电子阅览区、无障碍阅读区、多功能厅、少儿图书馆、休闲交流区和创客空间等场所，提供读者咨询、图书办证、图书自助借还、电子阅览、报刊阅览、图书借阅等服务。图书馆设计阅览座席 1200 个。2017 年，全年到馆 782749 人次，图书外借 584877 册次，办卡量达 9523 张。引进 RFID(射频识别技术，俗称电子标签)等先进技术和设备，增设 RFID 自动借还书机、电子阅报机、视障阅读设备、智慧保健站(电子血压计、身体 BMI 指标测量仪)特色服务项目，以吸引更多读者，推动全民阅读，创新公众对文化信息资源的获取及利用方式。2017 年度共举办活动 223 场次，参与活动人数 47.2 万人次。创建“品味国学”“名家讲坛”“阅书悦书”“晚霞绚丽”“青青育苗”“英语沙龙”“创客空间”“院士书房”“艾上阅读”等品牌活动。

文化市场管理

2017 年，海淀区有网吧 143 个，歌厅 110 个，电子游艺厅 21 个。印刷企业 57 家，影剧院 33 个。

执法检查　2017 年，区文委按照全国、北京市“扫黄打非”的要求，重点开展扫黄打非“清源”“护苗”“净网”“秋风”“净空”五大专项行动。2017年，执法队共检查场所1480家次，出动执法人员2210人次，立案114件，结案118起，罚款454980元。在网络类案件方面实现了突破，全年共办理网络案件52件。

召开“扫黄打非”进基层工作部署会　4月27日，海淀区“扫黄打非”(文化市场管理)进基层工作部署会召开。区委常委、宣传部部长陈名杰，市“扫黄办”副主任、市执法总队副总队长刘铁京，区文委党组书记、主任陈静，副主任邱文忠，市总队综合处副处长吴京出席会议。区“扫黄打非”工作领导小组成员单位主管领导及各街镇相关领导等70余人参会。

文化安全生产月系列活动　6月，区文委开展文化安全生产月系列活动。6月1日—7日，开展与企业“对话谈心”活动，共邀请50余家企业参加。在“联合检查周”期间，联合区安监局、消防支队等部门，对重点地区、重点行业文化经营单位进行集中大检查，出动执法检查人数90余人次，检查场所30余家，发现安全隐患和问题4处。在“应急演练周”期间，分别在北京宝昌彩色印刷有限公司、北京金嘉丽文化发展有限公司、北京天幕新彩云影城有限公司开展消防应急演练和观摩活动，受众260余人次。6月28日，在文化馆小剧场举办口号为“快乐，不忘安全”的2017年安全生产月“黄丝带”行动启动仪式暨安全生产大型公开课，海淀区文委、海淀区消防支队、海淀区安监局等单位领导出席，辖区内电影院、歌厅、网吧等340余家企业代表参加，发放宣传海报和宣传品2700余份。

与新疆塔城地区开展文化市场执法交流活动　7月20日—8月2日，新疆塔城地区文化市场执法骨干到海淀区交流学习，考察海淀区文化市场、北部文化馆、北部图书馆及圆明园、颐和园等文物保护单位，并与海淀区文化市场执法人员开展交流座谈。8月14日—8月22日，区文委执法队赴新疆塔城地区开展结对帮扶交流工作。重点考察了沙湾、乌苏、裕民、托里、和丰、额敏、塔城等县市的各类经营场所，向新疆塔城赠送价值3.6万元的执法取证用相机等办公设备。

海淀区文化行业十九大期间安全稳定工作部署会　9月28日，海淀区文委员会召开“海淀区文化行业十九大安全稳定工作部署会”。辖区的电影院、歌厅、网吧、游戏厅、演出场所、印刷厂、书店等352家文化企业的负责人参加。会上，执法队队长卫东通报了近期文化行业安全稳定的总体形势，指出了文化行业的突出问题，并对中共十九大期间安全稳定工作进行了安排部署。区文委党组书记、主任陈静传达了市区两级党委、政府做好中共十九大期间安全稳定工作指示精神，并就文化行业安全稳定工作提了具体要求。

与黔南布依族苗族自治州开展文化市场执法交流活动　11月16日—22日，区文委执法队赴黔南布依族苗族自治州开展结对帮扶交流工作，向黔南布依族苗族自治州赠送了执法办案用便携式笔记本电脑14台，价值8.2万余元。11月28日—12月4日，黔南布依族苗族自治州执法业务骨干到海淀交流学习，双方文化执法人员就网络执法、营业性演出监管、出版物市场和文化市场监督员管理4个方面开展交流与讨论，有力推动了区域文化市场综合执法水平的提升。

获奖情况

集体

区文委　获2014—2016年度北京市文化工作先进集体、2015—2016年度北京市“扫黄打非”暨文化市场管理工作先进集体、北京市区机关档案工作测评“市级优秀单位”称号。

海淀区文化委员会

书　记　刘建朝(1月免)
　　　　陈　静(女)(10月任)
主　任　陈　静(女)

(杨立辉)

丰　台　区

概况

丰台区地处北京城区西南，面积305.87平方公里。常住人口218.6万人，其中常住外来人口75.4万人。区辖现设有14个街道办事处、2个地区办事处、3个乡、2个镇，下辖336个社区，64个行政村。

丰台区文化委员会(以下简称区文委)为丰台区主管文化事业、文物保护、新闻出版和广播电视行政管理工作的政府职能部门。内设办公室、文化科、文物科、文化市场管理科(出版发行科、版权科)、组织人事科和下属单位文化行政执法队，共有行政编制45人。下辖文物管理所、图书馆、文化馆3个全额拨款事业单位。全系统有在职干部职工163人。区少儿图书馆隶属区教委。

2017年，是中共十九大召开的重要之年，也是全面实施“十三五”规划、全面建成小康社会的关键之年，区文委深入贯彻落实习近平总书记系列重要讲话精神和治国理政新理念新思想新战略，围绕迎接、宣传、贯彻中共十九大这条主线，坚持稳中求进工作总基调，在区委、区政府的坚强领导下，紧紧把握在“一核一城三带两区”建设定位，把落实全国文化中心建设任务摆在更加突出的位置，适应首都文化发展新形势新任务新要求，加快推动公共文化建设，着力传承优秀传统文化，不断提高文化创新力，增强文化服务能力，扩大文化影响力，扎实做好全年工作。

领导调研

文化部领导调研政府购买公共文化服务工作　6月19日，文化部财务司巡视员马秦临，预算管理处处长魏冀、群众文化指导处副处长张剑一行到丰台区卢沟桥街道文化活动中心就政府购买公共文化服务开展现场调研并组织座谈。

马秦临一行在卢沟桥街道文化活动中心进行实地考察后，听取了区文委、卢沟桥街道和运营企业的汇报，对卢沟桥街道文化活动中心政企合作的新型运营模式和购买方式给予高度评价，对丰台区积极探索公共文化服务社会化的多种模式给予充分肯定。她指出，社会力量参与是构建现代公共文化服务体系的重要方式，也是提升服务效能的创新举措，希望丰台区继续探索、完善和丰富政府购买公共文化服务的方式，打造政府购买公共文化服务的代表性、示范性项目。

北京市文化局计财处处长杨连霞、公共文化处处长刘贵民，丰台区文委书记史文彬、主任王虹，卢沟桥街道副主任尹梅，北演公司总经理郑颖等陪同调研。

重要会议

首都文明示范区创建实地考察公共文化设施工作部署会　3月20日，区文委召开了首都文明示范区创建实地考察公共文化设施工作部署会，21个街乡镇的主管领导参加了会议。会上，区文委副主任对下一步工作进行安排部署，各街乡镇主管领导表示会后会认真研究贯彻落实的具体措施，利用好辖区内的公共文化设施，广泛开展群众文化活动，全力以赴完成各项迎检任务。

宣传贯彻《中华人民共和国公共文化服务保障法》工作部署会　3月20日，丰台区文化委召开了宣传贯彻《中华人民共和国公共文化服务保障法》(以下简称《公共文化服务保障法》)工作部署会，街乡镇主管领导20余人参加会议。会上区文委副主任韩天顺传达了丰台区公共文化服务体系建设联席会议办公室与丰台区法治宣传教育领导小组办公室联合发文的通知精神，强调了《公共文化服务保障法》宣传工作的重要性，要求各单位要采取举办培训班、召开座谈交流、发放宣传材料、制作宣传展板等形式对《公共文化服务保障法》进行深入全面的宣传，向辖区居民讲解《公共文化保障法》的意义及人民群众可以获得的基本文化权益等内容。

创建首都公共文化服务示范区推进暨公共文化服务效能第三方评估工作部署会　9月20日，丰台区召开了创建首都公共文化服务示范区推进暨公共文化服务效能第三方评估工作部署会。会上，区文委副主任韩天顺就创建首都公共文化服务示范区及公共文化服务效能第三方评估工作提出了具体要求；北京零点市场调查公司(区文委委托)，就丰台区基本公共文化服务效能第三方评估项目标准进行了详细解读并与参会者进行了深入的交流。21个街乡镇文教科科长、文化服务中心主任及相关负责人以及区文化馆、图书馆馆长及相关业务干部约40人参加了会议。

主题文化活动

“新时代　新丰采”2018新年音乐会　2017年12月30日，“新时代　新丰彩”2018新年音乐会在全国地方戏演出中心举办。音乐会共向市民公益赠票700张，演出现场北京交响乐团共为丰台区群众演奏中外交响乐十余首，共迎新年和谐新风，共绘时代美好丰彩。全场700余名观众热情高涨，掌声不断，在优美的旋律中一同感受新年的欢乐气氛，此次“新时代　新丰采”2018新年音乐会进一步提升了民众文化素养、引领了时代风尚、营造了和谐氛围，是一场体现新年新气象的视听盛宴。

新春文化惠民活动　1月30日(初三)至2月2日(初六)，丰台区开展“金鸡报晓贺新岁·丰台文化拜大年”2017年丰台区新春文化惠民活动，以电影放

春节期间，“金鸡报晓贺新岁·丰台文化拜大年”
2017年丰台区新春文化惠民演出
在丰台区文化馆剧场举办

映、综艺演出等群众喜闻乐见的形式，推动节日文化惠民，使丰台人民在传统文化中陶冶情操，在时尚文化中放松心情，在欢乐祥和的文化氛围中，享受文化惠民成果，欢度新春佳节。4 天 8 场演出活动，共计有 2000 多人参加。

“五一”期间文化惠民活动　丰台区在“五一”期间举办了多种文化惠民活动。一是举办精彩纷呈的区级文化活动。4 月 28 日—29 日，在莲花池公园露天文化广场开展了“百姓周末大舞台”活动，北京歌舞剧院、北京东方尚美传媒为辖区百姓奉献了 2 场精彩的文艺演出。区文化馆的相声乐苑和周末场是免费与低票价的惠民工程，让老百姓能够看到低价质优的文艺作品。二是开展“书香丰台”系列阅读活动。为推进全民阅读工程，区图书馆在“五一”期间举办劳动节专题展览、“丰台文化大讲堂”阅读书坊和国学观影会，与广大群众共享文艺成果。三是街乡镇文化活动形式多样化。活动包括“迎五一文艺会演”、“五月鲜花歌咏比赛”、摄影展览、电影放映、公益讲座和培训等，让百姓在家门口就能方便的参与和欣赏。全区在“五一”期间共举办 30 场文化惠民活动，参与人数达 7000 余人次。

2017“花开丰台”端午文化游园会　5 月 28 日—30 日，2017“花开丰台”端午文化游园会在北京园博园举办。该活动以“花开丰台·魅力端午”为主题，从民俗节庆、民族服饰、“非遗”项目、花卉文化四大板块进行展示，精心为游客打造了一场形式新颖、寓教于乐的文化盛宴，为深入推动京津冀协同发展，促进“非遗”文化交流合作。该次活动还特别邀请了来自北京市房山区、天津市西青区、保定市和张家口市的“非遗”表演队伍奉献了精彩的演出，3 天累计吸引游客达 3 万余人次。

“红七月”文化惠民演出季　为纪念中国共产党成立 96 周年以及全民族抗战爆发 80 周年，区文委精心组织了一批主题鲜明、特点突出、内容丰富的“红七月”文化惠民演出活动。文化活动汇聚了歌舞、音乐会、话剧、朗诵等多个艺术品种，演出形式涵盖了戏曲、主题音乐会、文艺演出等多种艺术表现形式，共计 30 余场演出。

纪念中国人民解放军建军 90 周年系列活动　为纪念中国人民解放军建军 90 周年，讴歌中国人民解放军的丰功伟绩和光辉历程，丰台区组织开展了纪念建军 90 周年系列活动。一是区文委开展送演出进军营和庆“八一”共建活动。二是区图书馆组织开展了“八一共建”阅读宣传推广活动，同时邀请专家开展抗战历史专题讲座，丰富官兵文化生活。三是各街乡镇、社区村开展了形式多样的迎“八一”、促双拥文化活动。据统计，全区共开展纪念活动 20 余场次。

“精品演出下基层”活动　为推进首都公共文化服务示范区创建，丰富辖区居民文化生活，提升文化素养，引领时代风尚，营造和谐氛围，2017 年，丰台区通过政府购买优秀演出服务的方式采购了 21 个精品剧目，面向北京市内符合演出条件的剧场及丰台辖区内文化场馆，包括基层文化活动中心、文化广场、企事业、部队、学校文化场馆进行展演，实现“送文化”与群众需求有效对接。

系列文化活动

“三下乡”活动　1 月 17 日，丰台区 2017 年文化、科技、卫生“三下乡”集中示范活动在长辛店镇辛庄村金球国际文化交流中心正式拉开序幕。丰台区委、区政府、区政协的领导，政府相关单位、各乡镇的领导和长辛店镇 500 余名群众一起参加了集中示范活动。1 月 16 日—20 日，各成员单位还到南苑乡、花乡、卢沟桥乡、王佐镇开展“三下乡”活动。期间还开展了“文化服务到农家”“科技服务到乡镇”“卫生计生服务到村队”“普法宣传到身边”等活动。

1 月 17 日，丰台区 2017 年文化、科技、卫生“三下乡”集中示范活动开幕演出在长辛店镇举办

周末百姓大舞台　4 月 28 日—5 月 30 日，每个周六、周日在莲花池公园举办周末百姓大舞台演出，通过每周末的演出活动，将高水平的文艺表演送到百姓身边，让观众在家门口就能免费观看专业表演团体的精彩演出，使老百姓平等享受文化权益，真正做到文化惠及全民。演出团队均为市局统一招标的专业表演团队，活动共计 6 场，受到群众的一致好评。

文艺演出星火工程　2017 年丰台区农村文艺演出星火工程活动采取订单式服务，在南苑乡、花乡、卢沟桥乡、长辛店镇、王佐镇、宛平地区的每个行政村进行 2 场专业演出，全区共演出 130 场次。让百姓在家门口就能观赏到不同专业院团的精彩表演，切实保障农村群众文化均等的权益，不断丰富农村的文化生活，促进城乡文化协调发展。

丰台区“周末百姓大舞台” 4月—11月，继续开展丰台区“周末百姓大舞台”活动，面向基层、服务群众。活动安排21个街乡镇在自己的舞台上自主开展文艺演出，扶持培育自身文艺团队，鼓励各属地间优秀团队交流展演，21个街乡镇演出共计238场。

戏曲进社区(村) 4月—10月，丰台区围绕“建设中国戏曲文化中心”的重点工作任务，利用区域特色戏曲资源优势，通过政府购买文化服务的方式，安排有针对性的票房指导，开展“戏曲进社区(村)”活动。通过“票房团体辅导”和“角色集中辅导”相结合，“大众普及辅导”与“重点票房提升”相结合的工作模式，实现供需精准对接，对有辅导意愿票房开展167场次的现场辅导，受众近3100人次。

“我的丰台·我的家”系列文化活动 5月—11月，开展包括“周末百姓大舞台”“戏曲进社区(村)”“星火工程”文艺演出等活动在内的“我的丰台·我的家”区级文化活动800场次，街乡镇、社区村文化活动2000场次，受众超过40万人次。组织开展“书香丰台”阅读系列活动，举办书香大讲堂、摄影讲座、朗诵比赛等活动，组织好戏曲进社区(村)10周年、相声乐苑10周年活动，惠民活动呈现出系列化、大众化、常态化的发展态势。

基层文化建设

《中华人民共和国公共文化服务保障法》培训班 3月30日，丰台区在区委党校举办了《中华人民共和国公共文化服务保障法》培训班，邀请了国家公共文化服务建设专家委员会委员，中国传媒大学传媒艺术与文化研究中心执行主任杨乘虎教授就《中华人民共和国公共文化服务保障法》进行深入解读。全区宣传思想文化系统工作人员近100余人参加了培训。

街乡镇文化管理干部培训 7月12日—14日，丰台区举办2017年街乡镇文化管理干部培训班。培训采取集中授课、实地观摩、集体讨论等灵活多样的学习方式。21个街乡镇群众文化工作主管领导、科室负责人、文化服务中心主任、文化管理干部及丰台文化馆、图书馆文化管理干部约80余人参加了培训。

首都公共文化服务示范区创建培训班 7月12日—14日，丰台区举办了首都公共文化服务示范区创建培训班。全区21个街乡镇群众文化工作主管领导、科室负责人、文化服务中心主任、文化管理干部及丰台文化馆、图书馆文化管理干部约80余人参加了培训。

非物质文化遗产保护

文化和自然遗产日活动 6月10日，是国家首个文化和自然遗产日。丰台区以文化和自然遗产日庆祝活动作为“花开丰台”端午文化游园会活动的主打名片，京津冀三地优秀“非遗”项目并肩携手，在北京园博园精彩亮相，将“非遗”项目、花卉文化、民俗节庆内容融于一体，为游客奉献了一场形式新颖寓教于乐的文化大餐。

区优秀“非遗”项目太平鼓、开路、狮子、小车会、中幡、石锁、五虎少林等共8支队伍齐聚北京园博园，互亮绝活，展示技艺，共庆全国首个文化和自然遗产日。

文化交流

参加科隆市第三届中国节 德国当地时间8月26日，丰台区文化交流团在德国科隆大教堂前的荣卡里广场参加了科隆市第三届中国节活动，为科隆市民和游客献上了2场展现中华优秀传统文化的精彩演出。2017年是中德建交45周年，也是北京与科隆结好30周年，丰台区赴科隆参加第三届中国节户外展演活动进一步增进了科隆市民对北京人文历史和中华文化的认识、理解，促进了两地人民的交流与友谊。

“对话·空间”—京津保美术作品展 9月2日，由北京市丰台区文委、天津市西青区文广局、保定市文广新局和雄县人民政府联合主办的“对话·空间”——京津保美术作品展在雄县风云美术馆开幕。来自北京市文联、北京市丰台区文委、天津市西青区文广局、保定市文广新局和雄县人民政府相关领导，京津保三地著名画家，各界媒体近百人参加了开幕式。该展览是借助京津冀三地九区共同参与创立的“京津冀文化发展联盟”平台发起举办的，以“喜迎十九大、展望新雄安”为主题，展出了来自北京、天津、保定的近50名画家的70余幅国画与油画作品，展示祖国大好河山，讴歌了全国各族人民在党的领导下，经济、社会、文化等领域建设取得的丰硕成果，同时也展现了时代精神和文化自信。三地领导在活动中积极倡议以艺术形式为雄安新区提供文化支撑，同时逐步探索以“文化+”推动三地文化产业繁荣发展。

文化评比

丰台区荣获北京市优秀群众文化工作多个奖项 12月28日，“2017首都市民系列文化活动群众精品节目会演”在首图剧场举行，丰台区选送的京剧《锁麟囊》参加现场演出。在该活动中，丰台区共获得优秀群众原创作品、优秀群众文化团队、优秀群众文化品牌活动3个类别、16个奖项，在全市排名第一。北京市优秀群众文化原创作品共30个奖项，丰台区荣获4个；北京市优秀群众文化团队共85个奖项，丰台区荣获8个；北京市优秀群众一类品牌文化活动共5个奖项，丰台区为零；二类品牌文化活动共10个奖项，丰台区荣获1个，即卢沟桥乡“万丰晓月杯”京剧票友大赛；三类品牌文化活动共30个奖项，丰台区荣获3个，即长辛店街道“千年古镇情　璀璨长辛店”系列文化活动、东铁匠营街道“城南雅韵　国乐飘香”民乐音乐会、区文委“花开丰台”端午游园会。

文化馆

2017年，区文化馆积极开展丰富多彩的文化活动，营造良好的文化氛围。针对辖区群众日益多元化的精神文化需求，利用小剧场长期举办摄影、合唱指挥等免费培训，提高街乡镇文艺骨干队伍的业务水平。通过开展“相声乐苑”“周末场演出”等高水平、低票价的演出，进一步满足不同群体多样性的文化需求，全年向全区范围提供近300场各类文艺演出，受众8万余人次。以“我的丰台·我的家”为主题，开展贯穿全年的系列文化活动。举办“文化四进”工程、农村文艺演出星火工程、广场舞蹈大赛等活动，在全区范围内掀起“舞丰台、唱丰台、爱丰台”的文化热潮。

图书馆

截至年底，区图书馆有阅览座席356个，馆内文献有图书863453(册)、报刊528(种)、地方文献3661(册)、视听文献23631(件)。读者流通人数288991人次、借阅人次134211人次、书刊外借册次227558册。截至年底，已建成计算机联网点140个、图书配送点283个、共享工程73个、益民书屋99个、数字文化社区2个。全年为基层服务点送书106次，配送图书127064册，办理集体借书证6个，开展基层辅导34人次、举办各种活动113场，受益人群58978人次。区图书馆特别针对老年朋友、残障人士免费办理图书借阅卡，对到馆特殊群体予以特别关注。举办春节、元宵、清明、端午、中秋、重阳、七夕等传统节日文化活动，开展“书香丰台”阅读系列活动，提升了全民阅读活动的层次和水平。

文化市场管理

文化娱乐场所安全生产工作　2017年，丰台区组织执法人员和基层文化市场监督员教育培训近200人次，组织音像制品、书报刊零售、印刷企业、网吧、KTV等文化经营单位负责人培训500余人次。结合“4·26”绿书签、“6·16”安全生产日、“12·4”法治宣传日等各类活动，通过发放宣传品和传单等形式，深入开展宣传教育，提高公众保护知识产权意识与安全生产意识。

行政执法　丰台区夯实综治城市管理平台和“扫黄打非”进基层平台，以“四发力、五常态、六狠抓”九字工作方针，深入开展“扫黄打非”与文化市场安全监管工作，紧紧围绕服务保障中共十九大和“一带一路”国际合作高峰论坛为中心任务，相继开展“七节”、两会、“清源”、“秋风”、“净网”、“护苗”、“固边”等多项文化市场系列专项整治行动。全年共出动执法人员1300人次、联合执法33次，检查各类文化场所2200余家次，检查重点地区、重点点位1000余个次，立案调查91家，罚款20.35万元，收缴各类非法出版物1200余件。

丰台区文化委员会

书　记　史文彬

主　任　王　虹(女)(7月免)

樊　维(女)(9月任)

(李建峰)

石景山区

概　况

石景山区位于北京市区西部，最东端距天安门广场16公里，面积84.38平方公里，常住人口63万人，有8个街道办事处，1个社区行政事务管理中心，151个社区居委会。

石景山区文化委员会(以下简称区文委)，是负责全区文化艺术、文物保护利用、博物馆、文化娱乐、新闻出版和广播电影电视行业管理的区政府行政职能部门。设文化科、文物科、市场科、组织人事科、政策规划科、办公室5科1室。下属行政执法队、文化馆、图书馆、古城电影院、法海寺文保所、承恩寺文保所、慈善寺文保所、冰川馆、文物研究所、会计管理中心、区文化中心11个单位。在职员工189人。

2017年，石景山区文化事业在区委、区政府的正确领导下，聚焦首都建设全国文化中心，把握冬奥组委进驻的有利契机，坚持党建统领、文化强区战略，全面创建国家和首都公共文化服务体系示范区，完善基层公共文化设施，加快群众文化活动品牌打造，促进精品艺术创作，传承优秀传统文化，推动西山永定河文化带建设，维护文化市场健康繁荣发展，增强了文化创新力、感染力、影响力，全区各项公共文化总体服务超过100万人次，全面推进了文化事业的发展与繁荣。

2017年文化艺术发展

创建工作

全市首批创建首都公共文化服务示范区　2017年1月，石景山区成功获得全市首批首都公共文化服务示范区创建资格。对示范区创建指标进行分解，按照示范区创建指标项目涉及的主体，制定了辖区内各相关单位的任务责任书。建立公共文化服务体系联席会议制度，召开8次联席会、22次不同层次的专题工作会。4月，召开2017年文化工作暨创建首都公共文化服务示范区动员会，部署了全区文化工作要点及示范区创建工作安排。6月，召开全区创建首都公共文化服务示范区领导小组专项工作推进会，迎接市文化局督察，加强过程管理，推动重点指标任务落实。同时，加大资金投入，落实年度市财政公共文化基础设施建设专项资金2930.2万元，形成示范区创建长效投入机制；开展公共文化服务保障法专题培训，参训干部300余人次。

启动第四批国家公共文化服务体系示范区创建工作　2017年7月，启动第四批国家公共文化服务体系示范区创建工作。制定创建规划及实施方案，完善工作机制，明确创建任务和责任分工，制作申报电视片，高质量完成了申报所需的全部材料。12月，石景山区作为北京市申报第四批国家公共文化服务体系示范区唯一代表参加全国评选答辩，取得优异成绩。

全力创建国家示范项目公共文化服务目录制　更新发布2017年公共文化服务目录文本手册。微信订阅号“石景山公共文化”2017年累计发布文章548篇，点击率192452人次。加强文化配送平台建设，公共数字文化服务平台“石景山文化E站”、手机APP“石景山文E”于2017年6月上线试运行，平台涵盖文化活动、文化团队、互动参与、留言反馈、图书推荐、群文知识、精彩视频等内容，通过线上线下等多种形式征询、收集、反馈群众文化需求，按需征集、生产、订制和配送符合市民群众需求的公共文化产品和服务，变“我给你接”为“你需我送”，提升了公共文化服务效能与群众满意度。自平台上线运营后，共发布各类文化活动预告近400期，各类信息2500余条，服务47万余人次。

出台《关于做好政府向社会力量购买公共文化服务工作的实施意见》　社会化公共文化服务运营机制制定出台《关于做好政府向社会力量购买公共文化服务工作的实施意见》。针对基层公共文化设施运维效能不高、基层文化专干数量少等现实情况，统筹各街道与第三方社会化运营机构洽谈，以八宝山街道沁山水南综合文化活动中心、八角街道杨庄中区社区文体活动中心为试点，做好街道综合文化中心能够每周开放56个小时以上的各项保障工作，提高了基层公共文化设施效能。

群众文化活动

元旦春节系列文化惠民活动　1月至2月中旬，举办了元旦春节系列文化惠民活动。区文化馆以举办“迎新春文化惠民专场慰问演出”及文化志愿者“送福到家”慰问活动为主要内容，特邀北京竹乐团、1998国际青年剧社、北京歌剧舞剧院、中国杂技团、北京丑小鸭卡通艺术团、东方国艺（北京）科技有限公司等专业乐团，带来了器乐演奏音乐会、话剧、杂技、儿童剧、戏曲等经典剧目，书法家现场题写“福”字和春联，将祝福送给社区居民、来京务工者、孤寡老人、残疾人和驻区官兵。区少儿图书馆举办了首场“书聚石景山　石少溢书香”——少儿图书馆邀你“阅”新年阅读推广、有奖猜谜、亲子读书会等活动，启动了“2017我的阅读计划”活动。区文委支持八大处、石景山游乐园开展元旦、春节庙会活动。

元宵节系列文化活动　元宵节期间（2月10日—14日），连续举办20年的文化馆“翠微艺苑”与“正月十五唱大戏”元宵节戏曲名家演唱会连唱5天，为1000余名戏迷朋友表演京剧、评剧、梆子、越剧经典大戏。区图书馆举办“元宵猜灯谜”“绘本书故事会”等活动。金顶街街道驼队走街京西古道庙会，古城街道举办秉心圣会高跷、太平鼓、钱粮筐等走街表演，五里坨街道开展民间花会活动，剪纸、吹糖人、京剧脸谱等“非遗”项目也纷纷亮相。全区共开展各类传统活动20余场次，参与人数达到数万人。

石景山区八角街道元宵花灯展

太平鼓民间协会第一届交流大会　3月20日，“石景山区太平鼓民间协会第一届交流大会”在苹果园街道边府社区举办。活动由区太平鼓民间协会主办，北京正鑫通盛文化发展有限公司承办。活动按照传统仪式，由大鼓开场，各队依次表演太平鼓套路和技艺，各街道太平鼓传承队伍、民间传承人及近千名观众到现场观看了交流展演。

第十届北京清明诗会　3月31日上午，由首都精神文明建设委员会办公室、中共石景山区委、石景山区人民政府共同主办，区委宣传部、区文明办、区文委等承办的第十届北京清明诗会在北京国际雕塑公园西园上演。北京清明诗会紧紧围绕中国人民解放军建军90周年和全面抗战爆发80周年的主线，突出“缅怀革命先烈，传承红色基因，弘扬先进文化，建设精神家园”的主题，以诗歌朗诵、文艺演出为主要形式，通过主会场和分会场相结合的设计安排，丰富传统文化节日内涵，推动中华优秀传统文化进校园、进基层、进机关。

第34届“古城之春”艺术节　5月—8月，石景山区第34届“古城之春”艺术节举行。艺术节以“红色基因、绿色发展、金色梦想”为主题，以迎接中共十九大召开、纪念中国人民解放军建军90周年和全面抗战爆发80周年为主线，秉承“群众文化为群众，群众文化群众办”的原则，建立“政府主导，社会主体，群众主角”的公共文化活动格局，开展了“歌聚石景山，唱响时代旋律”“舞聚石景山，舞动幸福家园”“戏聚石景山，弘扬优秀文化”“诗聚石景山，放飞金色梦想”“书聚石景山，点亮智慧之光”“画聚石景山，传承红色基因”等系列艺术比赛、展演评比、惠民演出、艺术培训、全民阅读、“非遗”宣传等形式多样、内容丰富的文化活动共500余场次，直接参与群众5万余人。

第四届“放飞梦想”北京诗歌朗诵大赛　8月5日，第五届“夏青杯”朗诵大赛(北京赛区)暨第四届“放飞梦想”北京诗歌朗诵大赛决赛在石景山区文化馆落下帷幕。该次大赛由北京文化艺术活动中心、石景山区文化委员会、石景山区广播电视中心联合主办。活动自5月初在全市范围内广泛开展，来自全市各区的3万余名诗歌朗诵爱好者、51篇原创作品参加了比赛。评选出一等奖5名、二等奖11名、三等奖17名。

《京西那一片晚霞》　9月1日，石景山区原创话剧《京西那一片晚霞》首次登上国家大剧院舞台。市委宣传部部长杜飞进、国家大剧院院长陈平等领导观看演出。《京西那一片晚霞》讲述了八宝山公墓埋葬的一位开国将军的“红色后代”传承“红色基因”的故事。

“老街坊”主题文艺演出　9月22日，石景山区文化系统创编的“以拼搏为美　向行动致敬”——“老街坊”主题文艺演出在首钢体育大厦上演。演出由区委、区政府主办，区委组织部、区委宣传部、区社工委、区文委、广电中心、各街道等单位联合承办。

北京重阳诗歌朗诵会　10月26日，由石景山区委宣传部、石景山区文委联合主办的“诗聚石景山　欢乐金秋颂”北京重阳诗歌朗诵会在区文化馆百姓剧场举行。诗会以“诗聚石景山　欢乐金秋颂”为主题，有通过石景山区“疏解整治促提升”专项行动中“老街坊”劝导队通过柔性劝导，居民转变态度主动配合拆违行动的真人真事创作的诗歌《你是一个好人》，有展现挚爱亲情的《如果》《父亲如山　母亲如河》，还有悠悠古琴曲和歌舞表演。

周末剧场　年内，区“周末剧场”邀请中国木偶剧院、北京曲剧团、盛世梨园艺术团、北京竹乐团、一九九八国际青年剧社等24个演出院团为石景山居民奉上44场演出，囊括综艺、音乐会、戏曲、杂技、话剧、曲艺、民谣和儿童剧等多种丰富的艺术形式，惠及群众近万人次。

努力打造“六聚石景山”文化活动品牌　2017年，围绕“红色基因、绿色发展、金色梦想”活动主题，紧扣中国人民解放军建军90周年和全面抗战爆发80周年的主线，深化拓展“我们的节日”主题活动，进一步整合社会资源，强化顶层设计，以评比、展演、展示、宣传、专业艺术院团进基层、文化讲座培训等多种形式，鼓励引导社会力量打造“歌聚石景山”“舞聚石景山”“戏聚石景山”“诗聚石景山”“书聚石景山”“画聚石景山”(统称“六聚石景山”)等一批特色主题活动。全区举办各类活动1831场，参与人数308.9万人次。

基层公共文化设施化建设

区文化中心建设　着力推进重大民生工程区文化中心建设。区文化中心建筑面积4.1万平方米，涵盖区文化馆、“非遗”中心、博物馆、全民健身中心、多厅影院、实体书店等多项文化服务功能。成立区文化中心事业单位法人组织机构。年内，完成住建部绿色施工科技示范工程答辩、二次结构施工及幕墙施工相关准备工作，取得北京市绿色安全样板工地证书。10月4日，区文化中心主体结构封顶。这项工程获得北京市安全文明工地、北京市绿色施工样板工地、北京市结构长城金杯、住建部绿色施工科技示范工程、全国建筑业创新技术应用示范工程5个奖项。

街道社区文化设施建设　落实各项创建经费近5000万元，统筹各街道每年度1000万元、每个社区50万元的民生家园建设资金，按照街道综合文化中心建筑面积2000平方米以上、社区文化室建筑面积300平方米以上的标准，通过趸租、新建改扩建等方式全面提升基层公共文化设施达标水平。落实建设项目40项，涉及建筑面积1.95万平方米。街道社区文化设施覆盖率达到100%，面积综合达标率由创建前的41%提升至68%。

文化交流

举办2017年苏里南春节庙会　1月28日，中国农历丁酉年正月初一，由驻苏里南使馆与苏里南华侨华人联合总会共同举办，苏里南中国企业商会协办的2017年春节庙会在苏里南首都帕拉马里博工商联合会展览中心开幕。驻苏里南大使张晋雄、苏里南总统鲍特瑟，庙会筹委会主席、苏华总会会长张志和，北京市石景山区民间文化艺术代表团团长、石景山区人大常委会主任李文起出席开幕式并致辞，数千人参加开幕式活动。当晚，北京代表团与苏里南华人文化艺术中心联袂向来宾们呈献了杂技、魔术、歌舞等丰富多彩的节目，"非遗"传承人展示了精湛的面塑、京剧脸谱绘制、旗袍制作等传统技艺。

京津冀文化交流　8月14日—15日，由区文委主任带队，邀请北京京剧院一团为河北迁安首钢矿山职工送去精彩戏曲表演现代京剧《沙家浜》，并与迁安市文广新局就地区文化馆、图书馆、博物馆建设进行研讨交流。年内，区图书馆与张家口市图书馆签署馆际合作协议、党建联学联研共建协议，捐赠冬奥主题图书，助力冬奥。举行石景山区"非遗"民间故事"声音故事(三)"暨"京津冀"非物质文化遗产活动原创节目交流展示展演。参加"津门法鼓记忆"——2017文化与自然遗产日京津冀"非遗"展演交流活动、第三届京津冀非物质文化遗产联展。

文艺创作及获奖

在第十二届"舞动北京"群众舞蹈大赛中获奖　石景山区北京九中参演舞蹈《那一条路》荣获创作奖、舞台舞青年(城区组)金奖，广宁街道参演舞蹈《悠悠兰花香》荣获舞台舞蹈老年(城区组)银奖，古二小参演舞蹈《孔子说》荣获舞台舞蹈少儿(城区组)银奖。

在2017首都市民系列文化活动群众精品节目展演活动中获奖　石景山区"戏聚石景山"品牌文化活动获得北京市优秀群众品牌文化活动"一类活动"荣誉称号，"老山街道社区艺术节"荣获北京市优秀群众品牌文化活动"三类活动"荣誉称号；区文化馆原创舞蹈《激情铃鼓》和戏剧《五里坨的笑声》荣获北京市优秀群众原创作品荣誉称号；鲁谷社区五芳艺术团，老山街道彩虹桥舞蹈队，广宁街道艺枫舞蹈队，首钢矿山街道京剧协会，天翠阳光社区花会、小车队，苹果园街道佳音合唱团6个基层社区团队荣获北京市优秀群众文化团队荣誉称号。

其他获奖项目　区文化馆"送福到家"志愿服务项目荣获首都学雷锋志愿服务示范站(岗)金牌项目称号；区文委汇编的《绿韵如歌》荣获北京市群众文学创作优秀成果奖综合作品集类一等奖；原创小品《幸福一家》荣获2017年"戏聚北京"北京市群众戏剧短剧原创作品大赛二等奖；由区文化馆职工何京江作词、赵新作曲并演唱的原创歌曲《最美图画》荣获"2019年中国北京世界园艺博览会"会歌征集活动"十首优秀歌曲奖"，王佩宇荣获北京市总工会"我有我精彩"职工演讲比赛二等奖；在阅读北京——"心阅书香　共读共享"诵读大赛中，区图书馆选送的参赛选手李仓卯荣获个人组一等奖，于文荣、刘润寰、焦富刚、刘环荣获集体组二等奖。

非物质文化遗产保护工作

"非遗"专项资金申报工作　开展2016年度石景山区非物质文化遗产保护传承专项资金申报资料的审核、整理工作，对27个申报单位进行评审，拨付补贴资金240.92万元，扶持一批具有示范引导作用、开展保护传承工作成效显著的"非遗"代表性项目和保护传承单位在石景山区成长壮大。

2017"文化与自然遗产日"主题宣传
暨石景山模式口非遗及民俗文化展示展演

"非遗"保护和活态传承　组织、申报、公布石景山区第四批"非遗"项目及第四批区级"非遗"项目代表性传承人，将永定河休闲森林公园等6个公园及京源学校等7所学校纳入区"非遗"传承示范公园和"非遗"传承示范校，组织开展活态传承、培训活动。举办文化和自然遗产日"非遗"宣传展演展示活动，印制《石景山区非物质文化遗产项目图典》。

文化馆

年内，区文化馆举办了以公益性、知识性和参与性见长的"诗意北京"——石景山百姓诵读活动16场，高品位推广"诗聚石景山"文化品牌，惠及2000余人次。"翠微艺苑"以专群结合的形式，高水准塑造"戏聚石景山"文化品牌，组织专业戏曲演出、戏曲讲座活动35场次，惠及群众10000余人次。馆内馆外编创人员联合创作文学、音乐、歌曲、舞蹈、戏曲、曲艺、美术、书法等艺术类别的文艺作品20余件，全方位推出"石景山老街坊"文化品牌，展现石景山老街坊在社会治理和和谐社会建设当中的成果。

图书馆

基本情况　原石景山区图书馆与原石景山区少年儿童图书馆合并为石景山区图书馆(以下简称区图书馆)。合并之后，通过有效配置现有人财物等资源，有效结合成人阅读与少儿阅读，积极推进全民阅读，打造“书聚石景山”“书香石景山”文化品牌的联动效应。全年办理借书卡 8805 个，文献外借 597564 册，接待读者 1247767 人次，解答咨询 2664 条，完成二次文献 6 种、36 期，待检索课题 58 项，举办读者活动 335 次，82807 人次参加，为基层图书馆(室)和流通站送书 115 次、29186 册。

世界读书日活动　4 月 23 日，区图书馆以“弘扬中华优秀文化　引领高端绿色发展”为主题，举办了“你看书 · 我买单”阅读推广、阅读访谈分享会、数字资源推广体验、个性化明信片创意打印、读书日主题原创楹联和灯谜展览等多项形式新颖的文化活动。活动吸引了 1000 余名读者参与。“你看书 · 我买单”阅读推广活动展出新书 350 余种、共 1000 余册；数字体验活动现场参与 700 余人次；换书大集共收到个人图书 829 册，单位赠书 127 册，完成交换 755 册。并在图书馆四层举行了首批示范点社区电子阅览室授牌、石景山区公共文化数字资源系统启动仪式及阅读访谈分享会线上直播，3000 余名网友在线观看，获得好评。

完成第六次全国公共图书馆评估定级　8 月 14 日，区图书馆迎来第六次全国公共图书馆评估定级专家实地评估。专家组听取区图书馆汇报，现场审阅了档案，对馆内各项业务工作进行了实地察看。充分肯定区图书馆各项工作成绩，评估专家组在总分馆制建设、提升服务水平、加强数字阅读化等方面提出了建设性意见。

区图书馆数字化建设　与华录出版合作，建立以区图书馆为中心、覆盖全区 9 个街道 151 个社区的公共文化数字资源平台，新增 4 个特色数字资源库。完成冬奥图书分馆智能馆藏管理系统建设招投标工作；完成区图书馆网络光纤专线更新升级；按照示范区标准打造社区公共电子阅览室。

冬奥特色主题分馆建设　年内，区图书馆在冬奥组委会办公地点建立冬奥特色主题分馆。并加强与国家图书馆和首都图书馆的沟通协调，实现图书借阅“一卡通”，还可使用国家图书馆 100 多个数据库查询资料，为冬奥组委会提供了优质的阅读服务。

文化市场管理

文化市场管理暨“扫黄打非”工作动员部署会　4 月 7 日，在全区召开了 25 个成员单位参加的文化市场管理暨“扫黄打非”工作动员部署会，传达部署 2017 年石景山区文化市场管理暨“扫黄打非”工作的重点任务和具体要求，通过“清源”“护苗”“净网”等 10 余项专项行动方案计划。会上，成立专项行动工作领导小组，明确了工作目标和重点、措施和要求，做到责任到位、人员到位、落实到位，进一步发挥好区“扫黄打非”平台作用。

获奖情况

集体

区图书馆　被授予“全国文明单位”称号；区图书馆少儿馆荣获“2017 年十佳绘本馆”称号。

石景山区文化委员会

书　记　　杨文钢
主　任　　王亚迅

(苗天娥)

通　州　区

概　况

通州区位于北京市东南部，京杭大运河北端，面积 905.95 平方公里。全区辖 10 个镇、1 个乡、4 个街道，2017 年户籍人口 76.9 万人。

通州区文化委员会(以下简称区文委)是通州区人民政府主管文化、文物、新闻出版、广播电影电视、文化产业、文化行政执法等工作的职能部门，受市文化局、市文物局、市新闻出版广电局、市文资办、市文化行政执法总队业务指导。区文委下设 1 个文化行政执法队，办公室、政工科、公共文化科、产业促进及文化市场管理科、文物保护科、规划科 6 个职能科室，区文化馆、区图书馆、区博物馆、区文物管理所、区文化产业促进中心、区电影管理中心、区电影院 7 个事业单位和 1 家企业(新华书店)。区文委系统现有在职人员 200 人。

2017 年，在区委、区政府的坚强领导下，公共文化工作牢牢把握北京城市副中心的战略定位，以创建首都公共文化服务示范区为中心，以构建和完善现代公共文化服务体系为目标，进一步完善公共文化服务基础设施布局，提升文化服务能力，提升城市文化软实力，建设人文之城，各项工作有序开展。

2017 年文化艺术发展

公共文化服务示范区创建工作

推进公共文化服务示范区创建工作　1 月，经市政府批准，通州区获得了首都公共文化服务示范区的创建资格。为进一步推进示范区创建工作，通州区制定了《通州区公共文化评估体系工作手册》，印发了《通州区基层图书服务资源整合工作方案》，起草了《通州区文化馆、图书馆总分馆制建设实施方案》。对区级文化单位和乡镇（街道）、村（社区）等基层文化单位的公共文化工作绩效考评办法及考评细则做了详细的规定。对创建指标中涉及的公共文化设施网络建设、整合资源等部分指标进行重点突破。

加强公共设施建设项目和资金管理　2017 年，根据《通州区基层公共文化建设专项资金管理办法》，进一步完善项目库入库制度。规范对专项资金的分配、使用、监督和管理。2017 年，共 58 个项目申请入库，批复 21 个项目，涉及 6 个村设备配备，25 个村改扩建和 7 个文化服务类项目，资金总量超过 8300 万元。启动新建小区配套文化设施移交程序，将接收的 5 处配套文化设施移交属地管理。

群众文化活动

运河艺术节　9 月 28 日—10 月 31 日，运河艺术节举办。该艺术节活动分为预热阶段、启动阶段、展示阶段、成果阶段 4 个部分，共计 16 项活动。该艺术节邀请了运河文化带相关省市、国家大剧院等专业团体、京津冀兄弟省市优秀文化艺术演出团队，并创作了艺术节主题歌舞。

“携手京津冀，共系运河情”京津冀运河沿线城市文化交流季活动　该活动是运河艺术节的一项重要活动。通过讲座、演出、展示、演讲、阅读五种形式，在京津冀三地开展了“匠心筑梦、运河传承”非遗展、“知智行、运河情”文化大讲堂、“大运河的记忆”书画摄影展、“古韵今风、经典传承”专场剧目演出等 8 大主题活动。

“书香通州”全民阅读活动　2017 年，“书香通州”全民阅读活动包含开展“我家的家风”家庭情景剧比赛、市民读书计划、换书大集、运河书香讲堂、副中心讲坛、“我奉献　我快乐”文化志愿服务等系列活动。

“通州味”品牌文化活动　2017 年，通州区开展以“通州味　运河情”为主题的征文活动，面向社会展征文。其间，收到诗歌、散文、议论文等各种文体作品 528 篇，评出 75 篇获奖作品，并以作品集的形式编辑出版。组织开展“通州味”原创作品评比活动，从 403 篇报名作品中评出优秀原创作品 189 篇。

引入市级品牌文化活动　2017 年，通州区与多家北京市级文艺表演团体合作，在区内进行演出。包括与北京交响乐团合作，在通州区文化馆上演的“首都市民音乐厅”交响乐专场音乐会，与北京京剧院合作的“每周一星”系列演出，还有与中国评剧院合作建立的创作采风基地等。

公共文化服务人才队伍建设　2017 年，通州区按照存量优化、增量优选的原则，落实文化人才队伍建设规划，分批对群众文化组织员进行了合唱指挥、舞蹈、戏曲等专题培训，提高一专多能的综合服务能力，培训人次 500 人次。

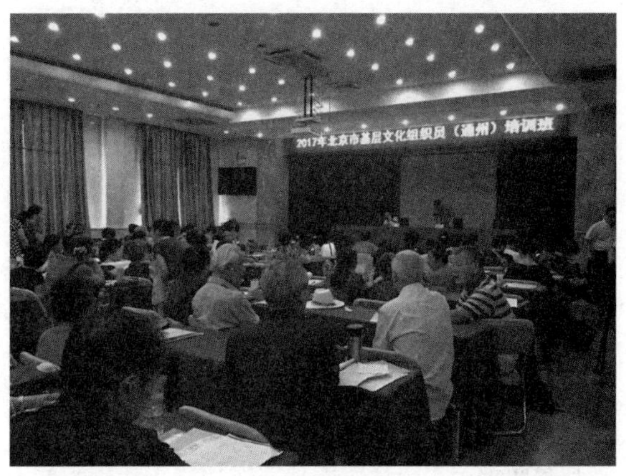

2017 年北京市基层文化组织员（通州）培训班

文化产业

参加第十二届北京市文博会　9 月 11 日—13 日，区文委组织通州区文创企业参加第十二届中国北京国际文化创意产业博览会。通州展区共 23 家参展企业参展，实现交易量 86.35 万元，意向交易量达到 6193.7 万元。

文化创意产业人才培训　9 月 11 日—11 月 17 日，区文委组织了 5 期通州区文化创意产业人才培训班，参培企业近 300 家。培训了文创企业董事长、总经理层面，总经理、经理、董事长助理层面，财务、人力资源和法务层面的人才，培训的形式有拓展交流、路演、赴外地考察学习交流等。

文化馆

京津冀友好文化馆 2017 新春音乐会　1 月 12 日，通州区文化馆联合天津、河北文化馆，廊坊市群众艺术馆在通州区文化馆剧场举办“京津冀”友好文化馆 2017 新春音乐会，通州区文化馆馆长陈振清为该音乐会总导演。演出主体是由天津市河北文化馆与廊坊市群众艺术馆共同组建的阳春民族乐团，演奏曲目有《节日》《战马奔腾》《长城随想》《红花遍地开》《跨山东》《春到沂河》《黄土情》《洪湖人民的心愿》等。王晓杰、侯丽娟代表通州区分别演唱了《赶牲灵》《江山》。通州区文委主任王立生、副主任马俊燕，各文化馆领导以及各界群众共同观看了节目。

“三下乡”活动　1 月 18 日，通州区文化馆、图书馆组织艺术家到玉桥街道社区服务站，现场为群众写春联、作画，送上了新年的祝福。在活动现场，书画家即席挥毫，笔走龙蛇。不仅为群众送上新年的祝福，还把文化带到了社区。2月9日，通州区文化馆组织文艺团队走进空军某部进行慰问演出。该活动以“军民携手一家亲”为主题，演出了包括歌、舞、魔术、变脸、器乐表演、朗诵、特技等类型的节目。

雷锋日志愿者活动　3月22日，“爱满京城，情暖通州”通州区2016年度志愿服务先进典型表彰大会暨2017年学雷锋志愿服务推动月启动仪式在通州区文化馆举办。通州区文化馆的干部及群众观看了节目，并进行了讨论。认为志愿者工作应更为广泛化，更为科技化，更为品牌化、常态化，应该开展更多、更具特色的志愿者服务活动。

合唱培训及交流　6月26日下午，通州区合唱协会2017年第二季度合唱交流音乐会在文化馆剧场举办，音乐会共有14支团队近500人参加展演。7月19日—21日，通州区文化馆、通州区合唱协会联合举办合唱指挥等级考核及考核培训工作。培训包括音乐理论、指挥图解、音程和弦、视唱练耳及声乐常识等。

音乐培训　8月29日—31日，区文化馆特别邀请中国交响乐团男高音歌唱家、国家一级演员、哥伦比亚国家教育大学和北京师范大学客座教授王伟进行音乐培训。讲座中，王伟当场解决了学员在独唱、重唱、小合唱中存在的问题。讲座结束后，文化馆为学员举办结业仪式，现场为学员颁发了结业证书。市文化局副巡视员马文、市群艺馆副馆长张巍等领导以及通州区文委和文化馆班子成员参加了结业仪式。

戏曲进校园　8月30日，通州区举行“戏曲进校园”潞河中学专场演出，通州区文化馆邀请方媛媛、李德江、赵宁等十位戏曲表演艺术者来到潞河中学校园进行演出。表演的剧目有京剧《梨花颂》、《贵妃醉酒》选段和《红色娘子军》选段等，还演出了评剧《花为媒》选段《报花名》，河南曲剧《卷席筒》等地方戏曲节目。潞河中学全体师生观看了演出。

8月30日，通州区戏曲进校园潞河中学专场演出

大型舞剧《大写通州》　8月31日，通州区文委打造的大型舞剧《大写通州》在通州区文化馆演出。该剧通过“古韵通州”“活力通州”“大写通州”三个篇章，演绎了通州的时代变迁。演出包括双人舞、男子群舞、女子群舞和儿童群舞，并融入了戏曲、朗诵等表演形式。多名市、区领导观看了演出。

杂技演出　9月2日，中国杂技团的大型杂技剧《金小丑的中国梦》在区文化馆一层剧场演出。该剧由序“梦”以及“求梦”“梦幻”“追梦”“圆梦”4幕组成，讲述了一位当代杂技追梦少年顽强拼搏、克服困难，最终获得世界杂技舞台最高奖项“金小丑”奖的故事。

领导调研　9月5日，顺义区委常委、宣传部部长贺亚兰，顺义区文化委党组书记、主任马朝龙一行人到通州区文化馆参观调研。通州区委常委、宣传部部长查显友，通州区文委党委书记、主任王立生，区委宣传部副部长、广电中心主任刘磊，通州区文委副主任杨根萌全程陪同。文化馆馆长陈振清对文化中心进行了全面介绍，随后带领大家参观了文化馆剧场，并了解有关文艺培训、展览展示、文艺演出等惠民活动。

书画写生活动　9月8日，由宋庄镇党委、宋庄镇人民政府主办，宋庄艺术区党委、宋庄艺术家党支部、宋庄艺术促进会承办的“通州记忆”——大运河文化带艺术采风活动暨第十届中国·宋庄文化艺术节写生画展启动仪式在北京宋庄艺术区举办。宋庄镇党委书记柳德利，宋庄镇党委副书记李树东等领导以及参展的艺术家出席了启动仪式。通州区文化馆原馆长贯会学、通州区文化馆美术部刘艺和山屾一同参加了活动。贯会学担任该活动顾问并致辞。该活动以“通州记忆”为主题，组织国画、油画、摄影等艺术门类的50位艺术家于9月5日—20日对通州境内的大运河文化带重要景点、老城风貌、风土人文、文化溯源等进行现场实地写生，并创作一批优秀的艺术作品，创作成果将作为参展作品参加第十届中国·宋庄文化艺术节“通州记忆”——大运河文化带艺术采风展。9月12日上午，通州区文化馆刘艺和山屾参加了在运河奥体公园举行的“通州记忆”——大运河文化带艺术采风活动的写生活动，一同参加采风的还有王元仁、张鹏等艺术家。

图书馆

引入北京市公共图书馆 Aleph500 业务管理系统　1月1日—2月20日，区图书馆积极配合北京市公共图书馆编目数据整合工作，完成北京市公共图书馆 Aleph500 业务管理系统数据核查，数据转换等方面工作。认真仔细检查馆内数据资源，及时反映检查结果，保证馆内书目数据在 Aleph500 业务管理系统中能正常使用。1月12日，首都图书馆工作人员对各区图书馆业务辅导人员分为两批进行“Aleph500系统”培训。培训内容主讲流通系统模块，以系统实操为主。3月20日—4月4日，北京市公共图书馆计算机信息服务管理系统（Aleph系统）进行升级更换。系统开放期间，一层设置临时还书处，不提供手动借书服务。6月21日，部门员工单毅参加首都图书馆“Aleph系统采编工作专题会”。

“三下乡”活动 1月18日，区图书馆邀请沈国泉、雷民全、孙晓智等书法家，由区文化馆、区图书馆工作人员带队，到通州区玉桥街道文化中心，现场为辖区居民撰写春联，并亲手为居民送福。同日，区图书馆精心挑选了农民工朋友们喜爱的文学、健康、工业技术、环境科学、安全科学等内容丰富的图书3000册，送进Aleph工程项目工地职工之家，为奋战在城市副中心建设一线的农民工们送去一份特殊的温暖。

“网络书香过大年”系列活动 1月20日—2月28日，新春佳节期间，区图书馆开展了“网络书香过大年”系列活动。该活动旨在喜贺佳节的同时推广数字阅读，活动主要包括：“丹凤来仪·金鸡报晓”VR贺新春数字文化虚拟现实体验、“九州同庆·最美年俗”摄影在线有奖征集、“数图有礼·资源贺岁”线下主题展览、“吉语传情·嘉联迎春”电子有声贺卡和“书香博闻·金鸡唱榜”趣味闯关答题等。

编印书籍 2017年，展示通州区的历史积淀与现实风貌，区图书馆组织了一批相关图书的编辑出版工作。1月—3月，区图书馆面向社会收集2016年度记录通州发展变化的照片，邀请专家评选，汇集优秀作品编入《浮光掠影瞰通州——2016年度通州区纪实摄影作品集》一书，并于8月出版。2月26日，区文委编制“北京城市副中心通州历史文化丛书”发布会在区图书馆八层大厅举办，区文委现场向基层单位赠送了丛书。4月1日，依据馆藏资源，制定本年度出版计划：收集、整理“人文通州”相关摄影作品，编辑、排版、校对、出版《浮光掠影瞰通州——2016年度通州区纪实摄影作品集》；依据馆藏文献，编辑出版《潞城考古录》；将馆藏舆图加以整理、编辑，汇成《北京通州历史舆图》。9月，《潞城考古录》出版。11月，《北京通州历史舆图》出版。

开展多种培训讲座 3月3日，区图书馆组织“互联网+”图书馆员培训，邀请福建江夏学院研究馆员詹仁峰到馆授课，主题为“互联网+时代图书馆员的信息素养和个人知识管理”，详细的为区图书馆职工们讲解了什么是“互联网+”、“互联网+”时代给图书馆带来的变化、图书馆高度互联网化的发展趋势。通州区图书馆47名在职员工参加了此次培训。3月4日—5日，在区图书馆举办“科技创新成就梦想”科普宣传日活动，主要内容包括介绍该次科普活动项目，宣布聘请专家，创意机器人课程。3—7月科普日主题活动，主要包括创意机器人系列活动、“小博物学家”主题活动、航天专家大讲堂、4D创意模型搭建、“一起玩天文”系列活动等。3月7日，为庆祝“三八”妇女节，区文委在图书馆八层多功能厅举办“2017年庆祝‘三八’国际妇女节系列活动启动仪式暨女性健康知识讲座”活动，专家讲解了女性健康知识并进行现场问诊。3月11日，在区图书馆八层健康大讲堂，由胸科医院专家进行健康讲座。3月26日，举办2017年度第一次“人文通州”纪实摄影讲座。6月14日，在区图书馆八层，苏金良讲座“反本开新读经典”，讲述源远流长的中华传统文化，重温国学经典。6月25日，举办2017年度第二次“人文通州”纪实摄影讲座。9月23日，在区图书馆八层，举办演讲与口才课程主题讲座，引导为主，鼓励为辅，让孩子打开话瓶颈。12月17日，举办2017年度第五次“人文通州”纪实摄影讲座。

红领巾读书活动 4月14日，在区图书馆八层举办通州区红领巾读书活动“我家的家风”家庭情景剧比赛。4月19日，在图书馆八层举办通州区红领巾读书活动“说说我的阅读故事”讲故事比赛。9月20日，在芙蓉小学举办2017年红领巾读书小状元比赛，28名参赛选手现场演讲，综合评定选出了5名小状元参与北京市比赛。

亲子互动活动 5月6日，在区图书馆三层举办少儿活动“亲子故事会”。该项目2014年10月25日启动。故事人来自不同领域、不同行业，他们热爱公益事业，自愿参加图书馆志愿服务并持之以恒，只为了一个共同的愿望：为孩子带来好听的故事，传播亲子阅读的理念。故事人志愿者每月两次轮流到图书馆，为孩子和家长带来绘本故事。

图书馆评估活动 5月16日—19日，通州区图书馆进行评估培训。5月17日—18日，区图书馆员工单毅参加中国图书馆学会举办的“评估定级与图书馆基础业务建设专题培训班”（成都站）培训。5月24日，区图书馆主办了第六次公共图书馆评估细则解读与交流研讨会，参加该次会议的有北京市各区县图书馆和天津市武清图书馆的图书馆馆长、副馆长及评估工作负责人，参会人数120人。7月2日—7日，开展馆际互借、文献传递21000余条。7月3日，通州区图书馆全体馆员经过4月—6月的努力，将评估电子版档案全部整理完成，并上传至第六次全国县以上公共图书馆评估定级管理工作平台，同时完成了自评估打分和评语的撰写，自6月3日起，接收首图专家的首轮审查。7月15日，地方文献部

(运河文库)整理完成部门第六次全国县级以上公共图书馆评估定级工作相关材料，并提交至全国公共图书馆评估定级管理服务平台。8月14日，北京市文化局第六次全国公共图书馆评估定级检查组到区图书馆进行实地检查，地方文献部工作得到专家认可。专家表示："地方文献建设成效显著。以运河文化为基础的特色数据库建设、出版物丰富成绩突出，也体现了区委、区政府对文化工作抓得很实。"10月10日，公共文化评估体系工作手册完成。

荣誉奖项　6月5日，通州区图书馆获通州区创建学习型新城区工作领导小组办公室颁发的"通州区创建学习型组织示范单位"荣誉称号。

"纪念建军90周年、抗战全面爆发80周年"系列活动　7月，区图书馆积极为读者导读，做好新书、重点图书的书目推荐工作。"纪念建军90周年、抗战全面爆发80周年"活动期间，将30本红色经典书目推荐给广大读者，并在区图书馆微信平台及相关网站上及时上传推荐书目和相关书评。7月15日，在区图书馆三层举办以"忆经典·传精神"为主题的电影放映活动。7月29日，在区图书馆三层播放《地球的红飘带》系列连环画，主要内容以长征精神为导向，引导青少年发扬积极向上、吃苦耐劳、克服困难的长征精神。

益民书屋　11月，中共十九大文件及学习辅导读物出版后，通州区图书馆第一时间采购中共十九大读物，经过加工整理后在馆内设立中共十九大专辑书架供读者选读，并加班加点将7308册图书送入各街、乡镇益民书屋。

文化市场管理

行政审批　2017年，新审批设立文化企业申请174件，其中，出版物设立161件，歌舞娱乐场所设立4件，游艺娱乐场所设立6件，表演团体设立3件。此外变更文化企业138件，换证81件，备案6件，注销1件。

企业年检　2017年，通州区共有126家网吧、35家歌舞厅、35家游艺厅、24家表演团体、211家印刷复制企业、872家出版物零售企业和11家电影院通过了企业年检工作。

执法检查　2017年，出动车辆581车次，出动人员1506人次，检查各类文化经营单位1053家次，立案84起，结案84起；警告20家，处罚51家(移送公安6起、公告2起、不处罚2起、一般程序41起；文化类17家、安全生产8家、出版23家、广电1家、文物2家；网络案件1起、非网络案件50起)；共罚款11.45万元；没收出版物1211685册、码洋2000余万元，内文散页46.5令、封面散页21令，收缴非法广播电台23套，取缔黑网吧1家，扣押从事违法经营活动的苹果台式一体机22台。

通州区文化委员会

书　记　王立生

主　任　王立生

(魏　巍)

顺　义　区

概　况

顺义区位于北京市东北郊，距市区30公里，总面积1021平方公里，其中平原面积占95.7%。2017年，全区户籍人口63.5万人，常住人口112.8万人，设12个镇、7个地区办事处(加挂镇牌)和6个街道办事处，辖426个村民委员会，127个居民委员会。

顺义区文化委员会(以下简称区文委)是主管全区文化、文物、新闻出版、广播电影电视等工作的政府职能部门。设有办公室、政工科、计划财务科、文化文物管理科、文化市场管理科及著作权管理科6个职能科室和文化行政执法队(副处级)。下属有文化馆、图书馆、新华书店、影剧院、电影放映服务中心、焦庄户地道战遗址纪念馆和文物管理所7个单位。

2017年是"十三五"规划深化之年，顺义区文化战线紧紧围绕迎接、宣传、贯彻中共十九大这条主线，认真落实区委、区政府的决策部署和工作导向，贯彻落实《中华人民共和国公共文化服务保障法》，围绕全国文化中心建设，牢牢把握顺义发展功能定位，加快推动公共文化建设，大力促进精品艺术创作，着力传承优秀传统文化，增强文化服务能力，建机制、搭平台、树品牌、育人才，加快构建完善现代公共文化服务体系，探索具有顺义区特色的文化发展模式，实现资源统筹和供需对接。

2017年文化艺术发展

积极推动全国文化中心建设

2017年，顺义区成立了由区委书记、区长等区领导牵头的推进全国文化中心建设工作领导小组。针对"文化建设组"工作任务，分别对全区公共文化设施建设、文化人才队伍建设、公共文化服务等情况进行了详细摸底，梳理了现状和问题；制定《顺义区加快推进公共文化服务体系示范区建设行动计划

(2017—2020年)》(征求意见稿)和《北京市顺义区公共文化服务体系示范区建设运行机制》(征求意见稿);启动文化馆、图书馆总分馆制试点工作。11月27日,区文委组织召开顺义区文化建设组和文化内涵挖掘组第一次全体会议。其中文化建设组各成员单位在会上进行了工作交流研讨,并对行动计划和运行机制征求意见内容提出了宝贵意见、建议。

公共文化服务体系建设

开展公共文化服务保障法专题讲座 6月12日,为全面贯彻落实《中华人民共和国公共文化服务保障法》,大力推进现代公共文化服务体系建设,为提升全区文化干部的理论素养和依法行政管理水平,提高全区文化干部的综合素质,顺义区邀请北京大学教授李国新分别从政府责任、制度建设、设施建设管理、服务提供、保障措施、法律责任等方面对2017年3月1日正式实施的公共文化服务保障法做了系统阐述和深入解读。顺义区文化系统全体领导干部、各镇街道主管副职、文化站(科)长以及文化业务骨干150余人参加,发放1000套保障法宣传海报和700本宣传册。

公共文化服务设施建设 2017年,顺义区公共文化服务体系基本形成,区级文化中心工程主体建设和外部装修完成,总建筑面积(含地下面积)63386平方米。其中完成区新影剧院装修进度的30%,区新文化馆、区新图书馆、区博物馆完成装修前的准备工作。建成镇街道、村社区级文化中心(室)481个,益民书屋482个,户外文化广场53万平方米。

开展公益惠民演出活动 2017年,全区的"文艺演出星火工程"活动共62支文艺表演团队在全区425个行政村演出850场;"周末场演出计划"涵盖了戏剧、儿童剧、话剧等剧目,着力开发青年观众的演出市场,全年共演出67场;开展"百姓周末大舞台"文艺演出活动6场,推动公共文化惠民项目与群众文化有效对接,促进基本公共文化服务均等化。

群众文化活动

顺义区2017年以"我的中国梦,欢乐新顺义"为主题,开展"二月新春""五月的鲜花""十月金秋"三大系列群众文化活动,围绕"首都市民系列文化活动",共举办各类文化活动2100余场,吸引观众70万人次,注重挖掘传统节日文化内涵,以品牌文化活动为引领,向广大群众提供优质公共文化服务。创新开展首届灶王文化节、首届"喜迎十九大 欢乐新顺义"消夏相声艺术节等全新的品牌文化活动,真正发挥文化活动营造氛围、引领风尚、凝聚力量的作用。

顺义区第二十四届"二月新春"活动 1月1日(元旦)—2月11日(正月十五),区委宣传部、区文委、区农委、区总工会、区广电中心、区文联共同主办了顺义区第二十四届"二月新春"活动。该活动以"我的中国梦,欢乐新顺义"为主题,举办百场歌舞庆新春、千场电影献基层、万册图书送下乡、万幅春联迎佳节、第二十四届"二月新春"群众文化活动启动仪式暨中外电影名曲交响音乐会、第十三届"高丽营杯"戏曲票友大赛、第十五届"赵全营杯"民间花会大赛、顺义区第十八届电视春联征集大赛、"书香伴我过大年"——"阅读+我"系列读书活动、"春节看大戏"惠民演出等重点品牌活动。

首届北京·顺义张镇灶王文化节 1月20日—22日,由区委宣传部主办,区文委、区旅游委以及张镇人民政府协办的首届北京·顺义张镇灶王文化节在顺义张镇莲花山滑雪场举行。该活动以"顺义过大年,灶福满京城"为主题,立足顺义本土民俗文化,深挖老北京民俗文化,树立张镇灶王品牌形象,营造浓烈的"中国年味"。该活动安排了包括顺元祥舞狮、杨镇曾庄大鼓、北务镇舞龙、马坡五虎棍、北小营镇大胡营高跷等"非遗"项目表演队伍的演出,还有满园春艺术团的大鼓《凤舞九天》等民间队伍表演。现场还邀请了北京市及顺义区"非遗"手工艺传承人进行现场技艺展示,包括孙氏糕点模具、南法信中国结、火绘葫芦、景泰蓝制作、雨点剪纸、九连环、面人等市级、区级"非遗"手工技艺。通过传承人的现场展示,增加市民对顺义本土、北京非物质文化遗产的更深层次认识,将文化遗产融入现代生活,推动顺义地区及北京市对非物质文化遗产的保护、传承与发展。

"顺义过大年 灶福满京城"

首届北京顺义张镇灶王文化节文艺演出

第十五届"赵全营杯"民间花会大赛暨京津冀三地民间花会闹元宵展演 2月8日,第十五届"赵全营杯"民间花会大赛暨京津冀三地民间花会闹元宵展演活动在顺义区赵全营镇北汽集团求博馆内举行。该大赛汇集了全区24支花会队伍900余名群众演员，大赛内容涵盖了舞龙、舞狮、抖空竹、高跷秧歌、跑旱船、中幡、小车会等10余种花会类型。为落实中央关于京津冀一体化协同发展战略，促进三地文化交流与提升，比赛特邀天津蓟县南北隅花坛表演队、河北省吴桥县开路飞叉表演队及北京市东城区群英同乐小车会做表演展示，使参赛队伍在观摩学习中了解不足，相互提高。区有关方面领导与现场1000余名群众观看了大赛。

顺义区第二十四届“五月的鲜花”“十月金秋”系列群众文化活动部署会　5月27日，顺义区第二十四届“五月的鲜花”“十月金秋”系列群众文化活动部署会召开，全区各镇的宣传部部长、文化站站长，各工委、街道政工副职、文化科科长，经济功能区及部分大型企业的负责人参加了会议。

顺义区第二十四届“五月的鲜花”“十月金秋”系列群众文化活动　5月—11月，顺义区第二十四届“五月的鲜花”“十月金秋”系列群众文化活动举办。该活动以“我的中国梦、欢乐新顺义”为主题，全区各单位、各系统广泛发动群众参与，以迎接中共十九大胜利召开、中国人民解放军建军90周年和全民抗战爆发80周年为重要内容，大力开展歌曲演唱、广场舞蹈、综艺演出、器乐演奏、书画摄影等内容丰富的群众文化活动。活动期间，组委会举办了“绿港之声”2017首都市民合唱周暨顺义区“天竺杯”群众合唱大赛，顺义区第二届群众广场舞蹈大赛，顺义区首届“相约顺义　佳韵重阳”戏曲艺术节，顺义区第二届重阳“爱老敬老”戏曲展演，戏曲名家与票友同台汇报演出，基层书法、美术、摄影作品展览和区级评比展览活动，顺义区优秀书法、美术精品展，第二届“顺义拍客集”百姓摄影大赛，首届京津冀“湿地之光”优秀摄影作品交流展等群众文化活动。

顺义第二届樱桃采摘节　5月20日—6月20日，北京顺义第二届樱桃采摘节在顺义区顺丽鑫生态观光农业园举办。该采摘节期间，推出了“顺义特色展卖”，“非遗”手工艺传承人进行现场技艺展示等活动，孙氏糕点模具、中国结、火绘葫芦、郝氏水纹雨点剪纸、户耳山木雕、九连环、骨雕等10余项市级、区级“非遗”手工技艺亮相现场。“顺义礼物”为游客呈现最本土的、最具有地方特色的产品。北京市相关部门领导及顺义区领导出席了活动。6月3日举办了樱桃音乐晚会，参加该音乐会演出的有零点乐队、大粉乐队、Summer Sunshine以及《中国好声音》学员陈俊彤等，演唱了《相信我》千人大合唱等。强大的演出阵容，炫酷的舞美灯光，实力演绎的经典曲目，超炫的音乐冲击力与静谧的夜晚形成强烈对比，给观众带来一场酣畅淋漓的音乐狂欢。

“和谐我生活，健康中国人”顺义区书法美术作品展　7月4日，为贯彻落实习近平总书记在全国卫生与健康大会上的重要讲话和中共中央国务院印发的《“健康中国2030”规划纲要》精神，发挥文化艺术教育作用，倡导和传播健康生活方式理念，提升全区人民群众身体健康水平，迎接国家慢病综合防控示范区验收工作，由区文委、区文明办、区文联、区卫计委、区档案局、区疾控中心共同举办的“和谐我生活，健康中国人”顺义区书法美术作品展开幕式在区档案局举行。该展览展出了区文委邀请的区优秀书画家张学勇、刘彤、仇立泉、牛成选、李向军、魏宗安、贾文龙、杨占林、张艳军、周南征等创作的150件作品。展出的书法美术作品，主题鲜明，贴近群众，风格多样。既有大气磅礴的挥毫书法，又有白描彩绘的美术佳作。

首届消夏相声艺术节　7月7日—9日，7月14日—16日，由区委宣传部、区文委、区文明办、区广电中心举办，区影剧院承办的首届消夏相声艺术节在顺义影剧院办。为繁荣顺义区文化演出市场，提升文化品位，满足百姓日益增长的文化需求，该相声艺术节邀请嘻哈包袱铺、中国广播说唱团、北京曲艺团、北京乐活卉等演出团队和名家进行演出。该相声艺术节有两大亮点：一是政府补贴，低票价文化惠民看演出。全部演出票均是低票价出售，让顺义群众在家门口就能看到高水平的演出。二是邀请到高晓攀、尤宪超、方清平、李金斗等相声艺术名家相继亮相，通过名家演出的带动，培育顺义相声演出市场，从而丰富群众文化生活。

北京交响乐团专场交响乐音乐会　7月17日，区文委为满足群众多样化的文化需求，开展高雅艺术普及活动，由区文委主办、顺义区影剧院承办的北京交响乐团专场交响乐音乐会在顺义区影剧院举办。该音乐会共有90名演奏者参与演出，先后演奏了《红旗颂》管弦乐、《溜冰圆舞曲》、《快活波尔卡》、《匈牙利舞曲》第五号、歌剧《威廉·退尔》序曲(选段)、轻歌剧《黑桃皇后》序等8首中外交响乐名曲。顺义区有关部门领导、教师和学生代表等900余名嘉宾、观众观看了演出。

顺义区第二十四届“十月金秋”群众书法、美术、摄影优秀作品展　10月27日，由区委宣传部、区文明办、区文委、区总工会、团区委、区妇联、区文联、区广电中心共同主办，区文化馆、区书法家协会、区美术家协会、区摄影家协会具体承办的“喜庆十九大　幸福中国梦”顺义区第二十四届“十月金秋”群众书法、美术、摄影优秀作品展在区文化馆拉开帷幕。区委宣传部、区文委等主办单位领导及来自全区各镇的宣传部部长、文化站站长，各委、街道主管领导及文化科科长、获奖代表参加了启动仪式。

全区19个镇、6个街道办、委办系统认真按照组委会总体要求，共举办了32个基层书法、美术、摄影作品集中展览。基层参加比赛作品约6400件，展出艺术作品3483余件，共投入155.3万元，参加该次活动作者2692余人，参观群众约为4.7万人次。其中上报区组委会优秀艺术作品192件。与此同时，组委会还举办了“喜迎十九大、魅力新顺义”第二届“顺义拍客集”百姓摄影大赛及“喜迎十九大、大美顺义新、牢记使命、繁荣文艺”书画精品展等一系列群众文化活动。该次展览共展出192件优秀作品，这些作品以喜迎中共十九大、中国人民解放军建军90周年为重点内容，集中体现了中共十八大以来全区社会安定团结、人民生活幸福的美好情景，充分发挥了文化建设在打造顺义文化强区中的引领作用。

文化交流

西峡·顺义“一渠水　两地情”文艺晚会　4月19日，由河南省西峡县文广新局牵头、顺义区文委配合，共同组织的西峡·顺义“一渠水　两地情”文艺晚会在顺义区奥林匹克水上公园举办。该晚会演出了充满地方特色的歌曲、舞蹈、曲艺、合唱等节目。其中，顺义区组织金奖歌曲《顺心·顺义》《西峡美》两首独唱歌曲和参加全国群星奖决赛角逐的小评戏《良心果》赴西峡县演出。中共顺义区委常委、宣传部部长贺亚兰等领导以及顺义区第一批、第二批、第三批在河南省南阳市挂职干部等相关人员观看了演出。

“魅力西峡”顺义区书法美术摄影文学作品展　4月19日，“魅力西峡”顺义区书法美术摄影文学作品展在河南省西峡县文化馆展出。该次展览展出的艺术品均为顺义区艺术家在西峡县紫金花节、梨花节期间采风时的创作，其中包括书法作品25件，含16米长卷1件；美术作品18件；摄影作品35件，66幅照片；文学作品14篇，其中，诗歌12篇，散文2篇。展后参展的优秀作品被赠送给西峡县16个贫困村。

文艺创作

大型现代评剧《潮白人家》　11月14日—15日，北京市文化艺术基金2017年度资助项目、北京凌空评剧团创作的大型现代评剧《潮白人家》在中国评剧大剧院参加了由北京市文化局主办的2017年北京金秋优秀剧目展演活动。该剧讲述的是潮白河畔北京顺义80后女孩面对亲生父母与养父母两端亲情抉择时，毅然决然选择了感恩与担当，用她淳朴实在的性格撑起一个家。

文化馆

2017年，顺义区文化馆探索文化精准配送服务模式，积极推进基层培训基地建设，在全区19个镇

7月4日，西峡·顺义“一渠水　两地情”文艺晚会

和6个街道全面建立培训基地，每个培训基地每年组织各村、居委会文艺骨干培训不少于2期，每期不少于10课时，全年培训人数不少于50人。先后开办了国画、书法、国学、文学、二胡、太极、瑜伽等共9个讲座培训班，开办各类讲座443次，听课人数近20000人次。

图书馆

2017年，区图书馆接待读者379475人次，借阅图书356284册次；馆藏各类文献总量100余万册，采购入藏新书22378册；新办读者证5302个；开展各类读者活动161场次，参加者共计54763万人次；编辑馆刊《书海拾贝》4期，印发2400册；送书下乡148次，配送图书98072册。同时，进一步推进全区公共图书馆总分馆建设，建立5家图书馆一卡通分馆，实现与全市公共图书馆的通借通还服务；为全区510个基层图书室配发中共十九大读物，并接受国家新闻广电总署对此项工作的督导；完成全区基层图书室、共享工程服务点、公共电子阅览室管理员的业务培训工作，550余人参加培训；完成第六次公共图书馆评估检查工作；开展2017年“书香顺义”全民阅读活动；开展2017年喜迎中共十九大“永远跟党走　共筑中国梦”诵读演讲比赛；成立顺义区图书馆志愿者分队；启动“潮白书苑”24小时自助图书馆建设项目；建立地方文献数据库、花卉专题数据库；成立图书馆理事会、图书馆学术委员会。

文化市场管理

2017年，顺义区在册文化娱乐经营单位包括网吧45家、电子游艺35家、歌舞娱乐64家、卫星地面接收设施使用单位32家、文艺团体117家、艺术品经营2家。强化文化阵地监管力度，共出动执法人员3000余人次，执法车辆1000余台次，检查各类场所1000家次，录入法制办系统检查记录单766份，立案调查93件，结案88件，罚款15.05万元。督促整改各类安全隐患400余处，屏蔽、删除有害信息

4000余条，营造了清朗的网络空间。

顺义区文化委员会

书　记　马朝龙
主　任　马朝龙

（关东明　秦　月）

怀　柔　区

概　况

怀柔区位于北京市的最北端，面积2122.8平方公里，其中山区占89%。辖12个镇、2个满族乡、2个街道办事处、284个行政村。常住人口41.4万人。有31个少数民族，其中人数最多的为满族，全区有喇叭沟门、长哨营2个满族乡，22个满族村。

北京市怀柔区文委员会(以下简称区文委)，是政府负责文化工作的职能部门。主要职责是制定实施文化事业发展规划计划，指导公共文化设施基本建设工作，提升公民文化素养，协调组织开展群众性文化活动和民俗节庆活动，开展对外文化交流与文化艺术理论研究，指导艺术创作、生产，培训文化骨干，打造精品文艺团队。负责文物挖掘、考古、收集、整理，组织文物普查和勘探，开展文化市场审批与监督管理等工作。机关公务员编制17人，工勤编制3人，内设办公室、文化科、政工科、监察科、行政许可和服务科、财务审计科6个科室。所属行政执法队(副处级)专项行政编制16人；所属科级事业单位有文化馆、图书馆、博物馆、电影发行放映服务中心、文物管理所、演艺活动服务中心；所属企业有新华书店、栖湖艺术团、炫影丽声电影放映有限公司。

2017年，区文委着力提速怀柔文化服务力，协调完成了各项对外审批工作；着力提升怀柔文化竞争力，大力推进公共文化服务体系示范区建设，广泛开展惠民文化活动，打造“文化怀柔”品牌，落实文化安全责任制，全年实现零事故，着力提振怀柔文化自信力。

2017年文化艺术发展

重要会议、督查

2017年怀柔区文化工作暨“扫黄打非”工作会　3月16日，区文委召开2017年怀柔文化工作暨“扫黄打非”工作会。会议总结2016年度文化工作，部署了2017年工作。2017年，要着力推进文化设施建设，推动怀柔文化大繁荣，促进文化产业发展，提高怀柔文化竞争力；加强文物保护和文化执法，提速怀柔文化服务力；内强素质，外树形象，提振怀柔文化的自信力。

2017年基层文化工作部署研讨会　4月11日，区文委召开2017年基层文化工作部署研讨会，全区各镇、乡、街道主管文化工作的领导、文化中心主任参加会议。会议分别就2017年文化执法和“扫黄打非”、文化活动、文物保护、文化设施建设、全民阅读等相关工作进行了强调和说明。

市执法总队领导到怀柔督导文化市场工作　10月11日，北京市文化市场行政执法总队副总队长王宁之带领总队法规处、执法队人员一行4人到怀柔区督导文化市场工作。总队检查组不打招呼、深入实地抽查了区印刷复制企业、网吧娱乐场所等几个文化经营单位的生产经营情况，并通过询问该单位负责人及察看行政执法部门留存的检查记录，对区文化市场执法部门执法检查履职情况进行了督查。

基础建设

怀柔区级公共文化基础设施建有1个图书馆，1个文化馆，1个博物馆，6个电影院。镇乡(街道)级建有7个文化活动中心，总建筑面积12437.8平方米。316个行政村和社区中已建成文化室的达311个，有图书室316个、数字影厅284个。共有群众业余团队345支，镇乡(街道)级演出团队26支，演员650余人。2017年10月，区推进全国文化中心建设领导小组出台了《怀柔区推进公共文化服务体系示范区建设“十三五”期间行动计划清单》和《怀柔区推进公共文化服务体系示范区建设2018年计划清单》。2017年11月，区政府与各镇乡街道签订了《怀柔区公共文化服务体系示范区建设责任书》，明确了2020年底前须完成的工作任务，传导了工作动力、压实了主体责任。

重要活动

2017年怀柔百姓公益春晚活动　2017年怀柔百姓公益春晚活动自2016年11月海选至2017年2月9日颁奖，前后历时近4个月，成为2017年春节文化活动最大亮点。

第27届群众艺术节开幕　1月20日，“汇聚绿色创新实力，争创全国文明城区”怀柔区第27届群众艺术节暨怀北镇第三届河防口古关迎春大集活动开幕。活动历时一个月，先后在怀北镇河防口古关主会场，雁栖镇、渤海镇分会场，联合推出河防口村逛古关闹新春开幕式文艺表演、雁栖镇“百姓千家乐、金鸡鸣和谐”系列活动、电影贺岁、文艺演出等丰富多彩的活动，营造文明、祥和、欢乐闹新春的

良好氛围。

实施春节城市灯展布展　1月20日(腊月二十三)至2月12日(正月十六)举办"火树银花庆丰年"春节城市灯展布展活动，在城区主要街道路灯及行道树上悬挂彩灯、中国结等，在区内重要节点布置景观装饰。

第十二届"敛巧饭"民俗风情节开幕　2月10日—12日(农历正月十四至十六)，第十二届"敛巧饭"民俗风情节在琉璃庙镇杨树底下村开灶迎客。现场共分为"敛巧饭"民俗文化广场、情景剧表演区、舞台表演区、趣味竞技体验区、"敛巧饭"文化展示区、乡村集市区、黄金游艺区7个区域。共征集歌曲、小品、相声、杂技等10个节目，5个艺术团参与表演，涉及演员百余人。

首届北房镇渔阳龙狮文化节开幕　2月26日，2017年全国"龙腾狮跃闹元宵"大联动暨首届北房镇渔阳龙狮文化节在北房镇开幕。开幕式上，举行了"点睛"仪式，来自北房镇的退休干部代表、企业代表、群众代表、学生代表为头龙点睛，用朱砂涂点狮眼，象征给予龙和狮生命。随后，来自北房镇各村以及北房中学的26支舞龙队400余人轮番登场展演，腰鼓、小车会、威风锣鼓队等传统花会队伍5支共计150余人也前来助阵。

第八届怀柔国际标准舞艺术节　3月24日—29日，由中国国际标准舞总会和怀柔区委宣传部、区文委联合主办的第八届怀柔国际标准舞艺术节在怀柔体育馆举办。活动期间，不仅有2017第19届CBDF"院校杯"国际标准舞公开赛、CBDF国家青年队选拔赛、第八届"怀柔杯"国际标准舞公开赛、首届国际名校对抗赛等激烈赛事，还有世界摩登、拉丁舞冠军的精彩表演，更有国际名师赛前训练营、Salsa名师讲座及舞会等多项内容。赛事期间，来自北京、上海、天津等20多个省市的近130多个代表队，共4000名选手、约6000对次选手角逐166个不同组别冠军。

"当好东道主　文明怀柔人"国际合作高峰论坛群众文化专场演出　5月8日，"当好东道主　文明怀柔人"——"一带一路"国际合作高峰论坛群众文化专场演出在怀柔区世妇会公园文化广场举行。该次专场演出共安排了歌曲、快板、舞蹈、诗朗诵、戏曲等16个节目。参加该次演出的人员达500余人次，大多数为环卫工人、医院护士、普通村民等基层劳动者。精彩的演出吸引了近800名观众到现场观看。

"雁栖湖文学艺术获奖作品"成果展　5月中旬至8月中旬，区文委在怀柔区博物馆举办"雁栖湖文学艺术获奖作品"成果展。展示期间，展出了《品味怀柔》《幽燕清音》《长城四季》《百年民俗敛巧饭》《草帽书记》等展现怀柔文化的获奖作品。

2017年怀柔汤河川满族民俗风情节开幕　5月27日，2017年怀柔汤河川满族民俗风情节在汤河口天河川滨水公园开幕，喇叭沟门及长哨营分会场同时开幕。风情节期间，各会场举办农副产品展卖、逛八旗大集、游文化新村、住八旗客栈、品满族美食、观满族歌会等独具满韵的各类民俗风情活动。

文化和自然遗产日主题宣传活动　6月10日，由区文委员会主办的以"弘扬民族文化　传承中华遗产"为主题的首个文化和自然遗产日主题宣传活动在水长城景区举办。通过精彩的专题文艺演出、"非遗"项目巡展以及文物保护宣传品发放3个环节，全面、立体地对怀柔区文化自然遗产进行展示宣传。活动集中展示了怀柔区出土的精品文物以及37项非物质文化遗产项目。

"童心创城"才艺大赛颁奖典礼　6月10日，由区文委举办的怀柔区"童心创城"才艺大赛颁奖典礼暨汇报演出在图书馆报告厅举行。才艺大赛以"童心创城，展我才艺"为主题，面向怀柔城区6所幼儿园4岁~6岁学龄前儿童，分声乐、器乐、舞蹈、讲故事、绘画5个类别进行比赛。活动自1月1日起报名，1月13日报名截止，5个项目报名总人数802人。经过海选，半决赛和决赛层层选拔，共评选出一等奖54名、二等奖70名、三等奖410名、优秀组织奖6名、优秀组织工作者16名、优秀指导奖43名。

戏曲进校园活动　6月29日—30日，邀请区内戏曲专业团队，在怀柔图书馆报告厅举办经典评剧《清风亭》《回杯记》专场演出，组织区内500余名中小学生现场观看，接受戏曲文化熏陶。6月21日、23日，分别在怀柔二小、庙城学校2所试点学校开展戏曲知识专题讲座，聘请京剧专家老师为学生现场授课，讲解京剧历史渊源、唱腔、服饰等知识。

2017年"放歌新怀柔"夏日文化广场活动圆满结束　2017年"放歌新怀柔"夏日文化广场活从6月至9月在滨湖公园景观剧场举办专场演出20场，演出文艺节目近200个，吸引观众近5万人次。各镇乡、街道举办基层夏日文化广场演出300余场，观众达15万人次。

原创作品音乐会　9月6日，区文委在区文化馆举办"喜迎十九大，创建文明区"怀柔区原创作品音乐会暨《到人民中去》基层推广专场演出。创作于2015年的《到人民中去》这首歌由区文化馆职工、著名作曲家、中国公益歌曲领军人物陈卫东作曲，著名词作家宋青松作词。《到人民中去》作为近年来怀柔创作的音乐作品中影响力最大的歌曲之一，此番也是首次在怀柔推广。整场演出的 14 首作品均由怀柔本土音乐家创作。演出筹备小组从百余首作品中挑选了《党和人民连心窝》《盛世辉煌颂满乡》《老夫老妻》等经典歌曲进行演绎。

“书香怀柔”全民阅读 10 周年庆典活动　9 月 28 日，“书香怀柔”全民阅读 10 周年庆典活动暨书香怀柔第十届怀柔区全民阅读活动颁奖仪式成功举办。活动包括知识竞赛、读书征文、摄影比赛、书香家庭、读书状元评选等板块。编印《书味香凝》《书有余香》两部图书，并推出“书香怀柔”——全民阅读 10 周年成果展。活动期间累计收集征文作品 239 篇、摄影作品 419 幅、诵读作品 25 个。举办“丝路记忆”系列主题展 3 期，少儿英语读书会 3 期，基层组织开展“市民大课堂”知识讲座 103 场，读者交换图书 500 余册。

“共赏中秋月　共叙中华情”中秋活动　10 月 4 日中秋佳节，区文委在雁栖镇范各庄村燕城古街举办“共赏中秋月　共叙中华情”迎国庆、庆中秋晚会。中秋晚会在欢快的开场“串烧秀”中拉开帷幕，整场演出包括舞蹈、独唱、歌伴舞等节目，形式多样。每个节目在灯光、舞美的配合下异彩纷呈，使晚会现场高潮迭起，赢得现场观众阵阵掌声。

2017 年基层图书室和共享工程基层服务点管理员培训班　10 月 10 日—13 日，怀柔区图书馆分批举办 2017 年基层图书室和共享工程基层服务点管理员培训班。全区 14 个镇乡、2 个街道文化中心的主任和 284 个行政村、33 个社区的文化志愿管理员 340 余人参加了培训。培训内容包括镇乡、街道总分馆建设和管理，基层共享工程服务点、数字文化社区、公共电子阅览室的使用与管理，《中华人民共和国公共文化服务保障法》解读以及年底基层图书室与共享工程基层服务点检查考核的工作重点及有关安排。

喜迎中共十九大书画展　10 月 13 日，怀柔区“喜迎十九大　共建文明区”暨庆祝怀柔民进成立 30 周年书画展在怀柔区学管中心开展。此次书画展共展出作品 88 幅，题材广泛，有山水画、人物画、花鸟画，也有经典书法作品。展出作品主要以美丽山水、风土人情、人文景观、历史文化、城乡变化等为主题，风格多样，具有深厚的艺术底蕴、鲜活的时代气息和美学价值，以新颖独特的视角，全方位、多角度地展示了怀柔的文化自信和文化担当。

“诗意中国　书香怀柔”中华优秀传统文化经典诵读暨 CETV《诗意中国》走进怀柔启动仪式　11 月 23 日，由怀柔区委宣传部、区文委与中国教育电视台《诗意中国》栏目组联合举办的“诗意中国　书香怀柔”中华优秀传统文化经典诵读暨 CETV《诗意中国》走进怀柔启动仪式举行。活动以古诗词开场秀《关雎》《桃夭》《木兰辞》拉开帷幕，表演了朗诵《岳阳楼记》《诗意中国》以及情景剧《渔阳赋》等十余个精彩的节目。

中共十九大读物走进怀柔区 340 个农家书屋　11 月 14 日，满载中共十九大读物的车辆驶向怀柔区 340 个农家书屋，为广大农民送去中共十九大报告和辅导读物 5100 册，让中共十九大精神深入基层、深入到群众心中。怀柔区图书馆在区文委指导下，联合怀柔新华书店为全区镇乡、街道、行政村、社区的农家书屋以及图书馆镇乡分馆增配中共十九大读物。配送的中共十九大读物包括《党的十九大报告》(单行本)、《中国共产党章程》、《中国共产党第十九次全国代表大会文件汇编》、《党的十九大辅导读本》和《党的十九大报告学习辅导百问》。

“不忘初心　牢记使命”新年音乐会　12 月 28 日，“不忘初心　牢记使命”新年音乐会暨原创声乐作品演唱会在怀柔区图书馆报告厅举行。音乐会以“进入新时代　建设新怀柔”为主题，精心排演了 16 首曲目，其中 12 首是怀柔历年来创作的优秀原创声乐作品。演出的作品，除了已被选为全国文艺志愿

“书香怀柔”——第十届怀柔区全民阅读活动颁奖仪式

“走进新时代 建设新怀柔”文化怀柔原创作品颁奖活动

者之歌的歌曲《到人民中去》，还有创作于20世纪80年代的《美丽的雁栖湖》《美丽的怀柔我的家》，90年代唱响怀柔大地的《明珠城之歌》，以及最新创作的《我们跟党走》《北京怀柔科学城之歌》《世界之城》等作品。

文化怀柔原创作品颁奖活动 12月29日，“走进新时代 建设新怀柔”文化怀柔原创作品颁奖活动在文化馆小剧场举办，对2016—2017年怀柔区文学艺术优秀原创作品进行表彰。此次原创作品征集共收到文学、戏剧、曲艺、音乐、舞蹈、美术、摄影、书法等原创作品474件。经过专家公平、公正、公开评审，最终评选出一等奖50件，二等奖54件，三等奖71件。

惠民演出 2017年全区举办公益惠民文化演出924场，实现城镇和乡村居民观看文化演出的均等性。其中，“文艺演出星火工程”演出节目852场，平均每个村安排演出3场；“周末场演出计划”和“百姓周末大舞台”演出综艺类、戏曲类、儿童剧72场，累计吸引观众18万人次。

文艺创作

2017年，怀柔区以“群星奖”评选为契机，秉承以人民为中心的创作的原则，通过组织召开文艺创作研讨会等，创作出一批好的作品，如《北京怀柔科学城之歌》《父女情深》《我们跟党走》等多首音乐作品。其中，《万紫千红有约定》荣获2019年北京世界园艺博览会征歌活动“十大金曲奖”，《父母的健康才是儿女的福》在第四届“我爱唱歌”2017京津冀百姓歌手大赛中获中年组二等奖。

文化馆

免费开放工作 2017年，怀柔区文化馆面向社会免费开放活动，结合群众需求增设了戏曲、声乐等项目。每周开设19项活动，全年共活动196期，参与活动5万余人次。此外，还与怀柔区南华园社区联合开展“大支部”基地声乐和舞蹈活动。

基层文艺培训工作 2017年，文化馆组织业务干部及文化志愿者深入镇乡、街道等地开展文艺培训。圆满完成“文艺培训春风工程”折子工程，全年共培训490期，4.7万人次参加培训。与北京市农业广播学校怀柔分校联合开展2个文艺中专班教学活动，定期在怀柔区雁栖镇文化活动室开课，开设声乐、舞蹈培训班，全年共上课158个课时，1.2万人次参与活动。基层培训全年共培训约50000人次。

文化志愿者义务辅导站 区文化馆文化志愿者服务中心现有在册志愿者1000余人，常年活跃在一线的志愿者有260余人，这些志愿者承担着全区文化志愿服务工作。在开展日常文化培训工作基础上，还结合雷锋日、重阳节、国际志愿者日、春节等传统文化节日，组织开展摄影、书法、文艺演出等文化志愿服务活动。文化馆文化志愿者舞蹈团和合唱团，每周开展活动。全年组织参加区内外各类大型文化赛事、活动等100余场。

图书馆

2017年，图书馆净办理读者卡3184张，接待读者47.6万人次、外借图书33万册次；解答读者咨询5160条；入藏新书2.8万册；新增数字资源12.7TB；完成读者服务系统切换；上线图书自助借还和自助办证设备，建设了24小时自助图书馆；组织开展讲座、展览、培训等读者活动225次，参与人数16.4万人次。送书下乡101次、49960册。新建庙城镇、琉璃庙镇等7个乡镇图书馆分馆。

全民读书活动 活动自2017年4月启动，历时6个月，活动内容包括征文、摄影、知识竞赛以及“市民大讲堂”“读书家庭”“读书状元”评选等10项。活动中，共收集整理基层报送的征文239篇、摄影作品419幅、读书家庭材料44个、读书状元材料67个、市民大讲堂材料103场；特别编印《书味香凝》《书有余香》两书。

数字图书馆、数字文化社区建设 完成对全区14个镇乡、2个街道、284个行政村、33个社区的基层图书室、数字文化社区和共享工程基层服务点的设备巡检与检查考核工作。

红领巾读书活动 2017年，组织开展了“说说我的阅读故事”讲故事比赛、“我家的家风”家庭情景剧比赛、第五届“我的藏书票”设计比赛、“我的阅读档案”电子书制作、第十八届“读书小状元”评比、“阅读北京 悦享好书”青少年经典导读和红领巾讲坛7项活动。来自全区25所中小学校参与到活动中，累计参与活动人数达8万余人次。通过区级比赛选拔出的代表队和选手，代表怀柔区参加市级比赛，分别获得了情景剧比赛三等奖、讲故事比赛三等奖四名，是藏书票设计比赛全市获奖作品最多、获奖率最高的区。

文化市场管理

行政审批 对区文委34项进厅审批事项进行梳理规范，进一步明确告知概念；重新设计各类许可申请表格，进行完善补充；在原有规定审批时限之上进一步提升效率，压缩审批时限，方便办事群众。严格落实文化市场年度核验要求，完成辖区年度核验工作，全年参检单共197家，核验通过185家，注销12家；工作中做到逐家审核经营单位的资质条件及场所实地验收，确保了年检不走过场，为执法部门监管工作提供有力保障。

执法检查 2017年，共开展专项行动10次，联合执法8次，共出动执法人员4710人次，检查网吧、

歌厅、电子游戏厅、印刷厂、复印店、书摊、报刊亭、商市场、景区周边市场、宾馆饭店、民俗户共计2380余家次。2017年，执法队立案45起，结案40起，罚款6.65万元。

怀柔区文化委员会

书　记　陈宝明

主　任　夏占利

（梁　玉）

平　谷　区

概　况

平谷位于北京市的东北部，西距北京市区70公里，东距天津市区90公里，是连接两大城市的纽带。平谷区总面积948.24平方公里，下辖2个街道、16个乡镇，设39个居民委员会，273个村民委员会。常住人口43.7万人。

平谷区文化委员会(以下简称区文委)为主管全区文化工作的职能部门。区文委机关公务员14人(其中1名行政工勤人员)，其中处级干部7人。设办公室、政工科、文化文物科、审批科。下辖9个基层单位，其中副处级行政单位1个，即文化行政执法队；工资规范事业单位6个，即图书馆、文化馆、文物管理所、博物馆、上宅文化陈列馆、文化发展服务中心；经营类事业单位1个，即影剧院；企业1个，即新华书店。全系统在职干部职工193人。

2017年，区文委深入贯彻习近平总书记系列重要讲话精神，以文化惠民为根本，完善公共文化服务体系建设，加大文化遗产保护力度，严格文化市场审批和执法，全面深入推进文化建设，打造文化魅力突出、文化特色鲜明、文化氛围浓厚的崭新局面。

2017年文化艺术发展

重要会议、调研

2017年全区公共文化工作会　3月31日，区文委召开2017年全区公共文化工作会。会议部署了2017年重点工作，一是惠民文艺演出工作，每村每年不少于6场，全年全区不少于3000场；二是开展数字电影放映工作，全年全区不少于1.2万场；三是开展2017年“说平谷、演平谷、唱平谷”原创作品大赛、广场舞比赛等活动，繁荣群众文艺创作；四是加强基层文化设施的开放运营工作，6月底前全部挂牌，向社会开放；五是开展“一村一人”“一艺一人”推选工作，发现并重点培养“文化达人”。

京津冀非遗文化交流研讨会　5月4日，“京津冀非遗文化交流研讨会”在金海湖镇山水文园花间小镇召开。会议由区文化馆与金海湖山水文园旅游有限公司联合发起，河北兴隆县文化馆、滦平县文化馆、承德县文化馆、三河文化馆，天津市蓟州区文化馆，“非遗”协会与传承人的代表出席了会议。会议对“非遗”工作进行了交流研讨。

“扫黄打非”工作领导小组工作会议　5月11日，平谷区召开“扫黄打非”暨文化市场管理领导小组工作会议。各成员单位和街乡镇主管领导参加，副区长徐素芝出席会议。会议总结了2016年“扫黄打非”工作，部署了2017年“扫黄打非”“净网”“清源”“护苗”等专项行动。会议还进一步部署“扫黄打非”进基层工作，确定在18个街乡镇及各行政村和社区设立“扫黄打非”基层工作站。

《平谷区关于进一步加强基层公共文化的意见》通过区长办公会　5月，《平谷区关于进一步加强基层公共文化的意见》通过区长办公会，以政府名义下发系列文件。文件提出了创建方案，制定了成员单位联席会议议事规则和职责，明确了各单位创建任务。按照全市推进公共文化服务示范区创建工作整体部署，对照《首都公共文化服务示范区创建标准》，平谷区举全区之力积极争创“首都公共文化服务示范区”。

京津冀公共图书馆区域合作联盟成立　6月11日，由北京市平谷区图书馆主持，联合天津市蓟州图书馆、河北省三河市图书馆、河北省承德市兴隆县图书馆共同组建的“京津冀公共图书馆区域合作联盟”启动仪式在平谷区图书馆举行。与会代表讨论通过了《京津冀公共图书馆区域合作联盟章程》，签署合作协议，宣告京津冀公共图书馆区域合作联盟正式成立。

平谷区首都公共文化服务示范区创建工作启动大会　6月29日，平谷区召开首都公共文化服务示范区创建工作启动大会。区委副书记、区长汪明浩出席会议并作出重要讲话，副区长徐素芝主持会议。各相关单位、各乡镇街道主管领导共80余人参加会议。

图书馆实地考评　8月8日，由市文化局副局长庞微带队，市文化局原副巡视员倪晓建等人组成的专家组到平谷区图书馆进行第六次全国县(区)级以上公共图书馆实地考评。副区长徐素芝、区文委主任王文忠等领导陪同检查。

文化执法队赴新疆调研 9月18日—22日，平谷区文委执法队一行5人，由队长闫建华带队赴新疆文化市场综合执法对口帮扶单位——喀什地区文化市场稽查支队和图木舒克市文化市场稽查大队进行对口交流帮扶。双方就执法工作中的重点和难点问题进行了交流互动，并对喀什地区文化市场与图木舒克市文化市场经营情况进行实地走访。

平谷区2018年春节文化庙会活动方案报审会议 9月27日，区长汪明浩主持召开第11次区长政府常务会议，全区80多个单位参加会议。会上，区文委主任王文忠就《平谷区2018年春节文化庙会活动方案》进行汇报，与会领导听取汇报内容并进行讨论。会议原则同意区文委起草的《平谷区2018年春节文化庙会活动方案》。

基础建设

进一步完善基层文化设施和设备，有序开展第二批村级文化活动室验收工作。第二批基层文化活动室改建项目共有35个单位，基本建设完成并通过验收。开展第三批共10个村级文化活动室改建工作。开展第四批文化活动室的监理招标工作，为2018年工程建设做好准备。为第二批新改建成的文化活动室配备灯光、音响、桌椅等文化设备。

文化活动

新春慰问演出 1月21日平谷区新春慰问演出在区影剧院举行。区委书记王成国致辞，区委常委、常务副区长姚忠阳主持。王成国代表区委、区政府向全区老领导及社会各界人士致以新春的问候和良好祝愿，演出会上演出了精彩的文艺节目。

"首届春节文化庙会"活动 1月28日—2月1日，平谷区举办"首届春节文化庙会"。活动历时5天，共接待区内外游客25.5万人次。举办的特色文化活动28场。

"激情广场百姓乐"系列活动 4月14日，"花海徜徉 共筑辉煌"京津冀辽手拉手首场演出在世纪广场大舞台举行，同时拉开了2017年"激情广场百姓乐"系列活动的序幕。平谷区"激情广场百姓乐"系列活动至9月29日结束，在滨河森林公园音乐广场大舞台共演出25场。

平谷区第九届大众读书工程暨第七届北京阅读季启动仪式 4月21日，"书香平谷·悦享阅读"平谷区第九届大众读书工程暨第七届北京阅读季活动在文化大厦小剧场举办启动仪式。平谷区委常委、宣传部部长王红艳，副区长徐素芝等领导出席启动仪式。与会领导为平谷区第八届大众读书工程颁发优秀组织奖、红领巾读书活动示范单位奖、"书香家庭"代表奖、读书小状元代表颁奖。

4月21日，2017年平谷区第九届大众读书工程暨第七届"北京阅读季"启动仪式在平谷区文化大厦举行

"舞动北京、激情绿谷"广场舞大赛决赛 5月25日上午，由区文化馆举办的2017年"舞动北京、激情绿谷"广场舞大赛决赛在区文化馆小剧场举行。共9支舞蹈队200余人参加决赛。

"传递正能量 演绎好生活"原创小品大赛 7月20日，"演平谷——传递正能量 演绎好生活"原创小品大赛在文化馆小剧场举行。经过初赛、复赛的选拔，共有11个优秀原创小品节目参加该次比赛的决赛，为300余名观众上演了一场文化大餐。

"军民鱼水情"庆祝建军90周年慰问演出 8月1日晚，"军民鱼水情"庆祝建军90周年慰问驻地部队指战员专场文艺演出在平谷区某部训练场举行，演出了精彩的文艺节目。

第二届京津冀诵读邀请赛 该活动将第二届京津冀诵读邀请赛与"阅读北京"——2017年首都市民阅读系列文化活动之一的"心阅书香 共读共享"诵读大赛相结合。先组织区内选拔赛，再联手天津市蓟州区图书馆、河北省三河市图书馆共同参与，选拔优秀作品参加北京市总决赛。8月29日进行决赛，平谷区获得市级个人组一等奖、集体组三等奖的好成绩。

"平谷百姓音乐厅"首场演出 为喜迎中共十九大胜利召开，打造平谷文化品牌，平谷区文委与北京交响乐团合作打造"平谷百姓音乐厅"活动。9月27日，进行了首演。"平谷百姓音乐厅"隔周周三在平谷区影剧院举办演出。

"说平谷、演平谷、唱平谷原创作品大赛精品展演" 9月30日，由区委宣传部、区文委主办，区文化馆承办的"喜迎十九大 再创新辉煌"主题文艺演出暨2017年"说平谷、演平谷、唱平谷原创作品大赛精品展演"在文化馆小剧场举行。演出了相声《摒弃十大陋习》、小品《非常妈妈》、歌伴舞《又闻桃花香》等精彩节目。

世界读书日活动　年内，开展了“分享阅读，交换快乐”第七届“北京换书大集”；启动“朗读者”沙龙之经典作品诵读会，成功举办10场培训；开展本土作家阅读分享会；开展“给记忆一个家”地方文献全城征集活动等。

“平谷·中国书法之乡”提升工程实施　2017年，平谷区开启2017—2019年书法普及提升推广工程。至2017年年底，全区各乡镇、学校、街道、村和社区已累计开办免费书法培训班100多个，开课1500余节次，全区4万余人次参加书法培训。2012年平谷被中国书协评为“中国书法之乡”。

非物质文化遗产保护工作

“文化和自然遗产日”系列活动　6月9日，“文化和自然遗产日”系列活动在世纪广场大舞台举行。系列活动以“非遗保护——传承发展的生动实践”为主题，进行了大兴庄镇小车会、王辛庄镇高跷表演、民间手工艺品展示等。

推选第四批区级非物质文化遗产项目　11月6日，为使平谷区的非物质文化资源得到充分地挖掘，使更多的非物质文化遗产项目得到有效保护传承，由平谷区文委主办、文化馆承办的第四批区级非物质文化遗产名录项目评审专家论证会在文化馆会议室召开。会议推选出15个区级非物质文化遗产项目。

开办“北戏书馆平谷分馆”　为把国家级“非遗”项目“北京评书”和市级非遗项目“平谷调”(鼓书)两项艺术更好的保护、传承、发扬下去，2017年，区文化馆与北京市戏曲艺术职业学院合作成功开办“北戏书馆平谷分馆”。年内，北戏书馆平谷分馆共说书41场，观众达3000余人次。

培训

花鼓培训　3月7日，区文化馆携手天津蓟州文化馆主办的京津“渔阳花鼓”走基层活动，在镇罗营镇举办渔阳花鼓培训班。培训为期3天，全镇20个自然村的120余人参加学习。镇罗营花鼓培训作为2017年京津冀“文化走基层”培训活动的第一站，之后，向全区各个乡镇(街道)进行花鼓规范化的指导培训。

文化市场安全生产大型公开课暨法律法规培训　6月16日，平谷区文委组织召开2017年文化市场安全生产大型公开课暨法律法规培训班。全区文化经营单位负责人、安全管理员，各街乡镇文化干部，文物保护单位、文化、文物监督员等200余人参加了培训。国家航天员中心教授、北京市消防宣传中心的老师分别讲解了安全知识和应急技能。

全区基层图书管理员业务培训　11月4日—23日，分六期对全区基层图书管理员进行业务培训，18个街道、乡镇分馆及社区、村图书室共计338人参加。

区文委举办全区文化系统学习贯彻中共十九大精神暨2017年文化干部培训班　11月15日，区文委在党校大礼堂举办全区文化系统学习贯彻中共十九大精神暨2017年文化干部培训班。共400人参加了培训，重点培训了全国文化中心建设、《中华人民共和国公共文化服务保障法》、公共服务示范区建设等内容。

展览

京津冀辽四省市十六区县书画影联展　1月3日，京津冀辽四省市十六区县书画影联展活动在平谷区文化馆展厅拉开帷幕。展览共集结作品230件，展出代表作品100件。

大美平谷·中国书法之乡第九届上元雅集“友谊奖”书法展　2月18日—28日，由平谷区委、区政府主办，平谷区文化艺术界联合会承办的大美平谷·中国书法之乡第九届上元雅集“友谊奖”书法展在平谷博物馆举行。展出作品100余件。

2017北京平谷、辽宁喀左剪纸艺术展　6月22日，由区文化馆与辽宁喀左文化馆共同主办的“保护传承非遗　展现生活智慧”2017年北京平谷、辽宁喀左剪纸艺术展在平谷区文化馆展览厅举办。展览汇集了两地精选的剪纸作品173余幅。

“幽燕丹青”——迎新年京平书画创作基地国画作品展　12月17日，由平谷区文联主办、平谷区美术家协会协办、京平书画创作基地承办的“幽燕丹青”——迎新年京平书画创作基地国画作品展在平谷博物馆开幕。

文艺创作

2017年原创歌曲征集活动　“徜徉花海　乐享休闲”——2017年原创歌曲征集活动共收到64件作品，参赛作品曲风广泛，形式多样。最终16首曲谱作品获奖。

文化馆文艺精品创作　在2017年文艺原创作品大赛中，共征集歌曲、小品、曲艺类作品954件。在全国歌曲征集活动中，平谷区共整理出原创词770首、曲作品260首参赛作品。举办以“喜迎十九大”为主题的2017年原创精品展示会，并将其编排成整场文艺活动，在全区304个村、社区开展巡回演出。

文化馆

基本情况　全年完成各类文化活动170余次，吸引观众45万余人次；全年艺术培训共1.2万人次，培养艺术骨干2000余人；举办各类展览37个；艺术创作推出原创精品400余(件)个。

文化志愿者工作　年内，为期一年的“深入生活·贴近百姓——器乐、声乐、书法”免费公益培训活动在文化馆培训教室举办。共培训全区18个乡镇街道的文化骨干及爱好者1500余人次，学习成绩优异者被推荐参加文化馆组织的群众文艺活动进行展示。

培训工作　年内，文化馆为外来务工人员举办摄影普及培训在东高村镇毛衣厂举行，文化馆摄影绘画部主任梁彩川担任主讲，30余名外来务工人员参加培训；“翰墨桃花情　书法润山乡”活动在熊儿寨乡举行，近100位来自熊儿寨的书法爱好者参加了培训。邀请平谷区书法家协会副主席袁鹤松、平谷区书法家协会秘书长孙浩，专家型书法志愿者刘建丰等8位文化志愿者书法家分别在熊儿寨乡、镇罗营镇、刘家店镇对书法爱好者进行长期培训；文化馆暑期免费培训班开设的免费课程(少儿书法、少儿泥塑等)让200多名学生在暑假期间享受到公益惠民文化服务。

1月17日，平谷区文化馆组织文化志愿者走进熊儿寨乡东沟村开展2017年北京我们的家“迎新春、送福家”活动

图书馆

基本情况　坚持“读者第一”的服务理念，创新服务方式、扩展服务内容，不断扩大读者队伍。全年共接待读者206294人次；外借图书453355册次；各基层分馆接待读者141838人次，外借图书100099册次。

全民阅读推广活动　以“书香平谷·悦享阅读”为活动主题，以“平谷区第九届大众读书工程”品牌活动为重要抓手，广泛开展多种形式、层次分明的全民阅读推广活动。全年举办各类讲座、培训139场次；举办各类展览17场；举办各类阅读活动251场次，参与活动79953人。

基层图书馆(室)建设　建设9个街道、乡镇“一卡通”分馆，实现与区图书馆通借通还；完成基层图书馆(室)文献资源整合工作，实现图书流转14002册，配送新书19980册。

开展“文化惠民，送书下基层”活动　新建区委宣传部、天乙助残服务中心、九小等流动送书点11个；顺利完成图书馆“一卡通”系统升级工作，自动借还设备与智能排架系统等全面开展服务，大大提高了业务自动化水平。

共享工程工作　采取集中培训、网络培训、上门辅导等多种形式，开展网络培训5次，完成全区292个基层文化共享工程及18个数字文化社区设备巡检工作。开展“指尖上的图书馆”图书馆数字服务平台推广活动、网络书香过大年系列活动、“数图有礼　资源贺岁”主题展览、宝宝智库体验、第二届“大众美育馆——小画笔，画世界”少年儿童图文创作网络征集等活动，引导读者使用馆内数字资源。全年开展各类阅读推广活动36余场次，近13000人次参与活动。

数字图书馆建设　建设图书馆360全景展示系统。该系统集模拟现实技术、三维技术、多媒体技术及互联网技术等于一体。读者可以通过触摸屏，全景查看每个部室，体验身临其境的感觉。购置大屏液晶显示屏，利用新技术，将馆内各项服务数据，实时展现在读者面前。为平谷中学、小香玉艺术学校等共建立电子书自助借阅服务站12个，年下载电子图书近30万册。

文化市场管理

行政审批　审批科梳理完成区级行政职权事项，区文委共上报区级行政职权事项102项，包括行政许可、行政确认、行政给付、行政处罚、行政检查、其他六大职权类别。区文委窗口现共有行政许可13项，其他类行政职权事项4项。2017年，窗口共办理行政审批和服务事项500余件，接待群众咨询1200余人次，接到锦旗3面，表扬信4封。在年终评比中，区文委窗口被评为“优秀窗口”，工作人员被评为“优秀首席代表”。

行政执法　开展寒假网吧和网络环境专项整治等多个专项整治行动。行政处罚违法违规文化经营单位和企业18个，行政罚款9.4万元，查处取缔无证照“电玩城”1个、无证黑网吧2个。

获奖情况

集体

文化馆　荣获第六届京津冀河北梆子票友邀请赛优秀票友奖、十大名票奖、优秀组织奖；选送的河北梆子《北国佳人》荣获第六届京津冀河北梆子票友邀请赛一等奖，《大登殿》荣获三等奖。

图书馆　荣获第三届“阅读之城——市民读书计划”图书评选活动优秀组织奖；第三届全国少年儿童

名著新编短剧大赛优秀组织奖；“我的藏书票”设计大赛优秀组织奖；“北京市红领巾读书活动优秀组织奖”；第二届京津冀诵读邀请赛优秀组织奖；2017年度北京市公共图书馆文化志愿服务总队优秀文化志愿服务组织奖；“换书大集”“萌芽绘本”获得北京市公共图书馆文化志愿服务总队优秀文化志愿服务项目奖；荣获“全民阅读示范基地”称号。

执法队　被评为2015—2016年度北京市文化市场管理和“扫黄打非”先进集体。

个人

闫建华　被北京市“扫黄打非”办公室推荐为全国2016年度“扫黄打非”先进个人。

王　宇　荣获2017年度北京市公共图书馆文化志愿服务总队先进工作者称号。

田海香　荣获2017年度北京市公共图书馆文化志愿服务总队先进工作者称号。

刘春雨　荣获第六届京津冀河北梆子票友邀请赛“个人优秀组织奖”。

李慧颖　荣获第六届京津冀河北梆子票友邀请赛“个人优秀组织奖”。

谭学会　荣获第六届京津冀河北梆子票友邀请赛“个人优秀组织奖”；在平谷区第二小学辅导的京剧《卖水》参加北京市少年宫京剧大赛荣获优秀奖。

平谷区文化委员会

书　记　陈梦慧(7月免)
　　　　　王文忠(7月任)
主　任　王文忠

(刘梓轩)

昌　平　区

概　况

昌平区位于北京西北部，面积1352平方公里。辖8个街道、4个地区、14个镇，常住人口206.3万人。

昌平区文委员会(以下简称区文委)，是负责全区文化、文物、新闻出版和广播电影电视事业管理工作的区政府工作部门。区文委机关内设办公室、政工科、文化科、文物科、市场科和创建办。直属单位共5个，其中行政单位1个(副处级)：文化行政执法队；全额拨款事业单位3个(正科级)：区文化馆、区图书馆、区文物管理所(博物馆)；企业1个：昌平区新华书店。

2017年，区文委认真宣传学习贯彻中共十九大精神，紧紧围绕区委、区政府中心工作，扎实开展“两学一做”学习教育和“强党性、敢担当、出实效”主题教育活动，有效推进公共文化服务体系示范区创建工作，不断丰富群众文化生活，加大文化市场监管力度，确保全区文化安全和政治安全。

2017年文化艺术发展

文化设施建设

基本情况　昌平区级公共文化服务设施有1个文化馆，1个博物馆，1个图书馆，13个区图书分馆，1个新华书店，5个新华书店分店。2017年，完成了崔村镇西崔村、流村镇南流村、十三陵镇碓臼峪村等11个村综合文化室改造工程。为回龙观镇“1818街区”综合文化中心配备了图书及音响设备。正在进行流村镇北庄村、西峰山村、百善镇上东廓村等52个村和社区文化室改造施工，南邵镇姜屯村、南口镇辛立庄村等45个村和社区文化室改造项目预算正在评审。截至年底，全区20个镇、街道文化中心，建有17个综合文化中心，建有率85%，未达标3个；现530个村、社区，建有文化室498个，建有率94%。

重点社区文化建设　投资500余万元精心打造回龙观“1818街区”综合文化中心，建成了面积4200平方米，集开放式图书馆、综合演艺中心和体育健身中心于一处的大型文体活动中心，同时，配齐了图书、音响及健身设备。已向周边广大市民开放，得到了广大市民的一致好评。重点支持回+双创社区图书馆建设，为回+图书馆配备新图书15000册。

基层文化组织员队伍建设

队伍建设　举办了第一批基层文化组织员培训班，对新招聘的194名文化组织员进行了为期3天的政治及业务培训。由文委统一组织，以考试的方式公开选聘了334名基层文化组织员。至此，全区基层文化组织员配备工作全部完成，每个农村和社区配备了至少1名基层文化组织员。建立基层文化组织员登记台账，全面了解掌握文化组织员的信息及考核动态，做好文化组织员补贴发放监督工作，确保全区文化组织员队伍稳定。积极指导镇街加强基层文化组织员队伍的考核管理。印发了“北京市昌平区基层群众文化组织员证”，实现文化组织员持证上岗。起草了《昌平区基层文化组织员志愿服务协议书》并由各镇街与文化组织员签订了服务协议。

文化活动

2017年昌平区“迎新春团拜会”文艺演出　1月20日，由中共昌平区委、昌平区人民政府主办，中共昌平区委宣传部、昌平区文委承办的“2017年昌平区迎新春慰问演出”在区广播电视中心二楼演播厅举行。区委书记侯君舒，区长张燕友，区四套班子领导，各大工委、各镇街主要领导，部分区人大代表，政协委员以及2016年度全区各条战线获得国家、北京市级以上奖励的先进个人、先进集体代表等共计200余人参加了此次慰问演出活动。歌舞《金鸡迎春凤舞呈祥》拉开了文艺演出的序幕。张燕友代表区委、区政府致新春贺词，并向全区人民拜年。整场演出以原创节目为主，所有演职人员均来自全区各镇街及中小学校。群口快板《美丽昌平起来歌》祝愿昌平繁荣昌盛，明天更美好。河北吴桥作为京津冀地区代表，也送来了精彩的杂技节目《滚圈》，祝全区人民团团圆圆，幸福美满。充满梦想的舞蹈《穿妈妈的高跟鞋》将该次文艺演出推向了高潮，营造了欢乐、祥和、热烈喜庆的氛围。金玲工作室的演员表演的魔术《水墨　清风》吸引了在场每位观众的眼球。最后，在男女重唱《阳光路上》的音乐声中落下帷幕。

第四届“金长城杯”小魔星魔术比赛暨全国擂台赛　3月18日—5月1日，在2017年北京农业嘉年华主会场和乐多港分会场举办第四届“金长城杯”小魔星魔术比赛暨全国擂台赛。此次活动包括开幕式、全国网络预选赛、全国复赛、全国总决赛、闭幕式。该活动由北京市昌平魔术协会主办，北京金玲艺韵文化艺术中心承办，北京乐多港发展有限公司、桑托(北京)投资基金管理有限公司协办，中国青年报社战略支持。此次活动共涉及全国10个省、市、自治区及港澳台地区，共计500多名中小学魔术师共同参与，参与人次达20000人次，其中，来自北京的武学慧和来自台湾的张道顺获得了儿童组的冠军，来自香港的源翊桐获得了少年组的冠军。

第四届“金长城杯”小魔星魔术比赛获奖者合影

举办第四届北京曲剧艺术节　3月22日下午，由昌平区文委、北京市曲剧团主办的“第四届北京曲剧艺术节”在装备学院昌平士官学校礼堂开幕。北京曲剧《龙须沟》作为首场演出精彩开锣。区文委党委书记、主任刘全新，副主任刘庆华及北京演艺集团、昌平区政协教文卫体委、党史办、文明办、档案局、人力社保局、老干部局和各镇(街)主管领导、文化中心主任以及全区600余名戏曲爱好者共同参加开幕式活动并观看演出。该届艺术节从3月持续至10月，3部经典北京曲剧《龙须沟》《正红旗下》《箭杆河边的新故事——十不闲传奇》让全区各大专院校学生、部队指战员、乡镇的乡亲们和社区居民欣赏。

2017年世界大学生魔术交流大会　9月22日—24日，2017年世界大学生魔术交流大会在华北电力大学礼堂举办。中国杂技家协会分党组书记、驻会副主席、秘书长王仁刚，中国青年报社党委书记、社长、总编辑张坤，北京市委宣传部副部长余俊生，北京市文联党组书记沈强，北京市文化局副巡视员马文，中国杂技团有限公司副总经理常明，中国青年报社副总编辑刘健，北京市文联副秘书长、副巡视员苏社钦，北京市昌平区委书记侯君舒，北京市昌平区人民政府区长张燕友等领导出席大会。此次大会是由中国杂技家协会、中国青年报社、北京市文化局、北京市文资办、北京市文联、北京演艺集团、昌平区人民政府共同主办，北京杂技家协会、中国杂技团、北京市昌平区文化委员会承办。这是目前国内规格最高的国际大学生魔术交流大会。大会期间，共有来自中国、美国、英国、法国、德国、俄罗斯、荷兰、西班牙、意大利、乌克兰、立陶宛、澳大利亚、巴西、韩国、马来西亚以及中国香港、中国台湾地区的魔术师、评委和嘉宾，共计30余人。其中，涉及“一带一路”倡议的国家有俄罗斯、立陶宛、马来西亚和乌克兰，共有6名选手、嘉宾参与。大会参与人数达到5000人次。大会通过电视、广播、报纸、视频、微博、移动APP、外媒、校园媒体等渠道，进行全媒体整合传播，大会直接影响受众超过8亿人次。此次大会，进一步强化了昌平“魔术之都”区域品牌、中国北京国际魔术大会文化活动品牌以及“金长城杯”国际魔术比赛品牌形象。

成立北京市昌平区民族管弦乐学会　为进一步加强昌平区的群众文化工作，充分发挥广大民族音乐工作者和爱好者的作用，振兴、发展中国民族音乐艺术，弘扬传统民族文化，振兴民族精神，经区民政局注册批准，成立昌平区民族管弦乐协会，11月2日在南邵文化中心礼堂揭牌并成立。学会现有会员236人，由作曲指挥专业委员会、弓弦、弹拨、吹管、打击以及普及民族音乐艺术6个分支机构组成。

组织专业院团深入农村社区送精品文艺演出 根据北京市精品演出购买服务工作的政策，为让百姓享受到精神文化的盛宴，把“艺术”送到群众家门口，昌平区积极组织北京儿童艺术剧院、北京歌舞剧院、中国木偶艺术剧院、中国杂技团、中国评剧院、北京交响乐团6个专业院团，精选23场次优秀传统剧目，深入全区农村、社区、学校、幼儿园，把最民族、最经典的演出送到最基层百姓中间。台上演员演的起劲，台下观众听得尽兴，群众感慨地的说：“没想到在自家门口就能看到这么专业、地道的表演，让我们充分感受和了解民族传统文化的魅力，很有意义。”全年完成演出20场次，参与观众1万余人次。

“公益惠民”演出 全年共组织“公益惠民”演出953场，其中农村“星火工程”专业团队演出304场、非专业团队演出608场、“百姓周末大舞台”29场、“周末场演出”12场，现场观众达30万余人次。公益电影放映13660场，观众478100人次。

文化馆

文化交流 12月14日，“印象昌平”——2017年京津冀绘画邀请展在首都博物馆开展。画展展出了80幅京津冀书画爱好者的优秀国画作品。

12月14日，“印象昌平”——
2017年京津冀绘画邀请展在首都博物馆开展

非物质文化遗产保护工作 2017年对“非遗”项目信息人员进行了数据统计更新工作，挖掘统计新项目“马玉友剪纸”“北京文房四宝制作技艺”“骨子术”“风车制作”“中医整脊医术”“王士杰中医正骨”“流村剪纸”“祺氏烫纸艺术”“中药蜜丸制作技术”共9项。6月10日是“非遗”日，在昌平区流村镇漆园村文化广场通过现场展览、展示和展演的形式对昌平区非物质文化遗产保护工作的宣传。完成了北京市级非物质文化遗产“涧头高跷”传承基地的建设，并于7月8日在十三陵镇涧头村举行了揭牌仪式。积极开展了运河文化带非物质文化遗产项目上报工作，上报了重点项目：白浮泉——都龙王庙庙会。代表昌平区人大出席北京市人大《北京市非物质文化遗产保护条例》立项论证会，并作了《昌平区非物质文化遗产保护情况及需要立法进行规范和支持的问题》的发言。随同文委领导出席北京市对外友好协会昌平区调研会。

组织文艺演出及比赛 2017年完成了2场音乐会，即“昌平区新年音乐会”“2017年昌平区迎新春慰问演出”，昌平区年轻的二胡演奏员葛萌举办了个人独奏音乐会，昌平区科协举办昌平区庆祝首个全国科技工作者日文艺晚会“神圣使命科技圆梦”，热烈庆祝中国人民解放军建军90周年“美丽昌平”进军营——庆“八一”慰问演出，大型现代评剧《云水情》巡演，慰问武警官兵战士文艺演出以及“星火工程”百场演出等，共计150场，观众人数达50000余人次。2017年，还积极参加了北京市朗诵大赛昌平区选拔赛，昌平区交通安全知识演讲活动、2017年全国科普日宣传活动以及昌平区文化组织员评选等活动。

文艺创作 2017年，完成《军都文苑》6期、《说说唱唱》2期的组稿、编辑、印刷、发放工作，共计印刷16000册，发放15800本。收录昌平区新、老作者的小说、散文、诗歌、曲艺等360篇(首)；结合北京三个文化带，文化馆创作了《昌平大地上的长城》一书。报送文学作品单篇作品30篇、个人作品集17部参加市级比赛。

文化志愿者服务 2017年，积极开展“雷锋月”“敬老月”“助残月”活动，送出演出30余场，参加志愿者人数500多人，观看演出人数达7000多人。文化志愿者分中心进行送福到家品牌服务活动，分别为流村和兴寿镇村民送春联1000副、福字1000个。组织开展了两学一做见行动文化志愿者下基层系列培训活动，培训1000多人。

艺术教育 2017年，举办了春季舞蹈培训班、昌平区文化组织员培训班、合唱指挥培训班、“两学一做”见行动系列培训(包括朗诵主持和舞台化妆讲座、昌平广场舞大赛小教员培训班、电影放映员培训班等)。同时，文化馆业务干部还下基层进行摄影培训、舞蹈培训、声乐培训。累计受益75000余人次，培训课时2000余个课时。

艺术品展览 2017年，举办了“雄鸡歌盛世”昌平区迎新春群众书画展，共展出100余幅作品。举办了“剑胆琴心”军人杨东方个人书法作品展、“山水情缘”王建林国画作品展、“飞翔的精灵”张号摄影展、“童心溢彩笔墨生辉”城北中心小学师生产书画展、庆祝建党96周年“大美昌平军都·印象”军都印社作品展、“军民鱼水情”庆祝建军90周年摄影展、“草原清风”程远艺术汇报展、“墨彩清韵”刘建军绘画作品展、“聚焦阅读——寻找最美阅读风景”摄影展、高铭华报纸收藏展、城北街道作品展、齐景山白石后人展、文物拓片展等，共计展出作品1800余幅，累计参观人次5万余人次。

图书馆

基本情况　2017年，昌平区图书馆入藏图书32000册，接待读者35万人次，借阅图书37万册次，解答读者咨询1800条，接收政府信息公开纸质文件920份；订阅报刊808种。总馆藏量70万册(件)，新办“一卡通”6200张，累计有效持证读者达到3万人。举办各类读者活动120次，参加活动2万人次；组织专题讲座和报告会63场，参加活动3500人次；举办展览活动10场，参加活动9000人次。

送书下乡　昌平区图书馆2017年在全区共设立图书点20个，送书100次，图书26000册。

红领巾读书活动　2017年，昌平区图书馆组织举办了“说说我的阅读故事”讲故事比赛和“我的家风”家庭情景剧比赛、读书小状元评选、电子书制作、我的藏书票等红领巾读书活动，荣获市级奖项37个。利用阵地图书资源开展少儿绘画比赛、少儿读书会、国学课等活动30场，参加人次2000人次。

全民阅读　2017年，昌平区图书馆承办了由昌平区文委主办的以“阅读点亮中国梦想”为主题的第七届昌平阅读季系列活动，组织开展了“好书好人生·昌平读书汇”公益大讲堂、全民诵读月、百姓读书大讲堂、“聚焦阅读——寻找最美阅读风景”摄影展等活动100场，参与人数2万人次。

基层馆室建设　年内，在回龙观融泽家园筹建昌平区图书馆回龙观第一分馆，建筑面积700平方米，使用面积400平方米，藏书15000册，服务人群3万余人。已投入使用。

“好书好人生，昌平读书汇”公益大讲堂　创新亮点工作——全年举办12期“好书好人生　昌平读书汇”公益大讲堂活动。邀请到朗诵艺术家殷之光、女作家方紫鸾、文学家苏叔阳、清史专家于善浦和著名歌手缪杰等知名文化人士作为出席嘉宾，吸引近4000名书友参加，活动场所也开始步入校园、步入社区，方便了广大读者参与。

阅润昌平——《弟子规》公益亲子课堂　2017年，举办了《弟子规》公益亲子课堂12场，举办暑期夏令营2场，通过老师讲解和指导小读者家庭诵读《弟子规》经典内容，学习领会《弟子规》所蕴含的中华传统文化精髓，帮助孩子树立正确的人生观、价值观。

文化市场管理

行政审批　2017年，共接待咨询4000余人，办理解答3000余件。完成行政许可事项手续217件。新设企业申请137件，其中，出版物零售设立136件，文艺表演团体1件；变更企业80件，其中，出版物变更61件，网吧企业变更9件，娱乐场所变更10件。现场审核场地50家。2017年，文化企业年度共核验企业800家，完成市局统计年报300家。

行政执法　全年共出动执法人员1125人次，检查各类文化企业1352个次，开展联合执法40余个。上报信息100余篇，办理各类举报55个，办理各类案件71件。罚款金额128500元，警告10个次，取缔黑网吧8个、黑歌厅2个、黑电玩1个，关停涉嫌黑开场所2个，查扣非法经营设备205套，取缔非法演出6起，删除网上政治谣言类有害信息8256条，关闭网站15家。

获奖情况

集体

文化行政执法队　获2015—2016年度北京市“扫黄打非”暨文化市场管理工作先进集体奖。

昌平区图书馆　被评为“2017年度北京市红领巾读书活动优秀组织奖”。

获奖情况　2017年，在北京市基层群众文艺创作辅导(文学)专项工作首届“文荟北京”群众文学奖评选中荣获单位组织奖；荣获“2017北京少儿曲艺比赛”组织奖；荣获“歌唱北京”优秀组织单位奖；在首届“奏响北京”全市器乐大赛展演比赛中荣获民族器乐组银奖、铜奖；在第十二届“舞动北京”群众舞蹈大赛中，舞蹈《时间记忆》荣获舞台舞蹈老年(郊区组)铜奖，《穿妈妈的高跟鞋》获舞台舞蹈少儿(郊区组)铜奖，《齐咯隆咚呛》荣获广场舞创作奖，广场舞获得团体(郊区组)银奖、舞台舞蹈团体(郊区组)铜奖，单位获得优秀组织奖；在“影像北京”2017全市群众美术、书法、摄影大赛中荣获组织奖；“昌平区文化志愿者服务”荣获2015—2016年度北京市优秀群众品牌文化活动奖(三类)；创编的铁片大鼓《孝心不能等待》荣获2015—2016年度北京市优秀群众原创作品奖；歌曲《真心》荣获2015—2016年度北京市优秀群众原创作品奖。

个人

刘庆华　获得2014—2016年度北京市文化工作先进个人奖。

杨　磊　获2015—2016年度北京市“扫黄打非”暨文化市场管理工作先进个人奖。

李燕晶　获2015—2016年度北京市“扫黄打非”暨文化市场管理工作先进个人奖。

肖经桂　获得2014—2016年度北京市文化工作先进个人奖。

董秀芳　获得2014—2016年度北京市文化工作先进个人奖。

周　浩　获得2014—2016年度北京市文化工作先进个人奖。

王晓晨　获得北京市公共图书馆文化志愿服务总队优秀文化志愿服务个人奖。

昌平区文化委员会

书　记　刘全新

主　任　刘全新

(艾俊北)

门头沟区

概　况

门头沟区位于北京城区正西偏南，总面积1455平方公里，山区面积占98.5%，2017年年末常住人口32.2万人。门头沟区辖9个镇、4个街道办事处、177个行政村、99个居委会。

门头沟区文化委员会(以下简称区文委)是门头沟区人民政府主管文化、文物、新闻出版、版权、广播电视、扫黄打非、文化综合执法工作的职能部门，内设7个职能科室及1个文化行政执法队，即办公室、文化科、文物科、文化市场科、计划财务科、政策法规科、纪检监察科、文化行政执法队(含信息举报中心、行政执法一分队、行政执法二分队、行政执法三分队)。下属7个基层事业单位，即文化馆、博物馆、图书馆、影剧院、电影发行放映服务中心、文物事业管理所、文化创意产业促进中心。

2017年，在门头沟区委、区政府的领导下，区文委紧抓“十三五”规划北京强化全国文化中心建设为门头沟区文化发展带来的新机遇，立足地区文化资源优势，深入推进文化品牌塑造、文脉保护传承、文化服务提升、文创产业促进四大工程，为建设宜居、宜业、宜游的现代化生态新区提供强大精神动力和文化支撑。

2017年文化艺术发展

文化政策法规

9月30日，出台《门头沟区关于加快推进公共文化服务体系示范区建设的实施意见》，进一步明确了公共文化服务的政府责任、重点任务和保障措施，加强推动全区各级政府和相关单位切实履行职责，形成公共文化建设合力。

文化设施建设

截至2017年年底，13个镇街共有12个建有文化中心，其中9个达到市级标准，镇街公共文化设施覆盖率92%，达标率69%；除去拆迁，共有245个村居、228个文化室，村居文化室公共文化设施覆盖率93.1%，达标率为55%。

重要会议

党建暨党风廉政建设工作会议　3月23日，召开区文委党建暨党风廉政建设工作会议。会议由区文委党组副书记、主任常蓉主持。党组成员、区文委纪检组组长董国岭和区文委副主任巩旭东分别部署了区文委2017年党风廉政建设工作与党建工作；党组书记曲书法对文委2017年党建暨党风廉政建设工作提出了具体要求。会上曲书法与班子副职领导、副职领导与科室单位负责人分别签订了2017年党风廉政建设责任书。

2017年度全区“扫黄打非”成员单位全体会议　4月21日，2017年度门头沟区“扫黄打非”成员单位全体会议召开。会议对“扫黄打非”工作进行部署，制定并下发了《2017门头沟区“扫黄打非”工作方案》《门头沟区关于深入推进文化市场管理暨“扫黄打非”进基层工作实施意见》，规范并印发了《门头沟区“扫黄打非”工作领导小组责任制度》《门头沟区文化市场意识形态领域规范管理联动机制》。

重要文化活动

“金鸡报喜　迎春纳福”春节系列文化活动　1月30日开始，区文委组织开展了“金鸡报喜　迎春纳福”春节系列文化活动。活动有以曲艺、儿童剧、戏曲、综艺等多种形式组成的特色文化惠民演出周，有以社区、村为活动主体，自主开展秧歌花会、经典戏曲、多彩综艺、娱乐游艺等多种形式的迎新年群众文化大联欢，有以唱大戏、综艺演出等形式为主的贺新春山乡戏曲会演，共有53余场演出，受众百姓达到约17000人次。

清明节大型民族音乐会　3月29日，区文委举办“一年一度的情怀”——2017年门头沟区清明诗歌朗诵音乐会。区文委在往年清明节民乐演出的基础上，融入了原创诗歌朗诵内容，进一步丰富了清明节的文化内涵。音乐会演奏的曲目有原创民乐合奏曲《京西风情》，古筝《山丹丹开花红艳艳》《采茶舞曲》等，同时融合区原创诗歌内容《献给永定河的歌》《暮春初晴》《秋日爨底下》。

第七届全民阅读季活动　4月21日—5月2日，区文委举行了门头沟区第七届全民阅读季活动。区文委面向社会发布了全区2017年全民阅读计划，并

3 月 29 日，2017 年门头沟区清明
诗歌朗诵音乐会在门头沟影剧院举办

以“书香门头沟，阅读永定河”为主题，积极创新群众性阅读活动的工作形式和活动载体。

“戏韵门头沟”戏曲票友大赛　5 月 20 日—21 日，由区文委主办、区文化馆承办的 2017 年“戏韵门头沟”戏曲票友大赛在黑山公园举办。来自全区近百名业余戏曲爱好者积极报名参与。其中，年龄最大的 78 岁，最小的只有 5 岁。经过专家评委的评选，最终评选出大赛一、二、三等奖和优秀奖选手。

“戏韵飘满五月天”戏曲演出周　5 月 22 日，2017 年门头沟区“戏韵飘满五月天”戏曲演出周活动在影剧院举行。北京民声京剧团、京西百花河北梆子剧团、夕阳美戏剧社、黑山小学、中国评剧院等来自区内外戏曲团队以及名家、票友为区 5000 多名戏迷朋友带来精彩的演出。

第四届“舞动门头沟”群众舞蹈大赛展演　7 月 9 日，由门头沟区文委主办、区文化馆承办的第四届“舞动门头沟”群众舞蹈大赛在区影剧院举行。经过各镇街、学校、文化志愿团队初赛和复赛的选拔，来自全区 45 支参赛队伍、1000 余人参加了比赛。该届“舞动门头沟”舞蹈大赛首次采取网络直播的形式，比赛当天共直播平台浏览量已超过 5 万人次，最终评选出最佳风采奖 11 名、最佳创新奖 12 名、最佳表演奖 12 名、最佳进步奖 10 名。

第十一届中国北京永定河文化节　7 月 15 日，第十一届中国北京永定河文化节拉开帷幕，同时开启了京津冀永定河流域文化协同发展的新篇章。该届永定河文化节为期 3 个月。文化节期间，有开幕式主题演出、《京西古村落》系列纪录片展播、《平西组歌》原创作品音乐会、“永定河—大西山”人文地理影像志、西山古村雅集、原创舞台剧《永定人家》等高品质的文化活动。

门头沟区“平西组歌”大型原创交响音乐会　7 月 31 日，由中共门头沟区委宣传部、门头沟区人民武装部、门头沟区文委主办，区文化馆、区和谐之声合唱团承办，区双拥办协办的“平西组歌”大型原创交响合唱音乐会在门头沟区影剧院举行。

原创京味农村现实题材话剧《乡愁如霞》首演　8 月 30 日，由北京文化艺术活动中心、门头沟区文委联合推出的首部原创京味农村现实题材话剧《乡愁如霞》在门头沟区影剧院首演。

第 28 届文化艺术节“乡村大舞台”活动　9 月—12 月，门头沟区第 28 届文化艺术节“乡村大舞台”举行。全区 9 个镇、67 个村居参加，参演节目 120 个，参与人次 4000 余人。演员大部分来自基层文化爱好者和文化团队。

大型原创舞台史诗剧《永定人家》成功首演　10 月 28 日—29 日，作为献礼中共十九大北京文化演出的重点项目，由中共北京市门头沟区委宣传部、门头沟区文委推出的大型原创舞台剧《永定人家》在北京电视台大剧院首演。这是一部首次以京西历史为背景，以门头沟煤业文化、古道古村落文化、民间民俗文化、生态山水文化、红色革命文化为基础原创的舞台史诗剧。

成功申报创建国家公共服务体系示范区（项目）　12 月 8 日，区文委申报的国家公共服务体系示范项目——“门头沟区公共文化服务配送体系现代性研究与应用”，经申报、答辩、专家评分与投票，成功获得创建资格。评审组专家一致认为，门头沟区有良好的创建基础，项目内容具体化、目标明晰化，项目的研究与应用在全国范围内具有典型的创新性、示范性、带动性和可推广性。

门头沟区业余星火团队原创作品大赛　12 月 30 日，2017 年门头沟区“业余星火团队”原创作品大赛在区影剧院拉开帷幕，来自全区各镇街选送的 32 支星火团队、700 余人参赛。

文化队伍建设

门头沟区基层文化工作者培训　5 月 9 日—26 日，门头沟区基层文化工作者培训举行。该次培训共分为 3 期：第一期为 5 月 9 日—12 日的群文理论培训班；第二期为 5 月 16 日—19 日的广场舞培训班；第三期为 5 月 23 日—26 日的音响师培训班。被培训学员来自区 4 个街道办事处、9 个乡镇的文化中心主任、科员、基层文化工作者，每期 60 人。

共享工程基层图书管理员培训工作　5 月 17 日，门头沟区图书馆组织全区各乡镇街道办事处的 200 余名图书管理员，参加了“2017 年门头沟区基层图书管理员暨共享工程技术员培训”。

文化行政执法队伍建设　年内，一是行政执法队人员法规培训、综合业务培训，共计 72 人次，940 学时，执法人员的法律法规意识和业务技能都有了较大的提高；二是加强了对文化市场监督员和企业负责人及安全员的培训，把培训项目与内容纳入区级培训项目，共计6场、620人次。

文化惠民演出

文化馆下基层辅导演出　4月19日，文化馆下基层辅导演出团队一行20多人带着门头沟区人民对子弟兵的深情厚谊，走进武警森林部队驻门头沟分队进行专场慰问演出，为即将撤防归建的部队官兵们送上一台异彩纷呈的节目。2017年，文化馆下基层辅导演出活动共进行60场次。

暑期精品文化演出暨儿童剧展演周活动　8月5日—11日，门头沟暑期精品文化演出暨儿童剧展演周活动在区影剧院举行。此次活动由区文委主办，展演中有经典剧目《熊猫潘大侠》《三只小猪》，有科幻剧目《雪国精灵》《成语王国的奇妙旅程》，有传统文化剧目《老人与海》《少年孟子》《绝对小孩》。

特色文化演出周　10月2日—6日，区文委举办特色文化演出周，国庆节日期间上演了河北梆子、评剧、儿童剧、民乐专场音乐会等节目，丰富百姓假日文化生活。

“高雅艺术进基层”精品剧目展演活动　12月25日，由区文委主办、各镇街承办的2017年门头沟区“高雅艺术进基层”精品剧目展演在斋堂镇文化中心启动。邀请中国杂技团、中国管乐交响乐团、北京交响乐团、北京评剧院等国家级专业院团分别在清水镇、斋堂镇、东辛房街道、城子街道等文化中心为基层百姓进行演出。

12月25日，2017年门头沟区“高雅艺术进基层”精品剧目展演在斋堂镇文化中心启动

2017年，区文委全年共开展“星火工程”演出、周末场演出、下乡下基层演出571场。

文化创意产业

门头沟创意创新创业大赛　4月18日—5月11日，举办门头沟创意创新创业大赛暨第二届北京市文化创意创新创业大赛门头沟分赛场活动。通过项目征集、网络投票、初赛、一对一培训、决赛现场路演与专家评审等工作，最终来自清华大学的创业项目“空气洗手”获得比赛一等奖(市总决赛三等奖)，北京小白世纪网络科技有限公司的“小白极智视觉——基于AI视频识别的精准广告投放系统”项目获得比赛二等奖(市大赛组委会特别奖)，来自门头沟本地的“家乡——门头沟1958”创意项目获得三等奖，“cavalia舞马”及“京西文化旅游定向赛”项目分获大赛“年度媒体关注奖”和“年度创业人气奖”。

“文化惠民　乐享京西”门头沟惠民文化消费月　8月15日—10月15日、11月5日—12月15日举办第五届惠民文化消费季暨“文化惠民　乐享京西”门头沟惠民文化消费月活动。活动围绕“文荟北京　质惠生活”主题，通过组织“10元进影院”活动，制作发放总额10万元的惠民文化消费大礼包，打造牡丹书院、创客图书馆等特色文化惠民阅读空间等多项活动，采取线上线下相结合的方式，着力加强优质文化消费供给，拓展受惠群众范围。活动共吸引近44.7万人次参与，交易金额约1977万元。

2017北京国际设计周门头沟分会场　9月29日—10月6日，以中国传统村落雁翅镇碣石村为主要载体，通过引进原创设计与现代文化元素，对古村落进行VI整体设计、游览线路文化提升和包装、制作线上智慧地图、举办永定河大西山地理影像志展览、西山雅集、“非遗+设计”作品展等一系列文化活动，打造“活的博物馆”项目，举办北京国际设计周门头沟分会场，树立文化创意体验旅游新品牌。发布《创意门头沟·预见匠心·非遗设计大赛获奖作品招商合作手册》。

门头沟区文化创意培训班　11月3日、11月24日举办门头沟区文化创意产业第五、第六期培训班。培训班邀请了北京文化产权交易中心介绍“文投汇”项目与区企业融合发展的经营模式，门头沟区重点文创企业，《战狼2》投资方“北京文化”分享成功转型经验，赴中关村东升科技园、市文资办北京文化创意展示中心学习调研等。

文化创意产业呈快速发展态势　2017年门头沟区规模以上文化创意产业共实现收入35.6亿元，同比增长91.6%，增速位列全市第一。

非物质文化遗产保护工作

开展文化遗产日主题活动　6月8日—9日，区文委开展了以“实践与创新”为主题的“非遗”体验游活动。组织参观了门头沟区紫石砚博物馆，并观看了龙泉务村童子大鼓会、小车会、武术会等“非遗”保护项目及独具特色的京剧广场舞展演。

“盛世舞太平”——京津冀太平鼓非物质文化遗产展演　6月9日，门头沟区“盛世舞太平”——京津冀太平鼓非物质文化遗产展演在永定楼广场举行。该次活动有来自北京市及天津市北辰区、河北省赵县、秦皇岛市抚宁区共15支具有代表性的太平鼓团队进行交流展演，活动共450余人参加。

琉璃重生计划　以市场为导向，推进非物质文化遗产项目产业化发展。重点推出国家级“非遗”项目琉璃烧制技艺，深挖琉璃皇家文化，实施“琉璃重生计划”。设计出5大类15种独具琉璃文化元素的文创产品，完成样本制作，并与故宫、颐和园等景区的文创销售平台达成合作营销的意向。

文化交流

促进京津冀协同发展　1月12日，与涿鹿县图书馆签订了战略合作协议。6月30日，门头沟区图书馆参加涿鹿县第一届书市大集活动。该届书市以“分享阅读，交换快乐”为主题，交换活动2天，共计交换图书1200余册。

开展区域文化市场交流、增进区域合作　5月，与房山区进行了多次文化市场交叉检查专项行动。执法人员按照职责，认真检查场所并对其提出相关要求，通过交叉检查，相互交流学习观摩，增进了执法工作的交流，促进了执法技能的提高。10月30日—11月3日，与新疆阿克苏地区进行了文化市场综合执法帮扶活动，在文化市场各项制度与监管方式等方面进行了沟通与交流。

参展第十二届北京市文博会　9月11日—13日，搭建门头沟区展厅参与第十二届北京市文博会。以“凝视西山　永定长流”为主题，以西山永定河文化为主线，组织区内10多家重点文创企业，以实物展示、摄影作品、视频、现场表演的方式展示，突出“非遗”项目的活态传承和产业化转型成果与区文化创意产业发展的新面貌、新活力。

图书馆

送文化慰问进基层　1月17日，区图书馆为位于潭柘寺的108国道改道改建工程二标工地的施工工人送去200多册期刊、福字和新春祝福。1月19日，区图书馆特邀区书法家协会副主席张福军、著名书法家于建民，在军庄镇东杨屯村开展了“喜迎新春送春联·送传统文化进山村”主题文化活动。1月18日下午，为驻村“第一书记”送去了100余册杂志，同时把“北京市门头沟区全民读书活动　阅读推广人”聘书和全市通用的借书证送到“第一书记”手中。

企业文化共建，聘请公交阅读推广人　1月25日，图书馆受八方达车队邀请，与车队职工、部队战士共同开展了青年联欢活动。在活动现场，图书馆正式聘请车队书记庞云和朱新元作为图书馆2017年度全民阅读活动推广人，为两位书记颁发了阅读推广人聘书，并为车队送去期刊。

成功举办门头沟区第四届大型书市　2017年4月18日，区图书馆成功承办了第四届北京书市门头沟分会场，活动时长共8天，全区共有万余人参加，销售图书金额共达百余万元。

图书交换大集活动　4月21日—23日在永定河文化广场开展门头沟区图书交换大集活动。此次活动共计交换图书1600余本、期刊444册，有来自小学、公交公司、书香家庭代表、阅读推广人、部队等400余名市民参加。

门头沟区少年读书节　2017年，门头沟区少年读书节以“阅读北京　悦享好书”为主题，与门头沟区教育委员会合作，面向全区15所学校、5万多名在校学生通过开展讲故事比赛、情景剧比赛、藏书票设计比赛、读书小状元评比、青少年最喜欢的100种图书推荐、“书香校园”评选以及青少年图书交换大集等系列活动。

双拥工作　为满足军队官兵的阅读需求，区图书馆为驻区部队图书室配备、更新轮换图书，共计更新图书2690余册、杂志150余册。

送亲子共读进家庭活动　2017年，门头沟区图书馆继续与悠贝亲子图书馆合作，在乡镇社区开展亲子绘本阅读、父母与孩子共读一本书等系列活动。区图书馆在城子办事处、市场街社区等5个社区开展绘本阅读16场，累计200人次参与了该项活动。

红领巾读书活动丰富多彩　2017年，门头沟区红领巾读书活动办公室组织区中小学生开展一系列“阅读北京　悦享好书”主题活动。其中包括：“说说我的阅读故事”红领巾讲故事比赛、“我家的家风”家庭情景剧比赛、第五届“我的藏书票”设计比赛、“我的阅读档案”电子书制作、“阅读北京　悦享好书”青少年经典导读活动、第十八届“读书小状元”评比活动、北京市红领巾读书活动推荐书目、图书交换大集活动。参加2017年“红领巾读书活动”的学生共计2万余人次。

“西山讲堂”系列讲座活动　2017年，西山讲堂项目正式启动，全年共完成10场不同领域的讲座，800人次参与。“西山讲堂”旨在围绕“长城文化带”“西山永定河文化带”，开拓发掘门头沟区历史文化的更深层次，让门头沟区悠久的历史、丰富的物质及非物质文化遗存、多彩的民俗资源，为更多人熟知，使区的文化氛围更为浓厚。

文化市场管理

行政审批　2017年，共受理各类行政审批40件，提前办结率达100%。其中，出版物零售新设立10个，文艺表演团体1个，艺术品备案1个，迷你歌咏亭备案1个，其他为变更、注销类。

行政执法　全年文化市场执法队共出动执法人员407人次，车辆152台次，检查文化娱乐场所206家次，各类市场、校园周边30次，学校7次，其他场所34家次。处理举报12起，年度立案19起，办结案件19起，罚款16.01万元。

落实重点时期消防及安全生产工作　2月底至3月底，于全国两会期间深入开展安全检查，制定专项工作方案，深入推进执法检查工作，强化应急值守，确保安全生产。4月—5月，落实"一带一路"国际合作高峰论坛期间安全生产工作，强化组织，召开工作部署会，开展联合检查，加大安全生产排查整治力度，强化消防管控，排除安全隐患。

消防知识宣传与培训　12月21日，联合区消防支队召开门头沟区文化市场、文保单位消防安全集体约谈会暨文化市场、文保单位消防安全隐患集中清查整治工作部署会。12月28日，在熙望影城开展消防安全大培训，共70余人参加培训。

获奖情况

集体

区文委　荣获第七届书香中国·北京阅读季优秀组织奖；荣获第五届北京惠民文化消费季优秀组织单位奖。

区文化馆　荣获第十二届"舞动北京"群众舞蹈大赛广场舞团体金奖、舞台舞团体银奖、市级优秀组织奖。

个人

李　伟　作品《最美的舞者》荣获"社会主义核心价值观主题微电影征集展示活动"五分钟类二等优秀作品奖。

门头沟区文化委员会

书　记　曲书法
主　任　常　蓉

（赵　彬）

房　山　区

概　况

房山区地处京郊西南，总面积1989.5平方公里，山区、丘陵和平原各占1/3。下辖28个乡镇、街道、地区办事处，459个行政村，154个社区居委会。全区常住人口115.4万人。

房山区文化委员会(以下简称区文委)是房山区政府管理文化工作的职能部门，下设办公室、文化科、文物科、市场科、行政执法队5个职能科、室、队，管理的文化事业单位有房山区文化活动中心、房山区文物保护所。

2017年，区文委围绕房山区推进全国文化中心建设，明确思路，突出重点，开拓创新，狠抓落实，为"一区一城"新房山建设提供了强大的精神动力和文化支撑。

2017年文化艺术发展

重要会议、调研

房山区公共文化服务体系建设专家指导委员会成立　3月2日，区文委举办房山区公共文化服务体系建设专家指导委员会成立仪式在昊天假日酒店举办。该委员会旨在创建首都公共文化服务示范区的新形势、新要求下，引入高端智慧资源，围绕构建现代公共文化服务体系，开展深入、广泛的社会调查、专题研讨等实践活动，总结经验、发现问题、查找不足、分析成因，加强顶层设计，研究制定政策，加强指导监督，寻求重点突破，为创建首都公共文化服务示范区，奠定坚实基础。

肖维平到房山区文化活动中心调研指导工作　3月15日，首都图书馆党委书记肖维平一行到房山区文化活动中心调研指导工作，实地考察了办证服务台、少儿借阅区、中文图书借阅区、报刊阅览区、启航剧场、多功能报告厅、方志馆等功能分区。肖维平指出，区文化活动中心的运行对于房山区的公共文化建设发挥了重要的作用；希望文化活动中心进一步做好资源整合与总分馆制工作，同时表示首都图书馆将与房山区文化活动中心开展更深入、广泛的交流与合作。

周大庆调研房山、门头沟两地文化执法工作　5月27日，市文化执法总队副总队长周大庆带领总队基层处到房山调研房山区、门头沟区文化执法工作，分别听取了房山、门头沟两个区文化执法队队长关于文化执法查办案件数，两个区"扫黄打非"进基层工作开展情况，以及在执法办案和"扫黄打非"进基层工作中存在的困难、问题等情况汇报。还专门听取了关于2017年房山区重点开展的"护苗""剑网""净空"等系列专项行动开展情况的汇报。

梁祖国带队对房山区文化执法工作进行调研　6月15日，市文化执法总队副巡视员梁祖国带队对房山区文化执法工作进行调研。重点了解房山区文化执法2005年—2015年历年重点工作材料的情况，以及收集材料过程中遇到的困难和问题，按照编纂

《北京市文化执法总队队志》的工作进度，提出了相关的建议与意见。

庞微到区文化活动中心调研指导工作　6月16日，北京市文化局副局长庞微一行到区文化活动中心调研指导工作，实地考察了办证服务台、少儿借阅区、中文图书借阅区、方志馆、数字化服务平台、培训教室、书画展厅、非遗展厅、梦想剧场等公共文化设施建设。庞微肯定了房山区文化活动中心在公共文化服务方面尤其是在公共数字文化建设上做出的成绩。希望在文化活动中心建设中，进一步突出北京特色、房山特色，不断提高公共文化服务效能。

房山区图书志愿者服务工作会　7月25日，房山区文化活动中心召开房山区图书志愿者服务工作会，正式宣布成立房山区图书志愿服务分队。志愿服务内容包括倡导文明的图书借阅方式，维护图书馆公共秩序，帮助读者高效完成图书借阅流程和图书收集整理等各项图书管理工作。

王宁之到房山指导工作　12月27日，市文化执法总队副总队长王宁之带队到房山调研指导工作。座谈中，王宁之对房山区文化执法人员信息、经营场所情况、案件办理和2017年度举报受理情况进行了深入了解，要求对各类安全生产案件的处罚既要严查严控，也要酌情处理；认真对待各类举报，这是案件数量的重要来源；严查黑开场所，一经发现坚决取缔；网络案件办案数要有进一步的提升；电影、广播电视和黑电台的案件要有所突破；严格把控出版物市场，尤其是对非法出版物要坚决查处。

文化设施建设

房山区文化活动中心　1月1日，房山区文化活动中心正式对公众开放。该活动中心建筑面积2.7万平方米，是北京市第一家集文化馆、图书馆、电影服务中心功能于一体的文化综合体，实现了公共文化服务设施的全面升级；该中心采取政府购买服务的方式，实现长阳美术馆和窦店民族文化宫剧场向公众免费开放，全年举办专题美术展览及大型文艺演出50余场次；通过新建、改扩建、资源整合等方式，乡镇(街道)综合文化中心达标率85.7%，同比增加19.7%；行政村(社区)综合文化室达标率68%，同比增加15%。

房山区获首批首都公共文化服务示范区创建资格　1月，经北京市政府批准，房山区获得第一批首都公共文化服务示范区创建资格。

群众文化活动

2017年房山区春节百姓大联欢　1月20日，“吉祥房山　梦想家园”房山区2017年春节百姓大联欢在良乡体育活动中心举行。该联欢活动首次将重心下移到基层，由乡镇(街道)承办。在全区广泛征集节目，为百姓提供平台，演出内容为在全区范围内征集上来的扎根基层、弘扬爱党、爱国、爱家乡主旋律的优秀原创作品，实现“群众演、演群众、群众看、群众喜欢”。

2017年正月十五系列民俗民间文化活动　2月11日，2017年“吉祥房山　梦想家园”正月十五系列民俗民间文化活动在良乡体育活动中心拉开帷幕。活动由民间花会展演、民间艺术展示、猜灯谜3大板块组成。民间花会展演由8个乡镇(街道)的13个团队提供的演出，展演内容包括空竹、大鼓、太极扇、腰鼓、小车会、舞狮、高跷、跑驴儿等13个花会项目；民间艺术展示由房山区非物质文化遗产及中国传统艺术2个代表组展示，内容涵盖了石刻、古法制香、皇城四酱、老侯烧饼、菊花白等8个“非遗”项目，以及中国剪纸、捏面人、吹糖人、兔爷、虎头鞋、泥塑、草编、香囊、龙凤画等30项传统艺术展示。活动吸引了6000余名观众观看。

房山区2017年“红领巾读书”系列活动启动　4月12日，区文化活动中心举行了房山区2017年“红领巾读书”系列活动启动仪式。该活动围绕“阅读北京　悦享好书”为主题，面向全区少年儿童开展“我家的家风”家庭情景剧比赛、“说说我的阅读故事”讲故事比赛、“我的藏书票”设计比赛、“我的阅读档案”电子书制作、“读书小状元”评比、“讲传统　颂美德”成语故事表演赛等系列活动。

房山区2017年文化周末大舞台系列活动　4月21日，“新风尚　新房山”房山区2017年文化周末大舞台系列活动开幕式在房山区府前广场举行。2017年，“文化周末大舞台”系列活动以“文化周末大舞台”与“文化周末大课堂”“戏曲周末大戏台”“金曲周末大家唱”“电影周末场”“周末相声俱乐部”等活动

4月21日，“新风尚 新房山”房山区2017年文化周末大舞台系列活动启动仪式在房山区府前广场举行

为支撑，还有延伸活动“乡镇大舞台”“周末大讲堂”。该系列活动包括主场演出27场次，“金曲周末大家唱”演出25场，“戏曲周末大戏台”演出25场，“文化周末大课堂”讲25场，“乡镇文化周末大舞台”演出280场(每个乡镇14场)，“周末相声俱乐部”演出50场，全年共432场。

房山区第七届“换书大集”　4月22日—23日，区文化活动中心举办了以“分享阅读　交换快乐”为主题的房山区第七届“换书大集”活动。活动分换书区和捐赠区。换书区有文学、社科、生活、历史及少儿等类图书千余册，市民可以拿着自家闲置书籍进行登记进行交换。活动吸引了500余名市民及儿童参与，共交换图书1000余册。

房山区2017年全民阅读活动启动仪式暨群众诗歌朗诵会　4月23日，“阅读北京品味书香”——房山区2017年全民阅读活动启动仪式暨群众诗歌朗诵会在房山区文化活动中心广场举行。朗诵会以传统文化典籍及经典美文为诵读主体，通过组织全区兵、学、工、群、机关干部等近2000名群众诵读，在全区形成“多读书、善读书、读好书”的文明风尚。

“堂上飞歌”主题创作美术作品展　6月28日—7月15日，“堂上飞歌——‘迎接十九大·唱响真理的旋律’”大型主题创作美术作品展在房山区文化活动中心举办。该展览以房山骨干美术家为创作主体，以歌曲《没有共产党就没有新中国》诞生地霞云岭乡堂上村为写实背景，以八路军战士曹火星在房山谱就红歌的故事为主要内容，面向全国征集美术作品。展览展出了45幅作品，含国画38幅、油画7幅。

2017年《房山组歌》原创声乐作品演唱会　6月30日，在房山区文化活动中心梦想剧场举办了庆祝中国共产党成立96周年——2017年《房山组歌》原创声乐作品演唱会。《房山组歌》由3个篇章14首不同风格的作品组成。

2017年全国葫芦丝巴乌展演　7月27日，全国葫芦丝巴乌展演交流音乐会在房山区体育馆举行，1500余人参加了活动。音乐会安排了具有葫芦丝特色和内涵的器乐、舞蹈、歌曲等舞台艺术表现形式，有《葫芦丝主题经典联奏》《新版夜深沉》《火车随想曲》《山之子》《天上人间》《月光下的凤尾竹》等节目。

开国将军后代合唱团走进房山歌咏会　9月25日，开国将军合唱团与房山金色光女干部合唱团、燕都神韵艺术团在房山区波龙堡酒庄举行了“喜迎十九大　永远跟党走”开国将军后代合唱团走进房山歌咏会。表演了《江山》《我们的田野》《我的祖国》《南泥湾》《沂蒙颂》等曲目。

房山区2017年重阳节群众登山活动暨诗歌朗诵会　10月27日，“我爱你中国”房山区2017年重阳节群众登山活动暨诗歌朗诵会在周口店镇坡峰岭景区举行。房山区诗歌朗诵协会的朗诵爱好者们进行了诗歌朗诵，老年书法协会的老师们现场挥毫泼墨。其后的登山运动，有退休干部职工、中老年群众共600人参加。

2017中欧投资与创新合作论坛　11月3日，第三届丝绸之路国际经贸文化交流巡礼——2017中欧投资与创新合作论坛在北京智慧长阳文化产业基地开幕。活动现场，丝绸之路国际经贸文化交流巡礼组委会与北京智慧长阳文化产业基地签署了战略合作协议。

房山区举行文博图书馆捐书活动　11月26日，房山区在贾公祠举行文博图书馆捐书活动。故宫博物院院长单霁翔、副院长娄玮，中国文物学会20世纪建筑遗产委员会副会长金磊，房山区委书记曾赞荣，房山区政协原主席唐淑荣，房山区人大常委会原副主任田雄，房山区政府副区长齐文东参加活动。此次活动共捐赠图书130箱，近3500册图书。活动中，贾公祠加挂“中国20世纪建筑遗产文献馆”标志。

2018年房山区新年音乐会　12月31日，2018房山新年音乐会在窦店民族文化宫举行。音乐会除了交响乐曲目《红旗颂》《党啊亲爱的妈妈》《红色娘子军》组曲选等作品外，还有板胡与大提琴演奏的《翻身道情》、长笛与竖笛演奏《情深谊长》等优秀作品和《山丹丹开花红艳艳》《建党大业》《建军大业》《唱支山歌给党听》《鸿雁》等歌曲。演出开场的《房山之春》和尾声《幸福房山幸福多》来自房山区2017年原创声乐作品《房山组歌》中的原创曲目。

文化企事业

2017年，区文化活动中心(图书馆、文化馆)服务群众93.7万人次，办理联合读书卡1.6万余人次，借阅图书44万册。开展“4·23”世界读书日诵读活动、换书大集等品牌文化活动以及本土作家原创作品推介活动。举办“书香房山”全民阅读活动、公益讲座共350余场，11.2万人次参加。组织10个诵朗诵基地活动，2.4万人次参加。良乡文庙国学分馆举办国学讲堂112期，受益8000人次。以一年一度的新年音乐会、春节系列文化活动“百姓大联欢”、“正月十五”民间花会展演、手工技艺展览为起点，到中秋诗会、重阳节活动，重点文化活动常态化开展，贯穿全年，惠及群众达到75.5万人次。加强馆办团队建设，先后成立了8支馆办团队，共计培训139次课，4799人次；开办14个门类的“艺术学堂”，培训学员3.3万人次。

文化惠民

2017年，完善公共图书、文化活动、公益演出、公益电影四大配送体系。落实文化惠民政策，开展“农村文艺演出星火工程”1600 场，文化下乡 1110 场，公益电影放映 19540 场，送书下乡 10 万册；开展“四大文化示范工程”评选活动，激发基层文化活力；实施“服务基层行动”，组织专业干部、文艺骨干、文化志愿者深入基层开展“菜单式”“点单式”艺术培训 2500 人次，培训服务群众 3.3 万人次。

文艺创作

2017 年，房山区围绕中共十九大开展主题创作，推出声乐舞蹈等原创艺术作品 55 个，多个作品获市级大奖。先后举办了《房山组歌》原创声乐作品演唱会、房山本土作家张文喜诗歌专场。房山籍中国著名作家凸凹 300 万字 8 卷本《凸凹文集》和曾获冰心文学奖房山籍著名作家董华的散文集《草木知己》正式出版。《草木知己》荣获第七届书香中国·北京阅读季社长、总编辑荐书（第二季）好书称号。继续与区广电中心联合制作《文化纪事》电视节目，并利用“文化房山”微信公众号、“房山区文化活动中心”微信公众号讲好房山故事，提升房山文化的引导力、传播力和对外影响力。

文化体制改革

2017 年，房山区为加强全国文化中心建设的统筹协调与整体推进，成立了房山区全国文化中心建设领导小组和文化体制改革领导小组，建立了定期工作会制度，形成了区委、区政府统一领导，相关部门分工负责，社会团体积极参与的工作运行机制；编制《房山区“十三五”时期文化事业发展规划》、出台《房山区人民政府关于进一步加强基层公共文化建设的意见》以及《房山区关于向社会力量购买公共文化服务的实施意见》等在内的近 20 个政策文件；出台《关于基层公共文化资源整合的指导意见》，与区教委达成资源整合协议，乡镇街道综合文化中心和成人教育学校资源整合进入从设施整合到人员整合、活动整合、管理整合的新阶段；通过政府购买公共文化服务的方式，向群众开放智慧长阳美术馆、窦店民族文化宫，开展美术展览、文艺演出等系列文化活动。

非物质文化遗产保护

京绣项目参加了在故宫御花园举办的“一带一路”国家级“非遗”展示、第四届“非遗”大观园活动等，同时京绣还被列为国家传统工艺振兴项目。开展了春节“非遗”展演展示、清明诗会、端午小学生讲房山故事、自然和文化遗产日非遗进校园成果展等，推动“非遗”融入现代生活。为佛子庄乡北窖村大鼓会等 5 个濒危“非遗”项目进行口述史策划、创作和拍摄制作；邀请专家对北窖村音乐会传存古谱进行研究整理，精排出 8 首经典曲牌，以录音录像形式为濒危项目贯注新活力，也为地方民俗史和地域性文化研究提供重要资料。

文化市场管理

行政审批 2017 年，共受理行政许可 72 件，其中新设立审批 44 家。目前，全区共有注册的文化场所经营单位 396 家，同比增加 16.4%。

行政执法 重点做好中共十九大等重要会议、重点时间节点文化市场服务保障工作，开展了“净网”“护苗”“净空”等六大专项行动；推动“扫黄打非”进基层，实现乡镇（街道）、行政村（社区）两级全部挂牌；开展文化经营场所和文物安全隐患“大排查、大清理、大整治”行动。全年共出动检查人员 1942 人次，检查各类文化场所 902 家次，检查文物保护单位 500 余家次，查处文化市场和文物案件 53 起，结案 52 起，罚款 10.85 万元；联合公安、工商等执法部门，取缔黑网吧 2 个，黑歌厅 1 个，非法电台 2 个；协同市文化执法总队端掉网上销售盗版图书窝点 1 个，收缴盗版图书 2.9 万册。

燕山地区文化工作

燕山地区位于房山区中部，地处首都西南重要门户地段，区域面积 40.82 平方公里，辖区常住人口近 10 万人，距离北京城区约 35 公里。燕山文化卫生和计划生育委员会隶属于燕山工委、办事处领导，负责燕山地区文化、卫生、计划生育工作，机关设文化文物市场管理科和文化行政执法队，下设副处级事业单位燕山文化活动中心（燕山文化馆、燕山图书馆、燕山影剧院）。

落实《中华人民共和国公共文化服务保障法》 2017 年，燕山文化卫生和计划生育委员会落实《中华人民共和国公共文化服务保障法》，紧紧围绕“五位一体”总体布局、“四个全面”战略布局和“一城两业”战略定位，聚焦房山区首都公共文化服务示范区建设，扩大文化软实力，着力打造市级、区级文化特色品牌，为建设“活力、美丽、幸福新燕山”提供强大的精神动力和文化支撑。

“文化新常态·幸福新燕山”春节系列文化活动 春节期间，燕山地区举办了演出、展览、猜灯谜、电影放映等系列文化活动。其中，“燕鸣春雨”燕山地区 2017 年百姓联欢文艺演出，参与人次 1000 余人；“皮影闹春”新春皮影文化展，以“皮腔纸影闹新春”为主题，受众 1000 余人次；“金鸡唱晓”百姓花灯制作征集展，在地区广大群众中广泛征集花灯，并在节日期间进行集中展示；“璀璨技艺”燕房地区 2017 年民间手工技艺展，展览包括剪纸、葫芦烫画、京绣、雕漆等 31 个内容，受众 4000 余人次；“谜海颖慧”元宵节猜灯谜快闪秀活动，“春之祝福”群众文艺精品送社区、进军营巡演，“春风送暖”文化志愿

者送福进社区和企业活动，“春满燕山”新春楹联文化展和亲子阅读活动，“名剧荟萃”戏曲文化节，元宵节电影交响音乐会几项活动，以多种多样的文化形式，共服务居民达8000余人次。

燕山夏日文化广场系列活动　6月28日—9月8日，燕山夏日文化广场系列活动举办。以“文化新常态·幸福新燕山”为主题，本着“展群众团队风采，聚燕山文化气象”的理念为地区团队提供文化交流、风采展示的舞台，搭建了一个艺术融和、区域互动、资源共享的文化交流平台。共演出13场，受益居民近万人次。

9月8日，燕山地区2017年夏日文化广场闭幕式演出

艺术门类普及性教学活动　2017年，燕山地区根据居民需求，有针对性的开设了沙画、硬笔书法、踢踏舞、快板、非洲鼓5项培训，1500余名地区艺术骨干人员参加培训，采取以点带面的形式提升了地区群众文化艺术的整体水平，丰富群众精神文化生活。

文化艺术“三送”活动　2017年，燕山地区开展了送专业艺术教师进基层辅导，送专业艺术院团进社区演出，送传统文化艺术进基层的“三送”活动。组织了专业艺术教师进基层辅导和传统文化艺术进基层活动，还组织了京剧、评剧、皮影戏、木偶戏等传统艺术门类的专业艺术院团演出54场，惠及地区包括各街道社区、地区全部中小学、幼儿园、驻区部队和敬老院等单位。

文化志愿服务活动　2017年，燕山地区组织志愿者围绕“文化圆梦、志愿燕山”的主题，依托地区文化艺术服务开展基础性常态化公益服务工作，为燕山地区的社区、养老院、慈康社送去志愿者的爱心。共开展志愿服务活动50余次，参与服务的文化志愿者300余人次，累计服务时长150余小时。主要开展的活动有送福、送春联活动，志愿者走进养老院、走进星城慈康社文化助残工作以及“福寿祝燕山翰墨约重阳”敬老月系列志愿服务活动等。

微课堂活动　2017年，燕山地区推出“微课堂”和“文化大讲堂”活动。微课堂包含剪纸、书法、面塑、国画、风筝、素描等课程，为燕山地区的中老年文化爱好者带来了100余次课程的志愿服务，受益群体达到1500余人。

文化大讲堂活动　2017年，燕山地区举办了20场文化大讲堂活动。推出书法、绘画、摄影、剪纸、儿童创意绘画等系列特色讲座，受众群体达到1500人以上。

儿童百米涂鸦绘画活动　2017年，燕山地区举办了“欢乐童年·手绘燕山”儿童百米涂鸦绘画活动，共有140个儿童家庭参加活动。

艺术培训活动　2017年，燕山地区举办了沙画艺术培训展示活动，共有50多个小朋友参与活动，并完成作品。还举办了为期2周的文化干部培训周活动，涵盖古筝、舞蹈、武术、合唱指挥、美术等艺术门类，受益50余人次。

举办仲夏书画笔会　2017年，燕山地区举办了“美的历程”——仲夏书画笔会，邀请燕房地区30余名书画家，现场观众达到100余人进行书画艺术交流，创作书画作品100余幅。

燕山图书馆青少年科普分中心　6月1日，燕山图书馆青少年科普分中心正式投入使用。该中心共投资200余万元，共设计“亚马逊探索”“海洋大揭密”“太空探索”三大主题。2017年，举办“我们的队伍向太阳”暨纪念建军九十周年连环画展、喜迎中共十九大图片展、“警民心连心，送福进军营”等爱国主题活动。开展“世界读书日”系列活动，推进全民阅读。举行第七届北京市换书大集燕山分会场活动，共交换图书2139册。亲子阅读助力青苗成长，“青苗阅读汇”成功举办21期。红读活动全面提高青少年素质，举办了“说说我的阅读故事”红领巾讲故事比赛、第十八届“读书小状元”评比和“红领巾推荐图书”主题活动，满足各年龄层小读者的文化需求。举办“阅读北京·品味书香”——2017年度首都市民阅读系列文化活动，包括“心阅书香　共读共享”诵读大赛、“阅读伴我成长”主题活动、“阅读之城——市民读书计划”图书评选活动、“十佳优读空间——百姓身边的基层图书室”推优活动和“最美书评”征集评选活动。

影剧院举办周末场演出　2017年，影剧院以满足地区群众需求为导向，继续落实文化惠民工程，依据春节系列文化活动安排和“周末场”公益惠民演出计划，陆续邀请中国评剧院、北京市曲剧团、北京市河北梆子剧团、北京歌剧舞剧院等20余家专业团体演出，演出内容涵盖戏曲、杂技、音乐会、儿童剧等。除日常数字电影放映外，承接“周末场”演出36场，地区所属单位各类会演、会议、讲座等大型活动35场，放映电影218场。

文化市场管理 2017年，燕山地区做好文化市场各类审批、年检、变更、注销等行政许可工作，提高服务意识，规范办事流程。严格开展日常执法检查工作，加大重要节日时点的联合检查力度，在元旦、春节、两会、“五一”、安全生产月等重要节假日时点，特别是中共十九大召开期间，联合消防、公安、工商、安监、质监等部门开展集中执法检查工作。加强网吧、娱乐场所执法检查力度。严格执行执法管理措施，加大执法频率和次数，实施重点监控，全年共开展娱乐市场安全生产工作检查13次，出动检查人次45人次，检查娱乐市场企业60余家次，立案2起，对违规经营业主起到了震慑作用，确保中共十九大期间燕山文化市场安全生产形势持续稳定。

获奖情况

集体

房山区文化活动中心（图书馆） 获全国少年儿童“我的藏书票”设计大赛优秀组织奖、获2017年北京市红读活动优秀组织奖、获第七届全国服务农民、服务基层文化建设先进集体称号。

房山区图书馆国学分馆 获阅读北京十佳优读空间称号。

区文化活动中心 获第二届“文荟北京”北京市群众文学创作一等奖。

个人

鲁 艳 获2017年北京市文化志愿者活动先进工作者、2017年北京市红读活动优秀辅导员称号。

房山区文化委员会

书 记 胡淑苹（1月免）
冀显江（1月任）
主 任 冀显江（2月任）

（付 立）

大 兴 区

概 况

大兴区位于北京南部，距离市区不足10公里，面积1052平方公里。常住人口176.1万人。辖区内有14个镇、8个街道办事处、527个村、218个社区。

大兴区文化委员会（以下简称区文委）是大兴区政府管理文化的职能部门，下设办公室、人事教育科、文化市场管理科（社会文化管理所）、文化科、行政执法队，实有人数31人。所属企事业单位有图书馆、文化馆、文物管理所、大兴区文化活动服务中心、新华书店，所属社团有北京万兴歌舞团、北京南海画院。

2017年是深入学习贯彻习近平新时代中国特色社会主义思想的关键年。全区文化系统围绕社会主义核心价值观，高举中国特色社会主义伟大旗帜，深入推进全国文化中心建设，在以创建首都公共文化示范区为龙头的公共文化建设、优秀历史文化传承，精品艺术创作，文化市场监管等方面取得了一定的成绩，为全区文化大发展大繁荣贡献了自己的力量，更为全区各项中心工作营造了良好的文化氛围。

2017年文化艺术发展

重要会议、调研

召开首都公共文化服务示范区创建推进会 2月9日—14日，区文委采取就近原则，分四个片区召开首都公共文化服务示范区创建推进会。会议重点听取各镇、街道在文化设施、品牌活动、人才队伍、资金保障、管理制度、体制机制创新等方面的建设情况和示范区创建筹备工作开展情况。

区文委向区人大代表汇报全区文化工作 3月28日，大兴区第五届人民代表大会教育科技文化卫生体育委员会第一次会议暨培训会议在区人大代表活动中心举行，区文委副处级调研员周静向代表作全区文化工作汇报。区人大常委会副主任陈晓君参加会议。区文委首先围绕公共文化、历史文化、精品文化、文化市场4个方面，对全区文化事业发展总体情况进行阐述；随后着重对首都公共文化服务示范区创建背景、意义、已开展工作、初步创建成果以及存在的问题进行汇报。

区人大开展示范区创建专项调研 8月16日，区人大常委会副主任陈晓君带领人大科教文卫体委员会部分委员，就大兴区开展创建工作开展专题调研。

召开创建首都公共文化服务示范区工作汇报会 9月20日，大兴区召开创建首都公共文化服务示范区工作汇报会，听取大兴区创建首都公共文化服务示范区工作的情况汇报。

重要活动

大兴区获得首都公共文化服务示范区创建资格 1月5日，经市政府批准，大兴区获得首都公共文化服务示范区创建资格。

“会训结合”全力推进示范区创建 3月10日，

大兴区召开2017年文化工作会暨示范区创建推进会，对示范区创建有关文件进行解读与培训。全区22个镇街宣传部部长、文体中心主任，示范区创建具体负责人等近70人参加了会议。

“传统文化进校园，共践社会大课堂”携手名家走进北师大附中　5月24日，由大兴区文委与大兴区教委共同联合主办、大兴剧院承办的“传统文化进校园，共践社会大课堂”项目系列活动举行。大兴剧院携手著名朗诵艺术家殷之光、演员臧金生、杜宁林等嘉宾共同走进北师大大兴附中进行活动。

“不忘初心　筑牢底线”红色经典交响音乐会　6月29日，为纪念中国共产党建党96周年和香港回归20周年，由区文委主办、区文化活动服务中心承办的“不忘初心，筑牢底线”红色经典交响音乐会在区文化活动服务中心大剧场举行，演出精彩的红色经典音乐作品。

首届南海子杯京津冀百姓戏剧小品大赛圆满收官　12月31日，由大兴区人民政府主办、大兴区文委承办的首届南海子杯京津冀百姓戏剧小品大赛圆满收官。该次大赛以“戏韵大兴·剧梦中国”为主题，通过百姓群众喜闻乐见的小品和戏剧两种艺术形式，将大兴与“京津冀”“中国梦”紧紧相连。活动自6月启动以来，开展了“多渠道、广撒网、全覆盖”的征集活动，共收到300多部群众作品的投稿；经过初赛、复赛、决赛的激烈角逐，共评选出最佳组织奖、最佳编剧奖、最佳导演奖、最佳男女主角奖各1名，一等奖作品2部、二等奖4部，三等奖6部。

文化惠民

长子营镇2017年文化惠民大拜年活动　1月13日，长子营镇2017年文化惠民大拜年活动在长子营镇潞城营二村举办。区文委、区老龄委、团区委、长子营镇党委等部门相关领导出席活动。内容包括文艺演出、舞龙表演、阅读宣传、有奖猜谜、原创舞台剧会演等多项活动。区内知名书法家为各家写春联、福字。区志愿服务联合会组织义诊、理发、配钥匙等生活服务。主办单位领导登门向村里的贫困户、孤寡老人拜年并送上节日慰问。

大兴区第三届器乐合奏重奏比赛　7月18日，由大兴区文委主办，大兴区文化馆、庞各庄镇政府承办的大兴区第三届器乐合奏重奏比赛在中国西瓜博物馆剧场举办。该次比赛特邀来自北京市文化艺术活动中心、中国戏曲学院的5位器乐类专家作为评委，最终评选出各组别的一、二、三等奖。由高米店街道选送的High米管乐团演奏的《北京喜讯到边寨》以双管编制、较为完整的乐器编配、成熟的演奏，在西洋器乐合奏重奏组中拔得头筹。

京剧特色课程走进北京小学　9月22日，大兴区文委与大兴区教委联合开展的“传统文化进校园·共践社会大课堂”之京剧特色课程正式走进北京小学翡翠城分校南校区。通过传统文化课程，使学生领略中华优秀传统文化的精髓和文明积淀。该活动逐渐在全区推开。

群众文化风尚季圆满落幕　9月29日，由大兴区文委主办的“多彩大兴　魅力绽放”群众文化风尚季圆满落幕。活动自8月10日启动，竞演作品272个，有舞蹈、声乐、朗诵、器乐、曲艺，演出内容丰富多彩；参与群众近2400人次，群众参与热情高涨。

8月10日，“多彩大兴·魅力绽放”群众文化风尚季暨群众文艺大赛在世界月季主题园开幕

大兴区第十届合唱大赛举办　10月24日—25日，由大兴区总工会、大兴区文委主办，大兴区文化馆承办，由各镇、街道文体中心和大兴区各企事业单位街道工会协办的“美丽新区我的家”系列主题活动之大兴区第十届合唱大赛在大兴区文化活动中心大剧场举办。比赛在兴河艺术团演绎的《黄水谣》中拉开序幕，历经重重赛事脱颖而出的30余支合唱队伍次第登场，为观众献上《游击队之歌》《映山红》《草原夜色美》《木兰从军》《我和我的祖国》等歌曲。比赛决出了获奖团队。

“美丽大兴我的家”广场舞大赛活动　11月5日，由大兴区文委主办、大兴区文化馆承办的第十二届“美丽大兴我的家”广场舞大赛活动在北京亦庄开发区北京电子科技职业学院体育馆举办。来自全区各镇街的34支代表队、600余名选手参加了社区组和镇街组的角逐。经过激烈角逐，决出了两个类别的一、二、三等奖。

社区文化

亦庄镇举办广场舞展示交流活动　7月5日，亦庄镇举办2017年广场舞展示交流活动。伴随着管乐队《欢迎进行曲》欢快的旋律，亦庄镇16个社区的文艺舞蹈队盛装登场展示交流。

庞各庄镇“喜迎十九大·放飞童年梦”少儿才艺大赛　8月25日，庞各庄镇举办“喜迎十九大·放飞童年梦”少儿才艺大赛决赛。小选手们动感十足的歌舞表演，具有民族特色的歌曲演唱，悦耳动听的乐器演奏，走入人心的诗朗诵，赢得观众和评委的满堂喝彩。其中最小的选手年龄仅为4岁。经过激烈的角逐，评选出金奖、银奖、铜奖及优秀奖，大赛现场为颁发了获奖证书。

队伍建设

开展文化惠民工程培训工作　4月20日，大兴区图书馆为礼贤镇43个基层服务点的文化专管员进行益民书屋、共享工程等工作的业务培训。

文化骨干主持人培训　9月11日—15日，区文化馆举办了文化骨干主持人培训。来自各镇、街道的近50名主持表演爱好者参加培训。培训班特邀活跃在国家各大电视台及广播电台的青年主持人、中国传媒大学播音系讲师李仓卯、杨洋、伊楠前来授课。

文化馆免费开放培训成果展演　12月2日，区文化馆举办了“我有一个中国梦”免费开放培训成果展演活动。展演在大鼓《鼓瑟中国梦》节目中拉开序幕，随后登场的少儿合唱、现代爵士舞、古筝与国画、空竹表演等节目紧紧围绕“我有一个中国梦”主题展开。涵盖多个艺术门类的展演，集中体现了文化馆公益培训的成果。

2017年戏聚民星大舞台展演　12月21日，2017年“首邑京剧沙龙”培训成果暨“戏聚民星大舞台”展演活动在大兴区文化馆小剧场举办。京剧传统剧目《白蛇传》、京剧样板戏《沙家浜》、梅派《太真外传》等25个剧目参加展演。演出人员全部为“首邑京剧沙龙”培训学员，均为来自大兴各镇街、社区的京剧爱好者。

图书馆

开展灯谜知识专场讲座　1月24日，大兴区图书馆特邀中国民间文艺家协会社区民间文化交流中心谜联专业委员会主任王谦，为广大灯谜爱好者作灯谜知识讲座。

“书香大兴”五周年阅读盛典　4月14日下午，“书香大兴”五周年阅读盛典在大兴剧院举行。活动通过视频短片、图文展览、阅读节目展演等方式，全面回顾和总结了“书香大兴”这一阅读品牌从创立到发展走过的五年历程；展示了2012年—2016年，“书香大兴”阅读平台在提升群众文化素养、营造文化兴区良好氛围、推动全民阅读深入开展，以及弘扬主旋律、传播正能量等方面起到的引领作用。活动还对五年来涌现出的“书香大兴”全民阅读榜样之最美读书人、最美阅读空间和阅读示范单位进行了表彰。

“红读”讲故事比赛　4月18日，由大兴区文委、大兴区少工委主办，大兴区图书馆承办的“说说我的阅读故事”红领巾讲故事比赛在区图书馆多功能厅举行。来自北京小学大兴分校、魏善庄镇第一中心小学等38所学校的38名同学讲述了自己阅读过程中的趣事和收获。经过两个多小时的激烈角逐，刘育麟、王瀚璋、陈婧祎、郭佳凌、何艾雨5名同学获得了一等奖。

大兴区建成24小时城市书房　6月27日，大兴区24小时城市书房正式启用。书房藏书近5000册，并与大兴区图书馆总馆实行“一卡通”，读者刷卡进入，实现自助还书、借书。同时，电子阅报机还提供《人民日报》《光明日报》等215种报纸的在线阅览。24小时书房最显著的特色就是24小时“不打烊”，全天智能管理。集自助办证、借还书、阅览、电子资源浏览、预约借阅、图书配送、图书漂流、亲子活动八大功能于一体，提供“一站式”阅读服务的书房，显示大屏实时监控读者流量，对馆藏图书结构、外借文献种类、图书借阅册次进行大数据分析。

“你阅读　我买单”全民阅读嘉年华活动　7月27日—29日，大兴区图书馆举办了“你阅读　我买单”全民阅读嘉年华活动。活动的最大亮点就是“你阅读　我买单”。读者只需持北京市公共图书馆“一卡通”读者卡进入选书区挑选自己喜爱的图书，工作人员进行现场数据加工后，即可直接借阅。读者不仅可以自由选书，还可以了解到一本新书从到馆至上架前获得其“身份证号”的全过程。活动除现场选书借阅之外，还有现场办证、电子书借阅、阅读宣传、主题展览、亲子活动等。

少年儿童讲故事比赛活动　8月18日，大兴区图书馆举办了“读大兴历史　讲大兴故事”少年儿童讲故事比赛。来自全区的近50名小选手参加了比赛，最终产生了一等奖1名，二等奖3名，三等奖5名，优秀奖10名。

兴图“听书馆”亮相　11月4日，大兴区图书馆又一项全新阅读体验项目——兴图“听书馆”亮相。每周六上午，大兴区图书馆地下一层多功能厅，都有两位“大咖”如约而至，北京评书、小喇叭故事会、经典小说等优秀传统内容，在他们轻松幽默的精彩演绎下变得惟妙惟肖。

大兴区图书馆与肯德基联手打造公共阅读空间　12月15日，由区图书馆和肯德基餐厅星城商厦店联手打造的“小书迷王国”正式亮相。由区图书馆提供的图书门类齐全，既有小朋友们喜欢的儿童图书、绘本，又有大人们喜欢阅读的各类热门图书及报刊杂志，共计400册。

文化馆站

2017年大兴区节庆系列展览　1月—11月，由大兴区文委主办、大兴区文化馆承办的大兴区节庆系列展览在文化馆展厅轮番进行展览。大兴区节庆系列展览包括“国学警示教育书画展”“大兴区清明书画作品展”“大兴区文化馆庆祝‘六一’儿童书画作品展”“大兴区首届红色收藏展”“大兴区重阳节书画作品展”“大兴区廉政文化书画展”。

文化志愿者学雷锋志愿服务活动　3月25日，由区文委、区文明办、团区委联合主办，区文化馆、区文化志愿服务分中心承办的2017年“爱满京城”首都学雷锋志愿服务系列活动暨“吟古道今诗词汇　诵雷锋精神永流传”主题活动在区文化活动中心地沉广场举行。

第27个全国助残日开展文化志愿服务活动　5月21日，在以“推进残疾预防，健康成就小康”为主题的第二十七次全国助残日活动中，区文委、区文化馆结合大兴区志愿新城建设、“非遗”保护传承工作和第27个助残日主题开展志愿服务活动。

大兴区文化馆通过志愿者为
残疾人讲授传统手工制作技艺

“手掌上风景”手机摄影季赛　6月—11月，区文化馆推出“手掌上风景”手机摄影季赛，经过遴选，最终选出优秀摄影作品100幅入选2017“手掌上风景”手机摄影季赛摄影成果展。

“粽情端午　戏曲相传”夏日广场主题活动　6月27日，由区文委主办、区文化馆承办的2017年首都市民文化系列活动、南海子文化活动季之“粽情端午　戏曲相传”大兴区文化馆夏日广场主题活动在文化馆地沉广场举办，共进行4场戏曲演出。

2017国际志愿者志愿日主题活动　12月4日，在大兴区文化馆组织开展“‘温暖在我心’文化感动生活”万人百站学习、宣传中共十九大精神——北京文化志愿者2017年国际志愿者日主题活动，大兴分会场活动开幕。

区文化活动服务中心与北京京剧院签署合作协议　12月18日，区文化活动服务中心与北京京剧院签署院团战略合作协议。双方由几年前单一的演出合作转变为如今的深度融合、创新发展。现已形成集“创作—合成—彩排—演出—培训”为一体的“前店后厂”式的全产业链“一条龙”合作模式，这在北京各区县中，乃至全市都是首屈一指。

非物质文化遗产保护工作

非遗传统技艺特色温馨家园培训项目　由大兴区文委主办，大兴区文化馆、文化志愿者分中心承办的2017年“非遗”传统技艺特色温馨家园培训于6月15日—8月4日举行，直接受益人数达200余人。培训以大兴区“非遗”项目中富有传统特色的手工艺技艺教授为主，并通过“学习制作+演出体验”的方式，积极促进“非遗”项目在人们的日常生活中“活”起来。“非遗”项目文化志愿者传授技艺的同时，也为残疾人朋友们的就业开辟了新的方向。

大兴区首届文化和自然遗产日非物质文化遗产宣传系列活动　6月8日，大兴区首届文化和自然遗产日非物质文化遗产宣传系列活动在大兴区文化馆举办。活动包括“传承非遗——在生活中弘扬”北京风筝展、“在生活中弘扬，在实践中振兴——2017年大兴区文化与自然遗产日优秀项目展演”、“非遗”科普宣传资料派发等内容。

《“留住记忆”传统技艺》纪录片　6月，大兴文化馆非遗部组织工作人员拍摄《“留住记忆”传统技艺》纪录片，年内，已经完成搭火炕、蓝紫腿裤子、脱土坯、摇煤球、编煤筛子、做布鞋等8个项目的拍摄工作。

京津冀“手拉手”文化志愿服务系列活动　11月26日，由京津冀三地八城联合举办的以“非遗”项目展演展示交流活动为主题内容的文化志愿服务活动在区文化馆举办。活动现场，由京津冀三地的“非遗”项目传承人、团队骨干组成的“非遗”文化志愿者团队，精选各地的特色项目，给大家带来一场“非遗”文化的艺术盛宴。

文化交流

天津京剧院《康熙大帝》在大兴演出　3月16日，为深化京津冀三地在演艺领域的交流与合作，共同搭建演艺资讯平台、共同培育演艺平台，全国舞台艺术优秀剧目展演——天津京剧院的《康熙大帝》在北京大兴剧院演出。

“群星璀璨　都市风采”京、津、沪、渝优秀节目巡演北京站　4月19日，由北京文化艺术活动中心、天津群众艺术馆、上海群众艺术馆、重庆群众艺术馆、北京市大兴区文委联合主办，北京万兴歌舞团、北京市大兴区文化活动服务中心共同承办的“群星璀璨　都市风采”京、津、沪、渝优秀节目巡演活动在北京市大兴区文化活动服务中心举行了北京站的首场演出。

“群星璀璨　都市风采”优秀节目巡演天津站　6月15日，由北京市文化局、天津市文化广播影视局、天津市西青区人民政府联合主办，北京市文化艺术活动中心、天津市群众艺术馆、北京市大兴区文委、天津市西青区文化广播电视局共同承办，北京市大兴区文化活动服务中心、天津市西青区文化馆、北京万兴歌舞团协办的“群星璀璨　都市风采”优秀节目展演在天津西青文化中心剧场圆满落举行。

“大地情深”京津沪渝群星奖获奖作品巡演　10月21日，大兴区文化活动服务中心与北京万兴歌舞团受邀前往上海参加“大地情深”京津沪渝群星奖获奖作品巡演系列活动。

“群星璀璨　都市风采”优秀节目巡演上海站　10月22日，由上海市文化广播影视管理局、北京市文化局主办，上海市群众艺术馆、北京文化艺术活动中心、北京市大兴区文化委员会承办，北京市大兴区文化活动服务中心、上海市黄浦区五里桥社区文化中心、北京万兴歌舞团协办的“群星璀璨　都市风采”优秀节目巡演上海站优秀节目展演在上海黄浦区五里桥文化中心圆满举行。

艺术品展览

第二届“时代风采——军民共建中国梦”全国油画展　10月26日，由区委宣传部、区文委、区文联共同主办的，文化馆承办的第二届“时代风采——军民共建中国梦”全国油画展在李可染画院展出。展览汇聚了部队画家的精品力作以及来自全国各地的油画家的优秀作品。

文化市场管理

区领导带队安全检查，确保安全保障工作　10月19日，由主管区长带队，区消防支队、区安监局、区文委执法队等有关部门联合对大兴区文化活动服务中心进行安全大检查。

大兴区文化活动服务中心安全隐患排查部署会　11月21日，区文化活动服务中心召开“安全隐患大排查大清理大整治专项工作”部署会。

获奖情况

北京HIGH米管乐团　荣获首届“奏响北京　共筑中国梦”全市器乐大赛银奖。

北京电子科技职业学院大学生管乐团　荣获首届“奏响北京　共筑中国梦”全市器乐大赛铜奖。

亦庄镇夕阳美艺术团民乐队　荣获首届“奏响北京　共筑中国梦”全市器乐大赛铜奖。

区文化活动服务中心　“‘赏精品·惠民心’系列演出季之2017金秋演出季”荣获“南海子文化奖最具影响力品牌活动”称号。

大兴区文化委员会

书　记　　王　健

主　任　　王　健

（韩　莉）

密　云　区

概　况

密云区位于北京东北部燕山山脉脚下，距首都国际机场35公里。总面积2229.45平方公里，常住人口48.3万人，辖17个镇、2个街道办事处、1个地区办事处，共334个行政村，96个社区居委会。

北京市密云区文化委员会（以下简称区文委）是主管全区文化、文物、新闻出版和广播电影电视工作的政府职能部门。设有文化活动指导科、文化市场管理科、法制科和党政办公室4个职能科室及文化行政执法队（副处级）。下属7个单位，即文化馆、图书馆、文物管理所、博物馆、电影发行放映管理中心（以下简称电影中心）、大剧院和新华书店。公务员编制26人，实有24人；行政公勤编制2人，实有2人；事业编制157名，实有132人。

年内，成功举办区级高水准文艺文化活动80场，镇村文化活动1646场，参与人数66万余人次。举办1140场农村星火演出，基层购买优秀演出服务55场。开展各类文艺文化培训，参与人数1万余人次。开展“扫黄打非”工作，“扫黄打非”站点全部挂牌，完成率100%。举办非物质文化遗产传承展览，接待观众5万余人次。加大文物修缮力度，17处文物修缮及防雷工程全部完工，为全区1547件（套）可移动文物，每件建立了22位电子数字编码。全年，开展下乡法律法规宣传活动20余场次，发放宣传材料10000余份。全年出动执法人员750余人次，检查文化经营、文物保护单位377家次，办结案件35件，罚没款项16.02万元。文化市场监督员巡查文化经营单位810余个次。荣获全国2017年度文物行政执法指导性案例奖。

2017 年文化艺术发展

文化设施建设

公共文化设施建设　2017 年，区级文化核心区集聚辐射功能和示范带动作用进一步增强，持续推进图书馆、文化馆和博物馆免费开放工作制度化、规范化建设。文化馆、图书馆开通微信公众号，强化“三馆一站”，即文化馆、图书馆、博物馆以及镇街文化服务中心(站)，免费开放工作，召开“三馆一站”免费开放资金专项会议，严格要求配套资金使用，加强监督、指导，推进巩固免费开放工作。全面完成文化馆修缮工程，完成全国公共图书馆第 6 次评估定级具体工作。新华书店自筹资金对鼓楼店和库房部分设施进行了维修改造。博物馆建设选址论证工作稳步推进。

重要文化活动

密云区第二十七届农民艺术节文艺演出活动　1 月 19 日，由区委宣传部、区直机关工委、文化委、农工委、文明办、社工委、广电中心、文联共同主办，文化馆承办，大剧院和密云 360 网站协办的密云区第二十七届农民艺术节暨 2017 年迎新春文艺演出在密云大剧院举办。演出以开场舞《金鸡起舞萌萌哒》拉开序幕，群众文艺工作者和文艺爱好者表演了歌舞、戏曲、小品等精彩的文艺节目。

文化志愿者“送福到家”活动　1 月 12 日，密云区文化志愿者“送福到家”活动在密云镇大唐庄村委会启动，志愿者深入到村民家中，送去春联、福字和新春的祝福。新春“送福到家”活动此前已连续举办 8 届，2017 年为密云镇、东邵渠镇等群众送去春联、节日祝福、福字 4000 余副并表演文艺节目。

高和平巨幅长城摄影作品联合国归来展　1 月 23 日—3 月 5 日，由中国长城学会，中国长城学会国际部，密云区委宣传部、区文委、区文化馆主办，古北口镇人民政府、北京和平长城国际文化艺术中心承办的高和平巨幅长城摄影作品联合国归来展在密云文化馆举办。此次联合国归来展展出了《密云长城图卷》《密云水库图卷》等 20 余幅巨幅长城摄影作品。

密云区第七届全民阅读季活动　4 月 21 日，以“阅读提升素养　书香品味人生”为主题的密云区第七届全民阅读季启动式在密云大剧院举行，文化志愿者、参演学生和部队官兵及诵读爱好者近 600 人参加了启动式。密云区第七届全民阅读季从 4 月开始贯穿全年，将开展换书大集、读者培训和少年读书节等活动。启动式上，来自基层的阅读与朗诵爱好者表演了诗朗诵《将进酒》、集体诵读《我们的中国梦》和歌曲《读书吧》等节目。

4 月 21 日，密云区第七届全民阅读启动式在密云大剧院举行

“大家来唱歌”歌手大赛　8 月 25 日，密云区 2017 年“大家来歌唱”歌手大赛决赛在密云大剧院举办，大赛从 7 月开始前期宣传发动，200 余名选手经过初赛和复赛激烈角逐，49 名选手晋级决赛，综合现场演唱与才艺展示环节成绩，最终评选出少儿、青年、中年和老年 4 个组别的一、二、三等奖。

“颂密云”原创文艺节目展演活动　11 月 17 日，繁荣社会主义文化——“颂密云”2017 年原创文艺节目展演在密云大剧院举办，文化志愿者、社区居民代表共 700 余人观看了展演。大赛从 10 月初开始宣传发动，各镇街、工委及各社会团体推荐的 73 个原创文艺节目参加选拔。经选拔，戏曲《和谐家园》、小品《共奔小康路》《民警国福的故事》和歌曲《一带一路谱华章》等 13 个节目参加了展演。展演最终评选出一等奖 2 名、二等奖 4 名、三等奖 7 名。

“农村文艺演出星火工程”　2017 年，制定密云区 2017 年“农村文艺演出星火工程”工作方案，组织北京市曲剧团、渔阳风采艺术团等文艺团体为全区的行政村演出 1140 场。

京评梆经典剧目展会演活动　7 月 10 日—16 日，“盛夏之约”——京、评、梆经典剧目展演周活动在大剧院举办。北京福缘之梦艺术团、北京乡缘情艺术团、北京评促评剧团、北京大和之星艺术团、北京天顺红风艺术团、北京华艺芳馨评剧团、北京京剧院演出了京剧、评剧、河北梆子的 10 多个剧目。2017 年，密云区还邀请北京京剧院每月为观众送上一台好戏、大戏，全年协调中国木偶艺术剧院等优秀院团举行“周末场演出”64 场、“百姓大舞台”6 场。

图书服务　2017 年，区图书馆接待读者 7.5 万人次，借阅图书 7.8 万册次，送书下乡 31 次，为镇级分馆和图书配送点流动送书近 7 万册，在鼓楼、果园 2 个街道的 8 个社区组织召开学习宣传贯彻中共十九大精神，组织 2017 年密云区居民阅读现状调查座谈会，向社区赠送《党的十九大报告》学习材料400册。

文化志愿者活动 开展2017年国际志愿者日主题活动，组织文化志愿者参加文化、科技、卫生“三下乡”演出、庆祝建军90周年军地联欢，到弱势群体校园、社区进行艺术辅导培训，为500多位困难家庭老人提供摄影志愿服务。

文化交流

“京津冀一体化·文化谱新篇”书影画作品展 4月25日，“京津冀一体化·文化谱新篇”书影画作品展在密云文化馆开展，展览共展出京津冀相关省市县书影画爱好者作品147幅，全区300余名书影画爱好者观展。展览展示了新形势下各地区多元、丰富的文化风貌。

4月25日，“京津冀一体化·文化谱新篇”书影画展览密云文化馆举办

非物质文化遗产保护

2017年，密云区对区级及区级以上“非遗”项目进行资金扶持，举办清明、端午和七夕等民俗文化活动。“文化和自然遗产日”，组织“非遗”精品项目展演、传统技艺展示和作品展卖。以市级“非遗”项目“霸王鞭”为基础创编精品舞蹈，筹备参加北京市第28届农民艺术节。区级非物质文化遗产——太子务形意拳在北京市形意拳比赛中获得4金、2银、3铜。

文化公益展陈

2017年，密云区举办非物质文化遗产传承——手绘布艺展、“家·榜样”家教家风展、国外文创精品展等展览展陈，接待观众5万余人次。开展“5·18”国际博物馆日，送展览进社区、进乡村、进校园宣传活动，发放《您应该知道的密云》等宣传资料6000余份。与密云区职业学校联合开展主题教育活动，联合密云五小举办“学习宣传贯彻十九大精神 红色1+1共建”活动，举办“学习宣传贯彻中共十九大精神 党员1+1互动共建 弘扬民族精神 传承红色文化”进乡镇、进社区活动，展出“密云珍贵文物”等内容的展板。市委宣传部内刊《宣传系统快报》作《密云区探索区属中小博物馆发展之路》专题报道；《是与非》杂志专栏刊登“家·榜样”家教家风展相关情况；手绘布艺展在郭沫若纪念馆进行展出，被北京电视台、《北京日报》、人民网等10余家媒体广泛关注。

文化市场管理

扫黄打非 2017年，开展“扫黄打非”进农村、进社区、进企业、进学校、进景区“五进”工作，发挥区文管办、“扫黄打非”办职能作用，达到镇街和村社区工作站有办公地点、有人员力量、有经费保障、有宣传专栏、有举报电话、有工作台账的“六有”标准，“扫黄打非”站点全部挂牌，完成率100%。深化京冀“扫黄打非·护城河工程”京承地区文化市场战略合作，组织全国两会和中共十九大期间联合执法行动，联合公安、城管、工商等“扫黄打非”成员单位，加强“一带一路”高峰论坛、中共十九大等重要时期、重点时段执法检查，持续开展“护苗”“清源”“净网”等专项整治。落实北京市“疏解整治促提升”专项行动，加强文物执法检查，开展打击防范文物犯罪等专项行动。

文化市场行政审批 2017年，密云区坚持“放管服”，优化简化程序，畅通文化审批渠道，做好行政许可事项取消和下放承接工作，梳理文化经营单位行政许可事项。整理文物行政许可事项，文物审批工作逐步纳入行政许可管理平台。完成出版物零售、印刷企业和文化娱乐场所年审换证工作。引导文化企业升级换代，扶持实体书店发展，为4个书店申报专项资金支持。

意识形态文化阵地管控 2017年，密云区以管内容、管阵地、管队伍为重点，充分发挥文化馆、图书馆、博物馆等公共文化机构教育引导作用，传承优秀传统文化，弘扬社会主义核心价值观。严把市场准入关，严格审查行政许可申请，对文化市场主体严格审查把关。严守阵地、严查内容，对文化演出、文化活动进行检查。查处违规经营行为，严禁网吧未成年人进入，强化印刷产业平台使用监管，严控非法出版物流通。

文化市场安全监管 2017年，密云区协调落实属地责任和主体责任，发挥行业监管职能，签订《文化娱乐场所经营单位安全生产责任书》和《文物保护安全责任书》，发放《致文物保护单位周边居民的一封信》等宣传材料。开展火灾隐患排查、文物保护单位冬春季火灾防控专项行动。举办文化经营单位和文物保护单位消防安全培训、密云区文化文物法律

法规培训班暨安全生产大型公开课，开展“安全生产月”宣传咨询日暨“文化市场安全日”活动，组织安全演练，确保全区文化经营、文物保护单位安全有序发展。

文化市场法治建设　2017年，密云区开展“3·18”文化市场法制宣传日、“4·26”知识产权宣传日、“12·4”国家宪法日等宣传活动，组织文物保护法律法规专题文艺巡演。举办文化市场法律法规专题培训，推广“法润密云”微信公众号。深化行政许可、行政处罚“双随机”“双公示”工作机制。

获奖情况

集体

北京市密云区文化委员会　荣获全国2017年度文物行政执法指导性案例称号；2014—2016年度北京市文化工作先进集体称号。

北京市密云区图书馆　2017年度密云区果园西里社区农民书屋图书室荣获全国示范“农民书屋”荣誉称号；2017年度北京市红领巾读书活动优秀组织奖；2017年度密云区第六小学被评为北京市书香校园；2017年度北京市红领巾读书活动少儿家庭情景剧比赛二等奖。

北京市密云区文化委员会行政执法队　荣获2015—2016年度北京市“扫黄打非”暨文化市场管理工作先进集体称号；2015—2017年度文物执法工作先进集体称号；2016年度北京文化执法信息报送先进单位称号。

北京市密云区“扫黄打非”工作领导小组办公室　荣获2015—2016年度北京市“扫黄打非”暨文化市场管理工作先进集体称号。

北京市密云区文化馆　荣获第六届京、津、冀河北梆子票友邀请赛北京选拔赛获得优秀组织奖；荣获北京市节水型单位称号；荣获2014—2016年度北京市文化工作先进集体称号。

个人

李卫革　2015—2017年度北京市文物安全工作先进个人。

张修龙　2015—2016年度北京市“扫黄打非”暨文化市场管理工作先进个人；2016年度北京市文化市场行政执法“办案标兵”称号；2017年第2季度“办案能手”光荣称号；建军90周年征文获优秀奖。

张合青　2016年度北京市文化市场行政执法“办案标兵”称号；建军90周年征文获优秀奖；2016、2017年度北京文化执法十佳信息员；2016年度北京文化执法好信息优秀奖；首届北京市文化市场综合执法培训师资库29名人员之一。

赵　明　2017年第2季度“办案能手”光荣称号；建军90周年征文获优秀奖。

王海龙、王　峥　2017年第2季度“办案能手”光荣称号。

郑宝永、田　野　2015—2017年度“北京市文物安全工作先进个人”。

李　雪　2017年度中国文化馆年会征文活动中荣获评优秀论文。

刘桂彪　2017年度北京市法制文艺作品剧本创作一等奖；2017年度北京市区(局)、产(行)业文联原创优秀文艺节目展演中荣获三等奖；2017年度“都市风采”京、津、沪、渝四直辖市主持人大赛中，荣获铜奖。

甘益聪　2017年度北京市区(局)、产(行)业文联原创优秀文艺节目展演中荣获二等奖。

胡书英、李承平、郑书林　2014—2016年度北京市文化工作先进个人。

密云区文化委员会

书　记　郝加瑞

主　任　郝加瑞

(李红生)

延　庆　区

概　况

延庆地处北京西北部，三面环山，一面临水，平均海拔500米以上，地域总面积1993.75平方公里。其中，山区面积占72.8%，平原面积占26.2%，水域面积占1%。生态环境优良，是首都西北重要的生态屏障。下辖11个镇、4个乡、376个行政村、3个街道办事处、30个社区。常住人口34万人。

延庆区文化委员会(以下简称区文委)是负责全区文化、文物、广播电视、新闻出版、版权执法与监督的政府文化行政主管部门。机关设文化科、文物科、市场科、行政执法队、政办室、财务审计科6个科室，下属有文化馆、图书馆、文物管理所、文化中心后勤服务中心、公益电影放映中心、新华书店6个单位，共有在编职工129人。

2017年是实施“十三五”规划的重要一年。区文委在区委、区政府的正确领导下，积极贯彻落实中共十九大精神和中共北京市委第十二次党代会精神，坚定文化自信，坚持以人民为中心的工作导向，以加快构建现代公共文化服务体系为载体，紧紧围绕长城文化带建设，服务保障世园会、冬奥会的筹办举办、京张文化带建设的使命定位，大力发展公共文化，实施文化精品战略，强化文化遗产保护，规范文化市场秩序，保障群众文化生活质量，提升区域文化软实力，开创了延庆文化工作新局面。

2017 年文化艺术发展

文化设施建设

村级文化设施建设 完成 190 个行政村文化设施冬季采暖建设工作。完成 23 个行政村文化室升级改造工程方案设计和项目包装立项。有序推进博物馆升级改造工程。

乡级文化设施建设 积极推进井庄镇、大榆树镇、大庄科乡、千家店镇、香营乡、沈家营镇 6 个乡镇文化中心主体工程建设。

重要活动

“果园老农杯”元宵节花会展演 2 月 11 日，延庆区 2017 元宵节花会展演圆满举行。此次元宵节花会展演活动以“红火元宵呈吉庆　绿色大事谱新篇”为主题，在会展中心广场环形路举行循环展演。参加展演的项目有旱船、竹马、秧歌、高跷等。节目表演者与来自全区各乡镇、街道的 40 支花会队伍的 1400 余名群众演员齐集一堂闹元宵。特别值得一提的是 4 支特色表演队伍，分别是“文明创城”创城宣传队、“花开世园”世园宣传队、“梦圆冬奥”冬奥宣传队和“中国力量”驻延庆部队军民共建宣传队，通过精彩的花会表演为迎接世园会、冬奥会，助力创建全国文明城区加油添彩。展演活动持续了 3 个小时，为市民献上了一场文化盛宴。

区内业余文艺团队星级评比活动 4 月 11 日—14 日，在康庄镇综合文化中心开展区内业余文艺团队星级评比工作。28 支队伍参与评比，共评出三星级团队 15 支，二星级团队 12 支，一星级团队 1 支。

推出“文化剧场”微信公众号 5 月 20 日，推出了“文化剧场”微信公众号，利用文化馆剧场探索公益演出、公益讲坛和公益电影为一体的“一场三式”模式，使群众能够享受线上预订、线下观看的“一站式”服务。

第九届北京端午文化节暨北京市第四届“非遗大观园”端午游园会活动 该届端午文化节突出传统味更浓、参与面更广、全域性更强、创新度更大等特点，紧紧围绕“休闲延庆　多彩端午”的活动主题，诠释“爱祖国、爱生命、爱自然”的文化理念。共设“花漫京城盼世园”、世葡园“非遗”游园、“端阳竞渡　助力冬奥”龙舟赛、“劲显端午”传统武术展示、“我为世园做贡献　冬奥有我更精彩”诗歌咏诵等 12 项活动。空间上和地域上都进行了大幅度扩展，在妫川广场、会展中心广场、世葡园设置了 3 场“非遗大观园”主题文化活动，广大市民在浓浓的端午氛围中感受到了中华传统文化的魅力。延庆已连续九年举办北京端午文化节，这一活动已经成为北京的重要文化品牌之一，更成为助推延庆文化、旅游、体育产业发展的新引擎。

延庆区夏日文化广场“群众文艺大会演”活动 7 月 21 日，以“唱响主旋律　喜迎十九大”为主题的延庆夏日文化广场活动在区会展中心广场拉开帷幕。此次活动与戏曲艺术节相结合，共计演出 15 场。7 月 21 日—8 月 12 日，每周五、六晚在夏日文化广场开展“群众文艺大会演”活动，节目经过精心挑选、严格审查，邀请专业团队开展演出，活动观看人数达到 6 万人次。通过舞蹈、歌曲、戏曲等多种艺术形式，展现延庆区群众朝气蓬勃、昂扬向上的精神面貌和延庆区美丽、幽静的自然环境，为广大群众提供了丰富的夏日文化大餐。

“世界文化　延庆行”活动 8 月 7 日，“世界文化　延庆行”——刚果(金)舞蹈与节奏艺术团到延庆，在文化馆小剧场进行交流演出。

“2017 年戏曲节”活动 8 月 14 日—19 日，每晚开展以曲剧、评剧、河北梆子等优秀戏曲剧目为主要内容的“2017 年戏曲节”活动，共演出 6 场。

第八届群众舞蹈大赛 9 月 28 日，延庆区第八届群众舞蹈大赛决赛在延庆区八达岭水关长城活动广场举办，12 月 5 日，延庆区第八届群众舞蹈大赛颁奖。该届舞蹈大赛以“长城飞劲舞　喜迎十九大”为主题，21 支队伍齐聚长城，在湛蓝的天空下翩翩起舞，各显其能，为秋天的长城平添了一抹亮丽的色彩，为现场的观众献上一场精彩绝伦的视觉盛宴。融入世园、冬奥、长城等元素的原创舞蹈作品，展现出延庆人民全心全意助力世园会、筹办冬奥会的热情。经过激烈的角逐，反映冬奥题材的《冰雪之梦》《请到长城来滑雪》以及优美的汉唐舞蹈《采薇》荣获最佳表演奖。与往届相比，该届舞蹈大赛的参赛作品在形式、题材、艺术性上都有所提升。参赛作品不再局限于广场舞，而是融入民族舞、古典舞以及印度舞等多种形式。题材也更加丰富，服装优美，音乐动听，将“艺术性、参与性、娱乐性”融为一体，为延庆区舞蹈爱好者提供了交流、学习、提升的平台，为挖掘延庆区文化人才，提升群众文化素养，促进延庆区群众文化发展做出贡献。

文化惠民演出

公益演出，完成“星火工程”演出 1128 场、“周末场”演出 54 场、“百姓周末大舞台”6 场，年累计演出总时长超过 10 万小时，惠及群众近 20 万人次。

依托区文化馆小剧场设备等现有资源，采取政府购买公共文化服务方式，推出精品文化内容，建立公众数字平台，实现观众线上预订座位线下观看，满足广大群众对高品质文化的需求，丰富百姓的文化生活。举办延庆区“2017 年戏曲节”活动，将曲剧、评剧、河北梆子等优秀戏曲剧目送到百姓身边。完成公益电影放映总计 1.5 万余场、文化信息资源共享工程 34 场。

文化人才队伍建设

2017 年，区文委加强对文化人才队伍的建设。加强对街乡文化站的指导，开展了政策理论、文化管理技能等内容的培训。对全区群众文化组织员开展基础技能培训、考核管理工作，完善了相关制度并严格落实。

非物质文化遗产保护工作

“延庆旱船”青少年传承基地建设启动仪式 6 月 10 日为中国首个文化和自然遗产日，国家级非物质文化遗产代表性项目“延庆旱船”青少年传承基地建设启动仪式。全区 50 余条旱船齐聚一堂，壮观而美丽。北京市非物质文化遗产保护中心、区委宣传部、区文委、区教委、井庄镇、驻井庄部队官兵、在校师生和家长代表参加了活动。

“非遗”普查工作 2017 年全面启动延庆区“非遗”普查工作。此次“非遗”普查工作是继 2006 年北京市“非遗”普查工作结束以来，延庆区文委在北京市 16 个区当中率先启动的一次“非遗”普查工作。

延庆旱船之乡 延庆区井庄镇作为延庆旱船之乡，对旱船的传承具有深厚的群众基础，对延庆旱船的保护做出了突出贡献。为在未来的几年里，结合旱船之乡百人旱船的建设工作，区文化馆聘请专人进行教材编订、学员招募、设计表演套路、设计背景音乐等，形成整体性、规范性、制度性的百人旱船队伍；并建立长效机制，明确其权利与义务、奖惩方式等，肯定旱船传承人的社会地位，保证旱船骨干的文化自信和蓬勃生机，使延庆旱船能够得到更好的传承与保障。

第二批延庆区级“非遗”项目申报和审批工作 文化馆开展了第二批延庆区级非物质文化遗产代表性项目名录推荐申报工作。经项目单位申报、北京市级“非遗”专家论证等程序，确保了申报项目的代表性，体现出评审过程的权威性，审批工作得到了区文委领导的高度重视。

“讲好延庆故事”工作 开展“讲好延庆故事”专项工作，一是随同“非遗”普查工作挖掘、整理新故事；二是完善补充老故事。预计该套书籍能出版五册，主要包括人物故事、生活故事、风物传说、神话故事、红色故事 5 个内容，全书的体量为 100 万字。

特色工作

扩展文化惠民内容 提升群众文化鉴赏水平培育文化馆小剧场“一场三式”(一个场地有讲座、演出和电影三种表演形式)发展模式。依托区文化馆小剧场设备等现有资源，采取政府购买公共文化服务方式，推出精品文化内容，建立公众数字平台，实现观众线上预订座位线下观看，满足广大群众对高品质文化的需求，丰富百姓的文化生活。

全力做好世园、冬奥文化营造工作 发挥文化宣传阵地作用，提升群众展演水平。推出了包括舞蹈《花开盛世》《冰雪之梦》等一批反映迎世园、盼冬奥题材的原创作品。建立了北京市交响乐团张山营镇试点基地，引导广大文艺工作者打造更多的优秀文艺精品力作。开展了永宁古城灯会、龙庆峡冰灯展等重点文化活动，将冰雪元素、冬奥元素融入春节，为传统节日注入新的活力，形成喜庆、热烈、祥和的春节冰雪文化氛围。

文化馆

“一场三式”亮相文化馆小剧场 2017 年，文化馆小剧场承担“一场三式”演出，全年共计 52 场。首场演出于 5 月 20 日走进文化馆小剧场，成为文化惠民的新举措，活动每周六下午在文化馆小剧场举行，通过线上线下相结合的方式，打造文化剧场，推出精品文化内容，满足广大群众对高品质文化的需求，丰富百姓的文化生活。

京张书画作品交流展 5 月 23 日—30 日，第九届端午文化节“长城魂 · 冬奥梦”京张书画作品交流展在文化馆一层展厅举办。展览以长城魂冬奥梦为主题，突出京张文化，精选 81 幅作品参展。

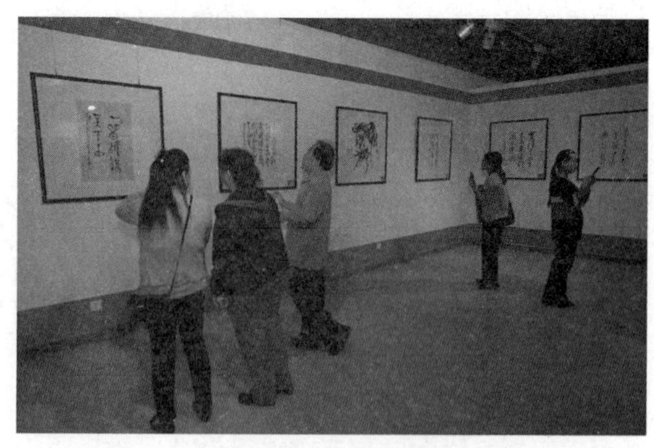

5 月 23 日—30 日，京张书画作品交流展
在延庆区文化馆举办

夏日文化广场及戏曲艺术节 7 月 21 日，以“唱响主旋律 喜迎十九大”为主题的延庆夏日文化广场活动在区会展中心广场拉开帷幕。此次活动与戏曲

艺术节相结合，共计演出15场。活动经过精心挑选，严格审查，邀请专业团队开展演出，人们在饭后纷纷聚集广场，观看文艺节目，观看人数达到6万人次。

首届延怀河谷葡萄文化节交流　9月11日，文化馆舞蹈《请到长城来滑雪》走出延庆到张家口怀来县沙城文化广场进行首届延怀河谷葡萄文化节交流，收到良好的效果。

第八届群众舞蹈大赛决赛　9月28日，第八届群众舞蹈大赛决赛走出文化剧场，走进八达岭水关长城活动广场。此次舞蹈大赛以“长城飞劲舞　喜迎十九大”为主题，21支队伍齐聚长城。融入世园、冬奥、长城等元素的原创舞蹈作品，展现出延庆人民全心全意助力世园会、筹办冬奥会的热情。

红色文化作品展　文化馆开展“辉煌九十载　共筑强军梦”军民联欢会、“‘德蕴清风’纪检晚会”、“喜迎十九大　纪念中国人民解放军建军90周年——延庆英雄谱·红色记忆　长城下的老兵”、“喜迎十九大　翰墨豪情书法作品展”、“‘喜迎党的十九大　砥砺奋进的五年’2017年延庆区第二届书法篆刻作品展”等活动，把文化与政治相结合，凸显延庆区红色文化。

书法摄影展　2017年文化馆展厅举办、承办了书法摄影等展览共8场，为期139天，作品共计734幅。展览包括“北京群艺馆成立60周年摄影展览”“2017年延庆第十届乡村欢乐节书画影作品展”“第九届端午文化节‘长城魂·冬奥梦’京张书画作品交流展”、“第九届北京端午文化节摄影大赛作品展”“‘享乐绿色晚年　共创文明城区’摄影展”等8场展览，展览面向社会免费开放，受到大家的广泛认可。

文化志愿服务　文化志愿服务以“乐民、惠民、便民”为宗旨，丰富居民的业余文化生活，提升群众的文艺鉴赏水平，不定期为外来务工子弟、老年人和残疾人服务送去温暖。文化馆志愿者、志愿者分中心志愿者到各街道、乡镇温馨家园、养老院慰问演出40场。

周末场惠民演出　年内，文化馆开展周末场演出活动共54场，涉及综艺演出、相声专场、河北梆子、京剧、评剧、曲剧、儿童剧等多种形式，周末场演出成为群众周末重要的文化活动。

图书馆

基本情况　2017年全年，增购新书7623种、43684册，期刊534种、报纸80种，新办读者证2100个，累计持证读者26772人，到馆人次达172472人次，图书流通182130册次；全年基层服务点放映节目3000场，受益人数超过16万人，支中心全年组织放映46场，987人参加；延庆区图书馆作为北京市基层图书服务资源整合试点单位，为流转中心和基层图书室发放图书流转箱450个，小推车18辆，向香营流转中心送书3000册；为基层图书室配送图书110次、52643册，发展图书配送点7个，并自制印发了6期50多份的科技信息资料，圆满完成了下乡送书和指导任务。

全民阅读活动　区图书馆开展了以“心阅书香，共读共享”为主题的全民阅读活动，发挥图书馆作为阅读主阵地的作用。倡导“让阅读成为一种生活方式”理念，推动全民阅读的常态化。春节期间，开展了“品书香·赏年俗”文化展、“喜迎新春，乐享猜谜”、故事屋内开展的《年味儿》绘本故事会等活动。组织和完成北京市公共图书馆文化志愿者“最美书评”征集活动，共征集书评46篇。在“阅读从书评开始”的“最美书评”征集活动中，共收到书评作品107篇，上报20篇参加首图最终评选，获得3个市级二等奖和2个市级三等奖，区图书馆也最终获得了优秀组织奖。

“4·23”世界读书日活动　4月22、23日举办了“你换书、我看展，一起读书吧!”“4·23”世界读书日“图书赶集”系列活动。其中，换书大集活动共458人次参与，换书2254册，期刊159册，《世界读书日的传说》绘本故事会38人参加，“悦读阅美”——2016年请读书目展览有1000余人观看。系列活动的开展，激发了市民到馆阅读学习的兴趣，丰富了群众的文化生活。

“你选书，我买单”读者现场选书活动　“你选书，我买单”读者现场选书活动，50名读者参与图书馆的采购工作。此项活动既丰富图书馆馆藏资源，提高图书的利用率，激发市民的阅读热情，又可以营造全民读书、终身学习的良好氛围，同时也便于读者进一步了解图书馆现有藏书，并积极参加到阅读引领的队伍中。

10月12日—27日，延庆区图书馆组织的“你选书，我买单”读者现场选书活动在延庆区新华书店举行

妫川大讲堂活动　年内，区图书馆的妫川大讲堂开展了“浅谈养生保健”“延庆历史文化漫谈”“女性护肤保养”“走出作文辅导误区，正确规划孩子的语文学习”“老酒收藏”等讲座，为众多读者提供了交流平台，从多方面提供了生活相关的资源信息。

文化市场管理

行政审批工作　积极推进行政审批一科制建设。重新梳理确认了33项行政许可事项审批事项，其中16项为文化市场审批事项。全年完成64项行政许可事项，申办事项均在承诺期限内完成，群众满意率达100%。

专项整治工作　开展了10余项专项检查行动，共检查各类文化场所400余家次，其中立案12起，实施行政处罚7起，罚款17000元。在春节、国庆节、中秋节等重点节前进行安全检查行动，对网吧、游艺厅等人员密集的文化单位进行消防通道、消防器材、应急设施、疏散标志等情况检查，及时整改、消除隐患。联合市文化执法总队、河北省张家口市文化执法部门两次开展京冀“护城河工程”联合检查，为两地文化市场执法交流积累了宝贵经验。

获奖情况

集体

区文委　在第七届书香中国北京阅读季活动中获得优秀组织奖；在第五届北京惠民文化消费季活动中获得优秀组织单位奖。

区文化馆　在第十二届“舞动北京”群众舞蹈大赛中获得广场舞团体(郊区组)银奖、优秀组织奖、舞台舞蹈团体(郊区组)金奖，其中，《快乐竹马》获得舞蹈少儿(郊区组)金奖；《筑梦世园》获得北京群星(舞蹈)创作奖；《粽叶情思》获得舞台舞蹈老年(郊区组)银奖；在第四届北京市群众曲艺大赛中获得优秀组织奖；在“影像北京”2017全市美术书法摄影比赛中获得优秀组织奖。

区图书馆　在第三届“阅读之城——市民读书计划”图书评选活动中获得优秀组织奖。

个人

盛爱芳　在2017北京市区(局)、产(行)业文联原创秀秀文艺节目展演中，《小竹马》获得二等奖。在“戏聚北京”北京市群众戏剧短剧原创作品大赛中《一个也不能少》获得三等奖和最佳风采奖。在北京市第二十届学生艺术节舞蹈比赛(延庆赛区)中《快乐竹马》获得一等奖、《民族韵律操》获得一等奖、《美丽的草原我的家》获得三等奖。

聂东山　在千家店镇第一届摄影大赛中《春日阳光芦苇暖》作品获得三等奖。

延庆区文化委员会

书　记　　叶　东
主　任　　张　迁(2月免)
　　　　　叶　东(2月任)

(朱　玉)

7 月 28 日，2017 年东城区群众文化展演季开幕式文艺演出在玉蜓公园市民文化广场举行

6 月 11 日，第十二届“舞动北京”群众舞蹈大赛暨第十九届北京“天使杯”国标舞、交谊舞城市友好邀请赛在地坛体育馆开幕

11 月 7 日，话剧《同仁堂传说之济世明言》在风尚剧场上演

4 月 5 日，第三届“曹灿杯”青少年朗诵大赛新闻发布会在东城区第一文化馆风尚剧场举行

▶ 文化部专家评估组到东城区第一图书馆检查工作

▶ 2017 年 7 月 31 日，“忠诚为民　守护平安”东城区纪念建军九十周年警地共建文艺演出在东城区公安消防支队举行

◀ 3 月 20 日，“大美东城”——新春油画邀请展在东城区第一文化馆风尚美术馆开展

◀ 3 月 31 日，国家艺术基金资助项目儿童剧《成语王国的奇妙旅程》在东城区第一文化馆风尚剧场上演

▶ 3 月 5 日，区长王少峰参与图书志愿服务

▶ 3 月 23 日，西城区“2017 百姓戏剧展演”启动仪式在国家话剧院小剧场举办

◀ 4 月 3 日—4 日，西城区清明寒食系列活动在陶然亭公园举办

◀ 2017 年西城区“非遗”演出季“雅乐—尚韵”非遗音乐会专场在天桥剧场举行

◀ 6 月 1 日—7 月 14 日，“喜迎十九大 · 颂歌献给党”——2017 第十四届北京景山合唱节在西城区第一文化馆举行

◀ 7 月 27 日，庆祝中国人民解放军建军 90 周年大会文艺演出在解放军歌剧院举办

▲ 11 月 10 日，第三届中国国际芭蕾舞演出季在天桥剧场举行开幕式演出

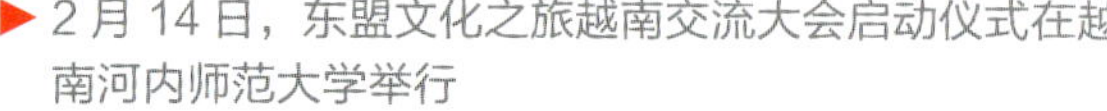

▶ 2 月 14 日，东盟文化之旅越南交流大会启动仪式在越南河内师范大学举行

3 月 3 日，中共朝阳区区委常委、宣传部部长刘军胜（前右一）带队检查王四营图书批发市场和潘家园旧货市场安全工作

8 月 4 日—26 日，北京朝阳森林演出季暨“喜迎十九大”朝阳区基层文化展演在朝阳公园和奥林匹克公园举办

12 月 23 日，2018 首都市民音乐厅新年音乐会在首都图书馆举行

朝阳城市书房之良阅城市书房

4 月 29 日—5 月 1 日，第十二届潮流音乐节在 798 艺术区玫瑰之名艺术中心举办

5 月 27 日，“我们的节日 · 端午节系列文化活动”在北京民俗博物馆举办

8 月 5 日—19 日，第十六届“金刺猬”大学生戏剧节展演在北京 9 剧场举办

1 月 26 日—29 日，“漂亮的兵马俑”第 4 次到英国交流展出

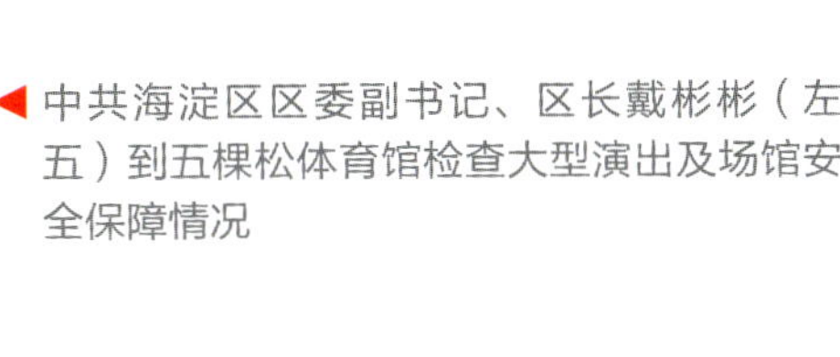

中共海淀区区委副书记、区长戴彬彬（左五）到五棵松体育馆检查大型演出及场馆安全保障情况

6 月 10 日，海淀区召开第三批国家公共文化服务体系示范区中期督查工作电视电话会

9 月 27 日，第十四届海淀文化季“把传统点亮”——稻香湖非遗科学城启动仪式在稻香湖景酒店举行

7 月 28 日，区文化委组织考核组对北部文化中心文图两馆一年来的运营工作进行实地考察

7月2日，海淀区副区长刘圣国（右一）率队督查各点位街镇创建国家公共文化服务体系示范区升级情况

9月29日，2017年第六届中关村金秋演出季吕嘉与全球华人乐团校园行专场音乐会在新清华学堂演出

1月3日，2017年第七届海之声新年演出季活动之一，中央芭蕾舞团在北大百年讲堂演出“新年芭蕾音乐会”

1月3日，2017年第三届中关村儿童演出季活动之一，北京儿童艺术剧院在人民大学如论讲堂演出儿童剧《大吉成长记》

丰台区 2017 年“我的丰台 · 我的家”系列群众文化活动启动仪式在莲花池公园举行（丰台文委）

为庆祝建军 90 周年，丰台区文委举办“中华竹韵”专场音乐会慰问部队官兵

丰台区举办庆祝文化与自然遗产日活动

5 月 28 日，2017“花开丰台”端午游园会开幕式在北京园博园举行

丰台区为纪念全民族抗战爆发 80 周年举办的“我的丰台 · 我的家”群众歌会活动在中国人民抗日战争纪念雕塑园中心广场举办

丰台区群众舞蹈大赛决赛在区文化馆剧场举行

丰台区 2017 街乡镇文化管理干部业务培训班

丰台区 2017 年基层文化骨干合唱指挥培训班

石景山区 2017 年文化工作暨创建首都公共文化服务示范区推进会

"舞聚石景山　舞动幸福家园"——石景山区第 34 届"古城之春"艺术节群众舞蹈大赛

石景山区非物质遗文化遗产"声音故事"（三）暨京津冀非物质文化遗产原创节目交流展演

石景山区公共文化数字资源系统启动仪式

石景山区图书馆迎接第六次公共图书馆评估定级专家组实地评审

第十届北京清明诗会在石景山区北京国际雕塑公园举办

石景山区原创话剧《京西那一片晚霞》在国家大剧院演出

石景山区“老街坊”主题文艺演出

▶ 1 月 3 日，中共通州区委书记杨斌（前右二）慰问庙会职工

◀ 9 月 28 日，2017 北京 · 通州运河艺术节开幕式

◀ 1 月 30 日，通州区大运河文化庙会上的踹盆表演

◀ 10 月 4 日，2017 北京 · 通州运河艺术节中秋专场演出

通州区文化委 2017 年创建首都公共文化服务示范区工作推进会

8 月 31 日，大型群众舞蹈剧《大写通州》在通州区文化馆演出

7 月 7 日，“不朽的丰碑”通州区纪念抗日战争全面爆发 80 周年合唱音乐会

44 月 20 日，“书香通州”启动仪式上的诗朗诵表演

◀ 2 月 8 日，顺义区第十五届赵全营杯花会大赛现场

▶ 10 月 1 日—17 日，顺义区举办“喜迎十九大、顺沽心连心”文化交流摄影展

◀ 7 月 4 日，“和谐我生活，健康中国人”顺义区书法美术作品展在区档案局举行

▶ 6 月 30 日，“绿港之声”2017 首都市民合唱周暨顺义区“天竺杯”合唱大赛

◀ 9 月 8 日，“喜迎十九大，舞动新顺义”——北京市顺义区第二届“牛栏山杯”群众广场舞大赛

▶ 4 月 22 日—23 日，区图书馆举办第七届“分享阅读、交换快乐”——换书大集活动

◀ 9 月 26 日，顺义区举办“和谐我生活，健康顺义人”综合文艺演出

▶ 9 月 10 日，“喜迎十九大、庆祝教师节”——“在路上”民族音乐会全球首演在区委党校报告厅举行

▶ 怀柔区举办共迎“一带一路”国际合作高峰论坛文艺演出

◀ 怀柔区新年音乐会

▶ 怀柔区 2017 年“放歌新怀柔”夏日文化广场开幕式演出

◀ 第八届怀柔国际标准舞艺术节

怀柔区第二十七届群众艺术节

中国优秀传统文化经典暨 CETV“诗意中国 书香怀柔”走进怀柔启动仪式文艺演出

怀柔区“童心创城”才艺大赛

汤河川满族民俗风情节

9 月 30 日，“喜迎十九大 · 再创新辉煌”主题文艺演出暨 2017 年“说平谷 · 演平谷 · 唱平谷原创作品大赛精品展演”在区文化馆小剧场举行

4 月 14 日，“花海徜徉　共筑辉煌”京津冀辽手拉手首场演出在世纪广场大舞台隆重举行，同时拉开了 2017 年“激情广场百姓乐”系列活动的序幕

演平谷——“传递正能量　演绎好生活”原创小品大赛在文化馆小剧场举行

“翰墨风华”书法培训成果展示在平谷区文化馆展出

▶说平谷——“发扬传统文化　畅说平谷精神”曲艺原创作品大赛决赛在平谷区文化馆小剧场举行

◀“悦读阅美”服务宣传周阅读推广进社区活动走进滨河街道北小区社区

◀10月24日，评剧的基本唱腔及演唱方法培训班在平谷区文化馆举办（平谷文委）

◀6月16日，2017年平谷区文化市场安全生产大型公开课暨法律法规培训班召开

昌平区第 19 届艺术节广场舞在昌平一中体育馆举办

2018 昌平新年音乐会

昌平区团拜会演出

“美丽昌平”进军营——庆“八一”慰问演出

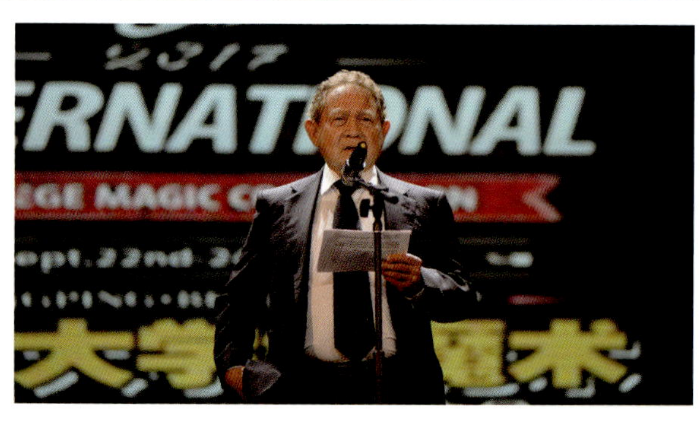

9 月 22 日，国际魔术联盟荣誉主席艾瑞克·艾斯文在 2017 年世界大学生魔术交流大会开幕式上致辞

北京惠民文化消费季评剧《云水情》展演

印象昌平 · 2017 京津冀绘画邀请展

10 月 12 日，昌平区"扫黄打非"暨十九大安全保障工作会在昌平区图书馆八层报告厅召开，区委常委、宣传部部长刘绍坚在会上讲话（会场中间为刘绍坚）

▶ 7 月 15 日，第十一届中国北京永定河文化节开幕式演出

◀ 6 月 9 日，门头沟区“盛世舞太平”——“京津冀太平鼓”非物质文化遗产展演

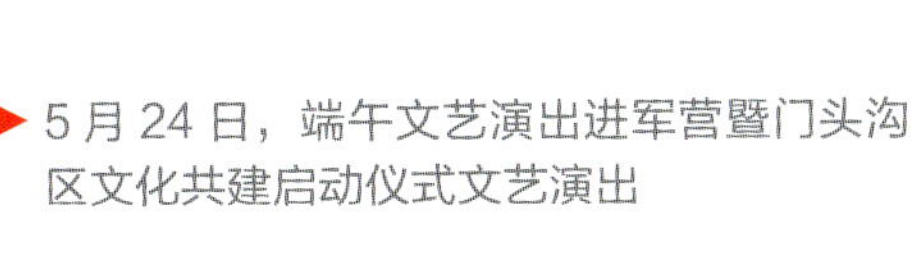

▶ 5 月 24 日，端午文艺演出进军营暨门头沟区文化共建启动仪式文艺演出

◀ 5 月 17 日，开展“绿书签”进校园活动

7 月 27 日，“爱我人民爱我军”——门头沟区纪念中国人民解放军建军 90 周年军民共建文艺演出

8 月 30 日，原创京味儿农村现实题材话剧《乡愁如霞》首演

10 月 28 日，大型原创舞台史诗剧《永定人家》首演

7 月 31 日，门头沟区庆祝建军 90 周年“平西组歌”大型原创交响音乐会

▶ 1 月 20 日，“吉祥房山　梦想家园”房山区 2017 年春节百姓大联欢在良乡体育活动中心举行

◀ 4 月 23 日，“阅读北京　品味书香”——房山区 2017 年全民阅读活动启动仪式暨群众诗歌朗诵会在房山区文化活动中心广场举行

◀ 7 月 27 日，全国葫芦丝巴乌北京展演交流音乐会在房山区体育馆举行

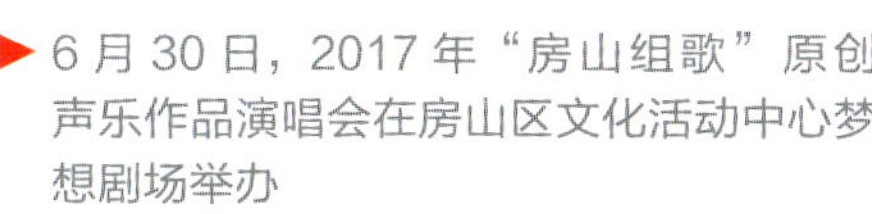

▶ 6 月 30 日，2017 年“房山组歌”原创声乐作品演唱会在房山区文化活动中心梦想剧场举办

◀ 12 月 31 日，2018 房山新年音乐会在窦店民族文化宫举行

◀ 房山区百姓大联欢文艺演出在燕山文化活动中心举行

◀ 6 月 28 日，燕山地区夏日文化广场开幕式在燕山文化广场举行（房山文委）

◀ 燕山文化活动中心猜灯谜活动

▶ 9 月 20 日，大兴区召开创建首都公共文化服务示范区工作汇报会暨文化骨干培训会

▶ 5 月 28 日，大兴区文化馆举办夏日文化广场活动

▶ 7 月 18 日，大兴区第三届器乐合奏重奏比赛

▶ 10 月 21 日，大兴区文化馆开展敬老月活动

10 月，首届“南海子杯”京津冀百姓戏剧小品大赛海选

7 月 29 日，大兴区文化委员会以百人“快闪”预热“多彩大兴　魅力绽放”群众文化风尚季暨群众文艺大赛

8 月 16 日，“兴韵新区”——首届曲艺邀请赛决赛

4 月 5 日，庞各庄镇举办“最美瓜乡人活力庞各庄”系列活动之梨花节专场演出

▶ 1 月 19 日，密云区第二十七届农民艺术节暨 2017 年迎新春文艺演出在密云大剧院举行

◀ 2017 年密云区文化志愿者“送福到家”活动

◀ 2017 年，“丝竹声韵祭先烈 说拉弹唱颂英雄”——密云区文化馆清明节专场演出

◀ 密云区 2017 年戏曲曲艺大赛决赛在密云大剧院举行

▶ 11 月，密云原创文艺作品大赛决赛

▶ 12 月，“激情密云”——群众舞蹈艺术节在密云大剧院举办

▶ 2017 年第四届京津冀百姓歌手大赛

▶ 12 月，“镜头中的美丽”——本土艺术家照密云主题摄影展在密云文化馆展出

2月11日，延庆区2017年元宵节花会展演活动在延庆区会展中心广场环形路举行循环展演

延庆区第八届群众舞蹈大赛颁奖暨乡村欢乐节启动仪式在延庆区文化馆举行。图为由香营乡舞蹈队演出的舞蹈《“杏”福花开迎盛会》

5月28日—30日，延庆区第九届北京端午文化节暨北京市第四届“非遗大观园”端午游园会活动在夏都公园举行。图为龙舟锦标赛

7月21日，“唱响主旋律　喜迎十九大”延庆夏日文化广场活动在延庆区会展中心广场举办

4 月 11 日—14 日，延庆区 2017 年业余文艺团队星级评比活动在康庄镇综合文化中心举办

8 月 14 日—19 日，2017 年延庆区戏曲艺术节在延庆区会展中心广场举行

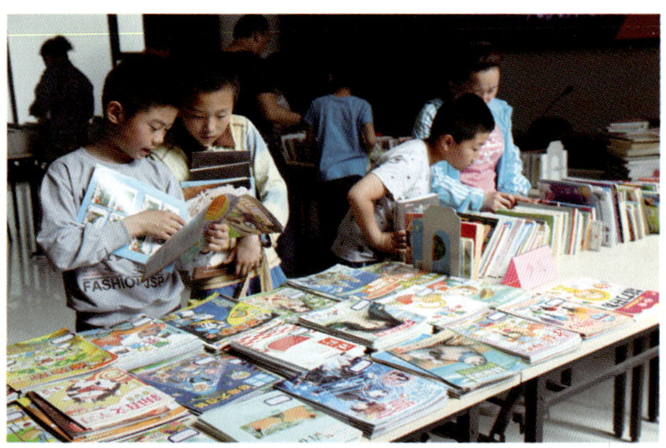

4 月 23 日，延庆区“4 · 23”世界读书日活动在区图书馆报告厅举办

5 月，“我家的家风”家庭情景剧比赛在区图书馆举办

索　　引

笔画索引

一画

二画

三画

四画

五画

六画

七画

八画

九画

十画

十一画

十二画

十三画

十四画

十五画

十六画

十七画

拼音索引

A

B

C

D

E

F

G

H

J

K

L

M

N

O

P

Q

R

S

T

Y

Z